Astrid Wagner / Ulrike Rainer / Nicolette Bohn

MORDHATZ

Astrid Wagner / Ulrike Rainer / Nicolette Bohn

MORDHATZ

Drei spektakuläre Kriminalfälle

 Militzke

* Namen, die geändert wurden, sind bei der ersten Erwähnung mit einem * versehen

** Personen oder Dinge deren Namen und/oder Identität ungeklärt sind, werden bei der ersten Erwähnung im Buch mit ** gekennzeichnet.

Militzke Verlag Reihe S

Bibliographische Information der Deutschen Bibliothek
Die Deutsche Bibliothek verzeichnet diese Publikation in der Deutschen Nationalbibliographie; detaillierte bibliographische Angaben sind im Internet über http://www.dnb.ddb.de abrufbar.

Für die Originalausgabe des 1. Teils unter dem Titel: Mörder Dichter Frauenheld
© Copyright 2004 by Militzke Verlag e. K., Leipzig

Für die Originalausgabe des 2. Teils unter dem Titel: Flucht vor Armageddon
© Copyright 2000 by Militzke Verlag e. K., Leipzig

Für die Originalausgabe des 3. Teils unter dem Titel: Anwalt des Teufels
© Copyright 2004 by Militzke Verlag e. K., Leipzig

Für die deutschsprachige Taschenbuchausgabe
© Copyright 2006 by Militzke Verlag e. K., Leipzig
Alle Rechte vorbehalten

Lektorat: Jan Bolczyk
Umschlaggestaltung: Ralf Thielicke
unter Verwendung eines Fotos von panthermedia
Satz: Jeanette Frieberg
Gesetzt aus der New Baskerville
Druck und Bindung: Elbe Druckerei Wittenberg GmbH

Printed in Germany
ISBN 10: 3-86189-631-1
ISBN 13: 978-3-86189-631-9

Besuchen Sie den Militzke Verlag im Internet unter:
http://www.militzke.de

INHALT

Erster Teil
Der Fall Jack Unterweger · Astrid Wagner

Eine Mordhatz	15
Der Fall Unterweger kommt ins Rollen	15
»Miami Vice«	23
Endstation Miami, Collins Avenue	29
»Jack the Ripper«	33
»Nachhilfe« für US-Cops	37
Eine Reise ins Zuchthaus	50
»Hurenbankert«	50
»Mord bleibt Mord ...«	56
Freiheit!	62
Indizien	68
Zensur	68
Die »Bombe« aus den USA	70
Gerichtspraxis	76
Psychiatrische Ferndiagnosen	79
Die Anklage: Auf alle Fälle schuldig!	80
»Vergiß des, Burli!«	90
Der Richter und sein Häftling	94
Medien-Hysterie	98
Platzkarten für den »Jahrhundert-Prozeß«	98
Es beginnt im Licht der Medien	102
Eine mörderische Chronologie	110
Ausgangspunkt: Graz	110

Mordfall Masser: Verstecktes »Liebesplatzerl« 111
Mordfall Schrempf: Wo blieb der weiße Golf mit den
   roten Streifen? 116
Mythos Serienkiller 125
Mordfall Bockova: An einem Haar 140
Mordfall Hammerer: Vier Zeugen gegen einen »Kronzeugen« 159
Mordfall Zagler: Spurlos 192
Mordfall Moitzi: Zerschnipseltes Beweisstück 194
Mordfall Prem: Mysteriöses Tagebuch 197
Mordfall Eroglu: Ein verschwundenes und ein
   verschwiegenes Haar 206
Die Mordfälle in den USA 209

Der »Jahrhundert-Prozeß« 222
»Beweisen Sie Ihre Unschuld!« 222
»Bestie« 230
»Der kommt eh nimmer raus!« 242
»... als Mensch o. k.« 245
Prozeßalltag 248
Eine Familie 250
»Keine suizidale Einengung« 257

»Im Zweifel schuldig!« 262
»Ich bin verurteilt!« 262
Der Warnbrief 263
»Das Schweigen des Belämmerten« –
   Chronologie einer Berichterstattung 267

»Tod dem Hurenmörder!« 277
»Die Strafe endet mit dem Tode« 277
Ein gehorsames Urteil 279
»Sein bester Mord« 283

Nachwort 287

Zweiter Teil
Der Fall Weißensteiner · Ulrike Rainer

Zweimal lebenslänglich und fünf Jahre 294
Ein lebender Toter 300
Model hinter Gittern 310
Wüstensurfer 320
Immanuel – Gott mit uns 330
Außerirdische und die Zahl des Tieres 341
Waffenhändler und Geheimagenten 352
Über die Grenzen 366
Letzte Lebenszeichen 378
Vom Ende der Zeit 388
Verrat 401
Irrfahrt in der Südsee 412
Ausbeute 422
Kein Entkommen 432
Erklärungen 445
Gefaßt 456
Epilog I 464
Epilog II 466

Dritter Teil
Der Fall Jürgen Bartsch · Nicolette Bohn

Prolog 473

Opfer 475
Jugendamt Mettmann, 25. Juni 1967 475
Der Kirmesmörder 478
Verschwundene Kinder 1962–1966 480
Untersuchungsgefängnis Wuppertal, 3. Juli 1967 485
Problematische Kindheit 491
Unerfüllte Jungenträume 499

Ein goldiges Kerlchen 507
Prügelknabe und Rächer 508
Metzger und Zauberkünstler 512
Himmel 519
Hölle 523
Kronprinz 530
Kinderspiele 533

Täter 539
Eröffnung des Bartsch-Prozesses vor dem Wuppertaler
  Landgericht, 29. November 1967 540
Zweiter Verhandlungstag in der Strafsache Bartsch 552
Verhandlung über den Mord an Klaus Jung am dritten
  Prozeßtag 560
Professor Giese erscheint 568
Verhandlung über den Mord an Peter Fuchs 575
Verhandlung über den Mord an Ulrich Kahlweiß 581
Verhandlung über den Mord an Manfred Graßmann 586
Wuppertaler Landgericht, 13. Dezember 1967 –
  »Bitte, bitte, tun Sie etwas für Jürgen!« 592
Verhandlung über die Entführung von Ernst P.,
  »dem Jungen, der überlebt hat« 594
Urteilsverkündung, 15. Dezember 1967 604

Revision 606

Revisionsverfahren München, 15. Januar 1968 606
Sigmund-Freud-Institut Frankfurt, 28. Februar 1968 620
Institut für Sexualforschung Hamburg, 23. Februar 1970 622
Der zweite Bartsch-Prozeß vor dem Düsseldorfer Schwurgericht,
  April 1971 624
Der Auftritt der Zeugen im Düsseldorfer Revisionsverfahren, 1971 629
Urteilsspruch im Düsseldorfer Revisionsverfahren, 6. April 1971 634
Pax-Christi-Gedenkstätte Essen, 1973 –
  In Gedenken an die Opfer von Jürgen Bartsch 636
Hochzeit in der psychiatrischen Klinik Eickelborn, 1975 637
Interview mit dem Jugendgerichtshelfer Dietrich Wilke 641

Anhang

Anhang zum zweiten Teil 648

Anmerkungen 648
Literaturhinweise 652
Danksagung 654

Anhang zum dritten Teil 656
Literatur 656

ERSTER TEIL

Astrid Wagner

DER FALL JACK UNTERWEGER

Meinen Eltern gewidmet

Besten Dank an Dipl.-Biol. Dr. rer. medic. Mark Benecke für seine wissenschaftliche Beratung in bezug auf die DNA-Forschung

EINE MORDHATZ

Der Fall Unterweger kommt ins Rollen

Der erste Jäger

Stein an der Donau, am Karfreitag des Jahres 1983. Ausgerechnet in dieser altertümlich-romantischen, in Weinbergen eingebetteten Kleinstadt liegt Österreichs größte Justizanstalt. Der 33jährige Jack Unterweger verbüßt hier eine lebenslange Freiheitsstrafe wegen eines 1974 verübten Mordes. Die Jahre im Gefängnis haben den Häftling anscheinend geläutert: Er hat seine Vergangenheit durch Schreiben von Büchern aufgearbeitet, wovon eines in diesem Jahr großen Erfolg erlangte und ihn bekanntmachte. An diesem Tag jedoch bekommt er »Besuch« von drei Beamten der Kripo Salzburg. Sie sind gekommen, um ihn wegen eines weiteren Mordfalls aus dem Jahre 1973 zu befragen: Die 23jährige Marica Horvath war gefesselt und mit einem Knebel im Mund in den Salzachsee geworfen worden, wo sie ertrank. Einer der Beamten, August Schenner, ist überzeugt, in Jack Unterweger den Täter gefunden zu haben. Der gibt sich arrogant: Er hat ein sicheres Alibi und fragt den Kriminalbeamten, was er von ihm eigentlich wolle. Sieben Stunden dauert das Verhör, am Schluß sind es nur noch aggressive Wortgefechte. Schenner muß unverrichteter Dinge wieder abreisen. Doch er kündigt »seinem Mörder« an: »Unterweger, solltest du je vom Zuchthaus freikommen, werde ich dafür sorgen, daß du dorthin wieder zurückkehrst.« Dann hört Jack Unterweger jahrelang nichts mehr von August Schenner.
23. Mai 1990: Jack Unterweger wird auf Bewährung entlassen. Das Strafgesetzbuch ermöglicht auch bei lebenslangen Haftstrafen eine vorzeitige Entlassung durch Gnadenakt des Bundespräsidenten – freilich erst nach einer Mindesthaftzeit von fünfzehn Jahren und aufgrund eines psychologischen Gutachtens und überdies nur bedingt: Im Fall einer neuerlichen Verurteilung wegen »einer auf der gleichen schädlichen

Neigung beruhenden Straftat«, wie es im Juristendeutsch heißt, wird die Entlassung sofort widerrufen.

Jack Unterweger lebt fortan als freier Schriftsteller und Journalist in Wien. Kripomann Schenner ist inzwischen fast siebzig und längst in Pension.

Ein Jahr später, Mai 1991: In Wien sind seit Ende der achtziger Jahre innerhalb nur kurzer Zeitabstände zwei Kinder und eine achtzehnjährige Discobesucherin auf brutale Weise erdrosselt und mißbraucht worden. Das letzte Opfer des oder der unbekannten Sexualattentäter war ein neunjähriges Mädchen namens Nicole Strau, das mißbraucht und brutal ermordet in einem Waldstück in der Nähe von Wien aufgefunden wurde. Die Bevölkerung ist aufgebracht, wie immer, wenn es um unschuldige Kinder geht. Doch von einem Täter fehlt jede Spur. Kritische Stimmen werden laut, daß die Polizei angesichts der steigenden Gewaltkriminalität versagt habe.

Auch im Bereich des Rotlichtmilieus sieht sich die Polizei mit einer zunehmenden Brutalisierung konfrontiert: Die ungeklärten Gewalttaten und Morde an Prostituierten waren seit Ende der siebziger Jahre konstant angestiegen. Trotz zahlreicher Hinweise aus dem Milieu auf perverse Freier war in den letzten Jahren so gut wie kein einziger der »anonymen«, das heißt durch keine klar nachvollziehbaren Täter-Opfer-Beziehungen gekennzeichneten Morde geklärt worden. Der Druck auf die Sicherheitsbehörden, endlich Erfolge vorzuweisen, wächst.

Ende Mai 1991 wird es in zwei weiteren Fällen zur Gewißheit: Am 21. Mai findet man im Wiener Schottenwald die Leiche der schon seit längerer Zeit abgängigen Prostituierten Sabine Moitzi. Nur zwei Tage später entdeckt man die Leiche ihrer ebenfalls ermordeten »Kollegin« Karin Eroglu in einem Waldstück bei Gablitz nahe Wien.

Auch in Graz hatte es seit Mitte der achtziger Jahre mindestens vier ungeklärte Prostituiertenmorde gegeben. Hier gab es wenigstens ein Phantombild, das einen Mann mit dickem Gesicht und Vollbart zeigte. Genau diesen Mann wollten nun Zeugen zu tatkritischen Zeiten im Café »Jägerstübchen« mitten im Strichgebiet von Wien-Penzing, aus dem die zwei Wienerinnen verschwunden waren, erkannt haben. »Jagd nach Dirnen-Killer nun in Wien, Graz und Niederösterreich« titelt der Wiener »Kurier« im Chronikteil am 25. Mai und berichtet unter einer Abbildung des Grazer Phantombilds von den Zeugenbeobachtungen. Am 28. Mai 1991 unternehmen die Beamten des Wiener Sicherheitsbüros Oberst Friedrich Mahringer und Inspektor Alfred Gary über Weisung ihres Vorstands Max Edelbacher eine gemeinsame Dienstreise mit den Beamten der Kriminalabteilung Niederösterreich nach Graz zur dortigen Bundespolizeidirektion, um eventuelle Gemeinsamkeiten der Morde zu erörtern. Aber: Es gibt keine Gemeinsamkeiten. Zumindest nach Meinung der damaligen Ermittler, die in ihrem Bericht schreiben, daß in bezug auf die ungeklärten Prostituiertenmorde in Wien und Graz »eine Übereinstimmung in der Form, daß es sich um den gleichen Täter handeln könnte, nicht vorliegen dürfte«. Nach ihrer Rückkehr aus Graz nehmen die Wiener Kriminalbeamten Kontakt mit der Kriminalabteilung Vorarlberg (Leiter: Major Günther Geiger) auf, wo ebenfalls mehrere ungeklärte Gewalttaten an Prostituierten vorliegen. Auch hier gelangen die ermittelnden Polizeibeamten zum eindeutigen Ergebnis, daß kein Zusammenhang mit den Mordfällen in Wien bestehe.

Nur drei Tage später, am 31. Mai 1991, langt bei der Bundespolizeidirektion Wien ein »Hinweis zu den jetzigen Prostituiertenmorden« ein: »[...] wird von der BPD Salzburg bekanntgegeben, daß ein gewisser Jack Unterweger [...] vor längerer Zeit in Salzburg zwei Prostituierte ermordet hatte« und »heuer entlassen« worden sei (Aktenvermerk der BPD Wien vom 31.5.1991 zu II-5770/SB/91).

Hinter der »Bundespolizeidirektion Salzburg« stand einer, der trotz seines Ruhestandes nicht zur Ruhe gekommen war: August Schenner hatte »seinen Mörder« Unterweger nicht vergessen. Jack Unterweger war allerdings nicht erst »heuer«, sondern schon ein Jahr zuvor entlassen worden. Und er war auch nicht wegen zweifachen Prostituiertenmordes vorbestraft.

Aber die Jagd konnte beginnen.

Am Strich nie gesichtet ...

Aufgrund des Hinweises aus Salzburg führen die Kriminalisten zunächst im Prostituiertenmilieu vertrauliche Erhebungen durch, um zu überprüfen, ob Jack Unterweger hier Kontakte pflegt. Daneben wird er ohne sein Wissen observiert. Erst als dies alles negativ verläuft, wird Jack Unterweger Anfang Juni 1991 vom Chef des Wiener Sicherheitsbüros, Max Edelbacher, von der Intervention aus Salzburg informiert. Jack sieht seinen Verdacht jetzt bestätigt: Er habe schon seit Wochen, vor allem in den Nachtstunden, anonyme Anrufe eines Mannes mit älter klingender Stimme erhalten, der ihm die »Rückkehr ins Zuchthaus« angedroht habe und offenbar seine Lebensgewohnheiten auskundschaften wollte – war es sein alter »Jäger« Schenner gewesen?

Obwohl die Beamten keine Hinweise haben, wird »der Ordnung halber« ein Vernehmungstermin vereinbart: Jedoch erst für den Herbst, da Jack Unterweger im Sommer in die USA verreist. Vorher interviewt er aber noch den Polizisten Edelbacher für die Radiosendung »Journal Panorama«, in der es diesmal um ein heißes Thema geht: Die ungeklärten Morde im Wiener Rotlichtmilieu.

Nach seiner Rückkehr aus den USA kommt Jack Unterweger wie vereinbart in die Wiener Roßauer Kaserne zum Vernehmungstermin der Kriminalbeamten. Beim Verhör sind außer SB-Chef Edelbacher auch die beiden Kriminalinspektoren Ernst Hoffmann und Alfred Gary anwesend. Inzwischen hatten auch die Zeitungen vom Verdacht gegen den ehemaligen Häftling Wind bekommen: »Heißer Tip bei Suche nach Dirnen-Mörder – ist der ›Würger‹ ein ehemaliger Lebenslanger? Viele Parallelen« lautet die noch bescheidene Schlagzeile im Chronikteil des »Kurier« vom 1. September 1991. Aber der Schlußsatz verrät für Insider bereits alles: »Auch einen Spitznamen hat der Dirnen-Killer bereits bekommen: Jack the Struggler ...«

Auch die anonymen nächtlichen Anrufe bei Jack Unterweger waren seit seiner Rückkehr aus den USA häufiger geworden. Am 5. September stattet er von sich aus dem Wiener Sicherheitsbüro einen neuerlichen Besuch ab, um den Beamten seine Bedenken mitzuteilen. Doch Inspektor Hoffmann beruhigt Unterweger: Er bestätigt ihm, daß alles nur von August Schenner ausgehe. Er sei selbst nach Salzburg gefahren, um mit dem alten Kriminalisten zu sprechen, und versichert, daß man diesen hier in Wien nicht sonderlich ernst nehme. Jack Unterweger erklärt den Beamten, daß er jederzeit für Fragen zur Verfügung stehe, und so vereinbart Edelbacher für den 22. Oktober einen weiteren, routinemäßigen Vernehmungstermin im Wiener Sicherheitsbüro.

Am 13. November wird Jack Unterweger neuerlich von Inspektor Hoffmann einvernommen: Diesmal geht es um die ungeklärten Grazer Prostituiertenmorde, da auch die dortigen Polizeibehörden inzwischen den Hinweis aus Salzburg erhalten und eine Anfrage nach Wien gestellt hatten. Bei dieser Gelegenheit wird eine weitere Serie von Lichtbildern von Jack Unterweger angefertigt.

Doch die Ermittlungen können den Verdacht gegen Jack Unterweger in keiner Weise erhärten – ganz im Gegenteil: »Vorerst wurden, ohne an ihn heranzutreten, vertrauliche Erhebungen durchgeführt. Es wurden auch teilweise Observationen durchgeführt um festzustellen, ob er Kontakt zu Prostituierten pflegt, verlief dies jedoch negativ. [...] Von Unterweger wurden Polaroid-Lichtbilder angefertigt und wurden diese den Prostituierten im Strichgebiet, von welchem die 4 Prostituierten verschwunden waren, vorgelegt. Es konnte sich jedoch niemand an die Person des Unterweger erinnern. Auch das auf ihn zugelassene Kraftfahrzeug wurde im fraglichen Strichgebiet nie gesehen.« (Bericht des Sicherheitsbüros der Bundespolizeidirektion Wien vom 4.11.1991 zu II-5.710-SB/91). Das Fahrzeug Jack Unterwegers war auf das auffallende Kennzeichen »W-JACK 1« zugelassen.

Die Beamten machen es sich nicht leicht. Es werden sogar die Akte jenes Mordfalles aus Deutschland herbeigeschafft, für den Jack Unterweger 1976 zu lebenslanger Haft verurteilt worden war, sowie die des bis heute ungeklärten Mordfalles an Marica Horvath, in dem bekanntlich Inspektor Schenner Unterweger verdächtigte: »Es konnten keine Parallelen zu den hs. Prostituiertenmorden gefunden werden. Die einzige Gleichheit ist, daß es sich bei den Opfern um Prostituierte handelt« (Bericht des Sicherheitsbüros der BPD Wien vom 4.11.1991). Letzteres ist allerdings falsch – das Mordopfer aus dem Jahre 1974 war keine Prostituierte gewesen. »Bei der Überprüfung konnten keine Anhaltspunkte für eine mögliche Täterschaft des Unterweger bei den Prostituiertenmorden gefunden werden«, heißt es in mehreren Polizeiberichten aus dieser Zeit.

Die Schlinge zieht sich zusammen

Noch im Dezember 1991 wird Dr. Ernst Geiger zum neuen Leiter der Mordkommission im Wiener Sicherheitsbüro bestellt. Er folgt dem altgedienten Dr. Hannes Scherz und löst auch gleich einige von dessen Beamten ab: Oberst Friedrich Mahringer und Inspektor Alfred Gary, verdiente Beamte, die schon seit 1987 in den ungeklärten Wiener Prostituiertenmorden ermittelt und auch Jack Unterweger beschattet bzw. einvernommen hatten, werden anderen Aufgaben zugeteilt. Nur Inspektor Hoffmann bleibt im Team.

Der 38jährige Geiger ist seit 1978 im Polizeidienst. Erst wenige Monate zuvor, am 1. Februar 1991, war er zum stellvertretenden Leiter des Wiener Sicherheitsbüros aufgestiegen.

Der ehrgeizige Geiger verstand es, in der Causa der ungeklärten Prostituiertenmorde kräftig umzurühren. Die ersten Protokolle von Prostituierten, die Jack Unterweger als »Strichkunden« erkannt haben wollten, stammen bereits vom Dezember 1991. Dann kontaktiert Geiger den damaligen Mordgruppen-Chef der Grazer Kripo, Franz Brandstätter. Die vielen ungeklärten Grazer Prostituiertenmorde hatten der steirischen Landeshauptstadt inzwischen den wenig schmeichelhaften Ruf der »Hauptstadt der Prostituiertenmorde« eingebracht. Und das, wo doch der altgediente, bereits seit 1964 im Dienste der Grazer Kripo tätige Inspektor Brandstätter bei seinem Amtsantritt am 1. Dezember 1982 das Versprechen abgegeben hatte: »In meiner Ära wird es keinen einzigen ungeklärten Mordfall geben!«

Zwei der zentralen Figuren in der Causa Unterweger stehen nun in persönlicher Verbindung. Vom Wiener Sicherheitsbüro aus werden auch die Kriminalabteilungen und Bundespolizeidirektionen der anderen Bundesländer vom Verdacht gegen den ehemaligen Lebenslänglichen in Kenntnis gesetzt. Einige scheinen den Hinweis aus Wien dankbar aufgenommen zu haben: So fällt in einem Mordfall an einer Prostituierten in Bregenz auf, daß die Ermittlungen gegen einen Mann, den man bisher aufgrund schwerwiegender Indizien als tatverdächtig betrachtete, jetzt nicht mehr fortgesetzt werden. Die Wiener und Grazer scheinen einen »verdächtigeren Täter« zu haben. Die Schlinge um Jack Unterweger zieht sich zusammen ...

Der Haftbefehl

Bald beginnen sich die Ereignisse zu überschlagen. Der Ausgangspunkt ist Graz, die »Hauptstadt der Prostituiertenmorde«. Hier hatte die Kripo Mitte Jänner 1992 ebenfalls begonnen, nach Prostituierten zu suchen, bei denen Jack Unterweger Kunde gewesen sein soll. Am 17. Jänner wird der Verdächtige dann von Inspektor Brandstätter persönlich zu den Morden einvernommen. Im Anschluß an das Verhör wartet bereits der Polizeireporter der steirischen »Kleinen Zeitung«, Hans Breitegger, im »Türkenloch«, einem Lokal gleich neben der Polizeidirektion. Er will Jack Unterweger »interviewen«. Als aufstrebender Polizeireporter verfügt Hans Breitegger naturgemäß über beste Kontakte zur Grazer Kripo – sein Spitzname unter Journalistenkollegen ist »Inspektor Breitegger«. Unterweger ist jetzt nicht allein, eine Freundin ist mitgekommen. Beim Verhör hatte sie nicht dabei sein dürfen, weil das nach österreichischer Strafprozeßordnung nicht erlaubt ist. Als Unterweger kurz hinausgeht, stellt »Inspektor Breitegger« auch ihr ein paar ganz »private« Fragen. Könnte ja was Interessantes herauskommen.

Zurück nach Wien: Geiger nimmt jetzt Kontakt mit der dortigen Staatsanwaltschaft auf. Er überreicht dem Leiter der Staatsanwaltschaft, Dr. Werner Olscher, die von ihm verfaßte Strafanzeige gegen Jack Unterweger. Darin heißt es erstmals, daß »mit an Sicherheit grenzender Wahrscheinlichkeit« davon ausgegangen werden könne, daß alle Morde an Prostituierten in Wien, Graz und Bregenz von einem einzigen Täter verübt worden seien. Eine kühne Feststellung: Denn in vielen Fällen war nicht einmal die Todesursache der Opfer bekannt.

Das Gerücht vom »Dirnen-Killer Unterweger« gelangt rasch in Milieu und Medien. Am 24. Jänner prahlt ein Redakteur einer Wiener Illustrierten in der »Flamingo-Bar« am Gürtel mit seinen »Insider-Kenntnissen« in bezug auf die Wiener Dirnenmorde: »Ich weiß von der Polizei, daß das der Unterweger war! Was sagt's ihr dazu?«

Am 10. Februar kommt es zu einer internen Besprechung im Büro des Leiters der Wiener Staatsanwaltschaft, an der auch der nach der Geschäftsordnung zuständige Staatsanwalt Dr. Michael Scharf, Ernst Geiger sowie Exekutivbeamte der Kriminalabteilung Niederösterreich teilnehmen. Die Polizisten versuchen energisch, die Staatsanwaltschaft von der Dringlichkeit des Falles und von der Notwendigkeit eines Haftbefehls zu überzeugen. Was allerdings in den der Justiz überreichten Unterlagen und später auch im Gerichtsakt fehlte: Die seinerzeitigen Observations- und Erhebungsberichte der Amtsvorgänger Geigers, die keinerlei Hinweise auf Jack Unterweger erbracht hatten. Doch das vorliegende Aktenmaterial – im wesentlichen die Hypothese vom »einzigen Täter«, die allerdings durch keine Fakten untermauert werden konnte, sowie einige Aussagen von Straßenprostituierten – reichte für den Staatsanwalt Scharf längst nicht aus, um einen Haftbefehl zu begründen. Er lehnt die Ausstellung eines Haftbefehls gegen Jack Unterweger ab.

Daraufhin beantragt Geiger eine Hausdurchsuchung in der Wohnung des Verdächtigen. Dies sollte aber durch die kommenden Ereignisse überholt werden.

Mit dem 12. Februar wird die nach jeder Entlassung aus einer langjährigen Haftstrafe vorgesehene Bewährungshilfe für Jack Unterweger aufgehoben. Der Bewährungshelfer, der sich bei Unterweger immer

Der Fall Jack Unterweger | 21

ziemlich überflüssig vorgekommen war, sagte später dazu: »Ich hatte den Eindruck, Herr Unterweger verstehe es bestens, seine Interessen selbst zu vertreten.«

Nur vier Tage nach der Ablehnung des Haftbefehls durch die Wiener Staatsanwaltschaft entscheidet ein Grazer Untersuchungsrichter anders: Am 14. Februar 1992 um 14 Uhr genügt ein kurzer Anruf vom Grazer Mordgruppen-Chef Inspektor Brandstätter bei U-Richter Dr. Wladkowski, der sogleich den Haftbefehl gegen Jack Unterweger ausstellt. Die offizielle Begründung für den »dringenden Tatverdacht«: Bei seiner Vernehmung rund einen Monat zuvor hatte Jack Unterweger angegeben, seiner Erinnerung nach in der Nacht vom 7. zum 8. März 1991 – da war die Grazer Prostituierte Schrempf verschwunden – in Wien gewesen zu sein, um seine nächste Theatertournee zu planen und Termine vorzubereiten. Es ist der in diesem Fall nicht mehr unbekannte Polizeireporter und Hobby-Inspektor Hans Breitegger, der Brandstätter den entscheidenden Tip gibt: Er hat im Veranstaltungsprogramm der »Kleinen Zeitung« nachgeblättert und, siehe da: Unterweger hatte am Abend des 7. März eine Lesung im rund 40 Kilometer von Graz entfernten weststeirischen Köflach! Für die Polizei ist das »falsche Alibi« Unterwegers damit erwiesen, nur einige kleine »Zeitkorrekturen« sind noch erforderlich: Der Beginn der Lesung wird kurzerhand eine Stunde vorverlegt – 19 statt 20 Uhr –, sodann werden einige Lesungsteilnehmer telefonisch nach der Dauer befragt, und schon hat man ein »Zeit-Weg-Diagramm« zusammengestoppelt: Jack Unterweger war zur Mordzeit in Graz.

Die um 18 Uhr erscheinende Abendausgabe der »Kleinen Zeitung« des 14. Februar hat ihre dicke Schlagzeile: »Haftbefehl gegen Jack Unterweger!« Über vier ganze Seiten berichtet »Inspektor« Hans Breitegger über die »Mordserie« und den »dringend tatverdächtigen« Unterweger. Die anderen Redaktionen wissen zu diesem Zeitpunkt noch nicht einmal, daß es einen Haftbefehl gegeben hat. Auch das am 17. Jänner nach der Einvernahme im »Türkenloch« gemachte Interview wird an diesem Tag abgedruckt. Ganz so, als ob »Inspektor« Breitegger die baldige Verhaftung Unterwegers damals schon vorausgesehen hätte ...

»Miami Vice«

Werd' ich so blöd sein und werd' in meiner glücklichsten Lebensphase, wo ich Theaterregie mache, selber a Doppelrolle spiele, eine Tournee organisiere, wunderbare Frauenbeziehungen hab', werd' ich da so wahnsinnig sein und dazwischen jede Woche eine umbringen gehen?

(Jack Unterweger, zitiert in »profil«, 10/92)

Vom Haftbefehl aus Graz wird Jack Unterweger durch einen anonymen Telefonanruf informiert. Wer der Anrufer war, konnte nie eruiert werden. Unterweger selbst hatte später sogar den Verdacht, daß es sich um einen Redakteur jener steirischen Tageszeitung gehandelt habe, die als erste davon wußte. Vielleicht rechnete der Redakteur sogar mit seiner panikartigen Flucht, die das mediale Feuer erst richtig entfachen sollte. Es war aber nicht zuletzt Jack Unterweger selbst, der dazu beitrug – durch seine unbedachte Art, auf das Geschehen zu reagieren. Margit H., eine Redaktionskollegin jenes Journalisten, der in der »Flamingo-Bar« »recherchiert« hatte, und persönliche Bekannte Unterwegers, erzählt darüber: »Als Jack von den Gerüchten erfuhr, war er wütend. Entgegen meinem Rat rief er sofort die Redaktion des Wiener ›Kurier‹ an und beschwerte sich, daß er bereits in Angst leben müsse.« Tatsächlich hatte ihn ein Mann, der sich als Gatte einer ermordeten Prostituierten ausgab, in einem Lokal mit einem Messer bedroht. Unterweger erzählte den »Kurier«-Leuten auch gleich, daß er sein Wunschkennzeichen »W-JACK 1« gegen ein herkömmliches (»W-286 DL«) getauscht habe: »Sonst demoliert man mir ja mein Auto!« Und er kündigte an: »Wenn das so weitergeht, muß ich Wien schleunigst verlassen!« Margit H.: »Jack wollte nicht wahrhaben, daß er durch seine planlose, emotionelle Art seinen Gegnern geradezu in die Hände arbeitete.« Die Schlagzeile des »Kurier« am 16. Februar: »Hallo! Ich bin's, der Massenmörder!« Die »Kurier«-Redakteure vergaßen auch nicht, ausdrücklich darauf hinzuweisen, daß man mit »den ermittelnden Behörden in permanentem Kontakt« gestanden und nur auf ausdrücklichen Wunsch des Leiters der Mordkommission Ernst Geiger geschwiegen habe, da sich die »Erhebungen in einem äußerst sensiblen Stadium« befunden hätten. Leider habe diese steirische Tageszeitung alles zunichte gemacht. Und der »Kurier« schließt: »Laut Polizei ist Unterweger vermutlich bewaffnet und mit einem grünen Passat in Wien, Vorarlberg oder der Schweiz unterwegs.«

Während sich Medien und Ermittler wegen der »Indiskretionen« rund um den Haftbefehl gegenseitig beschuldigen, ist Jack Unterweger mit seinem grünen VW-Passat tatsächlich schon unterwegs ins schweizerische Gossau – unbewaffnet. In Gossau arbeitet seine junge Freundin Bianca in einem Ferialjob als Kellnerin.

Zwei Anrufe bei der Grazer und Wiener Polizei sind vorläufig das letzte, das die österreichischen Behörden von Jack Unterweger hören: »Eine U-Haft würde ich nicht mehr aushalten!« Doch er ist bereit, sich freiwillig zu stellen, wenn man ihm freies Geleit zusichert. Diesen Wunsch wollen ihm die Beamten freilich nicht erfüllen.

»... wie Urlaub!«

In Gossau nimmt Bianca die Dinge in die Hand. Denn »Jack war total aufgelöst, konnte gar nicht mehr richtig denken. Er brach immer wieder in Weinkrämpfe aus«, erzählt sie später. »Heimschicken wollt' er mich. Die Beziehung beenden. Sich womöglich umbringen. Das war nicht drin. ›Ich bleibe bei dir‹, hab' ich ihm gesagt, ›und wir stehen alles zusammen durch!‹« (Bianca in der »Kronen-Zeitung«, 6.3.1992). Bianca ist es auch, welche die Flucht plant und bis zum Ende beinhart durchzieht. Für ihren Chef erfindet sie die Geschichte vom »Herzinfarkt« ihres Vaters und kassiert rund 10 000 Schilling, die ihr für ihre Arbeit zustehen. Mit dem Geldbetrag von 12 000 Schilling, den sie jetzt gemeinsam haben, und Jacks Visa-Karte kann die abenteuerliche Fluchtreise um die halbe Welt losgehen. Über Zürich geht es nach Basel und dann, bei Dunkelheit, über einen kleinen Grenzübergang nach Frankreich. Das Ziel: Paris, Flughafen Orly. Während der langen Fahrt machen sie nur einmal halt. Im harten, kalten und engen Auto finden sie aber nur wenige Stunden Schlaf, denn für mehr sind beide viel zu aufgeregt. Am nächsten Vormittag erreicht das Paar den Pariser Flughafen Orly. Dort parken sie den grünen Passat in der Tiefgarage und kaufen Tickets für die nächste Maschine in die USA: Das Ziel ist Miami im sonnigen Florida – wieder Biancas Idee. Sie war nämlich immer schon von Don Johnson, dem Hauptdarsteller der Krimiserie »Miami Vice«, begeistert gewesen. Zuvor gilt es noch, Spuren zu verwischen, und wieder ist es Bianca, welche die Initiative ergreift: »Jack wollte das Auto in der Tiefgarage stehen lassen. Ich habe ihn gefragt, ob er verrückt ist. ›Das machst du nicht‹, hab' ich gesagt, ›du stellst das Auto irgendwo draußen hin, montierst die Nummerntafeln ab und vergräbst sie.‹« (»Kronen-Zeitung«, 6.3.1992).

Nach neun Stunden Flug kommen sie im subtropischen Miami an. Ein merkwürdig aussehendes Pärchen steigt aus dem Flugzeug: Er im Pelzmantel und mit Cowboystiefeln, sie in warmen Jeans und dickem Pulli. Mit dem Taxi fahren sie nach South-Beach, denn der Fahrer weigert sich, sie ins gewünschte »Downtown« zu bringen – wegen der Touristenkiller, die dort ihr Unwesen treiben sollen. Nach der langen Flucht todmüde, mieten sie in South-Beach, Miamis Touristenmekka, ein Zimmer im Billighotel »Franklin« an.

In ihrer unbedarften Jugend scheint Bianca den Ernst des Geschehens doch nicht so ganz erfaßt zu haben. Denn: »Für mich war es wie Urlaub!« erzählt sie später darüber.

Die »Sonderkommission Unterweger« wird aktiv

Noch am Tag des Haftbefehls hatte Ernst Geiger auch das Innenministerium informiert und die beteiligten Sicherheitsbeamten zu einer dringenden Einsatzbesprechung ins Wiener Sicherheitsbüro geladen, an der auch die beiden Ministerialräte Herbert Beuchert und Karl Danich vom Büro des damaligen Innenministers Löschnak teilnahmen. Für die weitere Vorgangsweise entscheidet man sich schließlich zur Bildung einer eigenen polizeilichen »Sonderkommission«, die mit der Fahndung nach dem flüchtigen Unterweger und den Ermittlungen in der Causa selbst beauftragt werden soll.

Die »Sonderkommission« war ein bis dahin in Österreich nicht üblicher, sondern nur aus Deutschland bekannter Begriff. Es handelt sich dabei um eine für einen schwierigen Einzelfall oder eine Mehrzahl von Fällen unter Führung eines Sonderkommissionsleiters zusammengefaßte Gruppe von Exekutivbeamten, die für die Dauer ihrer Tätigkeit bei der »SOKO« von anderen Aufgaben freigestellt werden. Sonderkommissionen werden vor allem dann eingesetzt, wenn die Amtshandlung über den Zuständigkeitsbereich einer Dienststelle hinausgeht und die Koordination mehrerer Dienststellen erforderlich wird. Das ist aber auch zugleich ihr Problem: Die SOKO ist als ermittlungstechnisches Provisorium kein »eingespieltes Team«, da die Beamten ja aus ganz verschiedenen Dienststellen stammen. Auch fehlen bis heute gesetzliche Grundlagen, die das Aufgabengebiet der Sonderkommission klar umreißen würden.

Im Fall Unterweger behalf man sich damit, daß die involvierten Beamten für die Dauer der Amtshandlung formell den beiden Ministerialräten Beuchert und Danninger vom Innenministerium unterstellt wurden. Die Ermittlungen wurden sodann räumlich auf drei Ermittlungsabschnitte aufgeteilt, für die jeweils verschiedene Beamte der örtlichen Kriminalabteilungen bzw. Mordkommissionen verantwortlich zeichneten. Ein »leitender Kriminalbeamter« wurde in der Person des Oberst Alfons Traninger von der Kriminalabteilung Niederösterreich nominiert.

An der Spitze der »SOKO Unterweger« stand aber ein Mann der ersten Stunde: Der Vizechef des Wiener Sicherheitsbüros Ernst Geiger. Er war für die faktische Leitung und Koordination der einzelnen Ermittlungen verantwortlich. Für Geiger war es ermittlungstechnisches Neuland: Erst im September 1991 hatte er einen viertägigen Kurs über die »Leitung von Sonderkommissionen« im deutschen Hiltrup besucht. Und ausgerechnet im Fall Unterweger sollte er seine erste SOKO leiten.

Die Fahndung nach dem flüchtigen Literaten ging nur schleppend voran. Dazu kamen noch die gegenseitigen Anschuldigungen: Wer hat die Information an den Redakteur der Grazer »Kleinen Zeitung« weitergegeben? Die Wiener Beamten beschuldigten ihre steirischen Kollegen. Erste Konkurrenzkämpfe machten sich bemerkbar. Innenminister Löschnak verhängte eine offizielle »Nachrichtensperre«. In den Medien stand dennoch mehr, als die Kriminalisten selbst wußten, auch wenn der Innenminister wiederholt betonte: »Die Beweislage ist dichter, als in den Zeitungen steht!«

Das einzige, was die Beamten vorerst nachvollziehen können, ist Unterwegers Spur in die Schweiz zu seiner Freundin. Was aber den weiteren Aufenthaltsort des Verdächtigen betrifft, so tappen die Kriminalisten im dunkeln.

Der Draht des SOKO-Leiters zum Grazer Straflandesgericht war offenbar besser als der zu den steirischen Kriminalistenkollegen: U-Richter Wladkowski war für ihn Tag und Nacht erreichbar. Wladkowski ist es auch, der sofort den Hausdurchsuchungsbefehl für die Wiener Wohnung Unterwegers bewilligt und auch später ohne viel Aufhebens Beschlüsse auf Einrichtung von Fangschaltungen und Telefonüberwachungen ausstellt.

Nur einen Tag nach Unterwegers Flucht wird unter reger Anteilnahme von Journalisten seine Wohnung in Wien aufgebrochen. Kleidung, private Aufzeichnungen, sogar Fotoalben werden durchwühlt und beschlagnahmt. Mehrere Privatfotos tauchen später in diversen Tageszeitungen wieder auf. Wie sie dorthin gelangt waren, kann nicht mehr nachvollzogen werden. Und schon stößt man auf erste »Indizien«, die in den Medien groß aufgebauscht werden: Ein Paar Handschellen war in der Vitrine des Wohnzimmerkastens »sichergestellt« worden, ein Tränengasspray in der Lade, und sogar sein Tagebuch hatte der Hals über Kopf geflüchtete Unterweger zurückgelassen. Letzteres muß dann gleich als erstes »massives Belastungsindiz« herhalten: »Tagebuch belastet Unterweger!« titelt der »Kurier« in dicken Balkenlettern am 18. Februar 1992. Nach den Angaben der Polizei sollen darin nämlich ausgerechnet jene Seiten, die für die Mordtage relevant waren, gefehlt haben.

Später klärt sich, daß die Handschellen ein originelles Geschenk von Freunden zum »Ein-Jahres-Jubiläum« seiner Entlassung waren: Sie hatten sich den Spaß erlaubt, die Handschellen an seinem Autotürgriff festzumachen. Den Tränengasspray hatte Jack Unterweger aus München für seine Wiener Bekannte Raphaela D. mitgebracht, die ihn extra darum gebeten hatte, da dieser Artikel damals in Österreich nicht käuflich war. Und was das Tagebuch betrifft: Jack Unterweger hatte überhaupt erst nach seiner Rückkehr aus den USA im Juli 1991, als die Mordverdächtigungen gegen ihn konkret wurden, mit genauen Aufzeichnungen begonnen.

Doch da sind noch die von diversen Tankstellen ausgestellten Benzinquittungen: Anhand dieser von Jack Unterweger für die Steuerprüfung feinsäuberlich in Ordnern abgelegten Belege rekonstruiert die Polizei nun die jeweiligen Fahrstrecken, die er in Freiheit zurückgelegt hat. Und sucht entlang dieser Routen nach ungeklärten Frauenmorden ...

Sex & Crime & Polizei

Eine Prostituierte unterscheidet sich für mich von einer Sekretärin, die sich vom Chef die Wohnung bezahlen läßt, durch überhaupt nichts. Ganz im Gegenteil, die Prostituierte ist ehrlicher, sie sagt, ich krieg' fünfhundert Schilling und dafür kriegst meinen Körper eine halbe Stunde. Die Sekretärin schimpft über die Hure, steht auf und macht einen Protestmarsch, weil dort ein Puff entsteht, und geht aber auf Geschäftsreise mit dem verheirateten Chef. [...] Die Prostituierte ist für mich eine ehrliche Frau. Und man müßte sich einmal ihrer soziologischen Rolle bewußt werden, die sie spielt.

(Jack Unterweger im Interview mit Peter Huemer, 1989)

Inzwischen war die Hetzjagd längst öffentlich geworden. Die Medien waren voller Fahndungsaufrufe mit Bildern vom Mordverdächtigen, dem Fluchtfahrzeug und seiner Freundin: »Mit Unterweger auf der Flucht: Ihr Leben in Gefahr« titelt die »Kronen-Zeitung« am 18. Februar. Ein »Doppelgänger« Jack Unterwegers löst einen Großeinsatz der Polizei auf dem Salzburger Mirabellplatz aus, ein anderer eine Großfahndung in Wels nach einem Auto mit Grazer Kennzeichen: Das gesuchte Auto kann gestoppt werden, doch der Lenker ist nicht Jack Unterweger, sondern wieder nur ein Mann, der ihm »täuschend ähnlich« sieht (»Kurier«, 26.2.1992). Innenminister Löschnak gibt zu: Die Zahl der Informationen sei so umfangreich, »daß Unterweger mit einem Jet unterwegs sein müßte«, sei er doch »in Süddeutschland, eine Stunde später in Norditalien und zum gleichen Zeitpunkt in Ungarn gesehen worden« (»Wiener Zeitung«, 22.2.1992).

Dank eifriger Polizisten fanden sich aber bald immer mehr Prostituierte, bei denen Jack Unterweger »perverser Kunde« gewesen sein soll. Nicht nur der Polizei, auch der deutschen Illustrierten »Quick« und anderen Boulevardblättern verkaufte die Wiener Prostituierte Margit G. die Story, daß »der Mordpoet« (»Bild«) ihr »kältester Freier« gewesen sei: »Er wollte, daß ich ihn vergewaltige. Als ich's dann für ihn tat, fand er's zu brutal. Er wirkte wie ein Softie auf mich. Gleichzeitig hatte ich Angst vor ihm, denn er strahlte eine Gefühlskälte aus, wie ich sie von keinem anderen Kunden kenne. Zum Glück ist er nie wiedergekommen. Ich bin mir sicher – ich sollte sein nächstes Opfer werden.« In derselben Illustrierten kommt auch der Mann und Zuhälter einer der ermordeten Frauen, Rudolf Prem, zu Wort. Er schimpft: »Hätten unsere Beamten schon damals die Wiener Morde mit den anderen in Verbindung gebracht, wäre Unterweger bestimmt längst verhaftet worden. Aber die nehmen Nuttenmorde eben nicht ernst.«

Eine andere Prostituierte wiederum wollte in Jack Unterweger jenen Kunden erkannt haben, der sie für 2 000 Schilling beim Sex gefesselt hatte. Er selbst soll dabei angezogen geblieben sein, wohl wegen der Tätowierungen, und sein Gesicht soll er unter einer Kapuze verborgen haben ...

Und es fanden sich jetzt auch Prostituierte, die das auffällige Auto »W-JACK 1« beim Herumkurven im Wiener Strichgebiet gesichtet haben wollten. All diese Aussagen wurden feinsäuberlich in Polizeiprotokollen niedergeschrieben.

Auch einen Zuhälter gab es, der sich der Polizei als Sammler von »Belastungszeuginnen« im Milieu anbot: Fred H., in einschlägigen Kreisen besser bekannt als »Cadillac-Freddy«. Einst ein echter Wiener Zuhälterkönig, war das pockennarbige, volltätowierte Rauhbein in letzter Zeit sozial abgestiegen und mußte sich als Entfesselungskünstler und Leibwächter durchs Leben schlagen. Doch der »Cadillac-Freddy« fühlte sich zu Höherem berufen: Als »Strich-Philosoph« ging er für die durch das Prostitutionsgesetz vom Zusperren bedrohten Bordelle unter den »Damen« am Wiener Gürtel Unterschriften sammeln. Und er versuchte sich in einem ganz neuem Metier: »Ich werde Jack Unterweger als Häf'npoeten übertreffen!« kündigte er den Medien an. Vorerst galt es aber, am Wiener Strich genügend Prostituierte aufzutreiben, bei denen dieser Jack Unterweger »perverser Kunde« gewesen sein soll. Denn: »Dieser Mann gehört in Ketten!« donnerte der Entfesselungskünstler vor Reportern des Nachrichtenmagazins »Stern« (38/1992). Und bemühte sich um den guten Draht zur Polizei: Ein im Nobelbordell »Maxim« aufgenommenes Foto vom Dezember 1993 zeigt den Ex-Zuhälter, wie er auf ein Gläschen Sekt anstößt – mit so prominenten Exekutivleuten wie Chefermittler Geiger ...

Endstation Miami, Collins Avenue

Ausgelebt. Im Kreislauf der Gefühle eingekerkert. Aus dem Leben, einem wunderschönen Traum herausgerissen. Hingerichtet die erkämpfte Freiheit. Chaos. Visionen zertrümmert. Herbst im Frühling. Zerrissenheit. Miami. Ohne Vice. Täglich on the beach. Weite, nirgends Enge, High noon. Dreißig Grad im Schatten. Hohe Luftfeuchtigkeit. The hell who loved me! Ein Alp. Ocean drive. Noon-time. Love and the end, pünktlich.

(Aus Jack Unterwegers Gefängnistagebuch)

Von seinem schäbigen Hotelzimmer in Miami aus versucht Jack Unterweger, das Geschehen in Österreich so gut wie möglich zu verfolgen. Und er will dazu nicht schweigen. Mit einer alten Schreibmaschine, die er beim Trödler erstanden hat, verfaßt er eine mehrseitige Verteidigungsschrift, die er mehreren österreichischen Behörden und Politikern zukommen läßt. Auszüge daraus:

Meine Flucht war und ist KEIN EINGESTÄNDNIS, sondern eine Art Verzweiflungsakt, da ich, wie bereits am Samstag, 15. 2. 1992, den Beamten Hütter und Dr. Lecker in Graz und Herrn Hoffmann und Kutschera in Wien, sowie der Lokalredaktion des Kurier mitgeteilt, einfach nicht einsehe, warum ich, neben der sozialen Vernichtung durch die Medien, auch noch in einer Zelle bis zum Nimmerleinstag abwarten soll, was geschieht, und da es nie Beweise geben kann, dauert die Untersuchungshaft ewig, da die Grazer Polizei allein durch diese Aktion und den seit Jahren (die vor meiner Entlassung ungeklärten Morde in diesem Milieu kann man mir ja nicht gut anhängen) erfolglosen Fahndungsarbeiten derart unter Druck steht, daß man es mir unbedingt ›beweisen‹ muß […] Mir ist es menschlich in letzter Zeit sehr gut gegangen, vielleicht zu gut, und das Schicksal straft mich nochmal für meine Schuld aus der Vergangenheit, aber im Moment habe ich wieder etwas mehr Kraft für einen, noch vor wenigen Tagen aussichtslos scheinenden Kampf. Und finden sich faire, neutral ermittelnde Beamte von Justiz und Polizei, so wird man feststellen, daß der Haftbefehl zu Unrecht besteht. In diesem Fall bin ich bereit, mich diesen Beamten jederzeit zur Verfügung zu stellen.

Sogar während der TV-Sendung »Inlandsreport« vom 20. Februar, in der live über den brisanten »Fall Unterweger« berichtet wird, meldet der Gesuchte sich überraschend telefonisch im Studio und erklärt die Motive seiner Flucht: »Ich gehe nie wieder in eine Zelle. Lieber verrecke ich in Freiheit!« Und wieder bietet er an, sich gegen Zusicherung freien Geleits den Behörden freiwillig zu stellen. Denn er will seine Unschuld beweisen – als freier Mann, und nicht als Häftling, dem im Gefängnis weitgehend die Hände gebunden sind. Unterwegers Stimme aus Miami wird live in der Sendung übertragen. Doch die österreichischen Behörden haben nicht die geringste Ahnung, wo er sich aufhält.

In Wirklichkeit hatte Jack Unterweger während der ganzen Zeit seiner Flucht Kontakt zu seiner damals 22jährigen Bekannten Irene P. Diese hatte ihn auch davon informiert, daß er gerade im Fernsehen sei, woraufhin er spontan im Studio angerufen hatte.

Irene P. arbeitete damals als Sekretärin beim Wiener Zeitschriftenverlag »Erfolg«. Sie hatte Jack, der in dieser Zeitschrift öfters Reportagen veröffentlicht hatte, erst wenige Monate zuvor, im Oktober 1991, bei einem Verlagsfest kennengelernt und ihn auf Anhieb sympathisch gefunden – so sehr, daß sie sich in ihn verliebte. Das ging solange gut, bis Bianca in Jacks Leben trat.

Dennoch blieb eine Freundschaft zwischen den beiden. Während seiner Flucht meldet sich Jack mehrmals an ihrem Handy – sogar im Büro. Das sollte ihm zum Verhängnis werden. Denn Irenes Chef, ein gewisser Gert Schmidt, schöpft bald Verdacht. Und stellt Fragen. Immer wieder. Schließlich vertraut sich Irene ihrem »väterlich« agierenden Chef an und erzählt ihm über ihren heimlichen Kontakt zum flüchtigen Literaten. Nun schaltet sich Schmidt aktiv in die Sache ein. Er ahnt, daß sich Jack Unterweger mittlerweile in ernsthaften Geldnöten befinden müsse: Die Visa-Karte war längst gesperrt worden. Bianca hatte inzwischen zwar einen Job als Tänzerin im Nachtlokal »Miami Gold« angenommen, dennoch reichte es vorne und hinten nicht. Von Irene erfährt Schmidt außerdem, daß Unterweger auch dringend ein Medikament für seine Schilddrüsenerkrankung benötigt. Das bringt Schmidt auf einen raffinierten Plan: Die Hauptrolle darin sollte Irene spielen – aber ohne in den Plan eingeweiht zu werden. Eine Nebenrolle kommt dem jungen Journalisten Michael Holzer zu, der für die damals eben erst gegründete Billig-Tageszeitung »täglich Alles« schreibt. Holzer hatte herausgefunden, daß Irene eine Intimfreundin von Jack Unterweger gewesen war, und will unbedingt eine Story darüber machen. Für Irene bedeutet es eine ungeheure nervliche Belastung, dem Drängen des Journalisten standzuhalten. Als Holzer wieder einmal im Büro anruft und nach Irene fragt, läßt ihn Schmidt zu sich durchstellen: »Sagen Sie, was ist Ihnen eigentlich ein Interview mit Jack Unterweger wert?« »Das ist meiner Zeitung viel wert.« »Wieviel?« »Sagen wir hunderttausend Schilling!«

Ein »Super-Angebot«

Jetzt geht es Schlag auf Schlag: Die vertrauensselige Irene kontaktiert Jack und berichtet ihm ganz aufgeregt vom »Super-Angebot« ihres Chefs: »Ruf' ihn gleich an, er sagt dir dann alles ganz genau!« Tatsächlich meldet sich Jack Unterweger wenig später bei Schmidt mit den Worten: »Was gibt's?« Der Verlagschef versucht sofort Vertrauen zu erwecken und befragt den Flüchtigen mit gespieltem Mitgefühl nach seinem Befinden. Da bricht wieder alles aus Unterweger heraus: Er schildert, er sei fix und fertig, er werde ungerechtfertigt verfolgt, benötige dringend Hilfe. Genau der richtige Augenblick für Schmidt, sich als »Retter in der Not« zu präsentieren und vom 100 000-Schilling-Angebot von »täglich Alles« zu erzählen. Bevor Unterweger auflegt, erwähnt Schmidt noch schnell, daß Irene ihm ein Paket mit etwas Geld und dem benötigten Medikament schicken wolle. Auch per Bank könne ein kleiner Betrag überwiesen werden: Er brauche ihr nur die Adresse und Bankverbindung mitzuteilen. Und tatsächlich schnappt die plumpe Falle zu: Irene, die zu diesem Zeitpunkt vom listigen Plan ihres Chefs noch immer nichts ahnt, macht am 26. Februar nach Büroschluß ein mit Zeitungsausschnitten, zwei in einem Kuvert steckenden Tausendschillingscheinen und den Tabletten prall gefülltes Paket fertig und beschriftet es mit der von Unterweger angegebenen Adresse in Miami. Schmidt schaut ihr dabei wohlwollend zu. Bevor sie das Büro verläßt, überzeugt er sie: Es sei doch besser, er gebe das Paket selbst auf, denn sie würde ganz sicher beschattet werden. Beim Wiener Hauptpostamt trifft sich Schmidt dann mit drei Kriminalbeamten, die das Paket beschlagnahmen. Zuvor wird aber ein Aufgabeschein ausgestellt, den Schmidt am nächsten Tag Irene übergibt. Denn diese darf noch keinen Verdacht schöpfen, wird sie doch für die letzte Etappe des Plans benötigt: Noch am Vormittag des 27. Februar fährt Irene zu einer Wiener Filiale der »American-Express-Bank« und überweist Jack Unterweger den ausgemachten Betrag von 300 Dollar.

»Vergiß deinen Freund, Baby!«

Inzwischen haben sich die Wiener Kriminalisten längst mit dem FBI in Verbindung gesetzt, das nun alle Geldwechselläden in Miami observiert. »High noon« ist es soweit: Vor einer Bank in der Collins Avenue wird Jack Unterweger in Begleitung seiner Freundin von einem ganzen Trupp FBI-Marshals verhaftet. »Vergiß deinen Freund, Baby!« sagt man zu Bianca. Ihr Jack wird in einen Polizeiwagen verfrachtet und ins »Miami Correctional Center« (MCC), das örtliche Gefängnis, eskortiert. Ein FBI-Marshal erzählt der Presse später: »Er hat eigentlich die ganze Zeit nur geweint.«

»Ein Fahndungserfolg durch intensive kriminalistische Kleinarbeit«, läßt sich Innenminister Löschnak in den Medien zitieren. Der Verlagschef, der nun doch zu seiner Story gekommen war, sah das anders: Seine Zeitschrift berichtete in großer Aufmachung über die »spannende Geschichte« der Verhaftung Unterwegers und vor allem über die maßgebliche Rolle, die Herr Schmidt dabei gespielt hatte (»Erfolg«, 5/92).

»Jack the Ripper«

Was damals viele, die Jack kannten und bei der Meldung über den Haftbefehl aus allen Wolken fielen, spontan dachten: Ist das alles nur ein einziger Werbegag, den Jack inszeniert hat? Jacks Bekannte Silvia K. über ihren ersten Gedanken nach der Radiomeldung: »Ich dachte im ersten Moment, daß das Ganze mit seinem geplanten Filmprojekt zu tun habe ...« Die exaltierte Idee hätte zu Jack gepaßt. Doch als die Freunde am Bildschirm sein Gesicht nach der Verhaftung in Miami sahen, wußten sie, daß es bitterer Ernst war.

Bei vielen stand jetzt plötzlich die Kripo vor der Tür. Die Polizei hatte sämtliches Adreßmaterial aus der Wohnung des Verdächtigen beschlagnahmt. Die Verhöre waren vielen unangenehm: Die Ermittler gaben sich von der Täterschaft Jack Unterwegers felsenfest überzeugt und sprachen von »eindeutigen Beweisen«. Die Frauen, die mit ihm intim waren, wurden in peinlichen Befragungen über alle Details ausgefragt. Einigen zeigt man gar die Bilder der Leichen: »Und dem wollen's noch helfen?« Viele sind verunsichert: »Und wenn er's doch war ...?« Aber alle, die Jack lange und gut kennen, stehen zu ihm. »Jack mag schwierig sein, sicher kein pflegeleichter Typ. Aber ein zweites Gesicht als eiskalter Serienkiller – nie und nimmer!« meint etwa der Schauspielerkollege Aap Lindenberg, der mit ihm monatelang auf Tournee war.

Und die einstigen Fürsprecher aus den Künstler- und Intellektuellenkreisen? Gerhard Ruiss, Vorsitzender der österreichischen Schriftstellervereinigung, kannte Jack persönlich. Er gibt sich auch öffentlich von dessen Schuldlosigkeit überzeugt. Andere Prominente jedoch beeilen sich in Artikeln und Leserbriefen zu betonen, daß sie nie zu den Unterstützern des »Häf'npoeten« gehört hätten – ob er nun der Mörder sei oder nicht.

»Intime Frauenkartei«

Für die Massenmedien stand es aber schon lange vor der »stilgerechten« Verhaftung in Miami fest: Jack Unterweger war der berüchtigte »Prostituiertenmörder«, der ja schon einmal eine Prostituierte ermordet hat! Daß das damalige Opfer gar keine Prostituierte gewesen war, paßte nicht ins erwünschte, mörderische Klischee, und so wurde es – auch von den

Ermittlungsbehörden – kurzerhand zur Prostituierten »erklärt«. Als schmückendes Beiwerk wurden dann noch allerlei Gerüchte in Umlauf gesetzt, etwa daß Unterweger in seinem Taschencomputer eine intime »Frauenkartei« mit Noten für die sexuellen Qualitäten seiner Geliebten geführt hätte. Die »70 Freundinnen« (»Kronen-Zeitung«, 19.2.1992) des Jack Unterweger waren für die Medien ein unerschöpfliches Thema. »Was macht Unterweger für Frauen so unwiderstehlich?« fragte das Zeitgeist-Blatt »Basta« provokant. Des Rätsels simple Lösung: Es war ein ganz normaler Adressencomputer, den die Polizei da beschlagnahmt hatte – ohne Noten, aber mit vier Speicherdateien. Darauf befanden sich natürlich auch die Namen und Adressen von Männern ...

Auch die deutschen Massenblätter waren bald voll von Berichten über den »Mordpoeten«, wie ihn »Bild« stets mit fetten Lettern bezeichnete, und »eiskalten Engel« (»Stern«) namens Jack. In Anlehnung an den berühmten Londoner Hurenmörder wird er da und dort auch mal als »Jack the Ripper« tituliert. »Bild« hat einen neuen, schrecklichen Verdacht: »Hat er die Morde verübt, um sie dann schriftstellerisch auszuschlachten?« Die Zeitschrift »Stern« bringt eine vierteilige Serie über den »Dichter und die Dirnenmorde«, die »Bunte« entscheidet sich für »Jack the Lover und seine Opfer im Bett« und läßt Jacks damalige Freundin Bianca gegen gutes Geld in zwei Fortsetzungen über dessen Verflossene plaudern – natürlich ohne ausgeschriebene Namen, sonst hätten die ohnehin schon peinlich genug berührten Damen der Wiener Gesellschaft sofort ihre Rechtsanwälte beauftragt. Stories in »Praline«, »Quick« oder »Frau mit Herz« folgten – Jack Unterweger war, wie es schien, vom Liebling der Wiener Schickeria zu einem Lieblingsthema der deutschen Regenbogenpresse geworden. Die Mischung Erotik und Gewalt zieht eben immer. Auch am Titelbild des britischen »Guardian« in der Wochenendausgabe vom 16./17. Mai 1992 prangte das Bild von einem Jack Unterweger in aufreizender Pose: Nackter, durchtrainierter Oberkörper, auffällige Tätowierungen, zwei dicke Goldketten am Hals und Macho-Blick. Es wurde zu einem der beliebtesten Jack-Motive der Boulevardpresse. Für den Fotografen, der Jack erst wenige Monate zuvor so abgelichtet hatte, war das gleichbedeutend mit einem Lotto-Sechser. Der Guardian-Journalist Jim Shelley war eigens nach Wien gereist, um zu recherchieren. Unter dem Titel »The Two Jacks« stellte er die Frage »Reformed prisoner and literary hero – or serial killer?« (»Resozialisierter Häftling und berühmter Schriftsteller – oder Serienkiller?«) Der mehrseitige Report strotzt allerdings von Klischees des »Frauenmörders« und seiner angeblichen Faszination auf Frauen.

Den Vogel schoß allerdings eine amerikanische Tageszeitung ab, die sogar Bianca als »Mordopfer« abbildete. Die Fluchtstory des als Serienkiller verdächtigten Literaten aus dem fernen Österreich hatte nämlich auch quer durch Amerika einiges mediale Aufsehen erregt: Die Geschichten waren zum Teil ganz gut recherchiert wie etwa ein Bericht im »Sunday Telegraph Limited« vom 23. Februar 1992 mit dem Titel »Manhunt as best-selling killer goes on the run«. Der Autor Robert Tilly wartete sogar mit Details aus Unterwegers »Fegefeuer« auf. Vor allem nach der Verhaftung in Miami wurde amerikaweit auf den Chronikseiten der Tagespresse berichtet. Einige, wie der »Houston Chronicle«, »The Atlanta Journal and Constitution«, die »Washington Times« oder die »Chicago Tribune« beschränkten sich auf Kurzmeldungen oder kleine Artikel. Der »Daily Telegraph« verpackte die Causa Unterweger in einen Artikel mit anderen Kriminalfällen. Die interessante Geschichte des um die halbe Welt gehetzten Literaten war vielen aber eine farbige, mit allerlei Details ausgeschmückte Story wert: Rachel L. Swarns vom »Miami Herald« etwa greift am 29. Februar 1992 in einem langen Artikel unter dem Titel »Unhappy ending for fugitive author« auf Unterwegers abenteuerliche Biographie zurück und erwähnt, daß er sowohl in »Talk Shows« als auch in den »Salons reicher Frauen« gern gesehen gewesen sein soll. Natürlich durfte die übliche Verwechslung nicht fehlen: In derselben Zeitung wird Unterweger, rund zwei Monate später, zum »wegen Prostituiertenmordes vorbestraften« Schriftsteller aus »Australien«.

»... und würgte mich!«

Vor allem die auflagenstärkste österreichische Tageszeitung tat sich bei der Unterweger-Jagd in besonderer Weise hervor: Bereits in ihrer Ausgabe vom 16. Februar 1992 weiß die »Kronen-Zeitung« in einer groß aufgebauschten Story zu berichten, daß Jack Unterweger dreimal Kunde bei der ermordeten Prostituierten Regina Prem gewesen sei. Der Redakteur beruft sich dabei auf ihren Mann und Zuhälter, der sich in diesen Tagen oft in den Medien zitieren ließ. Am nächsten Tag der nächste Hammer: In Unterwegers Wohnung seien »eine Unzahl von Pornofotos« gefunden worden, die der »Häf'npoet« von sich selbst »und seinen häufig wechselnden Freundinnen angefertigt haben dürfte«. In der Tat hatte die Polizei in Unterwegers Wohnung Nacktfotos von Frauen gefunden: Es waren Bilder, die ihm Frauen in die Haft nach Stein geschickt hatten. Die Schlagzeile am Titelblatt des 19. Februar: »Warum Frauen ihm hörig wurden!« Im Blattinneren wird dann über sechs Seiten hinweg über angebliche Geliebte berichtet, die für Jack »Verbrechen aus Liebe« begangen hätten. Natürlich darf der Hinweis auf die »Pornofotos« nicht fehlen, und eine »Analyse« der auf Sex-Fragen spezialisierten »Krone«-Psychologin rundet das Bild: »In Jack Unterwegers Beziehungen zu Frauen zeigen sich die typischen Charaktereigenschaften eines ›eiskalten Engels‹: Er ist unberechenbar, riskant, demütigend, machtausübend und raffiniert ...« Wie immer ist alles mit Fotos, vornehmlich von Unterweger in Dandy-Laune mit Anzug und Mascherl oder mit tätowierter Brust, ausgeschmückt, und auch aus dem Zusammenhang gerissene, »brutal« klingende Zitate aus seinen Büchern werden immer wieder eingestreut. Dann wird auch noch eine »27jährige Freundin« zitiert, die zur »Krone« gesagt haben soll: »Einmal sagte er mir, daß er hin und wieder das Bedürfnis habe, andere zu würgen!« Schon tags darauf heißt es in dicken Lettern am Titelblatt der »Krone«: »Wienerin belastet Unterweger: Er fuhr mit mir in den Wald und würgte mich!« Der Hintergrund: Tatsächlich hatte eine Prostituierte bei der Polizei gemeldet, von einem Freier brutal gewürgt worden zu sein. Der Vorfall hatte sich allerdings in Graz ereignet, und der Freier war ein Unternehmer, der notorisch im Hurenmilieu verkehrte. Die Zeitung befand aber offenbar, daß die Geschichte viel besser zu Jack Unterweger passen würde, und bastelte ihre Schlagzeile samt dazugehöriger, dick aufgetragener und diesmal mit Fotos von Straßenhuren illustrierter Story.

In dieser Manier ging die gnadenlose Kriminalisierung eines Menschen tagtäglich weiter. Die »Krone« hatte in Jack Unterweger offenbar den optimalen Hauptdarsteller für ein Sex & Crime-Szenario gefunden, das wochenlang für die Titelblatt-Schlagzeile sorgte. Der Stoff für die reißerischen Artikel ging nicht aus: Am 23. Februar weiß die »Krone« in großer Aufmachung von »Fesselspielen« mit jener Prostituierten zu berichten, zu der Unterweger mit »Kapuze« gekommen sein soll, um unerkannt zu bleiben; in der Ausgabe vom 26. Februar wird ein Exklusiv-Interview mit dem »Unterweger-Jäger« der ersten Stunde, dem Salzburger Polizei-Pensionisten August Schenner, veröffentlicht, der sich von Unterwegers Täterschaft absolut überzeugt gibt.

Manche verstanden es, die Unterweger-Hysterie aufs Korn zu nehmen. Der Kabarettist Alexander Bisenz spielte in einen Sketch darauf an, warum wohl niemand mit dem Jack Unterweger in einer Schulklasse gewesen sein will. Und der bekannte Karikaturist Manfred Deix, der mit seinem hintergründig derben Stil seine Mitbürger und den »Zeitgeist« stets treffend entlarvt, zeichnete im Laufe der Unterweger-Jagd mehrere Karikaturen zu diesem Thema, die in mehreren Ausgaben der »Kronen-Zeitung« abgedruckt wurden. Die vom November 1992 paßte etwa zur Faschingssaison, indem er einen interessanten Kostümvorschlag brachte – das »Jack Unterweger«-Kostüm: Weißer Anzug, getupftes Halstuch, rote Steckblume – und mit Handschellen gefesselt ...

»Nachhilfe« für US-Cops

Es sind zwar Indiskretionen passiert, aber ich würde nicht so weit gehen und meinen, daß hier die Menschenwürde mit Füßen getreten wurde. Tatsächlich ist die Indizienlage dichter, als in den Zeitungen steht.
(Innenminister Franz Löschnak in »profil«, 9/92)

Bereits am Tag nach Unterwegers Festnahme wird vom amerikanischen Richter Magistrate William Turnoff ein erstes »Hearing«, eine im US-Recht vorgesehene Anhörung des Häftlings, anberaumt. Wegen sprachlicher Verständigungsschwierigkeiten muß es jedoch abgebrochen und vertagt werden.

Noch am selben Tag kehrt Bianca in Begleitung zweier österreichischer Kriminalbeamter nach Österreich zurück. In Wien haben die Boulevardreporter mit ihren Kameras schon Stellung bezogen, um das »Mörderliebchen« zu empfangen. Bianca erfüllt alle Erwartungen und entsteigt dem Flugzeug im hautengen roten Minikleid, mit Sonnenbrille und kecker Sportkappe. Die langen brünetten Haare hat sie zu einem Roßschwanz zusammengebunden. Sofort ist sie von Reportern umzingelt, und die Kriminalisten helfen ihr dabei, sich den Weg durch die Menge zum bereitstehenden Polizeiauto durchzukämpfen.

Schon am nächsten Tag wird sie im Sicherheitsbüro vom SOKO-Leiter persönlich zum ersten Verhör erwartet. Die junge Bianca bewahrt kühlen Kopf und verteidigt ihren Jack, von dessen Unschuld sie sich restlos überzeugt gibt. Auch öffentlich: Die zahlungskräftige »Kronen-Zeitung« bekommt das erste Interview. In der Serie »Jack und Bianca« erzählt Jacks Freundin die romantische Geschichte vom Kennenlernen in einer Wiener In-Disco über die erste Liebesnacht bis zur Flucht um den halben Erdball.

Abseits vom Medienrummel beginnt für Bianca aber wieder der Alltag. Als erstes gilt es, die von der Polizei völlig verwüstete Wohnung aufzuräumen. Viel ist nicht übriggeblieben: Die Polizisten haben nicht nur Jacks Kleidung und Unterlagen, sondern auch ihre eigenen Sachen größtenteils beschlagnahmt.

Zurück in die USA: Für den 4. März wird ein zweites Hearing im Miami Court House anberaumt, bei dem eine Dolmetscherin beigezogen wird. »Heute beginnt die Verteidigung!« ruft Jack Unterweger den Journalisten zu, die ihn filmen, wie er mit schweren Stahlfesseln an Händen und Füßen vorgeführt wird. Im Gerichtssaal herrscht dann aber Fotografierverbot. Unterweger beantragt beim vorsitzenden Richter Turnoff die sofortige Rückkehr nach Österreich. Denn er hat beschlossen, noch einmal zu kämpfen. Er will Rechenschaft ablegen und allen, vor allem den Freunden und Bekannten, die an ihn geglaubt haben, seine Schuldlosigkeit beweisen. Und er liebt seine Bianca. In einem Brief vom März 1992 schreibt er ihr hoffnungsvoll aus der Haft in Miami: »Schatz, bis Mai könnte alles vorbei sein!« So unrealistisch war das gar nicht: Nachdem die österreichischen Behörden kein Auslieferungsbegehren an die US-Justiz gestellt hatten, wäre Jack Unterweger nach Ablauf einer Frist von neunzig Tagen wieder ein freier Mann gewesen.

Doch die Überstellung sollte sich noch um Monate verzögern. Zuerst war es wegen einer vergleichsweise geringfügigen Übertretung der US-Einreisebestimmungen. Denn Jack Unterweger hatte den US-Behörden schon im Sommer 1991 und jetzt wieder im Februar 1992 seine Vorstrafen verschwiegen. Das kann theoretisch mit bis zu fünf Jahren Freiheitsstrafe geahndet werden.

Mitte März kommt es dann aber zu einer überraschenden Wende: Jack Unterweger werde vorläufig doch nicht nach Österreich überstellt, heißt es, da er nun auch in den USA wegen mehrerer Prostituiertenmorde verdächtigt werde! Der Hintergrund: Längst hatten sich die österreichischen Ermittler auch in den USA eingeschaltet. Und die ließen ihre amerikanischen Kollegen nicht darüber im unklaren, welch »dicken Fisch« sie da an der Angel hatten. Der in Österreich »dringend tatverdächtige Prostituiertenmörder« habe sich nämlich im Sommer 1991 nachweislich ganze fünf Wochen im Raum L.A. aufgehalten – da wäre ja anzunehmen, daß er auch dort gemordet haben könnte. Auch über Unterwegers Vorleben werden die Amerikaner »aufgeklärt«: Unterweger habe schon 1974 eine »achtzehnjährige Prostituierte auf dieselbe Weise« ermordet, erfahren die US-Cops von ihren österreichischen Kollegen. Und nicht nur vom »dringenden Prostituiertenmordverdacht« werden die Amerikaner informiert: Unter all den Dokumenten, die den US-Ermittlern übergeben werden, findet sich auch der Hinweis auf einen »Anfangsverdacht« gegen Unterweger im Fall des Mordes an Nicole Strau, die erst neun Jahr alt gewesen war ...

Die solchermaßen alarmierten L.A.-Cops leiten Überprüfungen in Hinblick auf ungeklärte Prostituiertenmorde im Zeitraum Juni und Juli 1991 ein, als Unterweger in Los Angeles weilte. Die »US-Hauptstadt des Verbrechens« hat eine der höchsten Mordraten der Welt: Der Jahresdurchschnitt liegt bei 1 500 Morden. Am meisten trifft es erwartungsgemäß die gefährdetste Gruppe, die Prostituierten: Rund 300 fallen jährlich einem Mord zum Opfer. Und allein im Sommer 1991, als Unterweger dort war, hatte es im Großraum L. A. rund vierzig Prostituiertenmorde gegeben.

Mindestens drei in Los Angeles und acht in der rund 30 Kilometer entfernten Nachbarstadt Riverside lassen sich denn auch zeitlich und örtlich mit Unterweger in Bezug bringen. Und schon titelt die »Kronen-Zeitung« am 11. März 1992: »USA: Drei Dirnen erwürgt wie in Wien und Graz!« Ein »FBI-Marshal« soll »Parallelen« zwischen den Morden in den USA und Österreich gefunden haben und die »Auslieferung« verzögern, heißt es im Text. Unerwähnt bleibt, daß die österreichischen Behörden zu diesem Zeitpunkt noch nicht einmal ein Auslieferungsbegehren gestellt hatten.

Bei den anderen acht Morden drückt man sich noch etwas vorsichtiger aus: »Zumindest für einen Teil der acht Morde in Riverside soll es Verdachtsmomente geben, aufgrund derer Jack Unterweger ebenfalls als Täter in Frage kommen könnte«, schreibt die »Kronen-Zeitung« vom 20. März 1992. Doch in diesen ebenfalls »parallelen« Mordfällen – die acht Prostituierten waren genauso erdrosselt und nackt oder halbnackt aufgefunden worden – wird der Verdacht gegen Unterweger bald ohne viel Aufsehen wieder fallengelassen. Die Täter können überführt werden.

Auch ansonsten erfährt die österreichische Öffentlichkeit so gut wie

Der Fall Jack Unterweger | 39

nichts von den wahren Hintergründen und Zusammenhängen der Ermittlungen in den USA. Einige Medien verstehen es, geschickt den Eindruck zu erwecken, daß nun auch das »FBI« hinter Unterweger her sei. In der »Kronen-Zeitung« vom 12. März wird der US-Chefermittler Miller zitiert: »Die Verbrechen tragen die Handschrift eines Serienkillers!« Nun, Miller konnte sich bei seinen Aussagen nur auf jene Informationen stützen, die er von den SOKO-Leuten erhalten hatte. Und die waren zum Teil schlichtweg falsch: Für Miller war es klar, daß Unterweger bereits einmal nachweislich »eine 18 Jahre alte Prostituierte stranguliert« habe. Und: »Riedinger [ein Mitglied der SOKO, Abschnitt Niederösterreich] gab weiters an, daß alle Mordfälle in Österreich an Prostituierten begangen wurden, welche entweder mit ihren Büstenhaltern oder Strumpfhosen stranguliert wurden.« All diese Zitate entstammen den gerichtlich protokollierten, beeideten Aussagen der leitenden US-Ermittler Fred Miller, Dieter H. Thurman und James Harper vom Oktober 1992, als das Grazer Gericht zu »Erhebungen« in die USA reiste. James Harper vom L.A. Police Department war aufgrund dieser Fehlinformationen durch die österreichische Polizei zu diesem Zeitpunkt sogar immer noch der Meinung, Unterweger sei »1976 wegen Mordes an einer Prostituierten zu lebenslangem Kerker« verurteilt worden. Nur: Auch den österreichischen Ermittlern war bei den meisten Mordopfern nicht einmal die tatsächliche Tötungsart bekannt. Und schon gar nicht konnte davon gesprochen werden, daß eine Prostituierte »mit einem BH erdrosselt« worden sei – ein derartiges Mordwerkzeug spielte in keinem einzigen der österreichischen Fälle eine Rolle.

Was der österreichischen Öffentlichkeit weiters verborgen blieb: In Wirklichkeit war sich auch die US-Polizei wegen des Verdachts gegen Unterweger gar nicht so einig. Vor allem hatte man die drei Morde, die man jetzt zeitlich und örtlich Jack Unterweger zuordnete, ursprünglich in Zusammenhang mit einem vierten Mordfall gesehen. Der passierte allerdings einen Tag, bevor Unterweger in L. A. ankam. Der Mord, der wegen der »auffälligen Gemeinsamkeiten« mit den anderen drei, jetzt Unterweger angelasteten Fällen von ein und demselben Täter verübt worden sein soll, wurde kurzerhand aus der »Serie« ausgeschieden. Nur »profil« (38/92 und 42/92) berichtete über diese seltsame Vorgangsweise der US-Polizei.

Dafür erwachte jetzt auch an der amerikanischen Westküste ein verstärktes mediales Interesse für den Literaten aus Österreich – wenn auch vor allem auf Boulevardniveau. In der »Los Angeles Times« vom

13. März 1992 etwa findet sich ein ausführlicher Bericht über die Person des Jack Unterweger, wobei Dichtung und Wahrheit sich zu einer farbenfrohen Geschichte verdichten: Er sei der »Sohn einer Prostituierten«, der seine Kindheit im Prostitutionsmilieu »in der Steiermark« verbracht habe, und wieder einmal taucht die mittlerweile unausrottbar gewordene Behauptung auf, Unterweger habe bereits »1973« »in Österreich« eine »Prostituierte« »erwürgt«. Sogar beim Zeitpunkt und Ort der Tat irrt der Redakteur. Doch solche kleinlichen Details sind wohl nicht wichtig, wenn es um eine fesselnde Zeitungsstory geht.

Ein Anwalt wird aktiv

Inzwischen war ein Anwalt auf den Plan getreten: Dr. Georg Zanger (47), Sproß einer alteingesessenen Wiener Anwaltsfamilie. Er hat sich vor allem auf den Gebieten des Medienrechtes und des Urheberrechtes einen Namen gemacht; als Strafverteidiger hatte er bislang aber kaum agiert. Jack Unterweger war auf ihn schon Jahre zuvor über Vermittlung des Steiner Gefängnisdirektors gestoßen, der ihn als Künstleranwalt empfahl; später unterstützte Zanger Jack Unterweger in dessen Bestrebungen um die bedingte Entlassung.

Und auch jetzt muß Zanger dem erneut einsitzenden Unterweger wie ein rettender Engel erschienen sein: Er jettete von sich aus in die USA, um seinem Mandanten beizustehen. Der Deal, der im Knast von Miami beschlossen wird: Zanger verteidigt kostenlos, dafür erhält er die Film- und Verwertungsrechte an der »Jack Unterweger-Story«.

Zunächst galt es aber vor allem auf dem Gebiete des Medienrechtes aktiv zu werden: Wegen der zahllosen massiv vorverurteilenden Berichte der »Kronen-Zeitung« brachte Zanger gleich mehrere Medienklagen gegen das Massenblatt ein. Mit Urteilen des Landesgerichts für Strafsachen Wien vom 14. Mai und 9. Juli erwirkte der Anwalt eine Entgegnung, die sich gewaschen hatte – vier ganze Seiten, auch das Titelblatt, mußte die »Krone« dem Entgegnungstext widmen! Die »Kronen-Zeitungs«-Ausgabe vom 15. Juli 1992 erschien daher in spektakulär »verunstalteter Form« (so der entsetzte Herausgeber dieser auflagenstärksten österreichischen Tageszeitung). Dabei mußte die Zeitung nicht nur allerlei Unwahrheiten richtigstellen – Unterweger hat nach seiner Entlassung keine einzige Frau gewürgt und auch niemals gesagt, daß er dazu »das Bedürfnis habe«, er war niemals Kunde bei der ermordeten

Prostituierten Prem, er hatte nicht die »selbe Blutgruppe wie der Mörder«; auch so »kleinliche« Details, wie jenes, daß Unterweger einen Mithäftling »verpfiffen« oder »in einem Lokal mit einer Pistole gefuchtelt« habe, um »toll zu wirken«, mußten penibel aufgelistet und widerrufen werden. Tags darauf konnte bereits ein »stürmisches Echo von Lesern« vermeldet werden, die sich ob der »Entgegnungs-Orgie« eines unter dem »dringenden Verdacht des Massenmordes« stehenden Mannes »tief empört« gezeigt hätten. Und schon wird der Spieß umgedreht: Unter der fetten Überschrift »Fall Unterweger: Gericht lobt faire ›Krone‹-Berichte« wird aus einem anderen Gerichtsurteil zitiert, das eine der Zanger-Klagen abgewiesen hatte. In den folgenden Ausgaben erhielt Jack einen neuen Beinamen: Jack, the Flipper ...

Medienprozesse erweisen sich eben nicht immer als Mittel, um eine ausgewogenere Berichterstattung zu erwirken – die mächtigen Medien sehen es nicht gerne, wenn man ihre Methoden angreift und können tödlich beleidigt reagieren. Keineswegs soll hier der Eindruck entstehen, daß alles von einer einzigen Tageszeitung ausging. Andere Medien verstanden es, mit raffiniert gewählten Worten zu formulieren, was nicht nur in seiner Wirkung auf den Leser gefährlicher, weil weniger leicht durchschaubar, sondern vor allem auch nicht klagbar war. Und so waren Zangers Bemühungen, den Schaden, den die Massenmedien angerichtet hatten, durch Klagen und Entgegnungen zu reparieren, von vornherein zum Scheitern verurteilt.

In amerikanischen Gefängnissen sind »offene« Besuche möglich, ohne Gitter und Absperrungen, und auch die Besuchszeiten sind sehr großzügig geregelt. Noch im März 1992 fliegt Bianca nach Miami, um ihren Jack im »MCC« zu besuchen. Sie darf sechs Stunden bei ihm bleiben. Die Fotos vom Häftling, der seine Braut umarmt und küßt, werden später in Illustrierten veröffentlicht. Telefonieren ist in US-Gefängnissen überhaupt unbegrenzt möglich. Und so rufen auch Journalisten aus Deutschland und Österreich an. Zu einem sagt Jack: »Sie können mich einsperren. Aber meinen Stolz, mein Herz, kriegen's nicht. Meinen Kopf hat Gott, und der weiß, daß ich nicht der Täter bin ...« und bricht in Tränen aus.

»... eindeutige Beweise!«

Während Jack Unterweger in einer der engen, klimatisierten Gefängniszellen des MCC auf die Entscheidung der Behörden wartet – als mutmaßlichen »Serienkiller« hat man ihn im Sondertrakt für »Dangerous Criminals« untergebracht –, wird die österreichische Öffentlichkeit fast täglich mit neuen Schlagzeilen wie »Fahnder: Wir fanden eindeutige Beweise!« (»Kurier«, 6.3.1992) bombardiert. Ein in den Medien immer wieder mit dem Satz »Das Wie ist uns bekannt, wir haben eine lückenlose Indizienführung. Nur das Warum fehlt uns noch« zitierter »erfahrener Kriminalist« erweckt den Eindruck, daß eine erdrückende Beweislage vorliegen müsse.

In Wirklichkeit ließen konkrete Ermittlungsergebnisse aus den USA jedoch auf sich warten. In zwei Mordfällen von Los Angeles waren DNA-Spuren vorhanden. Unterweger beantragt daraufhin beim Richter die Abnahme von Blutproben zur Durchführung einer DNA-Vergleichsanalyse, die seine Schuldlosigkeit beweisen soll. Am 2. April prangt dann die Schlagzeile am Titelblatt der »Kronen-Zeitung«: »USA: Jack hat selbe Blutgruppe wie der Mörder!« Andere Massenblätter schreiben die Sensationsmeldung ab, auch das Fernsehen berichtet. Die »Krone« dürfte offensichtlich einer Verwechslung aufgesessen sein. Staatsanwalt Montagna hatte nämlich wenige Tage zuvor verlautbart: »Jack hat die gleiche Blutgruppe wie das Opfer« – gemeint war die ermordete Shannon Exley, bei der man Spermaspuren gefunden hatte.

Die Neunzig-Tage-Frist drohte inzwischen unweigerlich abzulaufen. Für den zuständigen District-Staatsanwalt Michael Montagna war die Sache schon erledigt: Aufgrund mangelnder Beweise gegen Unterweger hatte er sich geweigert, dem Anklagewunsch der Polizei Rechnung zu tragen. Offenbar brauchten die erfolglosen US-Cops ein wenig »Nachhilfe« von ihren österreichischen Kollegen.

Tatsächlich kann SOKO-Leiter Geiger das Innenministerium von der Notwendigkeit einer Dienstreise in die USA überzeugen, die er am 7. April 1992 mit drei seiner SOKO-Leute (Werner Windisch von der Kriminalabteilung Niederösterreich, Franz Brandstätter von der Mordkommission Graz und Kurt Obergschwandtner von der Kriminalabteilung Bregenz) antritt. In Los Angeles führen die österreichischen Kriminalisten dann eingehende Gespräche mit den dortigen leitenden Polizeisergeants Fred Miller, James Harper und Dieter H. Thurman. Dabei verstehen sie es zweifellos, ihre amerikanischen Kollegen in ihren »Verdachtsmomenten« zu bestärken: »Die Polizei in L. A. betrachtet Jack Unterweger in drei Fällen mit Sicherheit als Täter«, schreibt der SOKO-Leiter am 9. April 1992 selbstbewußt an den Grazer Untersuchungsrichter Wladkowski. Noch im Oktober 1992 klingt US-Chefermittler Harper aber ganz anders: »Es kann weder ausgeschlossen werden noch liegen im Moment ausreichende Beweise vor, um bestimmt sagen zu können, er ist verdächtig«, erklärt er der Grazer Gerichtskommission unter Eid.

Die Rolle der SOKO bei US-Ermittlungen gegen Unterweger läßt sich auch aus einem vertraulichen Bericht vom 25. April 1992 von SOKO-Leiter Geiger an das Wiener Innenministerium herauslesen: »Es wäre den amerikanischen Polizeibeamten aber nicht möglich gewesen, ohne Unterstützung der österreichischen Kommission entsprechende Verfolgungsanträge beim Staatsanwalt durchzusetzen«, heißt es dort.

Untersuchungsrichter Wladkowski ist beeindruckt: Noch ohne Kenntnis der US-Akten und ohne ein entsprechendes Rechtshilfeansuchen an die US-Behörden gestellt zu haben, teilt er dem in den USA weilenden SOKO-Leiter per Fax mit, daß er die Voruntersuchung per 16. April 1992 auf die drei amerikanischen Mordfälle ausgedehnt habe, und ersucht ihn, die bezughabenden Polizeiakten zu beschaffen.

Erst jetzt stellt Wladkowski über das Justizministerium ein formelles Auslieferungsbegehren. Ob die darin angeführten »Indizien« einer Prüfung durch die US-Behörden standgehalten hätten, ist mehr als fraglich. Neben Schenners Aktenvermerk, der Unterweger ja zwei Vorstrafen wegen Prostituiertenmordes andichtet, der polizeilichen »Serienkiller«-Theorie und einigen Nuttenaussagen werden die US-Behörden sogar mit literarischen Ergüssen beglückt: Unter den mitgeschickten Dokumenten befindet sich etwa ein Manuskript, das Unterweger angeblich schon zu Haftzeiten verfaßt haben soll. Darin werden Haßgefühle gegen Prostituierte geschildert. Der Autor beschreibt, wie er eine Frau würgte und dann »gleichsam erwachte und erstaunt war, diese Tat begangen zu haben, zumal ihm diese Frau hierzu keinen Anlaß gegeben hatte«. In der Tat stammte der Text aus Unterwegers Wohnung, wo ihn die Kriminalisten mit unzähligen anderen Texten beschlagnahmt hatten. Der Autor war allerdings – nicht Jack Unterweger, sondern eine junge deutsche Nachwuchsliteratin, die den Text zur Veröffentlichung in der Literaturzeitschrift »Wortbrücke« eingeschickt hatte.

Wofür vor lauter Informationsgesprächen und Berichten an Justiz und Ministerium offenbar keine Zeit mehr blieb: Eine Vernehmung des in Miami einsitzenden Häftlings Unterweger durch die österreichischen Ermittler kam während der zehntägigen Dienstreise nicht zustande.

Chefermittler im US-TV

Dafür sind die SOKO-Leute Gesprächen mit den Medien nicht abgeneigt. SOKO-Leiter Ernst Geiger tritt etwa im amerikaweit ausgestrahlten TV-Sender »Hard Copy« auf, der von »lückenlosen Beweisketten« gegen Jack Unterweger zu berichten weiß.

Dieser mediale Wirbel kam der US-Polizei, die sich mit der »Abfuhr« Montagnas nicht zufriedengeben wollte und sich an die nächsthöhere Anklageinstanz gewandt hatte, sehr entgegen. Das kann man auch dem erwähnten Bericht des SOKO-Leiters Geiger an das Innenministerium vom 25. April entnehmen: »Aufgrund der breiten Medienberichterstattung über den Fall Unterweger und die Arbeit der Sonderkommission in Los Angeles wurden in der Folge vom US-Justizministerium die Einleitung der gerichtlichen Untersuchung und die Vornahme der DNA-Analyse angeordnet. Die bereits eingeleiteten Maßnahmen zur Überstellung des Unterweger nach Österreich wurden widerrufen.« Der Hintergrund: Der inzwischen eingeschaltete Bundesstaatsanwalt in Washington hatte sich bis zum Einlangen der DNA-Untersuchungsergebnisse gegen eine Überstellung ausgesprochen.

Das Zauberwort DNA geistert bald auch durch die Medien. In der Sendung »Inlandsreport« vom 23. April 1992 läßt Geiger angebliche »DNA-Beweise« durchblicken:

Geiger: *Wir haben genug Beweise, um hier sinnvoll weiterarbeiten zu können. Aber, wie gesagt, über die Beweise im konkreten möchte ich hier nicht sprechen.*
Interviewer: *Haben Sie konkrete Beweise aus der genetischen DNA-Untersuchung?*
Geiger: *Ja.*
Interviewer: *Können Sie mir sagen, was das ist?*
Geiger: *Ah, das möchte ich hier nicht sagen. Nur, eine DNA-Analyse kann hier sicherlich sehr aufschlußreiche Beweise für uns bringen.*

Der Fall Jack Unterweger | 45

Nun, das DNA-Untersuchungsergebnis langte in einem Fall (betreffend den Mord an Irene Rodriguez) im Mai, in einem anderen Fall (betreffend den Mord an Shannon Exley) gar erst im Juni 1992 bei Gericht ein. Und: Beide entlasteten Unterweger ganz klar.

Zur wenig anklagefreudigen Haltung des Staatsanwalts befragt, verwies der SOKO-Leiter im selben Interview auf angebliche »Opportunitätsgründe« – Montagna wolle deshalb keine Anklage, weil er für politische Wahlen kandidiert habe. Dieser Vorwurf gegenüber dem »unwilligen« US-Staatsanwalt konnte jedoch spätestens bei der Einvernahme eines amerikanischen Cops im Rahmen der USA-Reise der Grazer Gerichtskommission, an der neben den SOKO-Kriminalisten auch Anwalt Zanger teilnahm, widerlegt werden: Es lagen demnach eben keine Fakten, Beweise oder auch nur Indizien vor, die in den Augen der US-Behörden eine Anklage gerechtfertigt hätten.

In der österreichischen Öffentlichkeit wurde aber ein ganz anderer Eindruck erweckt: »Knalleffekt im Fall Unterweger: Doch keine Auslieferung! Vor Haftbefehl in USA« heißt die Schlagzeile der »Kronen-Zeitung« am 17. April 1992. Und: »Jack droht jetzt die Todesstrafe!« – die ja im Bundesstaat Florida heute noch gilt. »Unsere Arbeit war ein Riesenerfolg! Wir konnten bei den drei Prostituiertenmorden in Los Angeles umfangreiches Indizienmaterial gegen Jack Unterweger sichern«, jubeln die aus den USA zurückgekehrten SOKO-Kriminalisten tags darauf in derselben Zeitung und posieren mit freudigen Gesichtern am Wiener Flughafen für die Pressefotografen. »Mit 90 Prozent rechnen die Kriminalisten nun, daß gegen Unterweger nach Ablauf der 90tägigen Auslieferungshaft ein US-Haftbefehl ausgestellt wird« (»Kurier«, 17.4.1992). Und auch in der »Kleinen Zeitung« heißt es an diesem Tag unter dem Titel »Erfolgreiche Recherchen in L. A.«: »Die Kriminalisten wiesen auf die sehr gute Zusammenarbeit mit den amerikanischen Kollegen hin.« Schlußsatz: »Eine Abschiebung nach Österreich ist in weite Ferne gerückt.«

Wie gut die Kooperation mit den US-Polizeisergeants funktioniert haben dürfte, geht auch aus einem persönlich an Geiger gerichteten Schreiben von Fred Miller von Anfang Mai 1992 hervor, wo dieser sich für die »Zusammenarbeit« bedankt und unter anderem schreibt: »Ich glaube, nachdem zwischen unseren beiden Ländern derartige Kontakte geknüpft wurden, wird es möglich sein, Herrn Unterweger für den Rest seines Lebens hinter Gitter zu bringen, oder vielleicht kann er sogar zur Gaskammer hier in den USA verurteilt werden.« Miller schreibt weiter, er hätte Unterweger erst »zur Vernunft« bringen müssen: Indem er ihm angedroht habe, »höchstpersönlich« die Proben für die DNA-Untersuchung zu entnehmen, sollte er sich weigern. Allerdings hatte Jack Unterweger nachweislich schon Wochen zuvor beim Richter den Antrag auf Abnahme von Blutproben zur Durchführung der DNA-Analyse gestellt.

Keine Anklage in den USA

Staatsanwalt Montagna läßt sich auch durch mehrere Arbeitsgespräche mit den ermittelnden US-Polizisten nicht umstimmen. Inzwischen ist nämlich auch das Ergebnis der DNA-Analyse im Mordfall Rodriguez eingetroffen, wo man Haar- und Hautspuren beim Opfer gefunden hatte: Jack Unterweger war demnach als Verursacher dieser Spuren, die auch nicht vom Opfer selbst stammten, zu 100 Prozent auszuschließen.

Nach eingehendem Studium der Akten bleibt der Staatsanwalt dabei: Es gibt überhaupt keine Fakten, die eine Anklage gegen Unterweger gerechtfertigt hätten. »Ohne ein Minimum an Beweisen machen wir das nicht. Ein Richter würde den Fall abweisen, auch nach einer DNA-Analyse«, meint Montagna zu »profil« (42/92).

Die Weigerung des Staatsanwalts, den Fall gerichtsanhängig zu machen, kommt in den USA einer Verfahrenseinstellung gleich. Und nicht nur für Montagna ist die Beweislage unzureichend: Auch die Oberinstanz spricht sich gegen eine Anklage in einem Fall aus, in dem die Ermittler nicht einmal ein Minimum an Beweisen oder auch nur handfeste Indizien vorlegen konnten.

Also kam, entgegen den anderslautenden Ankündigungen der SOKO-Heimkehrer, doch nur die Überstellung nach Österreich in Frage. Am 14. April meldet SOKO-Leiter Geiger ans Wiener Innenministerium: »Die Zustimmung des US-Justizministeriums [zur Überstellung nach Österreich] wird von einem schriftlichen Bericht der Staatsanwaltschaft L. A. abhängig gemacht, worin ausdrücklich festgehalten werden müsse, daß die Untersuchungen in L. A. abgeschlossen sind und eine Anklage nicht erhoben wird.«

Am 8. Mai wendet sich der Häftling Unterweger brieflich an den Richter Turnoff. Er ersucht um sofortige Erhebung der Anklage, um sich gegen die Vorwürfe endlich verteidigen zu können, andernfalls aber um sofortige Rücküberstellung nach Wien.

Für den 22. Mai setzt Magistrate Turnoff um 14 Uhr ein drittes Hearing an. Die Ermittler haben in den drei US-Mordfällen noch immer kein stichfestes Beweismaterial vorlegen können, weshalb die Polizeibehörde von Los Angeles auch keinen Haftbefehl ausgestellt hat. Dafür hat die Staatsanwaltschaft von L. A. ausdrücklich erklärt, »bei dieser Beweislage auf keinen Fall« Anklage zu erheben. Der Richter lehnt eine weitere Anhaltung des Häftlings ab und ordnet an, daß er binnen 72 Stunden freizulassen sei, sollte vorher kein Beweismaterial vorliegen. Das letzte, für den 27. Mai um 17 Uhr anberaumte Hearing kommt nicht mehr zustande. Jack Unterweger wird von zwei Beamten des Miami-Marshal-Service aus dem Gefängnis abgeholt und zum Flughafen gebracht. Via New York bringen sie ihn in einer Sondermaschine der »Delta-Airlines« – die vorgesehene Maschine der »Austrian Airlines« war von Journalisten des Wiener »Kurier«, die von der geplanten Überstellung Wind bekommen hatten, ausgebucht worden – nach Wien-Schwechat. Dort kommt Jack am 28. Mai 1992 um 8 Uhr 30 morgens an.

Vor der Gangway erwarten ihn schon die Beamten der Grazer Mordkommission – und eine ganze Horde Pressefotografen. Jack wird sofort festgenommen und in Handschellen in einem Kleinbus der Polizei ins Grazer Polizeigefängnis eskortiert. Ohne vorheriges Verhör im Wiener Sicherheitsbüro, auf das die Wiener Beamten eigentlich gehofft hatten.

»In zwei Fällen gibt es Sachbeweise!«

Für die in den letzten Monaten mit Schlagzeilen von »eindeutigen Beweisen« und sogar einer drohenden »Todesstrafe« bombardierte Öffentlichkeit war das plötzliche »Jack is back!« (»profil« 23/92) überraschend gekommen. Vielleicht, um möglichen Zweifeln vorzubeugen, läßt der Pressesprecher des Grazer Straflandesgerichts, Dr. Winfried Enge, öffentlich verlautbaren: »In zwei Fällen gibt es Sachbeweise!« Welche »Beweise« er damit meinte, wollte er freilich nicht verraten.

Am Freitag, dem 29. Mai um 8 Uhr 30 verhängt Untersuchungsrichter Wladkowski, der durch seinen Haftbefehl die örtliche Zuständigkeit des Grazer Straflandesgerichts begründet hatte, per Beschluß formell die ordentliche Untersuchungshaft über Jack Unterweger. Er wird ins landesgerichtliche Gefangenenhaus Graz-Jakomini eingeliefert.

Dort beginnt für Jack das lange Warten. Die in seiner Verteidigungsschrift aus Miami geäußerte Befürchtung, daß die »Untersuchungshaft ewig« dauern würde, sollte sich bewahrheiten ...

Soweit das dramatische Finale einer Flucht. Doch das »Drama Jack Unterweger« begann noch viel früher. Drehen wir die Zeit um vierzig Jahre zurück ...

EINE REISE INS ZUCHTHAUS

»Hurenbankert«

Ich war kein Bub mehr, ich war ein Biest, ein Teufel, ein vergreistes Kind, dem es gefiel, schlecht zu sein. Ich war längst tränenlos geworden, Opas Prügel wich ich aus, oder ertrug sie hassend, innerlich verbrennend.
(Aus Jack Unterwegers Autobiographie »Fegefeuer oder die Reise ins Zuchthaus«)

Er war noch nicht geboren, doch schon hinter Gittern. Seine Mutter war mit ihm schwanger, als sie im März 1950 wegen mehrerer Betrugsdelikte ins landesgerichtliche Gefangenenhaus Klagenfurt eingeliefert wurde. Im August wurde sie vorzeitig entlassen, um wenigstens dem Kind »einen ordentlichen Start ins Leben« zu ermöglichen. Eine Hoffnung, die sich nicht erfüllen sollte.

Er wird am 16. August 1950 im steirischen Judenburg geboren, wo seine Mutter gerade auf Durchreise ist. Vom Vater, angeblich einem amerikanischen Besatzungsoffizier, fehlt jede Spur. Das Kind ist erst wenige Wochen alt, als seine Mutter wieder eine Haftstrafe antreten muß. Der Säugling, dem die Behörden wegen seiner Herkunft den Namen »Jack« verpassen, wird beim »Filzmoosbauer« von einer Elisabeth W. versorgt. Die erinnert sich heute nicht einmal mehr an den Namen ihres damaligen Pflegekindes. Weitere Pflegeplätze folgen, bis Jack 1952 von der Fürsorge zu seinem Großvater Ferdinand Wieser gebracht wird. Der haust im Kärntner Wimitztal, ein abgelegener, herber Einschnitt zwischen Gurk und Kraig. Hier, wo es bis zum Jahre 1958 weder befestigte Straßen noch Elektrizität gab, hat sich Wieser Anfang der 30er Jahre seßhaft gemacht. Hat ganz allein inmitten der kargen Einöde, nahe dem Wimitzbach, seine kleine Holzkeusche gezimmert. Die einzigen Nachbarn: Ausgegrenzte, aus der Stadt Vertriebene wie er. Wieser lebt vom Korbflechten, Stehlen und Betrügen beim Kartenspielen, trinkt viel und gerne, probiert eine Frau nach der anderen, weshalb sein Haus im Ort nur noch »Weibertauschzentrale« genannt wird, ist jähzornig und sabbert seit einer Rauferei aus dem heruntergezogenen Mundwinkel. Daß die Fürsorge den eineinhalbjährigen Jack gerade ihm »in Obhut« gibt, dürfte ihn zwar verwundert haben. Gewehrt hat er sich aber nicht. Die von der Fürsorge bezahlten 100 Schilling Unterhaltsbeitrag pro Monat werden für die nächsten Jahre sein einziger fixer »Lohn«.

Der kleine Jack bekommt seinen Schlafplatz im hölzernen Ehebett, wo auch der Großvater und seine wechselnden Frauenbekanntschaften nächtigen. Der Großvater nennt ihn nie beim Namen, sondern »Bua«, und, wenn er besoffen ist, und das ist oft der Fall: »Hurenbankert«. Später, als Jack zur Volksschule hinauf nach Pisweg geht – jeden Tag zwei Stunden Marsch über einen steilen Steig –, bezieht er die winzige, feuchte Dachkammer. Ottilie Vitztum, Jacks Volksschullehrerin, erinnert sich: »›Körbler-Brut‹ wurde Hansi von seinen Schulkameraden geschimpft.« »Hansi« war schlecht gekleidet, sprach anders, roch anders, denn von Körperhygiene hielt der Großvater nicht viel. Und wie instinktiv hob der Bub immer wieder die Hände über den Kopf, um sich vor vermeintlich drohenden Schlägen zu schützen. Gegen die echten Schläge des Großvaters war der Sechsjährige aber machtlos: »Schürhaken waren seine bevorzugten Zuschlaginstrumente. Er machte keinen Unterschied zwischen mir und meinen häufig wechselnden Zeitmüttern. [...] Verschlagenheit rettete mich vor dem Werden zur jammernden Kreatur«, schreibt Jack Unterweger zwei Jahrzehnte später in seinem autobiographischen Roman »Fegefeuer«. Immer wieder flüchtet das geschlagene Kind in den Wald in eine selbstgebaute Schutzhöhle oder es läßt seine ohnmächtige Wut an den Ratten aus, von denen es überall in der Keusche wimmelt. Sein einziger Freund ist ein im Wald wildernder Hund. Über seine Mutter erfährt der kleine Jack nur: »Die Hur' ist in der Stadt!« Einmal zeigt ihm der Großvater Aktfotos von ihr. Das Kind empfindet die für ihn unbekannte, nackte junge Frau als wunderschön, und in seinem noch unreifen Gehirn setzt sich der Gedanke fest: Ich will sie suchen, bis ich sie finde.

Der Großvater schimpft auf »die da oben«, die so einem wie ihm ohnehin keine Chance ließen. Er kann aber auch lieb sein und bastelt etwa wunderschönes Holzspielzeug für seinen Enkel. Dafür muß der Kleine ihm dann beim Kartenspiel-Betrügen helfen. Schon als Fünfjähriger darf er Schnaps mittrinken, und wenn er dann torkelt und umfällt, lachen die Erwachsenen. Die Höhepunkte im Leben des kleinen Buben sind aber die Ausflüge zu Diebstouren und Trinkgelagen in der Stadt. Die Lehrerin Ottilie Vitztum schreibt in die Schülerstammkarte: »Nicht tragbare familiäre Verhältnisse. Kleiner Störenfried in der Klasse. Nimmt es mit der Wahrheit nicht so genau.«

Als der Großvater im Sommer 1958 von seiner damaligen Lebensgefährtin verlassen wird, kippt die Situation endgültig. »Da hat er immer mehr gesoffen.« (Charlotte Auer, Tochter von Wiesers Lebensgefährtin). Aufgrund anonymer Anzeigen wird Jack am 27. September 1958 seinem Großvater weggenommen. Er landet zunächst bei seiner Großtante Juliane Wieser im kärntnerischen Straßburg, dann bei einer aus Slowenien zugezogenen Pflegefamilie in Liebenfels. Sie verstehen seine Sprache kaum, er die ihre nicht, und so bleibt das Kind Jack auch dort ein Fremder. In dieser Zeit sieht der inzwischen Zehnjährige seine eigene Mutter zum ersten Mal – ein für ihn prägendes Ereignis. Sie bleibt aber nur wenige Tage im Ort. Eines Morgens ist sie abschiedslos verschwunden. Die Rechnungen im Greißlerladen, wo sie »anschreiben« hat lassen, müssen von der bitterarmen Pflegemutter bezahlt werden. Auch einen billigen Fotoapparat, den einzigen Besitz des Kindes, hat die Mutter mitgenommen.

Alle fühlen sich mit der Erziehung des »Fürsorgebalgs« hoffnungslos überfordert: »Fürsorgekind, ständig in Bewegung, muß oft ermahnt werden«, steht im Zeugnis. Schon nach einem Jahr wird Jack wieder aus seiner Umgebung herausgerissen. Das Jugendamt verfrachtet ihn diesmal in das Kinderheim der evangelischen Stiftung de la Tour in Treffen. Jack, als Nr. 2055 geführt, ist auch dort nur eine Nummer, mit der man nichts anfangen kann. Zitat aus dem »kleinen Entlassungszeugnis« der Hauptschule St. Veit: »Heimzögling mit den dafür typischen Manieren, klobig und nicht ganz offen, neigt zum Murren.«

Der Vierzehnjährige, der zu alt fürs Heim geworden war und deshalb die Hauptschule ohne Abschluß beenden mußte, beginnt eine Kellnerlehre im Hotel »Weißes Lamm« in St. Veit. Bis zu einem Vorfall im März 1966: Einer Arbeitskollegin fehlen 500 Schilling. Sofort fällt der Verdacht auf den Sprößling der »Körbler-Sippschaft«. Er fliegt aus seiner Lehrstelle.

Die Knasterziehungsanstalt

Nach dem Rausschmiß aus der Lehre will die Fürsorge den schwierigen Buben möglichst weit weg haben, erzählt Jacks damalige Fürsorgerin Emilie Beidernickl aus St. Veit. Man vermittelt ihm eine Lehrstelle im

Hotel »Schwarzer Adler« in St. Anton in Vorarlberg. Dort fliegt er hinaus, nachdem er sich in seiner Freizeit gemeinsam mit zwei Freundinnen provokant an einen Tisch gesetzt hatte, um sich vom Ober bedienen zu lassen. Jack kehrt nach St. Veit zurück, wo er einen Kellnerjob im Hotel »Stern« annimmt. Im November 1966 endet für Jack dieser noch halbwegs bürgerliche Lebensabschnitt. Wegen Diebstahls von dreihundert Schilling aus der Brieftasche eines Polizisten wird er vom Bezirksgericht St. Veit an der Glan in die Anstalt für schwer erziehbare Burschen nach Kaiserebersdorf bei Wien eingewiesen. In der Begründung des Gerichts heißt es: »Nach eigenen Angaben des Beschuldigten und nach den Angaben des Bezirksjugendamtes St. Veit/Glan hat der Beschuldigte keinen eigentlichen Wohnsitz. Er ist ein außereheliches Kind, kennt seine Mutter nicht und weiß auch nicht, wo sich diese aufhält. Sie hat sich nie um ihn gekümmert, und er wurde auf verschiedenen Pflegeplätzen großgezogen. Er hat sich in Lehre befunden und das Kellnergewerbe erlernen wollen. Aus vier Lehrstellen wurde er entlassen, weil man mit ihm nicht zufrieden war und ihm insbesondere anlastete, daß er Diebstähle begangen habe. Zweifellos liegt daher beim Beschuldigten ein schwerster Erziehungsmangel vor. Der Beschuldigte war daher in die Bundeserziehungsanstalt einzuweisen, weil dort die Hoffnung besteht, ihn noch auf den rechten Weg zu weisen.« (Bezirksgericht St. Veit an der Glan, U 463/66).

Die Wirklichkeit sah anders aus, wie mir Franky D., der mit Jack Unterweger ein Jahr in »KE« verbrachte, erzählte. In »KE« verrichteten die jugendlichen Gestrauchelten typische Knastarbeit wie Herstellung von Papiersäcken oder Straßenreinigungsbürsten. Der Lohn: Zwei Zigaretten täglich. Auch in der Landwirtschaft wurden sie als billige Arbeitskräfte herangezogen: Die riesigen Zuckerrübenfelder in Müchendorf bei Wien mußten mit der Sichel bearbeitet werden. Schläge von seiten der Erzieher waren an der Tagesordnung. Wer aufmuckte, wurde zur Strafe bei Dunkelhaft in eine Korrektionszelle gesperrt. Dabei wurden auch schon mal mehrere Burschen zusammengesperrt – die Schwächeren wurden dann von den Stärkeren zusammengeschlagen. »KE« verlieh den jugendlichen Kriminellen ihren »letzten Schliff«: Die meisten von ihnen machten später Knastkarrieren. So auch Franky D., der es inzwischen auf 29 Vorstrafen gebracht hat. An Jack erinnert er sich noch gut: »Mit dem Jack hab' ich öfters gerauft. Wie das bei Burschen halt so ist. Aber es war immer o.k. zwischen uns. Der Jack war auch sportlich gut drauf, ein guter Fußballer. Ehrgeizig war er, und trotzig. Ein schmächtiger kleiner Kerl, der sich von niemandem was gefallen ließ.«

Etwas anders klingt da die Beurteilung des Zöglings Unterweger im trockenen Amtsdeutsch der Erziehungsanstalt: »[...] unangepaßt, in der Gemeinschaft unverträglich und geltungssüchtig, den Erziehern gegenüber provozierend höflich und distanzlos. Bei Sport und Spiel war er ein schlechter Verlierer. In der Normalgruppe kam er mit seinen Mitzöglingen nicht zurecht, mußte wegen fortgesetzter Raufhändel abgesondert und in eine Bewährungsgruppe verlegt werden.« Offenbar war alles vergeblich: Nach mehr als einem Jahr wird Jack im Dezember 1967 aus der »Erziehungsanstalt« Kaiserebersdorf, der heutigen Justizanstalt Wien-Simmering, als »unerziehbar« entlassen. Als äußeres Zeichen für seine »Unverbesserlichkeit« wird ihm zuvor noch der Kopf kahlgeschoren.

Nach den Jahren in Heimen und Erziehungsanstalten ist Jack hungrig nach Leben. Ohne festen Wohnsitz, schlägt er sich mit verschiedenen Gelegenheitsjobs als Aushilfskellner, Bauhilfsarbeiter und Tankwart durchs Leben. Und er sammelt weitere Vorstrafen: Mit achtzehn bricht er drei Spiel- bzw. Kaugummiautomaten auf und bekommt dafür zweieinhalb Monate Arrest. Wenig später muß er wegen Einbruchs- und Fahrraddiebstahls schon für sechs Monate ins Gefängnis – damals hieß das noch »schwerer Kerker« mit monatlich einem »harten Lager« und einem »Fasttag«. Die spärliche »Beute« aus einem Kiosk hatte aus einem Fotoapparat, Lebensmitteln und einigen Kleidungsstücken bestanden. Immer wieder versucht Jack, es den anderen »zu zeigen«: Er meldet sich im Boxclub St. Veit an und erlangt 1968 die Kärntner Meisterschaft im Federgewicht. »Da war der ganze Haß drin«, erzählte Jack später darüber. Dann verläßt er Kärnten. Mit neunzehn arbeitet er kurzfristig als Schankbursche in einem Salzburger Hotel, fährt weiter nach Deutschland, um dort nach seiner Mutter zu suchen. Er kommt bis Hamburg, will zur See. Daraus wird nichts, und so verdingt er sich als Schwarzarbeiter bei einer Baufirma, als Discjockey und versucht sich schließlich als Zuhälter im Hamburger Rotlichtviertel, dem »Kiez«. »Er sah verdammt gut aus, lange Haare hatte er damals, und sein Wiener Charme zog bei den Mädels, die ihm nur so zuflogen. Er war ja gar kein richtiger Zuhälter: Die Mädels wollten ihn zum Freund, und haben ihn gerne ausgehalten«, erzählt Jahre später eine immer noch aktive Hamburger Prostituierte, die er aus den frühen Siebzigern kennt, der Autorin dieses Buches.

Jack findet Unterschlupf bei einer um vieles älteren Prostituierten. Bald verdient er als Strichjunge mehr als sie. Seine Welt sind die Mädchen der Reeperbahn, der falsche Glanz des Milieus und die reichen Gattinnen, die er befriedigen muß. In dieser Zeit beginnt Jack, sich mit Tabletten und Drogen aufzuputschen. Es dauert nicht lange, und er wird aufgegriffen und als »asozialer Vorbestrafter« unter Landesverweis nach Österreich abgeschoben – aus der Schubhaft im berüchtigten Hamburger Knast »Santa Fu« (Hamburg-Fuhlsbüttel) stammen auch seine auffallenden Tätowierungen auf Brust und Oberarmen. Wieder in Österreich, geht das Herumirren weiter: Jack arbeitet als Saisonkellner und Discjockey in verschiedenen Hotels in Mondsee, am Attersee, in Innsbruck, Kitzbühel und Saalbach. Nirgends bleibt er mehr als drei Monate. Immer rascher wechselt Jacks unstetes Leben zwischen Freiheit und Gefängnis. Es sind zunächst noch die typischen kleinkriminellen Eigentumsdelikte wie Automateneinbrüche, Diebstähle von Lebensmitteln, Kleidung, Fahrrädern und sogar Schallplatten, die er seinem Dienstgeber entwendet – aus Rache, denn er soll ihm seinen Lohn als Discjockey vorenthalten haben. Mit 20 bekommt er wegen Diebstahls eines Mopeds und eines Autos 15 Monate schweren Kerker mit einem wöchentlichen »Fasttag« und »hartem Lager«. Mit 21 wird er an der deutschen Grenze aufgegriffen, wegen illegalen Grenzübertrittes zu drei Wochen Freiheitsentzug verurteilt und nach Österreich abgeschoben.

Mit 23 hat es Jack bereits auf zwölf Vorstrafen gebracht und ist längst als Gestrauchelter gebrandmarkt, der mehr Zeit seines Lebens in Heimen und Gefängnissen verbracht hat als in der Freiheit, nach der er sich sehnt: »Ich war 23 und gierte nach Leben, Lust, Hot Love! In den Gedanken: Aggression, Wut, Ohnmacht und Allmacht. Das Erwachen vermischt mit wilden Gefühlen in der Zeit zur Morgendämmerung. An diesem Morgen, dieser späten Nachtstunde, kreischten meine Nerven und verhinderten ein weiteres Bettspiel. Später ertönte die Sirene dreimal, grell, Gänsehaut erzeugend und befehlend: Tagwache!« (Aus dem autobiographischen Roman »Kerker«).

Und nicht nur das Gefängnis prägt Jacks Leben. Wegen seiner schweren Drogen- und Tablettensucht wird er sogar einmal in die Salzburger Landesnervenklinik eingeliefert: Neben Haschisch nahm Jack regelmäßig größere Mengen Mandrox, Captagon und Ovilon zu sich; das sind stark aufputschende Tabletten, die zu völliger Enthemmung führen (insbesondere bei Jacks Disposition: Er litt an einer Schilddrüsenüberfunktion, was an sich schon Ruhelosigkeit und erhöhte Reizbarkeit bewirkt).

»Mord bleibt Mord ...«

Die Spirale der Gewalt und Kriminalität in Jacks Leben mündet schließlich in jenem Mord an einem achtzehnjährigen Mädchen im Dezember des Jahres 1974, das er in der Nähe der süddeutschen Stadt Herborn im Drogenrausch auf brutale Weise mit einer Stahlrute erschlägt. Die junge Frau hatte Jack und seine Freundin, die damals achtzehnjährige Barbara S., dabei überrascht, als sie nach einem mißglückten Einbruch in der Villa ihrer Eltern vor dem Haus parkten. Die Freundin Jacks wurde zur Tatbeteiligten: Sie lockte das gleichaltrige Opfer, das sie schon seit Kindheitstagen kannte, ins Auto und stieg mit ein. Dann nahm das grauenhafte Geschehen seinen Lauf. »Ich wollte sie nicht töten. Plötzlich war es geschehen.« Mehr sollte Jack später zu seiner Tat nicht einfallen. Und Barbara S. zog sich die Kleider ihrer ermordeten Freundin an ...

Als Jack im Jänner 1975 in Basel verhaftet wird, leugnet er nichts und sagt nur »Mord bleibt Mord ...«. Er wird nach Österreich ausgeliefert. Dort beginnt eineinhalb Jahre später der Schwurgerichtsprozeß. Er dauert nur einen Tag, der Pflichtverteidiger zeigt kein sonderliches Engagement. Am 1. Juni 1976 wird Jack wegen Mordes an Margret Schäfer zu lebenslanger Haft verurteilt. Daß die Tat im Zustand der Berauschung mit Drogen geschehen war, wurde vom Gericht weder als Strafausschließungsgrund anerkannt noch als strafmildernd berücksichtigt.

Die Tatbeteiligte Barbara S. wird von einem deutschen Gericht wegen Beihilfe zum Mord und wegen Raubes angeklagt und zu acht Jahren Freiheitsstrafe verurteilt.

»Fegefeuer«

Meine angstschwitzenden Hände werden auf den Rücken gedreht, Stahlfesseln schnappen um meine Handgelenke. Der harte Druck eines ruhig und zufrieden lastenden Beines in meinem Rücken bringt mir die letzte Erkenntnis: meine Flucht ist zu Ende.

So beginnt Jacks Autobiographie »Fegefeuer«. 15 Jahre später äußert er im Gespräch mit dem Journalisten Peter Huemer 1989: »Die Flucht war nicht nur oberflächlich zu Ende, sie war auch geistig und intellektuell zu Ende. Seelisch, sie war komplett zu Ende. Es war einfach der Bruch des Lebens, es war wie eine Neugeburt. So blöd es klingt, war diese Tat, dieser Höhepunkt der Tat, war eine Neugeburt bei einer Person.«

Erst in der Justizanstalt Stein bei Krems beginnt Jack mit dem, was er später einmal als »Innehalten« bezeichnet hat. Nach einer Phase der tiefen Depression und Suche nach Orientierung holt er zuerst einmal den Hauptschulabschluß nach. An einem Tag Anfang der achtziger Jahre beginnt er, sein chaotisches Leben durch Schreiben aufzuarbeiten. Und das Schreiben sollte ihn nie mehr loslassen. Ein erster, noch unbeholfener Versuch (»Drogen, Blut und Tränen«) bleibt unveröffentlicht. Es folgen weitere Gedichte, Kurzgeschichten und Romane. Viele davon werden nie veröffentlicht. Und doch zeigen diese Manuskripte, wie sehr der Häftling sich mit Außenseiterschicksalen auseinandersetzte: »Einsamkeit« (1981) ist ein einfühlsam erzählter, aber nie veröffentlichter Roman von Jack Unterweger über eine gelähmte junge Frau. »Der Tod einer türkischen Liebe« (Drama, 1983) handelt von der neu entflammten Ausländerfeindlichkeit. Die Erzählung »Strichjunge« schildert ein Tabuthema: Die Vergewaltigung eines jugendlichen Gefangenen durch einen älteren Mithäftling. Der 1982 veröffentlichte Gedichtband »Tobendes Ich« handelt vom eintönigen Leben und den Sehnsüchten hinter Gefängnismauern: Das Schreiben war für den Strafgefangenen Jack Unterweger zur Therapie geworden. Vor allem setzte er sich intensiv, ja selbstquälerisch mit seiner Tat und den bis in die Kindheit zurückreichenden Ursachen auseinander: Ein tausendseitiges, eng beschriebenes und erschütternd ehrliches Manuskript war schließlich das Ergebnis. Vom Haß des hilflosen Kindes auf den gewalttätigen Großvater über die Einsamkeit in Heimen bis zur Flucht in das Drogen- und Hurenmilieu hat Jack Unterweger darin nichts ausgelassen. Seine Sprache ist ungeschminkt, manchmal schon brutal, wenn er etwa den Sex mit der Frau seines Chefs beschreibt: »... meine Schwanzstöße zuckten wie rasende Messerstiche in ihr Arschloch, weil sie die Regel hatte, sie begann zu schreien, ich tobte weiter, vor Augen den spukkenden Chef und die Hand in der Uniform, die mich schlug ...« Solche Zeilen sollten ihn Jahre später, als die Medien aus dem Zusammenhang gerissene Zitate brachten, zum Verhängnis werden.

Vor allem aber seinen Mord schrieb Jack Unterweger sich in diesem

Manuskript mit schmerzlicher Genauigkeit von der Seele. Überwunden hat er ihn aber nie, denn er hat nie wirklich darüber reden können. Als das Werk im September 1983 als autobiographischer Roman »Fegefeuer oder die Reise ins Zuchthaus« – Untertitel: »Report eines Schuldigen« – veröffentlicht wird, fehlt darin die Schilderung des Mordes. Er hatte den Eltern des Opfers in einem Brief versprochen, die Vergangenheit ruhen zu lassen. Und vielleicht war es auch der Verlag, der eine Beeinträchtigung der Vermarktungschancen fürchtete. »Fegefeuer« findet große Anerkennung: »Die Klarheit, mit der Jack Unterweger die Ursachen für seine Kindheit beschrieben hat, hat in ihrer literarischen Qualität großen Eindruck auf mich gemacht«' (Elfriede Jelinek).

Der Gefängnisdirektor Hofrat Dr. Karl Schreiner stand Jacks schriftstellerischen Bemühungen vorerst mit einer gesunden Portion Skepsis gegenüber. Im Wiener Arbeiterbezirk Ottakring aufgewachsen, steht er zu seinem breiten Wiener Vorstadt-Dialekt und weiß aus zwei Jahrzehnten Erfahrung, wie man mit den »schweren Burschen« umzugehen hat. Ein mißtrauischer, realistischer Mensch, dem man nicht so leicht etwas vormacht. Das Gegenteil eines »Schöngeists« eben. Doch Schreiner ist auch ein Verfechter des humanen Strafvollzugs. Und er erkennt, daß man diesem »intelligenten Burschen« Jack nur die Chance geben muß, die er in seinem Leben nie hatte.

Mit der Erlaubnis Schreiners darf Jack sogar eine eigene Literaturzeitschrift aus dem Gefängnis herausgeben, die »Wortbrücke«. Darin veröffentlicht er Manuskripte, die ihm noch unbekannte Nachwuchsautoren nach Stein geschickt haben. 1984 erscheint das Drama »Endstation Zuchthaus«: Der engagierte Kärntner Regisseur und Leiter der »Studiobühne Villach«, Bruno Czeitschner, plant eine Uraufführung in seinem Theater unter Teilnahme des Autors. Der damalige, sehr human eingestellte Justizminister Christian Broda bewilligt die Ausführung Jack Unterwegers, doch Anstaltsleiter Schreiner lehnt ab: Es soll nur ja nicht der Eindruck entstehen, daß ein Häftling bevorzugt werde. Und so findet die Uraufführung im Juni 1984 eben in der Justizanstalt Stein statt. Die junge Theatergruppe »Thespiskarren« präsentiert das Stück sodann im Rahmen einer Tournee in vielen österreichischen Orten. 1985 wird »Endstation Zuchthaus« von einem deutschen Verlag neu herausgegeben.

Fast alle Publikationen von Jack Unterweger befassen sich mit der Thematik des Gefängnisses und der Situation der Menschen, die darin und damit leben: So auch die Erzählung »Bagno« (1984), der Lyrikband »Reflexionen« (1985) oder der Roman »Va Banque« (1986). 1985 erscheint im Wortbrücke-Verlag »Wenn Kinder Liebe leben«: Die von Jack Unterweger für Kinder erzählten Geschichten berühren durch ihre Einfachheit und Klarheit. Was kaum jemand weiß: Rund sechzig Beiträge für die Kinder-Gute-Nacht-Sendung des österreichischen Rundfunks, dem »Traummännlein«, stammten von Jack Unterweger. Er half damit Kindern, deren Schicksal dem seinen ähnelte: Der Großteil der Tantiemen ging an das SOS-Kinderdorf-Projekt. Sogar für eine österreichische Rockgruppe namens »Shekinnah« verfaßt er Songtexte: Sie handeln von Liebe und Freiheit.

So bekannt Jack Unterweger in der Kulturszene mittlerweile ist, Lesungen darf er freilich nur im Gefängnis mit Erlaubnis der Anstaltsleitung abhalten. Bei öffentlichen Lesungen hingegen werden seine Texte von Schauspielern oder Schriftstellerkollegen vorgetragen; so las zum Beispiel auch Elfriede Jelinek aus seinen Werken. Bei manchen Veranstaltungen wird ein Videoband mit dem im Kultursaal der Haftanstalt lesenden Unterweger vorgeführt. Im Jänner 1986 schafft Jack Gesuch um Ausführung alle Hürden: Justizministerium und Anstaltsleitung bewilligen eine Ausführung zu einer Lesung im renommierten Wiener Literaturverein »Alte Schmiede«.

1988 wird der autobiographische Roman »Fegefeuer« vom bekannten österreichischen Regisseur Willi Hengstler verfilmt. Unterweger schreibt dazu selbst das Drehbuch, den Film lehnt er jedoch ab, da er »mit der Romanvorlage nichts mehr zu tun« habe. »Mir hat an Unterweger dieses Nicht-Aufgeben, Sich-nicht-unterkriegen-Lassen imponiert. Wir waren nie Freunde, aber das wollten wir eh beide nicht«, meint Hengstler später in einem Interview. Und resümiert: »Ein faszinierender und hochintelligenter Mensch. Und doch auch schwierig und neurotisch. Wie immer man mit Unterweger umgeht, es wird immer einen Wickel geben. Aber ein normaler Mensch.« So urteilt Hengstler in der »Kleinen Zeitung« vom 18. Februar 1992, als Jack Unterweger nach dem Haftbefehl gesucht wurde.

Es ist irgendwann in der Nacht. Ich versuche die Uhrzeit zu erraten und finde sie nicht. Um mich herum ist Zeit raumlos, nur ein Vergehen bis auf ein Morgen, das ich noch nicht kenne, dem meine Hoffnungen, Sehnsüchte und Träume gelten.

Ich könnte aufstehen, auf den Stuhl klettern und von meinem Fenster im dritten Stock die Grashalme im Hof unten zählen, so stark sind die zwölf Scheinwerfer am Turm. Nie herrscht wirkliche Nacht in meiner Zelle, der vor der Tür blickt trotzdem durch das Guckloch in der Tür, es ist sein Beruf, mein Wunsch nach Eigenleben existiert nicht in seiner Dienstvorschrift.

Er hat mich gesehen, zusammengekrümmt unter der Decke, meinen Kopf am Kissen, die Augen geschlossen, darunter flatternder Druck –, aber den hat er nicht mehr entdeckt. Ich war noch da, lebend, ruhig und im Bett, mehr wollte und muß er nicht erfahren. Das Licht verlöscht, ich reiße die Augen auf, starre gegen die Decke und sehe die Vergangenheit. […] Und ich liege im Bett, unter der Decke vor überwachenden Blicken verborgen, seitlich, in der rechten Hand das pochende, heiße Glied umklammernd, mit nackten Frauen vor Augen. […] Vor meinen Augen beginnen Blitze die Wirklichkeit abzulösen, Stöhnen dringt aus meiner Kehle, auf die Lippen tropft stoßweise salziger Schleim der blondgelockten Pussy, ihr Becken zuckt und kreist auf der Spitze meiner Zunge, meine Lende bäumt sich der Schwarzen entgegen, ich höre sie mehrmals spitz aufschreien –, dann sinke ich schwer atmend zurück …

Und alles war nur Vorstellung, die Frauen nur meine Hand, so ist es jeden Tag, auch am Geburtstag, mein Wunschschrei bleibt ungehört, kaltwerdendes Sperma in meiner Wolldecke wird zum Ekel, zum Gefühl einer verhaßten Leere.

(Aus »Fegefeuer«)

Für den österreichischen Strafvollzug haben Gefangene keine sexuellen Bedürfnisse. Auch bei den stets überwachten Besuchen sind intime Kontakte streng verboten. Als Folge muß sich die Sexualität andere Kanäle suchen, was zu Selbstbefriedigung, Homosexualität, aber auch zu Vergewaltigungen jugendlicher Mitgefangener führt. Beziehungen zerbrechen bei längeren Haftstrafen fast immer.

Der wichtigste Kontakt nach draußen bleiben Briefe. Die Bandbreite der brieflichen Kontakte, die Jack im Gefängnis pflegt, ist äußerst vielfältig: Da sind jene, die sich für seine Literatur interessieren. Und dann die vielen Briefe von Frauen, die sich für ihn als Menschen und Mann interessieren. Anfang der achtziger Jahre verlobt sich Jack sogar. Als die Frau die Beziehung beendet, ist auch das Sparbuch mit den Einnahmen aus seinen literarischen Werken fort, denn als Häftling konnte Jack kein eigenes anlegen. Er hat nie über diesen Vorfall gesprochen, weder über die Frau noch über deren Veruntreuung des Geldes.

1989 erhält Jack Unterweger eine Einladung zum internationalen Publizistik-Wettbewerb in Klagenfurt, der er allerdings nicht Folge leisten kann: Das Justizministerium erteilt diesmal keine Ausgangserlaubnis mehr. Dafür wird sein justizkritischer Text »Im Namen der Republik« von einem Schauspieler verlesen – und erhält einen Preis.

Kurz vor seiner Entlassung 1990 veröffentlicht Jack Unterweger den Roman »Kerker«, der stark autobiographische Züge aufweist, und das Theaterstück »Aids – Schrei der Angst«.

Inzwischen ist Jack Unterweger in Künstler- und Intellektuellenkreisen als Paradefall eines dank humanen Strafvollzugs erfolgreich Resozialisierten bekannt geworden. Unter den Fürsprechern, die sich beim damaligen Bundespräsidenten Dr. Kirchschläger für die Begnadigung Jacks stark gemacht hatten, finden sich solch prominente Namen wie Elfriede Jelinek, Peter Huemer, Marga Frank, Uwe Bolius, Ernest Bornemann oder Günther Nenning. »Soweit an Literatur Persönlichkeitsentwicklung ablesbar ist, hat sie Jack Unterweger vollzogen«, meint etwa der bekannte Rechts- und Kriminalsoziologe Univ.Doz. Dr. Arno Pilgram in einem Brief an den Bundespräsidenten aus dem Jahre 1985. Auch der Anstaltsleiter Dr. Schreiner befürwortet die bedingte Entlassung Unterwegers mit Nachdruck. Im Mai 1990 wird Jack Unterweger nach einer sechsmonatigen Entlassungsvorbereitung in der Sonderanstalt Wien-Favoriten bedingt aus dem Gefängnis entlassen. Das Gericht fällte seine Entscheidung auf Grundlage dreier psychiatrischer Gutachten: Der Anstaltsneurologe Prof. Helmut Schultes und die Psychologin Michaela Happala hatten Jack Unterweger schon in der Justizanstalt Stein Entlassungsreife attestiert. Dazu kam ein weiteres Gutachten des Facharztes für Psychiatrie Univ.Prof. Dr. Gerhard Kaiser aus Linz, der Unterweger in Favoriten untersuchte.

»Einen so gut auf die Freiheit vorbereiteten Mörder finden wir nie mehr wieder«, hatte auch der Gefängnisdirektor Schreiner gesagt. Er durfte Jack Unterwegers letzten Schritt in die Freiheit nicht mehr erleben: Er starb kurz nach dessen Überstellung nach Favoriten unerwartet an einer Hirnblutung. »Das ist Jack sehr nahegegangen. Schreiner war eine Art Vaterfigur für ihn«, erzählte mir Jack Unterwegers Bekannte Maria H. später darüber.

Freiheit!

Eine Chance gibt dir niemand aufgrund meiner Erfahrungen, aber ich hab' die Chance, die ich mir selbst gebe.
(Jack Unterweger im Hörfunk-Interview mit Dr. Leo Haffner, ORF-Landesstudio Vorarlberg, Jänner 1991)

Nach seiner Entlassung stürzt sich Jack Unterweger in Arbeit: Zwei- bis dreimal in der Woche ist er irgendwo in Österreich unterwegs, zu seinen Lesungen, die immer mit kritischen Diskussionen über die Praxis des österreichischen Strafvollzugs enden: Er klärt die Zuhörer über die Zustände in den österreichischen Gefängnissen auf und fordert Verbesserungen der Haftbedingungen wie die Erweiterung der restriktiven Besuchszeiten oder eine gezielte Entlassungsvorbereitung, damit ein Haftentlassener nicht, wie so oft, ohne Geld und soziale Kontakte auf der Straße steht. Eine Arbeitslosenunterstützung für Haftentlassene sei unbedingt notwendig, fordert Unterweger. Erst Jahre später, nämlich 1995, wurde diese Forderung in Österreich realisiert.

Auch sonst sind es vor allem die »Außenseiterthemen«, die der Journalist Jack Unterweger ohne Rücksicht auf die Obrigkeit aufgreift: Neben Reports über das unmenschliche Leben von Wiens Obdachlosen, Mißstände im Allgemeinen Wiener Krankenhaus, die Praktiken des Waffenhandels oder den Ausländer-Arbeitsstrich sind es natürlich immer wieder Berichte über die Praxis des österreichischen Strafvollzugs, bei denen er nicht mit harscher Kritik spart.

Und immer noch versteht es Jack, seine Umwelt herauszufordern – mitunter auf sehr plakative Weise: Als er im Juni 1990 in der bekannten Fernseh-Diskussionssendung »Club 2« zum Thema »Resozialisierung von Haftentlassenen« im weißen Anzug und mit roter Seidenblume auftritt, hagelt es empörte Anrufe beim Fernsehen und Leserbriefe in den Zeitungen.

Von seiner USA-Reise im Sommer 1991 nimmt Jack Unterweger vor allem Eindrücke aus Hollywood mit, jener Filmmetropole, in der schon so viele ihren Traum von Erfolg, Reichtum und Ruhm verwirklichen wollten und großteils daran zerbrochen waren. Und er interessiert sich fürs Filmemachen. Schon in Stein schrieb er für die Krimi-Serie »Tatort« das Drehbuch »Nacktes Leben«, demnächst soll sein Filmdrehbuch »Lieben bis zum Wahnsinn« realisiert werden. Und schließlich ist ein

Low-Budget-Film in den USA geplant. All das kostet natürlich viel Geld: Nicht nur aus finanziellen Gründen, sondern auch, um zu interessanten Kontakten in der Musik- und Filmbranche zu gelangen, nimmt Unterweger einen Job als Anzeigenvertreter bei einem Wiener Musikverlag an.

Unterweger schreibt aber auch Reports über das Strichmilieu – was später als »Belastungsindiz« gewertet werden sollte. In der Tat hat er in diesen Reportagen schonungslos die Zustände und Praktiken des Milieus aufgedeckt. In einer Monatszeitschrift ließ er vor allem die enge Verflochtenheit zwischen Milieu und Polizei anklingen. »Umarmungen zwischen Dame und Polizist sind keine Seltenheit«, heißt es dort. Und weiter: »[...] herrschen in Graz die ruhigeren, aber keineswegs harmloseren ›Kaiser‹, die ihre Diplomatie in die Zusammenarbeit mit der Polizei stecken. Lokale Größen wie W. sind für die kleinen Beamten nicht greifbar. Da wird Deckung von oben gegeben. Anders ist es nicht erklärbar, daß er z. B. eine Bewilligung für einen bordellähnlichen Betrieb jenseits der Mur bekommen hat, was keinem anderen gelungen ist.« (»Rote Laterne in Graz«, in: »Basta« 10/90). Ähnlich kritisch äußert sich Unterweger in einem Interview mit dem Journalisten Tobias Micke: »Es sieht so aus, als ob sich da einige Geschäftsleute mit Hilfe gewisser Politiker deppert verdienen werden. Schauen Sie sich doch an, wer einen Großteil der Häuser an die Bordellbesitzer am Gürtel verpachtet. Da stehen Prominente und sogar Banken dahinter. Alle naschen sie am großen Kuchen mit. [...] Man kann zwar nicht laut sagen, daß die Behörden mitspielen, aber es sieht für mich so aus. Ich kann Ihnen heute einige Namen aufschreiben und in ein Kuvert stecken. Wenn Sie das Kuvert in ein paar Jahren öffnen, werden Sie sehen, daß diese Leute dann in der Szene an der Spitze stehen!« (veröffentlicht in »Krone Bunt«, 24.2.1992).

Jack Unterweger interviewt nicht nur die Präsidentin des »Verbandes österreichischer Prostituierter«, die Linzerin »Frau Eva«, sondern auch den Chef des Wiener Sicherheitsbüros Max Edelbacher. Das Thema, das am 5. Juni 1991 in der Radioreihe »Journal Panorama« gebracht wurde, lautet: Die zunehmende Verbrechensrate in der Wiener Rotlichtszene, der die Polizei nach wie vor machtlos gegenübersteht.

»Das ganze Leben ist Freude!«

Auch künstlerisch mutet Jack Unterweger sich viel zu: Seine Theaterstücke inszeniert er selbst und agiert »nebenbei« auch noch als Schauspieler. Am 11. November 1990 findet die Premiere seines justizkritischen Theaterstücks »Kerker oder im Namen der Republik« im »Theater in Tribüne« statt, das im Keller des Wiener Literatencafés Landtmann untergebracht ist. Eine Wiener Schauspielerin, die damals im Publikum dabei war, erzählte mir später darüber: »Jack stand am Podium in seinem weißen Anzug. Ein fast unwirkliches Bild. Er wirkte so klein, der Anzug war ihm ein bißchen zu groß. Ich werde nie dieses voller Glück strahlende Gesicht vergessen, als ihm die Kulturministerin persönlich unter dem Applaus des Publikums die Hand schüttelte. In seinem Gesicht spiegelte sich das ganze Glück dieser Welt wider ...«

Wenige Monate später, im Februar 1991, folgt die Premiere des Theaterstücks »Aids – Schrei der Angst«, ebenfalls im Tribüne-Theater. Der Reinerlös fließt der Aids-Station des Allgemeinen Wiener Krankenhauses zu.

Mit beiden Theaterstücken und einer kleinen Truppe von Schauspielern tourt Jack Unterweger dann wochenlang quer durch Österreich.

Unterweger arbeitet auch schon an einem neuen Buch, das jedoch unvollendet bleiben sollte. Der Arbeitstitel: »Die Macht der Zwerge«. Es ist ein »Zustandsbericht über einen Menschen, der 16 Jahre aus Medien beobachtet, wie sich das Leben in der Gesellschaft entwickelt hat und der jetzt in diese Gesellschaft zurückkehrt. Und der sieht, was sich in der menschlichen Entwicklung geändert hat. Punkto Kälte, Werte, Miteinanderumgehen ... (Jack Unterweger im Interview mit der »Kleinen Zeitung« am 17.1.1992).

Ein Traum war für Jack wahrgeworden: Der Traum, es in Freiheit »geschafft« zu haben. Das Gefühl, es aus eigener Kraft geschafft zu haben, war ihm dabei sehr wichtig. »Ich scheiß' auf Mitleid!« sagte er bei einer seiner Lesungen. Und immer wieder betonte er, daß diese beiden Jahre in Freiheit die glücklichsten seines Lebens waren. »Das ganze Leben ist Freude!« sagte er im Interview mit der österreichischen Tageszeitung »Standard« vom 10. November 1990 abschließend.

Jack und die Frauen

Nach all den Jahren im Gefängnis hat Jack eines nie verlernt: das Leben zu genießen, und zwar in vollen Zügen. Es ist wohl der wahre Motor seiner Kreativität, der Ausgleich der enormen Disziplin, mit der er seine beruflichen Projekte verfolgt. Und er ist viel unterwegs, nicht nur zu Lesungen, sondern auch privat. Sein Kilometerbuch, das ich später in die Hände bekam, zeugt davon: Von Hamburg bis Rom hatte Jack Orte, von denen er in der Haft geträumt haben mag, besichtigt und sich mit Freunden getroffen, oft Briefbekanntschaften aus seiner Zeit in Stein.

Und Jack wird zum umschwärmten Mittelpunkt vieler Schickeria-Partys, die sich mit dem leicht verruchten Image und dem lässigen Charme des ehemaligen Lebenslänglichen schmücken. Doch er macht sich keine Illusionen, er weiß, daß er mit seiner Herkunft und Biographie in diesen Kreisen vor allem als Exot gefragt ist: »700 Briefe haben mir die Frauen in den Häfen geschrieben. Ich war als Strafgefangener ihr perfekter Seitensprung: Garantiert diskret, weil hinter Gittern. Sobald die schützenden Gefängnismauern zwischen uns weg waren, haben mich diese Frauen ganz schnell fallengelassen. Allerdings erst, nachdem sie probiert haben, wie denn so ein Mörder beim Sex ist« (Jack Unterweger, zitiert in »Wienerin« 3/92).

Jack liebt die Frauen. Er ist einer jener Männer, die in jeder Frau etwas finden, das es wert ist, geliebt zu werden. Aber die Rolle des »Weiberhelden« traf bei ihm keineswegs in der Weise zu, wie sie die Medien später klischeehaft dargestellt haben. Es gab viele Frauen, mit denen ihn ein rein freundschaftliches Verhältnis verband und denen er großes Vertrauen entgegenbrachte. Mit Margit H. führte er etwa stundenlange nächtliche Telefonate. »Wenn ich es zusammenzähle«, berichtet sie, »sicher an die acht bis zehn Stunden in der Woche.« Jack habe in diesen Telefonaten über sein Innerstes gesprochen. »Auch über seine Verbitterung mit den Behörden, die ihn schikanierten. Über seine Triumphgefühle, es ohne staatlich organisierte Hilfe nach der Haft doch geschafft zu haben. Und über seine Frauenbekanntschaften. Einmal sagte er über ältere Frauen, die sich ihm in der ›Reiss-Bar‹ [eine schicke Wiener Innenstadtbar] anboten: ›Hauptsache ein warmer Körper, aber auch sie haben ein Recht auf Liebe.‹ So war er halt. Beinhart zynisch und im nächsten Halbsatz wieder ganz menschlich. Als ob er jedem helfen möchte.« Und sein Verhältnis zu Männern? Für Margit ist klar: »Er mochte Männer nicht. In seinem Leben spielten immer Frauen den entscheidenden Part.« Einmal habe Jack gemeint: »Frauen waren immer meine Komplizinnen. Und die hab' ich nie verraten. Selbst bei meinen Straftaten nicht.«

Jack Unterweger war in ganz anderem, viel tieferem Sinn ein »Frauentyp«. Er reflektierte im Interview mit Peter Huemer in der Justizanstalt Stein 1989 über seine Einstellung zu Frauen als Jugendlicher bis zur Verurteilung: »[…] Oberflächlich betrachtet, wenn das jemand liest oder hört, dann schaut das aus nach Vielweiberei und Potenzprotzerei, und was weiß ich alles, diese Klischeebilder. Die stelle ich aber entschieden in Abrede. Es hat erstens nur Frauenbeziehungen gegeben, das dürfte durch die Kindheit geprägt gewesen sein. […] Jedenfalls, ich hab' mit Männern nicht können. Weder im Gespräch noch … Männer waren für mich nicht vertrauenswürdig, sei es beim Einbruch als Komplize, sei es im Amt. Ich hab' mit Männern nicht können. Es hat sich, gar nicht gezielt, so ergeben, daß am Schluß am Tisch immer die Frau gesessen ist. Und die Frau wiederum, und da bin ich schuld, dieses Weggehen dann von ihr, es waren sehr viele wertvolle Menschen darunter, sind ja praktisch von mir benützt worden als Mutterersatz. […] Und dann, beim Erkennen, daß es nicht die Mutter ist, das Weglaufen. Und dadurch hat es viele Frauen gegeben und keine feste Bindung.«

Die fast kleinbürgerlich anmutende Suche nach der »Frau des Lebens« blieb. Eine Sehnsucht, die in einem eigenartigen Gegensatz zu seinem sonst so unkonventionellen Lebensstil stand. Er glaubt, diese Frau in der Schülerin Bianca gefunden zu haben, die er im November 1991 kennenlernt. Sie ist erst achtzehn, ein stürmisches, natürliches Mädchen. Und dennoch hat sie, bedingt durch schwierige Verhältnisse im Elternhaus, schon früh eine gewisse Reife und Selbständigkeit entwickelt, die Jack an ihr liebt. »Ich habe die starke Frau, die ich immer suchte, im Körper einer Achtzehnjährigen gefunden«, sagt er damals. Schon nach einer Woche zieht Bianca Hals über Kopf bei ihm ein. Sie wollen heiraten und verloben sich schon zu Weihnachten bei seiner Mutter in München …

Doch hinter all dem scheinbar ungebrochenen Glück stand vielleicht schon eine dunkle Ahnung. Eine Ahnung, daß ihn die Vergangenheit eines Tages doch wieder einholen könnte: Freunden gestand Jack im privaten Gespräch, daß er als bedingt Haftentlassener besonders aufpassen müsse. Denn so mancher warte nur darauf, ihm was anzuhängen. Und ins Gefängnis zurückzumüssen, würde er »nicht mehr aushalten: Das Entsetzlichste, das ich mir überhaupt vorstellen kann«. An diese Worte Jacks erinnert sich der Wiener Schauspieler Kurt Hexmann heute noch.

INDIZIEN

Zensur

Als Jack Unterweger im Februar 1992 in Florida verhaftet wurde, weilte Untersuchungsrichter Wladkowski in unmittelbarer Nähe. Er genoß gerade seinen Urlaub auf Kuba, als ihn die Nachricht durch einen Telefonanruf von Geiger erreichte. Sofort brach er den Urlaub ab und nahm das nächste Flugzeug in Richtung Wien.

Großgewachsen, vollbärtig und etwas schlaksig wirkt er. »Der Wladi«, wie der 44jährige von seinen Kollegen am Straflandesgericht gerufen wird, entstammt einer alteingesessenen Grazer Richterfamilie. Sein Wunschberuf von Jugend an sei aber »Opernsänger« gewesen, pflegt der interviewfreudige Richter den Journalisten mitzuteilen. Doch dafür habe die Stimme nicht ganz gereicht. Wladkowski begann seine berufliche Karriere daher ganz anderswo, nämlich beim Militär. Berufsoffizier wollte er werden. Sein Rückenleiden verhinderte aber auch dies, und so wechselte er dann doch nach der Familientradition in die Justiz, wo er als Staatsanwalt begann. Seinen Hang zum Militär merkt man ihm auch noch als Untersuchungsrichter an: Wladkowski gilt als hart, unerbittlich und ehrgeizig – »a echt beinharter Hund« lobt ihn etwa »Kurier«-Redakteurin Ulli Jantschner und seine »unbürokratische« Art, etwa blitzschnell Hausdurchsuchungsbefehle zu bewilligen: »Der ›Spieß Wladkowksi‹ bricht dann durch, flüstern Exekutivleute, wenn er Erhebungsaufträge am liebsten schon gestern hätte. ›Wenn eine Ermittlung nicht pressiert, geb' ich die Aufträge ohnehin schriftlich‹, schwächt Wladkowski ab« (»Kurier«, 9.8.1992). Seit dem Fall Unterweger, wo er »im Eilzugstempo von knapp drei Wochen 120 Zeugen einvernimmt« (»Kurier«, ebenda), gilt ihm das ungebrochene mediale Interesse. Von der Tageszeitung bis zur Hochglanz-Illustrierten kann niemand am »Herren der Unterweger-Akten« (»täglich Alles«) vorbei. Der gibt bereitwillig Interviews und versteht es, sich »volksnah« zu präsentieren: »Nach dem Lokalaugenschein rennt der Schmäh!« (»Kurier«, ebenda).

Doch Unterweger begegnet diesem Richter, der den Haftbefehl ausgestellt hat und seit Wochen engsten Kontakt mit SOKO-Leiter Geiger hält, von Anbeginn an mit tiefem Mißtrauen. Wladkowski, der »aus Angst vor Anschlägen« sogar privaten Polizeischutz genießt und stets eine Dienstwaffe bei sich trägt, wählt den Ort für seine Verhöre mit dem Häftling Unterweger auch sorgfältig aus: Er läßt ihn dafür eigens in die Räumlichkeiten der Grazer Polizeidirektion verlegen. Eine ungewöhnliche Maßnahme, die der Richter mit dem Satz »Hier habe ich meine Ruhe, im Gericht werde ich dauernd gestört!« begründet. Es versteht sich, daß auch die Grazer Kripobeamten bei diesen Verhören stets dabei sind. Und es kommt schon mal vor, daß die Polizisten nach dem offiziellen Ende des Verhörs und entgegen dem richterlichen Auftrag, den Häftling ins Gefangenenhaus zurückzubringen, ihre Vernehmungen bis in die späten Nachtstunden fortsetzen. Doch Jack schweigt, auch wenn der Spott der Beamten, vor allem das von irgend jemandem erfundene miese Gerücht, seine Freundin Bianca würde es mit seinem Anwalt »treiben«, schmerzt. Seine größte Befürchtung ist die Preisgabe von ungeschützten Zeugen, vor allem Frauen, an die sensationsgeile Presse.

Umgekehrt sucht Jack Unterweger aber selbst Kontakt zur Öffentlichkeit, schreibt immer wieder Briefe an seiner Meinung nach »anständige« Journalisten. Was der Untersuchungsrichter jedoch zu verhindern weiß, indem er diese Briefe mit knapp formulierten Zensurbeschlüssen beschlagnahmt: »… ergibt sich, daß der Beschuldigte offensichtlich versucht, trotz Nichtöffentlichkeit in der Voruntersuchung an die Öffentlichkeit zu gehen, weshalb der Brief zurückzubehalten war.« Solche »militärischen« Schachzüge des Richters verschlechtern das Verhältnis zum Häftling Unterweger nur noch, und es kommt sogar zu Schreiduellen: »Sie haben schon einmal eine Frau ermordet, das reicht mir!«

Und so bleibt Wladkowski nichts anderes übrig, als der neugierigen Presse mitzuteilen: »Unterweger schweigt.« Dafür wird wenigstens der Richter selbst in den Medien zur Genüge zitiert – und auch aus den Unterweger-Akten, so daß man fast den Eindruck gewinnt, die Journalisten hätten volle Akteneinsicht.

Zudem werden die Akten immer dicker, denn jetzt beginnen auch die spurenkundlichen und biologischen Untersuchungen. Im Mai 1992 wird Professor Richard Dirnhofer vom Rechtsmedizinischen Institut der Universität Bern von Untersuchungsrichter Wladkowski offiziell mit der Erstellung eines Gesamtgutachtens im Fall Unterweger beauftragt.

Der U-Häftling und sein Anwalt sind zunächst froh über die Bestellung eines vermeintlich »ausländischen Gutachters«, wie Wladkowski betont. Unterweger beantragt selbst, ihm das Probenmaterial für die erforderlichen Untersuchungen so rasch wie möglich zu entnehmen. Er weiß zu diesem Zeitpunkt noch nicht, daß ebendieser Dirnhofer zuvor jahrelang an der Grazer Gerichtsmedizin gewirkt hatte: »Bei Dirnhofer weiß ich, was ich bekomme!« hatte der Untersuchungsrichter noch gemeint ...

Am 11. Juni (später ein zweites Mal am 27. Juli) werden dem U-Häftling Unterweger von Prof. Dirnhofer persönlich in Graz Eigenhaar-, Speichel- und Blutproben abgenommen. Die Eigenhaarproben werden zunächst nach Zürich zum Wissenschaftlichen Dienst der dortigen Stadtpolizei geschickt, mit dem Dirnhofer eng zusammenarbeitet. Prof. Walter Brüschweiler soll aufgrund des reichlich vorhandenen spurenkundlichen Vergleichsmaterials – bei den Leichen und in den Personenkraftwagen Unterwegers waren ja Hunderte Haare, Fasern und sonstige Spuren gesichert worden – ein umfassendes spurenkundliches Gutachten erstellen. Jene Haare unter dem Spurenmaterial, die über Wurzeln und damit über ausreichend DNA-Material verfügten, sollten später Prof. Dirnhofer in Bern zur DNA-Analyse übermittelt werden. Unter den Asservaten, die nach Zürich geschickt werden, befinden sich auch Eigenhaarproben von Joy, dem Schäferhund Jack Unterwegers, den dieser kurz nach seiner Entlassung aus dem Gefängnis im Juni 1990 von einer deutschen Bekannten geschenkt bekommen und seitdem in seinen Autos fast überallhin mitgenommen hatte. Brüschweiler konnte aber, wie wir noch hören werden, unter den bei den Opfern sichergestellten Haaren kein einziges Hundehaar finden!

Die »Bombe« aus den USA

Unschuldig!
Der stille Schrei, gefangen in wütender Ohnmacht, eingekerkert seit 123 Tagen, 3 Stunden, 15 Minuten, hallte durch die Kammern von Hirn und Herz. Noch immer am Leben, der Atem hielt das vegetative System aufrecht, das Kismet verhinderte ein Ende der Schizophrenie des Daseins.
Schuldlos!

Innocent!
Plead Innocent!
Die frierenden, unter Sonnenstrahlen zu Eis gewordenen Gefühle klirrten, schrien, tobten, flehten, und niemand hörte zu. Manchmal die Fragen der Verzweiflung, die Mimik, Verzerrungen, Gestik, Worte, von den Lippen geformt, im Spiegel betrachtend, entsprang die Stimme, ihre Laute einer Sprache, die niemand verstand?

(Aus Jack Unterweger, »99 Stunden«)

Erst nach seiner Rückkehr aus den USA mußte Jack Unterweger erkennen, welche Ausmaße die Vorverurteilung gegen ihn inzwischen erreicht hatte. Wie das auf ihn wirkte, zeigen seine Aufzeichnungen:

Bereue meine Rückkehr, da Situation (Stimmung) ärger als erwartet – gemeiner – von JWB [Justizwachebeamten] offene Ablehnung + die Polizei arbeitet allein (mit UR) mit Schilderungen von Dritten, Ex-Geliebten etc. – wie soll ich mich dagegen wehren? Schweigen! Mit den Taten haben alle diese, auf Sexualleben bezogenen Aussagen ohnehin nichts zu tun. (Tagebucheintragung Jack Unterwegers vom 28. Mai)

7.00–8.00 1.ter Spaziergang mit anderen Häftlingen – unangenehm! a) einer redet zu anderen, im Vorbeigehen: ... mei Taschenfeitl is scho offen ... b) ... Eierkopf c) u.a. Anspielungen auf Wiener-Artikel v. April: JACK, DIE RATTE! (2. Juni)

... Viele Gedankenbilder – Biancas Leben! Ich liebe sie, habe Angst, sie zu verlieren – aber darf ich sie ›halten‹! Im Moment wäre nur mein Tod die Lösung – aber noch will ich kämpfen ...« (3. Juni; kurz nach der Überstellung Unterwegers aus den USA hatte Biancas Mutter ein Besuchsverbot ihrer vor Gericht mit achtzehn noch nicht volljährigen Tochter durchgesetzt, A.W.)

1 Std. spazieren – feeling zwischen anderen Häftlingen und mir ändert sich nicht – die einen biedern sich an – die anderen zeigen ihre Aggression/Neid etc. offen ... ›Death Day‹ total. (5. Juni)

... hoffen, daß es trotz einiger Ungereimtheiten (bisher, SB-Leute) doch zu einem fairen Testverfahren – Schweizer Gutachter – kommt – DNA-Test etc. (8. Juni)

... ohne Visit mit Bianca hat für mich alles keinen Sinn ... ich habe keine Lust mehr! (12. Juni)

Entschluß festigt sich immer mehr: Ohne Bianca (Besuch) lebe ich nicht mehr – auch kein Kampf mehr.(15. Juni)

Wie jeden Mittwoch, Vorführung zu Dr. Pump (Psychiater) – ohne mein Ur-

gieren – sage auch ihm: Außer Besuch mit Bianca interessiert mich im Moment nichts.(17. Juni)

[Unter Bezug auf die in Verhören kolportierte andere Beziehung Biancas]: ... [würde] für mich die perfekte Niederlage darstellen – noch kann ich dies nicht glauben!! ... es wäre schlimmer, als noch einmal verurteilt zu werden. [...]
›Beweis‹ = Vlbg. = Schal-Faser: Lt. Gutachter sind es Fasern solcher Qualität wie der Schal, bzw. wie auch beim Schal verwendet wurde ... (2 rote + 1 schwarzer in meinem Besitz) (18. Juni)

Kurze Schlafintervalle – aufwachen mit ›Ziehen‹ + ›Hitze‹ in der Brust, Magenkrämpfen und schon aus dem Schlaf gerissen, immer nur die Frage: Bianca! ... Psychisch bin ich fertig – seit Tagen keine Rasur, keine Körperpflege – ohne Bianca interessiert mich das nicht mehr! (20. Juni)

Nehme nicht mehr am allgemeinen TV-Videoschauen teil – feeling unter uns (Mithäftlinge) ist nach wie vor sehr gespannt – vor allem wenn im Radio solche Nachrichten von wg. Spuren etc. durchgesagt werden. (22. Juni)

Ende Juni trifft das Ergebnis der in den USA vorgenommenen DNA-Analyse der im Mordfall Exley gefundenen Spermaspuren bei Prof. Dirnhofer in Bern ein. Der faxt die Übersetzung aus dem Englischen an SOKO-Leiter Geiger und an den Untersuchungsrichter: Die Spermaspuren stammten demnach zu 99,6% von Jack Unterweger! U-Richter Wladkowski gibt das sensationelle Ergebnis sogleich der Presse bekannt. Die Zeitungen jubeln. Der ersehnte Sachbeweis schien endlich erbracht zu sein: 99,6%, manche Zeitungen machten gar 99,96% daraus, was spielte das jetzt noch für eine Rolle. »Warum der Bluttest aus Amerika Jack Unterweger schwer belastet«, durfte die »Kronen-Zeitung« (3.7.1992) jetzt endlich schreiben: »Beim Vergleich platzte die Bombe: das Kettenmuster des ›Häf'npoeten‹ stimmt mit der Blutformel des Verbrechers überein. Haarscharf, bis ins kleinste Detail, nicht die geringste Abweichung.« Die »Enthüllung« des Untersuchungsrichters erlebte Jack Unterweger so:

Richter: ›Wir haben ein DNA-Gutachten, zwar nicht vom April, aber nach der PCR-Methode sind sie zu 99,6% überführt, das Sperma stammt von Ihnen und in vier Wochen wird auch das Ergebnis der wissenschaftlich 100%igen RFLP-Methode vorliegen. Eine Formsache!‹
Die Katze war aus dem Sack. Grinsen. Genugtuung spiegelte sich in seinem Gesicht.

Ich hatte mit Tricks gerechnet, damit aber nicht. Chaos im Hirn, der Raum begann zu kreisen. Immer schneller. [...]
›*Und wollen Sie jetzt reden?*‹
In meinem Kopf fanden Explosionen statt, die Splitter drangen ins Herz. War das mein Schicksal? Ich wußte nur, was man mir bestätigte, daß die zweimalige Entnahme von Blut, Haaren und Speichel, die, einmal, angeblich, unverwertbar gewesen war, mißbraucht worden sein mußte und die Sache von G. gesteuert wurde.
›*Ich kann es nicht glauben!*‹ *Panik. Verzweiflung.* ›*Ich war's nicht!*‹
Der Richter grinste.
›*Wir können uns morgen damit befassen.*‹
›*Nachdem, davon bin ich überzeugt, die Zeitungen ihre Schlagzeilen haben.*
(Aus »99 Stunden«)

Am 29. Juni gegen fünf Uhr morgens verübt Jack Unterweger einen Selbstmordversuch, indem er sich mit einer Rasierklinge die Vene der rechten Armbeuge aufschneidet. Er ist bereits bewußtlos, als er blutbesudelt von seinem Zellengenossen entdeckt wird. Bis zum Eintreffen des Rettungswagens hat Unterweger soviel Blut verloren, daß er noch vor dem Gerichtsgebäude notdürftig versorgt werden muß. Dann wird er in die Inquisitenstation des Grazer Landeskrankenhauses eingeliefert.

Schon nach zwei Tagen wird er wieder in die Justizanstalt rücküberstellt. In den Einzelhaftraum im Keller, als Strafmaßnahme. Die eigene Kleidung muß er mit einem filzigen Häftlingsanzug wechseln, waschen oder duschen darf er sich nicht. Die Gefängnisleitung ist »in Alarmbereitschaft: [...] es ist durchaus möglich, daß Unterweger diesen Selbstmordversuch nur inszeniert hat, um leichter flüchten zu können!‹« (»Kronen-Zeitung«, 2.7.1992).

Noch am Tag der Rücküberstellung besteht Untersuchungsrichter Wladkowski auf einer neuerlichen Einvernahme. Als Unterweger, der noch die Infusionsnadel in der Vene hat, beim ersten Mal nicht in die Verhörzelle mitkommen will, schickt der Richter vier Justizwachebeamte, die ihn bei weiterer Weigerung mit Gewalt vorführen sollen. Unterweger geht »freiwillig« mit. Beim Verhör läßt sich der Richter dann, wie so oft, durch zwei Kripobeamte »unterstützen« – einer davon Inspektor Brandstätter.

In der folgenden Nacht verübt Unterweger einen weiteren Selbstmordversuch, indem er sich mit dem Verband an der einzigen Mauerkante des kahlen Kellerraumes zu erhängen versucht. Es mißlingt, er ist zu schwach dazu, und ein Beamter kommt dazwischen. Doch Unterweger hat heimlich ein Schuhband im Toilettenloch in der Ecke der Zelle versteckt und probiert es damit wieder. In den frühen Morgenstunden finden die Beamten einen fast erstickten Häftling: »Einer kniete neben mir, massierte den Hals, während ein anderer das Band am geschwollenen Hals suchte, fand, abschnitt und vom Hals zog, als würde er eine Motorsäge starten. Diese neuen, brennenden Schmerzen waren aber nicht so schlimm, wie die drei Tritte gegen meinen Bauch und Leiste, die mir der eine als Begleitung zu seinen Worten gab: ›Häng' dich in der Nacht auf, nicht in der Früh, wo wir dich erwischen ...‹« (Aus: »99 Stunden«). Jetzt wird Unterweger auch noch »aus Sicherheitsgründen« an Händen und Füßen gefesselt.

Von diesen beiden weiteren Selbstmordversuchen erfährt die Öffentlichkeit jedoch nichts. Dr. Zanger ist empört, daß er erst aus der »Kronen-Zeitung« vom Selbstmordversuch seines Mandanten erfahren hat – die Grazer Justiz hatte ihn nicht einmal verständigt. Nach einem Besuch seines Co-Anwalts Dr. Noll im Grazer Gefängnis berichtet Zanger gegenüber »profil« über die Haftbedingungen in der Kellerzelle: »Das ist eine Zelle ohne Fenster, da ist nur eine Holzpritsche, sonst nichts, keine Decke, kein Leintuch. Er friert, er hat keine Schuhe an, keine Socken, er darf sich nicht waschen, seine Hände sind auf dem Rücken gefesselt, er kann sich nach dem Stuhlgang nicht einmal säubern. Es ist ja absurd, daß jemand für einen Selbstmordversuch bestraft wird. Er wird stündlich geweckt, er beklagt sich, daß er immer wieder geschlagen wird, daß sie ihm die Handschellen erst abnehmen, wenn das Essen kalt ist.« Und Dr. Noll, der Unterweger gesehen hat, sagt: »Er schaut fürchterlich aus. Ich hab' auf seinen Beinen noch Blut von dem Selbstmordversuch gesehen, er hat ein Cut unter dem linken Auge, die linke Augenbraue ist geschwollen, er spricht von einem Tritt.«

Nach Tagen werden Unterweger die Fesseln wieder abgenommen. Doch er ist noch immer im Keller und beginnt jetzt einen Hungerstreik: Er will endlich in seine Zelle zurück. Der Hungerstreik zeigt Wirkung: Nach einigen vergeblichen Umstimmungsversuchen durch den Anstaltspsychiater stattet der Landesgerichtspräsident dem Häftling einen Besuch ab. Tags darauf wird Unterweger in seine Zelle rücküberstellt, nachdem er die von seinem Anwalt gegen die »Foltermaßnahmen« der Justizwachebeamten eingebrachte Beschwerde zurückgezogen hat: »Ich bin weder mißhandelt noch verletzt worden«, wird er in der »Kronen-Zeitung« vom 7. Juli 1992 zitiert. Zanger meint dazu nur knapp: »Mein Mandant muß mit denen in Graz leben ...«

Jack war ein sehr sinnlicher Mensch. Wie könnte es anders sein, daß es die kurze Begegnung mit einer Frau war, die in ihm nach den Selbstmordversuchen zum ersten Mal wieder einen Anflug von Lebenswillen auslöste:

Später, nach einem weiteren Aufenthalt im lichtlosen Tunnel, stand nur mehr eine Frau neben meinem Bett, links, tastete nach dem Pulsschlag, vergeblich und als sie merkte, daß ich erwacht war lächelte sie ...
»Wie geht's?«
Ich schwieg, blickte sie an.
Ihre Augen!
Augensprache! Warum mußten mir in dieser Situation solche Augen begegnen! »Manuela« stand eingestickt auf ihrem Namensschild, das sich über eine üppige, feste Brust spannte.
Sonnenschein. Sommer. Hitze. Ihre Haare hatten einen rötlichen, nein, eher blonden Schimmer. Von meiner Perspektive aus stand sie als Traumbild im Rahmen des strahlend blauen Himmels. Das Fenster und Gitter dazwischen sah ich nicht mehr. Sie war klein, trug unter dem weißen Schwesternkittel nur BH und Slip, aber es war das alles nur Rahmen, wie die frische, sonnengebräunte Haut an Händen, Beinen und im Gesicht, das Zentrum waren und blieben die Augen. Fragend, erfahren, auch traurig. Die Stupsnase verriet Lebenslust und die Lippen Sinnlichkeit. »Ich komme jetzt jede Stunde, wenn etwas sein sollte, dann lassen Sie mich rufen!«
Ich schämte mich! Verrückt.
Traum.
Frau. Warum ausgerechnet jetzt?
Diese, ihre Augen! Denen durfte ich meinen Tod nicht präsentieren.
(Aus »99 Stunden«)

Noch im »profil« vom 6. Juli 1992 wird Pressesprecher Enge zitiert: »In zwei Fällen gibt es Sachbeweise.« Jetzt war klar, was er meinte: eine im Bregenzer Mordfall Hammerer gefundene Faserspur und das DNA-Gutachten aus Amerika.

Erst nach Wochen sollte sich herausstellen, daß die DNA-Bombe eine »Ente« war, wie wir später noch hören werden.

Der Fall Jack Unterweger | 75

Gerichtspraxis

Die Unabhängigkeit der Justiz ist eine bedeutende Errungenschaft des politischen Liberalismus im Kampf gegen die der Obrigkeit verpflichtete »Kabinettsjustiz«. Zum Schutz vor politischer Einflußnahme sind die Richter in allen Demokratien westlicher Prägung weisungsfrei, unabsetzbar und unversetzbar. Diese Freiheit bedeutet nun aber in der Praxis nicht nur große Verantwortung, sondern offen gesagt – und das gilt vor allem für die Strafrechtspflege – auch Macht. Das wird dem jungen Juristen spätestens während der einjährigen, nach Studienabschluß absolvierten Gerichtspraxis bewußt.

Erfahrungen als Rechtspraktikantin

Als Rechtspraktikantin am Grazer Straflandesgericht war ich[1] einem überaus korrekten Verhandlungsrichter zugeteilt, einem Richter, der vernünftigen Beweisanträgen der Verteidigung stets stattgab, Angeklagte sowie Zeugen ausreden ließ und sich so um ein erschöpfendes Verfahren bemühte. Offenbar meinte er, daß sein Stil nicht so selbstverständlich sei, denn nicht nur einmal sagte er zu mir: »Hören Sie sich doch einmal eine Verhandlung bei meinem Kollegen H. an ...«

Als der Richter dann eine Woche auf Urlaub war, zitierte mich sein Vertreter unerwartet in sein Zimmer. Weshalb der Beschluß in der Causa Christian K. noch nicht fertig sei, wollte er wissen. Der Häftling hatte einen Antrag auf Entlassung aus der U-Haft gegen Kaution und Gelöbnis, sich wohl zu verhalten, gestellt. Ich möge jetzt aber schleunigst den Beschluß schreiben, und die Ablehnung wie folgt begründen: »Laut Aktenlage zehn einschlägige Vorstrafen.« Erst als ich dann den Akt in Händen hatte, fiel es mir auf: Die Haftprüfungsverhandlung war erst in der folgenden Woche angesetzt. Der Beschluß sollte aber schon vorbereitet im Akt liegen ...

Juristenkollegen bestätigten mir dann, daß meine Erfahrung kein Einzelfall war. Dr. Karl K. etwa hat seine Gerichtspraxis so wie ich am Grazer Straflandesgericht absolviert. Er erzählte mir: »Da saßen zwei Burschen ein, die zahlreiche kleine Einbrüche in Trafiken begangen

---

[1] Das war rund ein Jahr vor dem Fall Unterweger; daher benutze ich im folgenden die Ich-Form.

haben sollen, in der ganzen Steiermark. Ich war damals noch ein idealistischer junger Praktikant und studierte den Akt genau durch. Da fiel mir auf, daß die Taten zum Teil gleichzeitig verübt worden waren! Das ließ mir keine Ruhe, und ich konfrontierte die beiden damit: ›Wie haben Sie das denn gemacht – an verschiedenen Orten gleichzeitig eingebrochen?‹ Erst nach einiger Zeit faßten die Burschen Vertrauen und gaben zu: ›Wir waren das ja gar nicht. Aber der Richter hat gesagt, wenn wir alles gestehen, kommen wir mit weniger Schmalz [Knastausdruck für Strafe] davon.‹« Ein heute namhafter Wiener Strafverteidiger erinnert sich sogar an einen besonders ökonomischen Richter, der die Urteile noch vor der Verhandlung konzipierte.

Für Franky D. sind derlei Gepflogenheiten als 29fach Vorbestrafter offenbar ganz normal: »Der Richter H., der damals noch am Strafbezirksgericht war, schaute in meiner Zelle vorbei und meinte: ›Bei Geständnis bleibt's bei drei Monaten. Sonst fahr' ich über Sie d'rüber.‹«

Um es klarzustellen: Schwarze Schafe gibt es in allen Berufen. Aber ein Richter befindet sich nun einmal in einer besonderen Machtstellung. Das Gesetz erlaubt ihm, bei seinen Entscheidungen von seinem Ermessen Gebrauch zu machen. Damit ist die Verantwortung eines Richters eine besondere: Sind doch richterliche Entscheidungen in der Regel schwerwiegende Einschnitte in menschliche Leben.

Begegnung durch Glas und Gitter

Freitag, 14. August 1992: Dann kam sie. Viertelstunde nur. Eine neue Welt. Strömungen durch Glas, Gitter, wir waren beide nervös, die Gründe waren verschieden, das Resultat wirkte. Seither kam sie 157mal. Gestern war das noch. Kraft kam von ihr, mehr als von mir zu ihr. Astrid Wagner, Juristin, dieses Omen. Sie kam nach den Medienberichten über meine stümperhaften Selbsttötungsversuche. Und sie blieb bis heute. In Luftlinie wohnt sie nur 600 Meter entfernt, so nah, so fern.

(Aus dem Gefängnistagebuch von Jack Unterweger)

Nach meinen Erfahrungen als Rechtspraktikantin verfolgte ich die Ereignisse um den Fall Unterweger mit kritischem Interesse. Ansonsten dachte ich aber wie die meisten Zeitgenossen: Was geht's mich an, ich kann ja hier ohnehin nichts ausrichten. Bis ...

Es war ein lauer Juniabend, der den Anfang eines prägenden Ereignisses in meinem Leben markierte. Ein anstrengender Arbeitstag voller Menschen, die mich in meinem Büro wegen einer Mietrechtsauskunft aufgesucht hatten, lag hinter mir. Wie immer beim Zubereiten des Abendessens schaltete ich das Radio ein. Es wurden gerade die Nachrichten durchgesagt: Der U-Häftling Jack Unterweger hatte sich heute morgen gegen 5.30 Uhr die Armvenen aufgeschnitten und befand sich auf der Inquisitenstation des Grazer Landeskrankenhauses. Da faßte ich den spontanen Entschluß, ihm noch am selben Abend einen Brief zu schreiben. Er sollte wissen, daß es durchaus noch Menschen gab, die sich von der vorverurteilenden Medienhetze distanzierten. Ob und wann er diesen Brief überhaupt bekommen würde, wußte ich nicht.

Erst lange Zeit später vertraute mir Jack Unterweger an, daß er diesen ersten Brief neun Tage unbeantwortet gelassen hatte – aus Mißtrauen. Die Zufälle waren nämlich gar zu seltsam: Ausgerechnet eine Juristin schrieb ihm da, die noch dazu rund ein Jahr zuvor am hiesigen Straflandesgericht ihre Gerichtspraxis absolviert hatte. Und da allgemein bekannt war, daß Jack Unterweger bei Frauen leicht »auftaute«, war sein Mißtrauen gar nicht so unberechtigt. War diese Astrid Wagner vielleicht eine Spionin der Justiz, auf ihn angesetzt, um ihn auszulauschen? Es war ein Widerspruch zwischen Kopf und Bauch, schrieb er mir später darüber. Erst Wochen danach hatte er endgültig Vertrauen gefaßt. Und dann dauerte es nicht mehr lange, bis er mit dem Vorschlag eines Besuchs kam.

An einem Freitag im August um acht Uhr früh holte ich mir in der zuständigen Gerichtsabteilung einen Besuchsschein, auch Sprechzettel genannt. Schon nach rund einer Viertelstunde Wartezeit am Gang wurde ich von einem Justizwachebeamten aufgerufen und betrat das Halbgesperre, wo der Häftling Unterweger schon auf mich wartete.

Mein erster Eindruck? Dieser Jack Unterweger sah viel armseliger aus, als ich es von den bunten Medienbildern her erwartet hatte. Blaß, mit schäbigem T-Shirt. Was mir aber gleich auffiel: Obwohl diese Situation, der überwachte und zeitlich abgestoppte Besuch durch Glas und Fliegengitter, etwas sehr Trauriges an sich hatte, versprühte er immer noch einen offenbar unverwüstlichen Charme. Gerade das, dieses Trotzdem-Mensch-Sein-Wollen, machte die Situation um so melancholischer. Nach fünfzehn Minuten Gespräch hieß es schon: »Besuchsende für Unterweger!« Einen Satz, den ich in den folgenden zwei Jahren sehr oft hören sollte.

Psychiatrische Ferndiagnosen

Obwohl der Staatsanwalt noch nicht einmal Anklage erhoben hatte, beauftragte Untersuchungsrichter Wladkowski im Frühjahr 1993 den alteingesessenen, rund siebzigjährigen Grazer Gerichtspsychiater Dr. Richard Zigeuner mit der Erstellung eines, bei Strafprozessen üblichen, gerichtspsychiatrischen Gutachtens über den Angeklagten.

Doch Unterweger spielte nicht mit. Der Grund: Zigeuner hatte seinen Selbstmordversuch vom Juni 1992 im Grazer Gefängnis gegenüber der »Kronen-Zeitung« unter dem Titel »Unterweger wollte so den Schlußstrich ziehen« mit folgenden Worten kommentiert: »Diesem Mann, dem fremdes Leben egal ist, bedeutet auch das eigene nichts. Nachdem er erfahren hat, daß ihn der Bluttest in den USA schwer belastet (Die 99,6 Prozent hatten sich dann ja als »Irrtum« herausgestellt, A.W.), könnte das daher der Versuch eines typischen Bilanz-Selbstmordes gewesen sein« (»Kronen-Zeitung«, 2.7.1992).

Durch diese Aussagen des Psychiaters, der ihn offenbar schon von vornherein als schuldig betrachtete, fühlte sich Jack Unterweger vorverurteilt und verweigerte jedes Gespräch mit Zigeuner. Statt dessen beantragte er einen anderen, unbefangenen Psychiater – was ihm vom Untersuchungsrichter mit der Begründung abgelehnt wurde, daß Zigeuner eben der für den Grazer Gerichtssprengel örtlich zuständige Gutachter sei. Zigeuner erstellte daraufhin aus alten Gutachten vom ersten Mordprozeß, dem Abschlußbericht der Sonderkommission und wenigen eigenen schriftlichen Aufzeichnungen Unterwegers ein »Ferngutachten«. In diesem 34 Seiten starken »neuen« Gutachten fanden sich für eine gerichtspsychiatrische »Untersuchung« wahrhaft ungewöhnliche Ausführungen, die mit den Mordfällen überhaupt nichts zu tun hatten. So fand es Zigeuner etwa »unglaublich, wie so ein asoziales Parasitenleben bei dieser maximal kriminellen Vorgeschichte unter den Augen der Öffentlichkeit, zum Teil durch Schutz von Polizei und Ministerium, so lange ohne Schwierigkeiten geführt werden konnte«. An anderer Stelle stellte Zigeuner fest, daß Unterweger »keine produktive Arbeit« liefere und sich »teure und auffallende Kraftfahrzeuge« leiste, mit denen er nach der Haftentlassung »in großer Zahl Verwaltungsübertretungen« begangen habe – womit der Gutachter wohl die insgesamt vier Anonymstrafverfügungen wegen Geschwindigkeitsüberschreitungen meinte. Und überhaupt wiesen die »häufigen und weiten

Reisen«, die Unterweger in Freiheit unternommen habe, »auf eine deutliche Unruhe hin, wie sie bei Serientätern häufig zu beobachten« sei. (Dieser Satz kommt fast gleichlautend im Abschlußbericht der »SOKO Unterweger« vor; auch sonst stößt man immer wieder auf ähnliche Formulierungen wie in diesem Bericht). Nicht fehlen durfte auch der ausdrückliche Hinweis auf das »auf Geltungsbedürfnis hinweisende Kennzeichen W-JACK 1«, mit dem Unterweger »ohne Lenkerberechtigung« unterwegs war. »Der anfängliche Erfolg als ›Häf'nliterat‹ hatte bei Jack Unterweger eine enorme Steigerung des Selbstempfindens hervorgerufen, aus dem heraus er glaubte, sich alles leisten zu können«, empört sich der Psychiater. Und wieder einmal mußten die »Weibergeschichten« herhalten: »Auffallend ist die hohe sexuelle Frequenz, allerdings ohne eigentliche Befriedigung.« Wie der Psychiater dazu kam, auch noch die Orgasmusfähigkeit Unterwegers zu beurteilen, bleibt allerdings ungeklärt. »Die eigentliche soziale Anpassung ist nicht erfolgt« und »eine Änderung der Einstellung und des Verhaltens ist in Zukunft nicht zu erwarten, da bei Jack Unterweger weder ein Schuldgefühl noch Reue vorliegen«, hieß es abschließend in diesem »Gutachten«, aus dem später in der Anklageschrift ausführlich zitiert werden sollte. Der außergewöhnliche Ehrgeiz, den Jack Unterweger schon in der Haft in Stein entwickelt hatte, seine zahlreichen literarischen Veröffentlichungen, seine Lesungen und Theateraufführungen im gesamten deutschen Sprachraum, all das wurde vom Psychiater ignoriert.

Für seine Ferndiagnose stellte Dr. Zigeuner ein Honorar von 46 000 Schilling in Rechnung.

Die Anklage: Auf alle Fälle schuldig!

Jack Unterweger war im Mai 1992 nach Österreich überstellt worden. Die Anklage war aber erst mehr als ein Jahr später – nämlich Ende August 1993 – fertiggestellt.

Im folgenden wird die Chronologie des langen Ringens um die Anklageschrift im Fall Unterweger dargestellt.

Die »Sachbeweise« im SOKO-Bericht

Die »Sonderkommission Unterweger« war bereits knapp nach der Überstellung Unterwegers nach Österreich aufgelöst worden. Monate später, am 15. März 1993, lag ihr offizieller Abschlußbericht vor. Die Ermittler waren von der Täterschaft Unterwegers längst überzeugt. Schon in einem mit 15. März 1992 datierten Bericht an den Untersuchungsrichter hatte SOKO-Leiter Geiger geschrieben, daß »die vorgenommene Einzelbetrachtung der Fälle [...] eine deutliche Erhärtung der Beweislage bis zur Gewinnung von Sachbeweisen« zeige und daß die »Beweislage« sich »zusehends verdichtet«. Im selben Schreiben vermeinte der SOKO-Leiter sogar, in einem Fall schon über »Sachbeweise« für die Schuld Unterwegers zu verfügen.

Was war davon ein Jahr später, im Abschlußbericht, übriggeblieben?

Der Abschlußbericht der »SOKO Unterweger« umfaßt 140 Seiten. Gleich in der Einleitung weisen seine Verfasser, SOKO-Leiter Geiger unter Mitarbeit von weiteren vier Kriminalisten des Wiener Sicherheitsbüros sowie der Kriminalabteilung Niederösterreich, auf die »internationale Tragweite« des Falles hin und stellen dezidiert fest: »Den Ermittlungen zu Folge ist diese Serie als einzigartig anzusehen.« Jack Unterweger weise »von seiner frühkindlichen Entwicklung über seine Persönlichkeitsstruktur bis zu seinem Verhalten in Belastungssituationen zahlreiche Parallelen« zu den klassischen »Serienmördern« auf: »Befriedigung durch Machtausübung, Kontrolle und Manipulation scheint das Motiv vieler seiner Handlungen zu sein – bis hin zum Mord.« Dazu ist zu sagen, daß SOKO-Leiter Ernst Geiger wenige Monate zuvor, im Oktober 1992, im texanischen Quantico einen vom »Täterprofil-Experten« des FBI, Gregg McCrary, geleiteten Kurs über »Serientäter und deren Motive« besucht hatte.

Weiter im SOKO-Abschlußbericht: Der erste Abschnitt befaßt sich mit der »Person des Jack Unterweger«. Nach einem kurzen »Lebenslauf« wird es auch schon pikant: Es geht um seine »Beziehung zu Frauen während und nach der Haftzeit«. Über Seiten hinweg werden die zahlreichen Frauenbekanntschaften Jack Unterwegers namentlich aufgezählt und ausführlich kommentiert. Denn gerade sein reges Liebesleben und seine häufig wechselnden Beziehungen waren von der Polizei von Beginn an als »Belastungsindiz« gewertet worden, war er doch offenbar »sexuell hochaktiv und unfähig zu einer stabilen Beziehung«.

Im Kapitel »Lebensgewohnheiten« geht es unter anderem um die Kleidung des Verdächtigen: »Er bevorzugte auffallend weiße Anzüge, rote Fliegen, Krawatten und Schals im Stil der siebziger Jahre. Gerne stellte er seinen Schmuck öffentlich zur Schau und prahlte mit seinen Tätowierungen.« Auch von den »protzigen Autos« ist die Rede: »**Ein Ford Mustang, schon vor der Strafhaft Zielobjekt seiner Wünsche** [dieser Satzteil ist fett hervorgehoben – wohl um zu dokumentieren, daß Jack Unterweger sich nicht »gebessert« habe, A.W.], wurde sein Lieblingsfahrzeug, bevor er es in Italien unter ungeklärten Umständen zurückließ.« Der Motorschaden am Mustang war jedoch aktenkundig. »**Ohne im Besitz einer Lenkerberechtigung zu sein** [wieder Fettdruck, A.W.], fuhr er tausende Kilometer quer durch Europa.« – »Scheinbar ziel- und planlos«, wie betont wird. Und wieder ist von »rasch wechselnden Frauenbeziehungen« die Rede: Unterweger »hielt sich wieder einen Schäferhund und suchte neben seinen Frauenbeziehungen ständig Kontakte zu Prostituierten«. Gerade dieser »Vorwurf« durchzieht den gesamten Bericht, nur einen Absatz weiter heißt es schon wieder: »Rasch wechselnde Frauenbeziehungen, Kontaktanbahnungen bei Lokalbesuchen, Theateraufführungen aber auch über Inserate [dies wäre zwar nicht ehrenrührig, ist jedoch unrichtig, A.W.] waren bezeichnend für ihn. Daneben besuchte er Prostituierte als Kunde, versuchte sich aber auch in geringem Umfang wieder zuhälterisch zu betätigen. Es gelang ihm, junge Mädchen und Frauen aller Altersgruppen für sich zu gewinnen. Viele davon beschrieben ihre Beziehung zu Jack Unterweger als ausgesprochen liebevoll.« Aber was verstehen solche Frauen denn schon von »Täterpsychologie«! Die Ermittler wollten mit all dem offenbar »beweisen«, daß Jack Unterweger dieselbe »kriminelle« Persönlichkeit wie in den siebziger Jahren geblieben war: »Obwohl als Grund für die bedingte Entlassung ein in der Haft stattgefundener Persönlichkeitswandel angegeben wurde, kann in der Gesamtbetrachtung seiner Lebensumstände ein solcher nicht erkannt werden.«

Der nächste Abschnitt ist dann ausschließlich den »Vorstraftaten« des Jack Unterweger gewidmet. Von den kleinen Diebstählen des jugendlichen Herumtreibers bis zum Mord an einer jungen Frau als Gipfelpunkt eines aus den Fugen geratenen Lebens werden sie alle penibel aufgelistet und beschrieben. Das geschieht oft mit effektvoller Dramatik: Da heißt es etwa, Jack Unterweger habe »die von ihm entführte Jugendliche Christine Sch. mit brutalen Mitteln zur Ausübung der gewerblichen Unzucht gezwungen«. Tatsächlich war die Betroffene damals Jacks Freundin. Sie ging wirklich auf den Strich, während er als Kellner arbeitete. Sie tat es aus freien Stücken – von »Gewalt« konnte keine Rede sein. Allerdings war das Mädchen erst achtzehn, Jack aber schon zwanzig, was für eine Verurteilung wegen des Vergehens der »Entführung einer Minderjährigen aus dem Machtbereich der Erziehungsberechtigten« reichte. Auch aus dem Uralt-Gutachten des Gerichtspsychiaters Dr. Jarosch wird in diesem Zusammenhang mehrfach zitiert: Er habe Jack Unterweger nämlich schon 1976 als »gefühlsarmen, explosiven und aggressiven Psychopathen«, »unverbesserlichen Gewohnheitsverbrecher« und einiges mehr eingestuft, bei dem »Rückfälle mit Sicherheit zu erwarten« seien. Für die Ermittler ein klarer Hinweis auf eine Serientäterschaft. Allerdings: Wie wir später noch hören werden, hatte Jarosch Jack Unterweger keiner unmittelbaren, persönlichen Begutachtung unterzogen.

Erst ab Seite 30 befassen sich die Verfasser des Abschlußberichtes mit den Mordfällen. Einleitend wird gleich von »Sachbeweisen« geschrieben: »[...] die Indizien, der Tatverdacht und die Sachbeweise [wurden] den einzelnen Fällen nach beschrieben.« Ab Seite 53 wird über die angeblichen Parallelen zwischen den Morden theoretisiert und immer wieder auf die »Einzigartigkeit« der »Serie« hingewiesen. Auch der Mord an Marica Horvath, den schon der Salzburger Inspektor Schenner Unterweger anzulasten versuchte, wird in die »Serie« einbezogen. Daß in mehreren Fällen nicht einmal die genaue Todesursache der Opfer, geschweige denn der »modus operandi« des Täters bekannt ist, stört offenbar nicht.

Die Seiten 70 bis 77 sind dann ausführlich und voller Lobesworte den polizeilichen »Ermittlungen gegen Jack Unterweger« gewidmet. Für die »Indizien« gegen Unterweger reichen zwei Seiten. Die chronologischen Abläufe und »Verdachtsmomente« werden dann nochmals über rund 20 Seiten ausgebreitet: Das »Verdachtsmoment« im Mordfall Eroglu sei beispielsweise eine bei einer Leiche gefundene Gummihandschuhkuppe – Unterweger habe nämlich bei den Aufführungen seines Theaterstücks »Aids – Schrei der Angst« Gummihandschuhe verwendet. Daß auf dieser Handschuhkuppe ein blutverkrustetes Haar gehaftet hatte, welches im Zuge der Ermittlungen leider verlorenging, bleibt unerwähnt. Im Mordfall Bockova wiederum werde Unterweger durch Hautfetzen belastet, die unter den Fingernägeln der linken Hand des Opfers sichergestellt worden seien. Diese Spuren könne man nämlich der Blutgruppe B, wie sie Unterweger habe, zuordnen. Den unter den Fingernägeln der rechten Hand des Opfers sichergestellten Blutspuren, die im Gegensatz zu jenen an der linken Hand die Blutgruppe A aufwiesen, widmet der Bericht nur einen einzigen kurzen Satz: Diese Spuren ließen, warum auch immer, »keine Rückschlüsse auf den Täter« zu. Auf den Seiten 107 und 108 scheuen sich die Ermittler schließlich nicht, von »Sachbeweisen« in zwei Fällen (nämlich in den Fällen Hammerer und Exley) zu schreiben. Was es mit diesen sogenannten Sachbeweisen tatsächlich auf sich hatte, wird an späterer Stelle aufgezeigt werden.

Sogar den Nebenstraftaten, die Unterweger begangen haben soll, wird ein eigenes Kapitel gewidmet: nämlich »Urkundenfälschung« und »Versicherungsbetrug«, denn anstelle eines echten Führerscheins fand man unter seinen Papieren einen Jux-Führerschein aus einem Paper-Box-Geschäft. Auch die Daten für eine Schadensmeldung an die Kfz-Versicherung hatte er deshalb falsch ausgefüllt. Dann die »Entziehung einer Minderjährigen aus dem Machtbereich einer Erziehungsberechtigten« – gemeint ist die gemeinsame Flucht mit Bianca.

Für die Rechtfertigung des Jack Unterweger genügen ganze zwei Seiten. Und sogar darin gelingt es den eifrigen Ermittlern, »Indizien« zu orten: »Seine Verteidigungsstrategie, die sich in zahlreichen Presse- und TV-Berichten zeigt und in der er immer wieder die Formulierungen verwendet: Es kann keine Beweise geben (…) und wenn ich das getan hätte (…) lassen mit einem hohen Grad an Wahrscheinlichkeit auf eine Täterschaft schließen. Gerade diese Formulierungen wurden nämlich von fast allen Serienmördern, welche interviewt und zu ihrem Verhalten befragt wurden, verwendet«, heißt es wörtlich im Bericht. Jack Unterweger hätte sich also offensichtlich schuldig bekennen müssen, um den Verdacht gegen ihn zu entkräften.

Im vorletzten Kapitel spekulieren die SOKO-Leute wieder über ihr offensichtliches Lieblingsthema, die »Thematik der Serientäterschaft«. Im Schlußkapitel mit der wissenschaftlich klingenden Überschrift »Die Frage des Motivs – eine hypothetische Betrachtung« betätigen sich die Kriminalisten gar als Literaturkritiker. Sie zitieren aus in Jack Unterwegers Wohnung gefundenen Texten, in denen, stilistisch oft hervorragend formuliert, allerlei von Liebe, Haß und Rache die Rede ist: »[…] Eines Tages würde ich mich rächen, das stand fest. Nicht nur strafen wollte ich, auch straffrei bleiben. Ein Unrecht bleibt ungesühnt, wenn den Rächer wiederum Strafe ereilt […]«. Oder sie sind gar »frauenfeindlich« wie das Zitat: »Es gibt keinen poetischeren Gegenstand als den Tod einer schönen Frau.« Die aus dem Zusammenhang gerissenen Textstellen und Ausschnitte aus Interviews fügen sich zu einem Bild einer perversen, ja irgendwie geheimnisvollen Persönlichkeitsstruktur. Die mühselige bibliophile Arbeit der Kriminalisten hatte nur einen Schönheitsfehler: Kein einziger dieser Texte stammte aus der Feder Jack Unterwegers! Vielmehr handelte es sich hier um Manuskripte, die von jungen Nachwuchstalenten für die Veröffentlichung in der Literaturzeitschrift »Wortbrücke« eingesandt worden waren – der »frauenfeindlichste« Text darunter kam übrigens ausgerechnet von einer Frau.

Am Schluß widmet sich der Bericht noch der »Frage der medialen Vorverurteilung«, die nach Ansicht der Ermittler keinesfalls gegeben sei. Die Begründung dafür lautet: »Keinem anderen Tatverdächtigen wurde derart Gelegenheit geboten, eine Stellungnahme zum eigenen Fall einer großen Öffentlichkeit darzulegen.«

»Die Suppe ist zu dünn«

Rein optisch konnte sich der Strafakt in der Causa Unterweger sehen lassen: Er umfaßte rund 15 000 Seiten – 31 Bände à 500 Seiten. U-Richter Wladkowski wurde darob als »Herr der Unterweger-Akten« (»täglich Alles«, 21.3.1993) tituliert. Allerdings befanden sich zahlreiche »Erhebungsberichte« und »Ermittlungsergebnisse« der SOKO-Mannen gleich mehrfach, nämlich bis zu sieben Mal, in den Akten …

Für den zuständigen Grazer Staatsanwalt Martin Wenzl reichten diese Ermittlungsergebnisse, deren hervorstechendstes Merkmal in der Mutmaßung einer »Serientäterschaft« lag, jedoch längst nicht aus, um eine juristisch hieb- und stichfeste Anklage auf die Beine zu stellen. Inzwischen waren nämlich auch die Ergebnisse der spurenkundlichen und biologischen Vergleichsuntersuchungen eingetroffen: Auch sie erbrachten keine Hinweise auf Jack Unterweger.

Der 48jährige Dr. Wenzl gilt als sachlicher, um Objektivität bemühter Jurist. Bevor er im Jahre 1987 an die Grazer Staatsanwaltschaft geholt wurde, war er im Justizministerium für internationale Straffälle zuständig gewesen. Auch als Staatsanwalt zeichnete ihn sein sachlicher, emotionsloser Stil aus. Wenzl hielt in seinen Plädoyers nie viel von Effekthascherei und Stimmungsmache.

Diese Haltung nahm er auch im Fall Unterweger ein. Insiderkreise wußten, daß er von einer Anklageerhebung nichts hielt, da er »die Suppe im Fall Unterweger für zu dünn« halte (»News«, 7/93). Später berichtete »News«, daß Wenzl die Mordanklage voraussichtlich »nur« im Fall der in Vorarlberg ermordeten Heide Hammerer erheben wolle – hier gab es zumindest Fasern, die laut Gutachten der Stadtpolizei Zürich möglicherweise zu Unterweger führen könnten (siehe im übrigen die Chronologie im Fall Hammerer). Am 9. März 1993 berichtete auch die Grazer »Kleine Zeitung«, »daß der Staatsanwalt mit dem Dirnhofer-Gutachten nicht recht glücklich ist und logische, berechtigte Zweifel hegt«.

Daraufhin sahen sich die Beamten der Ex-»SOKO Unterweger« zum Einschreiten veranlaßt. Sie fühlten sich »um die Früchte ihrer Arbeit betrogen«, berichtet »News« (21/93) und zitiert SOKO-Mann Kucera: »Wir haben Wenzl ordentlich ins Gebet genommen. Wenn's der Unterweger nicht war, geb' ich mein Lehrgeld zurück!«

Am 20. Juli 1993 prangte dann plötzlich die Schlagzeile auf dem Titelblatt der »Kronen-Zeitung«: »Jack Unterweger: Mordanklage in 11 Fällen!« Der Hintergrund für diese Aufmachung bestand darin, daß Staatsanwalt Wenzl einem »Krone«-Redakteur in einem Gespräch am Vortag lediglich mitgeteilt hatte, die Anklage gegen Unterweger stehe kurz vor der Fertigstellung. Zu früh gefreut, es war noch nicht soweit: »Anklage – bitte warten. Chaos im Verfahren gegen Jack Unterweger« (»News« 30/93). Aufgrund der Fehlmeldung der »Kronen-Zeitung« sah sich Oberstaatsanwalt Heimo Lambauer veranlaßt, Wenzl einen »Maulkorb« zu verpassen: »Bitte, verstehen S' mich«, äußerte dieser daraufhin, »ich darf Ihnen nicht einmal mehr die Uhrzeit sagen« (Wenzl in »News« 30/93).

... doch dann: Eine Anklage der Rekorde!

Im August 1993 ist die von der »Kronen-Zeitung« schon vorausgesehene »Anklage der Rekorde« dann endlich da: Die Mordanklage wird – entgegen den bisherigen anderslautenden Stellungnahmen des Staatsanwalts – in elf Mordfällen erhoben. Sogar in den drei amerikanischen Mordfällen, in denen der US-Staatsanwalt die Anklageerhebung abgelehnt hatte, wird jetzt, rund eineinhalb Jahre später, in Graz Anklage erhoben!

Inzwischen war von der Grazer Oberstaatsanwaltschaft für den brisanten Justizfall freilich noch ein zweiter Staatsanwalt bestellt worden.

Es handelte sich um den als scharfzüngig bekannten, aufstrebenden und mit seinen 37 Jahren noch sehr jugendlich wirkenden Dr. Karl Gasser.

Die Anklage stützte sich im wesentlichen auf das im März 1993 vorliegende »Gesamtgutachten« des Generalgutachters Prof. Richard Dirnhofer. Dieser räumte zwar ein, daß man keine biologische Spur gefunden habe, die zu Unterweger führe. Doch Dirnhofer stellte in seinem Gutachten fest, daß die elf Mordfälle »unübersehbare allgemeine und spezielle Parallelen« bei der Tathandschrift aufweisen würden, und gelangte so zum Ergebnis einer Täteridentität: Alle elf Morde seien »mit einem hohen Grad an Wahrscheinlichkeit« von ein und demselben Täter begangen worden.

Es war im doppelten Sinn eine Anklage der Rekorde: Die in den folgenden Kapiteln beschriebenen elf Frauenmorde wurden Jack Unterweger angelastet: ein Rekord in der österreichischen Justizgeschichte. Das jedoch auf nur etwa 30 Seiten Papier, wovon mehr als die Hälfte gar nicht die Mordfälle betreffen, sondern Unterwegers detailliert beschriebenen Vorstrafen sowie Auszügen aus zwei psychiatrischen Uralt-Gutachten und dem Zigeuner'schen Ferngutachten gewidmet sind. Ein absoluter Minusrekord in der Justizgeschichte. Die Anklage strotzt vor diffus formulierten Sätzen wie »Jack Unterweger fuhr nach Graz, traf Frau Masser und tötete sie vorsätzlich« oder »Jack Unterweger hielt sich im Großraum Wien auf, traf Silvia Zagler und tötete sie vorsätzlich durch Erdrosseln«. Dafür wird etwa ausdrücklich darauf hingewiesen, daß sich Jack Unterweger den Film »Das Schweigen der Lämmer« angeblich zweimal angesehen habe. Es geht in diesem oskargekrönten Kassenschlager bekanntlich um einen sadistischen Massenmörder – ein weiteres »Belastungsindiz« gegen Unterweger.

Psychologisch tat diese Anklage der Rekorde zweifellos ihre Wirkung. Bei der Fülle mußte beim späteren Prozeß einfach etwas hängenbleiben. Vermutlich spielte diese psychologische Spekulation eine große, wenn nicht entscheidende Rolle: Jack Unterweger war schuldig – wenn schon nicht in allen Fällen, so doch »auf alle Fälle« …

Ein Sicherheitsnetz für den Fall des Freispruchs

Doch sogar für den »worst case«, den Fall eines Freispruchs in allen Mordfällen, hatte die Anklage ein »Sicherheitsnetz« eingebaut: Jack Unterweger wurde auch noch wegen einer angeblichen, vorsätzlichen Körperverletzung an der Wienerin Kathrin Z. angeklagt.

Die 28jährige Z. war im schon am 10. September 1991 gegen halb zwei Uhr früh völlig benommen im Wiener Drogenszene-Treff »Tunnel« aufgegriffen worden. Bei der ärztlichen Untersuchung der abgemagerten, verwirrt wirkenden Frau wurde ein Schlüsselbeinbruch diagnostiziert. Sie gab an, unglücklich gestürzt zu sein, wurde ambulant versorgt und dann wieder aus dem Spital entlassen.

Am 17. Februar 1992, bereits zwei Tage nach dem Haftbefehl gegen Jack Unterweger, meldet sich Frau Z. bei der Polizei. Sie war inzwischen in einem der schummrigen Vorstadtlokale auf den Zuhälter Fred H. gestoßen – jenen eifrigen Sammler von Belastungszeuginnen im Rotlichtmilieu. Er hatte die labile Frau getröstet und wohl auch darin »bestärkt«, zur Polizei zu gehen. Jedenfalls ist er beim Verhör im Kaffeehaus – ins Wiener Sicherheitsbüro wollte Frau Z. um keinen Preis – als »Vertrauensperson« dabei. Z. gibt zu Protokoll, daß sie sich ihre Verletzung durch einen Sturz in der Wohnung ihres damaligen Liebhabers Jack Unterweger zugezogen habe: »Die Woche vor dem 9. 9. 1991 habe ich mit Jack keinen Kontakt gehabt, weil er, wie er sagte, nicht gewillt war, zuzusehen, wie sich Leute selbst fertigmachen. Er meinte damit meinen damaligen depressiven Zustand, und ich sollte erst mein Leben in Ordnung bringen. In der Nacht vom 9. 9. 91 zum 10. 9. 91 bin ich dann mit einem Bekannten gegen 23 Uhr zum Wohnhaus des Jack gegangen und hat er mir, nachdem ich mit ihm telefoniert habe, den Haustorschlüssel aus dem Fenster geworfen.[2] In seine Wohnung bin ich alleine gegangen. Ich suchte mit ihm ein versöhnliches Gespräch und hatte Jack auf mich den Eindruck gemacht, als wäre er besonders ›geladen‹.[3] Er wollte mit mir über uns beide nicht reden und forderte mich mehrmals auf zu gehen. Zuletzt stand er bei der Tür, als er die Aufforderung sprach. Ich bin dann zu ihm gegangen, legte ihm meine Hand auf die Schulter und in diesem Moment schlug er gänzlich unmo-

---

2 Unmittelbar neben dem Haus befindet sich eine Telefonzelle. Nach Angaben des Jack Unterweger hatte sie in dieser Nacht nicht nur einmal, sondern mehrmals in Abständen von 15 Minuten angerufen und dann auch noch an der Haustorglocke Sturm geläutet.

3 Unterwegers Version klingt im Grunde ganz ähnlich: Sie habe sich ausgezogen und ihn bedrängt, mit ihr ins Bett zu gehen. Er aber sei zu müde für ihre anstrengenden Szenen gewesen und habe sie entnervt aufgefordert, die Wohnung zu verlassen. Dann habe sie gedroht, laut zu schreien und damit die Nachbarn aufzuwecken, die ihrerseits die Polizei verständigen würden: »Und was das für einen wie dich bedeutet, ist dir wohl klar!« Da habe er ihr Gewand gepackt und sie aus der Wohnungstüre gedrängt.

tiviert meine Hand zur Seite. Aufgrund dieses Schlages kam ich zu Sturz und zog mir den Schlüsselbeinbruch zu.«

Doch Kathrin Z. sagt auch, daß Jack ansonsten immer sehr liebevoll war: »Zu mir war er immer liebevoll und hilfsbereit und hatte immer aufrichtende Worte in meinen depressiven Phasen über. [...] Es gab für mich nie einen Grund, ängstliche Zustände in seiner Gegenwart zu bekommen. [...] Beim Sex war er besonders lieb und zärtlich.«

In der Tat hat Unterweger versucht, der hochdepressiven, suizidgefährdeten – schon während ihrer Schulzeit hatte sie sich aus dem Fenster gestürzt – Tochter aus gutem Haus, die unter Magersucht litt und Probleme mit Drogen hatte, zu einem neuen Lebensinhalt zu verhelfen. Er führte stundenlange Gespräche mit ihr, vermittelte ihr ein Radiointerview zum Thema »Selbstmord«, vor allem aber wollte er sie aus dem Junkee-Milieu herausbringen. Wie auch immer der Vorfall vom September 1991 sich abgespielt haben mag, Kathrin schrieb Jack weiterhin Briefe und läutete an seiner Türe Sturm. Bis November: Da zog Bianca bei Jack ein.

Nur zehn Tage nach ihrer polizeilichen Aussage »packt« Kathrin Z. bei einer Illustrierten aus. Der reißerische Titel der Story »Die letzte Geliebte des Jack Unterweger: Ich war ihm hörig!« (»Die ganze Woche«, 27.2.1992). Die neue Version ist schon viel brutaler und geiler: »Wenn ich mich beim Sex weigerte, seine perversen Wünsche zu erfüllen, ist er total ausgerastet. [...] Einmal hat er mir meinen Arm so brutal nach hinten gedreht, daß mein Schlüsselbein gebrochen wurde.« Die schmutzige Geschichte endet mit zwei Sätzen aus Jack Unterwegers Erzählband »Mare Adriatico«: »Ihr Aufstöhnen verschafft ihm neue Geilheit, ihr ist es Qual. Hoch lebe die Lust des Mannes!« Und der Redakteur kommentiert dazu: »Kranke Gedanken eines Psychopathen, der für seine seelischen Taten an der Studentin Kathrin Z. sich nie vor einem Richter wird verantworten müssen.« – Ein wahres Schulbeispiel für journalistische Verdrehungskunst: Die völlig aus dem Zusammenhang gerissenen Sätze entstammen der Erzählung »Beschneidung in Omdurman«, in der Jack Unterweger anhand des Schicksals eines jungen Mädchens mit ergreifenden Worten den grausamen Ritus der Beschneidung von Frauen im Orient anprangert.

Am 7. April 1992 darf Frau Z. dann auch sehr wohl vor U-Richter Wladkowski aussagen. Ihre bislang letzte Version klingt ganz anders als vor der Polizei: Jack hätte sie »sexuell belästigt«, sie sich »verweigert«, woraufhin er zornig geworden sei und sie habe hinausschmeißen wollen.

Als sie ihn an den Schultern genommen habe, um ihn zu »beruhigen«, habe er sie gegen die Wand gestoßen, worauf sie zu Boden gefallen sei und sich das Schlüsselbein gebrochen habe.

Frau Z. wandte sich mit ihrer Geschichte noch an weitere Illustrierte: Das ging soweit, daß sich ihre offenbar schon verzweifelte Mutter bei einem Journalisten mit der Bitte meldete, nur ja nichts über ihre Tochter zu bringen, denn die wisse nicht mehr, was sie da tue!

Schon in der Anzeige an die Staatsanwaltschaft Graz vom 27. Februar 1992 heißt es: »Im Falle einer rechtskräftigen Verurteilung wegen dieses Faktums wird die bedingte Entlassung des Jack Unterweger zu widerrufen sein.« Das bedeutet: Die bedingte Entlassung Jack Unterwegers wäre auch allein durch eine Verurteilung wegen vorsätzlicher Körperverletzung als einer »auf der gleichen schädlichen Neigung beruhenden Straftat« widerrufen worden. Lebenslang – auch bei Freispruch in allen Mordfällen!

»Vergiß des, Burli!«

Jacks achtzehnjährige Freundin Bianca war genau das, was man als »freche Göre« bezeichnet. »Eine selbstsichere, eloquente, um nicht zu sagen ›goscherte‹ Achtzehnjährige«, urteilte Trude Sagmeister in der »Kronen-Zeitung« vom 4. März 1992. Sie hatte aber noch mehr zu bieten: Kurven, die sie medial in Szene zu setzen verstand und wofür sie kräftig zu kassieren wußte. Als sie der erste Reporter nach ihrer Rückkehr aus Miami mit einer läppischen fünfstelligen Summe zu einem Interview überzeugen wollte, bekam er die gehörige Antwort: »Vergiß des, Burli!« Dieser eine Satz enthüllt schon einen Teil ihrer Persönlichkeit. Wurde aber ordentlich bezahlt, bekamen die Zeitungsleute nicht nur Fotos von ihren atemberaubenden Kurven, sondern auch allerlei intime Details über das Liebesleben eines mutmaßlichen Prostituiertenmörders zu hören: »Die erste Nacht mit ihm war wunderschön. Nur Zärtlichkeit. Der wilde Sex ist erst später gekommen. Jack hat so schöne, gepflegte Hände. Mit denen konnte er sehr zärtlich sein. Ich kann mir nicht vorstellen, daß er mit denselben Händen jemanden umgebracht hat«, plauderte Bianca in der »Kronen-Zeitung« (4. März 1992), die sich das mehrtägige, als Serie veröffentlichte Exklusivinterview ganze 300 000 Schilling kosten ließ. Der letzte Artikel der Serie erschien, aufgemotzt mit bunten Farbbildern aus Jacks Wohnung, in der Wochenendausgabe »Krone bunt« vom 8. März 1992. Auf dem Titelblatt: Bianca mit langem, offenem Haar und unschuldigem Lolitablick, eine »Krone« mit Unterweger-Schlagzeilen in der Hand, daneben der Aufmacher »Biancas unheilbare Liebe«. Als sich Bianca beim letzten Interviewtermin die letzte »Camel« anzündete und noch einmal zu einem großartigen Liebesschwur ausholte – »Wenn ich Jack aufgebe, gebe ich mich auf!« – meinte Redakteurin Sagmeister ganz mütterlich: »Reden wir in zehn Jahren weiter. Vielleicht auch schon in einem.« Im Moment war Bianca aber noch verliebt wie am ersten Tag. Der deutschen Illustrierten »Bunte« verriet sie: »Jack ist zärtlich, einfühlsam, eifersüchtig. Der Mann, bei dem ich meinen ersten Orgasmus bekam.« Ob sie ihn denn aus den drei Monaten gut genug kenne, wollte der Redakteur wissen. Bianca erwiderte: »Ich habe ihm in dieser Zeit oft Grund gegeben, mir eine runterzuhauen. Aber er schlug nicht einmal zu. Genügt das?« (»Bunte«, 5/92).

Im Oktober 1992 erschien dann im Nachrichtenmagazin »News« ein erstes Interview mit mir. Es war mir ein Anliegen gewesen, die Rolle von Polizei und Medien in diesem Fall in Frage zu stellen. Auch wenn der Redakteur vielleicht auf etwas anderes aus war, mehr als ein »Liebe ist Privatsache« brachte er aus mir nicht heraus. Bianca jedoch kochte geradezu über – aus Eifersucht. Oder war es nur die Angst, nicht mehr allein als die »Unterweger-Geliebte« im öffentlichen Rampenlicht zu stehen? Jack erhielt einen wütenden Brief.

Eine Woche später erlebte ich beim Öffnen eines Briefes, der dem Kuvert nach an mich adressiert war, eine böse Überraschung: Es handelte sich um einen Brief von Jack an seine Bianca. Dafür war jener Brief, den er mir geschrieben und zur selben Zeit zur Zensur abgegeben hatte, bei Bianca in Wien gelandet. U-Richter Wladkowski, der Jack Unterwegers gesamte Post zensurierte und daher auch Biancas Eifersucht kannte, hatte die beiden Briefe nach der Zensur falsch kuvertiert. »Irrtümlich« natürlich, wie er mir am nächsten Tag, an seiner Pfeife nuckelnd, versicherte. In dem Brief an mich hatte Jack Unterweger, wie ich später erfuhr, von seiner Enttäuschung über Bianca und ihre Art, sich an die Medien zu verkaufen, geschrieben. Ausgerechnet dieser Brief war »verwechselt« worden. Biancas Reaktion aus Wien bestand in einem zynisch gemeinten »Dankschreiben« an den U-Richter

Der Fall Jack Unterweger | 91

und in einem noch wütenderen Brief an Jack. Auch eine Zeitung hatte dank ihrem entrüsteten Anruf bei Anwalt Zanger von der Sache erfahren. Für den Journalisten war klar, daß es sich bei Unterweger nur um einschlägige Post gehandelt haben kann: »Unterweger: Gericht vertauschte Liebesbriefe« (»Kurier«, 2.11.1992).

Doch Biancas Liebe kühlte bald ab. Die Besuche nach Graz wurden immer seltener. Längst zahlten die Zeitungen nicht mehr so viel für ihre Interviews, und die Einladungen zu Talkshows waren rarer geworden. Möglich, daß sich das in schlechter Laune niederschlug: Ein Häftling, der mit Jack Unterweger in U-Haft saß und einige Male gemeinsam mit ihm Besuch hatte, erzählte mir später, daß Bianca bei ihren Besuchen im Grazer Gefängnis ziemlich lieblos mit Jack verfahren sei. Er habe dann zu Jack gemeint, daß die Dame eigentlich ein paar Ohrfeigen verdienen würde. Dieser habe gelassen reagiert und bloß geantwortet: »Die ist noch sehr jung und hat den plötzlichen Medienrummel um ihre Person nicht verkraftet. Und sie kriegt von Zuhause nichts und muß sich daher an die Medien verkaufen ...« Auch mir gegenüber äußerte Jack Unterweger immer wieder, man müsse sie verstehen, sie sei ja noch so jung. Er bat mich, ihre Freundschaft zu gewinnen, um sie von den falsch-freundlichen »Glitzerkreisen« wegzubringen. Ich spürte, daß er innerlich an ihrem Verhalten litt, da er sie sehr liebte. Auch so etwas wie ein »väterliches« Verantwortungsgefühl für dieses Mädchen, das es nie leicht gehabt hatte, war dabei. In seinen Briefen bat er sie, die Abendmatura nachzuholen. Jack Unterwegers Mutter erzählte mir später, daß er sie in der Zeit ihres Beisammenseins nicht nur neu eingekleidet, sondern ihr sogar ein Sparbuch angelegt hatte.

Als ich Bianca dann nach einem ihrer Besuche bei Jack traf, war ihre »große Liebe« längst einer kritischen Distanz gewichen. So schilderte sie mir mit spöttischem Augenzwinkern, was für ein »Weiberheld« er doch gewesen sei: Als sie damals bei ihm eingezogen war, sei der Anrufbeantworter voller Nachrichten von Frauen gewesen ... Wenn ich ihr so zuhörte, glaubte ich zu verstehen, was Jack an ihr so fasziniert hatte: Dieses junge Ding war unbekümmert naiv und raffiniert zugleich. Das viele Geld, das sie mit ihren Zeitungsinterviews und TV-Auftritten verdient hatte, legte sie ausschließlich in Schmuck und Kleidung an. Für so alltägliche Belange wie Miete, Gas und Strom war nichts übriggeblieben, so daß die Post das Telefon inzwischen gesperrt hatte. Daß Jack die stattlichen Rechnungen im Fall eines Freispruchs nachzahlen müßte, beunruhigte sie wenig: »Ach, der schafft das schon. Dann fängt ja erst das große Geschäft an!«

Einstweilen saß Unterweger aber noch im Gefängnis und mußte durch einen anonymen Brief erfahren, daß Bianca seine Wohnung inzwischen mit einem anderen Mann teilen sollte. Bald schrieb sie ihm, daß sie ihm nicht mehr die Treue halten könne und ihr junges Leben unbeschwert genießen wolle.

Ihr letzter Besuch bei Unterweger erfolgte im April 1993. Jack war überrascht, denn sie hatte ihn schon seit Wochen nicht mehr besucht. Er erfuhr von ihr kein Wort darüber, daß draußen ein deutsches Fernsehteam wartete, um eine Story über »Bianca besucht ihren Jack« zu drehen ...

Die Medien kommentierten Biancas Schlußstrich wohlwollend. Jetzt kam sie auch hin und wieder in den Gesellschaftsspalten der Klatschblätter vor und immer mit Beisätzen wie »hat mit dem einsitzenden Häf'npoeten nichts mehr am Hut« (»Adabei«, »Kronen-Zeitung«, 27.10.1993).

Am 7. November 1993 beherrschte die Schlagzeile »Jack hat mich doch geschlagen!« das Titelblatt der Sonntagsausgabe der Billigzeitung »täglich Alles«. Sie bezog sich auf eine Ohrfeige, die ihr Jack verpaßt und auf eine Cola-Dose, mit der er nach ihr geworfen haben sollte – beides während der Flucht in Miami. Das dramatische Vokabular im Vorspann – »Wie sie hörig gemacht wurde«, »latenter Frauenhaß« – weckt geschickt erste Erwartungen. Der doppelseitige Artikel bringt dann »sensationelle Enthüllungen« über das wahre Gesicht des Mordverdächtigen durch Bianca: »Ich durfte nicht mehr in meine Lokale gehen, er hat mir meine Freundschaften vermiest.« Von der Schule weg in ein »Nachtlokal« habe er sie gesteckt, und betrogen habe er sie obendrein, »mit so einer Tussi«. (Gemeint war jene Irene P., mit der Jack aus Miami telefoniert hatte. Ob der Vorwurf, sie in ein »Nachtlokal« gesteckt zu haben, Biancas Fantasie oder jener des Journalisten entsprang, ist unklar – er ist jedenfalls falsch). Krönender Abschluß der nach allen Regeln des Boulevards perfekt geschriebenen Story: »Und hin und wieder hat er ›Scheiß-Weiber‹ gesagt – und so hintergründig gelächelt dabei!« Auch das Datum des Artikels war hintergründig gewählt: Der 7. November ist Biancas Geburtstag.

Jack bekam das »Geburtstagsgeschenk«, das sich Bianca selbst bereitet hatte, expreß zugestellt. Noch am Tag seines Erscheinens – völlig unüblich im Gefängnis – brachte ihm ein Justizwachebeamter den Artikel in geschenkgemäßer Aufbereitung in die Zelle: Das billige Zeitungspapier war durch Karton verstärkt und in Zellophanfolie eingeschweißt. (Inhaltlich habe ich mit Jack kaum über den ihn zutiefst verletzenden Artikel gesprochen. Nur den Vorfall mit der Cola-Dose schilderte er mir dann aber doch mit leicht ironischem Augenzwinkern: Er habe der hitzig streitenden Dame schäumendes Cola ins Gesicht gespritzt ...)

Ein paar Wochen danach kam dann Biancas reuevoller Brief an Jack: Nichts von dem, was in dem Artikel stand, habe sie auch so gesagt. Sie sei vom Journalisten hineingelegt worden. Schlimmer noch: Er hatte Bianca die »große Liebe« vorgespielt, um an sie und eine zugkräftige Story heranzukommen. Als er sie dann im Bett und die Geschichte im Kasten hatte, machte er sich aus dem Staub – und die erfundene Geschichte zu Geld.
    Die Reue kam zu spät: Bianca war auf den Artikel hin schon vom Grazer Gericht beantragt worden – als Zeugin der Anklage. Damit war sie auch für die Medien wieder interessant.

Der Richter und sein Häftling

Es war wie ein böses Omen: Der verurteilte Mörder Karl Otto Haas stand nach jahrzehntelanger Haft kurz vor der Entlassung. Da ermordete er während eines Freiganges im November 1993 den Sohn seiner Freundin, ehe er selbst auf der Flucht erschossen wurde. Der Boulevard schäumte, eine Staatsanwältin platzte in eine TV-Diskussionssendung und forderte: »Lebenslang muß lebenslang bleiben!« Alsbald wurde sie sogar Parlamentsabgeordnete einer politischen Partei, die solch strammen Grundsätzen huldigt.
    Der 58jährige Richter Kurt Haas, der lediglich den Nachnamen mit dem Rückfalltäter Otto Haas teilte, hatte bei der Justiz als Sprengelrichter in steirischen Bezirksstädten begonnen. Ende der sechziger Jahre wurde er zum Strafrichter am Grazer Landesgericht ernannt. Da er sich dort einen Ruf als »Hardliner« erwarb, schien er als Richter für den Fall Unterweger wie geschaffen.
    Tatsächlich wurde Dr. Haas der brisante Akt im Dezember 1993 zu-

geteilt. Seiner Bestellung war ein höchst eigenartiger Vorfall vorausgegangen: Nach der Geschäftsordnung wäre ein anderer Richter, nämlich der als korrekt, ja penibel bekannte Dr. Bourcard zuständig gewesen. Ihm wurde der Akt vom Oberlandesgerichtspräsidenten jedoch wegen angeblicher »Befangenheit« entzogen: Man hatte nämlich erfahren, daß die »Unterweger-Vertraute« Astrid Wagner bei ihm einst zwei Monate ihrer Gerichtspraxis absolviert hatte. Als ob Kontakte zwischen Richtern und Anwälten in einer mittelgroßen Stadt wie Graz etwas Ungewöhnliches wären ...

Als ich mir am Montag nach der Bestellung von Dr. Haas in der zuständigen Gerichtsabteilung einen Besuchsschein abholen wollte, wurde mir dort von der diensthabenden Beamtin in knappen Worten mitgeteilt, daß auf Anweisung des Richters »bis auf weiteres« nur mehr Verwandte zum Besuch zugelassen seien. Der Richter selbst war für mich nicht zu sprechen. Da Jack Unterweger aber keine Verwandten hatte, die ihn besucht hätten, bedeutete das faktisch Besuchsverbot.

Nach zwei Wochen der Ungewißheit und einigen Interventionen beim Richter wurde ich wieder ins Halbgesperre eingelassen. Zu meinem Erstaunen erfuhr ich jetzt, daß Richter Haas Jack Unterweger inzwischen fast täglich in der Verhörzelle aufgesucht hatte. Damit nicht genug: Es schien zwischen den beiden ein geradezu joviales Verhältnis entstanden zu sein – so glaubte es zumindest Jack Unterweger. Vor allem schien der neue Richter sich brennend für dessen literarische Werke zu interessieren und ließ sich mehrere Bücher von ihm mitgeben. Jack Unterweger vertraute diesem Richter. Ich aber spürte sofort, daß es Dr. Haas vor allem darauf ankam, seinen Angeklagten einschätzen zu lernen. Als ich Jack Unterweger dann vor der »harten Linie« des neuen Richters warnte, stellte er klar: »Ich fürchte keinen strengen Richter, denn ich bin unschuldig. Ich brauche nur einen fairen Richter und ein faires Verfahren!«

Jack Unterweger ließ sich weiterhin von Richter Haas in der Verhörzelle »empfangen«. Die beiden schienen sich manchmal prächtig zu unterhalten, etwa wenn sie sich darüber mokierten, daß Anwalt Zanger auf dem Wiener Opernball tanzte und die Klatschspalten darüber berichteten.

Jack Unterweger machte lediglich etwas mißtrauisch, daß der neue Richter offenbar ein weit besseres Verhältnis zu den Medien hatte als sein Vorgänger, der bescheiden zurückhaltende Schreibtischarbeiter Bourcard. Schon wenige Tage nach seiner Bestellung präsentierte Dr. Haas die Unterweger-Akten medienwirksam am Titelblatt der »Kronen-Zeitung«.

Richterliches Ermessen

Wenige Wochen vor Prozeßbeginn wurde Richter Haas seinem Ruf als »Hardliner« auch in juristischer Hinsicht gerecht. Nach der österreichischen Strafprozeßordnung liegt es im Ermessen des Richters, welche Zeugen beim Prozeß einvernommen werden. Haas lehnte einen Großteil – rund einhundert – der von der Verteidigung beantragten Zeugen ab. Sie seien als bloße »Bekundungszeugen« für die Wahrheitsfindung nicht relevant und dienten bloß einer »Verschleppungstaktik« der Verteidigung. Neben Zeugen, die für die Widerlegung von Zeugenaussagen und Darstellungen der Staatsanwaltschaft wichtig gewesen wären, waren unter den abgewiesenen Zeugen Frauen, die von einem positiven, oft nicht einmal sexuell gefärbten Kontakt zum Angeklagten hätten berichten können. Oder es handelte sich um Männer, die mit ihm zusammengearbeitet hatten und oft kurz nach einem ihm angelasteten Mord mit ihm zusammengewesen waren: Sie konnten sich alle nicht vorstellen, daß dieser ausgeschlafene und konzentriert arbeitende Mann in der Nacht zuvor einen Mord begangen haben sollte. Umgekehrt hielt Richter Haas aber die von der Staatsanwaltschaft beantragten zahlreichen »Profilzeugen« offenbar sehr wohl für relevant: Diese »Stimmungszeugen« der Anklage konnten zwar nichts zu den Morden aussagen, dafür aber etwas »Negatives« über den Charakter des Angeklagten berichten.

Zweiter Anwalt

Kurz vor Prozeßbeginn wartete der bekannte Grazer Rechtsanwalt Dr. Hans Lehofer mit einem Knalleffekt auf: Er kündigte auf dem Titelblatt der Grazer »Kleinen Zeitung« an, daß er beim Prozeß die Verteidigung Jack Unterwegers übernehmen werde – allein. Es handelte sich jedoch um ein Mißverständnis, denn Zanger hatte niemals vorgehabt, den Fall ganz abzugeben. Vielmehr konnte er als vielbeschäftigter Wiener Anwalt nicht an jedem Prozeßtag persönlich anwesend sein und hatte daher zu seiner Entlastung einen zweiten ortsansässigen Verteidiger für den Prozeß gesucht. Der rund 60jährige Lehofer war ihm als alteingesessener Strafverteidiger empfohlen worden und hatte sich auch spontan dazu bereit erklärt. Als Reaktion auf den Zeitungsartikel trat eine erste Verstimmung zwischen den Anwälten zutage. Erst eine Woche später, in einem kritischen Dreiergespräch gemeinsam mit Jack Unterweger in der Grazer Justizanstalt, einigte man sich über die Verteidigungslinie, die da hieß: Beide Anwälte sind gleichberechtigt. Doch dieser »Friedenspakt« sollte sich schon am allerersten Prozeßtag als trügerisch erweisen.

MEDIEN-HYSTERIE

Platzkarten für den »Jahrhundert-Prozeß«

Schon Wochen vor Prozeßbeginn wurde im »Großen Schwurgerichtssaal« des »Landl«, wie die Grazer ihr Straflandesgericht nennen, eifrig gehämmert, gestrichen und poliert: Von den Zuschauerbänken bis zum großen goldenen Republiksadler hoch über dem Richtertisch sollte der Saal für den »Jahrhundert-Prozeß« auf Hochglanz gebracht werden. Auch die grauen Mauern erhielten einen frischen Anstrich, und für die hohen Fenster wurden schwere, dunkelrote Samtvorhänge angeschafft, um dem Ganzen einen würdigen Rahmen zu verleihen. Der »Ehrenplatz« in der Mitte des Prozeßsaales war für eine große, vom Gutachter Dirnhofer angefertigte Schautafel mit den grausigen Leichen-Farbfotos reserviert. Ein Tischler wurde mit der Herstellung eines Holzrahmens beauftragt, was sich die Justiz 2 000 Schilling kosten ließ.

Das Foyer wurde indessen in einen repräsentativen Empfangssaal mit verzierten Absperrungen aus Messing umgestaltet. Im Parterre wurde ein neues, vergrößertes Pressezimmer mit eigener Telefonanlage eingerichtet. Und auch für das körperliche Wohlbefinden war gesorgt: Das kleine Café »Paragraph« gegenüber dem Landesgericht, das jahrelang zugesperrt vor sich hingedämmert hatte, wurde neu hergerichtet und pünktlich zu Prozeßbeginn wiedereröffnet.

Der Aufputz war nötig, rückte der »Jahrhundert-Prozeß« das Grazer Gericht doch in den Blickpunkt des internationalen Medieninteresses. Das Gerichtspräsidium machte die in- und ausländischen Medien in einem Rundschreiben ausdrücklich darauf aufmerksam, daß die Pressekarten aus organisatorischen Gründen mindestens einen Monat vor Prozeßbeginn bestellt werden müßten. Auch für den erwarteten Ansturm von Schaulustigen und Gerichtskiebitzen hatte sich die Justiz etwas noch nie Dagewesenes einfallen lassen: Platzkarten für den Schwurgerichtssaal. Hier waren Vorbestellungen aber ausgeschlossen.

Für jene aber, die nicht »live« dabeisein konnten, gibt es die reißerisch aufbereiteten Storys und Serien zum »Jahrhundert-Prozeß«-Spektakel in den Tageszeitungen. Der Startschuß für die neue, große Medienhatz erfolgt genau einen Monat vor Prozeßbeginn, am 20. März 1994, durch die Sonntagsausgabe der billig-bunten, in Österreich weit verbreiteten Massenzeitung »täglich Alles«, die an diesem Tag an den überall herumstehenden Zeitungsständern erhältlich ist. Der sinnige Leitspruch am Titelblatt lautet: »Kritisch gegenüber den Mächtigen, hilfreich den Schwachen, den Tatsachen verpflichtet«. Was davon zu halten ist, führt Redakteur Michael Holzer mit seiner groß aufgemachten Story »Der Prozeß« eindrucksvoll vor Augen. Schon seinen Vorspann beginnt er mit einer ausführlichen, aber falschen Beschreibung des Mordes an Margret Schäfer aus dem Jahre 1974 (»erdrosselte sie mit ihrem Büstenhalter«). »Erniedrigung/Mißhandlung/Fesselung/Edrosselung/entblößte Leichen ist auch der (blut-)rote Faden im spektakulärsten Kriminalfall unseres Landes. Exklusiv, ein Monat vor Prozeßbeginn: Die enge Indizienkette um J.U.« Nachdem Holzer die beteiligten Hauptdarsteller, allen voran den »souveränen Richter Dr. Kurt Haas« und Staatsanwalt Karl Gasser vorgestellt hat, macht er aus seiner geradezu inbrünstigen Überzeugung, daß Unterweger der Massenmörder schlechthin sei, keinen Hehl. Vor den Kriminalisten scheint er auf Knien zu liegen: »Noch nie waren die Ermittlungen gegen einen mutmaßlichen Mörder so kompliziert, so umfangreich, so international und so wissenschaftlich ausgerichtet. [...] Die Beamten der Sonderkommission haben unter der Leitung des Chefs der Wiener Mordkommission, Dr. Ernst Geiger, in Zusammenarbeit mit sechs kriminologisch-wissenschaftlichen Instituten in Europa und in den USA eine erdrückende Indizienlast zusammengetragen.« Welche »Institute« das gewesen sein sollen, schreibt er freilich nicht, Hauptsache, es klingt recht »wissenschaftlich«. Es folgt ein Resümee der Geschehnisse von der Flucht bis zur Verhaftung Unterwegers, und »seither wartet er – sich in Selbstmitleid zerfließend und als Opfer einer Verschwörung betrachtend – auf seinen Prozeß«. Unter dem Titel »Unterwegers Psychogramm: Was er mit Serienkillern gemeinsam hat« werden unter Heranziehung von Schlagworten aus dem »FBI-Gutachten« die »einzigartigen Parallelen« der elf angeklagten Morde aufgezählt und wieder ausführlich beschrieben: Alle waren »Prostituierte«, alle wurden »erdrosselt« und waren, »soweit eruierbar, stets gefesselt«. Das ist zwar wieder völlig falsch, wird aber durch allerlei »neueste wissenschaftliche Erkenntnisse über Serienmörder« aufgewogen: »Der Umstand, daß für die Morde kein Motiv erkennbar ist, außer einer krankhaften Lust am Töten. In Summe vom FBI tausendfach gemachte Erfahrungen, die sich in den elf Prostituiertenmorden widerspiegeln und sich aus diesen wiederum ableiten lassen ...« Als schmückendes Beiwerk werden in einem eigenen Kasten reißerisch klingende Schlagworte aus dem Uralt-Ferngutachten jenes Psychiaters Jarosch zitiert, der bei Unterweger eine »gefährliche Aggressivität gegenüber Frauen« diagnostiziert hatte. Umrahmt wird alles von den Bildern der Mordopfer und ihres »mutmaßlichen Mörders« Unterweger. Der Schlußsatz kündet von der Vorfreude der Journaille auf das große Justizspektakel: »Noch ein Monat bis zum Prozeß. Jack Unterweger rüstet mit zwei Anwälten – sein Wiener Anwalt wird von einem Grazer unterstützt – für seine letzte Chance auf Freiheit. Für einen blassen Hoffnungsschimmer ...«

Rund eine Woche vor Prozeßbeginn reisten dann die Journalisten in Scharen aus Deutschland und der Schweiz an, und auch einige amerikanische Fernsehanstalten wie CNN hatten Kamera- und Reporterteams ausgeschickt, so daß auch die Grazer Hotellerie kräftig vom Justizspektakel profitieren konnte. Die Kleinbusse der ausländischen TV-Stationen, die mit ihren Antennen und Satellitenschüsseln rund ums Gerichtsgebäude postiert waren, vermittelten internationales Flair. Auch die Gastronomie freute sich: Die Gaststätten in Gerichtsnähe sahen sich sogar veranlaßt, ihre Öffnungszeiten zu erweitern.

Allmählich wurde die ganze Stadt vom Unterweger-Rummel erfaßt. Reporterteams schwärmten aus, um an den Würstelbuden am Grazer Hauptplatz Straßenumfragen zum Thema »Jack Unterweger – schuldig oder unschuldig?« zu machen. Ich war selbst einmal aus Neugier dabei und war überrascht, daß doch einige, vor allem junge Leute auf »unschuldig« tippten – vielleicht aus einer Emotion heraus, vielleicht lag es aber auch an einem gewissen Mißtrauen dieser Justiz gegenüber: Seit der Medienhetze nach Jack Unterwegers Flucht waren mehr als zwei Jahre U-Haft vergangen, die nicht viel Neues gebracht hatten. Vielleicht hatte das einige nachdenklich gemacht. Ich ahnte noch nicht, daß die Medienhetze rechtzeitig zu Prozeßbeginn starten sollte.

Der im Jänner 1994 neu gekürte Präsident des Grazer Straflandesgerichts, Dr. Friedrich Kicker, meinte in einem Zeitungsinterview anläßlich seines Amtsantritts, der Prozeß gegen Jack Unterweger diene »nur der Sensationslust« (»der neue Grazer«, Jänner 1994). Die Vertreter der Medien fühlten sich von solcher Kritik aber gar nicht betroffen: »Ich kenne fast alle Unterweger-Berichte, die hierzulande erschienen sind. Aber mir ist kein Fall einer ›Vorverurteilung‹, also ein Verstoß gegen die gesetzlich verfügte ›Unschuldsvermutung‹, an die sich jeder Journalist zu halten hat, bekannt. Wäre das der Fall gewesen, hätte Unterwegers wendiger Advokat sicherlich die härteste Bestrafung des rabiaten Zeitungsschreibers erreicht.« (»täglich Alles«, 24.4.1994). Der kühne Chefredakteur und Leitartikler, der dies schrieb, verschwieg vornehm, daß er in seinem Massenblatt bereits einmal einen Unterweger-Bericht wegen Verstoßes gegen die Unschuldsvermutung hatte entgegnen müssen. Zudem war wegen des Artikels vom 20. März eine weitere Zanger-Klage anhängig. Aber was bedeuten Gerichtsurteile und Klagen für einen gestandenen Boulevard-Redakteur schon, der unbeirrt an der Schuldvermutung festhält und resümiert: »Also darf man wohl die Vermutung anstellen, daß es Herr Unterweger mit der Wahrheit nicht annähernd so genau nimmt wie Zeitungen und Magazine mit dem scharfen Pressegesetz.«

Über die Auswahl der Geschworenen zeigte sich der Gerichtspräsident befriedigt: Er sei erleichtert darüber, daß überwiegend männliche Geschworene ausgesucht worden waren, denn, so spann auch er die Klischees der Medien weiter: »Unterweger hat ja so eine Wirkung auf Frauen!« Unter den zwölf Geschworenen waren vier Frauen, drei davon nur als Ersatzgeschworene, die dann bei der Urteilsfällung nicht dabeisein sollten.

Auch was die Parkplatznot betrifft, hatte die Justizverwaltung Vorsorge getroffen und gegenüber dem Gerichtsgebäude zwölf Parkplätze eigens für die Geschworenen des Unterweger-Prozesses reservieren lassen. So ein nettes Extra-Service für die Laienrichter hatte es noch nie gegeben. Der aus Wien anreisende Anwalt Zanger mußte sich freilich selber um einen Parkplatz für seinen flotten Jaguar kümmern.

Die Geschworenen waren schon Wochen vor Prozeßbeginn durch den Richter von ihrer Berufung zu diesem ungewöhnlichen Prozeß verständigt worden. Sie hatten damit genug Zeit, sich über die Stimmungsmache in den Medien ihr Vor-Urteil über den Angeklagten zu bilden. Für den 24. März, also rund einen Monat vor dem Prozeß, hatte sie Richter Haas zu einem »Vorgespräch« geladen. Gleich danach suchte er wieder einmal »seinen« Angeklagten auf – diesmal nicht in der Verhörzelle, sondern sogar in dessen Haftzelle. Der Besucher befand sich in einer ungewöhnlich guten Stimmung. Das stellte Jack Unterweger fest, der aber inzwischen längst mißtrauisch geworden war, weil der Richter ja einen Großteil der Zeugen der Verteidigung abgewiesen hatte. Unterweger deutete die gute Laune des Richters und den überraschenden wie ungewöhnlichen Besuch in der Haftzelle daher als schlechtes Zeichen.

Doch er war entschlossen zu kämpfen: »Ich werde meine Unschuld beweisen!« schrieb er mir nicht nur einmal. Denn er wollte nicht nur den Freispruch, sondern volle Rehabilitierung: Monate vor Prozeßbeginn hatte er mir noch mitgeteilt, daß ein Freispruch mit 6 zu 2 für ihn schon eine »persönliche Niederlage« bedeuten würde. Er hatte sein Leben in der kurzen Zeit der Freiheit inzwischen minutiös rekonstruiert, um beim Prozeß vor den Geschworenen Rechenschaft ablegen zu können. Ich erinnere mich noch, wie er mir stolz, ja fast schon mit einem Anflug von Überheblichkeit, die beiden dicken Ordner mit seinen Tagesaufzeichnungen präsentierte. Dabei ließ er die saloppe Bemerkung fallen, daß er sich nach dem Freispruch als erstes einen weißen Anzug aus der Pfandlleihanstalt besorgen würde, um die Spießbürger zu provozieren. Vorerst mußte er sich aber mit dem dunkelgrauen Zweireiher begnügen, den ich ihm für den Prozeß besorgt hatte.

Es beginnt im Licht der Medien

Mittwoch, 20. April 1994. Das Jahrhundert-Prozeß-Spektakel gegen Jack Unterweger kann beginnen. Und es beginnt mit einem gewaltigen medialen Auftakt. Die ersten Schaulustigen hatten schon seit drei Uhr früh, wegen der noch recht frostigen Nachttemperaturen mit Decken und Thermoskannen ausgerüstet, vor dem Gerichtsgebäude campiert, um auf jeden Fall Platzkarten zu bekommen. Doch das »Kartenbüro« für das Prozeßspektakel, nämlich die Portiersloge, wo die Karten für die rund einhundertzwanzig Zuschauersitzplätze im Schwurgerichtssaal erhältlich waren, öffnete erst um acht Uhr morgens.

Kurz nach acht Uhr trifft als Erster Richter Kurt Haas ein, erholt und braungebrannt, denn er ist eben erst von einem zweiwöchigen Skiurlaub in den französischen Alpen zurückgekehrt. Überlegen wirkt er und trotzdem lässig mit seinem eleganten weißen Bärtchen und dem teuren englischen Anzug. Das zeigt sich etwa, wenn er seine eckige, kleine Lesebrille aufsetzt, um die ihn darstellende Karikatur eines Gerichtssaalzeichners zu begutachten. »Gut getroffen, nur ein bißchen mehr Weiß in die Haare«, lautet sein gnädiges Urteil vor laufender Kamera. Das Massenblatt »täglich Alles« lobt denn auch: »Der Souveräne zeigt sich völlig unbeeindruckt von der Dimension des Prozesses.« Auch vom Computer des Anwalts Zanger, der bereits im Gerichtssaal steht – die Büroangestellten der Kanzlei Zanger waren monatelang damit beschäftigt gewesen, den gesamten Unterweger-Akt einzugeben –, zeigt sich der Herr Vorsitzende kaum beeindruckt: »Das alles hab' ich im Kopf!« wirft er den Journalisten mit einer lässigen Handbewegung hin.

Die Stimmung zwischen dem Richter und Anwalt Zanger ist nach der Abweisung der Beweisanträge auf einem neuen Tiefpunkt angelangt. Nachdem ein TV-Band mit einem Interview des inhaftierten Unterweger irgendwie an die deutsche Fernsehstation SAT 1 gelangt war, zeigte Richter Haas Anwalt Zanger deswegen prompt beim Disziplinarrat der Anwaltskammer an. Er selbst war aber Filmplänen offenbar nicht abgeneigt: Sollte der Prozeß verfilmt werden, stelle er sich für seine Rolle den Hollywood-Star Clint Eastwood vor, meinte Haas gegenüber dem »Kurier«.

Inzwischen ist die Menschenmenge vor dem Gerichtsgebäude gewaltig angewachsen. Zuschauer, Journalisten, Gerichtsbeamte und Anwälte lassen sich bald nicht mehr voneinander unterscheiden: »Laßt mich durch, ich bin der Anwalt«, muß sich Zangers junger Co-Anwalt aus Wien, Dr. Noll, gewaltsam durch die Menschenmenge zwängen. Dr. Zanger hingegen trifft erst gegen halb neun Uhr ein. Mindestens zwanzig Kameras folgen ihm, als er mit seiner Gattin das Gerichtsgebäude betritt.

Erst kurz vor neun Uhr wird der Prozeßsaal geöffnet. Eine Menschenmasse strömt durch die Kontrollpunkte der Polizeisondereinheit hindurch in den Saal. Der ist bald zum Bersten voll, und es ist unerträglich heiß da drin. Jetzt warten alle nur mehr auf ihn ...

[...] Ist es noch eine Stunde? Ja. Fast. Sie holen mich früher. Visitation. Alexander, ein gewissenhafter Beamter, Aufseher, nicht negativ, er ist nur so, läßt mich bücken, schaut ins Arschloch, schließlich, ja, was eigentlich? [...] Nicht lachen, die mich durchsuchen, meinen es ernst, es ist ihre Aufgabe, Pflicht sogar. Vorgeführt in Handschellen, umgeben von gut einem Dutzend Polizisten der Spezialeinheit. Kann ich fliegen? Bestehen meine Atome aus Uran? Ach ja, das Tier durch das Spalier getrieben, für die Medien aufbereitet.

(Aus dem Prozeßtagebuch von Jack Unterweger)

Endlich, Punkt neun Uhr, der von allen mit Spannung erwartete Höhepunkt des Tages: Jack Unterweger wird vorgeführt. Hinter einem Gitter, zu seinem Schutz. Auch wenn man sich unwillkürlich an die Vorführung eines wilden Tieres erinnert fühlt. Vor der Anklagebank bleibt Unterweger stehen. Auch vor dieser hat man ein gitterartiges Metallgerüst aufgestellt, um die Pressefotografenmeute wenigstens ein paar Schritte auf Distanz zu halten.

Der erste Akt des Jahrhundert-Prozeß-Spektakels kann beginnen: Der vorsitzende Richter gibt das Zeichen, und schon geht ein Blitzlichtgewitter über den Angeklagten nieder. Es dauert wohl fünfzehn Minuten, ohne Unterbrechung. Die findigen Kameraleute der deutschen Privatsender haben sogar hohe Leitern im Saal aufgestellt und filmen herunter auf das Geschehen. Daniel Glattauer vom »Standard« beschreibt es wie folgt: »Und Jack Unterweger? Er geht normal, er blickt treuherzig, wirkt sympathisch. Er stellt sich geduldig dem ersten Fototermin als elffacher Mordangeklagter, dem wohl grausamsten Eröffnungszeremoniell des Prozesses. Sein Gesicht bleibt entspannt und weich im hellen Kameralicht. Die Augen glänzen. ›Herr Unterweger, hierher schauen‹, ruft ein Fotograf noch schüchtern. ›Jack, da schau her‹, zischt es plötzlich lautstark von allen Seiten. Jetzt sind sie auf Du mit ihm. Jetzt haben sie ihn. Und er dreht sich, wohin sie wollen.« (»Standard«, 21.4.1994.)

Der Angeklagte schildert das Szenario aus seiner Sicht:

Neun Uhr. Eintritt in den Saal. Grausam. Römische Arena, abgesperrt mit Eisengitter, zu meinem Schutz. Reporter, Kameras, zum Kotzen ihre Zurufe: Jack daher, Jack dorthin!

Ich lächle, fühle mich leer, spüre keine Nervosität, was ist los mit mir? Haben sie mich zur Maschine degradiert? Ich sehe viele Gesichter, Augen, Schweißperlen auf deren Stirn, ekelhafte Fratzen, sie üben ihren Beruf aus, ich erkenne zwei, die seit zwei Jahren Unmengen mit alten Fotos von mir verdient haben, und ich lächle nicht mehr, ich grinse, ich bin jetzt Tier: Löwe, Wolf, Katze, Schlange, ich weiß es selbst nicht so genau.

Hände, ich greife zu, ich erinnere mich, es war ausgemacht, die Anwälte, zuerst Lehofer, dann Noll, zuletzt Zanger, kann ich noch lächeln, etwas empfinden? Der Richter versprach, nur vier, fünf Minuten würden die Fotografen dürfen, was sie sich wünschen, es dauert 10, 15, vielleicht noch länger, ich spüre nichts, mich auch nicht mehr. Irgendwann vorbei, die Gitter weg, die zwölf Laienrichter treten ein. Vier Frauen, acht Männer, vier werden vor der Urteilsfindung nach

Hause geschickt. Sie mustern mich, ich sie, der Richter lächelt, es kann beginnen ...

(Aus dem Prozeßtagebuch von Jack Unterweger)

Die Bilder in den Zeitungen am nächsten Tag zeigen einen schmalen Angeklagten im dunkelgrauen Anzug, umgeben von einer Kulisse zahlloser schwarzer Kameras, zwischen denen einige fratzenartig verzerrte Gesichter hervorspringen. Jack Unterweger wirkt verloren, fast ratlos angesichts des Walls von aufblitzenden Kameras, Stativen und Mikrophonen. Auf manchen Bildern lächelt er aber und scheint sich, die Hände in den Hosentaschen, über die Pressemeute zu mokieren. Die Schlagzeilen des Boulevards triefen voll Hohn und Spott: »Jack Unterweger vor Gericht eiskalt«, titelt die »Kronen-Zeitung« und bringt neun Seiten Bildbericht. Auch die »Prozeßsplitter«-Glossen mit den originellsten Sagern des Tages dürfen nicht fehlen: »Klein is' er, der Unterweger, da is' ja gar nix dahinter!« meint eine enttäuschte Prozeßzuschauerin. Auf dem Titelblatt des Konkurrenzblattes »täglich Alles« prangt an diesem Tag die fette Schlagzeile »Er kam, sah und grinste« – darunter eine bunte Bleistiftzeichnung vom Gesicht des Angeklagten in Großformat. Der Gerichtssaalzeichner war exklusiv für das Massenblatt aus London eingeflogen worden.

Aber weder Zeichner noch die grobkörnigen Zeitungsfotos zeigen die Spuren, die sich nach zwei Jahren U-Haft in Jacks Gesicht gegraben haben, und den manchmal ganz traurigen Glanz seiner Augen.

»Kraftprobe zwischen Richter und Verteidiger«

Ein Geschworener ist es, der für die erste Schlagzeile dieses Prozesses sorgt: Als sich das Eröffnungsplädoyer des Verteidigers Dr. Zanger in die Länge zieht, meldet er sich zu Wort: Er wolle bis zum Beginn des »eigentlichen Prozesses« hinausgehen! »Den Geschworenen reicht es jetzt schon!« heißt es tags darauf auf dem Titelblatt der Grazer »Kleinen Zeitung«. Aus diesem Grund kommt es schon an diesem ersten Tag zu einem neuerlichen Zerwürfnis zwischen den beiden Anwälten. Lehofer war nämlich dagegen gewesen, daß Zanger seine ausführliche, rund zwei Stunden dauernde »Gegenanklagerede« vorträgt: Er befürchtet, die Geschworenen könnten damit überfordert sein. Während Zanger akribisch die zahllosen Widersprüche und Schwachstellen der Anklage herausarbeitet, schüttelt Lehofer immer wieder mißbilligend den Kopf. Und sogar gegenüber der Presse verbirgt er seinen Unmut über seinen Wiener Kollegen nicht: »Zangers Strategie sei sinnlos, es würden nur die Laienrichter irritiert, kommentierte Lehofer. ›Wenn es schon so weit ist, daß die Geschworenen bitten, hinausgehen zu dürfen, dann ist das arg.‹ Ein Geschworener hatte dies nach eineinhalbstündigem Monolog Zangers beantragt.« (»Standard«, 21.4.1994). Der Vorsitzende des Schwurgerichtshofes, Richter Haas, ist hingegen der Meinung, daß ein derartiges Eröffnungsplädoyer eines Verteidigers in der Strafprozeßordnung nicht vorgesehen sei, und versucht immer wieder, Zangers Redefluß zu stoppen und ihm das Wort zu entziehen – vergeblich. Der Anwalt, der zum ersten Mal vor einem Schwurgericht agiert und wegen seiner plötzlich aufgetretenen Heiserkeit nur mehr krächzen kann, stellt einen Beweisantrag nach dem anderen, zählt penibel die einzelnen Nichtigkeitsgründe des Verfahrens auf – insbesondere die nicht ordnungsgemäße Besetzung des Gerichtes mit Richter Haas. (Die Geltendmachung dieser Nichtigkeitsgründe durch den Anwalt war jedenfalls die prozessual einzig richtige Vorgangsweise: Nach der österreichischen Strafprozeßordnung müssen Nichtigkeitsgründe nämlich sofort gerügt werden, ansonsten können sie in einer späteren Nichtigkeitsbeschwerde nicht mehr geltend gemacht werden). Das Titelblatt der »Kronen-Zeitung« spricht tags darauf von einer »Kraftprobe zwischen Richter und Verteidiger«.

Am Nachmittag hängt dann eine einsame schwarze Robe über dem zweiten Verteidigersessel. Dr. Lehofer war an diesem Tag nicht mehr gekommen. Die Spannung zwischen den Anwälten blieb leider während des gesamten Prozesses erhalten. Die beiden waren von allzu verschiedenem Naturell: da der intellektuell-impulsive Zanger, der mit modischroter Brille und in den Prozeßpausen mit Handy am Ohr eher unkonventionell im hehren Gerichtsambiente wirkte, dort der bärtig-kauzige, etwas behäbige Lehofer.

Am zweiten Prozeßtag, nach den Anträgen der Verteidigung und der Staatsanwaltschaft, kommt Jack Unterweger im Rahmen der ihm zustehenden Stellungnahme zu den Vorwürfen der Anklage erstmals selbst zu Wort. In seinem Prozeßtagebuch schreibt er darüber:

Ich rede, nein, ich kämpfe, konzeptlos, zeige Unterlagen, verwende Worte, an die ich vorher nie dachte, nie ein Kreislauf, ist es laut im Saal? Still? Hört mir

jemand zu? Ich weiß es nicht, nur keine Ablenkung, kein Beobachten der anderen, nur noch das Ego im Kampf gegen sich selbst. Neunzig Minuten. Ich bedanke mich für die Aufmerksamkeit, und weiß nicht, ob es die gegeben hat. Ist in mir Leben, Wüste, Eismeer? Wie stand ich diese Phase durch? Nach mehr als zwei Jahren Wartezeit, neunzig Minuten Abstreifen von angeworfenen Schleim der Gegner.
Jetzt?
Der Richter: ›Vorstellung beendet!‹
Klare Worte, für ihn ist es eine Vorstellung, bewußte Relativierung meines Anliegens, vielleicht will er lächerlich machen, nur er meint es ehrlich. Das Bewußtsein nimmt dies auf, keine Wut mehr, nur noch Erkennen eines logischen Ablaufes.
Dr. Haas beginnt sofort mit der Angeklagtenbefragung, und wieder einmal alle meine Sünden und Untaten aus frühester Kindheit, Jugendzeit [...]
(Aus dem Prozeßtagebuch von Jack Unterweger)

Einige Journalisten scheinen beeindruckt von Jack Unterwegers Auftreten – aber voll Mißtrauen: Unter dem Titel »Ein Meisterstück der Selbstdarstellung« schreibt »Standard«-Redakteur Daniel Glattauer: »So souverän und couragiert wie Jack Unterweger hat wohl noch nie ein Mordangeklagter zu Prozeßbeginn agiert. [...] Unterweger selbst zwingt die Beteiligten dazu, von seiner Unschuld auszugehen [...] Zunächst scheidet er seine kriminelle Vergangenheit aus dem Verfahren aus: ›O.K., ich habe gelebt wie eine Ratte.‹ Dann das verblüffende Angebot an die Geschworenen, ihn bei einer einzigen überführten Lüge schuldig zu sprechen. Damit kann er sich – mit Ausnahme von Unwahrheiten – alles leisten. Tut er auch. Er ist gereizt, frech, zynisch – wie jemand, dem schlimmes Unrecht widerfahren ist. Staatsanwalt Gasser hat gewarnt: ›Unterweger ist ein Meister der Selbstdarstellung.‹ Das Grazer Gericht – seine bislang beste Bühne.«

Jetzt wird auch klar, was es mit dem literarischen Interesse des Richters Haas für Jack Unterwegers Bücher auf sich hatte. Er werde sich über die literarischen Qualitäten des Jack Unterweger im Laufe des Prozesses schon noch äußern, meint Haas vielsagend gegenüber Journalisten (»Kronen-Zeitung«, 24.4.1994). Im Rahmen der Angeklagtenbefragung hält er Unterweger dann einen angeblich frauenfeindlichen Text vor, der schon im Abschlußbericht der »SOKO Unterweger« zitiert worden war: »›Es gibt nichts Poetischeres als den Tod einer schönen Frau‹ –

ist das von Ihnen, Herr Unterweger?« Damit handelt sich der Herr Vorsitzende allerdings gleich ein »Eigentor« ein: Unterweger klärt ihn darüber auf, daß das Zitat von Nietzsche stamme – was übrigens auch falsch ist: Es stammt vom amerikanischen Dichter Edgar Allen Poe. Doch der Richter gibt nicht so schnell auf: Er liest die »Klappentexte« von einigen veröffentlichten Werken von Jack Unterweger laut vor und versucht dabei nachzuweisen, daß er sich selbst beschönigend dargestellt habe. Allerdings stammten diese Texte gar nicht vom Autor selbst, sondern – wie üblich – vom Verlag.

Rechtzeitig zu Prozeßbeginn erscheint auch Jack Unterwegers letztes, während der Grazer U-Haft geschriebenes Buch, »99 Stunden«:

[...] es geschehen Wunder, kein Verriß, kein Angriff, gewisse Schreiberlinge schweigen, der Inhalt dürfte ihnen peinlich sein. Eher noch die Wut, daß dieser Unterweger noch immer nicht zerstört ist, wirkt, wieder einmal aufgestanden ist, er lag doch längst am Ringboden! Bis neun, ihr Reproduzierer. Für eigene Kreativität fehlen euch Geist, Kraft, Durchhaltevermögen. Bierglas und Schwanz eintauchen ist euer Alltag, dazwischen den Kot über andere werfen. [...] D., S., P. [Anm.: Journalistinnen diverser Massenblätter, die sich durch eine besonders bissige Schreibweise hervortaten], gibt es Spiegel, in denen ihr euren Geifer beobachtet? [Es folgen einige sehr emotionalisierte Worte, dennoch schließt Unterweger:] Traurig. Kein Haß, nur Mitleid mit euch. Täglich eine Kolumne und kein Eigenerleben.

(Aus dem Prozeßtagebuch von Jack Unterweger)

»Jack-Fan«

Die Geschehnisse lassen niemanden kalt: In den Redaktionen der Tageszeitungen laufen die Telefone heiß. Während des Prozesses müssen dort zusätzliche Telefonleitungen installiert und Telefonistinnen engagiert werden, um täglich Hunderte Anrufe zum Thema Jack Unterweger entgegenzunehmen.

Wer es aber wagt, die vorfabrizierte »öffentliche Meinung« nicht zu teilen, wird abgestempelt – vor allem dann, wenn es sich um eine Frau handelt. Eine Jura-Studentin unter den Prozeßzuschauern wird in der »Kronen-Zeitung« kurzerhand zum »Jack-Fan«, und die allwissende Kolumnistin hat auch gleich die richtige Erklärung parat: »Ein Gefängnispsychologe behauptet, daß Verbrechen, insbesondere Morde, etwas sehr Erotisches seien.« Und schon kommt sie auf meine Person zu sprechen – eine Frau, die sich öffentlich für Fairneß gegenüber dem »Mörder, den die Frauen liebten« (»Stern« 18/94) einsetzt, kann nur Opfer seines teuflischen Charmes sein: »Charismatische Leute wie Jack Unterweger haben offenbar keine Schwierigkeiten mit erotischem Nachschub. [...] Eben wieder hat eine nette junge Frau ihr Herz, wenn nicht gar ihren Verstand an den berühmten Angeklagten verloren. [...] Damit er das Köpfchen nicht hängen läßt, schreibt sie ihm aufmunternde Briefe in die Zelle. Menschen, die Unterweger mißtrauen, findet sie alle ziemlich gemein. Mit den verklärten Augen einer merkwürdigen Liebe wird auch Unterwegers Vergangenheit, insbesondere der Mord, den er begangen hat, zu einer Kleinigkeit. [...]« (Marga Swoboda in der »Kronen-Zeitung«, 24.4.1994).

Prozeß-»Schmankerl« am Rande: Der große Papiersack mit der deutlich lesbaren Aufschrift einer exklusiven Uhrenfirma, der in den ersten Prozeßtagen mitten auf dem Richtertisch und dann auf den Zeitungsfotos prangte. »Keine Werbung, da sind nur meine Akten drin«, versicherte Richter Haas, selbst Träger eines teuren Modells dieser Marke. Anwalt Zanger, dem die gute Bekanntschaft des Richters zu einem Innenstadt-Juwelier zu Ohren gekommen war, sah das anders: »Wo kommen wir da hin, wenn im Gerichtssaal Werbung gemacht wird!« Dementsprechend reichte er gegen den Richter, der ihn eben erst bei der Anwaltskammer angezeigt hatte, eine Beschwerde beim Gerichtspräsidenten ein.

EINE MÖRDERISCHE CHRONOLOGIE

Ausgangspunkt: Graz

Im folgenden werde ich die einzelnen Indizien der Anklage, aber auch die zahlreichen Widersprüche und Ungereimtheiten des Falles Unterweger darlegen. Alles ist durch Dokumente, Protokolle, Gutachten und von mir schriftlich festgehaltene Zeugenaussagen belegt.

Graz ist der Ausgangspunkt: Hier wurde der Haftbefehl gegen Jack Unterweger ausgestellt – vier Tage nachdem der örtlich zuständige Wiener Staatsanwalt den von Chefermittler Geiger beantragten Haftbefehl abgelehnt hatte. Die steirische Landeshauptstadt Graz, mit ihren rund 260 000 Einwohnern die zweitgrößte Stadt Österreichs, hat für ihre Größenverhältnisse eine erstaunlich belebte Rotlicht-Szene. Die einschlägigen Etablissements und Bars prägen einen ganzen Stadtteil jenseits der Mur. Ganze Straßenzeilen gehören nachts den »Damen«, die dort ihre Dienste anbieten.

Aber da sind auch die Schattenseiten dieses »Wirtschaftszweiges«: Schon seit 1986 ist in Graz die 38jährige Prostituierte Ingrid Tschreschnig abgängig. Im Jänner 1988 verschwindet die 26jährige Prostituierte Silvia Kohlhauer spurlos. Sie wurde am Abend des 22. Jänner 1988 zuletzt gesehen, als sie in einen weißen PKW einstieg (so wie übrigens drei Jahre später die Prostituierte Elfi Schrempf). Im Milieu ist man sich sicher, daß Tschreschnig und Kohlhauser ermordet worden sind. Schon deshalb, weil sie ihren gesamten Schmuck zurückgelassen haben, was eine Prostituierte, die »springt« – der Milieu-Ausdruck für »abhauen« – nie tun würde.

Ein Jahr später, am 10. Jänner 1989, wird die 42jährige Gertrud Seger in ihrer Wohnung mit einem Elektrokabel erdrosselt, in der Nacht zum 27. Oktober 1989 ereilt die 25jährige Prostituierte Gerlinde »Sissy« Rosenkranz das selbe Schicksal; sie wird mit einem Strumpf erdrosselt.

Die Leichen der ermordeten Prostituierten sind bei ihrer Auffindung völlig nackt, alle wurden erdrosselt, aber nicht mißbraucht. Die Grazer Kripo spricht von »auffälligen Parallelen«: War es vielleicht ein Serienmörder?

Ein Jahr nach dem Mord an Rosenkranz verschwindet die 39jährige Grazer Prostituierte Brunhilde Masser. Auch dieser Mord fügt sich für die Polizei zunächst in die »Serie« der Grazer Prostituiertenmorde ein. In der »Kleinen Zeitung« vom 11. Jänner 1991 sehen die Kriminalisten Zusammenhänge: »Nicht nur, daß die Opfer Gertrude Seger (42), Gerlinde Rosenkranz (25) und Brunhilde Masser (39) erdrosselt wurden und vollkommen entkleidet waren, als man sie fand – es fehlen in allen drei Fällen die Wohnungsschlüssel.« Sogar auffällige Ähnlichkeiten bei den zeitlichen Abläufen wollen die Ermittler herausgefunden haben: »Gerlinde Rosenkranz und Brunhilde Masser wurden jeweils an einem Freitag ermordet, Gertrude Seger an einem Mittwoch abend. In der Nacht auf einen Freitag verschwand auch die Prostituierte Sylvia Kohlhauser (26) spurlos. Der Mord an Seger wurde fast ein Jahr nach dem Verschwinden Kohlhausers verübt, das Verbrechen an Masser auf den Tag genau nach Gerlinde Rosenkranz.« (»Grazer Mordserie: Neue Parallelen«, »Kleine Zeitung«, 11.1.1991).

Interessante Theorien. Aber dennoch kein Mörder in Sicht. Bis zum »heißen Tip« aus Salzburg und Wien …

Mordfall Masser: Verstecktes »Liebesplatzerl«

Die letzte Zeugin, die die 39jährige Straßenprostituierte Brunhilde Masser in der regnerischen Nacht zum 26. Oktober 1990 um 0.15 Uhr an ihrem Standplatz am Grazer Entenplatz sieht, ist eine Taxlerin. Masser hatte sie für diese Zeit bestellt, um sich nach Hause bringen zu lassen. Da die Prostituierte in dieser Nacht erst einen einzigen Kunden gehabt hatte, schickt sie das Taxi gleich wieder weg: Sie müsse, erzählt sie der Taxlerin im Spaß, ihrem Sohn noch die »Jausensemmel für den nächsten Schultag« verdienen.

Leicht hat es die schwergewichtige Masser wirklich nicht: Für das »horizontale Gewerbe« ist sie schon zu alt, die Freier lassen auf sich warten. Dafür besitzt sie Stammkunden, unter denen sich auch ein prominenter Grazer Unternehmer befindet, der mit ihr stets zum selben

»Liebesplatzerl« in den Wald fährt. Die etwas eigenartigen Sex-Praktiken des Mannes, für den sie etwa nackt im Scheinwerferlicht des Autos tanzen muß, während er am Steuer onaniert, stören sie offenbar nicht.

Ansonsten ist die erfahrene Prostituierte aber vorsichtig. In das Auto eines Freiers, den sie nicht kennt, steigt sie erst gar nicht ein. Das bewahrte sie aber nicht davor, als Mordopfer zu enden. Am 26. Oktober kehrt sie nicht mehr nach Hause zurück, woraufhin ihr Mann und Zuhälter sie als vermißt meldet. Dieser tröstet sich jedoch schnell. Schon wenige Wochen nach Massers Verschwinden nimmt ein neues, erst zwanzigjähriges hübsches »Zugpferd« deren Platz am Grazer Straßenstrich ein.

Massers unbekleidete, mit Geäst und Laub bedeckte Leiche wird am 5. Jänner 1991 von zwei Schülern im Bach eines Waldstücks bei Gratkorn (Graz-Umgebung) gefunden, ca. 8 Kilometer nördlich vom Ort des Verschwindens der Prostituierten entfernt. Sie befindet sich in linker Seitenlage, ein Arm ist nach oben, der andere nach unten entlang des Körpers ausgestreckt. Die Kleidung ist verschwunden, doch unmittelbar neben der Leiche liegt eine gebrauchte Haarbürste, die mit dem Mord in Zusammenhang stehen dürfte. Die auf der Bürste haftenden Haare werden labortechnisch untersucht. Das Ergebnis: Sie stammen nicht von Masser – und daher möglicherweise von ihrem Mörder.

Der unwegsame, schwer zugängliche Auffindungsort läßt nach der damaligen Meinung der Kriminalisten auf einen ortskundigen Täter schließen (so auch die »Kleine Zeitung« vom 10.1.1991). Zeugen aus dem Milieu bestätigen den Verdacht: Es ist das »Liebesplatzerl« jenes Grazer Unternehmers und Stammkunden der Masser, der auch heute noch für seine ziemlich abartigen Sexualpraktiken milieubekannt ist. Eine Prostituierte meldet sogar bei der Polizei, daß sie von diesem Mann so lange gewürgt worden sei, bis sie das Bewußtsein verlor. Diese Tat wird später in der »Kronen-Zeitung«, die in dicken Lettern von einem »Würgeopfer« des »Mordpoeten« zu berichten weiß, fälschlicherweise Jack Unterweger zugeordnet.

Der Unternehmer hingegen wird von der Grazer Kripo mit Glacéhandschuhen angefaßt: Er muß nicht einmal zum Verhör ins Amt kommen, sondern die Beamten erscheinen zu einem diskreten Gespräch in seiner schmucken Villa mit Stadtblick. Was dort aufgewartet wurde, ist nicht bekannt. Der Unternehmer wurde nicht weiter behelligt.

Brunhilde Massers Leiche ist bereits in einem Zustand, der laut Obduktionsbericht des Grazer Gerichtsmediziners Dr. Leinzinger keinerlei Rückschlüsse auf die Todesursache (Todesart) mehr zuläßt. Äußere Verletzungen sind aufgrund des Verwesungszustandes nicht mehr feststellbar bzw. lassen sich von Tierfraß nicht mehr unterscheiden. Auch der genaue Todeszeitpunkt ist nicht bestimmbar. Ein Detail, das zumindest zur Eingrenzung des Tatzeitraumes sehr aufschlußreich hätte sein können, wurde bei der Obduktion bedauerlicherweise nicht untersucht: Wie aus einer Ambulanzkarte des Unfallkrankenhauses Graz vom 25. Oktober 1990, dem Tag des Verschwindens der Masser, hervorgeht, war sie dort an diesem Tag wegen einer Nagelbetteiterung am rechten Mittelfinger in ärztlicher Behandlung gewesen. Tatsächlich wird im Obduktionsbericht ein Pflaster an der rechten Hand der Toten erwähnt. Eine Untersuchung der Wunde ist jedoch unterblieben, obwohl aus dem Heilungsverlauf Rückschlüsse auf den Tatzeitpunkt hätten gezogen werden können.

Nur wenige Wochen nach Auffinden der Leiche der Masser, am 26. Jänner 1991, wird eine andere Frau auf einem Grazer Großparkplatz am hellichten Tag Opfer eines brutalen Mordversuchs. Die 44jährige Hausfrau Sigrid M. kommt gerade vom Einkaufen und will in ihr Auto einsteigen, als sie von hinten von einem unbekannten Mann überfallen wird. Der Täter fesselt sein Opfer an Händen und Füßen, stößt es in sein Auto und entführt es nach Thal bei Graz. Dort angekommen, zückt er plötzlich ein Messer und schlingt der Frau eine Schnur um den Hals. Er zieht solange zu, bis sie das Bewußtsein verliert. Vermutlich in der Annahme, daß sie bereits tot sei, wirft sie der Verbrecher in der Thalstraße am Waldrand aus dem Wagen und braust davon. Den Kriminalisten fallen sofort Parallelen zu den ungeklärten Prostituiertenmorden auf, so daß sie davon ausgehen, daß der gleiche Täter am Werke gewesen sein könnte. Wenige Wochen später kann der Fall aber geklärt werden: Ein gewisser Wilfried F. stellt sich der Polizei und legt ein umfassendes Geständnis ab, nachdem es für ihn nach einem Raubüberfall, bei dem eine Personenbeschreibung vorlag, eng geworden war. Die Mordabsicht bestreitet er allerdings – er habe nur sichergehen wollen, daß die Frau »nicht schreit«, bevor er weg sei …

Szenenwechsel: Jack Unterweger hatte am Abend des 25. Oktober in seiner Wohnung gemeinsam mit seiner Freundin Rosa U. Plakate für sein justizkritisches Theaterstück »Kerker – oder: Im Namen der Republik« beschriftet, das am 15. November in Villach aufgeführt werden soll. Gegen 22.30 Uhr sind sie fertig; Frau U. fährt nach Hause, während sich Jack noch »auf einen Sprung« in sein Stammlokal »Florianihof« gleich neben seiner Wohnung begibt. Dort trifft er auf seine Bekannte Martina P., was diese später zeitlich auch genau bestätigen konnte. Gegen Mitternacht geht er nach Hause, was sich ebenfalls mit den Zeugenaussagen der beiden Kellner deckt. Gegen vier Uhr früh des 26. Oktober, des Nationalfeiertags, bricht er mit seinem anthrazitfarbenen und nicht mehr ganz neuen BMW 728 (Baujahr '79) mit Kennzeichen »W-JACK 1« ins kärntnerische St. Veit an der Glan auf, um Vorbereitungen für die geplante Theateraufführung zu treffen.

Hätte Jack Unterweger in der Nacht, in der Brunhilde Masser das letzte Mal gesehen wurde, in Graz gewesen sein können? Rein theoretisch ja. Er hätte einen Umweg machen müssen, was jedoch in Anbetracht der für eine Entfernung von fast 400 Kilometern ziemlich knappen Zeitspanne ziemlich unwahrscheinlich erscheint. Es fand sich auch kein Zeuge, der sich erinnert hätte, ein Fahrzeug mit dem auffälligen Kennzeichen in der fraglichen Nacht in Graz gesehen zu haben. Wie die Pensionsangestellen später als Zeugen klar bestätigen, kommt Unterweger gegen acht Uhr morgens in der Pension »Stern« in St. Veit an, um dort zu frühstücken. Dann macht er sich auf zum Plakatieren. Er fährt zunächst hinein ins Wimitztal, dann nach Liebenfels, den Stationen seiner Kindheit. Dort und in Klagenfurt besucht er Bekannte, auch Freunde aus Kindheit und Jugend, die alle erfreut versprechen, zu seinem Theaterstück zu kommen. Weiter geht es über Landskron nach Villach. Jack Unterweger ist den ganzen Tag unterwegs. Abends, wieder in St. Veit, besucht er einen Freund aus der Lehrzeit, der sich inzwischen mit einer eigenen Kneipe selbständig gemacht hat. Bis spät in die Nacht hinein tauschen sie ihre Jugenderinnerungen aus.

Ein Detail am Rande sei vermerkt: Jack Unterweger hätte im Fall Brunhilde Masser sogar ein »bombensicheres« Alibi haben können. Er hatte nämlich das Zimmer zwei Wochen zuvor bereits ab 25. Oktober reservieren lassen. Die Tochter der Pensionsbesitzerin war sich sogar sicher gewesen, daß der angesagte Gast schon an diesem Abend angekommen sei. Darüber hinaus hatte er auch die Rechnung vom 25. bis 27. Oktober bezahlt. Beide Fakten hätten ihn entlastet. Jack Unterweger verzichtete jedoch auf dieses möglicherweise rettende, aber falsche Alibi. Tatsächlich hatte er ursprünglich vorgehabt, noch am Abend des 25. nach Kärnten aufzubrechen. Da es aber sehr spät geworden war, fuhr er – Unterweger war ein notorischer Frühaufsteher – erst im Morgengrauen des 26. Oktober los und kam gerade rechtzeitig zum Frühstück in die Pension. Wie es im Hotelgewerbe üblich ist, mußte er trotzdem für die reservierte, aber nicht in Anspruch genommene Nächtigung bezahlen. Die Polizei dankt ihm die Ehrlichkeit nicht und unterstellt ihm, sich durch die Ausstellung einer Rechnung vom 25. auf den 26. Oktober ein falsches Alibi verschafft zu haben. Erst durch die Aussagen der Pensionsangestellten beim Prozeß, wonach für reservierte Nächtigungen immer zu bezahlen sei, konnte die Unterstellung widerlegt werden.

Nach Unterwegers Verhaftung werden alle Spuren in Hinblick auf ihn als Verdächtigen überprüft, wobei die neben der Leiche gefundene Haarbürste nach wie die wichtigste ist. Die Polizei konfrontiert Unterwegers Bekannte mit dem bedeutsamen Fundstück, die es aber nicht als ihm gehörend erkennen. Endgültige Klarheit bringt das Ergebnis der labortechnischen Vergleichsuntersuchung mit dem Eigenhaar Unterwegers: »Die auf einer Bürste sichergestellten Haare unterscheiden sich von den Eigenhaaren von J. Unterweger als auch von ihren eigenen.« (Gutachten des Wissenschaftlichen Dienstes der Stadtpolizei Zürich, Seite 19). In der Folge hört man nichts mehr von diesem Indiz.

Auch sonst fanden sich keine Spuren, die Unterweger mit dem Mord an Brunhile Masser in einen Zusammenhang hätten bringen können. Die Spuren auf den angeblichen Autositzen seines BMW, die im März 1992 in Oberösterreich sichergestellt worden sein sollen, erwiesen sich als ungeeignet. Darauf wird zurückzukommen sein. Die Masser muß jedenfalls – tot oder lebendig – in einem PKW transportiert worden sein, da ihre Leiche kilometerweit entfernt von ihrem letzten Standort gefunden wurde.

Zur Todesart, der ebenfalls große Bedeutung zukam, heißt es erstmals im Gesamtgutachten Dirnhofers vom März 1993, daß bei Masser auch ein »Strangulationstod möglich« gewesen wäre, da »in den Halsweichteilen dunklere Bezirke« festgestellt worden seien. In der Anklageschrift gegen Unterweger hört es sich dann schon so an: »Der Tod der Brunhilde Masser trat als gewaltsamer Tod durch fremde Hand – am ehesten durch Erdrosseln – ein.« Mit dieser »kleinen« Korrektur der Tötungsart paßte der Mord an Masser in die »Serie« der Unterweger angelasteten Morde.

Im Juni 1993 wird wieder eine Grazer Prostituierte Opfer eines Mordversuchs. Die 50jährige Gisela St. steigt am Grazer Entenplatz in das Auto eines bis heute unausgeforschten Freiers – genau dort war vermutlich auch Brunhilde Masser ihrem Mörder in die Hände gefallen.

Der Unbekannte fährt mit der Prostituierten auf ein anliegendes Firmengelände, wo er ihr die Handtasche entreißt und sie mit dem Riemen drosselt. Gisela St. entkommt aber gerade noch knapp dem Tod: Der Täter läßt abrupt von ihr ab, als sich ein Beamter des österreichischen Wachdienstes nähert, der die Frau dann mit dem um den Hals geschlungenen Riemen bewußtlos und nur noch leise röchelnd auffindet. Das nach den Angaben des Opfers angefertigte Phantombild eines schmächtigen blonden Burschen wies übrigens eine starke Ähnlichkeit mit einem Phantombild auf, das wenige Jahre zuvor im Fall Masser kursiert war. Obwohl die Frau vermutlich erstickt wäre, wenn man sie nicht rechtzeitig gefunden hätte, glaubte die Grazer Kripo aber »nicht an einen Mordversuch« (»Kronen-Zeitung«, 12.8.1993) – saß doch der »Prostituiertenmörder« Jack Unterweger zu dem Zeitpunkt schon in U-Haft ...

Mordfall Schrempf: Wo blieb der weiße Golf mit den roten Streifen?

»Es war a irgendwie unheimliche Nacht, als die Elfi verschwunden ist. So a pechschwarzer Himmel«, erzählte ihre Standplatzkollegin und Freundin später.

Wie immer steht die »Elfi«, die 35jährige Grazer Prostituierte Elfriede Schrempf, auch an diesem düsteren Abend des 7. März 1991 an ihrem Platz in der Grazer Volksgartenstraße und buhlt gemeinsam mit zwei Kolleginnen, Andrea H. und Carmen R., um die Gunst der Freier. Das Bild wird vom schmutziggrauen, schmucklosen Hochhaus hinter dem angrenzenden Volksgarten-Park überragt, auf dessen Dach sich eine überdimensionale Uhr aus weißen Leuchtstoffröhren ständig im Kreis dreht. Sie zeigt etwa 22 Uhr, als Carmen R., die auf der schräg gegenüberliegenden Straßenseite steht, und Andrea H. einen weißen Golf mit roten Seitenstreifen beobachten, der in eine Parklücke einfährt. Ein Polizeifahrzeug? Elfriede Schrempf scheint den Fahrer zu kennen. Sie geht sofort auf das Auto zu und spricht den Lenker an, der das Licht ausschaltet. Plötzlich wird das unbeleuchtete Fahrzeug verkehrt aus der Parklücke gesteuert und verursacht beinahe einen Zusammenstoß mit einem vorbeifahrenden PKW. Durch den Lärm der quietschenden Reifen werden auch eine Anrainerin, die pensionierte Zahnärztin

Helga H., die die Schrempf vom Sehen kennt, und der wie jeden Abend mit seinen beiden Bobtail-Hunden im Volksgarten-Park spazierende Helmut H. auf das Geschehen aufmerksam. Sie alle beobachten, wie das spätere Mordopfer auf der Beifahrerseite des weißen PKW vom Typ VW-Golf einsteigt, der anschließend wegfährt. Es ist jetzt zirka 22.15 Uhr auf der Leuchtstoffröhren-Uhr. Das war das letzte Mal, daß Elfriede Schrempf lebend gesehen wurde.

Ein Serienmörder?

Die Prostituierten und ihre »Buckl'n«, wie ihre Aufpasser unter den Zuhältern genannt werden, hatten es sich längst zur Gewohnheit gemacht, alle Autonummern von Freiern oder verdächtigen Fahrzeugen feinsäuberlich aufzuschreiben. Ausgerechnet von dem weißen VW-Golf, in den Schrempf zuletzt eingestiegen war, hat man zwar eine genaue Beschreibung, jedoch kein Kennzeichen. Und so werden von der Polizei in mühevoller Kleinarbeit rund 1 000 Personenkraftwagen ausgeforscht, auf die die Beschreibung der Augenzeugen passen könnte. Deren Besitzer werden überprüft. Ohne Ergebnis.

Auch zahlreiche Hinweise auf gefährliche Freier, die Prostituierte gewürgt oder mißhandelt haben sollen, treffen bei der Polizei ein. Da war etwa ein Mann, der bereits 1975 in Graz wegen Tötung einer Prostituierten, deren Leiche er in einem Maisacker versteckt hatte, verurteilt worden war. Er ist wegen seines aggressiven Verhaltens milieubekannt und hat zwei der Mordopfer persönlich gekannt. Der Polizei reicht aber als Alibi die Aussage seiner Ehefrau, daß ihr Mann »nie später als um 22 Uhr« nach Hause komme. Im Protokoll findet sich der Vermerk, daß er mit einiger Wahrscheinlichkeit als Täter auszuschließen sei.

Auf einen anderen Mann wird die Grazer Polizei aufmerksam, weil er eine Prostituierte mit einem Vibrator derart heftig »massiert« hatte, daß ihr Darm platzte. Auch dieser Herr war in einschlägigen Kreisen für seine hochgradig perversen Vorlieben bekannt. Nach einem Verhör kommen die ermittelnden Beamten jedoch zum Ergebnis, daß der gutsituierte Herr Direktor nicht als Täter in Frage komme.

Ein anderer ist Hauptmann beim Bundesheer: Hans M. soll Elfriede Schrempf kurz vor ihrem Verschwinden gefesselt und mißhandelt haben. Der Mann kommt den Ermittlern aber im April 1991 durch Selbstmord abhanden.

Oder ist es doch ein »Serienmörder«, der in Graz bereits mindestens vier Prostituierte auf dem Gewissen haben könnte? Die Grazer Kripo hält dies für möglich, gewisse Parallelen sprechen dafür: Die ermordeten bzw. abgängigen Frauen stammen aus der alleruntersten Kategorie von Prostituierten. Bei Seger und Rosenkranz, möglicherweise auch bei Masser, fand vor der Tötung kein Geschlechtsverkehr statt. Alle Leichen waren aber bei ihrer Auffindung völlig nackt. Seger und Rosenkranz sind nachweislich erdrosselt worden, bei Masser ist dies nicht mehr genau feststellbar, und Schrempf ist noch verschwunden. »Inspektor Breitegger«, der »Platzhirsch« unter den Grazer Polizeireportern, schwächt daher ab: »Anfang der achtziger Jahre hatten wir auch zwei Prostituiertenmorde. Jeder hat an einen Täter geglaubt. Und dann waren es doch zwei.« (»Wiener«, 5/91).

Aufgrund diverser Zeugenaussagen wird ein Phantombild eines verdächtigen Freiers angefertigt. Es zeigt einen untersetzten Mann mit Vollbart und Brille. Somit weist es nicht die geringste Ähnlichkeit mit Jack Unterweger auf.

Dieser hatte am Abend des 7. März 1991 eine Lesung im Jugendclub »KuKu« in Köflach, ca. 40 Kilometer westlich von Graz. Was den Jugendlichen sofort auffiel: Der Literat war mit seinem weißen Ford Mustang vom Typ Mach 1 angereist, einem richtigen »Ami-Schlitten« – Baujahr 1972, 260 PS – einem alten »Jugendtraum«, den er sich schon kurz nach der Entlassung günstig beschafft hatte. Nach dem Motorschaden am BMW fuhr Jack Unterweger auch die weiten Strecken mit seinem Mustang. Das Kennzeichen war geblieben: das unverwechselbare »W-JACK 1«. Nicht minder auffallend war auch die Innenausstattung: Tapezierung und Sitze ganz aus rot-schwarzem Leder. »Der muß aber viel Benzin schlucken!« meinten einige der jungen Bewunderer beim Anblick des großen Gefährts.

Der Beginn der Lesung war für zwanzig Uhr geplant. Da zu dieser Zeit aber noch kaum Besucher da waren, wartete man bis gegen 20.15 Uhr. Nach der Lesung kam es noch zu einer angeregten Diskussion, die bis ungefähr 22.45 Uhr dauerte. Dann konsumierte Unterweger noch ein Getränk an der Theke. Er verließ das Lokal erst gegen 23 Uhr, vielleicht sogar noch später.

Zu dieser Zeit war Elfriede Schrempf aber schon in den mysteriösen weißen Golf mit den roten Seitenstreifen eingestiegen und im Dunkel der Nacht verschwunden.

Ein weiteres interessantes Detail besteht darin, daß die Freundin und Standplatzkollegin der Ermordeten in den Wochen nach derem Verschwinden eigenartige, obszöne Anrufe erhalten haben will, die auf den Mord Bezug nahmen. Zu den Zeitpunkten der Anrufe hatte Jack Unterweger, wie sich später herausstellte, nachweislich Theaterproben.

Mit dem Verschwinden der Elfriede Schrempf sind nun in Graz seit Mitte der achtziger Jahre insgesamt mindestens drei Prostituierte abgängig. Drei weitere sind nachweislich ermordet worden. Es gibt Verdächtige, es gibt Phantombilder und es gibt Spuren und Hinweise auf gefährliche Freier und verdächtige Fahrzeuge. Allerdings fehlt der Mörder.

Am 5. Oktober 1991 entdeckt ein Pilzsucher im Dickicht einer entlegenen, schwer zugänglichen Waldstelle in Lichendorf bei Wildon, etwa 20 Kilometer südlich von Graz, eine weitgehend skelettierte, bis auf Socken unbekleidete und lose mit Laub und Erde bedeckte Leiche. Das Skelett befindet sich in Bauchlage. Die gerichtsmedizinische Untersuchung bringt Gewißheit: Es ist die seit einem halben Jahr abgängige Elfriede Schrempf. Doch aufgrund der weitgehenden Skelettierung sind weder Todesursache noch Todeszeitpunkt noch irgendwelche äußerlichen Verletzungen feststellbar.

Da jetzt gewiß ist, daß Schrempf ermordet wurde, werden die Ermittlungen wieder forciert. Es wird jedem kleinsten Hinweis nachgegangen, darunter auch dem Fax des pensionierten Kriminalisten aus Salzburg, der ja den ehemaligen Lebenslänglichen Jack Unterweger als österreichweiten Prostituiertenmörder verdächtigte. Die Grazer stellen eine Anfrage an ihre Wiener Kollegen. Der zu diesem Zeitpunkt mit den Ermittlungen betraute Bezirksinspektor Hoffmann vom Wiener Sicherheitsbüro überprüft routinemäßig, ob Unterweger jemals mit einem weißen VW-Golf unterwegs war, auf den die Beschreibung der Zeugen passen könnte. Er befragt sämtliche Fahrzeugvermieter in Wien und Umgebung und fährt selbst in die Firma der verheirateten Freundin Unterwegers, um die dortigen Firmenfahrzeuge und Fahrtenbücher zu überprüfen. Das Ergebnis ist negativ. Auch dort findet sich kein Fahrzeug, auf das die Beschreibung passen würde. Laut Fahrtenbüchern wurde mit den Firmenfahrzeugen zur fraglichen Zeit auch keine Fahrt außerhalb von Wien unternommen (Bericht der Bundespolizeidirektion Wien vom 18.11.1991 zu II-5.710-SB/91).

Im Dezember 1991 wird in Wien Ernst Geiger mit den Ermittlungen zu den ungeklärten Mordfällen beauftragt. Geiger ist im Gegensatz zu seinen Vorgängern offenbar persönlich davon überzeugt, daß der alte Salzburger Kriminalbeamte recht hat ...

»I versteh' die Bianca!«

Mitte Jänner 1992 beginnt die Grazer Polizei ebenso wie die Wiener systematisch nach Prostituierten zu suchen, bei denen Jack Unterweger Kunde gewesen sein soll. Tatsächlich findet sich eine Prostituierte, die sich ganz genau erinnert: Der fesche Mann mit weißem Sakko und roter Fliege, der sie damals im Oktober 1991 an ihrem Standplatz in der Grazer Rösselmühlgasse angesprochen und gefragt hatte, ob sie mit ihm nach Mariatrost fahre, einem Randbezirk im Nordosten von Graz, denn in der Stadt sei er »zu bekannt«, das war niemand anderer als der jetzt des vielfachen Prostituiertenmordes verdächtige Jack Unterweger! Michaela G., damals achtzehn, war gerade erst drei Monate »im Geschäft«. Unterweger kam von einer Präsentation eines Buches der Schauspielerin Marisa Mell im Grazer Casino, daher die schicke Aufmachung. In der Nähe des Mariatroster »Blümelhofs«, einem Heim für schwererziehbare Mädchen – viele, die von dort ausreißen, landen am Strich –, haben sie dann ein Liebesstündchen verbracht, das beiden gefallen haben dürfte: »Es war a rechte Hetz, mit ihm zu reden. Wenn i den in ana Disco triff, i gangert mit ihm ohne Geld.« Und der Sex mit ihm? »Die Leut' aus der besten Grazer Gesellschaft san viel ärger!« erzählt sie wenige Monate später, im Februar 1992, dem damaligen »profil«-Journalisten Klaus Candussi, der auf den Spuren der Polizei im Rotlichtmilieu ermittelt. Sie empfindet immer noch Sympathien für ihren damaligen Kunden: »I versteh' die Bianca!« (»profil« 12/92).

Jack Unterweger wird bei seiner Einvernahme durch die Grazer Kripo am 17. Jänner mit dieser Aussage konfrontiert und bestätigt alles. Auf die Frage, was er in der Nacht des 7. März 1991, in der Schrempf verschwunden war, gemacht habe, gibt er gegenüber Kripo-Chef Brandstätter an: »Ich glaube, daß ich in Wien war. Wenn ich in Wien war, dann habe ich am Nachmittag meine damalige Freundin Sabine R. von der Schule abgeholt.«

»Zeugeneinvernahmen« per Telefon

Erst Wochen später erfährt die Polizei durch einen Zeitungsredakteur von der Köflacher Lesung. Für sie stellt sich die Situation jetzt so dar, daß Unterweger die Lesung bewußt »verschwiegen« und der Polizei mit Sabine R. sogar eine »falsche Alibizeugin« genannt habe.

R., eine achtzehnjährige Schülerin, wird erst viel später von der Wiener Polizei einvernommen und widerlegt das »Alibi« ebenfalls. Nur hatte Jack Unterweger sie nie als »Alibizeugin« genannt, sondern der Kripo lediglich mitgeteilt, sie zu dieser Zeit in der Regel nachmittags von der Schule abgeholt zu haben. Im übrigen wurde die Beziehung bereits am 16. März 1991 beendet; Unterweger hat Frau Sabine R. seitdem nie mehr kontaktiert – schon gar nicht, um für ihn ein »falsches Alibi« zu bestätigen. Die »Kronen-Zeitung« dürfte dann einer Verwechslung aufgesessen sein, wenn sie in ihrer Ausgabe vom 25. Februar 1992 davon schreibt, daß eine »Liebesnacht mit einer prominenten Dame der Grazer Gesellschaft« zum Alibi für Jack Unterweger werden könnte. Später mußte die »Krone« auch dies entgegnen.

Die Kriminalisten sind jetzt offenbar so von der unumstößlichen Schuld Unterwegers überzeugt, daß langwierige Ermittlungen oder »kleinliche« Details nicht mehr wichtig sind: Damit es zeitlich auch aufgeht, wird der Beginn der Lesung mit 19 Uhr festgelegt. Dann werden einige der damaligen Zuhörer, die man gerade eben erreichte, als »Auskunftspersonen« angerufen und unter Vorhalt der falschen Beginnzeit »interviewt«. In einem Fall genügt die Aussage übers Autotelefon. Auf diese Weise gelangt die Kripo zum Ergebnis, daß Unterwegers Lesung schon um 21 Uhr beendet gewesen sei. Damit hätte er zur angenommenen Mordzeit in Graz gewesen sein können. Das reicht für den »dringenden Tatverdacht«. Am 14. Februar erwirkt Inspektor Brandstätter bei U-Richter Wladkowski telefonisch einen Haftbefehl gegen Jack Unterweger.

Da ermittelten manche Journalisten schon genauer: Im »profil« (9/92) beschwerte sich der damalige Lesungsveranstalter Gerhard Sch., daß er der Polizei entgegen den Medienberichten am Telefon mitgeteilt habe, daß Unterweger das Lokal »erst gegen 23 Uhr« verlassen habe. Auch ein mittlerweile in der Schweiz lebender Lesungsteilnehmer gab an, die Veranstaltung habe »eher gegen 23 Uhr oder noch später« geendet. Noch am Erscheinungstag von »profil« tauchen die erzürnten Kriminalisten im Büro des Veranstalters auf: »Wieso informieren Sie die

Presse anders als uns?« Sie legen ihm das kurze »Protokoll« seiner telefonischen Aussage als »Auskunftsperson« vor. Die aber war mit den Angaben gegenüber »profil« identisch.

Erst nach dem »profil-Bericht« halten es die Kriminalisten für angebracht, einige der Lesungszuhörer nun doch genauer zu »interviewen«. Allerdings wird diese schwierige Aufgabe nicht von den Kriminalisten selbst erledigt, die offenbar Berührungsängste mit der »Kulturszene« haben. Dafür bedienen sie sich lieber des Pizzakochs, Cafetiers und Herausgebers des in Köflach erscheinenden »Weststeirers« als »Kommunikator«. Der kommt seiner Aufgabe mit weststeirischer Frische nach, so daß eine Dame ob der turbulenten Szenerie gar nachfragt: »Seid's g'soffn?«

Elf Tage nach der Ausstellung des Haftbefehls streitet Veranstalter Gerhard Sch. mit den Kriminalisten noch immer über die Zeit für den Beginn der Lesung: »Es ist doch nicht sinnvoll, eine für 20 Uhr angesetzte Lesung eine Stunde früher zu beginnen«, versucht er die Herren zu überzeugen. Bis es ihm zu blöd wird und er das Lesungsplakat ins Grazer Mordgruppendezernat faxt. Darauf ist's klar und deutlich zu lesen: Beginn 20 Uhr.

Die Hauptfigur, der dieses ganze Spektakel galt, ist inzwischen unbekannten Aufenthalts geflüchtet. Seinen schnittigen Mustang hat die Polizei später in einer Werkstatt bei Padua sicherstellen können. Das Fahrzeug, das nach einem Auffahrunfall einen irreparablen Getriebeschaden hat, wird nach Vorarlberg verfrachtet und auf dem Gelände des dortigen Landesgendarmeriekommandos in Bregenz abgestellt. Dort sollte es für die nächsten zwei Jahre bleiben. Die Kriminalisten saugen alles ab und können dabei hunderte Haare und sonstige Mikrospuren asservieren. Doch die in Zürich durchgeführte Spurenauswertung ergab keine Hinweise, die Unterweger in Zusammenhang mit dem Mordfall Schrempf gebracht hätten. Obwohl Schrempf, deren Leichnam ja 20 Kilometer von ihrem Standort gefunden wurde, wohl oder übel mit einem PKW dorthin verfrachtet worden sein muß.

Höchst fraglich ist darüber hinaus, ob Unterweger mit diesem tiefsitzenden Sportwagen überhaupt zum Leichenfundort hätte gelangen können. Ein Lokalaugenschein mit Fahrtest wäre zur Aufklärung angebracht gewesen, wurde aber nie durchgeführt. Allerdings nahm man Erdproben vom Fundort und verglich diese mit den auf den Fußmatten bzw. am Fahrzeugboden des Mach 1 sichergestellten Spuren – ohne Ergebnis. Auch sonst ergeben sich keine tatverdächtigen Hinweise auf Jack Unterweger.

»Angst«

Auch für die von der Polizei immer wieder behaupteten engen Kontakte Unterwegers zum Grazer Rotlichtmilieu läßt sich keine Bestätigung finden. Die Journalisten Robert Buchacher und Klaus Candussi vom Nachrichtenmagazin »profil« führten eine regelrechte Umfrage am Grazer Strich durch. Außer Michaela G. erinnert sich aber keine Prostituierte an Unterweger oder dessen Ford Mach 1. Auch die Standplatznachbarin der Ermordeten, Andrea H., sagt, sie habe Unterweger nie gesehen. Niemals hätten Schrempf oder eine andere Kollegin von ihm berichtet. Weder Unterwegers Ford Mach 1 noch das Kennzeichen »W-JACK 1« seien ihr je aufgefallen – auch nicht in der Mordnacht.

Der Polizei sind die Recherchen der Reporter bald unangenehm. Als dann die steirische Ausgabe der »Kronen-Zeitung« am 10. März 1992 die längst schon vergessene Geschichte vom mysteriösen weißen Golf, in den die Ermordete laut Zeugen eingestiegen sein soll, ausgräbt und in ziemlich großer Aufmachung darüber berichtet, sind »de Kieberer haaß wie Feia« (»die Polizisten heiß wie Feuer«); so äußert sich eine Prostituierte gegenüber den »profil«-Redakteuren Robert Buchacher und Klaus Candussi. Im Bericht der »Steirerkrone« erzählt die von der Polizei als »Alkoholikerin« abgestempelte Carmen R. über ihre Beobachtungen in der Mordnacht und ihre anschließenden Erfahrungen mit der Grazer Kripo: »... hatte ich den Eindruck, daß die beiden Beamten meine Aussage nicht ernstnahmen. Sie meinten immer wieder, daß ich mich wohl geirrt habe. Dann habe ich von ihnen nichts mehr gehört.« Die Zeugin befürchtet Repressalien: »Ich habe große Angst. Wenn der Lenker des Golf Schrempf umgebracht hat, könnte er auch mich ermorden, weil ich ihn ja verraten habe. Auch von seiten der Exekutive hat man mich unter Druck gesetzt. Zwei andere Gendarmen haben mir gedroht, daß es mir so gehen wird wie der Schrempf, wenn ich nichts sage. Das ist mir zuviel gewesen, ich habe am nächsten Tag beim Wachzimmer [...] Anzeige gegen die beiden erstattet. Doch ich glaube, daß mittlerweile alles unter den Tisch gekehrt worden ist [...] Im Grazer Prostituiertenmilieu ist es ein offenes Geheimnis: Gewisse Polizisten lassen sich auch während des Dienstes von uns betreuen. Beamte sind schon mehrmals mit dem Dienstwagen zu einem Schäferstündchen ausgerückt.«

In den folgenden Tagen ist der Grazer Straßenstrich wie leergefegt. Die polizeilichen Ordnungshüter haben die Mädchen vertrieben.

Dafür sind einige Journalisten umso neugieriger geworden. Robert Buchacher und Klaus Candussi von »profil« wollen jetzt mehr über den mysteriösen weißen Golf erfahren. Der damalige Polizeidirektor gibt sich aber zugeknöpft: Alle Einsatzfahrzeuge trügen die deutlich erkennbare Aufschrift »Polizei«, versichert Hofrat Karl Müller. Doch dann tritt wieder einmal »Inspektor Zufall« auf den Plan: Noch am selben Tag entdecken die Journalisten ein parkendes Einsatzfahrzeug der Grazer Polizei – mit roten Seitenstreifen, aber die Aufschrift »Polizei« fehlt. Die beiden stoßen bei ihren Recherchen noch auf andere, seltsame »Zufälle«: So bekommen sie heraus, daß kurz nach dem Mord an Schrempf ein Fahrtenschreiber eines Polizeiautos spurlos verschwunden ist. Die Eintragungen in der Mordnacht lassen sich daher nicht mehr nachvollziehen. Ebenfalls von einem »Insider« wird ihnen »zugesteckt«, daß kurz nach dem Mord ein weißer Polizei-Golf verschrottet worden sei – auch das ist nicht mehr überprüfbar. Dafür sprechen die beiden Journalisten, ohne Wissen der Kripo, mit der Zeugin Carmen R.: Diese ist sich auch nach einem neuerlichen, vierstündigen Verhör bei Mordgruppenchef Brandstätter immer noch sicher, daß Schrempf in ein Polizeifahrzeug eingestiegen sei. Auf jeden Fall habe Schrempf den Lenker gekannt!

Die Grazer Kripo sieht das anders: Trotz offizieller »Nachrichtensperre« sickert durch, daß Carmen R. »in einem Anfall von Verwirrung falsch ausgesagt« hätte (»Kronen-Zeitung«, 12.3.1992).

Inzwischen hatte sich aber auch bei der Polizei herumgesprochen, daß die Köflacher Lesung länger gedauert hatte als angenommen. Noch im August 1993, nach Anklageerhebung gegen Jack Unterweger, bekommen einige der Augenzeugen, wie Schrempfs Standplatzkollegin Andrea H., wieder Besuch von der Kripo, die »nachfragen« läßt, ob Schrempf nicht doch etwas später eingestiegen sei …

»Alles vergessen«

Mehr als drei Jahre nach dem Mord beginnt der Unterweger-Prozeß in Graz. Die wichtige Zeugin Carmen R., die beobachtet hatte, wie die später Ermordete in den weißen Golf mit roten Seitenstreifen eingestiegen war, und dies auch vor der Polizei bestätigt hatte, wirkt bei ihrer Zeugenaussage völlig eingeschüchtert. Sie zittert und stammelt nur, daß sie »alles vergessen« habe. Die pensionierte Zahnärztin Helga H., die seinerzeit dieselbe Beobachtung bei der Kripo zu Protokoll gegeben hatte, kommt infolge angeblicher »Altersschwäche« erst gar nicht zum Prozeß. Von ihr findet sich im Gerichtsakt nicht einmal ein Vernehmungsprotokoll!

Ausgeblieben waren auch jene Prostituierten, die die Grazer Polizei kurz vor dem Haftbefehl gegen Unterweger aufgetrieben hatte. Nur Michaela G. kam – auf ihre aufregenden Schilderungen werde ich später zurückkommen.

Die Prostituierte Andrea H. und Herr Helmut H., der nach wie vor allabendlich mit seinen Hunden im Volksgarten-Park spazierengeht, bestätigen aber ihre damalige Beobachtung, wonach Schrempf in einen weißen Golf mit roten Seitenstreifen eingestiegen sei.

Die übrigen Zeugenaussagen der Lesungsteilnehmer und vor allem des Veranstalters verschaffen Jack Unterweger in diesem Fall dann ein unumstößliches Alibi: Sie stellen klar, daß er jedenfalls nicht vor 23 Uhr aus Köflach abgereist ist.

Gerichtsberichterstatterin Doris Piringer macht sich tags darauf über das »Läusemelken« beim Unterweger-Prozeß lustig: »Aber wer sagt, daß Frau Schrempf nicht erst um 22.45 Uhr in das Auto des Angeklagten stieg? Oder um 23 Uhr?« (»Recht betrachtet«, 10.5.1994).

Im Mordfall Schrempf wird Jack Unterweger von den Geschworenen einstimmig freigesprochen. Es ist ironischerweise ausgerechnet jener Fall, in dem der Haftbefehl gegen ihn ausgestellt worden war, und zwar mit derselben Begründung, die rund zwei Jahre später zum Freispruch in diesem Fall führte: Nämlich, daß er zum Zeitpunkt, als in Graz eine Prostituierte verschwand, eine Lesung in Köflach hatte.

Doch inzwischen hatte die Polizei die Routen des Jack Unterweger nachvollzogen und bruchstückweise zehn andere Morde zusammengetragen – Unterweger soll ein »Serienkiller« sein ...

Mythos Serienkiller

Von den Ermittlungsbehörden wird die Spur eines Reisenden um die ganze Welt rekonstruiert. In einem vielleicht hundert Kilometer breiten Band beiderseits der Reiseroute werden ungeklärte Frauenmorde gesucht und gefunden. Die Tat- und Reisezeiten werden miteinander verglichen und bei möglicher Nähe auf den rechten Stoß geordnet.

Der linke Stapel wandert ins Archiv. Auf einer Weltkarte werden die Tatorte durch Fähnchen mit Angabe der Tatzeit markiert. Die Reiseroute wird durch einen Wollfaden nachgezogen. Das resultierende Bild ist für Außenstehende bestechend klar. Das Sortierkriterium wird zur unsichtbaren Klammer der aufgelisteten Verbrechen und zum stärksten Indiz. (Josef Zaussinger über den Fall Unterweger, »forum«, 12/94)

Der Generalgutachter

Prof. Richard Dirnhofer, der Generalgutachter im Fall Unterweger, stammt aus Hof bei Salzburg. Nach seinem Studium war er jahrelang Dozent am Grazer Institut für gerichtliche Medizin. Den großen Karrieresprung machte er aber im Ausland: 1990 wechselte er als neuer Vorstand des Rechtsmedizinischen Institutes nach Bern. 1992 erfolgte dann der Ruf aus der Heimat: Der Grazer Untersuchungsrichter hielt im prominenten Kriminalfall Unterweger die Bestellung eines »ausländischen« Gutachters für angebracht. Noch in der kurz vor Prozeßbeginn erschienenen Ausgabe des Nachrichtenmagazins »profil« vom 16. April 1994, in dem Dirnhofer unter dem Titel »Wissenschaftliche Spürhunde« ein ausführliches Porträt gewidmet war, hieß es: »Der Grazer Untersuchungsrichter Wolfgang Wladkowski spricht von optischen Gründen, die ihn veranlaßt hätten, die Spurenanalyse im Fall Unterweger an ausländische Stellen zu vergeben.«

Dirnhofer selbst brachte ein Auftrag in einem derart brisanten Kriminalfall zweifellos großen wissenschaftlichen Prestigegewinn. Auf dem Gebiet der Täterprofil-Erstellung hatte er aber als gelernter Gerichtsmediziner so gut wie keine Erfahrung. Diese völlig neuartige Methode, erst Ende der achtziger Jahre in den USA entwickelt, war in Europa zur Zeit des Unterweger-Prozesses noch eine völlige Novität. Dirnhofer hatte bis zum Unterweger-Gutachten noch keine einzige wissenschaftliche Arbeit auf diesem Gebiet erstellt. Er gibt dies in einem an den Untersuchungsrichter Wladkowski gerichteten Schreiben vom 3. September 1992 indirekt auch selbst zu: »Sie haben mir schon öfters angedeutet, daß Sie in Zusammenhang mit der Begutachtung i. S. Unterweger möglicherweise die Erstellung eines Kriminalprofils wünschen. Ich habe mich deshalb in der Zwischenzeit nach den auf diesem Gebiet erfahrensten Experten umgesehen. Zu diesen Experten zählen zur Zeit Alan C. Brantley und Robert Hazelwood vom Federal Bureau of Investigation, FBI-Academy.«

Im September 1992 war Dirnhofer also erst so weit, daß er dem Untersuchungsrichter mögliche Experten auf dem Gebiet des »Täterprofilings« vorschlug. Nur wenige Monate (!) danach, im Februar 1993, hatte er selbst ein derartiges Gutachten erstellt – und wurde dadurch zu der zentralen Schlüsselfigur im Fall Unterweger. Ohne sein Gutachten, das der Republik mehr als eine Million Schilling wert war, hätte es keine Anklage gegen Jack Unterweger gegeben – und wohl auch keine Verurteilung.

Statt biologischer Spuren finden sich »Parallelen«

Prof. Dirnhofer kann keine einzige biologische Spur finden, die zu Jack Unterweger als Täter führt: »Bei den spurenkundlichen Untersuchungen waren in zehn der elf in Voruntersuchung gezogenen Fällen keine biologischen Spuren (z. B. Samenspuren, Blutspuren oder Haarspuren) vorhanden, die unmittelbar geeignet gewesen wären, eine mit der Tat in Zusammenhang gebrachte Person identifizieren zu können. Lediglich in einem Fall (Shannon Exley) waren biologische Spuren vorhanden (Samenspuren in Scheide und After). Bei diesen Spuren ist der Tatverdächtige zwar als Spurenverursacher nicht auszuschließen, die biostatische Untersuchung ergab jedoch, daß ca. 20 % der Bevölkerung als potentielle Spurenverursacher in Betracht kommen.« So lautet das Resümee auf Seite 72 seines »Gesamtgutachtens zum Fall Johann Unterweger«, das dem Gericht am 3. März 1993 vorliegt.

Das war irreführend: Denn es konnte keine Rede davon sein, daß in den elf Mordfällen keine biologischen Spuren vorhanden waren. Es war vielmehr so, daß in den einzelnen Mordfällen sehr wohl Sperma-, Haar- und andere Spuren vorhanden waren, die aber alle nicht zu Jack Unterweger führten. Die Vergleichsuntersuchungen mit seinem DNA-Profil waren negativ ausgefallen.

Dafür will Dirnhofer aber »unübersehbare allgemeine und spezielle Parallelen« zwischen den Mordfällen festgestellt haben, die auf ein einheitliches »Täterprofil« schließen ließen. »Unterweger-Gutachten: Elfmal derselbe Mörder, keine biologische Spur zu Jack«, titelt der »Standard« vom 5. März 1993. Doch damit nicht genug: Dirnhofer findet sogar »Parallelen« der Morde zu jenem Mordfall, den Jack Unterweger nachweislich im Jahr 1974 verübt hat und für den er zu lebenslanger Haft verurteilt worden war. Zur Untermauerung seiner Theorie erstellt der Gutachter eine überdimensionale Schautafel: Darauf sind elf schauerliche Farbfotos der Frauenleichen an ihren jeweiligen Fundorten – zumeist im Wald oder Gestrüpp – rund um ein Schwarzweißfoto vom Mordopfer von 1974 bei seiner Auffindung in einem Waldstück bei Herborn platziert, womit die »Parallelität« der Morde effektvoll illustriert – oder womöglich vielmehr suggeriert? – werden sollte.

Damit wurde Dirnhofers Gutachten zum alles zusammenhaltenden Grundgerüst für die Anklage. In keinem einzigen der Mordfälle hätten die Indizien für eine Anklageerhebung ausgereicht. Nur das Sortierkriterium einer »Serie« ermöglichte es, daraus ein Indiz gegen Jack Unterweger abzuleiten.

Hier liegt aber schon das erste Problem: Bei der »Täterprofil«-Methode handelt es sich um eine relativ junge Errungenschaft der amerikanischen Kriminalpsychologie. Dabei wird anhand gemeinsamer Tatbildmerkmale ein abstraktes Täterbild erstellt, um einem noch unbekannten Täter auf die Spur zu kommen. Das, was Dirnhofer im Fall Unterweger machte, war jedoch genau umgekehrt: Er stimmte einzelne Tatbildmerkmale auf eine bereits bekannte Person ab.

Welche Kriterien waren es nun, die Dirnhofer in seinem Gutachten als »gemeinsame Tatbildmerkmale« einer angeblichen »Serie« ins Treffen geführt hat?
- Als quasi stärkstes gemeinsames Tatbildmerkmal ging der Generalgutachter davon aus, daß sämtliche Mordopfer Prostituierte gewesen seien.

Allerdings darf nicht verwundern, daß Prostituierte in bezug auf Gewaltverbrechen die meistgefährdete Bevölkerungsgruppe darstellen: »Am meisten hab' ich bei denen verdient, wo's haarscharf am Tod vorbeiging«, berichtet Sylvia L., eine 38jährige Grazer Prostituierte, da gab's einen, der's von hinten wollte und mich dabei würgte. Das wurde von Mal zu Mal ärger. Zuletzt war es schon so weit, daß ich beinahe ohnmächtig geworden bin. Da hab' ich dann Schluß gemacht, denn sonst wär' garantiert was passiert ...«.

Dennoch hatten nicht alle Opfer der vermeintlichen »Serie« diesen Beruf: Die Pragerin Bockova war Verkäuferin in einem Lebensmittelgeschäft.
- Als weiteres Merkmal der »Serie« führte Dirnhofer in seinem Gutachten die Tötungsart »Erdrosselung« an.

Auch diese »Parallele« ist in Wirklichkeit nicht stichhaltig, da die tatsächliche Todesursache der Opfer in rund der Hälfte der angeklagten Fälle gar nicht feststellbar war. Die beiden Grazer Opfer Masser und Schrempf waren bei ihrer Auffindung bereits in einem Zustand, der keinerlei Rückschlüsse mehr darauf zuließ, wie die Frauen zu Tode gekommen waren – wenngleich nach dem Auftreten des Verdachts gegen Unterweger bei Masser plötzlich die Variante auftauchte, daß sie »am ehesten« (Anklageschrift gegen J. Unterweger) erdrosselt worden sei. Dasselbe galt für die ermordete Wienerin Silvia Zagler, deren Todesursache nicht mehr festgestellt werden konnte. In der Anklageschrift gegen Unterweger heißt es aber »wahrscheinlich durch Erdrosselung«, ohne daß diese Behauptung bewiesen oder auch nur indiziert wäre. Die Leiche der Wienerin Regina Prem war bei ihrer Auffindung sogar schon skelettiert, so daß es ebenso wie im Fall Schrempf nicht mehr möglich war, nachträglich die Möglichkeit der Erdrosselung als »wahrscheinlichste« Variante ins Kalkül zu ziehen. Hinzu kommt, daß die Bregenzerin Heidemarie Hammerer sogar nachweislich nicht erdrosselt, sondern mit einem kombinierten Würgegriff erstickt wurde. Dort, wo die Todesursache hingegen eindeutig Erdrosselung war, wiesen die Tatwerkzeuge eine sehr unterschiedliche Natur auf (Strumpfhose, BH, Bodytrikot oder feste, dünne Schnur). Bemerkt sei an dieser Stelle im übrigen, daß Erdrosselung ganz allgemein die bei Prostituiertenmorden vom Täter am häufigsten angewendete Tötungsart ist.

- Die Verletzungsbilder bei den Opfern waren völlig unterschiedlich: Bei einigen Opfern (Bockova, Masser, Eroglu, Exley) fanden sich am Körper Spuren zusätzlicher Gewalteinwirkung, bei anderen hingegen nicht. Die Mißhandlungen waren teilweise auf mit einem stumpfen Gegenstand ausgeführte Gewalteinwirkung zurückzuführen; in zumindest einem Fall muß es hingegen dezidiert ein scharfer Gegenstand, wahrscheinlich ein Messer, gewesen sein, da die Pragerin Bokkova am Gesäß eine eindeutige Stichverletzung aufwies.

Die bei den Opfern festgestellten Verletzungen begründen zudem die Annahme, daß ihrem Tod ein unerbittlicher Kampf mit dem Mörder vorausgegangen sein muß. Es gab jedoch keine Zeugen, die sich je an irgendwelche »verdächtigen« Verletzungen bei Jack Unterweger erinnert hätten.

- Auch das Kriterium der angeblich »fehlenden Bekleidung« der Toten, das ebenfalls als »Serienmerkmal« herangezogen wurde, erweist sich als nicht stichhaltig. Mehrere Opfer waren bei ihrer Auffindung zwar völlig nackt, was bei Sexualverbrechen nicht weiter verwundern darf. In einigen Fällen waren sie jedoch teilweise (Bockova, Schrempf, Moitzi und Exley) und in drei Fällen (Hammerer, Prem, Long) sogar vollständig bekleidet. In den Fällen, in denen die Leichen nackt waren, war die Bekleidung zumeist verschwunden; in zwei Fällen (Moitzi, Eroglu) lag sie hingegen in unmittelbarer Nähe des Fundorts verstreut.

- Als besonders typisches Merkmal der »Serie« hob Dirnhofer hervor, daß sich die »Auffindungssituationen« der Leichen in allen Fällen gleichen würden, zumal die Opfer allesamt im Dickicht von Waldgebieten oder in Buschwerk versteckt, mit Erde, Laub oder Ästen bedeckt und großteils in »Bauchlage« gefunden worden seien. Das ist unrichtig: Nur die Leichen der beiden Grazerinnen Brunhilde Masser und Elfriede Schrempf wurden mitten im Wald an entlegenen Stellen (Masser in einem Bachbett) versteckt gefunden. Die Wiener Opfer Zagler, Prem und Eroglu fand man hingegen unweit von Waldwegen, die tote Sabine Moitzi bei einem Parkplatz. Das Prager Mordopfer Bockova lag in einem Bachbett unmittelbar neben einer Bundesstraße. Die Leichen der Amerikanerinnen lagen in einer Wiese neben einem Parkplatz (Shannon Exley), auf einem Industriegelände unter einem LKW-Anhänger (Irene Rodriguez) oder auf einem bewachsenen Hügel (Sherry Ann Long). Auch die Positionen der Leichen waren unterschiedlich: Sie befanden sich teilweise in Bauchlage, teilweise hingegen in Rücken- oder Seitenlage. Aus dem Lichtbild über die Auffindung der Leiche von Brunhilde Masser geht zum Beispiel eindeutig hervor, daß sie sich in linker Seitenlage befand – Dirnhofer interpretierte dies in seinem Gutachten aber als »Bauchlage«. Die Extremitäten waren teilweise weit nach oben oder unten ausgestreckt, zum Teil hingegen angewinkelt.

Einige der Opfer waren mit Laub, Erde oder Ästen bedeckt, was sich schon aufgrund der langen Liegezeiten im Freien zwangsläufig ergibt. Andere Opfer – nämlich vornehmlich diejenigen, die relativ kurz nach ihrer Ermordung aufgefunden worden waren – lagen weitgehend frei bzw. unbedeckt.

Ganz »aus der Reihe« fiel auch die Auffindungssituation der Leiche der Vorarlbergerin Heidemarie Hammerer, die laut Obduktionsbericht noch Tage nach ihrem Tod umgelagert worden sein muß – was von Dirnhofer in seinem Unterweger-Gutachten allerdings bestritten wurde.

- Aus dem Stichwort »Auffindungssituation« folgerte Dirnhofer auch die angebliche »Ähnlichkeit« des von Jack Unterweger im Jahr 1974 verübten Mordes an Margret Schäfer mit der »Serie«. Die »Ähnlichkeit« beschränkte sich allerdings auf das Foto, das die Auffindung der Leiche der Schäfer in einem Waldstück bei Herborn dokumentiert. Sie lag auf dem Rücken, um den Hals war ein BH geschlungen, aber nicht zusammengezogen (keine Drosselwirkung, was Dirnhofer aber zu relativieren versuchte, indem er aufgrund zusätzlicher Gewalteinwirkung durch Würgen ein Erdrosseln für »möglich« hielt). Über Hergang und Hintergrund der Tat konnte dieses Foto naturgemäß nichts aussagen.
Beachtet werden muß auch, daß Jack Unterweger seine Tat im Jahr 1974 unter dem Einfluß von Drogen begangen hatte, nach seiner Entlassung jedoch Alkohol und Drogen strikt mied.
- Die kühnste »Dirnhofersche Parallele« jedoch war das angebliche »Fehlen biologischer Spuren«. Denn es gab durchaus zahlreiche biologische Spuren, die aber eben nicht zu Jack Unterweger führten. Und dann existierten noch jene Spuren, die »bedauerlicherweise verlorengegangen« sind ... (dazu später).

Es ist eben unrichtig – so nur kann das Fazit lauten –, daß alle Jack Unterweger angelasteten Taten nach einem »ähnlichen Muster« abliefen. Denn es gibt große Unterschiede in den Details: Es ist eben unrichtig, daß alle Opfer »in Bauchlage« gefunden wurden. Es ist auch unrichtig, daß alle Opfer »entkleidet« waren. Es ist schließlich unrichtig, daß an allen Opfern die gleichen Mißhandlungen vorgenommen wurden; ebenso ist es unrichtig, daß gleiche sexuelle Handlungen im Zusammenhang mit den Taten vorgenommen wurden. Es ist folglich unrichtig, daß aus den Taten auf einen gemeinsamen Täter geschlossen werden kann: Die »Serie« weist mindestens ebenso viele Unterschiede wie Gemeinsamkeiten auf. Und genau das ist auch die eigentliche Schwachstelle von Dirnhofers Arbeit: Er hat es unterlassen, sein Gutachten durch Vergleichsanalysen anderer ungeklärter, aber nicht angeklagter Mordfälle zu objektivieren.

Die »FBI-Expertise«

In den Medien wurde das Bild des »Serienmörders« gierig aufgegriffen, was nicht weiter verwundert. So ein »Serial Killer« strahlt nun einmal etwas höchst Schaurig-Geheimnisvolles aus, das die Verkaufszahlen in die Höhe schnellen läßt. Schon im März 1993 berichtete die Zeitschrift »profil« unter der vielversprechenden Überschrift »Mörderische Ähnlichkeiten« über das Dirnhofer-Gutachten und die dort festgestellten »Parallelen« im Fall Unterweger. Außerdem wird eine »FBI-Expertise« hervorgehoben, die zum gleichen Ergebnis einer Täteridentität gekommen sein soll. Was der Verfasser des Artikels, Paul Yvon, allerdings nicht schreibt: Die »FBI-Expertise« war gar kein Gutachten im Gerichtsauftrag, sondern ein rein polizeiinternes Dokument, das der amerikanische FBI-Experte Gregg McCrary aufgrund von Unterlagen, die ihm der SOKO-Leiter Geiger im Februar 1993 persönlich überbracht hatte, zusammengestellt hatte.

Das mit 14. Februar 1993 datierte FBI-Dokument basierte im wesentlichen auf den Leichenfotos aus der Tatbildmappe und den vom SOKO-Leiter persönlich übermittelten Informationen: »Diese Analyse basiert auf einer Überprüfung der übermittelten Materialien und einer Konsultation mit Dr. Ernst Geiger und Mag. Thomas Müller [der Kriminalpsychologe des Wiener Sicherheitsbüros, A.W.]«, heißt es auch gleich in der Einleitung. In seiner »Opferstudie« analysiert McCrary die »Tathandschrift« des Mörders. Das Kernstück seiner Analyse der österreichisch-tschechischen Morde lautet: »Alle acht dieser Opfer haben sehr viel gemeinsam. Sieben waren Prostituierte, die achte war sexuell promiskuitiv (bekannt dafür, Sex gegen Gefälligkeiten auszutauschen). Bei allen handelte es sich um erwachsene Frauen (19 bis 35 Jahre alt). Alle hatten ein erhöhtes Risiko, aufgrund ihrer Lebensweise Opfer eines Gewaltverbrechens zu werden. Zu beachten ist, daß keines der Opfer in dieser Serie männlich war, noch handelt es sich um Kinder und auch keine Frauen, welche man als »geringes Risiko«, Opfer eines Gewaltverbrechens zu werden, betrachtet (z. B. eine Hausfrau, welche zu Hause war, etc.) Alle befanden sich alleine im Freien, meistens an ihrem üblichen Standort, zwecks Ausübung der Prostitution und wurden zuletzt gesehen zwischen 21 Uhr abends und 1 Uhr morgens. Es geschah in dieser üblichen Umgebung, daß diese ähnlichen Opfer ihre Wege mit dem Täter kreuzten.«

In bezug auf die US-Morde befand es McCrary nicht für notwendig, vor der Erstellung seiner »Expertise« mit den zuständigen US-Cops in L.A. Rücksprache zu halten oder sich zumindest die dortigen Polizei-Akte zu beschaffen. Seine kühne Schlußfolgerung lautete: »Während es einige Abweichungen zwischen diesen Gruppen (Österreich, ČSSR, Los Angeles) gibt, gibt es eine größere Anzahl von Ähnlichkeiten. Diese Ähnlichkeiten inkludieren – sind jedoch nicht beschränkt auf weibliche Prostituierte zwischen 19 und 35 Jahren, welche ohne Widerstand entführt, durch Strangulierung ermordet und in nacktem oder teilweise nacktem Zustand, mit nur einem kläglichen Versuch die Leichen zu bedecken, im Freien deponiert worden sind.« – »Überraschend seltene« Ähnlichkeiten, wie McCrary meint.

Wenigstens gab der FBI-Mann selbst zu, daß seine »Expertise« nur eine »halbe Sache« war, indem er einschränkte: »Es handelt sich dabei um keinen Ersatz für eine gründliche, gut geplante Ermittlungsarbeit und sollte nicht als alles beinhaltend betrachtet werden.« An anderer Stelle heißt es: »Diese Analyse basiert auf Wahrscheinlichkeiten […] Diese Analyse beinhaltet Informationen vertraulicher und heikler Art und wurde zur Unterstützung Ihrer [angesprochen ist Geiger, A.W.] Ermittlungen vorbereitet. Sie sollte nicht verbreitet werden, außer an Kriminaldienststellen, welche ein legitimes Interesse in Form von Ermittlung oder strafrechtlicher Verfolgung in dieser Angelegenheit haben.« Dennoch gelangte das Dokument schon im März 1993 unter nicht mehr verifizierbaren Umständen an die Medien – nämlich, wie schon erwähnt, an die Zeitschrift »profil«, die es dann als »FBI-Expertise« der Öffentlichkeit präsentierte. Andere Zeitungen schrieben ab, und auch in der Anklage wird das Privatdokument zum »Gutachten« hochstilisiert.

Erst viel später, nämlich beim Prozeß, sollte sich herausstellen, daß die Informationen, aufgrund derer McCrary sein »Täterprofil« zusammengestellt hatte, zum Teil völlig falsch waren. So mußte der FBI-Polizist beim Prozeß nach Befragen durch Anwalt Zanger zugeben, daß ihm Unterwegers Mord aus dem Jahr 1974 als »Sexualmord« an einer achtzehnjährigen »Prostituierten« dargestellt worden war – was eben falsch ist, da das Opfer, wie schon ausgeführt, keine Prostituierte gewesen war. Zudem hatten sexuelle Motive keine Rolle gespielt. Doch solche sachlichen Fakten spielten in der allgemeinen Mörder-Hysterie längst keine Rolle mehr. Fast hatte es den Anschein, als seien die Österreicher stolz, auch ihren Serienkiller nach amerikanischem Vorbild zu haben.

Vierundzwanzig Morde

Verfolgt man die Chronologie der polizeilichen Ermittlungen im Fall Unterweger, so gelangt man zur verblüffenden Erkenntnis, daß der mutmaßliche Täter in insgesamt vierundzwanzig Mordfällen im In- und Ausland unter Tatverdacht stand! Einige dieser Fälle ereigneten sich in Deutschland. So war am 17. September 1990 in Regensburg die 35jährige Prostituierte Panagiotta Kleine erdrosselt worden. Die Grazer »Kleine Zeitung« berichtete in ihrer Ausgabe vom 4. Juli 1992 von diesem »neuen Verdacht« gegen Jack Unterweger, der sich zum Tatzeitpunkt in Deutschland aufgehalten haben soll. Als sich der Verdacht als falsch herausstellte, vermeldeten die Zeitungen nichts davon, offenbar nach dem altbekannten Motto: Nur Belastendes wird berichtet, niemals Entlastendes.

Auch im Fall der in der Nacht vom 24. auf den 25. Juni 1991 in der Nähe von Hamburg ermordeten 22jährigen Prostituierten Emel Ulas wurde Jack Unterweger verdächtigt. Ulas wurde am nächsten Tag in der Nähe der Autobahn A 1 im Buschwerk erdrosselt aufgefunden. Sie war unbekleidet und lag in Bauchlage – so wie einige der Opfer, die man Unterweger anlastete. Nur war dieser nicht einmal in theoretischer Tatortnähe! Als Jack Unterweger übrigens während der Verhandlung einmal auf diesen Fall hinwies, schaltete sich sofort Richter Haas ein: Dieser Fall könne nicht mit den anderen verglichen werden, da das Opfer »in der Nähe einer Autobahn« gefunden worden sei.

Außer vier Fällen in Los Angeles (drei davon wurden angeklagt) wurden Unterweger in den USA weitere acht Frauenmorde im 30 Kilometer entfernten Riverside angelastet.

Schließlich stellte man Verbindungen zu unaufgeklärten Morden in Tschechien und der Slowakei her. Das Rotlichtmilieu der tschechischen Hauptstadt Prag ist von Zuhälterterfehden und Prostituiertenmorden geprägt. Allein während des Aufenthalts von Jack Unterweger ereigneten sich hier Morde an drei Prostituierten (Capova, Hyncicova, Pawlina) – natürlich wurde Unterweger auch wegen dieser Morde überprüft. Die Medien hoben vor allem beim Mordfall an der 22jährigen Olga Stekla, die am 30. November 1990 nordöstlich von Bratislava im Freien erdrosselt gefunden wurde, die »starken Parallelen« zu den anderen Jack Unterweger angelasteten Frauenmorden hervor. Die »Kleine Zeitung« titelte am 16. Mai 1992 bereits triumphierend: »Die Parallelen sind nicht zu übersehen!« Auch der Mord an der Tschechin Tatjana Lulic wurde wegen der »Parallelen« in die »Serie« einbezogen.

Da Jack Unterweger in all diesen Fällen, wie sich später herausstellte, nicht einmal in theoretischer Tatortnähe gewesen war, mußten sie stillschweigend wieder aus der »Serie« ausgeschieden werden.

In der Schweiz lastete man Jack Unterweger den Mord an der 22jährigen Prostituierten Brigitte Didie im Dezember 1990 an. Aber er hatte, wie er später nachweisen konnte, zum Tatzeitpunkt eine Theateraufführung in Lienz/Osttirol besucht.

In Norditalien wurden Jack Unterweger, der in Tarvis ein kleines Appartement gemietet hatte, insgesamt sieben ungeklärte Morde an Prostituierten angelastet. Ein Täter, ein 26jähriger Italiener, wurde noch vor der Anklageerhebung gegen Jack Unterweger überführt (»Kurier«, 10.8.1992) und rund ein Jahr vor dem Unterweger-Prozeß für fünf dieser Morde zu lebenslanger Haft verurteilt. Die beiden anderen Morde wurden später einem Grazer Zuhälter angelastet.

Schließlich überprüfte man Jack Unterweger in Österreich auch wegen des Mordes an der erst neunjährigen Nicole Strau: »Der Mordfall Nicole Strau, begangen am 23. 12. 1990«, so schrieb SOKO-Leiter Geiger an Untersuchungsrichter Wladkowski am 5. März 1992, »wäre in die Untersuchung einzubeziehen. Ein Anfangsverdacht liegt vor.« Aufgrund der Vorgangsweise des Täters, der geringen Entfernung der Tatorte und nicht zuletzt aufgrund eines DNA-Tests war man aber bislang stets davon ausgegangen, daß der Mörder der Strau schon ein Jahr zuvor ein anderes Kind ermordet hatte (»Kronen-Zeitung«, 24.12.1990) – da war Jack Unterweger aber noch in Stein inhaftiert gewesen. Auch für den Tatzeitpunkt im Fall Strau konnte Unterweger ein Alibi (eine Nacht mit einer Freundin) beibringen.

Übrig blieben also jene Fälle, in denen Jack Unterweger wegen einer zeitlichen und örtlichen Nahebeziehung als Täter in Frage kam – unter der unüberprüften Annahme, daß die Frauen unmittelbar nach ihrem Verschwinden ermordet worden seien (was allerdings gerade bei einer Berufsgruppe wie jener der Prostituierten nicht immer so selbstverständlich angenommen werden kann). Die ermittelnden Beamten haben ja selbst angegeben, ausschließlich nach Unterwegers jeweiligem Aufenthaltsort nach seinen Opfern gesucht zu haben.

Schließlich geschahen auch während der U-Haft Unterwegers Prostituiertenmorde, die in die »Serie« gepaßt hätten: So wurde etwa im Februar 1993 die Leiche einer 37jährigen Gelegenheitsprostituierten aus dem Wienfluß geborgen (»Kurier«, 18.2.1993). Im April 1993 entdeckte man in einem Gebüsch bei Eisenstadt die unbekleidete, erdrosselte Leiche einer ca. 25jährigen Prostituierten (»Standard«, 19.4.1993). Damit genug: Wer Zeitung liest, wird gewiß weitere Fälle finden, die sich bestens in die »mörderische Unterweger-Serie« fügen würden!

Das »Täterprofil« – wissenschaftlich angewandt

Wie schon erwähnt, wird die in den USA entwickelte Methode, ein Täterprofil zu erstellen, dort auch seriös angewandt. Verschiedene Tatbildmerkmale werden herausgearbeitet und systematisiert, um ein abstraktes Täterprofil zu gewinnen und dadurch einem noch unbekannten Täter auf die Spur zu kommen. Die US-Kriminalisten haben dabei einige interessante psychologische Erkenntnisse gewinnen können.

Ein wichtiges kriminalpsychologisches Ergebnis der »Profiling«-Forschung in den USA ist etwa die Tatsache, daß der typische Serienkiller eine sogenannte »graue Maus« ist. Er stammt fast immer aus geordneten Verhältnissen, ist unbescholten und nach außen hin »anständig« – ein biederer Familienvater zum Beispiel, dem die Nachbarn irgendwelche perversen Eigenarten niemals zutrauen würden. Ein solcher Mensch, der sich im normalen Leben besonders unauffällig zeigt, wächst gerade in seinen Taten über sich hinaus. Darin besteht die Besonderheit dieses Tätertyps. Er lebt seine sexuelle Psyche, die er im Alltag unterdrücken muß, dadurch aus, indem er in seinem »zweiten Ich« nie für möglich gehaltene Gewalthandlungen begeht.

Ein typisches Beispiel für einen derartigen Täter ist der amerikanische Massenmörder Ted Bundy. Der unauffällig und schüchtern wirkende, 35jährige Jura-Student ermordete in den siebziger Jahren mindestens achtzehn Frauen, wurde 1980 von einem US-Gericht zum Tode verurteilt und später hingerichtet. Zwei der überlebenden Frauen sagten im Prozeß als Zeuginnen aus.

Der 34jährige Joel Rifkin aus New York erdrosselte mindestens 17 Prostituierte, ehe er 1993 gefaßt wurde. Die Nachbarn hatten ihn noch als scheuen Teenager in Erinnerung, der später zu dem biederen jungen Mann heranwuchs. Er gab ihnen »eine gewisse Sicherheit«, wenn sie einmal spätabends nach Hause kamen.

Jack Unterweger dagegen war Mittelpunkt von Schickeria-Partys; er mag auf manchen vielleicht sogar exaltiert gewirkt haben – jedenfalls war er das genaue Gegenteil einer »grauen Maus«. Er war erfolgreich bei Frauen und im Beruf. Er konnte seine sexuelle Psyche voll ausleben und bedurfte keiner sogenannten Zweitwelt, um sich auszutoben.

Aus dieser Persönlichkeitsstruktur des Jack Unterweger zog Anwalt Zanger eine Schlußfolgerung, die dem Täterprofil eines Serienmörders widerspricht. Unterweger galt nach einhelliger Beurteilung der Psychologen als »Narziß«, als Mensch also, der in seiner Umgebung Aufmerksamkeit erregen will. Ein typisches Beispiel dafür war wohl sein Auftritt in einer Fernsehdiskussion mit weißem Anzug und roter Rose. »Wenn dieser Mann die ihm angelasteten Morde begangen hätte«, erklärte Anwalt Zanger, »dann hätte er jeden Mord so gekennzeichnet, daß von vornherein kein Zweifel bestünde, daß es sich um eine Kette von Morden handelt, somit um Serientaten. Er hätte an jedem Tatort irgend etwas Markantes fallengelassen beziehungsweise die Opfer in irgendeiner Form gekennzeichnet, damit die Öffentlichkeit sofort erkennt, es handelt sich um einen Serientäter.« »Die narzißtische Psyche des Jack Unterweger hätte es sicherlich nicht zugelassen, quasi unerkannt zu bleiben«, setzte der Anwalt seine Argumentation im Eingangsplädoyer fort. Der oder die Mörder im Fall der Jack Unterweger angelasteten Morde waren aber bestrebt, die Verbrechen durch Verstecken der Opfer im Wald, Buschwerk oder unter einem LKW-Anhänger möglichst vor der Öffentlichkeit zu verbergen – diese Vorgangsweise ist das genaue Gegenteil von Narzißmus.

Für den »klassischen« Serientäter ist es weiterhin typisch, daß seine Opfer alle demselben Frauentyp angehören. Bei Ted Bundy waren es junge, auffallend hübsche Frauen, die ausnahmslos lange, dunkle Haare trugen. Rifkins Favoritinnen waren kleine, dunkelhaarige Frauen mit aufreizender Aufmachung wie großen Ohrringen, klimpernden Ketten und engen schwarzen Halsbändern. Die Kriminalpsychologen vermuten als Erklärung ein Schlüsselerlebnis in der Jugendzeit der Täter: In den siebziger Jahren, als Rifkin zur Schule ging, waren große Ohrringe, auffallender Schmuck und glattes, langes Haar modern.

Zu beachten ist ferner, daß die Täter bei der Opferwahl stets bei Angehörigen der gleichen Rasse bleiben.

All das trifft bei Jack Unterweger nicht zu. Die ihm zur Last gelegten Frauenmorde betrafen höchst unterschiedlichste Frauentypen, in einem Fall sogar eine andere Rasse (Irene Rodriguez). Die Beschreibung der Opfer mutet tatsächlich wie eine reine Zufallsauswahl aus dem Durchschnitt der weiblichen Bevölkerung an: Schon das Alter der Opfer variiert zwischen 21 (Shannon Exley) und 39 (Brunhilde Masser), liegt jedoch im Durchschnittsalter von Prostituierten. Auch Haarfarben und Frisuren der Opfer waren völlig unterschiedlich: Vom blonden Kurzhaarschnitt (Silvia Zagler) über dauergewellte und blondierte Locken (Regina Prem) bis zu langen dunklen Haaren (Irene Rodriguez) ist alles vorhanden. Die schwergewichtige und massiv gebaute Brunhilde Masser (Körpergewicht 80 Kilo bei einer Größe von 1,76 Meter), die kräftige Sherry Long (Körpergewicht 80 Kilo bei einer Größe von 1,80 Meter) oder die eher stämmige Karin Eroglu (Körpergewicht 76 Kilo bei einer Größe von 1,58 Meter) hatten im übrigen mit den zart gebauten Prostituierten Sabine Moitzi (Körpergewicht 41 Kilo bei einer Größe von 1,58 Meter) oder Irene Rodriguez (Körpergewicht 50 Kilo bei einer Größe von 1,65 Meter), einer dunkelhäutigen Hispano-Amerikanerin, wenig gemein. Die blonden Amerikanerinnen Sherry Long und Shannon Exley waren mit 1,80 Meter überdurchschnittlich groß, die Grazerin Elfriede Schrempf mit 1,52 Meter oder die Wienerin Sabine Moitzi mit 1,58 Meter hingegen unterdurchschnittlich klein.

Hinsichtlich des körperlichen Aspekts ist auch der Blick auf den angeblichen Täter interessant. Jack Unterweger war nämlich für einen Mann relativ zart gebaut. Mit einer Körpergröße von rund 1,70 Meter war er körperlich sogar kleiner als viele seiner angeblichen Opfer. Es ist fraglich, ob er gegen eine erfahrene Prostituierte, die bei Übergriffen von Freiern nicht zimperlich ist, sondern »ihre Frau steht« und tatkräftig zuschlägt, überhaupt eine Chance gehabt hätte – vor allem dann, wenn sie so kräftig gebaut war wie Brunhilde Masser oder »Basketballer-Maße« wie Sherry Long oder Shannon Exley hatte. Eine erfahrene Prostituierte läßt es nicht zu, daß ein Freier gegen ihren Willen mit ihr in den Wald fährt, sondern greift ihm in einem solchen Fall sofort ins Steuer.

Auch darüber, wo, wann und wie oft Serientäter zuschlagen, gibt es genaue Untersuchungen. Am Anfang sind die Phasen zwischen den Morden lang – ein, zwei Jahre. Mit der Zeit werden die Intervalle jedoch immer kürzer: Bei Rifkin verringerten sich die Zeitabstände, in denen er seine Taten beging, von einem Jahr auf zunächst sechs, dann drei und schließlich auf nur noch zwei Monate. Auch diese Erkenntnis der amerikanischen Spezialisten trifft bei Jack Unterweger, der nach seiner bedingten Haftentlassung nur knapp zwei Jahre in Freiheit gelebt hat, nicht zu.

Mittels der »Kreis-Hypothese« bestimmt man den mutmaßlichen Wohnort des Täters: Zieht man demnach einen Kreis, der genau alle Tatorte einschließt, so wohnt der Täter mit 80prozentiger Wahrscheinlichkeit in der Mitte des eingekreisten Gebietes, wiederum ein Merkmal, das bei Jack Unterweger, dem ja auch Morde im Ausland angelastet wurden, nicht zutraf.

Serientäter werden im übrigen fast immer durch überlebende Opfer überführt, welche die Täter identifizieren können. Die Anklage hat Jack Unterweger elf Morde vorgeworfen: Bei dieser Zahl ist es sehr wahrscheinlich, daß es auch überlebende Opfer gibt; nicht zuletzt deshalb, weil gerade Prostituierte über eine gewisse Berufserfahrung im Umgang mit gewalttätigen Freiern verfügen. Trotz bemühter Ermittlungen der Polizei im sexuellen Lebensbereich des Verdächtigen und aufgebauschter medialer Aufrufe fand man aber keine einzige Frau, die von einem gewalttätigen sexuellen Übergriff oder gar einem Mordversuch durch Jack Unterweger hätte berichten können.

Im Prozeß: Doch keine Serie!

Der Auftritt des Generalgutachters Prof. Dirnhofer war als Höhepunkt für die vorletzte Woche des Prozesses geplant und wurde mit großer Spannung erwartet. Schon Tage vor seinem Auftritt, ab 13. Juni – dem Tag der zeugenschaftlichen Einvernahme des SOKO-Leiters Geiger – wohnte er dem Prozeß als Zuhörer auf der für die Justiz reservierten Galerie des Schwurgerichtssaals bei. Auch Dr. Zanger fieberte dem großen Tag entgegen. Er hatte sich vor allem auf Dirnhofers »Täterprofil« vorbereitet und konfrontierte den Generalgutachter mit einer Reihe von Mordfällen, die allesamt in das Täterprofil (Opfer ist Prostituierte, Erdrosselung, Auffindungssituation im Wald) gepaßt hätten – mit einem wesentlichen Unterschied: Jack Unterweger war nicht einmal in theoretischer Tatortnähe gewesen und schied daher als Täter von vornherein aus.

Allerdings machte Dirnhofer bei seinem zweitägigen Prozeßauftritt am 15. und 16. Juni 1994 selbst einen unerwarteten Rückzieher. Als ihn Anwalt Zanger zum Mordfall Schäfer aus dem Jahr 1974 befragte, den Dirnhofer ja unter Hinweis auf »Ähnlichkeiten« und »Parallelen« in sein »Täterprofil« einbezogen hatte, antwortete er, daß er »die Umstände dieser Tat« gar nicht kenne. Es ist jedoch aktenkundig, daß Dirnhofer den gesamten Akt vom Untersuchungsrichter angefordert und in seinem Gutachten auch verwertet hatte, indem er schrieb: »Unter Ausklammerung aller anderen Tatumstände und Ermittlungsergebnisse« gäbe es »im Fall Schäfer Parallelen«. Die »Parallelität« beschränkte sich allerdings auf das Foto von der Auffindung des damaligen Opfers im Wald, das Dirnhofer eindrucksvoll in die Mitte seiner Bilderschautafel plaziert hatte.

Doch damit nicht genug: Im Prozeß ließ Dirnhofer sogar seine These vom Serientäter fallen! Es könnte durchaus sein, meinte er, daß einige dieser Morde von »Trittbrettfahrern« verübt worden seien. Diese Relativierung begründete er mit »diszipliniertem Denken«. Mit seiner diesbezüglichen Aussage widersprach Dirnhofer nun aber nicht nur dem FBI-Polizisten und Täterprofil-Experten McCrary, sondern auch seinem eigenen Gutachten vom März 1993, in dem er ja dezidiert die These von einem einzigen »Serientäter« vertreten hatte. Und genau dieser »Kunstgriff« hatte die Rekordanklage in elf Morden überhaupt erst ermöglicht! Andererseits: Hätte die Anklage die These vom »Serientäter« weiterhin so hartnäckig vertreten wie McCrary, hätte ein Entlastungsbeweis in einem einzigen Fall Freisprüche auch in allen anderen Fällen bedeuten müssen.

In den Medien wurde von der Kehrtwendung des Unterweger-Generalgutachters kaum Notiz genommen. Ganz im Gegenteil, die Grazer »Neue Zeit« zum Beispiel titelte am 16. Juni 1994 unbekümmert: »Schäfer-Mord paßt ins Gesamtbild«.

Im übrigen galt die Aufmerksamkeit vor allem einem Haar ...

Mordfall Bockova: An einem Haar ...

Die Anklage war auf angeblichen »Parallelen« aufgebaut und wurde von einem einzigen Haar zusammengehalten, das von der ermordeten Pragerin Blanka Bockova stammen soll. Die Chronologie dieser »haarigen« Geschichte verdient es, näher unter die Lupe genommen zu werden.

Die Pragerin Blanka Bockova ist zweifache Mutter und arbeitet als Verkäuferin in einem Lebensmittelgeschäft. Sie ist also keine Prostituierte – auch wenn sie SOKO-Leiter Geiger in seiner Anzeige an das

Grazer Landesgendarmeriekommando vom Juni 1992 als solche bezeichnet hat. Im SOKO-Abschlußbericht heißt es dann, daß Bockova »häufig Männerbekanntschaften wechselte« und sich gegenüber Taxifahrern »statt der Bezahlung auf einen GV eingelassen haben soll«. Woher die Kriminalisten das wissen wollten, bleibt unklar. In der Anklage wird Bockova dann – offenbar um sich besser in das »parallele Bild« zu fügen – zur »Gelegenheitsprostituierten«.

Wie auch immer, am Abend des 14. September hält sich Bockova mit ihrem Arbeitskollegen Janis M. in einem Weinlokal in der Nähe des Wenzelsplatzes auf. Nach übereinstimmenden Zeugenaussagen sollen die beiden ziemlich angeheitert gewesen sein. Dann kommt es aber zu einem Streit, woraufhin Bockova und Janis M. gegen 23.45 Uhr das Lokal verlassen. Wie M. später bei der Polizei angibt, trennen sie sich noch vor der Eingangstüre. Bockova sei ihm erzürnt in Richtung V.-Jame-Straße davongelaufen, als er sie küssen wollte.

Jack Unterweger befindet sich an diesem Abend in Prag, um im Auftrag der Zeitschrift »Basta« Eindrücke für eine Reportage von der Moldaustadt fernab vom Touristenklischee zu sammeln. Mit von der Partie sind zwei Frauen aus Wien. Die drei – eine der Frauen ist tschechischer Herkunft – waren schon um zwei Uhr früh mit Unterwegers BMW aus Wien aufgebrochen. Vormittags treffen sie in Prag eine Dolmetscherin, die mit der in Wien lebenden Tschechin bekannt ist. Sie bietet den Gästen ihre Wohnung zum Übernachten an und führt sie anschließend durch die Prager Altstadt, zeigt ihnen das Jan-Pallach-Denkmal und andere Sehenswürdigkeiten. Am Abend ist das Nachtleben in den schummrigen Bars dran. Gegen Mitternacht fährt Unterweger noch allein zum Hauptbahnhof, da die Frauen schon zu müde waren. Dort verschießt er noch vier Filme. Die Bilder, die später an »Basta« gelangten, zeigen Prostituierte, Fixer und was sich sonst noch außer Reisenden auf Bahnhöfen rumtreibt. Dann, so seine spätere Verantwortung, sei er in die Wohnung gefahren, wo die anderen schon schliefen, und müde ins Bett gefallen – nach fast vierundzwanzig Stunden auf der Achse!

Wo und unter welchen Umständen Blanka Bockova in dieser Nacht ihrem Mörder in die Hände gefallen ist, konnte bis heute nicht eruiert werden – Janis M. war der letzte gewesen, der sie lebend gesehen hatte. Ihre bis auf Nylonkniestrümpfe (Dirnhofer schreibt – möglicherweise zur Herstellung einer »Parallelität« zum Fall Schrempf – von »Socken«) unbekleidete, mit einem dicken (möglicherweise herabgefallenen) Ast bedeckte Leiche wird am frühen Morgen des nächsten Tages im Bett des Brezanskybaches nahe einer Fernstraße, rund zwanzig Kilometer westlich von Prag, aufgefunden. Sie liegt auf dem Rücken, mit weit auseinandergespreizten Beinen und ausgebreiteten Armen. Von der restlichen Kleidung fehlt jede Spur.

Die obduzierende Prager Gerichtsmedizinerin Dr. Krumlova stellt fest, daß Bockova mit einer festen, dünnen Schnur – nachweislich mit keinem Kleidungsstück, wie die Medizinerin später auch bei ihrer gerichtlichen Aussage betont – erdrosselt worden ist. Der Tod ist in den frühen Morgenstunden des 15. September eingetreten. Die Blutanalyse ergibt eine mittelschwere Alkoholisierung. Äußerlich weist der Leichnam ausgeprägte Spuren von Mißhandlungen in Form von Hautabschürfungen (vor allem am Kopf), Schnitten (insbesondere eine deutliche Stichverletzung am Gesäß) und Bißwunden am ganzen Körper auf. Die Gerichtsmedizinerin gab daher bei ihrer Aussage vor Gericht an, daß sich Bockova verzweifelt gewehrt haben müsse, wobei auch der Täter mit größter Wahrscheinlichkeit Verletzungen davongetragen habe. Von im Abschlußbericht der »SOKO Unterweger« erwähnten »Fesselspuren an den Unterarmen« ist hingegen im Prager Obduktionsbericht nicht die Rede.

Die beiden Frauen, die mit Jack Unterweger am 15. September um halb neun Uhr frühstücken, sowie die ebenfalls dazugestoßene Gastgeberin berichteten später übereinstimmend von einem gut ausgeschlafenen Jack Unterweger und erwähnten keinerlei Spur von irgendwelchen Verletzungen. Das Trio fuhr übrigens erst am Morgen des darauffolgenden Tages, einem Sonntag, nach Wien zurück.

Einige Wochen nach seiner Pragreise ist Jack Unterweger am 31. Oktober 1990 mit seinem BMW 728 in Oberösterreich unterwegs, als der Motor plötzlich aussetzt. Unterweger kommt gerade noch bis zur Autobahnstation Ansfelden bei Linz, von wo aus er den Mechaniker einer naheliegenden Werkstätte anruft. Der Mechaniker stellt einen irreparablen Motorschaden fest. Unterweger schenkt ihm das fast wertlose Auto an Ort und Stelle und ruft seine damalige Freundin Rosa U. aus Wien an, die ihn abholt. Den Typenschein schickt er später nach.

Als Jack Unterweger bereits in einer Gefängniszelle in Miami sitzt, versucht die Wiener Kripo seine wenigen Monate in Freiheit zu rekonstruieren, um so auf die Spur weiterer Morde zu gelangen. Durch seine Wiener Ex-Freundin erfahren die Ermittler, daß Unterweger seinen dunkelgrauen BMW mit den beigen Sitzen, mit dem er unter anderem auch in Prag gewesen ist, dem Mechaniker einer Werkstätte in Ansfelden geschenkt habe. Daraufhin machen sich Beamte der Mordgruppe der Kriminalabteilung des Landesgendarmeriekommandos Steiermark – und nicht die eigentlich örtlich zuständigen Beamten der Kriminalabteilung Oberösterreich – über Auftrag des Grazer Untersuchungsrichters auf die Suche nach dem BMW. Von jener Werkstätte in Ansfelden aus, dessen Mechaniker das Auto im Oktober 1990 abgeschleppt hatte, verfolgen sie die vermeintliche Spur des BMW über insgesamt vier weitere Besitzer zurück – bis sie, noch im März 1992, auf dem Abstellplatz eines Wohnhauses in Hörsching (Oberösterreich) einen schwarzen BMW ausfindig machen. Es ist aber nicht derjenige Unterwegers. Doch zumindest die darin eingebauten Autositze sollen nach Meinung der Kriminalisten zuvor im anthrazitfarbenen BMW Unterwegers eingebaut gewesen sein. Dessen eigener BMW hingegen sei bereits »verschrottet« worden. Die offizielle, an die Medien weitergegebene Version lautet übrigens anders: Die Sitze seien »auf einem Schrottplatz« gefunden worden (»profil«).

Kehren wir nach Hörsching zurück: Die Grazer Beamten informieren das Wiener Sicherheitsbüro von ihrer Entdeckung. Ein Polizeibeamter, Insp. Friedrich U., fährt daraufhin im Auftrag der »SOKO Unterweger« nach Hörsching und führt dort die Sicherstellung des Fahrzeugs samt den Sitzen durch. Es wird alles nach Wien zur spurenkundlichen Untersuchung verfrachtet. Im Wiener Sicherheitsbüro saugt derselbe Beamte die Sitze ab und stellt neben Staub- und Mikrospuren genau sieben Haare sicher, die gesondert asserviert werden.

Ein »unbrauchbares« Haar wird zum Schlüsselindiz

Erst drei Monate nach der Sicherstellung der Sitze, anläßlich einer Arbeitssitzung im Landesgendarmeriekommando Steiermark am 3. Juli 1992, an der neben dem SOKO-Leiter Geiger auch Generalgutachter Prof. Dirnhofer, Prof. Brüschweiler und der für die Entdeckung der Sitze zuständige Mordgruppen-Leiter der steirischen Kriminalabteilung teilnehmen, werden die asservierten Haare Prof. Brüschweiler von der Stadtpolizei Zürich zur Spurenauswertung übergeben. Außerdem erhält

Brüschweiler ein Papierkuvert mit Vergleichshaaren vom Mordopfer Bockova, das deren Vater wenige Wochen zuvor der Prager Polizei übergeben hatte.

Als Jack Unterweger Ende Juni 1992 von der Sicherstellung der Sitze erfährt, stellt er beim Untersuchungsrichter den Antrag, ihn damit bzw. mit auf diesen Sitzen möglicherweise gefundenen Effekten zu konfrontieren. Dies wurde ihm jedoch trotz wiederholter diesbezüglicher Ansuchen vom Richter verweigert.

Brüschweiler stellt indes an drei der sieben Haare Haarwurzeln fest. Diese seien aber derart beschädigt, daß sie für weitere spurenkundliche Untersuchungen unbrauchbar seien.

Im Gesamtgutachten Dirnhofers, das ein Jahr nach der Sicherstellung der BMW-Sitze am 3. März 1993 vorlag, werden diese Haare nicht einmal erwähnt. Wie schon ausgeführt, fand Prof. Dirnhofer in allen elf in Voruntersuchung gezogenen Fällen keine einzige biologische Spur, die zu Jack Unterweger führt. Vielmehr waren alle Vergleichsuntersuchungen der sichergestellten Sperma- und Haarspuren mit dem DNA-Profil des Verdächtigen negativ ausgefallen.

Trotz oder vielmehr wegen dieses enttäuschenden Ergebnisses der ersten DNA-Analysen wird weitergesucht. Nur einen Monat nach Vorliegen des Gesamtgutachtens, das ursprünglich als Abschluß der gerichtsmedizinischen Untersuchungen geplant war, reist SOKO-Leiter Geiger nach Prag, um dort zusätzliche »Vergleichshaare« für weitere DNA-Untersuchungen zu beschaffen. Die »Vergleichshaare« werden schließlich gefunden: Laut bezughabenden SOKO-Vermerk auf dem Kopfpolster der Ermordeten – fast drei Jahre nach ihrem Tod. Rätselhaft bleibt nur, weshalb nach weiteren »Vergleichshaaren« gesucht wurde, wo doch solche schon im Juli 1993 dem Gutachter Brüschweiler übergeben worden waren und außerdem die angeblich aus dem PKW Unterwegers stammenden Haare ohnehin nicht über genügend Zellmaterial verfügten.

Nun werden auch die Vergleichshaare vom Kopfpolster zur weiteren Analyse nach Zürich geschickt. Das Ergebnis der spurenkundlichen Untersuchungen von Prof. Walter Brüschweiler ist in seinem Gutachten vom 2. Juli 1993 zusammengefaßt. Zum Fall Bockova führt er aus: »Ihre Vergleichs-Kopfhaare sind von hellblonder bis blonder Farbe und weisen eine normale farbliche Variationsbreite auf.« Dabei stellt Brüschweiler zwar eine Ähnlichkeit der Eigenkopfhaare der Bockova mit den drei angeblich von den BMW-Sitzen Unterwegers stammenden Haaren fest: Es sei »in Betracht zu ziehen, daß die fraglichen drei Haare aus dem Fahrzeug ›BMW‹ des J. Unterweger von B. Bockova stammen«. Doch der Gutachter macht allzu große Erwartungen der Anklage gleich wieder zunichte, indem er weiter schreibt: »An den uns vorliegenden Kopfhaaren von B. Bockova finden sich keine farblichen oder morphologischen Merkmale, anhand derer eine Zuordnung beweisend sein könnte.

Bereits mit Sendung vom 15. April 1993 wurden die drei angeblich von den BMW-Sitzen Unterwegers sichergestellten, bewurzelten Haare samt Vergleichshaaren vom Wissenschaftlichen Dienst der Stadtpolizei Zürich dem Rechtsmedizinischen Institut Bern übermittelt. Insofern ist es eigenartig, daß Prof. Dirnhofer mit Schreiben vom 19. April 1993, also vier Tage nach der Sendung aus Zürich, beim Mordgruppenleiter der steirischen Kriminalabteilung, der für die Auffindung der Sitze in Hörsching verantwortlich war, »vor der Durchführung der DNA-Analyse« weitere Vergleichskopfhaare von Blanka Bockova anfordert.
Am 1. Juli 1993 liegt ein erstes Ergebnis in Form eines »vorläufigen Gutachtens« aus Bern vor: »Aus den Wurzelanteilen der drei Kopfhaare konnte DNA aus der Wurzel eines Haares isoliert und am genetischen Merkmal HLA-DQ typisiert werden. Die Wurzelanteile der beiden anderen Haare enthielten zuwenig DNA für eine Typisierung an diesem genetischen Merkmal.«
Im September 1993 stellt Dirnhofer in einem ersten »Nachtragsgutachten« fest, daß die isolierte DNA aus der Wurzel des angeblich am Autositz Unterwegers gefundenen Haares mit einer »Wahrscheinlichkeit von 1:13« von der ermordeten Blanka Bockova stamme.
Zur selben Zeit werden die Sitze, die angeblich aus dem BMW Unterwegers stammen, über Auftrag des Grazer Untersuchungsrichters – so die offizielle Version – im Wiener Sicherheitsbüro amtlich vernichtet. Die Vernichtung wird später damit begründet, daß die Sitze (infolge der kriminaltechnischen Untersuchung) zerschnitten und daher »unbrauchbar« gewesen seien …
Am 20. Oktober 1993 äußert sich Dirnhofer anläßlich einer internationalen Kriminologentagung in Salzburg: »Wir haben nach wie vor Probleme mit Haaranalysen. Wir haben hingegen etwa 80 % Erfolg bei Samenspuren, bis zu 70 % Erfolg bei Blutspuren.« Die im Fall Unterweger vorhandenen Samenspuren führten allerdings, wie schon erwähnt, nicht zu Jack Unterweger. Weiter meinte Dirnhofer damals in

bezug auf Haarspuren: »In drei, vier Jahren werden wir hier ebenfalls Aussagen machen können« (»Salzburger Nachrichten«, 30.11.1993).
Dann war es aber offenbar schon viel früher soweit. Denn nur wenige Monate danach, kurz vor Prozeßbeginn und rechtzeitig zur letzten Haftprüfungsverhandlung Jack Unterwegers, der zu diesem Zeitpunkt schon fast zwei Jahre in U-Haft saß, trifft eine regelrechte »Bombe« aus dem Berner Institut ein: In einem vorerst geheimgehaltenen, an Richter Haas persönlich adressierten weiteren Nachtragsgutachten Dirnhofers vom 2. Februar 1994 kommt er zu folgendem Ergebnis: »[…] Das hellblonde, von den Vergleichshaaren der Blanka Bockova nicht unterscheidbare Kopfhaar aus dem PKW ›BMW‹ des Johann Unterweger stimmt nicht nur, wie bereits im Gutachten vom 1. 7. 1993 mitgeteilt, am genetischen Merkmal HLA-DQ alpha mit den Vergleichskopfhaaren der Blanka Bockova überein, sondern es besteht darüber hinaus an fünf weiteren Merkmalen, d. h. an insgesamt sechs Merkmalen eine exakte Übereinstimmung zwischen diesem Haar und den Vergleichskopfhaaren der Blanka Bockova.« Die »gutachterliche Schlußfolgerung« lautete: »[…] das heißt, daß 99,96 % der Gesamtbevölkerung eine andere Merkmalskonstellation aufweist.«

Doch auch das war noch nicht das letzte Wort des Gutachters: Anläßlich des Prozeßbeginns im April 1994 erfährt Anwalt Zanger nicht nur aus Journalistenkreisen, sondern auch durch eine unmißverständliche Bemerkung des Staatsanwalts Gasser, daß inzwischen ein weiteres Gutachten vorliegen soll, das die Wahrscheinlichkeit der Übereinstimmung des Haares noch näher an die 100-Prozent-Marke heranführe. Darauf angesprochen, leugnet der vorsitzende Richter Haas ein derartiges Gutachten jedoch: »Es gibt so ein Gutachten nicht!«

Doch Mitte Mai 1994 müssen tatsächlich neue Untersuchungen in Bern durchgeführt worden sein. Denn nur zwei Wochen vor seinem Auftritt im Prozeß am 17. Juni liefert Dirnhofer am 31. Mai 1994 ein – wiederum an Richter Haas persönlich adressiertes – »Ergänzungsgutachten« zum zweiten »Nachtragsgutachten«, in dem er ausführt: »Am 24. Mai 1994 wurde mittels DNA-Analyse am Kopfhaar aus dem PKW ›BMW‹ des Johann Unterweger eine Geschlechtsbestimmung vorgenommen. […] Das Kopfhaar aus dem PKW ›BMW‹ des Johann Unterweger zeigt somit die für das weibliche Geschlecht charakteristischen Merkmale.«

In diesem »Ergänzungsgutachten« zum zweiten Nachtragsgutachten von Prof. Dirnhofer bestätigten sich die gerüchteweisen Voraussagen vom April haargenau. Denn das Haar sei laut Dirnhofer nun auch mit den DNA-Merkmalen der Eltern der Bockova verglichen worden, woraus sich drei weitere genetische Übereinstimmungen des Haares mit den genetischen Merkmalen der Eltern ergeben hätten: »Dabei zeigte sich, daß das Kopfhaar aus dem PKW ›BMW‹ des Johann Unterweger jeweils eines jener Merkmale aufweist, die Fr. Emilie H. bzw. Herr Stanislav H. besitzen und an ihre Nachkommen vererbt haben könnten. [...] Es gilt somit das aus der Abstammungsbegutachtung stammende Prädikat ›höchst wahrscheinlich‹, daß Fr. Emilie H. und Hr. Stanislav H. die Eltern jener Person sind, deren Kopfhaar im PKW ›BMW‹ des J. Unterweger gefunden wurde. Fr. Emilie H. und Hr. Stanislav H. sind mit einer Wahrscheinlichkeit von 99 % (Prädikat: ›höchst wahrscheinlich‹) die Eltern jener Person, deren Kopfhaar im PKW ›BMW‹ des J. Unterweger gefunden wurde.« Dirnhofer zieht daraus die nunmehr »endgültigen gutachterlichen Schlußfolgerungen«: »Das hellblonde, von den Vergleichskopfhaaren der Blanka Bockova nicht unterscheidbare Kopfhaar aus dem PKW ›BMW‹ stimmt nicht nur, wie bereits im Gutachten vom 2. 2. 1994 mitgeteilt, an sechs genetischen Merkmalen mit den Vergleichskopfhaaren der Blanka Bockova überein, sondern es besteht darüber hinaus an drei weiteren verschiedenen genetischen Merkmalen und an einem Geschlechtsmerkmal, d. h. an insgesamt zehn DNA-Merkmalen exakte Übereinstimmung.« Dirnhofers »Zusammenfassung und Schlußfolgerung« lautet: »Die Eltern der getöteten Blanka Bockova sind mit einer Wahrscheinlichkeit von 99 % (Prädikat: ›höchst wahrscheinlich‹) die Eltern jener Person, deren Kopfhaar im PKW ›BMW‹ des J. Unterweger gefunden wurde. [...] Das Kopfhaar aus dem PKW ›BMW‹ des Johann Unterweger zeigt die für das weibliche Geschlecht charakteristischen Merkmale.« Und jetzt heißt es plötzlich auch: »Die an dem Kopfhaar aus dem PKW ›BMW‹ des Johann Unterweger ermittelte, aus zehn DNA-Merkmalen bestehende Merkmalskonstellation ist extrem selten. Es besteht an allen diesen zehn DNA-Merkmalen exakte Übereinstimmung mit den Vergleichskopfhaaren der getöteten Blanka Bockova.« Mit einer scheinbar nebensächlichen, auch im späteren Prozeß nicht thematisierten Formulierung nahm Dirnhofer übrigens schon eine Beweiswürdigung vorweg: Das fragliche Haar stammte eben nicht »aus dem PKW ›BMW‹ des Johann Unterweger«, sondern, zumindest nach Darstellung der SOKO, von den in Oberösterreich sichergestellten Autositzen – mehr dazu später.

Dirnhofer schließt das »Ergänzungsgutachten« mit folgendem Satz ab: »Die ermittelte, aus zehn DNA-Merkmalen bestehende Merkmalskonstellation kommt lediglich in 1 Person von etwa 2,1 Millionen unverwandten Personen weiblichen Geschlechts vor.« Das Haar stamme demnach mit »99,99 %iger« und damit »an Sicherheit grenzender« Wahrscheinlichkeit von der ermordeten Blanka Bockova.

99,99 % lautete also der unantastbare »Urteilsspruch« aus dem Munde eines unantastbaren Gutachters. Aus einem ursprünglich »unbrauchbaren« Härchen war ein »Volltreffer« für die Anklage geworden.

Ein Anschein unzweifelhafter Evidenz

Auch die Medien erfüllen ihre Aufgabe: Sie strotzen zur Zeit des Unterweger-Prozesses von wissenschaftsgläubigen Artikeln, als sei die DNA-Methode gerade als neuer »Stein der Weisen« erfunden worden. Prof. Dirnhofer wird ohnehin nur mehr »Professor DNA« genannt.

Nun ist die DNA-Methode, auch »genetischer Fingerabdruck« genannt, in den letzten Jahren tatsächlich zu einem wichtigen Hilfsmittel in der Kriminologie geworden. Das Verfahren basiert auf der in allen biologischen Spuren – das sind Zellmaterial enthaltende Teilchen in fester oder flüssiger Form – enthaltenen Erbinformation. Diese drückt sich in einem speziellen »DNA-Profil« aus, das ist jenes mit einer speziellen elektrischen Längensortierung (»Elektrophorese«) sichtbar werdendes Muster, das sich aufgrund der Anordnung verschiedener Längen von DNA-Strängen ergibt. Dieses »DNA-Profil« wird sodann mit der Erbinformation des möglichen Verursachers verglichen. An dieser Stelle liegt ein heikler Punkt der DNA-Gutachten: nämlich die statistischen Daten, die der Berechnung der Wahrscheinlichkeit, mit der ein bestimmtes Muster bei einem anderen Individuum auftritt, zugrunde gelegt werden. Prof. Dirnhofer hat für die Ermittlung seiner Werte eine aus hundert Schweizern und Schweizerinnen bestehende Vergleichsgruppe herangezogen. Nun unterliegt die Häufigkeit einzelner Genmerkmale (Allele) aber beträchtlichen lokalen Schwankungen – nach einer von K. N. Sullivan im International Journal for Legal Medicine, Band 105, veröffentlichten Untersuchung sind es bis zu 300 %. Die international besetzte DNA-Kommission, deren Ziel die Schaffung einer einheitlichen Nomenklatur und einheitlicher Qualitätsstandards bei DNA-Gutachten ist, verfügt über Unterlagen von 22 Erhebungen in verschiedenen europäischen Ländern. Sechs verschiedene Ausprägungen von Allelen werden dort aufgelistet. Ein Beispiel: Die Häufigkeit des Allels 1.3 schwankt zwischen 2,3 % (Sardinien) und 12,7 % (Spanien); dieses genetische Merkmal ist also in Spanien etwa sechsmal so häufig zu finden wie in Sardinien.

Auch die Allelfrequenzen, das ist die Häufigkeit der Konstellation bzw. Paarung solch genetischer Merkmale, unterscheiden sich nach wissenschaftlichen Erkenntnissen je nach lokalem Untersuchungsgebiet stark voneinander. In Dirnhofers Gutachten finden sich nun zwar Angaben über die Allelfrequenzen der von ihm erstellten Schweizer Vergleichsgruppe, doch keine Ausführungen über jene der tschechischen Population, aus der das Mordopfer stammte. Unter diesem Aspekt erscheint die Aussage des Sachverständigen interessant, wonach die Merkmalskonstellation des untersuchten Haares »extrem selten« sei. Wie die Verteidigung später in der Nichtigkeitsbeschwerde ausführte, ergab nämlich die Untersuchung der DNA-Merkmale der – miteinander ja nicht verwandten – Eltern des Mordopfers, daß auch diese über eine höchst zufällige, Dirnhofer zufolge »extrem seltene« Vielzahl von Gemeinsamkeiten verfügten. Dies könnte dadurch erklärt werden, daß die von Dirnhofer für die Schweizer Vergleichsgruppe ermittelte Merkmalskonstellation für die Beurteilung der Prager Population eben nicht zutreffend war; freilich aber auch damit, daß die Eltern möglicherweise aus derselben Ortschaft stammten und somit doch zumindest weitläufig verwandt sind.

Für einen Angeklagten kann es jedenfalls sehr wesentlich sein, ob eine bestimmte genetische Struktur auf jeden zweiten oder jeden fünften zutrifft – es können sich daraus mathematisch Wahrscheinlichkeitsschwankungen von bis zu 30 % ergeben! Monate nach dem Unterweger-Prozeß versuchte etwa der Wiener Mathematiker Josef Zaussinger in einem Beitrag für die – hervorragende, aber leider nur in gehobenen Bildungskreisen verbreitete und inzwischen eingestellte – Zeitschrift »forum« (12/94) darzulegen, daß die DNA-Wahrscheinlichkeitsrechnung Dirnhofers im Fall Unterweger aus mathematischer Sicht nicht haltbar sei.

Aber auch simple Fehlerquellen dürfen nicht unterschätzt werden – etwa die Gefahr von Verunreinigungen des sensiblen Materials durch fremdes DNA. Noch kurz vor Beginn des Unterweger-Prozesses zogen die Universitätsprofessoren Peter Donnelly und David Balding in der britischen Wissenschaftszeitung »Nature« die Verläßlichkeit der Methode wegen der zahlreichen Fehlerquellen und Unsicherheiten in

Zweifel: Die DNA-Methode werde meist dann eingesetzt, wenn andere Sachbeweise fehlen. Damit werde dem Verfahren ein »künstliches Gewicht« verliehen (»Nature«, 24.3.1994).

Im angloamerikanischen Raum ist die anfängliche »DNA-Euphorie« ob zahlreicher aufgedeckter Fehlschläge inzwischen etwas gedämpft worden. Der US-Molekularbiologe Simon Ford meinte sogar einmal: »Was hier passiert, fällt unter genetische Kaffeesudleserei!« (»profil« 20/92). Die US-Justiz hat reagiert: Um etwa die Gefahr von verzerrten Ergebnissen bei DNA-Gutachten möglichst gering zu halten, wird die Berechnung der Übereinstimmungswahrscheinlichkeiten inzwischen von Statistikern vorgenommen.

Nun soll hier keineswegs die wissenschaftliche Kompetenz des Dirnhofer-Gutachtens im Fall Unterweger in Frage gestellt werden. Was in Frage gestellt werden soll, ist vielmehr der offenbar unbeirrbare Glaube des Laien in die Unfehlbarkeit der Wissenschaft und ihrer Vertreter. Dabei darf aber nicht vergessen werden, daß die DNA-Forschung seit dem Fall Unterweger beträchtlich weiterentwickelt und verfeinert worden ist. Die Kritik ist dennoch geblieben: Anerkannte US-Genetiker forderten im Februar 1998 in einer Resolution, daß die Gerichte sich in ihren Urteilen nicht ausschließlich auf eine Gen-Analyse stützen dürften. Das deutsche Bundesverfassungsgericht hielt dieselbe Forderung sogar in einem Urteil für die deutsche Rechtsprechung fest.

Einen erheblichen, wenn nicht gar entscheidenden Einfluß auf die Urteilssprechung hat im übrigen die Art und Weise der Präsentation von genetischen Beweisstücken vor Gericht. Das hat der US-Psychologe Jonathan Koehler in einer Studie festgestellt. Dieser zufolge neigten Geschworenengerichte eher dazu, Angeklagte zu verurteilen, gegen die ein DNA-Gutachten spricht. DNA-Gutachten vermitteln eben den Anschein einer unzweifelhaften Evidenz. Wird in einem Gerichtsverfahren dagegen auf die biomathematische Wahrscheinlichkeit der Übereinstimmung von DNA-Spuren und genetischen Fingerabdrücken hingewiesen, würden Geschworene einem Gen-Beweis nicht mehr dieselbe Bedeutung beimessen. Psychologe Koehler beriet übrigens das Verteidigerteam im Strafprozeß gegen den ehemaligen Footballstar O. J. Simpson, der freigesprochen wurde, obwohl der DNA-Code von Blutspuren am Tatort mit seinem eigenem genetischen Fingerabdruck übereinstimmte (»Der Standard«, 4.5.1998).

»Professor DNA«

Der Anschein der unzweifelhaften Evidenz eines DNA-Beweises kam auch in der Medienberichterstattung zum Ausdruck. Schon Wochen vor dem Prozeß-Auftritt Dirnhofers hatte man begonnen, das »wissenschaftliche Renommee« des Herrn »Professor DNA« zu mystifizieren. Seine DNA-Forschungen wurden mit regelrechten Werbeslogans wie »Schweizer Präzisionsarbeit« (z. B. in der »Kleinen Zeitung« vom 16.6.1994) umworben. Unter dem Titel »DNA: Der letzte Krimi« – daneben eine bunte Abbildung einer überdimensional vergrößerten DNA-Bande – drückte der Redakteur Paul Yvon seine Begeisterung für die offenbar unfehlbare neue Methode aus: »Wenn sie so weitermachen, weisen die Gen-Forscher bald auch unsere Gedanken auf Röntgenfilm nach.« (»profil« 16/94).

Als Dirnhofer dann im Juni 1994 vor Gericht mit seinen 99,99 % aufwartete, war sein Gutachten faktisch längst unantastbar geworden. Sein Auftritt vor den Geschworenen dauerte eineinhalb Tage – und war ein Volltreffer für die Anklage. Die Medien feierten in DNA-euphorischen Artikeln die »Überführung« Jack Unterwegers: »DNA-Analyse: Das Maximum an Ermittlungsarbeit« (»Kurier«, 12.6.1994), »DNA-Spezialist Dirnhofer: Neues Gutachten schafft Gewißheit« (»profil«, 14.6.1994), »Das Haar: Noch näher an 100 Prozent« – Untertitel: »So exakt gelang die Spurenauswertung noch nie: Ein Haar in Unterwegers Auto stammt mit praktischer Gewißheit vom Prager Mordopfer« (»Kurier«, 17.6.1994). Die in Graz weit verbreitete und meinungsbildende »Kleine Zeitung« titelt an diesem Tag: »DNA: Das verräterische Lebensgeheimnis« und bringt im Blattinneren ausführliche, mit bunten Grafiken untermalte Artikel und Kolumnen über die »schlüssigen Erläuterungen« Dirnhofers. Am nächsten Tag wird in derselben Zeitung ein anläßlich einer Verhandlungspause aufgenommenes Foto veröffentlicht, das Anwalt Zanger im Gespräch mit Dirnhofer zeigt. Die Bildunterschrift lautet: »In hohe Sphären der Wissenschaft wurde Anwalt Zanger von Gerichtsmediziner Dirnhofer eingeführt.« Im »Standard« vom 17. Juni 1994 ist Dirnhofer unter dem Titel »Scharfes Denken macht die Arbeit so interessant« der »Kopf des Tages«. Und die »Kronen-Zeitung« titelt an diesem Tag triumphierend: »Ein Haar führt zu Unterweger«.

In dieser Jubelstimmung wirkte es fast schon blasphemisch, als die Verteidigung die päpstliche Unfehlbarkeit Dirnhofers anzuzweifeln wagte. Anwalt Zanger erlaubte sich, einen zweiten DNA-Test durch den DNA-Spezialisten Prof. Brinkmann aus Münster zu beantragen. Solche Kontrollgutachten sind in ganz gewöhnlichen Vaterschaftsprozessen üblich. Dasselbe gilt aber nicht in Strafprozessen, wo das Gericht ein Zweitgutachten ohne viel Aufhebens ablehnen kann. Es genügt, wenn den Richtern das erste Gutachten »schlüssig« genug erscheint. Und so teilte auch der Antrag auf Überprüfung des gerichtlichen DNA-Gutachtens das Schicksal der übrigen Anträge der Verteidigung im Unterweger-Prozeß: Er wurde abgeschmettert.

Damit war Jack Unterweger zu 99,99 % der Täter.

Wie bedenklich der Ausschluß von Kontrolle sein kann, zeigte sich etwa fünf Jahre später an einem anderen Fall. Der 55jährige Wiener Walter W. wurde im März 1999 des mehr als 20 Jahre zurückliegenden Sexualmordes an der elfjährigen Gabi Karpischek »überführt«: Ein an der Leiche des Kindes sichergestelltes Haar stammte angeblich mit einer Wahrscheinlichkeit von 99,99 % von ihm. Wieder einmal sorgte ein »Fahndungserfolg« für Jubel in den Boulevardmedien. Monate später mußte der Mann allerdings aus der U-Haft entlassen werden, weil das von seinem Anwalt durchgesetzte Zweitgutachten die angeblich an Sicherheit grenzende Wahrscheinlichkeit widerlegte. Der Grund bestand in »Schlamperei bei der Spurensicherung«. Die Kriminalisten, so die Gerichtsmediziner, hätten das Haar mit bloßen Händen angefaßt, wodurch es mit fremdem DNA-Material verunreinigt und damit für eine Untersuchung unbrauchbar geworden sei (»Die Presse«, »Kurier« und andere Medienberichte vom 6.7.1999).

Die haarige Geschichte eines Haares

Damit wären wir, fernab von den hohen Sphären der Wissenschaft, auch schon wieder in den »Niederungen« des kriminalistischen Alltags angelangt. Ich habe im November 1995 an Ort und Stelle auf den Spuren der Kriminalisten, die in Oberösterreich die Autositze aus dem BMW Unterwegers ausfindig gemacht haben wollen, folgendes recherchiert: Der erste Nachbesitzer nach Jack Unterweger, der den anthrazitfarbenen BMW von diesem nach dem Motorschaden geschenkt bekommen hatte, war rasch ausfindig gemacht: Thomas B., ein Mechaniker, ist ein Bekannter von Jack Unterwegers Tochter. B. war bekanntlich nach Unterwegers Anruf von der Werkstätte, in der er arbeitete, zur Autobahnstation Ansfelden gefahren, um das defekte Fahrzeug abzuholen. Er erzählte mir, daß er Jack Unterweger noch dabei geholfen habe, das Autoradio auszubauen. Ich fragte Herrn B., ob auf den Sitzen Schonbezüge vorhanden gewesen seien, was er ausdrücklich verneinte – daran hätte er sich gewiß erinnert. Hingegen erinnere er sich noch genau an die Farbe der Sitze: Sie seien hellbeige und ohne Muster gewesen. »Das Anthrazit war sicher nicht die Originalfarbe des BMWs«, meinte der offenbar in solchen Dingen beschlagene B. über die Farbe der Karosserie. Er habe dann vergeblich versucht, das Fahrzeug mittels eines Austauschmotors wieder in Gang zu bringen. Da dies nicht gelingen wollte, schenkte er den BMW nach wenigen Tagen seinem Arbeitskollegen August B. weiter. Der baute einen anderen Austauschmotor ein und fuhr das Auto damit rund zwei Monate, bis auch dieser Austauschmotor versagte.

Es muß im Jänner 1991 gewesen sein, als der BMW des Werkstättenleiters Thomas Sch. völlig ausbrannte. Der Zweitbesitzer nach Unterweger, August B., stellte seinen BMW daraufhin seinem Chef zur Verfügung. In der Werkstätte stand damals ein weiterer, dunkelgrüner BMW, dessen intakten Motor der Werkstättenleiter und nunmehrige dritte Nachbesitzer nach Jack Unterweger in den anthrazitfarbenen BMW einbauen ließ. Dafür waren ihm die vom Schäferhund Unterwegers zerkratzten Sitze des BMW zu schäbig, weshalb er die gesamte Innenausstattung entfernen ließ und durch Ledersitze ersetzte. Was dann mit den Sitzen aus Unterwegers BMW geschah, wollte ich von Sch. wissen. Dieselbe Kernfrage war ihm im März 1992 von den Beamten der steirischen Kriminalabteilung gestellt worden. Er antwortete: Die habe er »gleich danach« samt der restlichen Innenausstattung zum Billigtarif verkauft. Wem, wisse er nicht mehr. Ob er den BMW Unterwegers immer noch fahre? »Der ist längst im Hochofen!« erwiderte Thomas Sch. mit einer abwehrenden Handbewegung. Also verschrottet.

Es war wiederum Thomas B., der mich auf eine neue Spur brachte. Er wisse von einem Geschäft, das ein Rudi F. vermittelt habe. »Ein schwarzer BMW älteren Baujahres« sei damals nach Hörsching bei Linz verkauft worden.

Es gelang mir, auch diesen Vermittler ausfindig zu machen, der mir wiederum den Namen und die Adresse eines Mannes in Hörsching mitteilte, der den BMW gekauft haben soll. Es war der Richtige: Thomas H. bestätigte mir, den schwarzen BMW für 3 000 Schilling gekauft zu haben – nur eine Woche, bevor das Auto bei ihm mitsamt den Sitzen von den Kriminalbeamten beschlagnahmt wurde!

Doch Thomas B. stellte eines klar: Der dunkelgrüne BMW, der damals zum Ausschlachten in der Werkstätte stand, war ein größeres Modell der Type 735. Er sei sich »absolut sicher«, daß es die Sitze dieses BMW – und nicht die aus dem dunkelgrauen BMW Unterwegers – gewesen sind, die mitsamt besagtem schwarzen BMW dem Herrn H. aus Hörsching verkauft worden seien!

Ich ersuchte daher alle Besitzer um Beschreibung der Sitze. Und siehe da, die von mir befragten ersten drei Besitzer des BMWs beschrieben sie einhellig als hellbeige und ohne Muster. Genau solche Sitze waren auch nach Beschreibung von Bekannten Jack Unterwegers in dessen dunkelgrauen BMW eingebaut gewesen.

Demgegenüber äußerte der Letztbesitzer aus Hörsching: Die Sitze, welche der Polizeibeamte aus Wien bei ihm abgeholt hätte, seien seiner Erinnerung nach »bräunlich« und »in sich gemustert« gewesen. So erfuhr ich, daß die ermittelnden Beamten die einzelnen Besitzer niemals mit den in Hörsching sichergestellten Autositzen konfrontiert hatten! Eine einzige Einvernahme der einzelnen, insgesamt vier (!) Besitzer ohne Gegenüberstellung mit den beschlagnahmten Sitzen genügte den Kriminalisten also, um sich ihrer »heißen Spur« sicher zu sein ...

Die Aussagen der von mir befragten Personen sind niederschriftlich bzw. auf Tonband festgehalten. Ich enthalte mich bewußt einer Kommentierung, Schlußfolgerungen sind vielmehr dem Leser vorbehalten. Hier noch einmal die reinen Fakten:

- Die einzelnen BMW-Besitzer sind kein einziges Mal mit den in Hörsching sichergestellten BMW-Sitzen konfrontiert worden. Eine einzige Einvernahme durch die Beamten der Mordgruppe der steirischen Gendarmerie genügte. Auch im Prozeß waren die BMW-Besitzer nicht als Zeugen geladen.
- So braucht es nicht zu verwundern, daß der erste Nachbesitzer hellbeige und glatte, der Letztbesitzer hingegen bräunliche und in sich gemusterte Sitze beschrieb.
- Auch die Verteidigung hatte keine Möglichkeit, die Herkunft und Machart der Sitze zu überprüfen: Weder der Anwalt noch Jack Unterweger wurden je mit den mysteriösen Sitzen konfrontiert. Im September 1993, noch lange vor Prozeßbeginn also, wurden die Sitze dann über gerichtlichen Auftrag vernichtet. Die offizielle Begrün-

dung lautete: Sie seien zerschlissen und daher »unbrauchbar« gewesen. Auf den einzigen Lichtbildern, die von den Sitzen (nicht aber von der Sicherstellung) vorliegen, sind noch sehr gut erhaltene Sitze zu sehen. Dies könnte sogar ein Beweis dafür sein, daß es die falschen Sitze waren: Die aus dem BMW Unterwegers waren nämlich von den Pfoten seines Hundes »Joy« aufgekratzt gewesen!

Und die Hundehaare?

Ausgerechnet dieser Langhaar-Schäferhund ist schließlich die »haarigste« Facette dieser haarigen Geschichte. Jack Unterweger hatte seinen »Joy« kurz nach seiner Entlassung im Juni 1990 geschenkt bekommen und seitdem – auf dem Beifahrersitz, oder wenn er in Begleitung fuhr, auf dem Rücksitz – fast überallhin mitgenommen. Jeder Hundebesitzer weiß, wie stark so ein Tier haart. Da hilft auch regelmäßiges Staubsaugen nichts. Wie der Erstbesitzer nach Jack Unterweger, Thomas B., angab, waren auch keine Schonbezüge auf den Sitzen gewesen.

Die deutsche Polizei hatte im Auftrag der SOKO büschelweise Vergleichshaare des Schäferhundes, der zu diesem Zeitpunkt in der Münchner Wohnung der Mutter Jack Unterwegers untergebracht war, sichergestellt. Das Anliegen lag auf der Hand: Ein einziges Hundehaar hätte den Hundebesitzer Jack Unterweger überführt. Schon Monate vor Prozeßbeginn machte die Verteidigung keinen Hehl daraus: Auf den angeblich aus dem BMW Unterwegers stammenden Sitzen war nicht nur kein Haar von Unterweger selbst oder einer ihm nachweislich bekannten Person, sondern auch kein einziges Hundehaar gefunden worden!

Im Juni 1994 referierte der Textilsachverständige Brüschweiler lang und breit über die in diversen Fahrzeugen Unterwegers gefundenen Haare: Im Passat hatte man welche sichergestellt, ebenso im schnittigen Ford Mustang, auf den Vordersitzen einige, mehr noch auf den Rücksitzen, aber auch im Kofferraum. Und, siehe da: Auch »im BMW« des Unterweger, so Brüschweiler, seien »Wollhaare« gefunden worden. Festlegen wollte sich der Sachverständige aber nicht: Es habe sich um »Tierhaare« gehandelt, »möglicherweise von einem Hund« oder auch »von einem Hasen«.

Das hätte sich exakt feststellen lassen. Allerdings hatte Brüschweiler – ebenso wie Dirnhofer – lediglich die von der Polizei sichergestellten

Asservate zur Analyse erhalten. Ihm oblag es also nicht, deren Herkunft zu beurteilen. Dies erklärt jene irreführende Formulierung, die zur Vorverurteilung beitrug: Das Haar stammte eben nicht aus dem BMW, der ja längst verschrottet war! Brüschweiler betonte schließlich noch, daß sich Hundehaare nach so langer Zeit ja nicht zwingend finden müßten. Andererseits waren aber zweieinhalb Jahre nach dem Tod des Mordopfers Bockova auf dessen Kopfpolster »Vergleichshaare« sichergestellt worden – für weitere DNA-Untersuchungen, wie es dazu hieß.

Eine weitere originelle, wahrhaft an den Haaren herbeigezogene »Erklärung« für das Fehlen der Hundehaare bestand in der »besonderen Reinlichkeit«, die Jack Unterweger laut seiner Ex-Freundin, der Unternehmersgattin Rosa U., an den Tag gelegt haben soll. Andere Bekannte Unterwegers erinnern sich aber, daß man sich erst einmal abputzen mußte, wenn man aus dem Auto Jack Unterwegers ausstieg. Die Sitze waren vorne wie hinten voller hellbrauner bis weißer Hundehaare, die unweigerlich an der Kleidung anhafteten.

Der Mythos vom »Serientäter« machte es möglich: Neun Schuldsprüche gründeten sich auf ein einziges Haar. Was, wenn dieses Haar gar nicht vom möglicherweise »falschen« Sitz des Unterweger-BMW stammte, sondern von ganz woanders – möglicherweise vom »richtigen« Polster des Mordopfers?

Blutspuren unter den Fingernägeln

Soviel zur »haarigen« Geschichte. Andere tatverdächtige Spuren, die auf Jack Unterweger hingewiesen hätten, hat es im Fall Bockova nicht gegeben – dafür eine biologische Spur, die allerdings von ihm wegführte: Die Prager Gerichtsmediziner hatten nämlich schon bei der Obduktion im Jahre 1990 zahlreiche Spuren von menschlichem Blut und Hautreste unter den Fingernägeln des Mordopfers gefunden. Wie aus dem Obduktionsbericht der Prager Gerichtsmedizin hervorgeht, wies das Blut unter den Fingernägeln der linken Hand des Opfers die Blutgruppe B, jenes unter den Nägeln der rechten Hand hingegen die Blutgruppen AB, A und B auf. Jack Unterweger hatte Blutgruppe B – ebenso wie Bockova selbst. Das Blut an der linken Hand, mit der sich das Opfer möglicherweise vor den (an der Leiche auch nachgewiesenen) Schlägen auf den Kopf hatte schützen wollen, dürfte daher von seinen eigenen Verletzungen stammen.

Hingegen kann wohl davon ausgegangen werden, daß das Blut und die Hautreste unter den Nägeln der rechten Hand von einer Abwehrhandlung des Opfers herrühren, das den Täter gekratzt haben muß. Der überaus heftige Todeskampf ist ja auch aufgrund der übrigen Verletzungen an der Leiche der Bockova erwiesen. Das Blut der Blutgruppe A unter den Nägeln der rechten Hand, die ja gewöhnlich für Abwehrhandlungen verwendet wird, dürfte also von niemandem anderen stammen als vom Täter.

Dem Abschlußbericht der »SOKO Unterweger« Seite 32 zufolge ließe jedoch die »Blutgruppenbestimmung keine Rückschlüsse auf den Täter zu«. Auf Seite 86 heißt es dann aber dezidiert: »Die Hautspuren unter den Fingernägeln der Leiche stammen vom Täter.« Natürlich sind hier ausschließlich die Spuren der Blutgruppe B, wie sie Unterweger hat, gemeint. Den Einwand, daß auch Bockova die Blutgruppe B hatte, die Spuren daher vom Opfer selbst stammen könnten, versuchten die Kriminalisten übrigens mit dem Argument zu entkräften, daß die »Leiche keinerlei Hautdefekte« aufgewiesen habe. Das ist aber falsch, da die schwere Stichverletzung im Gesäß sowohl im Prager Obduktionsbericht als auch später in Dirnhofers Gutachten eindeutig dokumentiert ist.

Für Staatsanwalt Gasser war alles noch viel einfacher: Es handle sich um »Schweineblut«, quittierte er die Einwände der Verteidigung mit kühlem Lächeln, denn Bockova habe ja als Fleischverkäuferin gearbeitet. Nicht nur im tschechischen Obduktionsbericht, sondern auch im gerichtsmedizinischen Gutachten von Prof. Dirnhofer ist jedoch eindeutig von »menschlichem Blut mit den Eigenschaften AB, A und B« die Rede. Dirnhofer, der das Opfer gar nicht selbst obduziert hatte, schwächt allerdings gleich wieder ab: »Das Resultat einer Bestimmung von ABO-Blutgruppenmerkmalen an unter Fingernägeln vorhandenem Material ist vom Beweiswert nach dem heutigen Stand der forensischen Wissenschaften als sehr unsicher und zweifelhaft – diese Worte hebt Dirnhofer fett hervor – zu bewerten, da gerade die ABO-Blutgruppenmerkmale ein für Verunreinigungen besonders anfälliges System darstellen« (Seite 5 des Gutachtens). Es scheint tatsächlich so, daß alles, was Jack Unterweger zu entlasten drohte, im Gegensatz zu den »an Sicherheit grenzenden Wahrscheinlichkeiten« dieses Falles plötzlich »unsicher« und »zweifelhaft« wurde.

Man hätte die Prager Untersuchungsergebnisse auch nachprüfen können – durch Exhumierung der Leiche. Aber auch dieser Beweisantrag der Verteidigung wurde abgewiesen.

»Toast Hawaii«: Gutachten auf Bestellung

Mißtrauen schadet nie – auch oder gerade wenn es um »Experten« geht. Ausgerechnet das Rechtsmedizinische Institut der Universität Bern hatte einmal wegen eines gefälschten Gutachtens Aufsehen erregt. Das geschah allerdings – das sei hier klargestellt – noch bevor Dirnhofer als dortiger Leiter tätig war.

Der Schweizer Bruno Zwahlen war 1987 in Bern wegen Mordes an seiner Ehefrau zu lebenslangem Zuchthaus verurteilt worden. Maßgeblich für den Schuldspruch war das Gutachten des Berner Instituts gewesen. Zwahlen soll nämlich mit seiner Frau am fraglichen Abend des 26. Juli 1985 »Toast Hawaii mit Ananas« gegessen haben. Also wurde das Rechtsmedizinische Institut der Universität Bern beauftragt, im Mageninhalt der Toten nach »Toast Hawaii mit Ananas« zu suchen. Prompt fanden die Berner den »bestellten« Toast Hawaii, der, wie erwünscht, appetitlich mit Käse und Ananas zubereitet worden war. Als der Angeklagte sagte, es müsse aber Birne gewesen sein, fand sich im Mageninhalt, als sei er im Restaurant bestellt worden, auch Birne ...

Erst Jahre später, im April 1991, wurde dank des Unbehagens einiger Geschworener und der Beharrlichkeit eines Redakteurs der »Weltwoche« das erste Urteil aufgehoben und ein neuer Prozeß ausgeschrieben. Die Rechtsmediziner der Universität München, die Professoren Wolfgang Eisenmenger und Wolfgang Spann, die im zweiten Verfahren gegen Zwahlen zugezogen wurden, fanden im Gegensatz zu den Berner Rechtsmedizinern weder Käse noch Ananas, noch sonstiges Obst. Der »Toast Hawaii« war also allein von den »Köchen« des Rechtsmedizinischen Instituts in Bern »zubereitet« worden! Allerdings auf wenig appetitliche Weise: der Gutachter hatte sich in ein Restaurant begeben und dort »Toast Hawaii« konsumiert, um die Mahlzeit dann wieder zu erbrechen – zu »wissenschaftlichen Zwecken«, versteht sich.

Mordfall Hammerer:
Vier Zeugen gegen einen »Kronzeugen«

Die Straßenprostituierte Heidemarie Hammerer (31) ist eine gebürtige Steirerin: Sie stammt aus Gratkorn bei Graz. Es mutet schon wie ein Zynismus des Schicksals an, daß ausgerechnet in der Nähe dieses Ortes die Leiche ihrer ermordeten »Kollegin« Masser gefunden wurde.

Doch Hammerer lebt schon seit Jahren in Vorarlberg, wo sie auf der »Goldmeile« in der Nähe des Bregenzer Bahnhofes ihrem Gewerbe nachgeht. Sie gilt als vorsichtige, aber schlagkräftige Prostituierte, die bei rabiaten Freiern schon mal zuschlägt oder ihnen ins Steuer greift, wenn es plötzlich in eine nicht ausgemachte Fahrtrichtung geht.

In der Krampusnacht vom 5. zum 6. Dezember 1990 kehrt sie jedoch nicht mehr auf ihren Standplatz zurück. Wer in dieser Nacht ihr letzter Freier war, ist bis heute ungeklärt.

Ihre auf dem Bauch liegende, unbedeckte und bis auf eine Rötung an der Außenseite des linken Handgelenks äußerlich unverletzte Leiche wird am 31. Dezember 1990 in einem Waldstück im sogenannten »Lustenauer Ried« aufgefunden. Die Arme sind nach oben angewinkelt, die ausgestreckten Beine leicht nach innen angewinkelt. Sie ist fast vollständig bekleidet: Weißer Wollpulli, schwarze Hose mit geöffnetem Schlitz, weiße Stiefeletten und über den Kopf gestülpte rosafarbene Stofflumber-Jacke. Nur Hammerers Strumpfhose bleibt unauffindbar – die Stiefeletten steckten an den nackten Füßen. Möglicherweise war die Leiche vom Täter wieder angezogen worden.

Der Leichenfundort liegt rund 5 Kilometer vom Strichgebiet, aber nicht weit von ihrem eigenen Wohnhaus entfernt. Inmitten des Lustenauer Rieds befindet sich außerdem die stark frequentierte Diskothek »Sender«. Die Waldstelle, an der die Leiche gefunden wurde, ist aber relativ schwer zugänglich. Nach kriminalistischer Erfahrung ist daher mit hoher Wahrscheinlichkeit von einem ortskundigen Täter auszugehen.

Als Todesursache stellt der obduzierende Gerichtsmediziner Dr. Puffer Erstickung mit dem eigenen, vom Täter zerrissenen oder zerschnittenen Slip, der noch im Mund der Leiche steckte, kombiniert mit einem festen Klammergriff am Hals fest. Die Rötung an der Außenseite des linken Handgelenkes wird im Obduktionsbericht als Folge des »Anlegens von Handschellen« erklärt. In einem solchen Fall hätte sich aber der Druck der Handschellen wohl auf beide Handgelenke ungefähr gleich stark verteilen und durch Rötungen auswirken müssen. Die Verletzung könnte daher ebensogut auch Folge einer Abwehrhandlung gewesen sein; eine diesbezügliche Stellungnahme fehlt im Obduktionsbericht jedoch. Weiters wurde festgestellt, daß der Täter mit dem Opfer vor dessen Tod Analverkehr gehabt haben muß.

Nach dem Auftreten des Verdachts gegen Jack Unterweger wurden daher sämtliche Intimfreundinnen zu möglichen Neigungen des Verdächtigen in diese Richtung befragt. Es kam nichts dabei heraus.

Wie der Gerichtsmediziner außerdem feststellt, muß die Tote mehrere Tage nach Ausbildung der Totenflecken noch einmal umgelagert worden sein – vermutlich vom Täter. Diese Feststellung im Obduktionsbericht wird von Dirnhofer in seinem Unterweger-Gesamtgutachten allerdings in knappen zwei Sätzen bestritten: »Derartige Totenflecken können dadurch entstehen, daß das Blut im Bereich dieser auf die Haut drückenden Kleidungsteile nicht ungehindert nach unten abfließen kann. Daraus kann nicht der Schluß des Erstgutachtens gezogen werden, daß es zu einer Umlagerung der Leiche nach Ausbildung von Totenflecken gekommen sein muß.« Die Feststellung von der Umbettung der Leiche durch den Täter hätte sich jedenfalls schwerlich mit der These vertragen, daß Unterweger zur Tatzeit am Tatort gewesen sei.

An der Leiche der Hammerer werden mehrere Haare gefunden: Auf ihrem weißen Wollpullishirt werden ein Büschel von insgesamt 13 abgeschnittenen braunen Kopfhaaren und weitere fünf braune und fünf fast farblose Kopfhaare sichergestellt, wovon drei bewurzelt sind. Auf ihrem Stofflumber können sieben, auf ihrer schwarzen Hose sechs Körperhaare sowie ein weiteres Kopfhaar, und an ihrem Rücken weitere sieben abgeschnittene braune Haare asserviert werden.

Womöglich hatte die Hammerer kurze Zeit vorher einen Friseur besucht oder sich in einem Friseurladen aufgehalten.

An den Stiefeletten der Toten finden sich ausgeprägte Spuren eines weißen Autolacks. Sie deuten darauf hin, daß Hammerer im Zuge der Gegenwehr heftig gegen das Fahrzeug des Täters gestoßen sein dürfte. Nach Ansicht der Kriminalisten ist es eine ganz heiße Spur zum Täterfahrzeug.

Auch im Mülleimer des Wohnhauses der Ermordeten, das sich ja unweit des Leichenfundorts befindet, wird gesucht und gefunden: neun Taschentücher und drei Stück gebrauchte Präservative mit Samenflüssigkeit.

Anderen möglicherweise aufschlußreichen Spuren und Hinweisen geht man aber nicht nach. Laut Aussage der Zeugin Dorothea D. hatte Heidemarie Hammerer nämlich kurz vor ihrem Verschwinden noch Kaffee getrunken. Tatsächlich fand sich bei der Obduktion im Magen der Toten eine bräunliche Flüssigkeit. Ob es sich allerdings wirklich um Kaffee gehandelt hat, wurde nicht näher untersucht, obwohl dieses Detail zur Ermittlung der Zeitspanne zwischen Kaffeekonsum und tatsächlicher Todeszeit hätte aufschlußreich sein können.

Außerdem waren im PKW der Toten Fingerabdruckspuren gesichert worden. Am Tag der Obduktion wurde dem Büro des Kriminaltechnischen Erkennungsdienstes der Bundespolizeidirektion Wien mitgeteilt, daß diese Fingerabdruckspuren nicht mehr benötigt werden, da die »Leiche der Hammerer bereits gefunden und agnosziert« worden sei (Aktenvermerk vom 31.12.1990 der Kriminalabteilung des Landesgendarmeriekommandos für Vorarlberg). Eine Zuordnung dieser Fingerabdrücke aus dem Auto der Hammerer ist somit unterblieben.

Wir nehmen einen Szenenwechsel vor. Jack Unterweger war schon am frühen Nachmittag des 5. Dezember 1990 mit seinem weißen Ford Mach 1 von Wien nach Dornbirn aufgebrochen. Während der Fahrt setzten kurz vor der Autobahnraststätte Mondsee heftige Schneefälle ein. Unterweger war noch froh, daß er vorsorglich neue und extrabreite Winterreifen hatte montieren lassen. Erst gegen halb zehn Uhr abends kommt er in Dornbirn in der Pension »Andreas Hofer« an, um sein reserviertes Zimmer zu beziehen. Wie die Schwiegertochter der Pensionsbesitzer, Wilhelmine S., später angibt, wirkt er zwar nach der langen Fahrt etwas übermüdet, macht aber in seinem hellbeigen Mantel einen sehr gepflegten Eindruck. Ihr geht es bis heute nicht in den Kopf, daß dieser Mann damals gerade kurze Zeit zuvor einen Menschen ermordet haben soll. An diesem Abend bleibt Jack Unterweger in der Pension, um sich für den nächsten Tag vorzubereiten und auszuschlafen, da ab acht Uhr früh mehrere Termine beim ORF-Landesstudio Vorarlberg geplant sind. Am Vormittag wird er mit Schauspielern aus Wien ein Hörspiel produzieren, am Nachmittag ist er Gast in der Live-Sendung »Die aktuelle Stunde«, um mit anrufenden Hörern zu diskutieren.

Nach übereinstimmenden Zeugenaussagen vom Redakteur, Moderator, Tonmeister bis zum Beleuchter machte Jack Unterweger am Morgen des 6. Dezember einen frischen, gut ausgeschlafenen Eindruck. Dr. Leo Haffner, der damalige Leiter der Abteilung »Kulturelles Wort«

des ORF-Landesstudios Vorarlberg, vertraute mir später an, er könne sich immer noch nicht vorstellen, daß dieser »konzentriert arbeitende, voller Zukunftspläne steckende und von positiver Energie strotzende Mann« noch in der Nacht zuvor eine Prostituierte umgebracht haben soll. Ihm erzählte man bei seiner polizeilichen Einvernahme übrigens, Unterweger hätte eine Geburtstagsfeier bei ihm als »Alibi für die Mordnacht« angegeben. Das stimmte zwar keineswegs, führte jedoch bei Herrn Dr. Haffner verständlicherweise zunächst zu einer Verunsicherung.

Auch die Schauspieler Aap Lindenberg und Thomas Stolzetti, die Unterweger am selben Tag traf, erinnern sich an einen konzentrierten, positiv wirkenden Menschen. Ebenso äußert sich der Bergbauer Eduard S. aus dem Silbertal im Montafon, bei dessen Familie Unterweger dann nächtigte. Dieser glaubt bis heute nicht, daß derselbe Mann, der mit ihm und seiner Frau Rosemarie bis in den späten Abend in der Küche beisammensaß und angeregt diskutierte, in der Nacht zuvor eine Frau ermordet haben soll. »Ich seh' ihn heute noch vor mir«, so erzählt Eduard S., »wie er dasaß und mit uns freiweg über Gott und die Welt diskutiert hat. Ich hab' keinen schlechten Menschen in Erinnerung. Ich kann das nicht glauben.«

Beim Prozeß dreieinhalb Jahre danach lehnte das Gericht leider die Anhörung der meisten dieser Zeugen mit der Begründung ab, daß sie als bloße »Bekundungszeugen« für die Wahrheitsfindung nicht relevant seien.

Nach dem Mord an Hammerer ermitteln die Kriminalisten vor allem im Bregenzer Rotlichtmilieu. Man vermutet einen Racheakt, denn die Zuhälterfehden hatten arg zugenommen, seit immer mehr türkische Zuhälter auf den »Markt« drängten. Rund ein halbes Jahr vor dem Mord hatte Hammerers Freund und Zuhälter sogar einen türkischen Kunden, der den Liebeslohn schuldig geblieben war, im Streit erstochen. Er wurde dafür zu zwanzig Jahren Haft verurteilt. Doch die Ermittlungen im undurchsichtigen türkischen Zuhältermilieu verlaufen bald im Sande.

Auch ein einheimischer Zuhälter wird in Zusammenhang mit dem Mord an Hammerer dringend verdächtigt. Er soll sich sogar unter Alkoholeinfluß der Tat gebrüstet haben.

Die Arbeit der Kriminalisten wurde dadurch erleichtert, daß die Prostituierten und ihre »Aufpasser« auch in der Nacht vom 5. auf den

6. Dezember 1990 alle Kennzeichen der Fahrzeuge von Freiern oder sonstwie »verdächtigen« Fahrzeugen notiert hatten. Der auffällige, an ein Wiener Zuhälterauto erinnernde Ford Mach 1 mit dem Kennzeichen »W-JACK 1« war nicht dabei.

Unbrauchbare Spuren?

Dennoch sollte der Hauptverdächtige zwei Jahre später Jack Unterweger heißen. Dieser sitzt bereits in der Grazer Untersuchungshaft, als er von sich aus beim Untersuchungsrichter die Abnahme von Probenmaterial für spurenkundliche Vergleichsuntersuchungen beantragt. Die am 11. Juni und am 7. Juli 1992 Unterweger abgeschnittenen Haare werden gemeinsam mit den an den Leichen sichergestellten Haaren und Haarproben von seinem Schäferhund »Joy« dem Wissenschaftlichen Dienst der Stadtpolizei Zürich zur Spurenauswertung übermittelt. Wie es im Gutachten von Prof. Walter Brüschweiler vom 2. Juli 1993 einleitend zum Fall Hammerer heißt, ist der weiße Wollpulli der Toten als »guter Spurennehmer« anzusehen. Das bedeutet, daß ihr Mörder darauf wahrscheinlich Spuren in Form von Haaren oder Stoffasern hinterlassen haben muß. Das Ergebnis seiner spurenkundlichen Untersuchung aus Zürich lautete: »Die 13 braunen, abgeschnittenen Körperhaare auf dem Stofflumber und der Jeanshose lassen sich von den Körperhaaren von J. Unterweger unterscheiden« (Seite 24 des Gutachtens). Die sieben abgeschnittenen Haare vom Rücken der Toten lassen sich »nicht von den Schamhaaren des Opfers unterscheiden«. Lediglich hinsichtlich der abgeschnittenen Kopfhaare, die als Büschel am Pullishirt des Opfers aufgefunden wurden, sei »in Betracht zu ziehen, daß sie von J. Unterweger stammen«. Allerdings räumt Brüschweiler dabei auch ein, daß diese Kopfhaare »in ihrer Gesamtheit ebenfalls eine gute Übereinstimmung zu denjenigen von J.O. [der Zuhälter der Hammerer, A.W.] und von H.W. [weiterer Tatverdächtiger, A. W.]« aufweisen (Seite 24 des Gutachtens). Was die drei bewurzelten Haare betrifft, so kommt Brüschweiler zum im Gutachten nicht weiter ausgeführten Ergebnis, daß »ihr Beweiswert unwesentlich« sei.

Die Vergleichsuntersuchungen an den zwei abgeschnittenen, hellbraunen Körperhaaren am Pullishirt des Opfers führen schließlich »zu keinem Ergebnis« (Seite 25 des Gutachtens).

Was Brüschweiler in seinem Gutachten nicht erwähnt: Unter den an der Leiche gefundenen Haaren befand sich kein einziges Hundehaar. Das ist in Anbetracht der mit Hundehaaren übersäten Innenausstattung von Unterwegers Auto schon recht seltsam. Wäre Hammerer in dieses Auto eingestiegen, hätten sich an ihrer Bekleidung zwingend Hundehaare finden müssen. Daß sie in einem Fahrzeug transportiert wurde, steht jedenfalls außer Zweifel, zumal ihre Leiche ja kilometerweit vom Ort ihres Verschwindens gefunden wurde.

Alle inkriminierten Haare ohne Wurzeln werden am 23. März 1993 zusammen mit Vergleichshaaren des Verdächtigen Unterweger (nicht aber anderer Tatverdächtiger) ans Landeskriminalamt Niedersachsen zur Keratinuntersuchung übermittelt. Dort wird mit Gutachten vom 19. Mai 1993 in den Haaren der Keratin-Phänotyp K 1 festgestellt, den drei von vier Angehörigen der weißen Rasse aufweisen.

Bereits zuvor, am 2. November 1992, waren sieben der am Pullover der Hammerer sichergestellten Haare (drei braune und vier farblose) nach Bern zu Prof. Dirnhofer zur DNA-Analyse geschickt worden. Der konnte aber angeblich an keinem der Haare DNA isolieren: »Eine Individualisierung der am Pullover der Leiche der Heide Hammerer sichergestellten Haare war nicht möglich.« Dieses unbefriedigende Ergebnis erstaunt, da sich an drei unbeschädigten Haaren noch Wurzeln befunden hatten. Im Fall Bockova war es Dirnhofer jedenfalls gelungen, aus einer einzigen beschädigten Haarwurzel DNA zu isolieren.

Auch die auf den neun Taschentüchern und den drei Präservativen aus dem Mülleimer des Wohnhauses der Hammerer sichergestellte Spermaflüssigkeit wurde mit der DNA Unterwegers verglichen – mit negativem Ergebnis: »Die DNA-Profile zeigen keine Übereinstimmung mit dem DNA-Profil Unterwegers. Die Samenflüssigkeit stammt somit von anderen Personen, mit Sicherheit nicht von Unterweger.« (Dirnhofer-Gutachten vom März 1993).

Auch die Spurenauswertung aus Jack Unterwegers PKW Mach 1 brachte keine Hinweise (Haare oder Faserspuren), daß Hammerer darin transportiert worden sei. Ebenso negativ verläuft der labortechnische Vergleich der Erdproben vom entlegenen Fundort mit den auf den Fußmatten bzw. am Fahrzeugboden des Mach 1 sichergestellten Erdspuren. Der PKW wird auch in Hinblick auf die seinerzeit auf den Stiefeletten der Toten vorgefundenen weißen Lackspuren untersucht. Bis zur Sicherstellung des (ebenfalls weißen) Mach 1 galten diese Lackspuren nämlich als eines der Hauptindizien, wie die Kriminalisten gegenüber den Medien betonten. Im April 1992 wird der Mach 1 gefunden, und die Spuren werden verglichen. Das Ergebnis: Der Lack auf den Stiefeletten stammt nicht vom Mach 1! Und jetzt heißt es auf einmal, die Lackspuren stammten von Hammerers eigenem Mazda. Der war aber laut Aktenlage rot und nicht weiß ...

»Es konnte ein Sachbeweis erbracht werden«

Trotz dieser enttäuschenden Ergebnisse der spurenkundlichen Untersuchungen schien die Anklage gerade im Fall Hammerer als einzigem der angeklagten Fälle über handfeste Indizien gegen Jack Unterweger zu verfügen.

Das Stichwort heißt im kriminalistischen Fachjargon »Leitspur«: Es handelt sich um Textilfasern, die mittels labortechnischer Ausmessung der Farbspektralkurven analysiert und einem bestimmten Fasertyp zugeordnet werden, was nach Kurvenvergleich verschiedener Fasern zur Aufklärung eines Verbrechens führen kann.

Im Fall Hammerer wurden grüne, rote sowie braune Stoffasern als »Leitspuren« ausgemacht. Nach Unterwegers Flucht beschlagnahmt die Polizei daher sämtliche farblich »verdächtigen« Kleidungsstücke in seiner Wohnung. Fasern und »verdächtige« Kleidungsstücke werden dem Wissenschaftlichen Dienst der Stadtpolizei Zürich zum labortechnischen Faservergleich übersandt.

Schon im März 1992, kurz nach der Verhaftung Unterwegers, mußte dann eine derartige Faserspur als »Sachbeweis« im Fall Hammerer herhalten. So schrieb SOKO-Leiter Geiger in einem Bericht an den Untersuchungsrichter vom 5. März 1992: »Es konnte ein Sachbeweis erbracht werden. Bei der Hausdurchsuchung wurde eine braune Lederjacke sichergestellt, an der Faserspuren gesichert werden konnten. Nach Feststellung des Wissenschaftlichen Dienstes der Stadtpolizei Zürich stimmen die Faseranhaftungen an der Jacke des Unterweger zu 100 % mit den Faserspuren, die an der Leiche der Hammerer gesichert wurden, überein. Es konnte somit ein eindeutiger Sachbeweis erbracht werden.« Geiger schlußfolgerte daraus: »Im Fall Hammerer ist die Beweiskette derzeit am stärksten.« Und sogar: »Im Fall Hammerer scheint die Beweiskette geschlossen.«

Das Gutachten des Wissenschaftlichen Dienstes der Stadtpolizei Zürich sollte aber erst mehr als ein Jahr später vorliegen. Warten wir ab, was darin von den hundertprozentigen Übereinstimmungen übrigblieb.

Jack Unterweger 1975, kurz nach seiner Verhaftung vor dem U-Richter
(Fotos: privat, Repro: Schiel)

1975–1985: Vom Schwerkriminellen (links nach der Verhaftung in Basel)
zum Gefängnisliteraten (rechts), der Mißstände im Strafvollzug anprangert
(Fotos: privat, Repro:Schiel)

Nach der Lesung in der Wiener »Alten
Schmiede«, 1986 (Foto: privat, Repro: Schiel)

Präsentation von »Fegefeuer« bei den Österreichischen Filmtagen,
1988 (Foto: Zoom/bert)

Anläßlich seiner Entlassung hielt Jack Unterweger am 22. Mai 1990 eine Lesung in Wien. (Foto: Jagendorfer)

»Wer mit mir etwas macht, muß eine gute Kondition haben. Ich atme meist schneller, als andere denken.« [Unterweger in einem Brief an Willi Hengstler]
(Foto: Votava)

Als Schauspieler in seinem Stück »AIDS – Schrei der Angst« (Foto: Heide)

Graz, 17. Jänner 1992: Nach dem Polizeiverhör im Interview
mit einem Redakteur der »Kleinen Zeitung« (Foto: Sommer)

Miami, 28. Februar 1992: Der verhaftete Jack Unterweger wird vorgeführt. (Foto: APA)

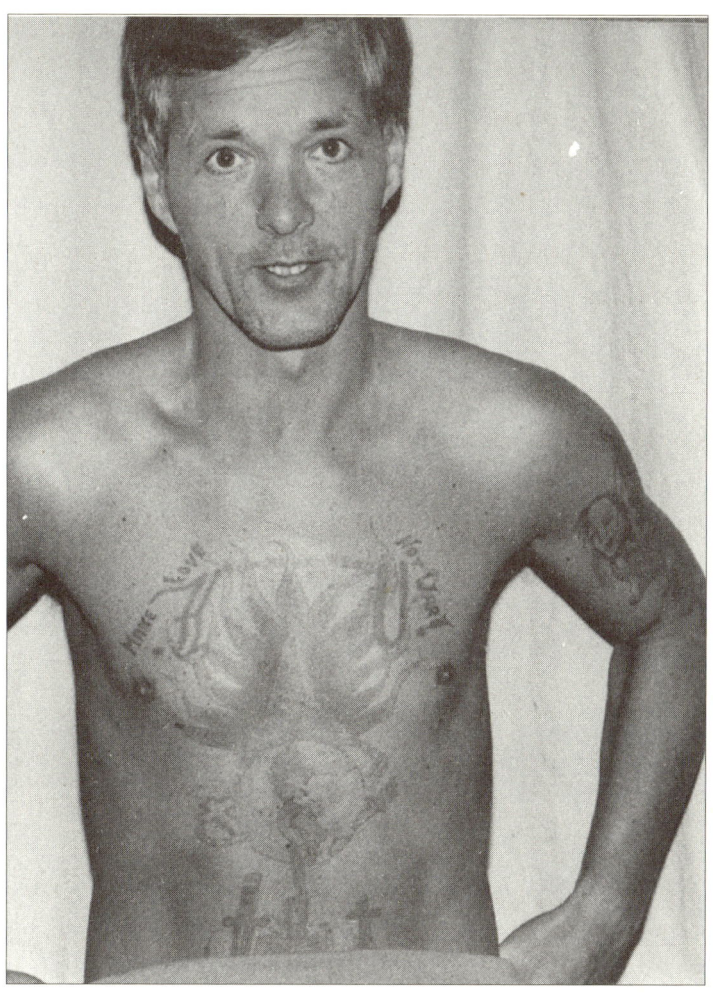

Ein beliebtes Motiv der Sensationspresse: Unterwegers Knast-Tätowierungen
(Foto: privat, Repro: Schiel)

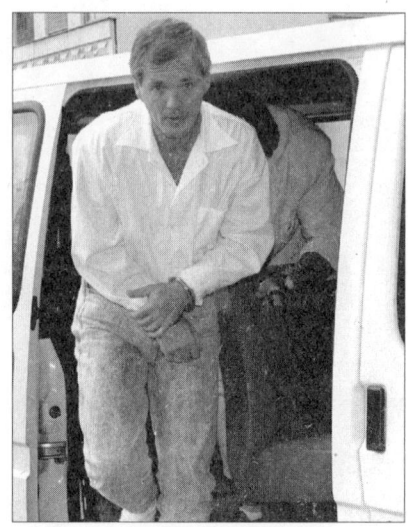

Jack Unterweger wird nach Graz überstellt …
(Foto: Pauritsch)

… wo ihn Untersuchungsrichter Wladkowski schon erwartet. (Foto: Lohr)

Reportermassen vor dem Schwurgerichtssaal (Foto: Lohr)

(Foto: Lohr)

Vorsitzender Richter Dr. Kurt Haas (Foto: Lohr)

Der Prozeß ist ausverkauft! (Foto: Lohr)

Die Staatsanwälte

Dr. Martin Wenzl (Foto: Sommer)

Dr. Karl Gasser (Foto: Lohr)

Die Verteidiger

Dr. Georg Zanger (Foto: Lohr)

Dr. Hans Lehofer (Foto: Plankenauer)

Die Opfer (Fotos: Polizei)

Blanka Bockowa

Brunhilde Masser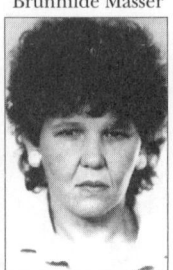

Heidemarie Hammerer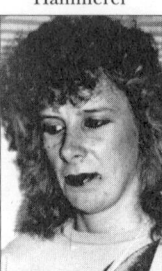

Elfriede Schrempf

Silvia Zagler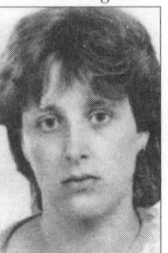

Sabine Moitzi

Regina Prem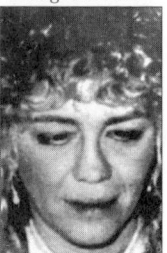

Karin Eroglu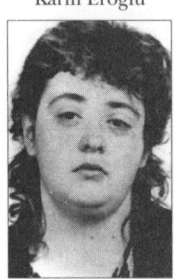

Shannon Exley

Irene Rodriguez

Sherry Ann Long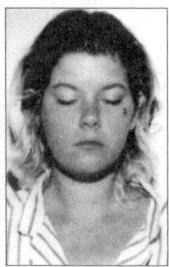

Polizei Fahndet nach weißem Golf

Im Zusammenhang mit dem Verschwinden der Grazer Prostituierten Elfriede Schrempf (34) fahndet die Grazer Polizei nach einem weißen Golf älteren Baujahres, mit auffallend riten, zehn Zentimeter breiten Seitenstreifen. Das Auto hat ein altes, mehrstelliges Kennzeichen. Hinweise an Mordgruppe Brandstätter, Tel. 888/22 45 oder den Journaldienst, 888/21 21

(Foto Polizei)

Anzeige vom 18.3.1991, »Kleine Zeitung«, Seite 8

Keine Ähnlichkeit mit Jack Unterweger: Phantombild des Grazer Prostituiertenmörders (Grafik: Polizei)

Jack Unterwegers Ford Mach 1 »W-JACK 1« (Foto: MoMa)

Der Fall Jack Unterweger | 177

Auf dem Abstellplatz vor diesem Wohnhaus wurden die BMW-Sitze beschlagnahmt. (Foto: privat)

Jack Unterwegers Schäferhund »Joy« (Foto: privat)

Neue Kronen Zeitung
UNABHÄNGIG

Opfer wurden mit Strumpfhosen erdrosselt:

Polizei verhört Sadisten schon zu 4 Frauenmorden

Konrad K. (52) aus Leonding (OÖ) hat neun Sexattentate verübt – auch vier Bluttaten? Jedenfalls war der Sadist bereits 1975 zum Mord an Wilhelmine Sieß (72) in Bludenz (Vbg) und 1989 zum Mord an Angela Fritsch (80) in Steyr (OÖ) verhört worden. Jetzt wird er außerdem verdächtigt, zwei Vorarlberger Prostituierte getötet zu haben. Alle vier Opfer wurden mit Strumpfhosen erdrosselt.

K. war vor zwanzig Jahren vom Salzkammergut ins „Ländle" übersiedelt, wo er drei Frauen vergewaltigte. Im Mai 1975 wurde in Vorarlberg die Kräutersammlerin

VON RICHARD SCHMITT UND ROBERT THOMA

Wilhelmine Sieß von hinten überfallen, mißbraucht und erdrosselt. Der Vorbestrafte K. kam gleich ins Verhör, doch Beweise fehlten. Im April 1976 wurde die Bregenzer Prostituierte „Hansi" Holzhammer (32), die für Fesselspiele bekannt war, vergewaltigt und erdrosselt. Ehe Parallelen auffielen, setzte sich K. nach Oberösterreich ab, wo er drei Frauen überfiel, verletzte, fesselte und würgte. Dafür saß er bis 1982 in Haft.

Im Oktober 1988 überfiel K. eine 28jährige Gmundnerin mit einem Messer, im Juni 1989 stand er wieder unter Mordverdacht: die Steyrer Polizei verhörte ihn zum Sexualmord Angela Fritsch, die mißhandelt und erdrosselt worden ist. Aber der abnorme Triebtäter erhielt von einer Freundin ein eher zweifelhaftes Alibi. Am Nikolotag 1990 wurde die Bregenzer Prostituierte Heide Hammerer (31) mit einer Strumpfhose erdrosselt – so wie das Steyrer Opfer ...

Am 16. Dezember fesselte und mißbrauchte K. ein 14jähriges Mädchen, am 12. Jänner schließlich eine Sechzehnjährige vom Linzer „Babystrich". Nun ist er in U-Haft.

Erdrosselt: Angela Fritsch

Erdrosselt: Heide Hammerer

Erdrosselt: Hansi Holzhammer

Der Mord an Heide Hammerer wurde ursprünglich in Zusammenhang mit anderen Mordfällen gesehen – ein Beispiel, wie willkürlich »Parallelen« konstruierbar sind.

Die Zelle 130, in der Unterweger die U-Haft verbrachte. Links im Bild die Trennwand zum WC-Bereich mit den Metallhaken, an denen noch die Schnur befestigt ist, mit der Unterweger sich erhängte. (Foto: Gerichtsakt)

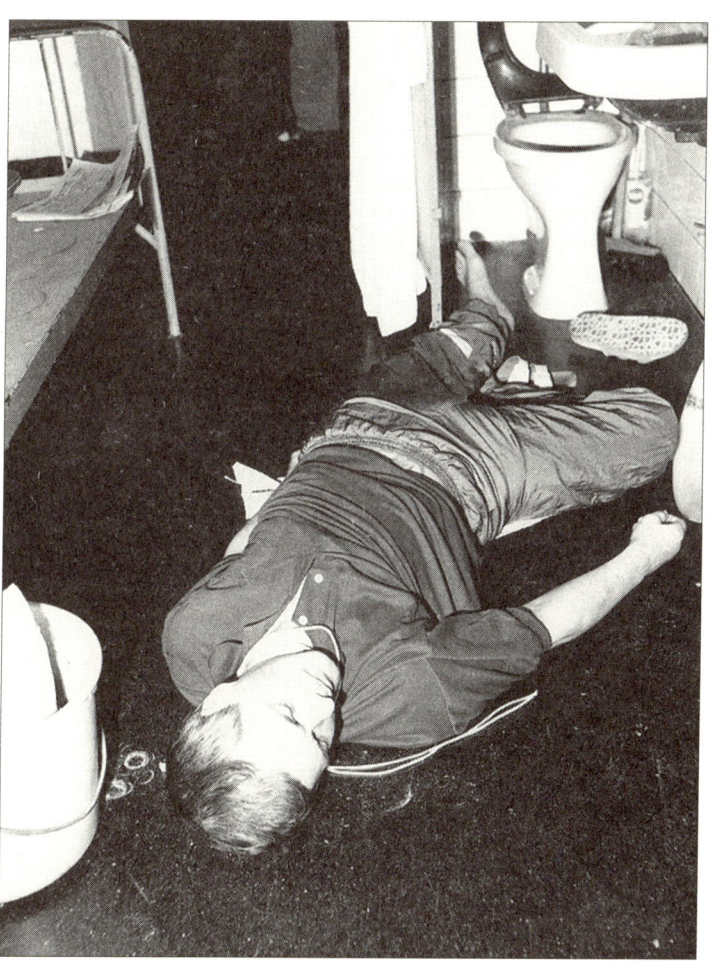

Leiche Jack Unterwegers (Foto: Gerichtsakt)

Ein Kronzeuge?

Auch die Arbeit der Vorarlberger Kriminalisten wird im erwähnten Bericht Geigers vom 5. März 1992 mit Lob bedacht: »Durch Ermittlungen der KA Vorarlberg konnten die Bewegungsabläufe des Jack Unterweger zur tatkritischen Zeit exakt nachvollzogen werden.« Nach der Flucht Unterwegers war in den Zeitungen ein Aufruf an die Bevölkerung mit Fotos des Verdächtigen und seinem auffälligen Mach 1 veröffentlicht worden, sich mit »sachdienlichen Hinweisen« an die Polizei zu wenden. Ein solcher Aufruf mit Foto und genauer Personenbeschreibung erschien auch in der Vorarlberger Lokalzeitung »Wann & Wo« am 14. Februar 1992. Am 17. Februar meldet sich daraufhin ein Herr F. bei der Bregenzer Kriminalabteilung. Laut Protokoll sagt er aus, er habe Heide Hammerer gegen Mitternacht des 5. 12. in einer Tiefgarage in Bregenz in Begleitung eines Mannes gesehen, der genauso ausgesehen habe wie der gesuchte Unterweger. Der Mann habe einen »roten Schal« und zumindest einen »auffälligen Ring« getragen – ganz so wie auf dem im »Wann & Wo« veröffentlichen Fahndungsfoto – sowie »eine Lederjacke«, von der aber auf besagtem Foto nichts zu sehen war. Wie wir wissen, war in Jack Unterwegers Wohnung unter anderem auch eine Lederjacke sichergestellt worden. Unterweger nahm sie im Winter stets im Auto mit, so auch damals in Vorarlberg. Da es um berufliche Termine ging, war er aber, wie mehrere Zeugen (etwa die Schwiegertochter der Pension »Andreas Hofer« oder der Chef der Abteilung »Kulturelles Wort« vom Landesstudio Vorarlberg, Dr. Leo Haffner) später bestätigten, zumindest am Abend des 5. 12. und am 6. 12. mit einem hellbeigen, ziemlich eleganten Mantel bekleidet gewesen.

Viel eigenartiger war aber etwas anderes: Herr F. war nicht nur ein Wohnungsnachbar der später Ermordeten, sondern auch persönlich mit ihr bekannt gewesen. Wieso meldete er eine derart bedeutsame Beobachtung – schließlich schien er der letzte gewesen zu sein, der Hammerer lebend gesehen hatte – erst zwei Jahre nach ihrem Tod?

Dennoch wurde Johann F. zu einer Art »Kronzeugen« für die Anklage im Fall Hammerer.

Zunächst aber muß noch ein anderer Zeuge, Herr L., erwähnt werden. Er meldete seltsamerweise erst im Juli 1992 bei der Kriminalabteilung, daß er in der fraglichen Nacht »zwischen 21.20 Uhr und 21.40 Uhr« in der Nähe des Bregenzer Bahnhofes »ein auffallend großes, amerikanisches Auto« bei Hammerer vorbeifahren gesehen habe. Auch Herr L. hatte das Mordopfer persönlich gekannt. Aber er beschrieb deren Kleidung am fraglichen Abend völlig falsch: Sie sei »ganz in Weiß« gekleidet gewesen. Darüber hinaus stand er mit seiner Beobachtung im Widerspruch zu mehreren anderen Zeugen. Zum einen waren da die Standplatzkolleginnen auf der »Goldmeile« und einige Zuhälter, die Hammerer stundenlang an ihrem Standplatz beobachtet hatten, ohne je einen »weißen Ami-Schlitten« mit dem im »Ländle« um so auffälligeren Wiener Kennzeichen »W-JACK 1« wahrzunehmen. Außerdem stand er im Widerspruch zur Aussage der Schwiegertochter der Besitzer der Pension »Andreas Hofer« in Dornbirn, die Jack Unterweger um dieselbe Zeit als ihren Gast empfangen hatte. Unterweger hätte also an zwei Orten gleichzeitig sein müssen ...

Ein roter Schal als Indiz?

Wenden wir uns wieder Herrn F., dem »Kronzeugen«, zu. Seine angebliche Beobachtung gewann in Zusammenhang mit der erwähnten Faserspur besonderes Gewicht. Laut einem Aktenvermerk vom 28. Februar 1992, der aufgrund einer telefonischen Mitteilung des Sachbearbeiters Dr. Peter Rey vom Wissenschaftlichen Dienst der Stadtpolizei Zürich an Untersuchungsrichter Wladkowski angefertigt wurde, soll es sich beim untersuchten Fasermaterial eines in Unterwegers Wohnung beschlagnahmten roten Schals um »seltene Ware« handeln, welche eine »100 %ige Übereinstimmung« mit den an der Leiche gesicherten, roten Fasern aufweise. Der kurz darauf eintreffende schriftliche Kurzbericht vom 7. März 1992 ist aber in seiner Aussage schon deutlich schwächer: Die Übereinstimmung sei nur »farblich«, im übrigen handle es sich um »Massenware«.

Ein Jahr später, im März 1993, heißt es im Abschlußbericht der »SOKO Unterweger«, daß die Fasern des Schals »hinsichtlich ihrer Einfärbung 100 % ident mit den an der Leiche gesicherten roten Leitspuren« seien. Für die Ermittler reichte das schon zum »Sachbeweis« (Seite 107 des Berichts). Als »Beweismittel« wird das Gutachten des Wissenschaftlichen Dienstes der Stadtpolizei Zürich angeführt – das allerdings erst am 2. Juli 1993 offiziell bei Gericht einlangte.

Bis dahin dürften aber zwischen Ermittlern, Gutachtern und der Presse die Telefone heißgelaufen sein. In der Zeitschrift »profil« vom

15. März 1993 (Nr. 11) wird der Gutachter Brüschweiler zitiert: »Wenn sich drei verschiedene Spuren bei zwei Personen überkreuzen, multipliziert sich die Wahrscheinlichkeit, daß sie Kontakt hatten. Gäbe es dagegen nur eine Übertragung, wäre die Wahrscheinlichkeit gering.«

Ab da wird es erst richtig spannend: Nur drei Tage vor dem »profil«-Bericht hatte die Kriminalabteilung Bregenz dem Gericht nämlich einen mit 12. März 1993 datierten Bericht übermittelt, wonach es im Fall Hammerer neben den roten und grünen plötzlich auch schwarze und beige Leitspuren gäbe. Bis dahin waren diese angeblichen schwarzen und beigen Leitspuren aber in keinem einzigen Bericht erwähnt worden. Sogar die Wiener SOKO-Kollegen sind diesmal nicht auf dem laufenden und erwähnen in ihrem Abschlußbericht vom 15. März 1993 nur die roten und grünen Fasern.

Erst am 2. April 1993 wird eine in der Wohnung Unterwegers sichergestellte schwarze Cordhose an den Wissenschaftlichen Dienst der Züricher Polizei übermittelt. Das Ergebnis der spurenkundlichen Untersuchungen ist im Gutachten Prof. Brüschweilers vom 2. Juli 1993 zusammengefaßt: »Über 100 rote Polyacrylnitril-(PAC)-Fasern ab dem Lammfellfutter (vor allem aus dem Kragenbereich) der Lederjacke des J. Unterweger konnten [...] nicht unterschieden werden von den roten PAC-Eigenmaterialfasern des roten Schals vom Tatverdächtigen, wie demzufolge auch nicht von den roten PAC-Fremdfasern ab dem Stofflumber, der Jeanshose und dem Pullishirt des Opfers.« Keine Rede also mehr von »100 %igen Übereinstimmungen« oder gar »Sachbeweisen«. Bezüglich der »neuen« schwarzen Fasern sei »in Betracht zu ziehen«, daß die schwarze Hose Unterwegers »in Kontakt mit den Kleidern der Hammerer« gestanden sein könnte. Den beiden Fasern käme aber wegen ihres »monotonen Kurvenverlaufs« ein nur »geringer Beweiswert« zu.

Bemerkt werden muß, daß auch Hammerer bei ihrer Auffindung eine schwarze Hose anhatte. Diese schwarze Hose war bereits am 12. Dezember 1991, also noch lange vor dem Verdacht gegen Jack Unterweger, von der Gerichtsmedizin an die Kriminalabteilung retourniert worden. Die Fasern dieser Hose wurden fasertechnisch nie analysiert.

Was die seinerzeitigen grünen Leitspuren an der Kleidung Hammerers betrifft, so führt Prof. Brüschweiler in seinem Gutachten aus, »daß wir bei allen unseren Untersuchungen in Zusammenhang mit Textilien von J. Unterweger die grüne Wollfaser nicht vorfanden« (Gutachten,

Seite 19). Und so bleibt ungeklärt, woher die grünen Leitspuren stammten. Die seinerzeitigen braunen »Leitspuren« bleiben im Gutachten überhaupt unerwähnt – offenbar wurden auch hier keine passenden Textilien in Unterwegers Wohnung gefunden.

Übrigens fand Brüschweilers Faseranalyse in Fachkreisen keineswegs ungeteilte Zustimmung. Das Züricher Labor behauptete nämlich, die Fasern einer Infrarot-Spektroskopie unterzogen zu haben. Dabei wird das Material mit Infrarot-Strahlen beschossen und je nach Durchlässigkeit einem ganz bestimmten Farbbereich zugeordnet. Mit einem zugeschalteten Mikroskop kann die Farbe dann für das menschliche Auge sichtbar gemacht werden. Allerdings beschränken sich sämtliche dem Bericht beigefügten Spektralkurven auf den Sichtbereich zwischen 240 und 740 Nanometer. Der Infrarotbereich beginnt aber erst bei zirka 750 Nanometer. Die brisante Schlußfolgerung des Vorstandes des Österreichischen Textilinstituts Prof. Wilhelm Herzog heißt deshalb: »Die dortigen Farbspektralkurven zeigten nicht mehr und nicht weniger, als ›daß rote Fasern rot sind und blaue Fasern blau‹. Das Gutachten lasse daher keineswegs den Schluß zu, daß es sich bei den verglichenen Fasern um identische Fasern handle. Vielmehr wird Verwunderung darüber geäußert, daß eine derartige Untersuchung als Beweis bzw. Indiz dienen soll.« (Besprechungsnotiz von Dr. Zanger vom 20.1.1994). Zusätzlich erfolgt eine technische Kritik von seiten des Textilinstituts: »Jemand, der sich professionell mit Infrarot-Analyse beschäftigt, gibt als Meßeinheit sicher keine Nanometer an. Die Untersuchung ist rein formell falsch.« (Prof. Herzog, zitiert in »News« 7/94). Nach Meinung des Wissenschaftlers hätte sich das Ergebnis nur durch weitergehende Untersuchungen, wie etwa mittels Durchführung einer Molekularanalyse der verglichenen Fasern, einer Farbstoffanalyse, einer sogenannten sekundären Ionenmassenspektroskopie sowie einer thermischen Depolarisationsanalyse, präzisieren lassen.

Eine Herausgabe der Faserprobe zur Erstellung einer Kontrolluntersuchung durch die Verteidigung wurde vom Gericht jedoch, wie im Fall Bockova, abgelehnt. Übrigens, ob Zufall oder nicht, ist der zeitliche Konnex allemal interessant: Nur eine Woche nachdem Anwalt Zanger mit dem Gegengutachten der Wiener Experten zur Faseranalyse Brüschweilers an die Öffentlichkeit gegangen war (»News« 7/94), schlug die Anklage mit Dirnhofers Gutachten zum Fall Bockova (wonach ein Haar zu 99,96 % vom Opfer stammen soll) zurück.

Der »Kronzeuge« der Anklage ist gar keiner!

Zwei Jahre lang, bis zum Prozeß, wird die Aussage des Zeugen Johann F. für die Begründung des »dringenden Tatverdachts« gegen Jack Unterweger herangezogen. Auch der Oberste Gerichtshof bezieht sich in seiner Ablehnung der von Anwalt Zanger eingebrachten Grundrechtsbeschwerde vom 11.1.1993 ausdrücklich auf die Aussage dieses »Kronzeugen«, die den »dringenden Tatverdacht« untermauere und die Untersuchungshaft daher rechtfertige (Urteil vom 11.3.1993, 12 Os 19, 20/93–9).

(In dieser Entscheidung werden außerdem Namen von Prostituierten aufgezählt, mit denen der Beschuldigte Umgang gehabt haben sollte. Obwohl zahlreiche Prostituierte ihre Aussagen inzwischen widerrufen hatten, wurden diese immer noch als »Belastungsindiz« gewertet. Eine der aufgezählten Frauen war zudem gar keine Prostituierte, sondern eine Brieffreundin, die Jack Unterweger schon nach Stein geschrieben hatte.)

Inzwischen war aber bis zur Verteidigung vorgedrungen, daß der Zeuge F. einem ihm bekannten Richter vom Landesgericht Feldkirch anvertraut hatte, er habe sich aufgrund des Zeitungsfotos von Unterweger wohl »geirrt«. Der Richter habe daraufhin gemeint, er könne seine Aussage ja immer noch beim Prozeß widerrufen. Doch die weite Fahrt nach Graz hätte Herr F. sich am liebsten erspart: Er beantragt bei Richter Haas, ihn von der Zeugenaussage zu entbinden! Richter Haas gibt dem nicht statt: F. hat zu seiner Aussage am 30. Mai zu erscheinen.

Am 27. Mai 1994 ist noch alles in bester Ordnung: An diesem Tag zieht der Vorarlberger Mordgruppenleiter Inspektor Obergschwandtner mit seiner ausgezeichneten Rhetorik alle in den Bann. Der mit seinem Zwirbelbart sehr seriös wirkende Kriminalist tritt äußerst selbstbewußt auf und legt sein »dichtes Indiziennetz« gegen Unterweger überzeugend dar. Allen voran sei da der »Kronzeuge« Johann F.; außerdem gibt's ja noch einen Zeugen, der Unterwegers auffälliges Auto in der fraglichen Nacht in Bahnhofsnähe gesehen haben will, und zwar jetzt sogar »zwischen 21 Uhr 30 und 23 Uhr«. Schließlich, so der Kriminalist, habe man ja am Pullishirt des Opfers Haare gefunden, die sich nicht von den Eigenhaaren Unterwegers unterscheiden ließen! Zum krönenden Abschluß weist er auch noch darauf hin, daß der Beifahrersitz des von den Vorarlberger Kriminalisten untersuchten Ford Mach 1 so »gereinigt« gewirkt hätte ... Das macht offenbar Eindruck, und die Gerichtsberichterstatterin des »Kurier« ortet auch gleich ein ganz neues Indiz: »Haare, wie sie Unterweger hat? – Kriminalist zog die Geschworenen in seinen Bann« (Ulli Jantschner im »Kurier«, 27.5.1994). Unerwähnt bleibt natürlich, daß der in den Haaren vorkommende Keratintyp laut Brüschweiler-Gutachten bei drei von vier Angehörigen der weißen Rasse vorkommt; unerwähnt bleiben auch die vielen anderen Haarspuren an der Kleidung des Opfers, die eindeutig nicht von Unterweger stammten. Die begeisterte Schlagzeile der »Kronen-Zeitung« nach dem Auftritt des Kriminalisten lautet dennoch: »Kriminalist berichtet vom dichten Netz der Indizien« (28.5.1994).

Es ist jedoch ausgerechnet der »Kronzeuge«, der bei seiner gerichtlichen Aussage am 30. Mai 1994 der Anklage einen dicken Strich durch die Rechnung macht. Johann F. gibt dort an, niemals ausgesagt zu haben, Jack Unterweger in der Nacht vom 5. auf den 6. Dezember 1990 mit Hammerer gesehen zu haben. Er habe lediglich ausgesagt, das spätere Opfer »in den letzten Tagen vor ihrem Verschwinden« einmal in Begleitung eines Mannes gesehen zu haben. Ob dieser Mann nun der hier angeklagte Jack Unterweger sei, könne er aber nicht mehr so genau sagen. Der Richter verlangt vom Angeklagten aufzustehen, damit der Zeuge ihn mustern kann. Nein, er sei sich wirklich nicht sicher, stellt F. fest, und fügt hinzu: Der Mann in der Tiefgarage habe jedenfalls »negativer« ausgesehen als der hier sitzende Angeklagte. Auch von im Polizeiprotokoll aufscheinenden Details distanziert sich F. jetzt merklich: Der rote Schal, den man ihm jetzt wieder vorhält, kommt ihm etwas »zu rot« vor. Und an einen Ring kann er sich auch nicht mehr erinnern. In der Tiefgarage war es ja recht dunkel ... F. betont jetzt, daß er schon bei seinen Aussagen vor der Kriminalabteilung und vor dem U-Richter stets auf seine Unsicherheit in bezug auf die Identität des Mannes hingewiesen habe. In den Protokollen steht aber nichts davon. Im Gegenteil: In allen Protokollen, U-Haftbeschlüssen und in der OGH-Entscheidung ist als Datum der angeblichen Beobachtung des Zeugen F. ausdrücklich die Nacht des 5. auf den 6. Dezember angeführt. Genau darauf stützt sich dann auch der »dringende Tatverdacht« gegen Jack Unterweger.

Unglaublich, aber wahr: Jack Unterweger war diesem Zeugen trotz mehrfacher, an das Gericht gestellter Anträge niemals gegenübergestellt worden!

Nach den vagen Aussagen des Herr F. setzen jetzt alle auf den zweiten »Augenzeugen«, Herrn L., der auch an diesem Tag zu Wort kommt.

Wie schon von Obergschwandtner angekündigt, dehnt Zeuge L. seine angebliche Beobachtung gleich aus: Es sei in der fraglichen Nacht »zwischen 21.30 Uhr und 23 Uhr« gewesen, als er gesehen habe, wie der auffällige Ami-Schlitten in Bahnhofsnähe herumkurvte: »Ich dachte mir, das ist wohl ein Zuhälter aus Wien!« Noch vor dem Untersuchungsrichter war von einer Zeit »zwischen 21 Uhr 20 bis 21 Uhr 40« die Rede gewesen. Das hätte aber nicht zur Aussage der Schwiegertochter der Pensionsbesitzer gepaßt ... Und auch von einem »Vorbeifahren an Hammerer« ist jetzt nicht mehr die Rede, hatte er doch ursprünglich deren Kleidung falsch beschrieben.

Die Beweisanträge der Verteidigung auf Vernehmung der Standplatzkolleginnen der Ermordeten und einiger weiterer Augenzeugen – insgesamt hatte die Verteidigung rund zwanzig solcher Augenzeugen namhaft gemacht – waren aber von Richter Haas schon bei der Ausschreibung des Prozesses abgewiesen worden. Ihnen allen war in der fraglichen Nacht so ein protziger Ami-Schlitten, der mit seinem Kennzeichen – da hatte der Zeuge recht – an ein Zuhälterauto aus Wien erinnerte, gar nicht aufgefallen, obwohl gerade die Prostituierten stets genau auf »verdächtige« Fahrzeuge und Nummerntafeln geachtet hatten.

**Andere Zeugen passen nicht ins Konzept –
und andere Verdächtige auch nicht**

Das vage Konstrukt der Anklage im Mordfall Hammerer bricht dann aber mit der gerichtlichen Aussage von vier weiteren Zeugen endgültig zusammen. Diese Zeugen – drei Hausfrauen und der Ehemann einer von ihnen, die sich damals auf der Heimfahrt von einem Casinobesuch befunden hatten – sagen übereinstimmend beim Prozeß aus, das spätere Mordopfer noch um ca. 1 Uhr 15 des 6. Dezember 1990 – also lange nach der angeblichen Beobachtung des Zeugen F. – wohlbehalten an ihrem Standplatz auf der Bregenzer »Goldmeile« gesehen zu haben. Die Frauen sind sich schon deshalb ganz sicher, da zwei von ihnen Heide Hammerer aus der Zeit, als diese noch in einer Textilfabrik gearbeitet hatte, persönlich kennen. Sie können auch deren Kleidung in dieser Nacht exakt beschreiben.

Es kommt aber noch dicker: Die Zeugen hatten ihre Beobachtung schon am 8. Dezember 1990, also zwei Tage nach dem Tod der Prostituierten und damit zwei Jahre vor dem Verdacht gegen Jack Unterweger, bei der Kriminalabteilung des Landesgendarmeriekommandos für Vorarlberg zu Protokoll gegeben. Doch diese Aussagen hatten weder in einen Bericht der »SOKO Unterweger« noch in den Gerichtsakt Eingang gefunden! Die Zeugen ergriffen vielmehr von sich aus die Initiative und meldeten sich bei der Verteidigung, nachdem sie kurz vor Prozeßbeginn in einer Zeitung von der angeblichen Beobachtung des Kronzeugen Johann F. gelesen hatten. Auch die Anklage war überrascht. Der einsilbige Kommentar der Unterweger-Ankläger: »Diesen Akt kannten wir tatsächlich nicht« (»News« 38/93).

Als die Verteidigung den Vorarlberger Mordgruppenleiter dann beim Prozeß befragt, weshalb die Beobachtungen dieser Zeugen ignoriert worden waren, meint der selbstbewußt: »Auf uns wirkten diese Frauen unglaubwürdig. Wir sind zum Schluß gekommen, daß sie sich nur wichtig machen wollten. Oder sie haben sich eben geirrt.«

Als die Zeugen davon hören, reagieren sie empört: »Ich kann einen Irrtum hundertprozentig ausschließen!« sagt eine von ihnen. »Wir haben unsere Beobachtung gleich dem untersuchenden Gendarmen mitgeteilt. Wir waren schockiert, daß unsere Aussagen nicht berücksichtigt worden sind. Denn wir sind unbescholtene Staatsbürger!«

Den Medien paßte dieser 30. Mai, an dem ein »Kronzeuge« quasi »umgefallen« und vier weitere Zeugen das waghalsige polizeiliche Zeit-Weg-Diagramm arg in Frage gestellt hatten, überhaupt nicht ins Konzept. Da nicht sein kann, was nicht sein darf, lautet die Schlagzeile von »Krone«-Redakteur Gerhard Polzer am 31. Mai in fetten Balkenlettern: »Habe Unterweger mit Ermordeter gesehen!« Obwohl Herr F., wie erwähnt, ausdrücklich erklärt hatte, sich in bezug auf Unterweger keineswegs sicher zu sein und sich überdies zeitlich nur »auf die letzten Tage vor ihrem Verschwinden« eingrenzen konnte. Von den »neu aufgetauchten«, von der Polizei verschwiegenen Zeugen wird hingegen in den Medien kaum Notiz genommen. Die »Krone« zitiert in einer kleinen Überschrift Inspektor Obergschwandtner: »Die Frauen wollen sich nur wichtig machen.« Doris Piringer von der »Kleinen Zeitung« erwähnt diese Zeugen gar nicht – dafür aber Herrn L., an dessen Aussage es »wirklich nichts zu rütteln« gab, wie sie in ihrer Kolumne »Recht betrachtet« schreibt.

Nach mehreren Zeugenaussagen hatte Hammerer in der fraglichen Nacht noch gegen 23 Uhr einen Kaffee im »Vorarlberger Hof« in Bregenz getrunken. Zum selben Zeitpunkt hielt sich auch ein gewisser

Manfred M. in diesem Lokal auf. Dieser Manfred M., ein Zuhälter, war schon 1991 zu drei Jahren Haft verurteilt worden, weil er eine Prostituierte unter der Androhung, er werde sie sonst umbringen, zum Analverkehr genötigt hatte. Im Milieu war er geradezu berüchtigt für seine sehr aggressive Art gegenüber Frauen und die Vorliebe für Analpraktiken. Ausgerechnet dieser Manfred M. hatte sich schon seit Wochen an Heide Hammerer herangemacht, indem er sie mehrfach an ihrem Standplatz aufsuchte und sich nach ihrem Befinden erkundigte. Wie Josef O., Hammerers Freund und Zuhälter, später angab, hatte sich diese sehr über die Kontaktanbahnungsversuche des M. geärgert, der sie ganz offensichtlich »abwerben« wollte. Als Hammerer dann am fraglichen Abend das Lokal verließ, folgte ihr kurz darauf M. – so die Aussage der Kellnerin Magdalena D. Was dann geschah, ist nicht bekannt: M. hatte jedenfalls kein eindeutiges Alibi für die weiteren Nachtstunden, da seine Lebensgefährtin nicht mehr genau angeben konnte, wann er heimgekommen war.

Die zweite Episode dieser seltsamen Geschichte um den Zuhälter Manfred M. folgte rund sechs Wochen nach dem Verbrechen, am 13. oder 14. Jänner 1991. Da tauchte M. wieder im »Vorarlberger Hof« auf, trank sich Mut an – und brüstete sich gegenüber der Kellnerin Magdalena D. mit dem Mord an Hammerer! Dabei brachte er unappetitliche Details über die Tatausführung ans Licht, die damals in der Öffentlichkeit noch gar nicht bekannt waren: Es handelt sich um die Tatsache, daß Hammerer mit ihrem Slip erstickt und ihr dieser Slip anschließend in den Mund gestopft worden war. Die Zeitungen hingegen hatten damals fälschlicherweise berichtet, das Opfer sei »erwürgt« worden, und den im Mund steckenden Slip gar nicht erwähnt. Das letzte Detail wurde erst mit dem Auftreten des Verdachts gegen Unterweger genannt, und auch nur in einer einzigen Tageszeitung. Hinzu kommt, das an der Leiche der Hammerer Analpraktiken nachgewiesen worden waren, was zumindest M.'s sexuellen Vorlieben entsprechen würde.

Im Zuge einer Hausdurchsuchung wurde in der Mülltonne des M. dann eine Strumpfhose sichergestellt, die nicht seiner Dirne und Lebensgefährtin gehörte. Einem vom Landeskriminalamt München durchgeführten DNA-Gutachten zufolge seien die darauf haftenden Haarabreibungen von den Körperhaaren des Mordopfers »nicht zu unterscheiden«. Zur Erinnerung: Bei der Auffindung der Leiche Hammerers war deren Strumpfhose nicht mehr auffindbar gewesen! Eine Vergleichsuntersuchung der Strumpfhose aus der Mülltonne des Manfred M. mit solchen aus dem Besitz des Mordopfers – Damenstrümpfe werden ja oft kostengünstig in der Mehrfachpackung angeboten – wurde jedoch nicht durchgeführt. Wie schon erwähnt, konnte Manfred M. bei seiner polizeilichen Einvernahme kein Alibi anbieten.

Dennoch wurden die Ermittlungen gegen Manfred M. eingestellt – exakt zeitgleich mit dem Auftreten des Verdachts gegen Jack Unterweger, von dem das Landesgendarmeriekommando Vorarlberg mit Aktenvermerk vom 31. Mai 1991 (Zl.II-5770/SB/91) in Kenntnis gesetzt wurde. Man sei zum Schluß gekommen, daß er sich nur »wichtig gemacht« habe und daher nicht der Täter sei, hieß es dazu drei Jahre später beim Prozeß gegen Jack Unterweger. Seine genauen Informationen über die Tat könnte er ja auch aus dem Zuhältermilieu, in dem er verkehrte, erhalten haben, meinte Inspektor Obergschwandtner.

»Massenware«

Neben den Zeugen entlastete auch der Kriminalgutachter Prof. Brüschweiler den Angeklagten bei seiner Aussage am 15. Juni weitgehend. Er hatte sich nicht auf das von der Polizei übermittelte Vergleichsmaterial verlassen, sondern »aus persönlichem Interesse« selber zwei rote Schals in Bregenz und Zürich eingekauft. Einen dieser gekauften Schals hatte er sogar nach Graz zum Prozeß mitgenommen, um ihn dem Gericht vorzulegen. Dann berichtete der Schweizer Sachverständige dem staunenden Grazer Gericht vom Ergebnis seiner Faser-Analyse: Auch die Kunstfasern dieser neu gekauften Schals seien von den Fasern am Fundort »nicht unterscheidbar«, zumal es sich um »Massenware« handle.

Die Medien sahen das anders, stand es doch schon seit Monaten fest, daß die an der Leiche sichergestellten Fasern von Jack Unterwegers rotem Schal stammten. Typisch dafür war ein Bericht in den Fernsehnachrichten zum Prozeßauftakt, in dem als Indiz »so nebenbei« die »bei einem Mordopfer gefundenen Fasern von Unterwegers rotem Schal« genannt wurden. Diese Darstellung war schlicht falsch, denn Prof. Brüschweiler hatte niemals behauptet, daß es sich um idente Fasern handle. Dieser leichtfertige, ja schlampige Umgang mit »Indizien« war nur ein Symptom für die allgemeine Vorverurteilung. Auch die Gerichtsberichterstatterin Doris Piringer von der »Kleinen Zeitung« schrieb in ihrer Kolumne »Recht betrachtet« vom 28. Mai 1994, daß die beim Opfer gefundenen roten Textilfasern »von einem Schal aus Unterwegers Wohnung« stammten. Gerade an solchen Nebenbemerkungen, die vielleicht gar nicht einmal bewußt so formuliert wurden, erkannte man die allgemeine Vorverurteilung. Die von Anwalt Zanger gegen die Journalistin der »Kleinen« wegen Verstoßes gegen das Mediengesetz eingebrachte Strafanzeige – zuständig war das Grazer Straflandesgericht ... – tat der auflagenstärksten steirischen Tageszeitung kaum weh und vermochte an der vorverurteilenden Wirkung dieser Berichte überhaupt nichts zu ändern. Der Anwalt hätte mindestens zehn weitere Journalisten verklagen können, die ähnliche Falschinformationen verbreitet hatten. Doch die Berichte von Journalisten, die sich über den Boulevard erhaben geben, können sich weitaus verheerender auswirken als die der deklarierten Billigblätter. Auch Piringer gibt sich in ihren Kolumnen gern »kritisch«: Wenn gerade sie von der Schuld des Angeklagten offenbar so überzeugt war, so mußte doch etwas »d'ran« sein.

Als dann auch noch der Gutachter persönlich den »Faserbeweis« relativierte, durfte das nicht sein. »Grün ist nicht gleich Grün und Rot ist nicht gleich Rot«, titelte etwa die »Kronen-Zeitung« am 16. Juni etwas einfallslos. Die spektakuläre Aussage des Gutachters von der Massenware wurde einfach weggelassen.

Mordfall Zagler: Spurlos

Die 24jährige Wiener Straßenprostituierte Silvia Zagler wird von ihrer Kollegin Brigitte C. zuletzt am Abend des 8. April 1991 gegen 22.45 Uhr an ihrem Standplatz in der Hütteldorfer Straße nahe des Wiener Stadthallenbades lebend gesehen.

Ihre unbekleidete, oberflächlich mit Erde, Laub und Geäst bedeckte mit leicht gespreizten Beinen und leicht vom Körper abgewinkelten Armen in Bauchlage befindliche Leiche wird erst Monate später, am 4. August 1991, in einem Wald im Gemeindegebiet Wolfsgraben unweit eines Waldweges von Spaziergängern aufgefunden. Weder Todesursache noch Todeszeitpunkt können aufgrund des fortgeschrittenen Verwesungszustandes festgestellt werden. In der Anklageschrift gegen Jack Unterweger heißt es »[...] wahrscheinlich durch Erdrosselung [...]«, ohne daß diese Behauptung allerdings begründet wird – denn auch im Dirnhofer-Gutachten, auf das sich die Anklage ja stützte, heißt es eindeutig und ohne Einschränkung: »Todesursache nicht mehr feststellbar«. Auch äußere Verletzungen sind an der Leiche nicht mehr feststellbar.

Der Fundort befindet sich 22 Kilometer vom letzten Standort der Zagler entfernt. Demnach muß das Opfer in einem Fahrzeug transportiert worden sein. In Jack Unterwegers PKW (zu dieser Zeit ein grüner VW-Passat, Baujahr '78; Kennzeichen wie gehabt: »W-JACK 1«) finden sich jedoch keine Spuren oder tatverdächtige Hinweise.

Ebenso negativ verläuft die spurenkundliche Untersuchung der beschlagnahmten Bekleidung des Verdächtigen.

Kurz nach dem Auftreten des Verdachts gegen Unterweger meldet sich eine in Linz lebende Bekannte Unterwegers, Frau Karin F., bei Gericht: Sie habe Jack Unterweger in der fraglichen Nacht des 8. April 1991 (und damit eine gute Stunde nach dem Zeitpunkt, an dem Silvia Zagler letztmals an ihrem Standplatz gesehen worden war) in dessen Wiener Wohnung erreicht und ein längeres, ein- bis zweistündiges Gespräch mit ihm geführt. Es sei dabei um nichts besonderes gegangen, sondern einfach um den belanglosen Austausch von Neuigkeiten und um die alltäglichen Freuden und Sorgen. Frau F., die nach eigenen Angaben öfter zur Nachtzeit telefoniert, weil es da billiger ist, legt dem Gericht auch gleich ihr Tagebuch vor, aus dem dieses nächtliche Telefonat vom 8. April 1991 eindeutig hervorgeht. Rund eine Woche später finden sich zwei Kriminalbeamte bei ihr ein. Sie glauben ihr nicht so recht. Frau F. hatte den Verdächtigen schon während seiner Haftzeit in Stein durch eine gemeinsame Bekannte kennengelernt und war später, als er in Freiheit war, einige Male mit ihm intim gewesen, wie sie unumwunden zugibt. Ein böser Verdacht steht im Raum: Hat Unterweger Frau F. zu einer Falschaussage angestiftet? Doch Jack Unterweger saß zu der Zeit immer noch im Miami und hat sich gar nicht gemeldet. »Er hat sich geschämt für das alles, was da passierte, und wollte nur ja keine Freunde mit reinziehen«, meinte Frau F. dazu später.

Das durch die Aussage der Frau F. gestützte Alibi kümmerte die Anklage wenig: »In dieser Nacht tötete der Beschuldigte Silvia Zagler vorsätzlich [...], ohne daß die näheren Umstände des Zusammentreffens des Beschuldigten mit der genannten Prostituierten noch näher konkretisiert werden könnten«, heißt es in der Anklageschrift wenig einfallsreich.

Beim Prozeß fand sich dann eine in diesem Fall altbekannte Methode, um das Alibi zu entwerten. Über Befragen des Richters gab Frau F. bei ihrer Aussage am 27. April nämlich auch an, daß Jack »ein liebevoller Mensch« und »überdurchschnittlich zärtlicher Liebhaber« gewesen sei. Das genügte: Die Geschworenen schmunzelten ob der vermeintlichen Naivität dieser Zeugin. Leider hatte die wenig gerichtserfahrene Frau dann auch noch die gutgemeinte Idee, beim Verlassen des Gerichtssaales vor aller Augen ein Büchlein mit tröstlichen Sinnsprüchen auf den Tisch des Angeklagten zu legen. Genug Stoff für höhnische Berichte des Boulevards, daß die Zeugin Jack Unterweger ein »Alibi aus Liebe« (»täglich Alles«) verschafft habe. Aber auch der Gerichtsberichterstatter Paul Yvon (»profil«) beschreibt die Szene mit geradezu genüßlicher Süffisanz und schließt: »›Danke‹. Der Auftritt der Zeugin ist beendet.«

Dank dieser »journalistischen Beweiswürdigung« war die Zeugin somit als »unglaubwürdig« abgehakt.

Mordfall Moitzi: Zerschnipseltes Beweisstück

Sabine Moitzi (25), eine Deutsche aus Lübeck, war nach ihrer Heirat mit einem Wiener Kellner vor sieben Jahren nach Wien gezogen. Sie verstand es, das Familiengehalt aufzubessern. Tagsüber arbeitete sie fallweise als Kellnerin und als Aushilfskraft in einer Bäckerei. Abends jedoch suchte sie ihren Standplatz im Bereich Fenzlgasse/Johngasse in Wien-Penzing auf. Dort wird sie auch am Abend des 16. April 1991 gegen 23 Uhr von ihrer Standplatzkollegin Ilse H. letztmals lebend gesehen. Der Ehemann will von dem nächtlichen »Nebenjob« seiner Gattin gar nichts gewußt haben. Erst als sie am nächsten Tag nicht zu einem ausgemachten Treffen erschien, habe ihm eine Bekannte davon erzählt, woraufhin er bei der Polizei die Abgängigkeitsanzeige erstattete.

Die Abgängige könnte aber auch noch 22 Tage später, in den Nachtstunden zum 8. Mai, am Leben gewesen sein, denn als Suchtgiftfahnder den Drogenszene-Treff »Flash« in der Fünfhausgasse in Wien-Schmelz routinemäßig kontrollierten, wurde auch eine Frau perlustriert, die sich mit dem Personalausweis Moitzis auswies. Die Daten wurden festgehalten. Einiges spricht dafür, daß es sich bei der Frau um Moitzi selbst gehandelt haben dürfte.

Ihre nur mit einem Body bekleidete, unbedeckte Leiche wird am 21. Mai 1991 auf einem Parkplatz nahe dem Kreuzeichenwiesenweg im Schottenwald, Bezirk Wien-Hernals (8,6 Kilometer von ihrem letzten Standort), gefunden und kann anhand des unmittelbar neben dem Fundort liegenden Personalausweises identifiziert werden. Für die Kriminalisten steht fest, daß der Täter über »perfekte Ortskenntnisse« verfügt (»Kurier«, 24.5.1991). Moitzi liegt auf dem Bauch, mit gespreizten Beinen und nach oben angewinkelten Armen. Sie war mit ihrer schwarzen, fünfmal um den Hals gedrehten und im linken Halsbereich fest verknoteten Damenstrumpfhose erdrosselt worden. An der Leiche sind jedoch keine äußeren Verletzungen feststellbar. Die Kleidung, der Schmuck, ihre zerrissene Handtasche, in der sich neun Stück Präservative befinden, und eine Spritze mit Heroinresten liegen in unmittelbarer Nähe des Fundorts verstreut. Die gesamte Auffindungssituation läßt in Anbetracht des zerrissenen Zustands der Kleidung, des Verstreutseins diverser Dinge und der aufgezogenen Spritze auf einen heftigen Kampf mit dem Mörder schließen. Offenbar geschah das Verbrechen im Suchtgiftmilieu: Auch bei der Obduktion werden im Körper der Toten Spuren von Morphin – das ist umgewandeltes Heroin – gefunden. Ein weiterer Hinweis darauf, daß es sich bei der im »Flash« perlustrierten Frau tatsächlich um Sabine Moitzi gehandelt haben könnte.

Außerdem wird neben dem Opfer ein benütztes Präservativ mit gelblicher Flüssigkeit, wahrscheinlich Sperma, sichergestellt. Dieses wird aus unerfindlichen Gründen jedoch nicht mit den Kondomen aus der Handtasche der Toten verglichen, sondern in der Folge bei der Spurensicherung im Wiener Sicherheitsbüro derart zerschnipselt, daß es für eine weitere gerichtsmedizinische Untersuchung unbrauchbar ist – womit auch eine DNA-Untersuchung der Spermaflüssigkeit unmöglich gemacht wurde!

Aus dem Mageninhalt der Toten ergab sich ein weiteres Indiz, daß Sabine Moitzi noch Wochen nach ihrer Abgängigkeit gelebt haben dürfte. Die Zeugin Ilse H., die Moitzi zuletzt gesehen hatte, hatte nämlich bei ihrer Einvernahme vor der Polizei am 21. Mai 1991 zu Protokoll gegeben, mit ihr noch kurz zuvor ein Wurstbrot und eine Dose Cola verzehrt zu haben. Im Magen fanden die Gerichtsmediziner aber gut erhaltene Speisereste von deftigem Geselchtem und Knödel. Eine weitere Zeugin, Sabine H., schloß bei ihrer Einvernahme am 22. Mai 1991 sogar völlig aus, daß Moitzi an diesem Abend vor ihrer Abgängigkeit Geselchtes mit Knödel gegessen habe. Somit muß Moitzi nach ihrem Verschwinden nach 23 Uhr auf jeden Fall noch eine Mahlzeit – mit ihrem späteren Mörder? – konsumiert haben. Dieses Detail hätte sehr aufschlußreich sein können, wurde aber nie untersucht. Das Datum dieser letzten Mahlzeit könnte sich nach Meinung des obduzierenden Gerichtsmediziners Dozent Dr. Johann Missliwetz nämlich mit jenem decken, an dem die Frau im »Flash« perlustriert wurde (so schrieb der »Kurier« am 22. Mai 1991 – noch vor dem Verdacht gegen Unterweger, versteht sich).

Man hätte den Tatzeitraum auch auf andere Weise eingrenzen können: Wie nämlich die Zeugin Ilse H. weiters vor der Polizei angab, hatte sich Sabine Moitzi nur einen Tag vor ihrem Verschwinden von Sabine G. die Haare schneiden lassen. Die gerichtsmedizinische Untersuchung, ob die Haare des Opfers frisch geschnitten oder schon nachgewachsen waren, als die Tote aufgefunden wurde, ist jedoch unterblieben.

Ein Jahr später werden nach der Verhaftung Jack Unterwegers spurenkundliche Vergleichsuntersuchungen in bezug auf ihn als Verdächtigen durchgeführt. Sie bleiben ohne Ergebnis. An der Bekleidung der Toten finden sich keine Spuren oder Hinweise auf Jack Unterweger – auch keine Hundehaare von seinem Schäferhund. Umgekehrt finden sich auch an der beschlagnahmten Bekleidung des Verdächtigen keine Hinweise, die ihn mit diesem Mordfall in Zusammenhang hätten bringen können.

Lediglich die Vergleichsuntersuchung der von den Tatortbeamten aus den Fahrzeugen Jack Unterwegers sichergestellten Haare bringt im Fall Moitzi (als einzigem der elf angeklagten Mordfälle) ein dürftiges Ergebnis: Demnach ließen sich vier Haare aus dem grünen VW-Passat des Jack Unterweger vom Eigenhaar der Moitzi »nicht unterscheiden«; es sei daher »in Betracht zu ziehen«, daß sie von ihr stammen (Prof. Brüschweiler in seinem Gutachten vom 2. Juli 1993). Eine DNA-Analyse wird aber nicht durchgeführt, da die Wurzelanteile der vier Haare laut Dirnhofer »zuwenig DNA für eine DNA-Typisierung« enthalten (Erstes Nachtragsgutachten vom 1. Juli 1993).

Der Verdächtige Jack Unterweger selbst gab nach Befragung durch die Polizei für die Nacht des 16. April an, bis ca. drei Uhr früh mit seiner Bekannten Silvia K. zusammengewesen zu sein. Diese bestätigt drei Jahre später beim Prozeß zwar Uhrzeit und die Tatsache, daß es ein Wochentag im April war (da war nämlich ihr Sohn auf Schullandwoche). Sie kann sich dann aber nicht auf den Tag genau festlegen, da sie kein Tagebuch führt. Da Silvia K. nur ein einziges Mal so lange mit Jack Unterweger zusammengewesen war, wurde dessen Alibi zwar sehr glaubwürdig, aber eben nicht hundertprozentig. Daß Moitzi aber mit weitgehender Sicherheit noch rund drei Wochen nach ihrem Verschwinden gelebt hat und der tatsächliche Todeszeitpunkt gerade in diesem Fall völlig ungewiß ist, wurde seit dem Auftreten des Verdachts gegen Unterweger erst gar nicht mehr erwähnt. In der Anklageschrift gegen Jack Unterweger hieß es dann lapidar, daß »der Zeitraum der Abgängigkeit der Sabine Moitzi der Anwesenheit des Beschuldigten entspricht«.

Mordfall Prem: Mysteriöses Tagebuch

Der letzte, der die 33jährige Prostituierte Regina Prem gesehen hat, ist ihr Gatte und Zuhälter Rudolf. Wie er später der Polizei erzählt, hat er sie am Abend des 28. April 1991, einem regnerischen Sonntag, gegen 21.30 Uhr zu ihrem Standort in der Linzer Straße/Ecke Flachgasse gebracht. Um 22 Uhr dieses Abends stand nämlich wieder ein Rendezvous mit ihrem »burgenländischen Weinhändler« auf dem Programm. Der suchte sie alle vierzehn Tage dort auf und soll ganz besonders großzügig gewesen sein. Wer dieser Weinhändler war und ob er tatsächlich zu dem Treffen kam, kann später nicht mehr eruiert werden. Der Mann hat sich nie bei der Polizei gemeldet und konnte auch nicht ausgeforscht werden.

Regina Prem kann jedenfalls nicht lange an ihrem Standplatz gewesen sein: Gegen 22 Uhr kommt ihre »Kollegin« Erika H. an den Ort, den sie seit 12 Jahren mit Regina teilt, ohne sie an diesem Abend anzutreffen. Auch am Vortag hatte sie schon »gefehlt«. Vorerst macht sich Erika keine Gedanken darüber. Sie vermutet, daß sich Regina ein paar Tage frei genommen habe. Gegen 23 Uhr entschließt sich Erika dann aber doch, sicherheitshalber bei den Prems anzurufen und sich nach Regina zu erkundigen. Rudolf Prem setzt sich daraufhin sofort ins Auto. »Die Regina is' nie wo rausgefahren, nur die Flachgasse rauf ins Hotel ›Rudolfshöhe‹. Mir is' das komisch vorgekommen und ich bin wieder runtergefahren!« erklärt er später. Gemeinsam mit Erika H. sucht er seine Frau in der Umgebung und fragt in den Stundenhotels nach, darunter im Stundenhotel »Rudolfshöhe«. Doch nirgendwo findet sich eine Spur von Regina.

Als seltsam ist auf jeden Fall eine Frage festzuhalten: Weshalb soll sie bei einem anderen Freier eingestiegen sein, wenn sie doch angeblich auf den zahlungskräftigen Weinhändler wartete?

Rund einen Monat später, am 21. Mai, sorgt die Prostituierte »Gitti«, die ihre Dienste an derselben Kreuzung anbietet, von der Prem verschwunden war, für Entführungsalarm: Sie war zu einem Mann ins Auto gestiegen, der plötzlich ein anderes Ziel ansteuerte, als ausgemacht war. Als »Gitti« daraufhin aussteigen wollte, gab der unheimliche Freier Vollgas und brauste Richtung Stadtgrenze los. Die Frau schaffte es aber noch, aus dem fahrenden Wagen zu springen, wobei sie sich mittelschwere Verletzungen zuzog. Nach dem Mann, von dem eine gute Personenbeschreibung vorlag, wurde auch über die Medien (z. B. »Kurier«, 23.5.1991) gefahndet. Er konnte jedoch nie ausgeforscht werden.

Regina Prem jedenfalls bleibt spurlos verschwunden. Ihr Gatte hält dafür die Medien auf Trab. Vor allem die »Türkenmafia« hat er in Verdacht: »Meine Frau wird in einem Sexclub festgehalten!« sagt er etwa zur »Kronen-Zeitung« (18.7.1991). In der Prostituiertenszene der Linzer und Felberstraße macht sich indes Spott bemerkbar: Regina, so heißt es, habe daheim kein leichtes Leben gehabt, und Gatte Rudolf habe schon acht Tage nach ihrem Verschwinden ein neues »Pferdchen« an ihre Stelle gesetzt. Wenn der so etwas hört, gerät er außer sich vor Zorn: »De Gfrasta kennan si net vurstell'n, daß jemand helfen tuat!« Eine Prostituiertenkollegin habe einfach ihre Hilfe angeboten und sei aus desolaten Wohnverhältnissen zu ihm gezogen. Sie kümmere sich jetzt um den elfjährigen Sohn und verdiene ihr Geld wie bisher (»profil« 23/1991).

Auch Jack Unterweger recherchiert zu diesem Zeitpunkt gemeinsam mit dem ORF-Journalisten Tommy Rotenberg im Wiener Rotlichtviertel. Thema des Beitrags, der in der Radioreihe »Journal Panorama« gebracht werden soll, sind die ungeklärten Wiener Prostituiertenmorde. Am 3. Juni treffen die beiden Journalisten im »Club 28« in der Felberstraße auf Rudolf Prem und sprechen ihn an. Unterweger lädt ihn sogar zu einer ORF-Live-Diskussionssendung aus der Radioreihe »Zick-Zack« ein. Er übergibt ihm zudem seine olivgrüne Visitenkarte ... Tags darauf wird der Beitrag wie geplant im »Journal Panorama« gebracht.

Wenige Monate später schaut alles ganz anders aus: Aus dem Journalisten Unterweger ist ein Mordverdächtiger geworden, dessen Bild in allen Zeitungen zu sehen ist. Auch im »Mittagsjournal« vom 15. Februar 1992 wird ausführlich über die Flucht Unterwegers berichtet. Darin sendet man auch eine kurze Passage aus jenem Beitrag über die Prostituiertenmorde, den Unterweger noch wenige Monate zuvor gestaltet hatte. »Da hat's mich direkt vom Sessel gerissen!« erzählt Rudolf Prem später. »Diese Stimme kenn' ich ja: Das war ja der anonyme Anrufer, der mich in den Nächten nach dem Verschwinden der Regina angerufen hat!«

Das Titelblatt des »Kurier« zeigt an diesem 15. Februar ein besonders »kriminell« anmutendes Unterweger-Foto: Mit dunkler Sonnenbrille und dicker Goldkette am Hals grinst er von der Terrasse des Cafés Landtmann in die Kamera, daneben sein Schäferhund. »Kurier«-Redakteur Ernst Bieber ist ganz stolz, daß die Unterweger-Fotos seines »Kurier« »authentischer, weil jüngeren Datums« als die der Polizei seien (»Kurier«, 18.2.1992). Als Prem das Bild mit der Sonnenbrille sieht, will er sich plötzlich erinnern können: Genauso habe ein Kunde seiner Regina ausgesehen! Erst jetzt fällt ihm auch ein, daß seine Gattin ihm kurz vor ihrem Verschwinden von einem Kunden erzählt habe, der »Schriftsteller« sei ...

Am 3. März 1992, Unterweger sitzt gerade in Miami ein, erstattet SOKO-Leiter Geiger U-Richter Wladkowski einen Zwischenbericht über den Stand der Erhebungen. Im Fall Prem kann er mit hochinteressanten literarischen »Indizien« aufwarten: »Es konnten bei der HD mehrere Schriftstücke vorgefunden werden. Die Passage ›Jack betritt den Hades‹ ist als Überschrift eines Zeitungsartikels zu finden. Im Manuskript ›Die Milchstraße‹ befinden sich die Textstellen ›gerechte Strafe‹ und ›der Ort ihrer Strafe und Sühne‹. Im Manuskript ›Das Begräbnis‹ die Textstelle: ›Mit dem Stock eine Acht in die Luft zeichnen‹ ... ›und zog mit seinem gesamten Körper in der Luft und mit den Füßen auf der Erde eine Acht‹.«

Diese geheimnisvollen »literarischen Indizien« verhalfen auch Herrn Prems Gedächtnis auf die Sprünge. Jetzt erinnere er sich ganz genau, der geheimnisvolle nächtliche Anrufer habe auch so ähnliche Sätze verwendet: »Ich bin ein Vollstrecker. Ich habe sie der gerechten Strafe zugeführt. Sie liegen alle am Sühneplatz mit dem Gesicht zum Hades. Wenn der Achter im Zenit steht, ist es wieder soweit.« Schaudernd fügt P. hinzu: »Ich werde diese monoton singende Stimme nie vergessen!«

Und noch etwas fällt ihm erst jetzt ein: Seine Gattin habe 56 000 Schilling mitgehabt, als er sie zu ihrem Standplatz brachte.

Für den Wiener »Kurier« fügt sich bereits ein Indiz zum anderen. »[...] Bei der routinemäßigen Sichtung und Lektüre von Jack Unterwegers schriftlichen Ergüssen stießen sie [die Kriminalisten, A.W.] auf das gleiche Zitat«, freut sich Ernst Bieber in der Ausgabe vom 25. März 1992. Das Geheimnis um eine »astrologische Zeichnung«, die ebenfalls bei der Hausdurchsuchung in Unterwegers Wohnung »sichergestellt« worden war, konnte zwar nicht durch die Astrologin, dafür aber durch einen »Kartenleser« gelüftet werden. Es handelte sich um eine handgefertigte Schablone zum leichteren Auffinden von Ortsnamen in einem Autofahrer-Atlas.

Rudolf Prem ist jetzt derart von der Schuld Unterwegers überzeugt, daß er für seinen elfjährigen Sohn eine Unterhaltsklage gegen ihn einbringen läßt. Prem fordert nicht nur eine monatliche Geldrente von 6 500 Schilling, sondern auch »Honorarkosten« für »Psychiaterbesuche«. Das Pflegschaftsgericht versagt aber die Genehmigung der Klage bis zum Ausgang des Strafverfahrens.

Tagebuch einer Hure?

Im April 1992, ziemlich genau ein Jahr nach dem Verschwinden der Prem, wird es dann zur traurigen Gewißheit: Ein Spaziergänger entdeckt unweit eines Waldweges im Wienerwald skelettierte Leichteile. Wie die Kriminalisten feststellen, sind diese auch über einen größeren Raum im freien Waldgebiet verstreut. Der Schädel bleibt aber unauffindbar. Die Identität der Toten kann aber anhand eines Schmuckanhängers und einer Zahnprothese festgestellt werden: Es ist die ermordete Regina Prem. Die Leiche war aller Wahrscheinlichkeit nach vollständig bekleidet gewesen, denn in der Umgebung des Fundortes finden sich auch Teile der Strumpfhose und eines Strumpfbandgürtels, der Stretch-Minirock sowie ein Absatz der weißen Stöckelschuhe der Toten.[5] Todesursache und Todeszeitpunkt sind naturgemäß nicht mehr feststellbar.

Im Mai 1992 wird es noch spannender. Wieder erscheint Rudolf Prem im Wiener Sicherheitsbüro. Er will »hinter dem Schlafzimmerkasten«, von dem sich »zufällig« eine Furnierleiste löste, nun auch noch das ma-

---

5 Dirnhofer konzediert in seinem späteren Gutachten im Sinne seiner Parallelentheorie dann nur mehr, daß die Leiche »zumindest teilweise bekleidet« war.

schinengeschriebene Tagebuch seiner ermordeten Frau gefunden haben! Besonders dick ist es aber nicht: Es umfaßt genau acht DIN-A4-Seiten. Die ersten sieben davon befassen sich mit angeblichen Kunden aus Politik, Wirtschaft und Fernsehen. Die »prominenten« Herren werden aber nur mit Vornamen genannt, alles andere bleibt streng geheim. Dazwischen befinden sich immer wieder weitschweifige, fast schon philosophische Ausführungen über das Dasein als Hure und die Doppelmoral der Gesellschaft. Stil und Wortschatz sind dabei für eine Straßenprostituierte mit minderem Schulabschluß ziemlich ungewöhnlich: »Ich versuche immer meine Tätigkeit als Beruf hinzustellen, doch verglichen wird man stets mit einem perversen, geilen, männerfressenden Ungeheuer, das mit geldgierigen Augen auf Fang geht, und das wird sich im Staate Schilda mit Doppelmoral kaum bald ändern. Überhaupt herrscht derzeit in unserem Land bei gewissen Politikern ein Trend, sich als Saubermacher der Nation in sämtlichen Medien feiern zu lassen.«

Erst auf Seite 8 taucht plötzlich ein »Komiker« auf: »[...] er erklärte, er sei Schriftsteller. Ich fuhr mit ihm in eine Seitengasse, wo wir normal schnelle Kunden erledigen. Als es soweit war, lehnte er sich zurück, quatschte von seinen Vorlesungen und Büchern, nach 20 Minuten gab er mir 1 500 Schilling, bedankte sich bei mir und erklärte, er hätte sich zur vollsten Zufriedenheit entspannt. Kein GV, nichts, das ist sehr selten und auch angenehm.« Nur ein paar Absätze später taucht er schon wieder auf. Während die anderen, angeblichen Strichkunden nur unscharf als »Fritz, der Spinner« oder als »Arnulf« aufscheinen, dessen Wohnung »voller Hitlerbüsten« sein soll, wird bei einem einzigen Kunden gleich eine genaue Personenbeschreibung unter Angabe der Adresse mitgeliefert: »Heute kam der Schriftsteller wieder. Ich war bei ihm auf Hausbesuch in der Florianigasse. Der Kerl hat einen Handschellentick und dürfte pervers obendrein sein. Diesmal hatte ich einen Verkehr mit ihm und nachher erzählte er andauernd von seinen Filmprojekten und Vorlesungen. Am meisten jammert er über seinen Schäfer, den er krankheitshalber in Pflege geben mußte. Über seine Tätowierungen auf Brust und Oberarmen ist er auch ganz stolz, das verstehe ich nicht, Rudi ist auch tätowiert und verflucht es.« Nur noch ein paar belanglose Eintragungen, dann endet das »Tagebuch« ...

Für die Boulevardpresse ist das »Tagebuch« das »Indiz« schlechthin. Und nicht nur die Schriftsteller-Passage sorgt für Aufregung: Vielleicht könnte sich so mancher »prominente Kunde« wiedererkennen? Doch die diesbezüglichen Nachforschungen verlaufen ergebnislos.

Dafür steht Rudolf Prem nun endgültig im Mittelpunkt des medialen Interesses. Gerne läßt er sich von den Pressefotografen ablichten. Die wissen, worauf es ankommt: Der Witwer mit dem vernarbten Gesicht eines alternden Zuhälters, mit viel Gold am Hals und aufgekrempelten Ärmeln, damit die vielen Tätowierungen auch gut sichtbar sind, hält auf den Fotos ein zartes Aquarellbild seiner ermordeten Frau oder umarmt seinen elfjährigen Sohn. In der Zeitschrift »Wiener« (5/92) wird Rudolf Prem in einem mehrseitigen Artikel gar als »Kronzeuge« kolportiert. Auch dort verhehlt er nicht: Für ihn heißt der Mörder Jack Unterweger. Für die Todesstrafe sei er nicht, erklärt Prem, wohl aber dafür, daß die Einnahmen aus der literarischen Tätigkeit des Mörders der Familie des Opfers zugute kommen.

»Warum lieben Frauen Mörder?«

Der Zeitschriftenverleger Gert Schmidt war es gewesen, der Unterweger im Februar 1992 mit einer »Story« in die Falle gelockt hatte, die zu dessen Verhaftung führte und seiner Zeitschrift eine tolle Kriminalstory mit ihm selbst als Hauptfigur einbrachte. Dieser »alte Bekannte« mischte an »vorderster Front« im Fall Prem wieder kräftig mit. Im Juli 1992 veröffentlicht »Erfolg« die vermeintlichen Tagebücher der Prem im Originalwortlaut. Der Titel der Story lautet »Schreibende Prostituierte versus schreibender Mörder«.

Im Oktober 1993 erscheint dann ebenfalls im »Erfolg«-Verlag in reißerischer Aufmachung die »erste Dokumentation zur Causa Unterweger« mit dem Titel »Wenn der Achter im Zenit steht«. Diesen Satz soll der geheimnisvolle Anrufer zu Rudolf Prem gesagt haben. Herr Schmidt gibt sich und sein kleines Team zwar als »Autoren« aus, doch tatsächlich lehnt sich die »Dokumentation« eng an den Abschlußbericht der polizeilichen »SOKO Unterweger« an. Zum Teil sind die Textpassagen sogar wörtlich abgeschrieben, ohne allerdings die Quelle anzugeben. Das Ganze wird mit Faksimile-Dokumenten aus dem Akt und Fotos aus Unterwegers Wiener Wohnung aufgemotzt. Wie der Verleger zu diesen interessanten Unterlagen kam, ist natürlich nicht mehr eruierbar. So manches im Schmidt-Buch ist aber schlichtweg falsch: Da wird etwa eine »Theodora B.« zitiert, die bei Jack Unterweger nach seiner Rückkehr aus den USA »viele tiefe, bereits verkrustete Kratzspuren am linken Oberarm« gesehen haben wollte. Auch diese Behauptung tauchte schon kurz nach der Verhaftung Unterwegers in den Medien und dann im Abschlußbericht der »SOKO Unterweger« auf. Sie konnte aber spätestens beim Prozeß eindeutig widerlegt werden. Rosa U., eine damalige Intimpartnerin Unterwegers, die mit ihm bereits drei Tage nach seiner Rückkehr aus Amerika im FKK-Paradies der Wiener, der Lobau, zum Baden war, bestätigte ausdrücklich, damals keine Kratzspuren oder dergleichen an seinem Körper gesehen zu haben. Auch einem anderen alten Gerücht wird ein Kapitel gewidmet: »Unterweger bewertet seine Liebhaberinnen«. Nicht fehlen durften natürlich das vollständig in Faksimile abgedruckte »Prem-Tagebuch« und ein Porträt des Ehemannes: »Rudolf Prem kämpft verbissen um die Aufklärung des Mordes an seiner Gattin.«

In einem besonderen Kapitel befaßt sich Autor Schmidt schließlich mit der interessanten Frage: »Warum lieben Frauen Mörder?« »Während zahllose Singles offensichtlich nicht den richtigen Partner kennenlernen oder keine dauerhafte Beziehung aufrechterhalten können«, so ärgert er sich, »haben wegen Mordes verurteilte Männer ironischerweise kaum Probleme, auf Frauen anziehend zu wirken.« Schmidt weiß auch, warum Frauen, die »nicht den Unterschied zwischen wahrer Stärke und brutaler Gewalt erkennen können«, auf »Serienmörder« abfahren: »[...] weiß sie [die Frau] in ihrem Innersten, daß sie einen brutalen Mörder liebt, und irgendwie erregt sie dieses Wissen.«

Der in den Zeitungen mit eigenem Bestellabschnitt feilgebotene »Bestseller« findet reißenden Absatz. Bald jedoch nur mehr am Schwarzmarkt: Anwalt Zanger erwirkt wegen der unzähligen vorverurteilenden Textstellen und Unwahrheiten ein Verkaufsverbot. Wenige Monate später mußte Gert Schmidt den Konkurs seines maroden Verlags anmelden. Er versucht sich derzeit im privaten Glücksspielgeschäft.

Offenbar war die ganze Tagebuch-Geschichte sogar der Grazer Staatsanwaltschaft zu dick aufgetragen. Denn gar vieles an diesem mit einer älteren Schreibmaschine verfaßten Elaborat war schon ziemlich seltsam: Die »Autorin« hatte zu den jeweiligen Tagen keine Daten eingetragen. Aus dem Zusammenhang ergibt sich aber, daß sich die ersten Eintragungen auf das Jahr 1978 beziehen, als Regina Prem beschlossen hatte, ihren Job als Wurstverkäuferin an den Nagel zu hängen und sich statt dessen am Strich zu versuchen. Auf den folgenden acht DIN-A4-Seiten ist dann zwar allerlei von verrückten prominenten Kunden, der »schönen Zeit« am Strich in Italien und der »Politiker-Doppelmoral« die Rede, von der Heirat mit »Rudi« und der Geburt des Sohnes schreibt die »Autorin« aber gar nichts. Ansonsten kommt »Rudi« aber auffallend gut weg: Sie stritten sich offenbar nie, und es könne schon gar nicht die Rede davon sein, daß sie »kein leichtes Leben« bei ihm gehabt hätte.

Das gesamte Werk, das mit dem Auftritt des »Schriftstellers aus der Florianigasse« endet, ist mit ein und derselben Schreibmaschine älterer Bauart geschrieben. Schon bei oberflächlicher Betrachtung kann man sich des Eindrucks nicht erwehren, daß alles »in einem Zug« durchgeschrieben wurde. Nicht minder seltsam: Bis zum Mai 1992, als sich Rudolf Prem damit an Polizei und Presse wandte, war niemandem aufgefallen, daß Regina Prem ein Tagebuch geführt haben soll. Darüber hinaus hat sie offenbar auch niemals eine Schreibmaschine besessen! Denn ein von Anwalt Zanger beauftragtes Detektivbüro konnte die Protokolle mehrerer Pfändungen aus den Jahren 1983 bis 1991 ausfindig machen, die im Auftrag der Österreichischen Postsparkasse bei den Prems durchgeführt worden waren.[6] Auch im letzten Pfändungsprotokoll vom 30. April 1991, zwei Tage nach der Abgängigkeit der Prem, weist nichts auf den Besitz einer Schreibmaschine hin. Daraufhin fand sich zwar ein Freund von Rudolf Prem, der vor dem Untersuchungsrichter aussagte, daß die Prems eine Schreibmaschine besessen haben sollen. Dennoch taucht das angebliche Tagebuch nirgendwo in der Anklageschrift als Belastungsindiz auf. Die Staatsanwaltschaft befürchtete wohl, daß dieser »Schuß« nach hinten losgehen könnte.

Da sich auch sonst im Fall Prem keine Unterweger belastende Spuren gefunden hatten – auch die Spurenauswertung aus seinem PKW war negativ verlaufen –, mußte sich die Anklage mit der vagen Behauptung begnügen, daß Jack Unterweger in der Nacht zum 29. April 1991 in Wien war und »unter nicht mehr eruierbaren Umständen« mit Regina Prem zusammentraf. Dabei »stören« die ersten Aussagen des Rudolf Prem und der Erika H., die diese schon im April 1991 vor der Wiener Polizei gemacht haben: Sie hätten Regina auch im Stundenhotel »Rudolfshöhe« gesucht und nicht gefunden. Um eine Täterschaft Unterwegers zeitlich »wahrscheinlicher« zu machen, muß sich die Anklage daher auf eine spätere Aussage der Prostituierten Martina F. stützen, die Regina Prem noch gegen 23 Uhr im Hotel »Rudolfshöhe« gesehen haben will.

Unterweger konnte nämlich für den 28. April 1991 mehrere Alibizeugen anführen. Da war zum einen seine Bekannte, die Studentin Martina P., mit der er an diesem Abend bis zirka 21.30 Uhr im Kino war.

---

6 Das war im übrigen die einzige Glanzleistung dieses Detektivbüros, das kurz nach dem Prozeß Konkurs anmelden mußte.

Anschließend hielt er sich mit ihr in seinem Stammlokal »Florianihof« unweit seiner Wohnung auf. Gegen 22.30 Uhr verließ Martina P. das Lokal. Unterweger ging in seine Wohnung, um sich umzuziehen und die Jeanskleidung durch einen Trainingsanzug zu ersetzen. Der zweite, wichtige Alibizeuge ist Robert P., Kellner im »Florianihof«. Er verkaufte Unterweger an diesem Abend die Sommerreifen seines Unfallwagens. Herr P. kann sich später auf das Datum genau festlegen, da er die Reifen an diesem Tag aus Kärnten, wo sein Unfallwagen stand, geliefert bekommen hatte. Auch die Uhrzeit stimmt mit Unterwegers Angaben überein, da P. von 21.30 Uhr bis zur Sperrstunde Dienst hatte. P. half Unterweger anschließend dabei, die Reifen in dessen Auto zu verfrachten, was bis zirka 23 Uhr dauerte. Er bestätigt auch, daß Unterweger zu diesem Zeitpunkt mit einem Trainingsanzug bekleidet war – womit die Aussage einer Prostituierten im Akt, die Jack Unterweger in der fraglichen Nacht im Strichgebiet im »schwarzen Abendanzug« gesehen haben will, widerlegt werden konnte.

Martina P. und Robert P. bestätigen ihre Angaben auch beim Prozeß.

Dafür widerspricht sich Rudolf Prem, der sich als »Hausmann« bezeichnet, bei seiner Aussage am 20. Mai selbst: Er sei sich jetzt doch nicht mehr so sicher, ob der anonyme Anrufer Unterweger gewesen sei. Denn es war die Stimme eines »alten Mannes«, der im übrigen in den verschiedensten österreichischen Dialekten gesprochen habe. Als ihm Jack Unterweger dann ernst in die Augen blickt und fragt: »Wieso bezeichnest du mich als Mörder deiner Frau?« stellt P. vor allen Anwesenden klar, daß er den Angeklagten niemals als Mörder seiner Frau bezeichnet habe, denn er könne ja nicht wissen, wer der wirkliche Mörder sei ...

Übrigens hätte Unterweger auch für die Nacht vom Freitag, dem 26. April 1991, ein Alibi gehabt, also für den Zeitpunkt, an dem die Standplatzkollegin der Regina Prem, Erika H., diese zuletzt gesehen hatte. Es handelte sich um eine der wenigen Nächte, in denen er bei seiner verheirateten Geliebten Rosa U., deren Ehemann gerade auf Geschäftsreise war, schlief.

Im Mordfall Prem wird Jack Unterweger schließlich einstimmig freigesprochen. Dennoch bleiben viele Fragen offen: Weshalb meldete Herr Prem die bedrohlichen Anrufe, die er nach dem Verschwinden seiner Frau erhalten haben will, nicht schon damals bei der Polizei? Die Stimme des unbekannten Anrufers schien doch solchen Eindruck auf ihn gemacht zu haben, daß er »sie nie vergessen« werde. Beim Prozeß hatte er sie dann aber offenbar doch vergessen.

Wieso »erkannte« er Jack Unterweger nicht bereits am 3. Juni 1991 als angeblichen »Kunden seiner Frau«, als ihn dieser bei seiner Rotlicht-Recherche ansprach? Woher stammt das Tagebuch, dessen Stil eher an einen professionellen Schreiber als an eine Straßenprostituierte erinnert, wirklich? Die daktyloskopische Untersuchung der Schreibmaschinenschrift soll angeblich »ergebnislos« verlaufen sein.

Der Leser hat es sicherlich schon erraten: Bei den geheimnisvollen Textstellen rund um den »Sühneplatz mit dem Gesicht zum Hades« handelte es sich wieder einmal um die literarische Abhandlung eines Nachwuchsautors, die für die Veröffentlichung in der »Wortbrücke« bestimmt gewesen wäre – und nicht für die Kriminalseiten der Boulevardpresse.

Mordfall Eroglu: Ein verschwundenes und ein verschwiegenes Haar

In Anbetracht der Morde und gewalttätigen Übergriffe hatten es sich die Wiener Prostituierten längst zur Gewohnheit gemacht, penibel die Autokennzeichen der Freier zu notieren, mit denen ihre Standplatzkolleginnen mitfuhren. Auch von Sabine Moitzi und Karin Eroglu lagen Aufzeichnungen über Kennzeichen von Freier-Autos vor, deren Besitzer nun von der Polizei ausgeforscht und überprüft wurden. »Peinliche Szenen für Freier« titelt der »Kurier« vom 26. Mai 1991 mit einem Anflug von Schadenfreude.

Doch auch diese Notizen halfen der Polizei nicht weiter. Denn die Umstände des Verschwindens der Wiener Prostituierten Karin Eroglu (25) – der Nachname entstammt der Heirat mit einem Türken – liegen bis heute weitgehend im dunkeln. Die Verschwundene wurde vom Zeugen Kurt W. zuletzt am 8. Mai 1991 gegen 0.30 Uhr an ihrem Standplatz in der Linzer Straße / Ecke Mariahilfer Straße gesehen. Ihr Lebensgefährte erstattete erst nach zwei Tagen die Abgängigkeitsanzeige.

Jack Unterweger war seiner Verantwortung zufolge in der fraglichen Nacht, die keineswegs auch die Mordnacht sein muß, nicht einmal in Wien. Schon am Abend des 6. Mai fuhr er nach München, wo er auch seine Mutter besuchte. Der überließ er als Muttertagsgeschenk seinen

Schäferhund »Joy«, in den sich die alte Dame regelrecht verliebt hatte. Unterweger blieb bis zum Abend des 8. Mai 1991. Er führt seine Mutter als Zeugin für dieses Alibi an, doch zwei Jahre später kommt sie nicht einmal nach Graz zu ihrem Zeugentermin. Sie wird daraufhin im Rechtshilfeweg in München einvernommen und gibt dort an, sich an die Daten der Besuche ihres Sohnes in München nicht mehr so genau zu erinnern.

Der Anklage reichte jedenfalls die knappe, durch nichts belegte Feststellung: »Der Beschuldigte hielt sich zu dieser Zeit im Großraum Wien auf, bahnte mit der Prostituierten Beziehungen an und tötete in der Folge Karin Eroglu vorsätzlich in den Morgenstunden des 8. 5. 1991 durch Erdrosseln.«

Die nackte und völlig unbedeckte Leiche der Eroglu wird rund zwei Wochen nach ihrer Abgängigkeit in der Nähe eines Waldweges in einem Waldstück bei Gablitz nahe bei Wien, ca. 17 Kilometer von ihrem letzten Standort entfernt, von einer Spaziergängerin gefunden. Wie auch im Fall Moitzi gehen die Kriminalisten von einer »perfekten Ortskenntnis« des Täters aus (»Kurier«, 24.5.1991). Eroglu liegt ausgestreckt auf dem Bauch, mit fast geschlossenen Beinen und neben dem Körper nach unten gerichteten Armen. Sie kann anhand eines am Gesäß tätowierten kleinen Elefanten sofort identifiziert werden. Der Gerichtsmediziner stellt Tod durch Erdrosseln mit dem eigenen Bodytrikot, der im linken Nackenbereich verknotet war, fest. Zudem finden sich am Leichnam deutliche Spuren von Gewalteinwirkung in Form von zahlreichen blutunterlaufenen Stellen im Bereich des Hinterkopfes, der Schläfen und der Lippen, die von Schlägen mit einem stumpfen Gegenstand herrühren müssen. Die gesamte Auffindungssituation, insbesondere die am Fundort verstreuten Kleidungsstücke und Habseligkeiten des Opfers sowie die Verletzungen, lassen auf einen erbitterten Kampf mit dem Mörder schließen.

Unweit des Leichenfundortes findet man außerdem zwei Damenschuhe sowie den Teil einer Stoßstange und einen schwarzen Plastikdeckel, der ebenfalls von einem Auto stammen dürfte. Möglicherweise hatte der Täter diese Gegenstände verloren, als er die Leiche beiseite schaffte. In der Ausgabe des »Kurier« vom 26. Mai 1991 findet sich unter der Schlagzeile »Führt Stoßstange im Wald zum Prostituiertenmörder?« sogar eine Abbildung der Stoßstange als »erste heiße Spur«.

Als jedoch im Herbst 1991 der Verdacht plötzlich auf Unterweger fiel, war von diesen möglicherweise aufschlußreichen Spuren keine Rede mehr. Die Stoßstange von Jack Unterwegers PKW war jedenfalls stets unbeschädigt gewesen. Auch die Spurenauswertung aus der Innenausstattung des Fahrzeugs sowie von Unterwegers Kleidung bzw. seines Schuhwerks brachte keinen Tatverdacht gegen ihn.

Unmittelbar neben dem Opfer liegen eine Damenbinde und ein Taschentuch, welche Spermaspuren aufweisen. Das Rechtsmedizinische Gesamtgutachten von Prof. Dirnhofer (Seite 66) entlastet Unterweger: »Die Spermien an der Damenbinde und am Papiertaschentuch zeigen Übereinstimmung der jeweiligen genetischen Merkmale. Damenbinde und Taschentuch können daher als zusammengehörig betrachtet werden. Johann Unterweger, der den Typ HLA-DQ Typ 3,4 aufweist, ist mit Sicherheit als Verursacher der Spermien an der Damenbinde und am Papiertaschentuch auszuschließen.« Damit existiert wiederum eine biologische Spur, die eindeutig von Jack Unterweger wegführt, aber weder im Prozeß noch in den Medien erwähnt wird.

Ansonsten finden sich an der Leiche keinerlei tatverdächtige Spuren (Fasern, Haare oder Hundehaare), die auf Jack Unterweger hingewiesen hätten. Ganz im Gegenteil: An der Leiche der Eroglu wurde nämlich auch ein blutverkrustetes Körperhaar gefunden, welches laut Gutachten von Univ. Ass. Dr. Wolfgang Denk und Univ. Prof. Dr. Georg Bauer vom Institut für Gerichtliche Medizin der Universität Wien vom 25. Juli 1991 nicht vom Opfer selbst stammt. Das Haar weise »mehrere morphologische Unterschiede zum Haar des Opfers« auf, heißt es darin. Somit war das Haar zweifelsohne eine echte Täterspur!

Ausgerechnet diese heiße Spur konnte angeblich nicht mehr verwertet werden, weil das Haar »im Zuge der Voruntersuchungen bedauerlicherweise verlorengegangen« ist, wie die Anklageschrift auf Seite 30 trocken feststellt.

Die besondere Perfidie in dieser Sache besteht darin, daß die Anklage zwar den Verlust des Beweismittels zugibt, dies aber zugleich für ihre eigenen Zwecke benutzt. Das Haar habe nämlich auf einer »abgerissenen Gummihandschuhkuppe« gehaftet – ein »Belastungsindiz« gegen Unterweger, der bei seinem Theaterstück »Aids – Schrei der Angst« in der Tat Plastikhandschuhe als Requisiten verwendet hatte. Es wurde jedoch verabsäumt, die bei der Leiche sichergestellte Gummihandschuhkuppe materialmäßig mit diesen Requisiten-Handschuhen zu vergleichen. Zudem hatte die Staatsanwaltschaft nicht bedacht, daß auch Kriminalbeamte und Gerichtsmediziner bei der Sicherstellung einer Leiche derartige Gummi- bzw. Kunststoffhandschuhe verwenden.

Im Prozeß im Mai 1994 hieß es dann plötzlich, das Haar sei nicht verlorengegangen, sondern bei der Untersuchung »aufgebraucht« worden. Es ist schon seltsam, daß derartige »Mißgeschicke« im Fall Unterweger gerade bei entlastenden Spuren vorkamen.

Es kommt aber noch dicker: In der rechten Hand des Opfers ist laut Gutachten des Wissenschaftlichen Dienstes der Stadtpolizei Zürich auch ein hellbraunes Körperhaar sichergestellt worden, dessen Vergleichsuntersuchung mit den Eigenhaaren des Opfers negativ verlief (Seite 9 des Gutachtens). Es könnte sich somit um eine weitere »heiße« Täterspur handeln – die rechte Hand, in der es gefunden wurde, wird ja für Abwehrhandlungen verwendet. Eine Vergleichsuntersuchung mit Haarproben Unterwegers brachte ein eindeutiges Ergebnis: »Beim asservierten Haar aus der rechten Hand handelt es sich um ein hellbraunes Körperhaar. Der Vergleich mit den Körperhaaren von J. Unterweger verlief negativ« (Gutachten, Seite 32). Dieses Haar stammt somit hundertprozentig nicht von Jack Unterweger!

Die Mordfälle in den USA

Jack Unterweger hatte sich vom 11. Juni bis 16. Juli 1991 im Raum Los Angeles aufgehalten. Die Gegensätze dieses Landes faszinierten ihn. Seine Reports, die er für mehrere Zeitschriften schrieb, handelten vom Glanz und Elend der Filmmetropole Hollywood, wo schon viele ihren Traum von Reichtum, Erfolg und Ruhm verwirklichen wollten. Wenige hatten es geschafft, die meisten jedoch waren daran zerbrochen. Ferner berichtete er vom bunten Treiben beim legendären jährlichen Lesben- und Schwulentreffen in Hollywood. Ein völlig anderes Thema war die »Mordhauptstadt« L.A., die mit ihrer explodierenden Kriminalität nicht mehr fertig wird. Für seine diesbezüglichen Recherchen war Unterweger sogar eine ganze Nacht live in einem Streifenwagen der Polizei dabei. Der Report wird später in zwei österreichischen Illustrierten veröffentlicht.

Jack Unterweger nutzte seinen USA-Aufenthalt, um weitere Nachforschungen über seinen Vater anzustellen, von dem er nur wußte, daß er als US-Besatzungsoffizier in Triest stationiert gewesen sein soll. Die Suche blieb leider ergebnislos.

Was seine eigene Zukunft betraf, so hatte er hochfliegende Pläne: Er traf sich wegen eines beabsichtigten Projektes eines Low-Budget-Films mit mehreren Filmproduzenten, unter anderem mit dem in Hollywood lebenden Österreicher Robert Dornhelm. Unterwegers finanzielle Situation war allerdings nicht gerade rosig, so daß er in heruntergekommenen Billighotels inmitten der Dirnenviertel von L. A. wohnte.

Wie viele Prostituierte in der »Mordhauptstadt« L. A. während des USA-Aufenthalts Unterwegers umgebracht worden sind, kann vermutlich nur schwer eruiert werden, da es sich um rund 300 im Jahresdurchschnitt handelt.

Nach Unterwegers Verhaftung ermittelt die von den österreichischen Kollegen alarmierte Polizei von Los Angeles in mehreren Mordfällen gegen ihn. Der Verdacht gegen Unterweger wegen acht Mordfällen an Prostituierten in Riverside, einer rund 30 Kilometer östlich von L. A. gelegenen Nachbarstadt, wird aber bald wieder fallengelassen. Die US-Polizei konnte diese Morde klären. Übrig bleiben die Morde an den Prostituierten Shannon Exley (21), Irene Rodriguez (33) und Sherry Ann Long (27). Diese Morde hatte die US-Polizei aber ursprünglich in Zusammenhang mit einem vierten Mord an der schwarzen Prostituierten Alice Duval gesehen, deren halb bekleidete Leiche am 10. Juni 1991 in Long Beach ermordet aufgefunden worden war. Sie wurde erdrosselt, vermutlich mit einem BH oder einem anderen ihrer Kleidungsstücke, möglicherweise auch mit der Krawatte des Täters. Am Hals fanden sich nämlich Spuren eines weichen Gewebes. Auch sonst spricht der ermittelnde Detective William McLyman von der Mordkommission Long Beach von »auffälligen Gemeinsamkeiten« aller vier Morde, die in einem Abstand von nur etwa zehn Tagen geschahen. Drei der Opfer (Duval, Rodriguez und Exley) wurden in gewerblich genutzten Gegenden aufgefunden, die von Lastwagenfahrern frequentiert werden. So gab es bei einem Treffen der Ermittler auch eine Art Konsens, »daß alle vier Fälle zusammengehören« (McLyman zu »profil« 42/92). Dieser galt bis zur Verhaftung Jack Unterwegers, da hieß es plötzlich, der Fall Duval könne nicht dazugehören, »weil Jack ... ja noch nicht einmal im Land (war), als sie umgebracht wurde« (so der Chefermittler des L. A. Police Department, James Harper, wörtlich zu Robert Buchacher von »profil«). In der Tat wurde Duval genau einen Tag vor der Ankunft Unterwegers gefunden. Harper meinte jetzt sogar, Duval sei im Gegensatz zu den drei anderen Prostituierten »händisch erwürgt« worden ...

Mordfall Exley: Von 99,6 Prozent auf null Prozent

Shannon Exley wird gegen 4 Uhr früh des 20. Juni 1991 von ihrer »Kollegin« Jarina B. dabei beobachtet, wie sie an ihrem Standplatz in der 7th Street in den beigen Lieferwagen eines Schwarzen einsteigt. Ob es ihr letzter Kunde gewesen ist, weiß man nicht. Lastwagenfahrer zählten jedenfalls nach der Aussage einer anderen »Kollegin«, Debbie C., zu ihren Stammkunden, die sie stets mit Kokain und Crack versorgten.

Noch am Abend desselben Tages wird die nur mit einem T-Shirt und blauen Socken bekleidete, im übrigen völlig unbedeckte Leiche der Exley auf einer Wiese in der Nähe eines Parkplatzes in L. A., rund 5 Kilometer vom Strichgebiet entfernt, gefunden. Sie liegt mit leicht gespreizten Beinen auf dem Bauch, die Arme sind nach oben angewinkelt, das T-Shirt bis über die Schultern hochgezogen. Als Todeszeitpunkt ermitteln die Gerichtsmediziner die frühen Morgenstunden des 20. Juni. An der Leiche, vor allem am Kopf, finden sich deutliche Spuren von Mißhandlungen in Form von Hautabschürfungen, Striemen und Blutunterlaufungen, die auf einen heftigen Kampf mit dem Täter zurückgehen dürften. Die Todesursache ist eindeutig: Erdrosselung mit dem eigenen, im rechten Halsbereich verknoteten BH.

Bei der Obduktion der Leiche finden die Amerikaner Spermaspuren in Scheide und After. Dieses Material wird Anfang Mai 1992 mit dem DNA-Material Unterwegers – er hatte diese Untersuchung selbst beantragt – verglichen. Das Gutachten der Amerikaner trifft im Juni 1992 beim gerichtlich beauftragten Gutachter Prof. Dirnhofer in Bern ein, der es an den Untersuchungsrichter Wladkowski und den Leiter der Sonderkommission Geiger weiterleitet. »Legt man zugrunde, daß die Untersuchungen exakt durchgeführt wurden, so kommt aufgrund dieses ersten spurenkundlichen Ergebnisses aus Amerika Herr Unterweger als Spurenverursacher in Frage. Unter einer gleichzeitigen Zugrundelegung einer Häufigkeit der Blutgruppe B von 10 %, ergibt sich in Kombination mit einer Häufigkeit von 4 % für den HLA-DQ Alpha Typ 3.4, daß 99,6 % der Bevölkerung als Spurenverursacher ausscheiden. Bezüglich der Häufigkeit der Kombination HLA-DQ Alpha 3.4 mit Blutgruppe B ist auszuführen, daß jede 250. Person diese Kombination aufweist«, heißt es in dem an den Untersuchungsrichter Wladkowski gerichteten Schreiben Dirnhofers vom Juni 1992. Wladkowski beruft sogleich eine Pressekonferenz ein, um das sensationelle Ergebnis – die

Spermaspur stamme mit 99,6 %iger Wahrscheinlichkeit von Jack Unterweger – zu verkünden. Wenige Tage nach den Jubelmeldungen in den Medien unternimmt Unterweger, der keine Chance mehr sieht, einen verzweifelten Selbstmordversuch.

Doch das Schreiben Dirnhofers beruhte auf einer verhängnisvollen Fehlinformation, die der Untersuchungsrichter im nachhinein mit einem »Übersetzungsfehler aus dem Englischen« zu erklären versuchte. Im Gutachten der Amerikaner ist von einer Merkmalsübereinstimmung von 99,6 % mit der DNA Jack Unterwegers keine Rede. Im Gegenteil: Das Gutachten entlastet Jack Unterweger ganz klar. Die Amerikaner hatten Spermaspuren zweier verschiedener Männer festgestellt, wobei Jack Unterweger in einem Fall hundertprozentig als Spurenverursacher auszuschließen war, während im anderen Fall eine geringe Restwahrscheinlichkeit blieb. Die im Gesamtgutachten Dirnhofers vom 3. März 1993 angeführte Analyse der Spermaspuren im Fall Exley klingt daher ganz anders als noch wenige Monate zuvor: »Die in der Scheide vorhandenen Samenspuren stammen von einem unbekannten Mann, mit Sicherheit aber nicht von Johann Unterweger« (Seite 68 des Gutachtens). Was hingegen die im After des Opfers gefundene Spermaspur betrifft, so weist diese eine biologische Struktur auf, die laut Dirnhofer weltweit auf jeden vierten bis fünften Mann zutrifft. »Johann Unterweger« ist demnach »zwar als Spurenverursacher nicht auszuschließen, die biostatistische Berechnung ergab jedoch, daß ca. 20 % der Bevölkerung als potentielle Spurenverursacher in Betracht kommen könnten« (Dirnhofer auf Seite 72 seines Gutachtens). Statistisch genau sind es demnach 22,6 % der männlichen Bevölkerung, die laut Dirnhofer als Spurenverursacher in Betracht kommen (Seite 70 des Gutachtens).

Übrigens: Nachdem die Zeitungen in riesigen Lettern über das angeblich »schwer belastende DNA-Ergebnis« aus den USA berichtet hatten, sucht man Wochen später – nach dem Aufkommen des Übersetzungsfehlers – vergeblich nach Berichten über diese Unterweger entlastenden, wohl weniger spannenden Fakten.

Die Verfasser des Abschlußberichtes der »SOKO Unterweger« sehen es sogar noch im März 1993 anders: Unterweger sei als Verursacher des Analsamens »nicht auszuschließen« – und schon muß diese Spur wiederum als »Sachbeweis« (Seite 108 des Berichts) herhalten! Wobei man sich nicht scheut, auf das Dirnhofer-Gutachten als »Beweismittel« zu verweisen …

Mordfall Rodriguez: »Nicht zuordenbare« Spuren?

Die Prostituierte Irene Rodriguez wird letztmals am 28. Juni 1991 gegen 20 Uhr von ihrem Quartiergeber Carlos A. lebend gesehen, als sie sich von ihrem Untermietzimmer auf den Weg zu ihrem Standplatz in der 7th Street macht.

Ihre unbekleidete, unbedeckte Leiche wird zwei Tage später unter einem LKW-Anhänger auf einem Industriegelände in Los Angeles, 3,2 Kilometer vom Strichgebiet entfernt, von Obdachlosen gefunden. Sie liegt auf dem Rücken, mit ausgebreiteten Armen und ausgestreckten, gekreuzten Beinen. Daneben liegt ihr verschmutztes T-Shirt. Auch Rodriguez war mit ihrem im rechten Halsbereich verknoteten Büstenhalter und einem Gürtel erdrosselt worden. Am ganzen Körper der Toten (vor allem im Bereich des Bauches, der linken Hüfte, des rechten Oberschenkels, der linken Knieregion, des linken Schienbeins sowie des rechten Ellbogens) finden sich Quetschungen, Striemen und tiefe Hautabschürfungen, die von einem erbarmungslosen Todeskampf zeugen, von dem auch ihr Mörder Spuren davongetragen haben müßte.

Die an der Leiche sowie am LKW-Anhänger gefundenen, nachweislich nicht von Rodriguez stammenden Haarspuren und Kopfhautreste werden in einem US-Labor mit den DNA-Proben Jack Unterwegers verglichen. Das im April 1992 vorliegende Ergebnis ist eindeutig: Jack Unterweger ist als Verursacher dieser Spuren »zu 100 % auszuschließen«! (Protokoll des Bezirksgerichts von L. A., Zeugenaussage von FBI-Mann James Harper, S. 18).

Rund ein Jahr später, im Abschlußgutachten Dirnhofers, sind diese Spuren dann allerdings »nicht zuordenbar« (Seite 67 des Abschlußgutachtens). Jack Unterweger wird – wiederum dank der Theorie der »Parallelität« – auch für diesen Mord verurteilt.

Mordfall Long: Auf unwegsamen Gelände

Die Prostituierte Sherry Ann Long wird zuletzt am 3. Juli 1991 gegen 23 Uhr an ihrem Standplatz in der Vine-Street lebend gesehen. Ihre vollständig bekleidete (Jeans, T-Shirt, Slip, Socken, Sportschuhe), ansonsten völlig unbedeckte Leiche wird nach einer Woche im Gestrüpp eines dicht bewachsenen, steilen Hügels bei Malibu, rund 40 Kilometer von ihrem letzten Standort entfernt, gefunden. Long liegt auf dem

Rücken, mit infolge des hochgeschobenen T-Shirts entblößten Brüsten und ausgestreckten, geschlossenen Beinen. Ihr linker Arm liegt am Bauch, der rechte ist nach oben angewinkelt. Sie war mit ihrem eigenen, im rechten Halsbereich verknoteten Büstenhalter erdrosselt worden. An der Leiche konnten jedoch aufgrund der fortgeschrittenen Fäulnis keine äußerlichen Verletzungen festgestellt werden.

Die US-Polizei hatte in den Mordfällen Duval, Exley, Rodriguez und Long (die ja ursprünglich in einem Zusammenhang gesehen wurden) mehrere konkrete Tatverdächtige. Darunter befand sich ein wegen Sexualdelikten vorbestrafter LKW-Fahrer, der ständig im Hurenmilieu verkehrte, dessen Arbeitsstelle sich in der Nähe zweier Fundorte (von Exley und Rodriguez) befand, der zu den tatkritischen Zeiten dienstfrei hatte und der mit seinem LKW auch den steilen Hügel, auf dem Long gefunden wurde, ohne Probleme hätte befahren können. Nach Aussage der Prostituierten Debbie C. sei ihre ermordete Kollegin Shannon Exley immer wieder ins Cockpit zu Lastwagenfahrern eingestiegen. Einer davon könnte ihr letzter Kunde gewesen sein – der schwarze LKW-Fahrer, zu dem sie wenige Stunden vor ihrem Tod eingestiegen war, wurde jedoch nie ausgeforscht.

Nach Unterwegers Verhaftung sah eben alles ganz anders aus ...

Unerreichbare Beweismittel

Das weitere ist bekannt: Staatsanwalt Montagna weigert sich, dem Anklagewunsch der Polizei nachzukommen. Unterweger wird am 27. Mai 1992 nach Österreich ausgeliefert. Doch die Österreicher ermitteln auch in den drei US-Mordfällen weiter. Sogar eine weitere Dienstreise wird bewilligt, die Untersuchungsrichter Wladkowski gemeinsam mit dem (mittlerweile Ex-) SOKO-Leiter Geiger und dessen Kriminalistentrupp am 15. Oktober 1992 antritt. Auch der den Fall bearbeitende Staatsanwalt Martin Wenzl und Anwalt Zanger sind dabei. In den USA kommt jedoch ausschließlich Entlastendes für Unterweger zum Vorschein: Der US-Cop Robert Knudson, der im Fall Long einen Ortsaugenschein durchgeführt hatte, stellt bei seiner beeideten Zeugeneinvernahme unmißverständlich klar, daß der steile, unwegsame Hügel, auf dem die ermordete Sherry Long gefunden worden war, nur mit einem »four-wheel-drive«, einem geländegängigen Wagen mit Allradantrieb, befahrbar ist. Jeder herkömmliche PKW würde dort unweigerlich stekkenbleiben bzw. abrutschen, wie die praktischen Fahrtests ergeben hätten. Unterweger hatte aber bei seinem USA-Aufenthalt lediglich zwei PKW der Marke »Toyota Corolla« gemietet, die auf keinen Fall geländegängig sind. Das war noch nicht alles: Am Auffindungsort der Long waren Reifenspuren vorhanden gewesen. Diese wurden von der Spurensicherung fotografisch festgehalten und nach dem Auftreten des Verdachts gegen Unterweger mit dem Reifenprofil des besagten Toyota verglichen. Das Ergebnis: Die Profile stimmen nicht überein! Allerdings fügt der leitende Ermittler Harper gleich hinzu, daß die Reifen des Toyota inzwischen gewechselt worden waren, so daß dies kein Entlastungsbeweis sein könne. Ein Vertreter der Autovermietungsfirma, der dies bestätigen oder hätte verneinen können, wird leider nicht befragt. Um jeglichen Zweifel auszuschließen, hätten die Herren von der Grazer Gerichtskommission auch selbst praktische Fahrtests an Ort und Stelle durchführen können. Das halten sie aber nicht für notwendig.

Zanger besteht aber darauf, auch im Fall der vierten Prostituierten Duval die Parallelen zu den anderen Morden zu prüfen. Auf diese Weise kann Harpers These vom »händischen Erwürgen« widerlegt werden: Der stellvertretende Sheriff des Verwaltungsbezirks L.A., Detektive Ronnie Lancaster, klärt die Gerichtskommission darüber auf, daß Duval ebenso wie die anderen Frauen mit einem »weichen Band« erdrosselt wurde.

Nach Graz zurückgekehrt, muß sogar U-Richter Wladkowski auf die Frage der Reporter, ob die Reise »neue Beweise« gebracht hätte, zugeben: »Nein, aber das habe ich auch gar nicht erwartet.« (»Kleine Zeitung«, 24.10.1992). Diese Antwort wirft die Frage auf, wofür solche Dienstreisen vom Justizministerium dann bewilligt werden. Der Pressesprecher des Landesgerichts, Winfried Enge, meint im selben Zeitungsartikel als Schlußsatz dennoch: »Wir sind ein Stück weitergekommen, das Bild hat sich abgerundet.« So manches, das das Bild hätte »abrunden« können, wurde aber verabsäumt: Etwa praktische Fahrtests mit den von Unterweger in den USA verwendeten Mietautos an den Leichenfundorten.

Rund zwei Jahre später dürfen drei US-Cops im Grazer Prozeß aussagen: Der bullig wirkende, farbige James Harper, der als Chefermittler in L.A. eng mit SOKO-Leiter Geiger zusammengearbeitet hatte, der stellvertretende Sheriff von L.A., Ronnie Lancaster, und Stephen Staples, der Unterweger im Sommer 1991 für dessen Recherchen in einem Polizeiauto mitgenommen hatte. Die Ladung anderer wichtiger US-Zeugen, vor allem des US-Cops Robert Knudson, der am unwegsamen Fundort des Mordopfers Sherry Long einen Lokalaugenschein mit Fahrtest durchgeführt hatte, hielt Richter Haas für überflüssig. Staples sagt als erster aus. Er erzählt dem Gericht, daß er Unterweger noch »in sehr guter Erinnerung« habe und daß dieser sich damals besonders für die »Rauschgift- und Drogenszene« interessiert habe. Als nächster ist Lancaster dran: Er bestätigt die Parallelen zwischen den drei angeklagten US-Mordfällen, die auf einen einzigen Täter schließen ließen. Leider konnte Detective William McLyman, der im Fall der ebenfalls in L. A. ermordeten Prostituierten Duval ermittelt hatte und auch hier deutliche Parallelen zu den anderen drei Morden sah, nichts dazu sagen – er war nicht geladen worden. Lancaster erklärt dem Gericht außerdem, den Fundort der Long mit einem Ford Escort ohne Allradantrieb »erklommen« zu haben (womit er im Gegensatz zu den seinerzeitigen Ermittlungsergebnissen steht). Andererseits kann Lancaster die durch nichts belegte Behauptung in der Anklage, Unterweger habe sich zu den tatrelevanten Zeiten stets in Hotels in unmittelbarer Nähe der Standorte der ermordeten Prostituierten aufgehalten, nicht bestätigen. Ganz im Gegenteil: Die Hotels, in denen sich Unterweger aufgehalten hatte, liegen weitab von den jeweiligen Standplätzen der ermordeten Frauen. Die diesbezügliche, völlig unwahre Behauptung in der Anklageschrift diente offenbar nur dazu, die dürftigen Indizien etwas glaubwürdiger erscheinen zu lassen! Es gebe keine Hinweise oder gar Beweise für eine Täterschaft Unterwegers, muß Lancaster daher zugeben. Zuletzt kommt Harper zu Wort, am längsten von allen: Er gibt sich von der Schuld Unterwegers überzeugt, auch wenn er diese Meinung außer mit dem Hinweis auf die »Parallelität« der Morde nicht konkretisieren kann.

Jack Unterweger selbst bietet für die Nächte des Verschwindens der US-Prostituierten, die mit Ausnahme des Falles Exley keineswegs auch die Mordnächte sein müssen, zwei überprüfbare Alibis an. Er hat seinen fünfwöchigen Aufenthalt in Los Angeles inzwischen mühselig rekonstruiert: In der Nacht des 20. Juni 1992 habe er mit seiner Ex-Geliebten Rosa U. aus Wien ein längeres Telefonat geführt. Es sei ein Streitgespräch wegen des Briefes einer Verehrerin gewesen, den Frau U. in die Hände bekommen hatte. Die Frau, die Unterweger kurz nach seiner Rückkehr wegen Bianca verlassen hat, will sich später jedoch nicht so genau erinnern. Eine von Unterweger kurz nach seiner Verhaftung beantragte Telefonüberprüfung wurde nie durchgeführt, so daß das Alibi nicht bestätigt werden kann. Erst beim Prozeß bestätigt die Zeugin Paula S., Jack während seines USA-Aufenthalts täglich, öfters sogar mehrmals, an seinem Mobiltelefon erreicht zu haben, bevor sie mittags zur Arbeit ging. Unter Berücksichtigung des Zeitunterschieds ergibt sich, daß die Telefonate gegen ein bis drei Uhr morgens L. A.-Zeit stattgefunden hatten. Natürlich führte die Frau keine Aufzeichnungen über die Telefonate, so daß dies kein Alibi sein konnte.

Für die Nacht zum 4. Juli 1991 gibt Jack Unterweger an, von 22 Uhr bis 5.30 Uhr morgens mit Luisa E. zusammengewesen zu sein. Luisa, das war eine rassige Südamerikanerin, die an der Rezeption des Hotels arbeitete, in dem Unterweger nächtigte. Die Einladung an die Bar nach Dienstschluß endete in Jacks Zimmer. Doch es wurde mehr daraus: Am 6. August verläßt Luisa L. A. mit einer TWA-Maschine in Richtung Europa, wo Unterweger sie am Flughafen München abholt und mit ihr nach Wien fährt. »Jack war sehr verliebt in Luisa. Er bemühte sich über alle Maßen um sie, war überaus zärtlich. Doch sie wirkte ein bißchen hilflos und unselbständig. Das Problem der beiden war die Sprache: Mehr als für ein ›Give me a kiss‹ reichte Jacks schlechtes Englisch leider nicht«, erzählte mir eine Bekannte später über diese Beziehung. »Und auch Luisa sprach kaum deutsch. Und, was Jack nie zugegeben hätte, sie hatte sich wohl auch mehr von dem ›europäischen Schriftsteller‹ erwartet.« Denn Unterweger mußte für seinen Lebensunterhalt hart arbeiten, war viel zu seinen Lesungen unterwegs und mit seinen Projekten beschäftigt. Er konnte Luisa weder allzuviel Zeit noch besonderen Wohlstand bieten. Bald wird es ihr langweilig in der fremden Stadt. Dazu kommt noch das Heimweh: Das bunte Leben in L. A. fehlt ihr, vor allem dann, wenn es wieder mal regnet in Wien. Und der Herbst steht vor der Tür. Am 1. September bringt der »Kurier« die erste Schlagzeile vom Dirnenkiller »Jack the Struggler«. Unterweger ahnt, was auf ihn zukommt. Er meint jetzt, daß Luisa im Moment bei ihr zu Hause besser aufgehoben sei. Am 4. September, einen Tag nach seiner ersten Einvernahme, bringt er sie zum Wiener Flughafen. »In vier Wochen sehen wir uns wieder!« schwören sie sich beim schweren Abschied. Denn bis dahin will Jack alles geklärt haben.

Doch es sollte ein Abschied für immer sein: Am 30. September ruft Luisa ein letztes Mal gegen halb drei Uhr früh in seiner Wohnung an und erzählt mit tränenerstickter Stimme, daß ihr Mann sie aus der Wohnung ausgesperrt habe und sie dringend wieder Geld brauche. Bevor

Unterweger sie fragen kann, an welche Adresse er das Geld schicken soll, legt sie auf. Er fühlt sich, wie er in sein Tagebuch schreibt, »elend wie noch nie«. Seitdem hat er nie wieder von ihr gehört.

Im Februar 1992 forscht das FBI Luisas neue Adresse in New Jersey aus. Sergeant Miller, der trotz seiner freundlichen Haltung gegenüber der österreichischen SOKO in Unterweger nicht zwingend den Täter sah, vernimmt sie kurz über ihre Kontakte zum Mordverdächtigen, doch vorläufig ohne auf potentielle Alibis einzugehen. Da werde sie später vor Gericht noch Gelegenheit haben, meint er.

Als Unterweger Luisa dann aber im April 1994 als Alibizeugin anführt, ist ihre Anschrift angeblich nicht mehr ausfindig zu machen. Wie man hörte, soll sie inzwischen in ihr Heimatland San Salvador zu ihrer kleinen Tochter zurückgekehrt sein. Der Untersuchungsrichter meint nur, die Ausforschung der Zeugin sei »Angelegenheit der Verteidigung«, ebenso wie die Telefonüberprüfung.

Der Termin für die Einvernahme Luisas im Prozeß ist für den 6. Juni 1994 angesetzt. Wie erwartet, erscheint sie nicht. Man hat ihre Adresse nicht ausforschen können. Ein »unerreichbares Beweismittel«, wie Staatsanwalt Gasser süffisant bemerkt.[7]

Sergeant Miller, der Luisa einst einvernommen hatte, war hingegen nicht zum Prozeß geladen worden.

Dagegen versucht Staatsanwalt Gasser weiter für die Anklage zu punkten. Er macht die sternförmigen Einschläge an einer Windschutzscheibe eines von Unterweger in den USA benutzten Leihwagens im Handumdrehen zum »Belastungsindiz«: Nicht das verlorene Ladegut eines LKW, sondern ein sich verzweifelt wehrendes Opfer hätte sie verursacht! Wen stört es angesichts solch abenteuerlicher Thesen schon, daß weder ein zeitlicher Bezug zu einem Mord nachweisbar ist, noch irgendeine kriminaltechnische Untersuchung dieser längst ausgewechselten Scheibe vorliegt. Eine Zeitung erweitert diese »Indizien« der Anklage in einer fetten Schlagzeile auch noch: »Zwei Autoscheiben als Indiz!« (»Neue Zeit«, 26.4.1994).

---

[7] Unterweger war, wie er mir später anvertraute, einerseits enttäuscht, andererseits fast irgendwie »erleichtert« darüber: Denn ihr Anblick hätte zu vieles in ihm »aufgewühlt«.

»Miss Boa«

»Das wirkliche Unheil aber kommt auf leisen Sohlen. Lynn Herold wirkt wie eine gelassene Hausfrau, sie ist freundlich zu jedermann und zeigt würdevolle Nachsicht mit ihrem Gewicht, gerade so viel, wie man mit 41 darf«, beschreibt sie Paul Yvon in »profil« (24/94). Es handelt sich aber um eine gelernte Biologin aus Los Angeles, die sich auch mit Knoten und deren Entwirrung beschäftigt. Sie ist eine »Entdeckung« von US-Cop Harper, der sie liebevoll »Boa« nennt. Schon öfter hat er ihre Dienste in Anspruch genommen, wenn es darum ging, Knoten und Drosselwerkzeuge zu »entwirren«. Auch SOKO-Leiter Geiger stattete ihr am 15. April 1992 im Rahmen seiner USA-Dienstreise einen Besuch ab und ließ sich auch gleich die Knoten der in den US-Mordfällen verwendeten Strangwerkzeuge erklären.

Im österreichischen Jahrhundert-Prozeß hat sie den Auftritt ihres Lebens: als »sachverständige Zeugin« der Anklage. Paul Yvon im »profil« macht sie gar zur »Chefin der Kriminaltechnik«. Doch im Gerichtsakt findet sich kein einziges kriminaltechnisches Gutachten von ihr. Das hatte bereits der Wiener Kriminalistik-Sachverständige Dr. Siska bemängelt: »Eine Vergleichsuntersuchung der verschiedenen Drosselwerkzeuge und ihrer Knoten konnte im vorliegenden Aktenmaterial nicht vorgefunden werden. Damit ist nicht nur eine Asservierung und photographisch/graphische Dokumentation gemeint, sondern eine analytische Untersuchung. Fragen nach der Kategorie der Drosselwerkzeuge und der Rationalität ihrer Anwendung (stand nur ein einziges Drosselwerkzeug aufgrund der Materialbeschaffenheit der am Tatort vorhandenen Gegenstände zur Auswahl oder wurde aus – tiefenpsychologisch vielleicht erklärbaren Gründen – stets ein gleiches Werkzeug, z. B. der Büstenhalter, verwendet?) sind offen. Desgleichen konnte auch kein Bericht über besondere Charakteristika der Knoten gefunden werden.«

Die Verteidigung hatte von Herold nur erfahren, daß die Verknotungen der Büstenhalter der drei ermordeten Amerikanerinnen »unübersehbare Parallelen« aufweisen würden.

Am 9. Juni ist es dann soweit: »Wie viele gute Geschichten war die ihre kurz« (Yvon). Tatsächlich ist diese in ihrem Blümchenkleid und Pantoffeln so gar nicht in diesen Schwurgerichtssaal passende »Miss Boa« nicht zu unterschätzen: »Ich habe mehrere hundert solcher Fälle untersucht, aber diese Art Knoten hatte ich noch nie vorher gesehen.

Sie sind absolut unüblich und haben sieben auffallende Gemeinsamkeiten. Also sagte ich, sucht nach demselben Täter für alle drei!« legt sie gleich los. Wie bei den anderen US-Zeugen übersetzt auch hier die Dolmetscherin alles simultan. Doch plötzlich wird es ganz still im Saal. Es folgt eines der bisher makabersten Details dieses Prozesses. »Miss Boa« zerrt aus ihrer mitgebrachten Tasche zerfetzte, zerrissene und verknotete Unterwäschestücke, an denen teilweise sogar noch eingetrocknetes Blut sichtbar ist. Unglaublich: Es handelt sich um die wirklichen Kleidungstücke der ermordeten Frauen! Frauen, die man bisher nur von unscharfen Porträts als Namen und Todesfall kannte. Plötzlich bekommt alles Konturen: Man sieht förmlich, wie diese Frauen sich für ihren letzten Kunden ausgezogen haben, oder hat der es ihnen mit etwas Scharfem heruntergerissen? Man spürt, wie da schon Entsetzen aufgekommen sein muß, wie sie sich verzweifelt gewehrt haben, als sie dem Tod ins Auge blickten ... Wie von ferne spricht »Miss Boa« weiter, warum die Büstenhalter »mit sehr hoher Wahrscheinlichkeit vom selben Täter« verknotet worden sind. Während sie dann mit flinken Händen vorzeigt, wie's geht, und alle gebannt zuschauen, ohne zu verstehen, brummelt Anwalt Lehofer, ein begeisterter Hobbysegler, in seinen Bart: »Aber das sind ja einfache Seemannsknoten!«

Nach der beeindruckenden Demonstration fragt Richter Haas: »Sie haben gesagt, man soll bei Rodriguez, Long und Exley nach einem gemeinsamen Täter suchen. Was hätten Sie gesagt, wenn Sie damals auch die Strumpfhose von Moitzi gesehen hätten?« Herold antwortet: »Dasselbe!« Der Richter stößt nach: »Und auch den Body von Frau Eroglu?« »Dasselbe!« kommt, wie gerufen, die knappe und bestimmte Antwort. Am Vortag hatte es nämlich schon ein (inoffizielles) »Vorgespräch« im Büro des Richters Haas gegeben, bei dem er ihr die Fotos der Knoten der beiden österreichischen Mordopfer gezeigt hatte. Der Expertin reichte das schon für ihre unumstößliche Schlußfolgerung: »Alle fünf Knoten sind buchstäblich gleich!« Das kommt dem Anwalt nun aber wirklich zu übertrieben vor, und er bohrt nach. Doch Herold ist nicht aus dem Konzept zu bringen: »Es gibt Abweichungen, aber die sind nicht so groß, um von Unterschieden zu sprechen«, sagt sie, während sie das Wäschestück in ihren Händen dreht und windet. Einmal will ihr dann ein Knoten nicht ganz so gelingen. Da schaltet sich Staatsanwalt Gasser ein: »Vielleicht kann uns der Herr Unterweger zeigen, wie der geht?« Frau Herold ignoriert nonchalant die Bemerkung.

Bevor sie den Saal ebenso leise, wie sie gekommen war, wieder verläßt, bewilligt ihr Richter Haas ein Honorar von 1 000 US-Dollar.

Tags darauf ist »Miss Boa« die Jubelmeldung zum Unterweger-Prozeß: »Fünf Knoten sorgen für Knalleffekt!« springt einem die Schlagzeile der »Kleinen Zeitung« entgegen. Auch Paul Yvon ist offenbar so beeindruckt, daß er die Strumpfhose, mit der Moitzi erdrosselt wurde, zum »BH« macht (»profil« 24/94). Leider, Herr Yvon, auch wenn es besser in die »Serie« gepaßt hätte: In Österreich ist keines der Opfer mit einem verknoteten BH erdrosselt worden.

Anwalt Lehofer hat mir die Knoten später erklärt. Des Rätsels simple Lösung: In den US-Mordfällen scheint der Mörder tatsächlich den Seemannsknoten beherrscht zu haben. Hingegen sind die Verknotungen bei den Kleidungsstücken, mit denen Moitzi und Eroglu erdrosselt wurden, einfachster Natur, vergleichbar mit Schuhbandknoten. Auch Lehofer ist der Meinung, daß Herolds Vorführung für den Prozeßausgang entscheidend war: »Die Geschworenen haben wegen der angeblichen Knotenähnlichkeiten nichts verstanden. Aber etwas anderes hat sie zutiefst beeindruckt: Es war diese Mischung aus scheinbarem Fachwissen und makabrer Stimmung mit den Wäschestücken der Ermordeten. Herold war eine geniale Stimmungszeugin der Anklage.«

DER »JAHRHUNDERT-PROZESS«

»Beweisen Sie Ihre Unschuld!«

Aller Vorverurteilung und Medienhetze zum Trotz hoffte Jack Unterweger auf die Geschworenen. Gleich zu Beginn sagte er zu ihnen: »Ich werde nichts sagen, was nicht beweisbar und nicht richtig ist. Ich kann mir keine Lüge erlauben. Wenn Sie mich bei einer Lüge erwischen, bricht bei mir alles zusammen, dann kann ich einpacken, wie man sagt. Dann verurteilen Sie mich!« Er fährt fort: »Seien Sie ruhig streng mit mir, aber seien Sie auch streng zu den anderen im Saal.« Am nächsten Tag klangen manche Schlagzeilen schon nach hämischer Vorfreude »Wenn man ihn beim Lügen erwischt ...« und kleiner darunter »... dann sollen ihn die Geschworenen verurteilen, sagt Jack Unterweger.« (Doris Piringer in der »Kleinen Zeitung«, 22.4.1994).

Auch Richter Haas griff Unterwegers »Gelöbnis« bei der Angeklagtenbefragung auf. Das Gesetz erlaubt ihm, dem Angeklagten seine Vorstrafen vorzuhalten, mögen sie auch noch so lange zurückliegen. Dabei ging er sogar noch weiter als die Anklage, indem er Unterweger etwa vorhielt, er habe im Jahre 1966 nicht bloß zwanzig, sondern vielmehr 320 Schilling gestohlen – auf diesem lächerlichen Detail wurde ganze fünfzehn Minuten herumgeritten. Dann hielt der Richter dem Angeklagten wiederum vor, sich zu irgendeiner Zeit auch »Philippe Noiret«, ein in der Anklageschrift gar nicht angeführter Aliasname, genannt zu haben. Schließlich versuchte der gestrenge Herr Rat sogar, Unterweger als »Heiratsschwindler« zu entlarven: Er habe gegenüber einer Frau ein Eheversprechen abgegeben, aber nicht eingehalten! Woraufhin der Angeklagte sich aber doch die Frage erlaubte, ob er nun auch wegen Heiratsschwindels vor Gericht stünde.

Warnung vor dem Unterweger!

Als der »Aufsteiger« Gasser (»täglich Alles«) vor Beginn der Verhandlung erfahren hatte, daß sein Platz in der Reihe unter der seines Kollegen Wenzl vorgesehen war, hatte es einen ersten Disput gegeben: Gasser verlangte eine Umordnung der Plätze. Unterweger, dem solch kleinliche Reibereien fernlagen, erklärte sich bereit, den Platz neben seinem Anwalt zu räumen und sich eine Reihe darunter zu setzen, damit Gasser in der gleichen Reihe neben Wenzl und den Anwälten agieren konnte.

Beim Vortrag der Anklage mußte Gasser aber zunächst seinem Kollegen Wenzl den Vortritt lassen. Der meinte, vor versammeltem internationalen Publikum doch ein bißchen auf Effekt setzen zu müssen, und warnte die Geschworenen: Dieser Unterweger sei ein »begnadeter Verführer«, er habe Charisma, verstehe es, sich zu kleiden, und sei darin geübt, seine Mitmenschen für sich einzunehmen! Unter seinen »Opfern« seien nicht nur die Frauen gewesen, die er verführt habe, sondern auch hohe Ministerialräte, die ihn »protegiert« hätten. Namen konnte der Staatsanwalt freilich keine nennen, weil es keinen einzigen Fürsprecher auf Ministerialebene gegeben hatte. Dafür zitiert Wenzl den »Parade-Intellektuellen« Nenning mit seinem Sager: »Ich fürchte, er hat uns nicht besonders interessiert.« Nachdem Wenzl eine gute Stunde lang Kindheit und kriminelles Vorleben des Angeklagten seziert, aus Gutachten von zwei Psychiatern (die, und das sagte er lieber nicht, den Angeklagten niemals untersucht hatten) zitiert und das Klischee vom »großen Verführer« entworfen hatte, der eine »Zuhälter-Attitüde« an den Tag gelegt und die Nähe des Rotlichtmilieus gesucht habe, mußte er zu einem etwas undankbareren Teil seiner Rede übergehen: In nicht einmal zwanzig Minuten werden, im Rösselsprung von Graz über Prag nach Wien und Los Angeles, elf Morde aufgezählt. Beweislos, nur auf Annahmen, Thesen und »Wahrscheinlichkeiten« beruhend.

Nach diesem langweiligen, aber wenigstens kurzen »Intermezzo« tritt der »zweite« Ankläger auf den Plan. Und jetzt wird es erst richtig emotionell. Wieder geht es zurück in die »hochkriminelle« Vergangenheit des Angeklagten, der ja schon nachweislich gemordet hat. Auch sonst wird keine Schandtat ausgelassen, etwa eine angebliche Vergewaltigung im Jahre 1973, deren Hintergründe jedoch höchst fragwürdig und nie durchleuchtet worden waren: Sie war vom Zuhälter des angeblichen, ärztlich nie untersuchten Opfers zur Anzeige gebracht worden. Wegen der Widersprüche wurde Unterweger eineinhalb Stunden nach der Festnahme wieder entlassen. Alles, bis ins abstoßendste Detail, erfährt eine ausführliche Beschreibung. Die Geschworenen, die bisher nur aus der Zeitung erfahren hatten, welch »Böser« dieser Unterweger sei, erfuhren es jetzt auch aus dem Munde eines in seinem Talar mit roter Bordüre Ehrfurcht gebietenden Repräsentanten der Republik. Der aber betont immer wieder die »Objektivität« der Justiz und der durch sie beauftragten Gutachter und zeigt sich erhaben über die Massenmedien: »Vergessen Sie alle Medienberichte, die Sie bisher gehört haben!«

Gasser fährt fort, die Vergangenheit des Angeklagten vor Publikum auszubreiten. Erst nach der Entlassung, die er durch »Manipulation« seiner »zweihundert Förderer« erreicht habe, da sei dann das Interesse der »Kulturschickeria« und der »hohen Ministerialräte« an dem »Häf'nliteraten« erloschen, sein Erfolg sei dahin gewesen. Er habe wieder die Nähe des Rotlichtmilieus gesucht, sogar seine Bianca wollte er in einer »Begleitagentur« arbeiten lassen, entwirft Gasser ein plastisches Bild eines richtig miesen »Zuhältertypen«. Da habe dann diese »einzigartige Mordserie« begonnen, kein Mord vorher und keiner danach hätte diese »einzigartige Handschrift« aufgewiesen. Gasser warnt die Geschworenen eindringlich: Dieser Unterweger sei ein »wahrer Meister der Selbstdarstellung«, bestens darin geübt, seine Mitmenschen zu täuschen, in seiner Autobiographie »Fegefeuer« habe er seine Vergangenheit »verniedlicht«, er habe versucht, Zeugen zu falschen Aussagen anzustiften, seine Alibis hätten nicht gehalten (woher wollte er das jetzt schon wissen?), ja sogar die Handschellen, der Tränengasspray und eine ebenfalls in der Wohnung »sichergestellte« Pistole mußten wieder herhalten, um dem allen noch stärker den Anschein des Kriminellen zu geben.

Aber auch vor dem »gefinkelten« Anwalt wurden die Geschworenen gewarnt: »Passen Sie auf, Dr. Zanger läßt sie durch Detektive observieren!« Eine völlig aus der Luft gegriffene Behauptung, die aber Wirkung zeigte: Die Geschworenen begegneten dem so geschliffen wirkenden Wiener Anwalt fortan mit einem gewissen Vorbehalt. Dafür betont Gasser immer wieder die »Objektivität« der in diesem Prozeß herangezogenen »ausländischen« Gutachter. Nach der Strafprozeßordnung ist ein Staatsanwalt nun aber auch verpflichtet, für den Angeklagten entlastende Umstände vorzubringen. Staatsanwalt Gasser entspricht dieser gesetzlichen Verpflichtung, in dem er sein Plädoyer mit den Worten schließt: »So gerne hätte ich etwas Positives über den Angeklagten gesagt, doch leider, da gibt es nichts zu berichten!«

Dank Gasser hatten die Medien tags darauf wieder genügend Stoff für reißerische und eklige Berichte. Die zwanzig Jahre zurückliegenden kriminellen Taten des Jack Unterweger wurden genüßlich vor Millionenpublikum ausgebreitet.

Jack Unterweger hat sich für dieses Vorleben geschämt. Er hat nach seiner Entlassung kaum jemandem erzählt, was er einst verbrochen hatte, wollte er doch anerkannt und sozial integriert sein. Umso grausamer traf ihn diese öffentliche Entblößung. Es hat ihn viel psychische Kraft gekostet. Ich habe es bei den Besuchen mitansehen müssen: Wenn ein Bekannter länger nicht mehr geschrieben hatte, meinte Unterweger sofort, daß auch der ihn jetzt wohl fallengelassen habe, und manchmal bemerkte ich den leisen Zweifel in seinen Augen, ob ich denn zu »so einem« noch stehen könne …

Am nächsten Tag, nach den Plädoyers der Verteidiger, kam Jack Unterweger dann selbst zu Wort. Gasser herrscht ihn gleich zu Beginn an: »Jetzt beweisen Sie uns doch Ihre Unschuld!« Doch Unterweger will sich auf diesen Stil nicht einlassen. Mit klaren Worten bekennt er: »Ja, ich habe gelebt wie eine Ratte.« Aber es gehe um das Jetzt und Heute, und er kündigt an, in diesem Prozeß mit nüchternen Fakten und Aussagen seine Unschuld zu beweisen. Das war zweifellos beeindruckend souverän.

Der Statsanwalt: »Gutachter steht im Sold der Verteidigung«

Auch Anwalt Zanger hatte einiges unternommen, um der Justiz die Unschuld seines Mandanten zu beweisen. Rund sechs Wochen vor Prozeßbeginn hatte er den anerkannten Fachmann Dr. Josef Siska mit der Erstellung eines Gutachtens beauftragt. Er sollte feststellen, ob die »allgemein anerkannten Regeln der Kriminalistik bei der Ermittlungstätigkeit in der Causa Unterweger« eingehalten worden seien. Der damals 49jährige ist nicht nur Kriminalist mit jahrelanger praktischer Erfahrung als Vorstands-Stellvertreter im Wiener Sicherheitsbüro und Leiter der Referate zur Bekämpfung der Kapitalverbrechen und der organisierten Kriminalität, sondern auch promovierter Jurist, gerichtlich beeideter Sachverständiger für Kriminalistik und Autor einschlägiger Fachbücher.

Schon Siskas am 18. April 1994 vorgelegter »erster Einschaubericht« liefert ein niederschmetterndes Urteil: Über fünfzehn Seiten hinweg ortet der Kriminalist zum Teil schwerwiegende Mängel bei der Ermittlungstätigkeit im Fall Unterweger – und bleibt hinsichtlich der Schuldfrage völlig neutral. Er weist auch auf kriminalistische Fehler hin, die Jack Unterweger als Täter hätten überführen können. So wurde die Hausdurchsuchung erst vier Monate nach Verständigung Unterwegers vom gegen ihn bestehenden Verdacht beantragt. Das sei ein schwerer Fehler, da die Untersuchung der Kleidung des Verdächtigen hätte insofern Aufschlüsse bringen können, als beim Erdrosseln Blutaustritt aus Nase und Mund des Opfers charakteristisch sei. Dieses Blut werde erfahrungsgemäß in feinen Spuren auf die Kleidung des Täters geblasen. Aber es sei noch nicht zu spät: Derartige »Blutnebelspuren« müßten noch Monate nach den Morden an der Kleidung des Täters haften, da sie mit freiem Auge gar nicht sichtbar seien und somit der Täter keine Veranlassung habe, die Kleidung reinigen zu lassen.

Eine weitere Schwachstelle der Anklage stellen laut Siska die von der Polizei angenommenen Tatzeiten dar, die ja die Grundlage für das Zeit-Weg-Diagramm gegen Unterweger bildeten: »Der Kriminalistischen Handlungslehre widerspricht, wenn in der Anzeige vom 10. 2. 1992 [gemeint ist die Strafanzeige Geigers an die Wiener Staatsanwaltschaft] davon gesprochen wird, daß ›mit an Sicherheit grenzender Wahrscheinlichkeit‹ davon ausgegangen werden kann, daß alle Morde von einem Täter verübt wurden, ohne dies gehörig zu begründen. Es ist zwar nicht in Frage zu ziehen, daß auch dem Kriminalisten Wahrscheinlichkeitsaussagen erlaubt sind, jedoch ist hiefür die Sicherheit der Prämissen, worauf dieses Urteil fußt, unabdingbar. Im Fall Regina Prem ist ein modus operandi überhaupt nicht bekannt, selbst Erschießen ist als Tötungsart möglich, zumal der Schädel des Opfers bisher nicht aufgefunden wurde.« Weiters werde, kriminalistisch ebenso verfehlt, »von Tatzeiten gesprochen, obwohl keine Tatzeiten, ja nicht einmal enge und somit praktikable Tatzeiträume (ausgenommen Fall Bockova) feststehen«.

Kaum überraschend zeigt Siska auch den zum Teil wenig sorgfältigen Umgang der Exekutive mit Spurenmaterial auf. Resümee seines Einschauberichtes: Es bestehe im Fall Unterweger ein »Ergänzungsbedarf der Ermittlungen, die nach den anerkannten Regeln der Kriminalistik als nicht vollständig zu bezeichnen sind«.

Die Verteidigung hatte die Ladung Dr. Siskas als sachverständigen Zeugen für den Prozeß beantragt. Das Gericht lehnte auch diesen Beweisantrag ab, woraufhin Zanger Teile des »Siska-Berichts« in der deutschen Presse veröffentlichen ließ. Das blieb in Österreich nicht ungehört. Die Schlagzeile in »täglich Alles« vom 27. April 1994 lautete: »Unterwegers Advokat läßt Kriminalisten besudeln!« Im Artikel ist von einer »Schmutzkampagne« gegen die Mitglieder der Sonderkommission die Rede, deren »saubere Arbeit« der »Advokat« anzutasten wagte. In der Schlagzeile der »Kronen-Zeitung« vom 1. Juni wird Staatsanwalt Gasser zitiert: »Gutachter steht im Sold der Verteidigung!«

Wiederum hatten die Medien ihre Macht ausgespielt: Mit Schreiben vom 27. April 1994 trat Siska »mit Bedauern« von seiner Gutachtertätigkeit im Fall Unterweger zurück. Er habe diesen Auftrag ohne Befangenheit übernommen, bisher auch noch kein Honorar vom Anwalt erhalten und erachte sich auch weiterhin für nicht befangen. Doch durch die Medienberichterstattung werde der Anschein erweckt, daß er aus unsachlichen Motiven ein für die Polizei negatives Gutachten erstellen würde. Nach den Standesregeln für gerichtlich beeidete Sachverständige sei er jedoch verpflichtet, alles zu unterlassen, was auch nur den Anschein der Befangenheit erwecken könnte.

Erste Zeugin und schon ein Skandal

Schon bei der ersten Zeugin gab es dann einen Knalleffekt. Die über Antrag der Verteidigung geladene junge Psychologin, die Jack Unterweger vor seiner Entlassung aus der Justizanstalt Stein untersucht hatte, ließ sich gleich am Beginn durch Richter Haas verunsichern, der ihr einen viel dickeren »Stein-Akt« als ihren eigenen, der »nur« rund zehn Zentimeter dick war, vorhielt. Allerdings waren da auch die Rapport- und Effektenkarten dabei, was die Psychologin nicht wußte. Dann passierte der etwas unbeholfen wirkenden jungen Frau auch noch der Lapsus, den verstorbenen Anstaltsleiter Schreiner ins Spiel zu bringen: Dieser habe sie gebeten, »im Rahmen der Möglichkeiten, wenn es geht, nichts Negatives über Unterweger zu schreiben«. Anstaltsleiter Schreiner hatte Unterwegers Entlassung auch der Psychologin gegenüber ausdrücklich befürwortet und sie ersucht, eine über Unterweger schon zu Beginn der achtziger Jahre verhängte Hausstrafe in ihrem Gutachten unerwähnt zu lassen. Denn dies würde die bedingte Entlassung nur unnötig gefährden. Das war der Hintergrund für den von Schreiner ausgesprochenen Wunsch.

Es stellte sich am Rande heraus, daß die junge Dame als einzige (!)

Psychologin für die etwa 600 Häftlinge der Justizanstalt Stein zuständig war. Dieser Mißstand hat sich bis heute nicht gebessert.

Am nächsten Tag ging ein Aufschrei durch die Medien: »Erste Zeugin und schon ein Skandal: So leicht kam Unterweger frei!« (»Kronen-Zeitung«, 28.4.1994), »Psychologin ließ Unterweger laufen!« (»täglich Alles«) oder »Entlassung auf Wunsch des Direktors!« (»Neue Zeit«). Es wurde unterstellt, daß die psychologischen Entlassungsgutachten nicht korrekt zustande gekommen seien. Sogar der ehemals so integre Ruf des verstorbenen Hofrats Schreiner stand plötzlich in einem schiefen Licht. Staatsanwalt Gasser sprach von »versuchter Bestimmung zum Amtsmißbrauch«. Auch der Justizsprecher der Volkspartei, Rechtsanwalt Michael Graff, schaltete sich ein und forderte: »So billig wie Unterweger darf kein Häftling mehr entlassen werden!«

In Wirklichkeit handelte es sich bei den geschilderten Geschehen um einen geschickten psychologischer Schachzug, weil auf diese Weise gleich zu Beginn des Prozesses der Eindruck erweckt wurde, daß dieser Jack Unterweger eigentlich ohnehin hinter Gitter gehört. Niemanden interessierte, daß der lebensnah eingestellte Hofrat Schreiner, der Unterweger fast sechzehn Jahre und aus unzähligen persönlichen Gesprächen kannte, wohl besser Bescheid gewußt haben könnte als eine frisch von der Uni entlassene Psychologin. Ebensowenig nahm man zu Kenntnis, daß Jack Unterweger nicht nur von ihr, sondern auch vom Anstaltsneurologen und später, im Entlassungsvollzug, von einem erfahrenen Psychiater »Entlassungsreife« attestiert worden war.

Was den Angeklagten betraf, so wartete die Journaille nur darauf, daß er eine Schwachstelle zeigt. Als er etwa bei der Aussage eines Wiener Kriminalisten die Geduld verlor, beschrieb Gerichtskolumnistin Doris Piringer die Szene tags darauf wie folgt: »Gestern, am 14. Verhandlungstag nach diesen vielen Stunden im Schwurgerichtssaal, hat man erstmals eine leise Ahnung von der Innenwelt des Jack Unterweger bekommen. [...] Doch dann, bei der unangenehmen Aussage eines Kriminalisten der Sonderkommission, bröckelt der intellektuelle Überbau des Jack Unterweger ab. Unruhig rutscht er auf dem Sessel hin und her, mit blutleeren, schmalen Lippen wirft er mehrmals die Füllfeder auf den Tisch, knallt eine Mappe hinterher. Dann mault er im Wiener Dialekt: ›Kana waß wos, kana siecht wos, aber i bin da Mörda. Ph.‹« Ein weiteres Belastungsindiz also: »Das war sehr eindrucksvoll. Einige Minuten, die Unterweger nicht unter Kontrolle hatte.« (»Recht betrachtet«, »Kleine Zeitung«, 21.5.1994).

Leider kam es auch im Gerichtssaal nie zu jener sachlichen Atmosphäre, die für ein faires Verfahren unumgänglich ist. Hitzige Wortgefechte zwischen Verteidiger Zanger und Staatsanwalt Gasser waren genauso an der Tagesordnung wie die verbalen Untergriffe: »Sie dürfen nicht alles durcheinanderbringen, Herr Doktor Zanger!«

Die Gerichtsberichterstatter freuen sich, da der Prozeß immer wieder neue Pointen für die Prozeßsplitter-Glossen bietet. Besonderen Gefallen fanden sie etwa an einem Vergleich des Staatsanwalts aus dem Tierreich, als der Angeklagte auf eine Frage des Richters nicht so direkt geantwortet hatte wie erwünscht: »Unterweger kommt mir vor wie ein Hase, der Zick-Zack läuft!«. Nur wenn's wieder mal gar zu arg wird, muß Richter Haas ein Machtwort sprechen, und alle sind ruhig. Doch der Staatsanwalt hatte in Unterweger keinen einfachen Gegner. »Sie waren also zum Zeitpunkt, an dem die Frau ermordet wurde, im Hotel? Wir müssen Ihnen das glauben oder auch nicht.« Unterweger reagiert: »Nein, Herr Staatsanwalt, Sie müssen mir das Gegenteil beweisen!« Wieder ein Beweis für die »Kaltblütigkeit« des Jack Unterweger. »Beweisen Sie mir das Gegenteil!« (»Kronen-Zeitung«, 26.4.1994) lautete die Schlagzeile der »Kronen-Zeitung« vom 24.4.1994.

Vor allem Zeuginnen, die Positives über Jack Unterweger zu sagen hatten, darunter viele junge Mädchen, wurden vom Staatsanwalt unvermutet und immer wieder mit ebenso abstoßenden wie fragwürdigen Details aus dessen Vorleben konfrontiert: »Wußten Sie, daß der Angeklagte im Jahre 1973 eine Frau mit einer Stahlrute vergewaltigt hat?«

»Verwirrt: Ankläger Wenzl«

Die Boulevardmedien wußten es Staatsanwalt Gasser zu danken, daß er ihnen ein ordentliches Prozeß-Spektakel bot. In einem buntbebilderten österreichischen Massenblatt wurde dieser als »bester Staatsanwalt von Graz« bejubelt: »In seiner Emotionalität, seiner Mimik und seiner scharfzüngigen Schlagfertigkeit sehr beeindruckend« (»täglich Alles«, 29.6.1994).

Das Massenblatt ging sogar soweit, unter den beiden Staatsanwälten Noten zu verteilen: Während die scharfzüngige Leistung des »Aufsteigers« Gasser mit einem »Ausgezeichnet« bedacht wurde, erhielt sein besonnen agierender Kollege Wenzl, der in den Augen der Medien zu »zahnlos« war, die Note »Nicht genügend« und wurde damit zum »Sitzenbleiber«. Vor allem gegen Ende des Prozesses nahmen die Angriffe auf Wenzl immer mehr zu. Unter dem Titel »Staunen über den Unterweger-Ankläger« schrieb etwa die Tageszeitung »Kurier«: »[...] versteigt sich ausgerechnet der Ankläger zu der Äußerung, in diesem Prozeß werde mit vielen Wahrscheinlichkeiten gearbeitet«. Richter Haas mußte schließlich einschreiten: »Herr Staatsanwalt Wenzl, ich weiß nicht, welche Rolle Sie hier spielen. Aber jetzt geben S' bitte eine Ruhe«, wird er in gewohnter Überlegenheit zitiert. Unter einem Foto von Wenzl steht kurz und bündig: »Verwirrt: Ankläger Wenzl« (»Kurier«, 1.6.1994). Wenige Tage später wird berichtet, daß der Leiter der Staatsanwaltschaft dem Unterweger-Ankläger wegen »Nähe zur Verteidigung« den »Kopf gewaschen« habe. Die Gerichtsberichterstatterin der »Kleinen Zeitung« fordert gar die Ablösung Wenzls: Es gehe »um nichts Geringeres als den guten Ruf des Grazer Landesgerichts«.

»Bestie«

Eine kleine Gestalt zwischen zwei bulligen Bewachern, manchmal spöttisch lächelnd, mit einem Blick, der ständig Erwiderung sucht und sich festkrallt, sobald ihm jemand standhält.
    (Beschreibung des Angeklagten in der »Kronen-Zeitung«, 2.6.1994)

Bei ihrer Prozeßberichterstattung schwindet meine österreichische Gelassenheit. Seit Wochen füllt Herr Unterweger täglich zwei bis vier Seiten Ihres Blattes. Finden Sie nicht, daß andere Menschen erwähnenswerter wären als einer, der im Verdacht steht, elf Frauen ermordet zu haben?
    (Aus einem Leserbrief an die »Kleine Zeitung«, 30.4.1994)

»Verbale Gewalttaten«

Im grellen Scheinwerferlicht der Medien wurde Banales zur Monstrosität verzerrt: Irgendwann hatte Unterweger sich etwa mit einer guten Bekannten einen Scherz erlaubt und sie mit Handschellen an den Heizkörper gefesselt – und gleich darauf lachend wieder befreit. Für die Medien stellte das offenbar einen Skandal dar und wurde tatsächlich über Seiten breitgetreten. Vor allem in Zusammenhang mit den »Weibergeschichten« Unterwegers jagte eine »skandalöse Enthüllung« die nächste, etwa als bekannt wurde, daß er die eben erst bei ihm eingezogene Bianca, die beim Klingeln das Telefon abgehoben hatte, einer anderen Frau gegenüber als »Putzfrau« ausgegeben hatte. Die nächste »Enthüllung« folgte auf dem Fuß. Hartnäckiges Befragen durch den Richter unter Vorhalt des Polizeiprotokolls brachte einen weiteren »Skandal« an den Tag: Mit einer Schauspielerin seiner Truppe hatte Jack Unterweger in einem Salzburger Juxladen ausgerechnet Handschellen gekauft, die nach Aussage der Zeugin »aber ... ganz zierlich (waren)«. Aber für bissige Gerichtsberichte und Kolumnen waren sie dennoch groß genug.

Als dann ein Zeuge, ein Schauspieler, der in einem von Jacks Stücken mitgespielt hatte, einen derben erotischen Ausspruch bekanntmachte, den Unterweger während einer Tournee in einer abendlichen Runde gemacht haben soll, brach ein wahrer Sturm der Entrüstung los. Die »Krone«-Kolumnistin Marga Swoboda stellte sofort wieder einen Zusammenhang zum Heizkörper her: »Unterweger habe gesagt, einer gewissen Schauspielerin aus dem merkwürdigen Trupp gehören die Brustwarzen abgeschnitten und in Essig eingelegt. Das ist ziemlich grauslich, aber [...] man wundert sich bei einem, der Frauen an Heizkörper fesselt, über diese verbale Gewalttat auch nicht mehr.« Noch empörender sei es, daß auch der Zeuge den Ausspruch Unterwegers nur als »kleine erotische Frechheit« empfunden hatte! (»Kronen-Zeitung«, 27.5.1994).

Rund hundertfünfzig Zeugen hatten eine Ladung zum »Jahrhundert-Prozeß« erhalten. Vor jeder Zeugenaussage spielte sich dasselbe Ritual ab: Richter Haas belehrt den Zeugen über seine Wahrheitspflicht und erinnert an die »Heiligkeit« des vor dem Untersuchungsrichter abgelegten Eides. Dann wird die frühere Aussage des Zeugen verlesen. Kommt der endlich zu Wort, genügt schon eine kleine Nachdenkpause, und schon fällt ihm der vorsitzende Richter ins Wort: »Sagen Sie nur, was Sie wissen, ich will Ihnen ja nichts vorsagen ...« Dann trägt er doch erst wieder Textpassagen aus früheren Aussagen vor Polizei und U-Richter vor.

Manche Zeugen waren aber erst gar nicht vor Gericht erschienen: Vor allem die Wiener Prostituierten, die rund zwei Jahre zuvor für pikante Polizeiprotokolle gesorgt hatten, hatten offenbar die Lust verloren. Die

Ausreden für ihr Nichterscheinen waren manchmal recht seltsam: Eine litt etwa unter »epileptischen Anfällen«. Die meisten blieben ihrem Termin aber ohnehin unentschuldigt fern, wodurch sich oft unfreiwillige, lange Verhandlungspausen ergaben. Aber auch die wenigen Prostituierten, die tatsächlich den Weg in den Gerichtssaal gefunden hatten, enttäuschten die Anklage, indem sie ihre Aussagen jetzt widerriefen. Wie etwa jene Liebesdame, die in Unterweger laut Polizeiprotokoll einen »Fesselspiel«-Kunden erkannt haben wollte, der sie schon Ende 1991 mit unter einer Kapuze verborgenem Gesicht aufgesucht habe. Da jedoch der seltsame Kapuzenmann sie immer noch regelmäßig beehre, klärte sie das Gericht auf, könne es sich wohl kaum um den längst inhaftierten Jack Unterweger handeln. Auch die Prostituierte, bei der Unterweger sich »zuhälterisch« betätigt haben soll, kam zum Prozeß. Die herb wirkende Dame, die inzwischen in einem oberösterreichischen Puff tätig war, bestätigte entgegen den dramatischen Ausführungen im Abschlußbericht der »SOKO Unterweger«, für die eigene Tasche gearbeitet zu haben. Sogar eine Prostituierte, mit der Unterweger in Haft in Briefkontakt gestanden hatte – sie war zu diesem Zeitpunkt wegen eines Eigentumsdelikts selbst in Haft gewesen – war vorgeladen worden, konnte aber ebenfalls mit nichts »Perversem« aufwarten.

Trotz dieser kleinen »Pannen« gestaltete sich der Unterweger-Prozeß zum gelungenen Justizspektakel, für dessen wirkungsvolle Gestaltung man weder Kosten noch Mühen gescheut hatte.

»Intime Details hinter verschlossenen Türen«

Auch der »Unterweger-Jäger« der ersten Stunde, Inspektor Schenner aus Salzburg, hatte sich als Zeuge eingefunden. Wie nicht anders zu erwarten, referierte er ausführlich über seinen immer noch ungeklärten Mord aus dem Jahre 1973, der – da sei er sich sicher – ebenfalls von Unterweger begangen worden sei. Die Grazer »Neue Zeit« dehnte daraufhin sogar die Anklage aus und titelte: »Unterweger: Zwölfter Mord zur Last gelegt« (»Neue Zeit«, 3.5.1994).

Die Anklage hatte nicht versäumt, auch ehemalige Geliebte Unterwegers, die von ihm wegen einer anderen verlassen worden waren, als Zeuginnen zu beantragen. Bei deren Aussagen fühlte man sich mitunter an peinliche Scheidungsszenen erinnert. Oft traten Banalitäten zutage, die eigentlich keiner Erwähnung wert wären. Aber es war die

Anklage, die diese Banalitäten zu »massiven psychologischen Belastungsindizien« hochstilisiert hat. Weil auf diese Weise die im Prozeßsaal erzeugte Stimmung wiedergeben werden kann, darf man auch diese Seite der Verhandlung nicht außer acht lassen.

Da war zum Beispiel eine etwas unbedarft wirkende junge Frau, die von ihrem gewalttätigen Freund nach einem Streit aus der Wohnung geworfen wurde. Unterweger hat sie sprichwörtlich von der Straße aufgegabelt, versorgte sie erst mal mit Kleidung, etwas Taschengeld und beschaffte ihr dann einen Job als Kellnerin in dem Lokal, wo er am Wochenende als Discjockey arbeitete. Leider sprach die Dame ziemlich dem Alkohol und anderen Berauschungsmitteln zu. »Ich war total, eing'raucht‹!« gab sie gegenüber den Beamten der niederösterreichischen Kriminalabteilung zu Protokoll, die sie nach Unterwegers Flucht »ausgeforscht« hatten. Wegen ihres Zustands fehlte es ihr dann auch an Lust, als Unterweger nach Dienstschluß mit ihr schlafen wollte. Dieser akzeptierte. Erst am nächsten Tag gab es gegen vier Uhr morgens den ersten Zores, weil sie, schon wieder betrunken und »eingeraucht«, gleich auf dem Flur schlafen wollte. Es kam zu einem Streit, in dessen Verlauf die junge Dame Unterweger eine schallende Ohrfeige verpaßte. Dieser bezeichnete sie daraufhin als »undankbares Luder«, woraufhin die Betrunkene auch noch zu schreien begann. Schließlich warf der Chef des Lokals die beiden kurzerhand hinaus. Im ersten Protokoll der Kriminalabteilung Niederösterreich klingt die Geschichte schon ein wenig »verfremdet«: Unterweger habe einen »Analverkehr« mit der Dame durchführen wollen, was sie aber abgelehnt habe – sogar mit einer Ohrfeige, um der Ablehnung entsprechenden Nachdruck zu verleihen. Nicht fehlen darf ausschmückendes Vokabular: »Da bekam er so einen starren Blick«; »er faßte mich an den Oberarmen« und dergleichen.

Noch »verfremdeter« wird's dann im Abschlußbericht der »SOKO Unterweger«. Dort heißt es im Gegensatz zum erwähnten Polizeiprotokoll plötzlich: »Als sie ablehnte, mißhandelte er sie, indem er ihr eine Ohrfeige versetzte.« Damit war der Dame zumindest eine Nebenrolle als »psychologische Belastungszeugin« der Anklage sicher.

Auch und erst recht erhielt die Zeugin den Beifall der Medien. Paul Yvon beschreibt sie nach ihrem Auftritt fast liebevoll als »die kleine, auf ihre naive Art große Frau« (»profil« 18/94). Denn vor Gericht hatte sie zwar bestätigt, Unterweger geohrfeigt zu haben, nachdem er sie »an den Oberarmen gefaßt«, aber erstmals ausgesagt, daß auch er mit gleicher Münze zurückgezahlt habe. Wiederum bei Yvon im genannten

Der Fall Jack Unterweger | 233

»profil« kann man dann nachlesen, daß sie von ihm »blau geschlagen« wurde ...

Am selben Tag sagte übrigens auch der Chef des Lokals als Zeuge aus. Seine Version stand in deutlichem Widerspruch zur Zeugin. Demnach habe sich die schwer betrunkene Dame regelrecht an Unterweger »rangehängt«. Der habe sich gegen die Annäherungsversuche gewehrt, indem er die Betrunkene von sich gestoßen habe. Von dieser Aussage konnte man in den Zeitungen allerdings nichts lesen.

Eine weitere Nebenrolle als »psychologische Belastungszeugin« nahm die Gattin eines bekannten Wiener Kommunalpolitikers ein, die mit Jack Unterweger, eine kurze geheime Affäre gehabt hatte. Die Dame genierte sich jetzt ganz furchtbar für ihren Seitensprung mit einem Haftentlassenen und drohte den Anwälten mit rechtlichen Konsequenzen, sollte ihr Name an die Öffentlichkeit geraten. Wirklich peinlich war aber ihr Auftritt als Zeugin im Prozeß, wo sie zunächst die »spröde Lady« mimte: Als sie die Tätowierungen am nackten Oberkörper des Unterweger erblickte, sei sie »erschrocken«. Er habe mit ihr »gegen ihren Willen gerangelt«, und dann sei auch noch dieser Hund dahergekommen, der sie ebenfalls »eingeschüchtert« habe. Gemeint war Unterwegers friedfertiger Schäferhund »Joy«. Die Schilderungen dieser Dame waren sogar dem Staatsanwalt Gasser zu unglaubwürdig. Er hält der Zeugin die Widersprüche zum Protokoll beim U-Richter vor, bevor es die Verteidigung tut: Dort hatte sie selbst ausgesagt, mit Jack geschmust zu haben. Jetzt gerät die Zeugin außer Kontrolle und schreit: »Der Unterweger braucht sich nichts einzubilden, er hat gar keine Anziehung auf Frauen. Schon wegen der falschen Zähne!« Unterweger hatte einen Zahnteil. Gasser fragte nach: »Wann haben Sie denn das bemerkt?« Die Zeugin: »Als ich mit ihm das erste Mal in der Bar geschmust hab'...« – Ein Glück für diese Zeugin, daß der Richter ihrem Antrag auf Ausschluß der Öffentlichkeit stattgegeben hatte. Nur beim Verlassen des Gerichtssaals mußte sie den Mantel über den Kopf stülpen, während ihr die Fernsehkameras folgten.

Auch die Unternehmersgattin Rosa U., die sich den rund zehn Jahre jüngeren Unterweger fast zwei Jahre lang als heimlichen Geliebten gehalten hatte, durfte am 6. Mai ohne Öffentlichkeit aussagen. Sie hatte ihn von der Wohnung bis zu teurer Kleidung finanziell großzügig unterstützt, bis Bianca, Jacks erste wirklich ernste Beziehung nach seiner Entlassung, kam. Von der zum Scheitern verurteilten Episode mit der Amerikanerin Luisa sei hier abgesehen. Rückholversuche, im Zuge derer

Frau U. sogar im Vorleben ihrer Rivalin forschte, um Jack zu beweisen, welchem »Flittchen« er da in die Fänge geraten war, nutzten nichts: Jack liebte nun mal eine andere, noch dazu weitaus jüngere. Zwei Jahre später, als Zeugin beim »Jahrhundert-Prozeß« bekam Frau U. die Gelegenheit zur Abrechnung mit dem einstmals angebeteten Lover: Ausgenützt habe er sie, treulos, egoistisch und eiskalt sei er gewesen, und einmal habe er sie sogar mit ihrer eigenen Halskette »gewürgt« ... Frau U., eine immer noch attraktive und gepflegte Frau, referierte einen ganzen Freitagvormittag und dann noch in den frühen Nachmittag hinein. Es war die letzte Aussage vor einem langen Wochenende. Fast symbolisch war das Frühjahrsgewitter, das kurz darauf den Himmel verdunkelte.

Schon begann der Boulevard ob der »Geheimniskrämerei« zu murren: »Intime Details hinter verschlossenen Türen – Jack Unterweger und die feinen Damen« (»Kronen-Zeitung«, 7.5.1994). Wo blieb der Stoff für die Schlagzeilen? Bei Kathrin Z., der »letzten Geliebten« Jacks (»Die ganze Woche«), kamen sie dann endlich wieder auf ihre Kosten. Ihr Auftritt am 9. Mai sorgte für ein volles Haus, war sie doch als wichtigste »Profilzeugin« vorgesehen und hatte obendrein noch eine Anklage wegen schwerer Körperverletzung ermöglicht. Zur Erinnerung: Kathrin Z. – oder wer immer auch hinter ihr stand – war schon nach Jack Unterwegers Flucht mit der medienwirksamen Story, vom »Mordpoeten« mißhandelt worden zu sein, an eine Illustrierte herangetreten. Weitere Storys für verschiedene Gazetten folgten. Bis Frau Z. bei der »Kronen-Zeitung« landete und auch gleich vom dortigen Anwalt »übernommen« wurde: Der half ihr dabei, sich dem Verfahren als Privatbeteiligte anzuschließen und ein Schmerzensgeld von 120 000 Schilling zu fordern. Schon am ersten Prozeßtag durfte der »Krone«-Anwalt dann, nach den Staatsanwälten als dritter im Bunde, seine Privatanklage in der Causa Z. vortragen. Er übertraf dabei sogar seine beiden Vorredner, indem er im Brustton der Überzeugung mahnte: Seine Mandantin wäre das nächste Opfer des Jack Unterweger geworden, denn dieser – dessen sei er sich sicher – habe alle elf Frauen ermordet!

Wenige Tage vor ihrem großen Auftritt erschien das ausführliche Interview mit Kathrin Z. exklusiv in der Wochenend-Ausgabe der »Krone«. Der treffende Titel lautete: »Eine verhängnisvolle Affäre«. Wie es sich für eine reißerische Story gehört, war alles mit großen Farbbildern ausgeschmückt. Kathrin Z. posierte auf einer sonnenbeschienenen Wiese (ihr ebenfalls zum Fototermin erschienener »Vertrauter« Fred H.

hielt sich lieber im Hintergrund), Jack Unterweger hingegen mit nacktem tätowierten Oberkörper. Doch vor allem ein großes Bild, das Kathrin Z. selbst gemalt hatte, sprang sofort ins Auge des Lesers: Es zeigte sie selbst als hilflos kauerndes, magersüchtiges Mädchen, dahinter Jack – als Totenkopf ...

Bei Gericht erschien der »Sargnagel Jacks« (»News«) in Begleitung ihres »Krone«-Anwalts und erzählte ihre Geschichte noch einmal – in der brutalsten Version: Jack habe sie gepackt, gegen den Türstock geschleudert und dann aus der Wohnung hinausgeworfen, weil sie ihm keinen »blasen« wollte! Warum sie denn vor der Polizei ganz anders ausgesagt habe, wollte Anwalt Zanger daraufhin wissen: »Aus Liebe! Aber jetzt ist die Liebe zu ihm weg, und die Gerechtigkeit hat Vorrang!«

Gleich nach dem Verlassen des Gerichtssaals gab's im Beisein des Anwalts auch schon ein Fernsehinterview. Und die Titelseiten der Massenblätter konnten tags darauf wieder jubeln: »Schwarzer Tag für Unterweger« (»Kronen-Zeitung«), »Unterweger von Zeugin schwer belastet« (»Neue Zeit«). Paul Yvon nennt Frau Z. in einem Atemzug mit der Prostituierten Michaela G. und spricht von »verheerenden Zeugnissen über Unterwegers Gewalttätigkeit« (»profil« 20/94). Doris Piringer von der »Kleinen Zeitung« greift das Thema diesmal hingegen mit einem Hauch von Ironie auf: »So verliebt – so blöd war ich damals!«

Obwohl die seinerzeit von der Polizei aufgetriebenen Prostituierten die Ankläger beim Prozeß im Stich gelassen hatten, war es eine dieser Zunft, die die »stärkste« Aussage unter den »Profilzeugen« zu bieten hatte: »Er is' immer grober worden. Er is' mir vorgekommen wie eine Bestie! Ich bekam schreckliche Angst und hab g'schrien vor Schmerz! Je lauter ich g'schrien hab', umso mehr hat er g'stöhnt!«

Das war wirklich das Geilste, das der Prozeß bisher zu bieten hatte, und Futter für die Journaille. Schon der Ausdruck »Bestie« bürgte für reißenden Absatz. Das Detail, daß sich die Prostituierte dabei mit Handschellen hatte fesseln lassen (natürlich auf völlig freiwilliger Basis, ohne Gewalt und gegen ein nettes Extrageld, wie sie bereits im März 1992 gegenüber dem damaligen »profil«-Redakteur Klaus Candussi angegeben hatte), wird so ausgeschlachtet, als ob noch nie jemand von Beate Uhse gehört hätte. »Jack Unterweger verliert seine gelernte Rhetorik. Er will – aufgewühlt – Grundsätzliches, Richter Haas rigoros zur Sache reden«, beschreibt der Gerichtsberichterstatter des »Standard« vom 11. Mai 1994 die Szene. Auch in diesem auf Seriosität Wert legenden

Blatt findet sich an diesem Tag die dicke Schlagzeile »Er ist mir vorgekommen wie eine Bestie«.

Doch niemand spricht mehr davon, daß dieselbe Frau den Angeklagten zwei Jahre zuvor als »sympathischen Kerl« geschildert hatte, mit dem es »a rechte Hetz zu reden« war, dessen Sex hinsichtlich ausgefallener Wünsche keinesfalls mit den Leuten »aus der besten Grazer Gesellschaft« konkurrieren könne und den sie sich sogar als Freund hätte vorstellen können (nachzulesen im »profil« 12/92).

Die 21jährige Michaela G. war trotz ihrer Jugend bereits wegen falscher Zeugenaussage und Betrugs vorbestraft. Das hinderte den für das Grazer Strichgebiet zuständigen Revierinspektor Werner H. bei seiner gerichtlichen Aussage aber nicht, dieser Prostituierten »besondere Glaubwürdigkeit« zuzubilligen. Hingegen lehnte das Gericht die von der Verteidigung daraufhin beantragte Anhörung des Journalisten Klaus Candussi, der die Darstellung der Zeugin widerlegen hätte können, mit der Begründung ab, daß dieser ein bloßer »Bekundungszeuge« sei.

Frau G. ist seit ihrer Aussage spurlos aus Graz verschwunden. Dafür schwirrte ein Gerücht in Milieukreisen, sie habe für ihre Aussage von irgendjemandem »30 000 Schilling versprochen« bekommen, dann aber doch nicht erhalten. Dieses Milieu-Gerücht wurde auch von einem mir persönlich bekannten Grazer Anwalt, einem prominenten Strafverteidiger, bestätigt.

»Er is' uns oh'poscht …«

In der siebenten Prozeßwoche, am 31. Mai, war »Videoschauen« angesagt. Der Film, den man den Geschworenen nicht vorenthalten konnte und für den die Grazer Justiz sogar eine aufwendige Anlage mit Großbildleinwand angeschafft hatte, zeigte folgende Bilder: Eine nackte Frauenleiche liegt in unnatürlich gespreizter Position im Wald. Dicke Äste bedecken den Leib. Das idyllische Rauschen des Baches, das den Film akustisch untermalt, paßt so gar nicht in dieses Bild des Grauens, das die tote Blanka Bockova in einem Bachbett liegend bietet. Die Kamera rückt näher: Man erkennt deutlich die Strangulierungsmerkmale am Hals, eine Kopfverletzung, eine Stichverletzung am Gesäß. Die Tatbildmappe aus dem Akt und die bunte Leichenschautafel Dirnhofers waren dem Gericht offenbar zuwenig »anschaulich« gewesen.

Der 1. Juni versprach ebenfalls ein besonderer Tag für die Medien zu werden, da interessante Zeugenaussagen vorgesehen waren: zunächst Mutter und Tochter des Angeklagten, die allerdings als Familienangehörige unter Ausschluß der Öffentlichkeit vernommen worden wären.

Aber die letzte Zeugin an diesem Tag hätte öffentlich vor versammelter Medienmeute aussagen müssen: Ich selbst sollte vor Gericht erscheinen. Astrid Wagner, Unterwegers Vertraute – oder doch Geliebte? In Erwartung möglicher erotischer Enthüllungen waren an diesem Tag allerlei Journaille und Gerichtskiebitze zum Prozeß gekommen. Wieder einmal hatte der Gerichtsdiener das Schild »Heute keine Karten mehr« ans Hauptportal des Landesgerichts hängen müssen, denn drinnen platzte der Gerichtssaal fast aus den Nähten. Als Jack Unterweger die Meute sah, verzichtete er spontan auf meine Einvernahme. Er befürchtete meine öffentliche Hinrichtung, und das war das nebensächliche Detail, um das es bei meiner Aussage ging, in seinen Augen nicht wert (Ich hatte auf eigene Faust recherchiert, daß eine Pension in St. Veit an der Glan tatsächlich eine Rechnung für zwei Nächte ausstellt, auch wenn nur eine konsumiert wurde, womit die Anschuldigung widerlegt wurde, daß Jack Unterweger sich ein falsches Alibi verschaffen habe wollen). Die Journaille wartete dann noch einige Zeit mit vor dem Ausgang des Gerichtsgebäudes postierten Kameras, in der Hoffnung, daß ich doch noch auftauchen werde. Vergeblich, denn ich hatte einen anderen Ausgang gewählt.

Somit mußten sich die Medien an diesem Tag mit dem Zeugen Max Edelbacher zufriedengeben. Das ist bekanntlich der Chef des Wiener Sicherheitsbüros, den Unterweger schon Monate vor dem Haftbefehl für eine Rundfunksendung interviewt hatte. Edelbacher, der deswegen später ins Schußfeld der Kritik geraten war, versuchte Sympathien zu heischen, indem er seinen damaligen »Fehler«, »sich von Unterweger zu den Morden ausfratscheln« zu lassen (»Kurier«), »erfrischend selbstkritisch« (ebenda) eingestand. Der Name Jack Unterweger habe ihm »gar nichts gesagt«. Unterweger sei ihm damals »nicht unsympathisch« vorgekommen, mittlerweile wisse er aber, daß er »kalt und sehr berechnend« sei. Erst seine noch schulpflichtige Tochter habe ihn dann aufgeklärt: »Hörst, Papa, du bist Bürochef und weißt nicht, wer der Unterweger ist? Das ist ja der Parade-Resozialisierte vom ›Club 2‹!« Da hätten bei ihm die Alarmglocken geschrillt; so sehr, daß er Unterweger observieren habe lassen. »Aber die Grazer waren schneller, und dann is' er uns oh'poscht! [wienerisch für: abgehauen].«

Anfang Juni wehte im Grazer Schwurgerichtssaal dann der Hauch der großen, weiten Welt. Da hatten die US-Cops aus L. A. ihren großen Auftritt. Vor allem Chefermittler James Harper gab sich von der Schuld des Angeklagten überzeugt, was wieder Futter für die Schlagzeilen der Medien war. Am nächsten Tag, dem 8. Juni, ein weiterer Höhepunkt, den die Medien besonders reißerisch angekündigt hatten: »Wer mit Ungeheuern kämpft: Die Anklage im Fall Unterweger konfrontiert auch uns hautnah mit dem Phänomen Massenmord« (»Kronen-Zeitung«, 5.6.1994). Auch der FBI-Polizist McCrary wurde eigens aus Amerika zum Jahrhundert-Prozeß eingeflogen. Am Tag seines Auftritts sprangen die Titelblatt-Schlagzeilen in fetten Balkenlettern entgegen: »Serienmörder und ihre Motive – ein erfahrener FBI-Agent spricht über Täterprofile!« (»Kronen-Zeitung«). Einen ganzen Tag referierte der FBI-Polizist, der sein Privatgutachten wie erörtert aufgrund zum Teil unrichtiger Grundlagen erstellt hatte, über Serientäter und deren Motive. Seine interessanten wissenschaftlichen Ausführungen zogen alle in Bann: »Das Motiv der Serienkiller ist Frauenverachtung und Frauenhaß!« »Sie suchen die Nähe zur Polizei« – so wie Unterweger, der ja viel im Milieu recherchiert und sogar einen hochrangigen Polizisten zu den Morden interviewt hatte ... Zur optischen Untermalung hatte McCrary außerdem einen FBI-Schulungsfilm voller Leichen und perverser Killer mitgebracht, der im schon cineastisch angehauchten Unterweger-Prozeß vorgeführt wurde. McCrarys Schlüsselsatz hieß: »Wenn man jemandem einen dieser Morde nachweist und er in der Nähe der anderen Tatorte war, dann ist die Wahrscheinlichkeit sehr hoch, daß er alle elf Morde begangen hat.«

Endlich, nach stundenlangem Vortrag McCrarys und den abwehrenden Handbewegungen des Richters Haas zum Trotz, gelang es Anwalt Zanger, seine schon wieder heisere Stimme durchzusetzen: »Und wenn in einem Fall die Unschuld des Unterweger nachgewiesen wird, ist er dann nicht in allen Fällen unschuldig?« Was McCrary wohl oder übel bejahen mußte, um sich nicht selbst zu widerlegen. Durch die aggressive Frage des Anwalts in die Defensive gedrängt, machte er aus seiner Meinung aber keinen Hehl mehr: Sein ehemaliger Schüler Geiger konnte nur gut gearbeitet haben, Unterweger war der Massenmörder. Lehofer zischte dem Angeklagten zu: »Sie Narr, sehen Sie nicht, Zanger hat sie soeben zum Massenmörder gemacht!«

»... bemüht, Entlastendes herauszuarbeiten«

»Aber sogar solche Dramatik kann in dieser Woche zum bloßen Schatten vergehen, wenn der Schweizer DNA-Spezialist Richard Dirnhofer sein Gutachten erläutert: Zuletzt hatte er in seinem Gutachten belegt, daß ein in Unterwegers Auto gefundenes Haar zu 99,96 % mit dem der in Prag ermordeten Bockova übereinstimmt«, kündigt Paul Yvon in »profil« (24/94) nach dem Auftritt der »Boa« den eigentlichen Höhepunkt des Prozesses an.

Als Ex-SOKO-Leiter Ernst Geiger am 13. Juni als Zeuge aufgerufen wird, steht der »DNA-Papst« bereits auf der Galerie mit Blick auf den großen Schwurgerichtssaal. Auch Geiger war für die Presse längst unantastbar geworden. Er wußte, worauf es ankam: Daniel Glattauer beschreibt das im »Standard« vom 14. Juni 1994 treffend: »Dann wird Ernst Geiger in den Zeugenstand gerufen. Daß er Unterweger belasten würde, stand außer Zweifel. Die Art, wie er es macht, überrascht: absolut emotionslos. Dabei hat sich wohl kein Beamter hartnäckiger in den ›Fall Unterweger‹ verbissen und so früh an die Täterschaft des Angeklagten geglaubt wie er.« Anwalt Zanger versucht, den wichtigen Zeugen mit einem wahren Bombardement von Fragen zu verunsichern. Doch der versteht es, mit jeder Antwort das Bild des korrekten, über den Dingen stehenden Ermittlers zu festigen: »›Aber wir haben uns genauso bemüht, Entlastendes für Unterweger herauszuarbeiten‹, sagt Geiger. ›Und zwar?‹ fragt der Richter. ›Wir haben nichts gefunden.‹« (ebenda) »Direkt fair, korrekt. Hätte er von Anfang an so agiert ...«, notierte Unterweger über diesen Zeugen in seiner Prozeßmitschrift.

Am selben Tag wie Geiger sagt auch eine 34jährige Wiener Gerichtsmedizinerin aus, die fast noch mehr Eindruck schindet als der SOKO-Leiter. Die junge, nicht unattraktive Dame hat zwar kein einziges der Unterweger angelasteten Mordopfer obduziert. Aber sie ist sich sicher: Seit 35 Jahren habe es nur 54 Morde an Prostituierten gegeben, davon gleich sieben in der Zeit, als Unterweger »draußen« war. Und seit 1959, sagt die junge Dame weiters – »sie darf nach 2 600 eigenhändig obduzierten Leichen als Routinier bezeichnet werden«, wie Glattauer anerkennend im »Standard« schreibt –, hätte es überhaupt nur acht Leichen gegeben, bei denen die Merkmale »Straßenstrich«, »erdrosselt«, »teilweise nackt« und »Auffindung im Wald« zuträfen. Ein Fall sei geklärt, da waren's nur noch sieben. Und die werden ja gerade Unterweger angelastet. Der Schluß aus alledem ist den staunenden Geschworenen vorbehalten: Na, wer soll's denn sonst gewesen sein ... Das von der jungen Dame behauptete Zahlenmaterial wird vom Gericht nicht überprüft. Das ist offenbar auch gar nicht nötig, stammen die Zahlen doch aus dem Abschlußbericht der »Sonderkommission Unterweger« – und die Kriminalisten müssen es ja wissen. In der »Kronen-Zeitung« ist die fesche Frau Doktor neben dem SOKO-Leiter tags darauf der Star des Tages. Gescheit muß sie ja wirklich sein, gescheiter sogar als die im Fall Unterweger obduzierenden Gerichtsmediziner: Denn die tatsächliche Todesursache der Opfer war nur in drei der sieben Fälle bekannt ...

Falscher Jack?

Aber es gab auch Entlastungszeugen, wenn auch die meisten von ihnen schon bei der Ausschreibung des Prozesses durch Richter Haas als »Bekundungszeugen« abgewiesen worden waren. Die wenigen, die er zugelassen hatte, waren dann, sozusagen »in einem Abwasch«, bereits in den ersten beiden Prozeßwochen drangekommen: Da gab es die selbstbewußte, attraktive junge Frau, die als Zeugin sagte: »Jack hat bei Frauen nicht so sehr Sex gesucht, sondern menschliche Wärme und Liebe!« (Es handelt sich übrigens nicht um eine der in diesem Buch erwähnten Frauen). Oder die anderen Frauen, die ihn als zärtlichen, liebevollen und rücksichtsvollen Menschen empfunden hatten und den Mut hatten, dazu zu stehen, dem süffisanten Lächeln des Staatsanwalts und den mitleidigen Blicken einiger Herren zum Trotz. Die Frauen, die zu Jack Unterweger in einem freundschaftlichen Verhältnis standen und die seine berufliche Tüchtigkeit bewunderten. Auch Männer waren da, die ihn als »in Ordnung«, »kollegial« und »verläßlich« in Erinnerung hatten.

Von diesen positiven Aussagen blieb in den folgenden Wochen nur mehr blasse Erinnerung.

Manchmal endeten die Vorwürfe an den Angeklagten allerdings in unfreiwilliger Komik. So etwa, als Richter Haas darauf herumritt, daß Unterweger in Freiheit mit einem Jux-Führerschein aus einem Paper-Box-Geschäft gefahren war: Statt dem Paßfoto ist darauf ein Affenporträt abgebildet. »Sie müssen aber viel Geld gehabt haben«, meinte der Richter dann salopp in bezug auf Unterwegers Vorliebe für große, alte Ami-Schlitten. Unterweger antwortete: »Das teuerste hat gerade fünfzehntausend Schilling gekostet, Herr Rat!«

Mehr hat Unterweger schon der Vorwurf des Staatsanwalts Gasser wehgetan, daß dieser amerikanische Besatzungsoffizier gar nicht sein wirklicher Vater gewesen sei. Es sei daher eine Lüge, daß er in den USA nach ihm gesucht habe, und außerdem hieße er in Wirklichkeit »Johann« – Jack sei nur eine Fälschung, um sich interessant zu machen. In Unterwegers Geburtsurkunde steht jedoch als Geburtsname schwarz auf weiß: »Jack«. Wie ich später erfuhr, hatte die Fürsorge ihm den Namen verpaßt, da man ja wußte, daß seine Mutter mit amerikanischen Soldaten verkehrt hatte. Ich habe noch die Briefe und Behördenschreiben, die von seiner Suche nach seinem unbekannten Vater zeugen. Jack Unterweger wußte nur, daß er damals in den Fünzigern irgendwo in New Jersey gelebt haben soll. Aber er hat ihn nie gefunden.

»Der kommt eh nimmer raus!«

Vom vorsitzenden Richter weiß man mittlerweile, daß er es nicht schätzt, unterbrochen oder gar korrigiert zu werden. Da schaut er dann mit der Brille auf der Nasenspitze lange und strafend den Störenfried an. Der tut's garantiert nie wieder. Und wer von den beiden Staatsanwälten der mit Abstand bessere ist, das weiß man sogar schon in Wien.
   (Doris Piringer in ihrer Kolumne »Recht betrachtet«, 17.5.1994)

Graumeliert mit gepflegtem Oberlippenbärtchen, souveränes Auftreten, hin und wieder eine trocken-ironische, von einer hochgezogenen Braue begleitete und im steirischen Dialekt vorgetragene Bemerkung – so präsentierte sich Richter Haas, der es verstand, sich von der hektischen Umtriebigkeit seiner Umgebung abzuheben. Das machte Eindruck auf die Geschworenen. Im Vergleich dazu mußten eine noch so hervorragend konzipierte, an den analytischen Verstand appellierende Verteidigungsstrategie und erst recht die Ablehungsanträge viel zu polemisch wirken. Wenn Anwalt Zanger zu Wort kam und seine Fragen an einen Zeugen formulierte, hatte man immer irgendwie den Eindruck, daß der Herr Vorsitzende, der währenddessen mit nach vorne verrutschter Lesebrille seine Akten durchblätterte, dessen aufgeregt wirkende Fragen an die Zeugen gerade noch duldete. Wenn's aber zuviel wurde, unterbrach ihn der Richter und setzte zu einem seiner langen, mit übertriebener Ruhe vorgetragenen Monologe an. Alles mündete dann in einem betont jovialen, ja gönnerhaften »Aber bitte, Herr Verteidiger, fahren S' doch fort, Sie sind ja am Wort!«

Auch mit seiner Ankündigung, den gesamten Akt im Kopf zu haben, hatte Haas nicht übertrieben. Immer wieder beeindruckte er durch seine brillante Aktenkenntnis, sogar die Seitenzahlen mancher Zeugenaussagen und Berichte hatte er sich eingeprägt.

Und Richter Haas hielt ein, was er sich vorgenommen hatte: Der Prozeß wurde, abgesehen von den kleinen Pannen aufgrund ausgebliebener Zeugen, straff in wenigen Wochen durchgezogen. Damit alles seine Ordnung hatte, wurden bei jedem Fall zuerst die Polizisten einvernommen, die quasi den »roten Faden« vorgaben, dann erst die anderen Zeugen, die ja von ebendiesen Polizisten einvernommen worden waren. Der unangenehme Nebeneffekt für die Verteidigung bestand darin, daß sie dadurch gezwungen war, die Polizisten mit Material und Zeugenaussagen zu konfrontieren, mit denen die polizeilichen Zeugen widerlegt bzw. in Frage gestellt werden sollten – noch bevor diese Zeugen überhaupt ausgesagt hatten. Die vom immer wieder aufspringenden, lästigen kleinen Wiener Anwalt eingebrachten neuen Beweisanträge wurden ohne Mienenspiel und mit professionell wirkender Routine abgeschmettert. Auch den Angeklagten, der öfters aufgewühlt reagierte und zu provokanten Zwischenbemerkungen neigte, wußte der Richter mit der nötigen Schärfe einzubremsen: Fragen an die Zeugen durften von ihm nur mit ausdrücklicher Sondererlaubnis gestellt werden, dafür hatte er ja seinen Anwalt. Als Angeklagter mußte er sich darauf beschränken, laut und deutlich mit »Ja« oder »Nein« zu antworten, ob der Zeuge seiner Meinung nach richtig aussage oder nicht. So sei es »in der Strafprozeßordnung« vorgesehen – »und jetzt Ruhe, sonst laß ich Sie abführen und wir verhandeln ohne Sie weiter!« Dem Angeklagten blieb nichts anderes übrig, als zu gehorchen.

Nicht unbedingt in der Strafprozeßordnung vorgesehen ist aber, daß Zeugentermine kurzfristig und ohne Verständigung der Verteidigung verschoben werden – das war bei zwei wichtigen Zeugen nachweislich der Fall. Einen von ihnen hatte Zanger selbst beantragt, und seine Fragen an ihn füllten ganze zwei Ordner: Untersuchungsrichter Wladkowski. Doch ausgerechnet an einem Tag, an dem der Anwalt gerade nicht in Graz war, tauchte Wladkowski überraschend im Gerichtssaal auf. Der Richter hatte ihn als »Lückenbüßer« gerade mal »eingeschoben«. Der Angeklagte beantragte die Vertagung – vergeblich. Das

Vorhaben des Anwalts, die Arbeit des Untersuchungsrichters zu »zerlegen«, wurde ins Gegenteil verkehrt. Wladkowski, der während des Prozesses schon öfters auf der für die Justiz reservierten Galerie mit Blick auf den Schwurgerichtssaal aufgetaucht war, referierte genüßlich über die aus seiner Sicht hervorragende Voruntersuchung und schloß seine Ausführungen: »Die Alibis des Angeklagten haben sich als haltlos erwiesen oder waren nicht stichhaltig.« Noch einmal: Unterweger hatte nie andere Alibis als jene angegeben, die er dann auch im Prozeß nannte. Ob sie glaubwürdig waren oder nicht, darüber hatten die Geschworenen zu entscheiden.

Von der Vorverlegung eines weiteren wichtigen Zeugentermins, nämlich des Veranstalters der Lesung in Köflach, der Unterweger das entscheidende Alibi im Mordfall Schrempf lieferte, erfuhr die Verteidigung erst am Morgen von dessen Einvernahme und nicht etwa durch das Gericht, sondern durch einen Zufall.

Mit Zeugen, die Positives über den Angeklagten zu berichten hatten, wurde offenbar ohnehin kurzer Prozeß gemacht: Eine Frau, die Unterweger schon über zehn Jahre kannte und als Menschen schätzte, wunderte sich nach ihrem nicht einmal zehnminütigen Auftritt, weshalb sie überhaupt aus Wien zum Prozeß angereist war.

Da hatten so manche »Profilzeugen« der Anklage viel Spannenderes zu berichten, kamen sie doch oft stundenlang zu Wort. Doch eine Zeugin der Anklage, Claudia O. aus dem fernen Nürnberg, wollte gar nicht mehr kommen. Sie war noch zum Zeitpunkt der Festnahme Unterwegers in Miami mit ihm befreundet gewesen und hatte sich erst nachträglich und unter dem Einfluß der Medienberichte, die Unterweger schon als »überführten Mörder« handelten, gegen ihn gewandt. Außerdem hatte Unterweger ihr einen Brief aus Miami geschrieben, der für die Anklage Gold wert war: Er hatte sie darin gebeten auszusagen, das in seiner Wohnzimmervitrine gefundene Paar Handschellen stamme von ihr. Für die SOKO-Ermittler war sie als »langjährige Intimpartnerin« wichtig genug, um in ihrem Abschlußbericht ausführlich erwähnt zu werden, und natürlich war sie dann auch der Anklage eine Rolle als »Profilzeugin« wert, zumal man sich obendrein noch die weitere Verfolgung des Angeklagten wegen »versuchter Anstiftung zur falschen Beweisaussage« vorbehielt. Nur sie selbst hatte inzwischen offenbar genug von dem ganzen Theater. Der Richter wollte aber auf die wichtige Profilzeugin auf keinen Fall verzichten und ließ ihre Entschuldigung nicht gelten. Gleich mehrmals rief er sie an und bedrängte sie, auf jeden

Fall zum Prozeß zu kommen. Das ist grundsätzlich in Ordnung, da ein Richter für den reibungslosen Ablauf eines Prozesses verantwortlich ist – bei den von der Verteidigung nominierten Zeugen ersparte er sich diese Fleißaufgabe jedoch. In die Enge gedrängt, sagte Frau O., sie wolle mit Herrn Unterweger einfach nicht mehr konfrontiert werden, sie habe »Angst« vor ihm. Daraufhin ließ Haas die unwillige Zeugin wissen: »Aber ich bitt' Sie, der kommt eh nimmer raus!« Der Richter hatte sich sein Urteil über den Ausgang des Prozesses offenbar schon gemacht – zumindest am 2. Mai 1994, denn da fand das besagte Telefonat statt.

Der darauffolgende Ablehnungsantrag des Verteidigers Zanger teilte das Schicksal der Beweisanträge: Er wurde abgeschmettert. Laut Strafprozeßordnung entscheidet nämlich nach Eröffnung der Verhandlung das Richterkollegium selbst über das Vorliegen eines Befangenheitsgrundes. Eine Entscheidung, die vom Boulevard erwartungsgemäß begrüßt wurde: Selbstverständlich stehe es einem Richter frei, sich schon vor Ende des Prozesses ein Urteil über die Schuld des Angeklagten zu bilden, meinte etwa die »Kronen-Zeitung« unter Berufung auf angeblich namhafte Juristen.

Nachdem sich die Zeugin Claudia O. mehreren Terminen beharrlich entzogen hatte, verzichtete die Anklage schließlich auf ihre Einvernahme.

»... als Mensch o. k.«

Wenige Tage vor Prozeßbeginn hatte Jacks Ex-Geliebte Bianca noch einmal groß auftrumpfen dürfen. Auf dem Titelblatt der »Kronen-Zeitung« vom 10. April 1994 zeigte die »prominenteste Zeugin beim Jahrhundert-Prozeß« (»Krone«) wieder das, was Männersehnsüchte auslöst: Schmollmündchen und in sexy-Pose im selben hautengen roten Minikleid, mit dem sie einst, aus Miami kommend, dem Flugzeug entstiegen war. Im Blattinneren durfte Bianca dann auch mit Worten noch einmal groß auspacken: »Schuldig oder nicht – mir ist Jack egal!« tönte sie in dem doppelseitigen Artikel. Redakteurin Trude Sagmeister, die Bianca zwei Jahre zuvor über ihre »unheilbare Liebe« zu Jack interviewt hatte, gratulierte dem »Backfisch«, der sich so prächtig entwickelt hat: »Und Bianca zündet sich, wie gewohnt, eine Zigarette an. Auch sonst hat sich die mittlerweile Zwanzigjährige, bis auf ein paar Kilo mehr, die ihre reichlich vorhandenen Kurven noch üppiger zur Geltung bringen, kaum verändert: Ungeschminkt, die brünetten Haare zum Roßschwanz gebunden, selbstbewußt, um Worte nie verlegen.« Doch Bianca hat gelernt und sagt zu Redakteurin Sagmeister: »Sie hatten recht. Ein Jahr hat gereicht.« Sie will, wie ihr Frau Sagmeister damals vorausgesagt hat, nichts mehr von Jack Unterweger wissen. Wünscht sich vielmehr »ein ruhiges Leben, in dem das Wort ›Unterweger‹ nicht mehr vorkommt.« Jetzt, im Rückblick, sieht sie den Mann, dem sie einst überallhin gefolgt wäre, ganz, ganz anders. Die Besuche im Grazer Gefängnis, die habe sie schon bald eingestellt und sie begründet ihr Verhalten: »›Er ist mir nur am Nerv gegangen‹, faucht sie. ›Immer diese weinerliche Tour. Er jammerte dauernd. Und dann der Selbstmordversuch! Ritzt sich mit einer stumpfen Rasierklinge auf, also wirklich! Wenn ich das machen will, mach' ich's anständig, und nicht nur so, daß ich Mitleid heischen will.‹« Weiters erklärt sie: »Ich bin doch keine Märtyrerin! Ich bin jung, ich will leben!« Vor einem Bild Jacks aus alten Tagen meint Bianca: »Heute soll er schlimm aussehen, so dick und aufgedunsen!« Wann ihr »die Augen aufgegangen« sind? Biancas neue Version lautet: »Als ich seinen Akt gelesen habe, den ich zufällig im Keller fand. Den Akt von seiner Verurteilung vor 18 Jahren wegen des Mordes an Margret Schäfer. Die war auch erst 18. Als ich das durchgelesen habe, habe ich mir gedacht: Mein Gott, muß das ein brutales Schwein gewesen sein. Das hab' ich ja alles nicht gewußt …« Dann zog sie ihr Resümee: »Ich weiß, daß ich einen Fehler machte. Mein Ruf ist ruiniert. Aber damit muß ich leben!« Schließlich kündigt sie noch ihre Aussage als Zeugin im Prozeß gegen Jack Unterweger im Schwurgerichtssaal im Landesgericht Graz unter Eid am 4. Mai um 15.45 Uhr an: »Diesmal die volle Wahrheit. Und dann hofft sie, wird Jack Unterweger aus ihrem Leben für immer verschwinden.« Für die »Krone«-Redaktionskollegin Marga Swoboda verdient Biancas Haltung Bewunderung: »Die Liebe ist inzwischen erloschen, der Verstand wieder in Betrieb. […] Anscheinend hat sie mehr dazugelernt als all die feinen und halbfeinen Damen, die ihre diskreten Affären mit dem Mörder so prickelnd abenteuerlich fanden. Anscheinend ist sie gescheiter als die Herrschaften, die ihm beim Dichten die Stange hielten. Sie alle tanzten um den Mörder herum und fanden das wahnsinnig chic. Sie tanzten auf dem Grab eines 18jährigen Mädchens.« (Marga Swoboda in ihrer Kolumne »Tanz um den Mörder«, »Kronen-Zeitung«, 11.4.1994).

An diesem 4. Mai konnte der Prozeß wieder einmal einen neuen Besucherrekord vermelden. Die »weibliche Hauptdarstellerin des Unterweger-Prozesses« (»Kleine Zeitung«) hatte indes längst gelernt, wie man mit Medien umgeht: Die junge Dame im cremefarbenen Hosenanzug und mit dunkler Sonnenbrille entstieg dem vor dem Gerichtsgebäude parkenden Taxi erst, nachdem sie per Handy Polizeischutz angefordert hatte. Drinnen, im dichtgedrängt vollen Schwurgerichtssaal, warteten schon die Fans. Unter dem »Publikum« des Prozesses fanden sich an diesem Tag so prominente Herren wie der pensionierte Präsident des Straflandesgerichts und der Oberlandesgerichtspräsident. Bianca, der Medienstar, war »zwar nicht zum Angreifen nah, aber doch zum Anschauen da«, so Piringer in der »Kleinen Zeitung«.

Wer aber nicht auf seine Rechnung kam, war die Grazer Staatsanwaltschaft. Denn bei Bianca siegte an diesem Tag – vielleicht aus Respekt vor dem hohen Gericht, vielleicht aber auch aus der Distanz, die sie inzwischen zur ganzen Sache gewonnen hatte, tatsächlich die Ehrlichkeit: »Ich hasse ihn nicht, er ist mir egal.« Sie spricht auch den Satz: »Jack war als Mensch o. k.«

Damit hatten auch die Boulevardjournalisten nicht gerechnet. »Ja, es war für mich die große Liebe – damals!« (»Kleine Zeitung«) oder »Biancas letzte Abrechnung« (»Kronen-Zeitung«) titelten sie recht einfallslos. Gerichtsberichterstatterin Piringer gratulierte der »intelligenten, selbstbewußten Frau« zu ihrer »Scheidung vor Gericht«. »Den Umschwung ihrer Gefühle für Jack Unterweger führt sie übrigens auf die Lektüre der Mordakte aus dem Jahr 1974 zurück. Das hätte ihr die Augen geöffnet. Damit ist sie nicht allein« (»Recht betrachtet«, 5.5.1994). Daß Bianca ihren Ex-Geliebten immerhin »als Menschen o.k.« fand, wurde natürlich beiseite gelassen, weil es nicht ins Klischee des Widerlings und Frauenmörders paßte. Lediglich Harald Raffer berichtete in seiner »Kärntner Tageszeitung« absolut fair und ausgewogen über Biancas Zeugenaussage.

Es bleibt die Frage offen, ob Biancas nicht-öffentliche Aussage über Jacks Intimleben wenigstens »Belastendes« enthalten hatte. Piringer läßt dies anklingen, wenn sie schreibt: »In Miami wollt' ich ihm nicht schaden und hab' deshalb Dinge verschwiegen, sagt Bianca M. Ihre ›detaillierten Klarstellungen‹ sind dann nicht-öffentlich.« Doch als die Journalisten draußen waren, bestätigte Bianca: Jack sei als Mann besonders zärtlich gewesen. Mit den »verschwiegenen Dingen« meinte sie übrigens den Tränengasspray und eine Damenstrumpfhose, die sie in Jacks Wohnung bzw. in seinem Auto gefunden hatte. Beim Tränengasspray handelte es sich um ein von einer Freundin bestelltes Mitbringsel aus München, was diese längst bestätigt hatte. Die Strumpfhose gehörte einer seiner Geliebten ...

Der von der relativ positiven Aussage Biancas enttäuschte Staatsanwalt Gasser beantragte tags darauf die Vorführung eines Videos des deutschen Fernsehsenders SAT 1, in dem sich Bianca ziemlich abfällig über Jack geäußert hatte. Ob das ein geschickter Zug von ihm war, ist fraglich. Denn in diesem Interview zeigte Bianca zwar ihre Geringschätzung für ihren »Ex«, den sie als »Verlierer« charakterisierte. Sie machte sich über ihn lustig, weil er im Knast gealtert war – doch keine Spur von irgendwelchen belastenden Aussagen. Im Gegenteil, das Video erweckte wohl eher Mitleid mit dem Verschmähten. Das Gericht lehnte die Vorführung ab.

Jack Unterweger verschwand dann doch nicht so schnell aus Biancas Leben: Hin und wieder durfte sie in Talkshows deutscher Privatsender schildern, wie das denn so ist, wenn »Frauen Mörder lieben«. Doch einen Gefallen machte sie denen nicht: Sie schilderte Jack niemals als »pervers« oder »brutal«. Im Gegenteil: Er habe sie als zärtlicher, ja ganz normaler Mann geliebt. Trotz oder vielleicht gerade wegen ihrer jugendlichen Keckheit hat Bianca aber nie durchschaut, daß auch sie für die Medien immer nur die leichte Beute war, deren unbefangener Sex-Appeal schamlos benutzt wurde.

Prozeßalltag

Alles ist auf den Kopf gestellt: Der angeblich nur dem Kommerz verpflichtete Boulevard berichtet schon seit Wochen derart seriös, daß einem schon vor Überraschung das Gähnen vergeht. Angeblich dem Recht verpflichtete Juristen dagegen führen sich im Rotlicht der Kameras auf, als gäbe es keinen Unterschied zum Rotlichtmilieu.

(Paul Yvon in »profil«, 18/94)

Während der Zeit des Prozesses versuchte ich, vor Jack Unterweger die »starke Frau« zu spielen, um ihn nicht zusätzlich zu belasten. Doch er spürte, daß mir dieses ganze verrückte Geschehen sehr naheging.

Vor allem meine öffentliche Fürsprache für ihn erfüllte ihn mit der Sorge, daß die »Medienmeute«, wie er sie nannte, mich fertigmachen könnte, vielleicht sogar meine Zukunft als Anwältin zerstören würde. Deshalb nahm er sich vor mir zusammen, um mich nicht zu belasten.

Doch auch ich spürte, wie sehr Jack Unterweger litt. Er hatte schon gelitten, als Staatsanwalt Gasser zu Beginn des Prozesses stundenlang und immer wieder sein zwanzig Jahre zurückliegendes kriminelles Vorleben aufgerollt hatte, einen Stoff, den die Medien gierig in ihren reißerischen Berichten aufgriffen. Seine einstmals so gelobten literarischen Werke charakterisiert man dagegen als die »Ergüsse« eines Kriminellen, wie ein Lieblingsausdruck der Printmedien lautete.

Jack Unterweger litt auch, als Richter und Staatsanwälte jede Zeugin, die mit ihm intim gewesen war, zur »Wahrheitsfindung« ausführlich bis ins intimste Detail befragten. Er litt, als er durch die Veröffentlichung seines Intimlebens öffentlich bloßgestellt wurde.

Ihm machte weiterhin zu schaffen, als er merkte, daß große Teile der Öffentlichkeit ihn schon längst als »Verbrecher« gebrandmarkt hatten. »Er ist dünnhäutig. Über seine nachgewiesenen Straftaten will er nicht reden. ›Wie oft soll ich mich noch schuldig bekennen?‹ schnauzt er das Gericht an«, schrieb die »Kleine Zeitung« am 23. April 1994. Ein Journalist äußerte mir gegenüber, er glaube, »der Unterweger war 's«. Warum? Weil er eben »so einer« sei, dem man es »zutraue«. Wer sollte es denn sonst gewesen sein? War doch dieser Jack Unterweger, wie stündlich in den Fernseh- und Radionachrichten verkündet wurde, stets zu den Tatzeiten an den Tatorten gewesen. Dasselbe wurde dem Leserpublikum auch von den Zeitungen täglich eingehämmert.

Immer wieder wandte sich Unterweger, der zwei Jahre lang gewartet, gebangt und gehofft hatte, mit den Worten an Richter Kurt Haas: »Sie haben mir einen fairen Prozeß versprochen, Herr Rat!« Worauf der trocken antwortete: »Den haben Sie, Herr Unterweger ...«

Zusehends litt der Angeklagte auch körperlich. Sein Gesicht wurde immer schmaler und erschien mir manchmal fast aschgrau. Auch eine Zeugin, die ihn monatelang nicht mehr gesehen hatte, erzählte mir später, wie sehr sie bei seinem Anblick erschrocken gewesen sei.

Inzwischen wetteten die Journalisten in den Redaktionen und sogar einige Richter in der Gerichtskantine um Flaschen Sekt, wie viele Morde man dem Unterweger anhängen werde.

Eine Familie

Liebe Mutti! Erst einmal ein Busserl! Aus dem Geburtstagsbesuch ist also nichts geworden. Macht nix. Aber bitte, Mutti, sag es mir nächstes Mal vorher, wenn Du nicht kommst. Weißt, hier im Gefängnis tut man nichts anderes als warten und warten, und umsonst warten tut umso mehr weh.

Schon lange nichts mehr gehört von Dir. Jaja, weiß schon, Gipshand, gell? Busserl.

Diese Sätze stammen aus zwei der vielen langen Briefe, die Jack Unterweger seiner Mutter in den Jahren der Haft in Stein geschrieben hatte. Als ich ihn auf den dicken Ordner ansprach, sagte er mir, daß er all diese Briefe bei einem Besuch bei ihr in einer Lade gefunden habe – die meisten davon ungeöffnet.

Während der ganzen sechzehn Jahre Haft in Stein hatte Unterwegers Mutter ihren Sohn dort zweimal besucht. In der Grazer U-Haft besuchte sie ihn überhaupt nie, weil ihr die Anreise zu anstrengend war. Sie lebte seit Jahren in München und wollte mit dem von ihr als »Spießerland« bezeichneten Österreich nichts mehr zu tun haben. Ihre Erfahrungen mit der österreichischen Strafjustiz mögen wohl das ihrige dazu beigetragen haben.

Ich habe Unterwegers Mutter, die ich Thea nennen durfte, in ihrer kleinen Münchener Sozialwohnung besucht. Als ich sie zum ersten Mal sah, hatte ich gar keinen schlechten Eindruck von ihr: Die kleine, zarte Dame hatte trotz ihrer herben Ausstrahlung, zu der ihre tiefe, rauchige Stimme paßte, und dem strengen Blick einen gewissen Witz und war keineswegs unintelligent. »Dem Jack Unterweger seine Mutter hätten Sie sich wohl anders vorgestellt, als Sexbombe, was!« meinte sie bei der Begrüßung ironisch. Im Gastgarten einer »Wirtschaft« erzählte sie mir dann vieles aus ihrem Leben und über den Vater ihres Sohnes, den amerikanischen Besatzungsoffizier. Sie nannte ihren Sohn nie Jack, sondern immer nur Hansi. Später sagte sie mir am Telefon, wieder einmal alkoholisiert, daß Jacks Vater in Wirklichkeit ein anderer gewesen sei, den sie niemals preisgeben werde: »Dieses Geheimnis nehme ich mit ins Grab!« Vielleicht wußte sie es selbst nicht so genau. Wenn ich dann versuchte, sie auf Jacks furchtbare Kindheit anzusprechen, blockte sie sofort ab: »Das geht niemanden was an. Ich hab' immer gewußt, wo mein Bub war!« Ja, beim Großvater in der Keusche, bei Pflegeeltern, in Heimen und schließlich im Knast. Sie wußte wohl innerlich, daß sie als Mutter versagt hatte. Und doch hätte sie sich ihr Versagen niemals eingestanden. Immer wieder sprach sie davon, wie schlecht es ihr selbst ergangen sei. Es stimmt, sie hatte es nie leicht gehabt: Nach dem frühen Tod ihrer eigenen Mutter hatte sie bei ihrem Vater, dem berüchtigten »Körbler-Bauer« in der »Weibertauschzentrale« im Wimitztal Unterschlupf gefunden, floh aber bald vor seinen Schlägen. Sie mußte schauen, daß sie selbst irgendwie durchs Leben kam.

Der kleine Jack hat sie schmerzlich vermißt, solange er sich erinnern kann. Jahrelang hat er nach ihr gesucht, als junger Mann dann unbewußt auch in anderen Frauen: »Was sich auch in den Mädchenbeziehungen herauskristallisiert hat, in der Analyse, im Rückblick, daß ich immer ältere Frauen gesucht habe, und im Grunde habe ich immer die Mutter gesucht. Alles andere waren eigentlich als Ersatzhandlungen anzusehen, und so ist auch nie eine richtige Beziehung entstanden zwischen zwei Personen, wie es normal ist, in Liebesverhältnissen oder Freundschaftsverhältnissen, sondern ich hab' die Mutter gesucht, und so war die Beziehung schon zum Scheitern verurteilt, da ja keine die Mutter war. Und bei Erkenntnis, daß sie nicht die Mutter ist, war die Beziehung auch schon wieder beendet, war ich schon wieder auf der Suche«, gibt Jack Unterweger 1989 im Interview mit Peter Huemer preis. Jack hat seine Mutter aber auch ganz real gesucht, in Deutschland, wo sie Gerüchten zufolge irgendwo leben sollte. Ein geradezu typischer, in seiner Beiläufigkeit erschütternder Satz in »Fegefeuer« lautet etwa: »Ich wollte schnell zu Geld kommen und dann die Mutter suchen.«

Als Jugendlicher traf Jack seine Mutter einige Male für kurze Zeit, bleiben durfte er aber nie. Denn im Leben der Mutter gab es immer andere Männer, die der Sohn nur gestört hätte. »Der Georg hat ihn rausgeschmissen, weil er seine Freundinnen in der Wohnung einquartierte, als wir auf Urlaub waren!« rechtfertigte sie sich in bestimmtem Ton. Doch auch die nebensächlichen Begebenheiten und kleinen Augenblicke, die sie mir schilderte, ergaben in ihrer Gesamtheit ihr Bild von Jack, das dem meinigen durchaus nahekam: Als sie in einer Wirtsstube, auch ihr Lebensgefährte sei dabei gewesen, eine Bemerkung wegen einer hübschen Frau am Nebentisch machte, habe der vielleicht achtzehnjährige Jack schelmisch gemeint: »Erst mal die Beine sehen!« und sich erfrecht, unterm Tisch nachzuschauen. Dann zeigte die Mutter mir das einzige Foto des jungen Jack, das sie besaß. Es war in einem Park aufgenommen worden und zeigte einen abgemagerten, hohlwangigen, irgendwie spöttisch und dennoch traurig lächelnden, ungefähr achtzehnjährigen Jugendlichen.

Über die Tat ihres Sohnes, die er mit 24 Jahren begangen hatte und für die er zu lebenslanger Haft verurteilt worden war, erzählte seine Mutter mir nur, daß er damals wenige Tage danach aufgetaucht sei – völlig verstört und voller tiefer Kratzspuren an Händen, Unterarmen und im Gesicht. Sie habe sofort geahnt, daß etwas Furchtbares geschehen sein müsse ...

In Anbetracht des Schicksals ihres elternlos aufgewachsenen Sohnes kam mir ihre übertriebene Fürsorge für den Hund, den sie über alle Maßen verwöhnte, ziemlich lächerlich vor. Vielleicht rührte ihre Zuneigung auch daher, weil sie ihn von Jack zum Muttertag – »an diesem Tag war er bei mir in München!« betonte sie stolz – bekommen hatte und sie etwas an ihm gutmachen wollte? Voller Empörung erzählte mir Thea dann, wie die Polizei ihre Wohnung gestürmt und dem armen Tier Haare ausgerissen habe.

Beim Abschied gab sie mir noch Wäsche für ihren Sohn mit: Ein paar Unterhosen und zwei »München«-Leibchen aus dem Souvenirladen, in dem sie arbeitete. Der für den Prozeß versprochene »englische Anzug« war aber bald vergessen.

Journalisten warf sie gewöhnlich aus der Wohnung. Bei guter Bezahlung machte sie Ausnahmen. »Mein Sohn ist frech, aber kein Mörder« (»Kronen-Zeitung«, 18.2.1992), äußerte sie. Von dem, was sie mit den Interviews verdiente, bekam ihr Sohn nichts. Sie hat ihm in den zwei Jahren der Grazer U-Haft kein einziges Mal Geld geschickt.

Von einer Wiener Bekannten, nicht von Jack Unterweger selber, erfuhr ich, daß der Lebensgefährte seiner Mutter ein Sparbuch, auf das Unterweger die Einnahmen seiner in Stein herausgegebenen Zeitung »Wortbrücke« – über achtzigtausend Schilling – hatte einlegen lassen, während seiner Haftzeit unterschlagen hatte. Unterweger erfuhr davon erst nach der Entlassung und war tief enttäuscht.

Dreimal im Jahr schrieb Frau Unterweger ihrem Sohn; jeweils zu Ostern, zu seinem Geburtstag und zu Weihnachten trafen Postkarten aus München ein, auf denen sie ihm mit wenigen Worten »Alles Gute« wünschte oder »lb. Grüße« schickte. Meist waren es kitschige, batteriebetriebene Musik-Glückwunschkarten, die beim Öffnen eine kurze Melodie erklingen ließen. Einmal schrieb sie dazu: »Ich denke an Dich. Aber Deine Mutti ist sehr schreibfaul.« Dafür beschwerte sie sich bei mir am Telefon, daß ihr Sohn zu selten schreibe. Als Mutter habe sie doch Vorrang gegenüber den anderen »Weibern«.

Während des Prozesses rief sie öfter an als vorher, einmal wutentbrannt und stark alkoholisiert: In einem Interview, das sie einer Wochenzeitschrift gegeben hatte (»Hansi ist kein Monster!«, »News« 16/94), wurde sie als »alte Dame mit ausgewaschenem braunen Faltenrock und roten Pantoffeln« beschrieben. »So eine Frechheit!« kreischte sie in den Hörer. Aber kein Wort über den Schmutz, mit dem die Medien ihren Sohn seit Monaten besudelten.

In den letzten Wochen des Prozesses vertraute ich ihr dann meine Befürchtung an, daß Jack sich bei einer Verurteilung umbringen würde. Aber solch schwarze Gedanken wehrte sie gleich ab: »Sowas würde mein Sohn nie machen. Der ist nämlich aus dem gleichen Holz wie ich!«

So problembeladen Jacks Beziehung zu seiner Mutter in seiner Jugend gewesen sein mag, hatte er inzwischen längst zu einer normalen Haltung gefunden. Schon im Interview mit Peter Huemer in Stein im Jahre 1989 sagte der damals 38jährige Jack: »Ich habe die Beziehung zu ihr, daß ich sie heute so verstehe, daß sie ja nie die Möglichkeit gehabt hat, Mutter zu sein, aufgrund des Schicksals und Lebenslaufes. Weil ich ihr Leben heute eben anders sehe als damals. Damals hab' ich nur die Mutter gesehen, warum nimmt sie mich nicht, sagt sie nicht, daß sie einen Sohn hat. Sondern ich seh' heute, daß das nicht möglich war für sie. Und sie tut mir heut' leid. Wenn sie einen Sohn braucht, wenn sie eine Sorge hat, wird sie mich haben. Aber ich bin nicht mehr innerlich so verhaftet an dieser Person, daß ich ihr nachfahren muß, um ruhig schlafen zu können. Sie braucht mich nicht einmal akzeptieren, sie braucht nur sagen, sie braucht Hilfe. Dann wird sie die bekommen.«

Tatsächlich war Jack nach seiner Haftentlassung immer zur Stelle, wenn seine Mutter etwas brauchte. Er besuchte sie mehrmals in ihrer Wohnung, brachte sie etwa wegen einer Augenoperation ins Spital oder schenkte ihr einen wertvollen Pelzmantel. Manchmal, wenn er über sie und ihre »Eigenarten« sprach, hörte ich eine Art nachsichtiger Ironie aus seinen Worten. Von einer Bekannten erfuhr ich freilich, daß sie ihren Sohn auch in dieser Zeit einmal vor die Türe gewiesen hatte. Sie sei eben »alt und krank«, habe Jack darüber nur geurteilt. Nie hätte Jack wirklich schlecht über seine Mutter gesprochen, auch solche häßlichen Vorfälle wie jenen mit dem Sparbuch verschwieg er anderen gegenüber – wie mir überhaupt an ihm immer wieder sein ausgeprägter Familiensinn auffiel.

Jack Unterweger hatte auch eine uneheliche Tochter: Claudia. Es war im Sommer 1970, Jack war Saisonkellner am Wolfgangsee und lebte sein junges Leben in vollen Zügen. Jeden Abend war er auf Tour, jobbte als Discjockey und lernte viele Mädchen kennen. Er traf auch ein zartes, blondes Stubenmädchen in St. Gilgen, eben erst sechzehn. Eine kurze, flüchtige Liebe entflammte. Nach wenigen Wochen war es auch schon wieder vorbei. Jack verschwand aus ihrem Leben, zog irgendwohin weiter. Doch eine »Erinnerung« an ihn war ihr geblieben: Das Kind in ihrem Bauch, von dem Jack nichts wußte. Erst 1976 erfuhr die Kindesmutter aus den Zeitungen, was aus ihrem damaligen Freund geworden war. Sie schrieb ihm vom Kind, lehnte aber verständlicherweise jeden weiteren Kontakt ab. Mit zehn Jahren erfuhr Claudia, die bei ihren Großeltern in der Steiermark aufwuchs, erstmals von ihrem Vater, der als Mörder im Gefängnis saß. Sie war erschüttert. 1986 war er schon zum Schriftsteller avanciert und schickte ihr eine Einladung zu seiner Lesung in der Wiener »Alten Schmiede«. Sie kam wirklich, und er war tief berührt, als er diesem überaus hübschen, blonden Mädchen zum ersten Mal gegenüberstand.

Doch es blieb bei einer sehr problematischen Vater-Tochter-Beziehung, zumal die Kindesmutter nach wie vor gegen den Kontakt war. Jack hingegen investierte schon während der Haftzeit in Stein sehr viel Liebe in sein einziges Kind, das da draußen ohne ihn herangewachsen war. Er ordnete ihre Schulzeugnisse feinsäuberlich in seine Dokumentenmappe und verschaffte ihr über eine Bekannte eine Lehrstelle als Kellnerin. Er widmete ihr Bücher, und als sie allzufrüh selbst Mutter wurde, auch der kleinen Enkeltochter. Nach ihrer überstürzten Heirat war es wieder Jack, der vom Gefängnis aus für eine Wohnung für das junge Paar sorgte. Lange hielt die Ehe nicht, und obwohl Jack den unreifen Mann seiner Tochter immer abgelehnt hatte, erfüllte ihn die Scheidung mit großer Sorge: Hatte er doch seinen inzwischen zwei kleinen Enkelkindern nichts sehnlicher als eine intakte Familie gewünscht. Claudia mußte sie jetzt alleine durchbringen.

Als Jack 1990 die Freiheit erlangte, versorgte er sie, so gut er konnte, mit Geld. In der Dokumentenmappe fand ich neben den Zeugnissen auch die Police einer Lebensversicherung, die Unterweger am 1. Juni 1990, zwei Wochen nach seiner Entlassung aus der Anstalt Favoriten, zugunsten seiner Tochter abgeschlossen hatte. »Ich werde uns aus dem Dreck herausziehen!« verkündete er gegenüber Claudia. Zudem schlug er vor, nach Wien zu ziehen, wo er ein ganzes Haus in Aussicht hätte ...

Die Beziehung Jacks zu seiner Tochter hatte sich allmählich zu normalisieren begonnen, als Claudia eines Morgens im Februar 1992 einen verzweifelten Anruf ihres Vaters erhielt, indem er sie über seine Flucht informierte. Sie brauchte nur das Radio einzuschalten, um zu erfahren, daß die Jagd begonnen hatte. Auch Claudia wurde von Journalisten verfolgt, bekam Angst um ihre Kinder. »Für mich ist eine Welt zusammengebrochen!« erklärt sie in einem kurzen Telefoninterview in der »Kronen-Zeitung« (27.2.1992). Mehr will sie nicht sagen, dazu ist sie zu verletzt, enttäuscht und wütend. Auch über ihren Vater, der ihr in seiner überschwenglichen Art soviel versprochen hatte – und jetzt das.

Für den 1. Juni 1994 hatten sowohl Unterwegers Mutter als auch seine Tochter eine Zeugenladung für den Prozeß erhalten. Der Tag wurde von den Journalisten spöttisch »Familientag« genannt. Es wurde aber nichts daraus: Die Tochter war von der Staatsanwaltschaft als Zeugin beantragt worden – vermutlich aus psychologischen Gründen, da durch den Richter bekannt war, daß sie ihrem Vater kein einziges Mal ins Gefängnis geschrieben hatte. Dafür hatte einer der wenigen Journalisten, zu dem sie Vertrauen gefaßt und dem sie ein Interview gegeben hatte, ihre Aussagen völlig verdreht, um nur ja Negatives über ihren Vater schreiben zu können. Nie hatte sie etwa gesagt, er sei »grob« mit den Kindern gewesen, sondern nur bemerkt, daß er wegen ihrer lebhaften Art manchmal überfordert war. Der Journalist, der auf Unterwelt-Reports spezialisierte Robert Geher, veröffentlichte die Story unter der Überschrift »Unterwegers Tochter bricht ihr Schweigen« (»Wiener«, 6/92). Er nannte darin auch ihren vollen Namen und beschrieb zum Beispiel, wie ihre Kinder auf ein Foto von Jack mit dem Satz »Das ist ja der Mann mit dem Hund!« reagiert hätten, um die Beziehungslosigkeit in der Familie »aufzuzeigen«. Darüber hinaus speiste er sie mit einem für eine derartige Story lächerlichen Honorar von nur 5 000 Schilling ab. Kein Wunder, daß Claudia jetzt genug hatte von den Boulevardjournalisten.

Zur Zeugenladung kam sie daher zum Schutz vor neugierigen Reportern getarnt mit Sonnenbrille und schwarzer Langhaar-Perücke, die sie auch im Gerichtssaal aufbehielt. Dort würdigte sie ihren Vater keines Blickes und entsagte sich ihrer Aussage. Beim Verlassen des Saals warf sie ihm noch zwei Fotos ihrer Kinder hin. Auf die Rückseite hatte sie geschrieben: »Hast du sie vergessen?« Als Jack Unterweger mir wenig später beim Besuch die Bilder zeigte, versuchte er ein ironisches Lächeln. Doch sein glänzender Blick verriet die tiefe Verletztheit. Noch am selben Abend schrieb er ihr einen langen Brief. Ihre Antwort kam wenige Wochen später, kurz vor dem Ende des Prozesses: Er habe als Vater versagt – und jetzt, in dieser Situation, das müsse er verstehen, da könne sie keine Kontakte mehr zu ihm aufrechterhalten. Es war ihre Art, mit ihrem Schmerz umzugehen.

Seine Mutter hatte Unterweger selbst als Zeugin beantragt. Es ging um ein wichtiges Datum: Sie sollte bestätigen, daß er sie zum Zeitpunkt des Verschwindens einer Wiener Prostituierten in München besucht hatte. Obwohl sie mir am Telefon mehrmals versichert hatte, daß sie beim Prozeß mit »roter Perücke« auftreten und es »den Österreichern zeigen« werde, war sie an diesem 1. Juni nicht in Graz.

Am 21. Juni reisten dann eine aus einem beisitzenden Richter und dem Staatsanwalt Gasser bestehende Gerichtskommission sowie Verteidiger Zanger nach München, wo Jacks Mutter am Amtsgericht vernommen wurde. Die Aussage wurde aufgenommen und das Video beim Prozeß – zum Leidwesen der Reporter wieder unter Ausschluß der Öffentlichkeit – vorgespielt. Doch Unterwegers Mutter konnte sich an keine konkreten Daten erinnern. Ja, den Hund, den habe sie »um den Muttertag« des Jahres 1991 von ihrem Sohn bekommen, aber das genaue Datum wisse sie jetzt nicht mehr. Rund ein Jahr zuvor hatte sie mir aber am Telefon noch stolz vom »Muttertagsgeschenk« Joy erzählt. Ihr Sohn habe sie ja öfters besucht, mit »Weibern«, die ihm nachgerannt seien; und dann schweifte sie völlig ab, bejammerte wieder ihr eigenes leidvolles Schicksal, zu dem ihre feste Stimme und die forschen Bemerkungen – sie habe für ihren Sohn damals eine Geldstrafe von 2 122 Mark berappen müssen (daß Jack ihr den Betrag auf Heller und Pfennig refundiert hatte, hatte sie offenbar auch vergessen) – so gar nicht paßten.

Diesmal klangen einige Schlagzeilen sogar nach Mitleid: »Auch seine Mutter hilft Jack nicht« (»Kurier«, 22.6.1994). »Nur der Hund kennt die Wahrheit, aber der ist auch schon tot!« (»Kurier«).

Für Jack Unterweger war dieser »Auftritt« seiner Mutter eine der schmerzlichsten Enttäuschungen während des Prozesses.

»Keine suizidale Einengung«

Niemand kann sagen, daß sich der Angeklagte Unterweger einer psychiatrischen Exploration verweigert hätte: Noch kurz vor Beginn des Prozesses stellte er den Antrag, die als aufgeschlossen bekannte Wiener Psychiaterin Dr. Nadja Brandstätter mit der Erstellung eines Gutachtens zu beauftragen. Das wurde vom Richter – damals noch Dr. Bourcard – mit der schon bekannten Begründung abgelehnt, diese Psychiaterin sei nicht für den Grazer Gerichtssprengel vorgesehen.

Das Gutachten des Grazer Gerichtspsychiaters Dr. Zigeuner jedenfalls war nur ein aus alten Gutachten und Berichten zusammengestoppeltes Ferngutachten. Sogar Auszüge aus dem rund zwanzig Jahre alten Gutachten des mittlerweile über achtzigjährigen Linzer Gerichtspsychiaters Dr. Jarosch mußten herhalten, um die Anklageschrift »psychologisch« aufzumöbeln und mit zahlreichen Schlagworten Stimmung zu machen: Da ist von einem »gemütsarmen, explosiven und aggressiven Psychopathen« die Rede, dessen »Triebleben enorm aggressiv mit sexuell-sadistischer Perversion« sei – allesamt für das gerichtspsychiatrische Vokabular der frühen siebziger Jahre ganz typische Ausdrücke, die in vielen Gutachen aus dieser Zeit zu finden sind. »Hervorstechend« sei seine – dick unterstrichen! – »gefährliche Aggressivität gegenüber Frauen«. Sogar aus dem damaligen Beruf Unterwegers – der »Modeberuf Discjockey« – leitete der Psychiater dessen »emotionelle Beziehungslosigkeit« ab. Weitere schauderhaft klingende Schlagworte, die in der Anklageschrift des »Jahrhundert-Prozesses« breitgetreten wurden, erspare ich dem Leser. Das eindrucksvolle Resümee lautet jedenfalls: »Es handelt sich bei Unterweger um einen unverbesserlichen Gewohnheitsverbrecher, bei dem Rückfälle mit Sicherheit zu erwarten« seien. Der letzte Satz ist ebenfalls dick unterstrichen.

Zurück zu den nüchternen Tatsachen: Auch das Jarosch-Gutachten war nur ein Ferngutachten. Der Psychiater hatte den Angeklagten niemals persönlich untersucht, sondern sich ebenfalls auf seine Einschätzung der verübten Straftaten, diverse Expertisen und Berichte aus dem Erziehungsheim verlassen. Aus ebendiesem Grund war dieses Gutachten beim Salzburger Mordprozeß im Jahre 1976 auch gar nicht herangezogen worden – wohl aber zwanzig Jahre später im Abschlußbericht der »SOKO Unterweger« und dann bei der Zusammenstellung der Anklageschrift für den »Jahrhundert-Prozeß«! Der in der Anklageschrift – nicht aber im SOKO-Bericht – ebenfalls erwähnte Dr. Laubichler ist jener Psychiater, der Unterweger 1976 tatsächlich exploriert hatte. Die in der Anklageschrift als von ihm stammend angeführten Zitate sind dort aber völlig aus dem Zusammenhang gerissen bzw. stammen zum Teil gar nicht von ihm, sondern von Jarosch. Laubichler hingegen hatte weit weniger dick aufgetragen, dafür aber feiner beobachtet – wohl deshalb, weil wenigstens er mit Unterweger eine Gesprächssitzung durchgeführt hatte. Seine Ausführungen geben ein etwas sensibleres Bild vom jugendlichen Jack Unterweger, wenn er etwa schreibt, daß dieser »unter Elternlosigkeit leidet bzw. aus einer Familie ohne Zusammenhalt stammt«. Weiter heißt es bei ihm: »Seine Sehnsucht nach Stützung durch die Eltern ist zwar stark entwickelt, wurde aber nicht befriedigt. Er ist im Grunde unfähig zu einer emotionellen Bindung bzw. Partnerschaft, eine solche Bindung wird teilweise ersehnt, zum Teil erregt sie Aggressivität in ihm. Seine emotionelle Beziehungslosigkeit läßt eine positive Zukunftsbewältigung nicht zu, er flüchtet sich in Isolation, Depression, Selbstaufgabe und Selbstdestruktion.« Der Psychiater wußte, daß Unterweger Drogen nahm.

In der Grazer Anklageschrift hatten derlei Ausführungen freilich keinen Platz, ließ sich damit doch bei weitem kein so guter Effekt erzielen wie mit dem Kauderwelsch von grausigem, wissenschaftlich klingendem Vokabular von diversen Psychiatern, die allesamt mehr oder weniger voneinander abgeschrieben hatten (nämlich Zigeuner von Laubichler und Jarosch, letzterer wiederum von Laubichler).

Erst während des laufenden Prozesses erkannte man, daß dieser »Ferndiagnosenzustand« wirklich nicht optimal war. Flugs beauftragte das Gericht einen weiteren Psychiater, den in Feldkirch (Vorarlberg) tätigen Primararzt Reinhard Haller, mit der Erstellung eines neuen, diesmal »richtigen« Gutachtens. Offenbar störte es jetzt nicht mehr, daß dieser Psychiater nicht im Sachverständigenverzeichnis des Grazer Gerichtssprengels eingetragen war. Unterweger war nicht nur bereit, ein persönliches Gespräch mit Haller zu führen; ich hatte sogar das Gefühl, daß er dieses Gespräch als Abwechslung zu den zermürbenden Verhandlungstagen und der täglichen Isolationshaft seelisch dringend brauchte. Der Psychiater reiste daher im Mai 1994 für zwei Tage nach Graz an. Als allererstes veranlaßte er eine Gehirnstrommessung beim Angeklagten, die im Landeskrankenhaus durchgeführt wurde und keine besonderen Ergebnisse – sprich: irgendwelche »abnormen« Abweichungen – ergab. Und so dürfte sich der Psychiater mehr von den »Arbeitsgesprächen« in der Verhörzelle erwartet haben. In der Tat vertraute Jack Unterweger ihm in diesen Gesprächen sehr Persönliches an, auch über seine geheimsten Sehnsüchte in bezug auf meine Person; Sehnsüchte nach Familie und Kindern, die er mir gegenüber niemals so deutlich ausgesprochen hatte. Er bat Haller inständig, was mich betraf, unbedingt Verschwiegenheit zu wahren. Ich erinnere mich noch an einen Satz, der Jack Unterwegers damalige Einstellung gegenüber dem Psychiater wohl am besten beschreibt: »Und über meine Zukunftspläne hat er mich auch befragt, ist doch ein gutes Zeichen!«

Zwei Wochen später, an einem Freitag, traf schon das gerichtspsychiatrische Gutachten aus Feldkirch ein. Wie wir noch sehen werden, war es zweifellos »professionell« gemacht.

Beim Besuch am darauffolgenden Montag war Jack Unterweger tief deprimiert. »Ich bin ein Narziß«, sagte er mit leiser, resignierter Stimme, »doch wie hätte ich diese Jahrzehnte der Haft sonst überleben sollen …?« Auch in bezug auf mich fühlte er sein Vertrauen vom Psychiater mißbraucht, hatte dieser doch keine Anonymität über meine Person gewahrt. Sollte eines der Details an die Öffentlichkeit gelangen, waren mir hämische Berichte sicher.

Jack Unterweger hat mich immer voll in seinen Fall einbezogen und mir alles, was ihn betraf, zum Lesen gegeben. So übergab er mir auch das gerichtspsychiatrische Gutachten. Gleich auf einer der ersten Seiten traf Primar Haller eine Feststellung, die mir zu denken gab: Eine »suizidale Einengung« liege bei Unterweger nicht vor. Ich wußte, daß sich der Psychiater mit der Selbstmord-Problematik befaßt und sogar ein Buch darüber veröffentlicht hatte.

»Narziß«

Vieles von dem, was Haller in seinem Gutachten beschrieb, traf auf Jack Unterweger genau zu. Er gestand ihm, ganz im Gegensatz zum »Parasitenjargon« seines Kollegen Zigeuner, etwa »Ehrgeiz« und »Erfolgsorientierung« zu. Das war zweifellos bereits aus dem Aufstieg des Fast-Analphabeten und Kriminellen aus der Keusche im Wimitztal zum erfolgreichen Autor ablesbar.

Allmählich kam Haller aber zum eigentlichen Thema, dem Thema, worauf es seinem Auftraggeber, dem Grazer Gericht, wirklich ankam.

Es handelte sich um die Frage, ob Unterweger der Serienmörder war. Eindeutig konnte Haller als seriöser Psychiater auf diese Frage natürlich nicht antworten. Aber er konstatierte bei seinem Probanden eine »tiefgreifende narzißtische Persönlichkeitsstörung«. Diese Feststellung klang zwar irgendwie »schuldig«, aber was hatte das mit den Morden zu tun? Daß Unterweger ein Mensch war, der gern im Mittelpunkt stand, war ja nichts Neues. Sein Fernsehauftritt im weißen Anzug mit roter Rose im Knopfloch, der so viele Zeitgenossen irritiert hatte, war noch in bester Erinnerung. Aber war er deshalb auch schon ein Mörder? Nun, Haller beließ es nicht dabei, sondern legte nach. Der Proband neige zu einem »sadistischen Modus der Konfliktbewältigung«, hieß es weiter. Das war 's: das Stichwort war gefallen. Zwar wurde, dem Gebot der Unschuldsvermutung Rechnung tragend, durchaus erwähnt, daß die »narzißtische« und daher »psychisch abnorme« Persönlichkeitsstruktur Unterwegers noch kein Indiz für seine Täterschaft sei, da es auch andere Personen mit solcher Persönlichkeitsstruktur gäbe, die nicht kriminell wären. Aber abnorm war abnorm, daran gab's nichts zu rütteln. Übrigens, weil es immer geheißen hatte, die Morde könnten nur von einem »Schizophrenen« begangen worden sein (z. B. Staatsanwalt Wenzl in der Münchener »tz« vom 29.–31.5.1993): Eine schizophrene Störung im Sinne einer »gespaltenen Persönlichkeit« schloß Haller ausdrücklich aus.

»Sadist! Aggressiv gegen Frauen!«

Beim Auftritt des Psychiaters vor Gericht am 17. Juni 1994 hatten die Medien wieder ausreichend Futter für die Schlagzeilen: »Psychiater über Unterweger: Sadist! Aggressiv gegen Frauen!« Das hat auch Haller selbst sehr gestört, denn mit diesem Boulevardstil konnte er sich freilich nicht identifizieren. Der »Standard«-Berichterstatter hingegen schlachtete Hallers Bemerkung vor Gericht aus, es sei »unmöglich gewesen, mit Unterweger über Gefühle zu reden«.

Haller vergaß natürlich nicht zu betonen, daß es ihm nicht zustehe zu urteilen, ob Jack Unterweger schuldig sei oder nicht (»Das darf ich nicht sagen!«). Für den Fall des Schuldspruches sei er aber in eine »Anstalt für geistig abnorme Rechtsbrecher« einzuweisen. Und wieder sahen sich die Zeitungskommentatoren veranlaßt, über den »ungeheuerlichen Fehler« der Gefängnisentlassung Unterwegers zu politisieren …

An dieser Stelle möchte ich den Psycholanalytiker Prof. Ernst Federn zu Wort kommen lassen. Er ist Mitglied der Wiener Sigmund-Freud-Gesellschaft, verbrachte während der Nazi-Zeit acht Jahre in den Konzentrationslagern Dachau und Buchenwald, wirkte danach 24 Jahre in New York und Cleveland und ist Autor zahlreicher einschlägiger Fachbücher. Jahrelang war er psychologischer Konsulent der Justizanstalten Stein und Favoriten. Über Jahre hinweg hat er auch den Strafgefangenen Jack Unterweger betreut, indem er mit ihm einmal wöchentlich ein ausführliches (ein- bis zweistündiges) Gespräch führte. Ich fragte Prof. Federn nach seiner Meinung, woraufhin er mir zurückschrieb: »Ich habe Herrn Unterweger in der Strafvollzugsanstalt Stein jahrelang intensiv betreut und kannte ihn sehr gut. Ich habe keine Bösartigkeit in ihm gefunden. Vielmehr war er sehr aufgeschlossen und an den Fragen des Lebens interessiert. [...] Der Mord, den er begangen hatte und für den er verurteilt wurde, war unter dem Einfluß von Drogen geschehen. Das hatte der vorsitzende Richter auch zugegeben, aber nicht berücksichtigt. Ich persönlich bin von der Unschuld Jack Unterwegers überzeugt. Es ist doch unwahrscheinlich, daß im Fall von elf Morden kein anderes ›Indiz‹ als ein Haar gefunden wird. Ich vermute die Drahtzieher für all diese Morde in der Wiener Unterwelt.«

»IM ZWEIFEL SCHULDIG!«

»Ich bin verurteilt!«

Zwei Wochen noch. Dann dürfte der Unterweger-Prozeß ausgestanden sein. Nach rund 120 Stunden geht einigen schon die Kraft aus. Richter Kurt Haas treibt die Zeugeneinvernahmen mit Mieselsucht voran. Staatsanwalt Martin Wenzl stellt nur noch Fragen, auf die die Antworten bereits bekannt sind. Anwalt Georg Zanger donnert, brüllt und krächzt nicht mehr. Er fordert nahezu stimmlos neue Beweisanträge. Und nicht mehr pausenlos. Und Jack Unterweger? Bleich, unruhig, verbittert. Die Souveränität der ersten Prozeßtage ist geschwunden. Zu viele Zeugen haben zuviel Unerfreuliches über ihn im Zusammenhang mit den getöteten Prostituierten gesagt.

(Daniel Glattauer im »Standard«, 14.6.1994)

Sogar in der letzten Prozeßwoche hatte die Anklage noch schnell eine Grazer Prostituierte aufgetrieben, die von »Fesselspielen« des Angeklagten zu berichten wußte: Daniela S. wollte Unterweger auf einem Foto erkannt haben, das man ihr »in einem Polizeiwagen« gezeigt hatte. Die ohnehin eher albern wirkende Aussage hätte durch einen Zeugen klar widerlegt werden können, der mit der erst Achtzehnjährigen zum fraglichen Zeitpunkt in Wien gewesen war und dem sie außerdem noch erzählt hatte, Unterweger tatsächlich nur vom Foto her zu kennen.

Dafür war aber keine Zeit mehr. Die letzte Prozeßwoche war nämlich den »kühlen Wissenschaftlern aus der Schweiz« (»profil«) vorbehalten. Allen voran dem »DNA-Papst« Dirnhofer mit seinem unfehlbaren Urteil: 99,99 Prozent. »Ein Irrtum wäre astronomischer Zufall«, urteilte daraufhin Paul Yvon (»profil« 24/92). Alles verlief also bestens nach Prozeßfahrplan, und dem für Ende Juni vorgesehenen Urteil stand nichts mehr im Wege.

Draußen war es schon heiß geworden. Der »Jahrhundertsommer« 1994, der heißeste seit Jahren, hatte begonnen, und die großen Ferien standen vor der Tür. Nur einer ging wieder allen auf die Nerven: Anwalt

Zanger hatte die Stirn, zwei Tage vor der geplanten Urteilsverkündung noch ganze 103 Beweisanträge auf Einvernahme bisher nicht gehörter Zeugen und Einholung von Kontrollgutachten in bezug auf Dirnhofers DNA-Ergebnis und Brüschweilers Faseranalyse zu stellen. »Antragsflut durch den Anwalt« heißt es daraufhin im »Kurier« vom 23. Juni.

Es war ein Tag, der erste mit dem Gefühl, an einer abgesprochenen Hinrichtung teilnehmen zu müssen. [...] Ich? Tränen gab es, gibt es. Erkennen. Zugeschüttet. Chancenlos? Noch zwei Wochen, nein zwölf Tage. [...] Diese Zeilen, ein Brief, eine Botschaft, bald Nachlaß? Diese Welt zu verlassen ist kein Problem mehr. Ich schluckte, fühlte, spürte zu oft das Gift der geifernden Hinrichtung [...]
(Aus dem Prozeßtagebuch, Eintragung vom 17.6.1994)

Nie werde ich diesen Anblick eines zerstörten Menschen vergessen, als Jack Unterweger mir am Tag nach Dirnhofers Auftritt im Prozeß sagte: »Ich bin verurteilt!«

Seine Tränen, die in diesen letzten Tagen immer wieder aus den geröteten Augenwinkeln hervorbrachen, versuchte er vor den Justizwachebeamten zu verbergen: »Die freuen sich doch nur«, sagte er leise zu mir. Ich weiß noch, wie ich ihm spontan ein Taschentuch reichen wollte, dabei war da zwischen uns dieses engmaschige Gitter ...

Es waren wohl nicht nur Tränen der Verzweiflung, sondern auch Tränen einer ohnmächtigen Wut.

Der Warnbrief

[...] einen Jack Unterweger lassen die nicht mehr los, dann auch, weil sie fürchten, es könnte widerlegt werden, und Haas würde, denke ich, nicht so drüberfahren, wenn es nicht Deckung von oben geben würde. Mit so klaren Nichtigkeitsgründen. Und ich weiß, verdammt noch mal, wieviele im Loch sitzen, auch 25, 30, 32 Jahre! Mumien. Nur, wie ich schon schrieb, für mich liegt das Problem zuerst im Vorwurf, wieso! Eben Serienmörderurteil, dann in meiner Mentalität, nur wie ein Mönch lebend, ohne Medien, ohne Kampf, duldend, Woche für Woche nur auf Besuch wartend ... Nein, da würde die Birne durchdrehen vorher, kämpfen und daran zerbrechen, wie schon viele vor mir. [...]
(Aus Briefen Jack Unterwegers an die Autorin vom 5. und 14.6.1994)

Die Schmerzen, weniger für mich, sie gelten anderen, die mir vertrauten, mit mir lebten, stritten, liebten, die mit einer Verurteilung dem Mob ausgesetzt werden. Für mich wird es nicht mehr ertragbar, aushaltbar, als Serienmörder angesehen zu werden, ohne einen dieser elf Morde begangen zu haben. [...] Der Rückzug in die Zelle, fern von Medien und geiferndem Volk, in mich zurückgezogen zu wirken, gäbe es die Entwicklung von Schuldgefühlen, ich könnte mein Schicksal ertragen, auch als Pflicht, meine Schuld zu leben. Aber ich bin unschuldig, es fehlt dieses Gefühl, aus dem Kraft kommen würde. [...] Viele von euch, Angie, Beate, Rosemarie, Mary, viele andere, ihr werdet wütend werden, euch verlassen vorkommen, ich bitte um Verzeihung, aber ein Leben mit diesem Urteil, ein Massenmörder zu sein, würde mich zerstören, mein Ich zerfressen, mich zum selbstbemitleidenden, hassenden Tier machen, ich könnte euch nicht mehr der sein, der ich war. [...]
Ich werde auch den heutigen Tag ›absitzen‹, kaum noch zuhören, an Freunde und Menschen denken, tief in mir glückliche Gefühle erleben, weil ich geliebt werde, immer noch, weil ich Liebe geben kann, immer noch, kein Zerfressen von Haß. Bis zuletzt bin ich Gast auf dem Fest schöner Gefühle, DU BIST DA.
(Aus den letzten, undatierten Eintragungen im Prozeßtagebuch von Jack Unterweger)

Vielleicht zehn Tage vor dem Urteil bat mich Jack Unterweger, nicht mehr zu ihm zu kommen. Mein Anblick würde ihn nur »schwächen« ... Dann aber ließ er sich doch in die Besucherzelle vorführen, wenn ich einen Sprechzettel abgegeben hatte. Auch meine Mutter kam einmal zum Besuch mit. »Es geht weiter!« versuchte sie ihm Mut zu geben. »Wohin ...?« fragte er mit heiserer Stimme und blickte dabei mit tränenfeuchten Augen aus dem vergitterten, schmalen Fenster des Besucherzimmers.

Später suchte ich Richter Haas in seinem Büro auf, um ihm meine Bedenken wegen der Selbstmordgefahr mitzuteilen. Er meinte kühl, man könne ja gar nicht sagen, »ob der Unterweger verurteilt« werde. Im übrigen habe er für den Fall der Verurteilung ohnehin bereits das Notwendige veranlaßt. Und blickte dabei, wie immer mit auf der Nase verrutschter Lesebrille, auf die auf seinem Schreibtisch liegenden Akten.

Am Tag vor dem Urteil, einem Montag, rief ich direkt im Gefangenenhaus an, um die verantwortlichen Justizbeamten zu warnen. Der zuständige Leiter war jedoch gerade auf Urlaub. Dafür erteilte mir ein anderer Beamter eine rüde »Rechtsbelehrung«: Was ich ihm erzähle, gehe ihn nichts an. Zuständig sei allein Richter Haas, ich solle mich gefälligst an den wenden. Doch der war während des ganzen Tages beim Prozeß und kam gar nicht in sein Büro. Es war also entweder niemand zuständig oder niemand erreichbar. Ich mußte aber etwas tun und schrieb daher zwei Briefe – einen an die Gefängnisleitung und eine Durchschrift an den Richter –, die ich noch am selben Tag, dem 27. Juni um zwölf Uhr mittags, eingeschrieben und expreß aufgab. Ich warnte darin vor der Gefahr eines Selbstmordes des Untersuchungshäftlings Unterweger. Am Nachmittag dann mein zweiter Versuch, jemanden zu erreichen, der zuständig war. Erst um vier Uhr hatte ich Glück. Der Beamte, den ich jetzt am Telefon hatte – es war, wie ich nachher herausbekam, der Stellvertreter des Leiters – war etwas entgegenkommender als der vom Vormittag. Er beruhigte mich, daß man wie immer bei Verurteilungen zu langjährigen Haftstrafen Vorkehrungen zur Verhinderung eines Suizids getroffen habe. Der diensthabende Beamte würde jede halbe Stunde in der Zelle Nachschau halten.

Wochen später erzählte mir Anwalt Lehofer vom letzten persönlichen Gespräch mit seinem Mandanten Unterweger am Freitag vor dem Urteil. Unterweger habe verzweifelt geklungen, habe sich gefragt, wie er das lange Wochenende, das vor ihm lag, psychisch überstehen soll ... Lehofer fiel in dieser Situation nichts anderes ein, als ihm zu einem »Vaterunser« zu raten. Unterweger wollte zuerst gar nichts davon wissen, formelhaftes Beten war wohl das letzte, das ihm eingefallen wäre. Als er aber merkte, daß Lehofer es ernst meinte, gestand er ihm, verschämt lächelnd, er kenne den Text nicht.

Am vorletzten Prozeßtag wurden wie erwartet alle Beweisanträge der Verteidigung in einem Zug abgewiesen. In einer grotesk wirkenden Szene verlas der vorsitzende Richter nach nur fünfzehn Minuten dauernder Beratung des Richtersenates die Abweisungen. Geradeso, als ob es bloß um die Wahrung von Formvorschriften ginge.
    Staatsanwalt Gasser begründete seinen Rücktritt von einem – ohnehin unhaltbaren – Anklagevorwurf (nämlich der »Entführung Minderjähriger« in bezug auf Bianca): »Ich möchte schauen, daß der Prozeß rasch zu einem Ende kommt.«

Am 28. Juni 1994 sollte das Urteil verkündet werden. Rechtzeitig zu Beginn der Sommerferien. Ich habe Jack Unterweger an diesem Tag früh um acht, noch vor Beginn der Verhandlung, besucht. Eigentlich war es gar nicht ausgemacht gewesen, doch ich verspürte das Bedürfnis, ihn zu sehen, mit ihm zu sprechen. Es sollte zum letzten Mal sein.

Wir sprachen in dieser Situation nicht offen über Gefühle. Jack mußte jetzt stark sein. Eine dreiviertel Stunde später würde er im übervollen Prozeßsaal sein Schlußwort sprechen. Er hatte schon seine handgeschriebenen Notizen für sein Schlußplädoyer dabei und kritzelte noch nervös daran herum. »Was ist der Unterschied zwischen einem Sekundenlügner und einem, der sich irrt?« fragte er mich, indem er auf Staatsanwalt Gasser – der Jack ja wiederholt als »Lügner« bezeichnet hatte – anspielte. »Wenn ich mich einmal irre, bin ich ein Lügner«, setzte er fort, »bei Gasser ist's nur ein Versprecher.«

In der Nacht zuvor war eine Bombe in einem Gerichtssaal des Landesgerichtes explodiert. Die Radionachrichten berichteten aufgeregt darüber und brachten das Attentat in Verbindung mit dem Unterweger-Prozeß. Der Täter wurde nie gefaßt. Ich erzählte Jack von den Scherben, die verstreut auf den Gehsteigen vor dem Gerichtsgebäude lagen. »Scherben bringen Glück«, sagte er und versuchte dabei ein Lächeln, das nicht gelang. Seine Worte standen in eigenartigem Widerspruch zu seinem ernsten Blick. Auch er war durch die nächtliche Detonation, die in ganz Graz zu hören gewesen war, aufgewacht. Sogar Richter Kurt Haas war alarmiert worden und mitten in der Nacht zum Gericht gefahren. »Der Haas war auch da, ich hab's bemerkt, wie er durch die Luke meiner Zelle geschaut hat«, erzählte mir Jack. Ich sah ihm an, daß er nicht ausgeschlafen war. Er redete sich auf seinen niedrigen Blutdruck heraus. »Menschen mit niedrigem Blutdruck leben länger«, sagte ich aus Spaß, um ihn ein bißchen aufzumuntern. »Hier sicher nicht«, kam Jacks spontane, aber bestimmte Antwort.

Auch an diesem letzten Tag dauerte der Besuch genau 15 Minuten. »Ich hab' gar kein schlechtes Gefühl …«, das war das letzte, was Jack zu mir sagte, bevor der Justizbeamte den Besuch beendete und Jack gehorsam aufstand. Beim Verlassen des Halbgesperres drehte ich mich noch einmal nach ihm um und lächelte ihm durch die Stahlgittertüre aufmunternd zu. Er erwiderte mein Lächeln nicht. Ein schmächtiger, in seinem dunklen Anzug aschgrau wirkender Mann blickte mich mit todernster Miene an. Es war ein langer Augenblick, sicher einige Sekunden lang.

Als ich das Halbgesperre verließ, war das Gerichtsgebäude immer noch fast menschenleer. Die Horde der Journalisten und Schaulustigen kam erst später, nach halb neun. Ich blieb noch eine Zeitlang auf der gegenüberliegenden Straßenseite stehen und beobachtete, wie die Menschenmenge vor dem Eingang des Gerichtsgebäudes immer mehr anschwoll. Knapp vor neun Uhr fuhr Anwalt Zanger mit seinem Jaguar vor. Als er ausstieg, war er sofort von Journalisten und Fotografen umzingelt. Angewidert von diesem Geschehen ging ich zu meinem Auto.

Der blaue Himmel versprach einen heißen Sommertag.

Zu Hause schaltete ich das Radio ein. Gerade wurde in den Neun-Uhr-Nachrichten live über den letzten Prozeßtag berichtet. Ein Reporter fragte Jack Unterweger auf dem Weg in den Verhandlungssaal aufdringlich, wie es ihm denn heute gehe – am Tag des erwarteten Urteils. Der Angeklagte fragte zurück: »Fragt's mi oder mei Mag'ng'schwür?« Der Reporter setzte nach: »Ich frage Sie!« Und Jack Unterweger winkte ab: »Vor den Geschworenen muß ich mich heute verantworten, aber nicht vor euch Journalisten. Ihr habt's mich doch längst verurteilt!«

»Das Schweigen des Belämmerten« – Chronologie einer Berichterstattung

»Profil«, eines der führenden Nachrichtenmagazine in Österreich mit seriösem Ruf, widmete dem Fall Unterweger von Anfang an eine umfangreiche Berichterstattung. Zu Beginn wurde vor allem die unselige Rolle der Medien durchleuchtet: »Die Mordhatz« lautete eine Titelblatt-Schlagzeile vom 24. Februar 1992. In weiteren Ausgaben wurde dann, im besten Sinne eines investigativen Journalismus, die Arbeit der Polizei von den Redakteuren Klaus Candussi und Robert Buchacher, die selbst im Rotlicht-Milieu recherchierten, kritisch durchleuchtet. Und solange Jack unzensuriert reden konnte, tat er es: Knapp nach seiner Verhaftung in Miami erreicht ihn die US-Korrespondentin des »profil«, Hermi Amberger, telefonisch aus New York. Das sehr emotionelle Telefoninterview, im Verlauf dessen Jack zweimal in Tränen ausbrach, wurde in »profil« 10/92 unter dem Titel »Lieber in Freiheit verrecken« veröffentlicht.

Für die Gerichtsberichterstattung des »profil« ist aber nur ein einziger Journalist zuständig: Paul Yvon. Er gehört zu den alteingesessenen Redaktionsmitgliedern. Für eine »graue Eminenz« ist er zwar noch zu jung, dennoch, was Yvon schreibt, gilt etwas in Österreichs Meinungselite und hat (wie vieles, was von »profil« kommt) Vorbildwirkung für Nachwuchsjournalisten.

Schon mit seinem ersten Bericht zeigt Yvon, wo es im Hinblick der Unterweger-Berichterstattung in »profil« langgeht. Jack heißt ab sofort »Johann«: »Das Schweigen des Belämmerten. Neue Fakten belasten Johann Unterweger schwer. Er aber schweigt«, heißt es im Inhaltsverzeichnis dieser »profil«-Ausgabe Nr. 11 vom 15. März 1993. Der Titel knüpft an den Kassenschlager »Das Schweigen der Lämmer« an, einen oscargekrönten US-Kultfilm über einen sadistischen Massenmörder. Weiter geht's im Blattinneren: Neben einer raffiniert komponierten Fotomontage – ein Unterweger-Porträt im weißen Anzug, umrahmt von roter Seidenblume, schwarzem Seidenstrumpf und rotem Schal – titelt Yvon: »Entwirrung tödlicher Knoten: Im Bregenzer Mordfall Hammerer schließt sich die Indizienkette: Drei verschiedene Faserspuren stammen ›wahrscheinlich‹ von drei Unterweger-Kleidungsstücken.« Untersuchungsrichter Wladkowski ließ sich sinnigerweise mit Telefonhörer am Ohr fotografieren. Ihm ist ein eigenes Porträt gewidmet – unter der Überschrift: »Unheilbarer Idealist«. Der Schlußsatz, in Anspielung auf Wladkowskis Rückenleiden, lautete: »Er leidet in jedem Sinn an seinem Rückgrat.«

Zwei Wochen später folgen die nächsten Aufmacher: »Fall Unterweger: Schwer belastet. Profil zitiert die entscheidenden Passagen aus allen drei Endberichten« (»profil« 13/93, im Inhaltsverzeichnis). Der Artikel im Blattinneren ist mit zwei fetten Schlagzeilen überschrieben. Die erste heißt: »Rückfälle mit Sicherheit zu erwarten« – der auch in der Anklageschrift zitierte, rund zwanzig Jahre zurückliegende Ausspruch jenes Linzer Gerichtspsychiaters, der Unterweger nicht einmal persönlich begutachtet hatte. Im Text dann weitere, schauderhaft klingende Schlagworte aus dessen »Ferngutachten«. Die zweite Schlagzeile lautet: »FBI, Schweizer und Wiener sagen: Er war's. Johann Unterweger sagt nichts.« »profil« bekam den »FBI-Bericht« – der in Wirklichkeit, wie schon erwähnt, ein rein polizeiinterner Bericht war – sogar noch vor dem Grazer Gericht, was Yvon auch unverblümt zugab: »Warten auf den FBI-Bericht« heißt es als Bildtext unter einem Foto von Untersuchungsrichter Wladkowski.

Auch der nächste Bericht knüpft an Unterwegers Tat aus 1974 an: »Ein anormaler Vorgang: Die erstaunlich einfache Entlassung des Jack U. aus der lebenslangen Haft« (»profil«, 23/93). Yvon schreibt darin, daß Unterweger ohne die vorgesehenen psychiatrischen Gutachten entlassen worden sei. Wie er zu dieser Behauptung kam, weiß nur er selbst – beziehungsweise wissen nur seine »Informanten«. Denn dem Gericht hatten sämtliche erforderlichen psychiatrischen Gutachten in schriftlicher Form vorgelegen, bevor es der bedingten Entlassung zustimmte.

Und so geht es weiter. Der Leser gewinnt den Eindruck, daß die österreichischen Ermittler in Zusammenarbeit mit Gutachtern im Fall Unterweger »ganze Arbeit« geleistet haben. Und das haben sie wohl auch ...

»Kriminalfall Unterweger: Haarige Indizien. Unterwegers schwerer BMW war verschrottet, aber die Sitze nicht: Schlecht für Jack«, heißt es wenige Nummern später (»profil« 29/93).

Die Nummer 37 vom September 1993 bringt eine »Dokumentenbeilage«: die Anklageschrift gegen Jack Unterweger, in voller Länge. Damit sich die Leser, so Yvon, »ihr eigenes Bild von den Vorwürfen und ihren Grundlagen machen« können. Jack Unterweger selbst habe seine Sicht ja im »profil-Interview« (gemeint ist das Telefoninterview aus Miami) und »in mehreren Entgegnungen dargestellt«.

In der Tat: Von Mai bis Dezember 1993 hatte Unterweger-Anwalt Zanger insgesamt sechs Gerichtsurteile erwirkt, mit denen das Nachrichtenmagazin zum Widerruf mehrerer unwahrer Tatsachenbehauptungen verurteilt worden war. Darunter massiv vorverurteilende Textstellen wie »Fall Unterweger ... Im Bregenzer Mordfall schließt sich die Indizienkette«, Halbwahrheiten wie »Die Amerikaner haben die elf Tötungen mit dem Mord an Margret Schäfer verglichen und ein psychologisch grundiertes ›Täterprofil‹ erstellt« (womit ein offizielles Gutachten suggeriert wurde) und eine Reihe überhaupt aus der Luft gegriffener Behauptungen wie »Doppelt auffällig war, daß er bei Telefonaten, die ohne sein Wissen überwacht wurden, von seiner Freundin Bianca M. falsche Alibis verlangte«. Oder alte »Gerüchte«: »Erst ab September 1991 gibt es wieder Aufzeichnungen. Wie penibel er solche führte, zeigte sich an den Computerlisten, die er über zig intime Frauenbekanntschaften angelegt hatte: Diese waren mit Qualitätsnoten von 1 bis 4 bewertet.« Natürlich durften auch die »literarischen Indizien« nicht fehlen: »Unterweger hat sich aber auch selbst belastet: Im österreichischen Auslieferungsantrag war von einem noch zu Haftzeiten

Der Fall Jack Unterweger | 269

verfaßten Manuskript die Rede, in dem er Haßgefühle gegen Prostituierte schildert. Er beschrieb darin einen Angriff, bei dem er eine Frau würgte und dann ›gleichsam erwachte und erstaunt war, diese Tat begangen zu haben, zumal ihm diese Frau hiezu keinen Anlaß gegeben hätte‹.« Das war ein Text, der in Wirklichkeit aus der Feder einer deutschen Autorin stammte, die ihn Jack Unterweger zur Publikation in dessen Literaturzeitung zur Verfügung gestellt hatte.

Doch Herr Yvon läßt sich von diesen Gerichtsurteilen kaum beeindrucken. Ganz im Gegenteil: Jetzt ist er offensichtlich noch überzeugter, daß Unterweger der Mörder ist. Das beweise doch das unfehlbare neue DNA-Gutachten des unfehlbaren DNA-Papstes: »Haargenau. Neues Gutachten: 99,96 gegen 0,04 sind viel.« (»profil« 13/94).

»Aus dem Dunkel ins Licht«

Während der ersten Prozeßtage reist Yvon zum Unterweger-Prozeß nach Graz, um von dort exklusiv für sein Nachrichtenmagazin zu berichten. Demonstrativ legt er Dostojewskis »Schuld und Sühne« auf den im Prozeßsaal für ihn reservierten Presseplatz. Die aufschlußreichen Schlagzeilen seiner Prozeßberichte: »Unterweger-Prozeß: Angriff ist die erstbeste Verteidigung« (»profil« 17/94); »Bestie, Bombe und Va Banque. Paul Yvon über das neue Tempo im Unterweger-Prozeß« (»profil« 20/94); »Im letzten Moment: Ein eindeutiges DNA-Gutachten gegen Jack Unterweger« (»profil« 24/94). Im Artikel ist von der »praktischen Gewißheit der Identität« die Rede: »Ein Irrtum wäre astronomischer Zufall: Die Merkmale finden sich auch in den Haaren der Eltern der Ermordeten.«

Und am 20. Juni 1994 (»profil« 25/94) titelt Yvon geradezu feierlich »Aus dem Dunkel ins Licht«. Mit gewohnter stilistischer Brillanz nimmt er rund eine Woche vor dem Urteil der Geschworenen die gelungene »Überführung« Jack Unterwegers als Täter und den Schuldspruch vorweg: »Unterwegers letzte Tage. Am Ende der acht Prozeßwochen prasselte es knüppeldick auf den Angeklagten nieder. [...] Die so lang gescholtenen, jetzt so gelobten Kriminalisten der Sonderkommission sind ernst und ohne Triumph.« Dann faßt Yvon noch einmal alles Negative zusammen und zitiert die seinerzeit angeblich nicht korrekte Haftentlassung (»schauderhafte Mitteilungen über die Entlassungspraxis im Fall Unterweger«), die negativen Stimmungszeugen sowie vor allem und ausführlich die belastenden Gutachten, die ein neues Zeitalter der Kriminalistik eingeläutet hätten: »Kriminal, Justiz und Medien stehen an einer Zeitenwende.« Ein Seitenhieb auf die Anwälte durfte nicht fehlen: »Verteidiger werden fahrlässig handeln, wenn sie – wie im Fall Unterweger geschehen – als Freizeit-Experten versuchen, die Fachleute aufs Kreuz zu legen. Sie machen mit ihrem angelesenen Schnellsieder-Viertel-Wissen einen kläglichen Eindruck; man wird nicht um die Bestellung eigener Fachleute herumkommen, die den Gerichtsexperten Paroli bieten können.« Genau das, nämlich die Einholung eines zweiten DNA-Gutachtens, um dasjenige Dirnhofers zu überprüfen, hatte Richter Haas der Verteidigung aber verweigert. Über den schreibt der Journalist jedoch: »Ein Wunder, wie fair der Richter das Verfahren über die Runden bringt.«

Die Geschworenen? Ach ja, die gibt es auch noch. Yvon räumt ihnen sogar großzügig die Hauptrolle ein: »Die tagelangen Berichte der kühlen Wissenschaftler aus der Schweiz haben alle im Saal gebannt; die Schlagzeilen winden sich seither mit erkennbarer Mühe um den Schluß aus alldem. Er ist den Geschworenen vorbehalten.«

Später Appell an die Geschworenen

Eine Woche später, am 27. Juni 1994, erscheint in »profil« (26/94) der letzte Bericht zum Unterweger-Prozeß. Und ausgerechnet da, exakt einen Tag vor der Urteilsverkündung, richtet Paul Yvon in seinem Kommentar »Grazer Schweinsgalopp« seine spitze Feder plötzlich und unerwartet gegen das Grazer Gericht. Mit treffenden Worten beschreibt er die unheilvolle Rasanz, in die der Prozeß geraten war: »Der Prozeß wird unfair. [...] Jeder Antrag abgewiesen. Am vergangenen Mittwoch haben die Grazer Unterweger-Richter pro Minute einen Antrag des Angeklagten im Wortsinn erledigt, insgesamt 103. Jeweils sechzig Sekunden für Vortrag und Beratung, Nachschlagen im Gesetz oder im Akt, Vorschlag der Lösung, Abstimmung und das Ganze noch tippen. Die Massenexekution beschleunigt enorm. Und erst der Affenzahn, mit dem der Richter dann die Begründungen vom Blatt gezüngelt hat! Die Mimik auf Zeitraffer gestellt, der Text ohne Atempause und Interpunktion kommt rasend schnell und doch fast speichelfrei – so was klappt nur mit viel Übung und wenig Nachdenken [...]«

Aber was ist mit dem »haargenauen« Gutachten, das einen Irrtum als »astronomischen Zufall« praktisch ausschließt? Yvon mahnt jetzt, daß das DNA-Ergebnis mit einer Vergleichsgruppe von nur hundert Personen aus dem Raum Basel interpretiert worden sei – diese Auswahl sei viel zu eng, denn: »Prager Erbmerkmale könnten jeweils eine Spur anders sein. Schon eine Abweichung von wenigen Prozenten bei jedem der zehn verglichenen Gen-Merkmale könnte in der Summe eine drastisch geringere Wahrscheinlichkeit des bisher ›praktisch sicheren‹ Ergebnisses ausmachen. Das Verfahren hat gezeigt, daß es dazu international anerkannte Fachliteratur gibt – genauso wie zu den noch häufigen Fehlschlägen dieser jungen Wissenschaft. Die Richter brauchten weder das noch einen zweiten DNA-Experten, der weltweit ebenso anerkannt ist wie der in Graz gehörte Dirnhofer. In Graz setzt man die Inbrunst des Glaubens vors Wissen. Ein Papst genügt; ein zweiter stiftet nur Verwirrung.« Fast schon ketzerisch, setzt Yvon fort: »Warum verweigert man die – ebenfalls in ein paar Tagen zu erledigende – Kontrolluntersuchung der Fasern und des noch übrigen DNA-Materials? Hier geht es um den wahrscheinlich entscheidenden Beweis, und es geht um Lebenslang.«

Auch Kritik an den Kriminalisten wird eingestreut, indem Yvon danach fragt, »... wie wahrscheinlich es denn sein kann, daß man in einem jahrelang und von vielen Menschen gebrauchten Auto nur sieben Haare findet – und die nur von der Toten und von Unterweger [Hier irrt er: Auf den Autositzen wurde kein Haar von Unterweger gefunden, A. W.]. Sicher impliziert das die Frage nach Sorgfalt und Rechtschaffenheit der Kriminalisten; aber warum sich davor fürchten?« Und Yvon schließt mit einem flammenden Appell an die Geschworenen: »Es geht ums faire Verfahren, es geht um seine zentralen Garantien für den einzelnen, um nicht weniger. [...] Die angebliche ›Verzögerung des Verfahrens‹ ist beim geringen Zeitaufwand für die neuen Untersuchungen blanker Holler. Ein paar Tage mehr fürs Gericht bedeuten weniger Zumutung als ein paar Rechte weniger für einen, den hinter Gittern der sichere Tod erwartet. Oder ist die Zumutung am Ende gezielt: Soll sie den lästigen Zanger und den zur Unterwerfung provozierend unfähigen Unterweger treffen? Beide haben in den letzten Wochen zur gereizten Erschöpfung viel beigetragen, aber man sperrt niemanden ein, weil man es einfach satt hat. Nicht umsonst müssen die Laienrichter schwören, der Stimme der Zuneigung oder Abneigung kein Gehör‹ zu geben. Daran sind sie heute zu erinnern. Und daran, daß sie sich nicht am Nasenring zum Urteil zerren lassen müssen: Sie können, sie müssen diese Ergänzung der Beweise verlangen. Die elf Ermordeten haben denselben Anspruch wie alle Lebenden auf ein Ende des Zweifels. Die acht Geschworenen verantworten jetzt allein, ob dazu alles Zumutbare getan wurde. Und, genauso ernst, ob es ein fairer oder kurzer Prozeß war.«

Nach dem Gesetz gebührt dem Angeklagten das letzte Wort an die Geschworenen. Noch bevor Jack Unterweger es ergreifen konnte, wandte sich Staatsanwalt Gasser an die Geschworenen und warnte vor der »Show«, die Jack Unterweger jetzt gleich vor ihnen abziehen würde. Und, was wohl einmalig in der Justizgeschichte ist, er forderte sie auf, den Angeklagten auf jeden Fall schuldig zu sprechen – auch wenn sie im Zweifel seien: »Sprechen Sie ihn in keinem einzigen Fall frei – auch wenn Sie im Zweifel sind! Denn Unterweger hat ja immer noch die Möglichkeit, Berufung gegen einen Schuldspruch einzulegen. Wenn er aber freigesprochen wird, dann haben wir keine Macht mehr über ihn, dann müssen wir ihn sofort freilassen!«

Diese Ausführungen treffen jedoch nicht zu: Die Entlassung eines Freigesprochenen aus der Haft darf aufgeschoben werden, wenn der Staatsanwalt sofort nach der Urteilsverkündung Nichtigkeitsbeschwerde und Berufung erhebt.

»Ich hab' geglaubt, ich komm' oben an ...«

In seiner Schlußrede beteuerte Jack Unterweger immer wieder seine Unschuld und ging auch auf Details der Anklage ein. Den nächtlichen Bombenanschlag des falschen »Sympathisanten« verurteilte er übrigens als »krötenhaft«. Im folgendem einige kurze – nach thematischen Zusammenhängen neu gruppierte – Auszüge aus seinem frei gehaltenen Vortrag:

Ich bleibe dabei, ich habe früher wie eine Ratte gelebt, war ein primitiver Häftling, der mehr gegrunzt als gesprochen hat. Ich habe mit und von der Lüge gelebt. Daran werde ich immer noch gemessen.

Da sitz' ich jetzt und weiß nicht, was ich tun soll. Ich bin jetzt 31 Verhandlungstage durch die ganze Waschmaschine meiner Vergangenheit durchgedreht worden. Manchmal denke ich mir, bist du nicht selber ein Volltrottel, der sich in diese Lage manövriert hat?

Ich war einmal ein Verbrecher. Aber hier sind auch Zeuginnen gesessen und haben mich nicht belastet. Ich habe die Bilder von der Tat aus 1974 nie ansehen können. Ich habe mich immer schuldig gefühlt.

Es ist richtig, was Staatsanwalt Gasser über meine Vergangenheit gesagt hat. Ich bin natürlich öfter gezwungen worden zu lügen, aber ich hab' doch nicht allen meine Vergangenheit auf die Nase binden können. Ich habe doch in der Öffentlichkeit gearbeitet. Was sollte ich anderes tun, ich wollte schreiben, Theater spielen.

Zu meiner Glaubwürdigkeit: Ich habe mit Doktor Lehofer gestritten. Er hat gesagt, geben's doch um Gottes willen zu, daß S' in Prag a Hur' ins Auto g'nommen haben, das heißt ja nicht, daß S' der Täter sind. Ich hab' gesagt, nein, Lügen interessieren mich nicht. Ich geh' meinen Weg, ich mach' meine Tour. Ich will die Wahrheit sagen.

Zum Haar: Ich kann mich ja wissenschaftlich überhaupt nicht einlassen, überhaupt nicht. Ich kapier' diese DNA-Sache einfach nicht. Mein Hirn hat Gen-Beulen bekommen, als ich das studiert hab'.

Sehr geehrte Damen und Herren Geschworenen, Hohes Gericht, ich glaube, ich habe hier keine Show abgezogen, wie es angekündigt war. Ich habe nur früher einen Riesenfehler gemacht: Das war mein Luftikus-Verhalten, das war mein angeberisches Verhalten.

Ich habe wirklich, und da hat der Staatsanwalt recht, Beziehungen zu Frauen konsumiert, statt gelebt, und genossen, statt sie zu lieben. Beziehungen, die eigentlich nur Verhältnisse waren. Aber sechzehn Jahre Stein: Wie soll man da Gefühle lernen, das ist unmöglich. Ich geniere mich dafür, was ich alles bis 1974 getan habe.

Ich war nach meiner Entlassung ein gierig fressendes Individuum voll Hunger nach Leben, dem es ein Glücks- und Siegergefühl bereitet hat, wenn Prominente an seinem Tisch Platz nehmen, wenn ich den Eindruck hatte, von unten nach oben zu kommen.

Mich hat gekränkt, wie der Doktor Lehofer mich gestern als Käfer beschrieben hat, der die Glaswand raufkriecht und nie das Ziel erreicht, auf den Rücken fällt, und alle lachen. Ich habe immer geglaubt, ich komm' einmal oben an.

Ich bitte Sie, auch wenn Sie angewidert sind von dem moralischen Verhalten des Jack Unterweger und seiner Lebensweise, daran zu denken, ob das ausreicht zu sagen, ›der hat in Freiheit nichts zu suchen‹. Ich hätte demutsvoller sein sollen, bescheidener.

Ich bitte Sie wirklich, prüfen Sie in der Schuldfrage nur jene Argumente, jene Indizien, die hier vorliegen.

Nochmals: Ich rechne mit meinem Freispruch. Denn ich bin nicht der Täter. Ich falle in kein Loch, wenn ich hier freigesprochen werde. Man kann ja durchaus eine Gruppentherapie machen, aber die kann ja in Freiheit sein. Ich habe Wohnung und Job. Es gibt noch so viele Menschen, die zu mir stehen, die mich noch kennen aus den zwei Jahren Freiheit. Ich bin beschämt, ja, auch stolz, daß sich diese Menschen nicht beirren ließen.
Ich bin unschuldig.
Danke.

Jack Unterwegers »Show« hatte fast zwei Stunden gedauert. Ich erinnere mich noch an die Worte des jungen ORF-Berichterstatters Wolfgang Wagner, der sie gehört hatte und seine Betroffenheit nicht verbergen konnte, als er darüber berichtete: »Das war keine Show ... Das klang nach den ehrlichen Worten eines Mannes, der verzweifelt für seine Unschuld kämpft.«

Kurz vor zwölf Uhr mittags erklärte der Richter die Verhandlung für geschlossen. Unterweger wurde in seine Zelle abgeführt. Die Geschworenen zogen sich indessen in ihr Zimmer zur Urteilsberatung zurück. Einem Reporter war es gelungen, einen der vier Ersatzgeschworenen, die nach Ende des Prozesses nach Hause gehen durften, vors Mikrofon zu bringen. Er zeigte sich erleichtert darüber, bei der Urteilsfällung nicht dabeisein zu müssen: »Ich beneide die anderen, die drinbleiben mußten, nicht. Es wird keine leichte Entscheidung.«

Im Beratungszimmer erteilte der vorsitzende Richter den Geschworenen die nicht-öffentliche »Rechtsbelehrung«. Zur Unterstützung der Geschworenen bei ihrer Urteilsfindung hatte man auch die große Schautafel mit den Leichenfotos vom Prozeßsaal ins Beratungszimmer verfrachtet. Der Verteidigung hingegen ist es nach dem Gesetz untersagt, der internen Besprechung der Geschworenen mit den Richtern beizuwohnen.

Keine Einstimmigkeit

Es war der erste drückend schwüle Sommertag dieses Jahres gewesen. Kurz vor neun Uhr abends kündigte ein erstes Donnergrollen ein heftiges, befreiendes Sommernachtsgewitter an. Es war etwa um diese Zeit, als Jack Unterweger nach neun Stunden des Wartens aus seiner Zelle zur Urteilsverkündung vorgeführt wurde. Der Schwurgerichtssaal war mit Journalisten und Zuschauern zum Bersten voll. Von der Galerie blickten Kriminalbeamte, Gerichtsbedienstete und Richter, unter ihnen auch Untersuchungsrichter Wladkowski, auf den Angeklagten.

Draußen, über dem Grazer Nachthimmel, zog währenddessen das durch Grollen angekündigte heftige Sommernachtsgewitter auf.

Um neun Uhr abends des 28. Juni 1994 wurde Jack Unterweger wegen neunfachen Mordes schuldig gesprochen und zu lebenslanger Haft verurteilt. Der Strafausspruch bei »Lebenslang« lautet: »Das Urteil endet mit dem Tode«. Freisprüche erfolgten in den Fällen Schrempf und Prem.

Das Urteil der Geschworenen war nicht einstimmig. In den Mordfällen plädierten zwei der Geschworenen für Freispruch in allen Fällen.

Der Auftritt der Zeugin Kathrin Z. hatte auf die Mehrzahl der Geschworenen offenbar doch zu theatralisch gewirkt: Der Angeklagte wurde mit fünf zu drei Stimmen von der vorsätzlichen Körperverletzung an ihr freigesprochen; es blieb lediglich bei einer Verurteilung wegen fahrlässiger Körperverletzung (was für einen Widerruf der bedingten Entlassung nicht ausgereicht hätte).

Auf Antrag der Staatsanwaltschaft wurde außerdem die Einweisung in eine Anstalt für geistig abnorme Rechtsbrecher angeordnet. Damit war dem Verurteilten nicht nur eine fragwürdige psychiatrische »Behandlung«, sondern auch das »Lebenslang« todsicher: Erst nach psychiatrischem Maßnahmenvollzug wird der Häftling in den normalen Vollzug überstellt – der Zeitpunkt ist ungewiß, hängt er doch von der Stellungnahme des Anstaltspsychiaters ab.

Sofort nach Urteilsverkündung legte Jack Unterweger die Rechtsmittel der Nichtigkeitsbeschwerde und der Berufung ein. Staatsanwalt Gasser verteilte hingegen Lob an die Geschworenen: »Ich bin stolz auf Sie, daß Sie so geurteilt haben. Ich hatte befürchtet, Sie könnten durch den Prozeß überfordert gewesen sein, aber dem war nicht so. Sie können stolz auf sich sein.«

Sodann wurde Jack Unterweger unter dem Blitzlichtgewitter der Fotografen wieder in seine Einzelzelle abgeführt, ohne vorher die Möglichkeit gehabt zu haben, mit einem der Anwälte zu reden.

»TOD DEM HURENMÖRDER!«

»Die Strafe endet mit dem Tode«

Jack hat das Wort »Selbstmord« mir gegenüber nie ausgesprochen, sondern immer nur umschrieben. Beim allerletzten Besuch, am Tag des Urteils, sagte er mir noch: »Da ist kein Plan, aber ich weiß nicht, wie ich auf einen Schuldspruch reagieren werde ...« Ich bin sicher, er hoffte trotz allem bis zuletzt.

Wie schon so oft an diesem Tag des Wartens schaltete ich um neun Uhr abends wieder das Radio ein, um die Nachrichten zu hören: Wieder nichts. Doch plötzlich, der Sprecher war mit dem Meldungsblock und den Wetteraussichten für den nächsten Tag soeben fertig geworden, hörte man im Hintergrund Papier rascheln, und der Sprecher sagte: »Soeben erhalte ich eine aktuelle Meldung: Jack Unterweger ist in Graz von einem Schwurgerichtshof wegen Mordes an neun Prostituierten schuldig gesprochen und zu lebenslanger Haft verurteilt worden.«
  Sofort fuhr ich zum Gericht. Eine Menschenmenge stand vor dem Eingangsportal, aber im Vergleich zum Vormittag waren längst nicht mehr so viele Journalisten da, vielleicht noch vierzig. Dr. Zanger traf ich gerade noch, als er zu seinem Auto eilte. Er gab sich zu meiner Überraschung optimistisch: Das Urteil sei ja nicht einstimmig ausgefallen, außerdem hätte es zwei Freisprüche gegeben.
  Vor dem Gerichtsgebäude spielte sich eine gespenstische Szenerie ab: Anwalt Lehofer gab im grellen Scheinwerferlicht Interviews. Doch bald stahl der aus Wien angereiste, in diesem Fall altbekannte »Zuhälterkönig« Fred H. allen die Show. Laut brüllend und wild gestikulierend forderte er: »Tod dem Hurenmörder!« und verteilte Flugblätter in der Menge, in denen er über das Urteil triumphierte. – Ein Fressen für die Kameras. Das Publikum lachte.

Inzwischen gelang es mir, mich zu Anwalt Lehofer vorzudrängen und ihn, wie schon oft zuvor, wegen meiner ernsten Befürchtung anzusprechen, daß Jack sich umbringen könnte. Doch er beruhigte mich: »Der Unterweger ist nur einmal kurz zusammengebrochen, als ich ihm kurz vor der Vorführung in den Saal das Urteil persönlich mitgeteilt hab'. Die offizielle Urteilsverkündung hat er dann aber sehr gefaßt überstanden. Glauben'S mir, der wird sich nichts antun!«

Lehofer hatte Jack immer als einen gesehen, der's nimmt, wie es kommt. Gegen Ende des Prozesses hatte er mir eine Episode erzählt, die dies verdeutlichen sollte: Jack hatte beim Lesen eines Briefes von mir, den er, Lehofer, mit der Anwaltspost überbracht hatte, vor ihm zu weinen begonnen. Es war einer jener letzten, sehr persönlichen Briefe, in denen ich ihn beschwor, niemals die Hoffnung aufzugeben. Wenig später, beim Verlassen der Verhörzelle, habe ein Justizwachebeamter einen belanglosen Witz gemacht, woraufhin Jack schon wieder gelächelt habe. So erfahren er als Strafverteidiger war, verstand Lehofer offenbar nicht, daß man sich im Milieu des Gefängnisses eine Maske zulegen muß, um dort zu überleben.

Zanger sah seinen Mandanten nicht viel anders: Meine Befürchtung, Jack könnte sich etwas antun, tat er verärgert als Hirngespinst ab.

Nach dem schwülen Tag folgte eine gewaltige Gewitternacht. Der heftige Regen wurde vom lauten Grollen der Donnerschläge und einem ungewöhnlichen, fast übernatürlich anmutenden Wetterleuchten begleitet. Erst im Morgengrauen des nächsten Tages wich das Gewitter einem sanften Regen.

Die Laienrichter hatten sich gleich nach der Urteilsverkündung in ein Gasthaus begeben, um sich bei Speis und Trank vom anstrengenden Tag zu erholen. Auch Staatsanwalt Gasser, der die Geschworenen so gelobt hatte, stieß hinzu. Man feierte bis in die frühen Morgenstunden.

Um etwa dieselbe Zeit soll sich Jack Unterweger in seiner taghell erleuchteten Zelle – die Neonröhre war auf Anweisung der Justizanstalt aus Sicherheitsgründen eingeschaltet geblieben – erhängt haben: mit der durch Schuhbänder verstärkten Kordel seiner Jogginghose, an die eine metallene Querverstrebung geknüpft war, die den WC-Bereich mittels eines daran angebrachten Leinenvorhangs vom übrigen Raum abdeckte.

Ein gehorsames Urteil

Ein Urteil läßt sich widerlegen, aber niemals ein Vorurteil.
(Marie v. Ebner-Eschenbach)

Der Prozeßkommentator Daniel Glattauer lobt im »Standard« vom 15. Juni 1994 den Boulevard, der bei seiner Berichterstattung über den Unterweger-Prozeß mit Wertungen »erstaunlich sparsam« umgegangen sei: »Wohl stoßen sie [die Leser] in ihrer Zeitung immer auf ›Belastendes‹, aber man sagt ihnen nicht, was das bedeutet.« Und dann beschwört der Kommentator die »Urteilskraft der Geschworenen«: »War er's oder war er's nicht? Von denen, die drinnen sitzen, glaubt es mittlerweile wohl schon ein jeder zu wissen. Jeder für sich. Es dringt nicht nach draußen. Das deutet auf einen Jahrhundertprozeß an Fairneß hin.«

Ich habe mit einem der Geschworenen mehrere Gespräche geführt – freilich erst nach Ende des Prozesses. Dabei erfuhr ich von internen Zwischenabstimmungen unter den Geschworenen, die noch wenige Tage vor der Urteilsfällung mit einem Freispruch in allen angeklagten Fällen ausgegangen sind – mit Ausnahme des Falles Bockova, wo das DNA-Gutachten den Nimbus wissenschaftlicher Unfehlbarkeit ausstrahlte.

Die Zweifel bestanden also bis zuletzt.

Die im folgenden zitierten Aussagen eines Geschworenen betreffen das Verhalten des prozeßvorsitzenden Richters Dr. Kurt Haas »hinter den Kulissen« des Prozesses. Diese Aussagen des Richters sollen also nicht öffentlich im Prozeßsaal, sondern bei internen »Vorgesprächen« mit den Geschworenen im Beratungszimmer getätigt worden sein. Außer dem vorsitzenden Richter und den Geschworenen war demnach niemand anwesend. Aus Schutzgründen halte ich den Namen meines Gesprächspartners streng geheim. Nur soviel: Der Betreffende war während des ganzen Prozesses hindurch anwesend, als Ersatzgeschworener aber nicht mehr bei der nach Schluß der Hauptverhandlung vom Richter erteilten Rechtsbelehrung und der anschließenden Urteilsberatung der Geschworenen.

Dieser Geschworene sagte über den prozeßvorsitzenden Richter: »Er [Der Richter, A. W.] ist jeden Morgen vor Beginn der Verhandlung zu uns ins Beratungszimmer gekommen und hat uns den Tagesablauf mitgeteilt, das heißt, welche Zeugen an diesem Tag dranwaren. Dabei hat er uns genau gesagt, was die jeweiligen Zeugen aussagen würden, worauf wir dabei besonders aufpassen müßten, welche Zeugen besonders wichtig seien und welche wir von vornherein ›vergessen‹ könnten. Er hat also im vorhinein den Inhalt der Zeugenaussagen bewertet. Dabei hat er manchmal so eine abfällige Handbewegung gemacht. Über einige Zeugen hat er sogar gesagt: ›Die lügen ja!‹ [Auf meine Frage, welche Zeugen gemeint waren (A. W.):] Mit Lügen hat er die Zeugen aus Köflach gemeint.«[8] [...]

Wir Geschworenen haben immer im vorhinein gewußt, also sicher zu 80 Prozent, was der Zeuge aussagen wird. Nur bei der U. und bei der Bianca haben wir vorher wirklich nichts gewußt. Aber die Bianca hat ja eh nichts gesagt, nichts Wichtiges, mein' ich. [...]

Der Richter hat beim Prozeß immer abgeblockt, wenn es um wichtige Details ging. Die ›Standardfloskel‹ war, das stehe ohnehin ›im Akt‹, was dann aber nicht der Fall war. Es ist regelrecht ›drüberverhandelt‹ worden, nach dem Motto: Nur ja keinen Zweifel daran aufkommen lassen, daß der Unterweger der Mörder ist ... [...]

Ich habe beim Prozeß immer wieder Fragen gestellt, denn mich hat gestört, daß soviel Beweismaterial einfach verschwunden ist. Ich hatte den Eindruck, daß das dem Richter lästig war. Und so kam es, daß mir der Richter im Beratungszimmer wörtlich ins Gesicht gesagt hat: ›Sie stellen am besten keine Fragen mehr!‹«

Fragen der Geschworenen sind aber ganz im Sinne des Grundsatzes der Laienbeteiligung und der Wahrheitsfindung, weshalb die Strafprozeßordnung diese auch ausdrücklich zuläßt. Mehr noch: Die Geschworenen dürften nach der Strafprozeßordnung auch Beweisaufnahmen, die Gegenüberstellung von Zeugen und auch die nochmalige Vernehmung bereits gehörter Zeugen beantragen. Die Unterweger-Geschworenen haben aber trotz der Komplexität der Prozeßmaterie nie etwas beantragt. Haben sie sich nicht getraut?

Allerdings entsprach bereits die (zumindest nach dem Gesetz ja rein zufällige) Auswahl der Geschworenen in diesem Prozeß nicht unbedingt einem repräsentativen Querschnitt durch die Bevölkerung: Sie stammten fast ausschließlich aus Gegenden, die durch eine traditionell-bäuerliche Sozialstruktur geprägt sind. Unter den Geschworenen waren nur vier Frauen, wovon drei nur als Ersatzgeschworene am Prozeß teilnah-

---

8 Die »Zeugen aus Köflach« waren jene Teilnehmer an der Lesung, die Jack Unterweger im Mordfall Schrempf ein Alibi gaben, indem sie aussagten, daß die Lesung zum Zeitpunkt des Verschwindens des Mordopfers noch andauerte.

men und somit bei der Urteilsfindung gar nicht dabei waren. Ein Vertreter eines Berufes mit Maturaniveau oder ein Akademiker war nicht unter den Geschworenen. Keineswegs geht es hier um so etwas wie »Standesdünkel«, sondern es geht schlichtweg um soziale Ausgewogenheit – denn nur auf diese Weise kann eine möglichst differenzierte Meinungsbildung erreicht werden.

Auch andere Prozeßbeobachter haben es mir bestätigt: Der Richter hat gegenüber diesen Geschworenen eine große, geradezu unantastbare Autorität ausgestrahlt. Mehr noch: Ausgestattet mit dem Nimbus des »erfahrenen, älteren Strafrichters« genoß er einen mit rein rationalen Gründen nicht erklärbaren Vertrauensvorschuß. Der »souveräne« (»täglich Alles«) Richter Haas stand stellvertretend für eine Justiz, der man in weiten Kreisen der Bevölkerung und der Medien leider immer noch viel zu unkritisch, wenn nicht »vertrauensselig« gegenübersteht.

Auch die Aussage des Geschworenen über seine Kollegen will ich nicht vorenthalten, da sie geeignet ist, das Stimmungsbild des Prozesses ein wenig wiederzugeben: »Zwei von den Geschworenen haben überhaupt nie Fragen gestellt. Das waren diejenigen, die den Unterweger schon von vornherein verurteilt hatten. Der eine ist Landwirt und Mesner, der geht jeden Sonntag in die Kirche vorbeten. Für den war der Unterweger von vornherein als Verbrecher abgestempelt, wie und was interessierte ihn gar nicht. Der kam am ersten Prozeßtag in seinem Steireranzug rein, machte aus seiner Meinung überhaupt keinen Hehl und war gar nie, während des ganzen Prozesses nicht, davon abzubringen. Der schien überhaupt nur mehr drauf zu warten, endlich seinen Schuldspruch fällen zu können. Es gab eigentlich nur einen von uns, der beharrlich Fragen gestellt hat. Und der den Richter Haas am nächsten Tag, im Beratungszimmer, darauf aufmerksam gemacht hat, wenn ein Zeuge anders als vom Richter angekündigt ausgesagt hatte. Der Richter hat aber sofort abgeblockt, er ist auf diese Einwände gar nie eingegangen, sondern hat immer nur das gesagt, worauf es ihm ankam.«

Beim folgenden Gespräch, das ich mit einem anderen Geschworenen telefonisch führte, merkte ich deutlich die Angst meines Gesprächspartners, frei und offen mit mir zu reden. Über den Richter sagte er nur: »Na, also über den Richter, das war doch irgendwie fair, im großen und ganzen, von so kleinen Ausrutschern abgesehen ...«

Inwieweit diese Aussagen über den vorsitzenden Richter Haas stimmen, kann und will ich gar nicht beurteilen. Nach der Strafprozeßordnung ist eine Rechtsbelehrung und Besprechung des Richters mit den Geschworenen jedenfalls erst nach Schluß der Verhandlung vorgesehen – nämlich unmittelbar bevor die Laienrichter sich zur Urteilsberatung zurückziehen. Über die Rechtsbelehrung des vorsitzenden Richters heißt es in der österreichischen Strafprozeßordnung: »Im Anschluß an die Rechtsbelehrung bespricht der Vorsitzende mit den Geschworenen die einzelnen Fragen; er führt die in die Fragen aufgenommenen gesetzlichen Merkmale der strafbaren Handlung auf den ihnen zugrundeliegenden Sachverhalt zurück, hebt die für die Beantwortung der Frage entscheidenden Tatsachen hervor, verweist auf die Verantwortung des Angeklagten und auf die in der Hauptverhandlung durchgeführten Beweise, ohne sich in eine Würdigung der Beweismittel einzulassen, und gibt die von den Geschworenen etwa begehrten Aufklärungen.«

Daraus geht eindeutig der gesetzliche Auftrag an den Richter hervor, eine Würdigung der Beweise und der Zeugenaussagen strikt zu unterlassen. Das Problem besteht darin, daß die Grenzen zwischen Rechtsbelehrung, Besprechung und Urteilsberatung in der Praxis leider sehr oft verschwimmen. Dieser Mißstand wird dadurch begünstigt, daß die Verteidigung nicht berechtigt ist, der Rechtsbelehrung der Geschworenen durch den Richter beizuwohnen. Auch sonst ist keine Kontrollinstanz vorgesehen, etwa durch einen außenstehenden Verteidiger. Ein weiteres Manko ist, daß im Gegensatz zu den Einzelrichtern, die über Delikte mit geringerer Strafdrohung urteilen, die Geschworenengerichte für ihre Urteile – die immer tiefe Einschnitte im Leben der Angeklagten darstellen – gar keine Begründung liefern müssen. »Das Urteil stützt sich auf den Wahrspruch der Geschworenen«, heißt es statt einer Urteilsbegründung lapidar. Eine Beweiswürdigung oder Ausführungen zu den für den Schuldspruch maßgeblichen Erwägungen unterbleiben.

Der Charakter der Urteilsberatung als »Geheimsitzung« von Richter und Geschworenen soll sogar für den Zeitpunkt gelten, an dem das Urteil bereits gefällt ist: Schon wenige Tage nach Erscheinen meines ersten Buches, in dem ich die Aussagen des Geschworenen zitiert hatte, wurden sämtliche Geschworenen und Ersatzgeschworenen des Unterweger-Prozesses über Auftrag der Grazer Staatsanwaltschaft von der Kriminalpolizei vorgeladen und verhört.

Gegen einen von ihnen, den unbescholtenen Familienvater Reinhold P., wurde offiziell über Antrag der Grazer Staatsanwaltschaft nach dreistündigem Polizeiverhör ein Strafverfahren wegen »Verletzung des Amtsgeheimnisses« eingeleitet. Wegen desselben Tatbestands wurde auch gegen mich als »Mittäterin« vorgegangen: »Sie stehen im Verdacht, Herrn Reinhold P. [...] dazu bestimmt zu haben, daß er Ihnen Geheimnisse offenbare, die ihm ausschließlich kraft seines Amtes als Geschworener in der Strafsache gegen Jack Unterweger anvertraut oder zugänglich gemacht wurden und diese dann in Ihrem Buch [...] publiziert zu haben«, heißt es in der Anzeige der Grazer Staatsanwaltschaft.

Der Richter selbst hat zu den obigen Aussagen des Geschworenen nie Stellung genommen. Auch die Justiz hat die möglichen Verstöße gegen die Strafprozeßordnung nie geprüft. Es wurden nicht einmal Vorerhebungen eingeleitet.

»Sein bester Mord«

Jacks Freitod war die Sensation – nach diesem Prozeß dieses Ende. Die triumphierenden Schlagzeilen auf den Titelblättern lauteten: »Das Urteil der Geschworenen: Unterweger schuldig« – die letzten beiden Worte fett hervorgehoben (»Kronen-Zeitung«); »Lebenslang« mit dikker Unterstreichung (»Kleine Zeitung«): Hämische Kommentare waren längst nicht mehr aktuell: Es gab nichts mehr zu feiern. Jack Unterweger war schon seit Stunden tot. Die Beute war erlegt.

Die erst in den Acht-Uhr-Nachrichten durchgegebene Todesnachricht war in der Bevölkerung wie eine Bombe eingeschlagen. Überall, in den Straßenbahnen, Geschäften, Amtsräumen oder Kantinen war Unterweger das Tagesgespräch. Bei den »rechtschaffenen« Bürgern herrschte Genugtuung und Schadenfreude vor. Aber viele Menschen waren, den hämischen Presseberichte zum Trotz, jetzt spürbar erschüttert über diesen so plötzlichen, unerwarteten Tod der Hauptfigur des »Jahrhundert-Prozesses.«

Auch die Radio- und Fernsehsendungen dieses Tages waren fast ausschließlich dem Thema »Unterweger und sein Selbstmord« gewidmet. Unter dem Motto »Wie konnte das passieren?« wurden mehrere Verantwortliche interviewt. Und sie alle, vom Justizminister über den Gerichtspräsidenten bis zum Psychiater, gaben sich »überrascht«: Niemand hätte mit einem Selbstmord rechnen können, hieß es immer wieder. Auch eine offizielle Stellungnahme des Grazer Gerichts wurde gebracht, wonach man Unterweger »alle gefährlichen Dinge abgenommen« habe (was überhaupt nicht stimmte, wie ich später herausfand – sogar Rasierklingen hatte man in der Zelle gelassen). Justizminister Michalek sagte unter Berufung auf seine Informationen aus Graz: »Es gab bei Unterweger keine Anzeichen für eine Selbstmordgefahr. Der Selbstmord war völlig unvorhersehbar und daher nicht zu verhindern.« Die Frage nach einer psychologischen Betreuung des Häftlings mußte Michalek verneinen: »Psychologische Betreuung ist in der Nacht nicht möglich.« Eine spätere Stellungnahme von Seiten der Grazer Justizanstalt lautete übrigens: Man könne einen Häftling ja nicht »anbinden«!

Rechtsanwalt Zanger gab die Schuld am Tod seines Mandanten vor allem Staatsanwalt Gasser. Der habe mit seiner Aufforderung an die Geschworenen, den Angeklagten im Zweifel schuldig zu sprechen, »die Grundfesten unserer Rechtsordnung angegriffen«, meinte er und bezeichnete Gasser als »Skandal-Staatsanwalt«. Menschlich konnte Zanger den Freitod seines Mandanten nachvollziehen: »Es war die Ungerechtigkeit. Der Unterweger hat diese riesige Ungerechtigkeit einfach nicht mehr ausgehalten!« Daraufhin sah sich der Leiter der Grazer Oberstaatsanwaltschaft Heimo Lambauer veranlaßt, die Vorwürfe Zangers aufs schärfste zurückzuweisen: Wenn ein Rechtsanwalt so etwas sage, so sei dies ein »Skandal« (Lambauer im »Mittagsjournal« vom 29.6.1994). Und er betonte mehrfach, daß die Schuld des Unterweger außer Zweifel stehe; die Geschworenen hätten aufgrund einer »eindeutigen Beweislage« absolut richtig geurteilt. Am Schluß appellierte er an diese mit fester Stimme: »Die Geschworenen brauchen und sollen sich keine Gewissensbisse machen. Sie haben richtig gehandelt. Sie haben einen Mörder verurteilt!«

Ein Journalist, der an Unterwegers Todestag bei einigen Geschworenen angerufen hatte, erzählte mir später von deren Zweifeln und Selbstvorwürfen. Fast schien es, als drohte die Stimmung nach diesem dramatischen Finale einer monatelangen Hetzjagd zu kippen: Es gab in den Redaktionen durchaus auch mehrere Anrufe von Leuten, die sich ihrer Empörung Luft verschafften – sie meinten, die Unterweger-Geschworenen hätten verantwortungslos gehandelt und seien mitschuldig am Tod des Angeklagten. Stimmen, denen man lieber keine Öffentlichkeit verschaffte.

Dafür wurde der Appell des leitenden Staatsanwalts an die Unterweger-Geschworenen tags darauf so ziemlich in allen Zeitungen veröffentlicht.

Auch Psychiater Haller wurde zum Freitod Unterwegers befragt. Im Interview mit dem »Mittagsjournal« klang er spürbar erschüttert: »Ob es ein Freitod war, im Sinne von wirklich ›freiwillig‹, will ich einmal dahingestellt lassen …« Er habe Unterweger als »einnehmende, kultivierte und höfliche Person« kennengelernt, als einen Menschen, mit dem er im Grazer Gefängnis »ehrliche und faire Arbeitsgespräche« geführt habe. Der Selbstmord habe ihn »überrascht«, da Unterweger so ein »kämpferischer« Mensch gewesen sei. Er hätte schon erwartet, daß dieser zumindest »den Instanzenweg« abwarte. Als ihn der Redakteur daraufhin fragte, ob man in solchen Situationen nicht an seinen Fähigkeiten als Psychiater zweifle, verteidigte sich Haller: Zum Zeitpunkt der Arbeitsgespräche sei Unterweger noch »voller Pläne« gewesen, »eine Suizidgefahr war damals eben noch nicht gegeben«. (Haller im »Mittagsjournal« vom 29.6.1994). Die »Kronen-Zeitung« wollte vom Psychiater wissen, ob der Selbstmord nicht als »Schuldeinbekenntnis« zu werten sei, doch Haller mußte die Journalistin enttäuschen: »Nein, das kann man so sicher nicht sagen. Selbstmord ist immer in erster Linie Ausdruck von Einsamkeit, Hoffnungs- und Ausweglosigkeit …« Und jetzt gab der Psychiater auch zu, daß er sich »Sorgen gemacht« habe, als er Unterweger zuletzt bei Gericht gesehen hatte: »Er hat sehr deprimiert und geknickt auf mich gewirkt.« (Haller in der »Kronen-Zeitung« vom 30.6.1994, deren Titelblatt wieder einmal ein Bild Unterwegers mit nacktem, tätowiertem Oberkörper zierte: »Der Häf'poet setzte sich gerne in Pose«).

Auch Politiker fühlten sich zu Stellungnahmen bemüßigt, allen voran der Justizsprecher der Österreichischen Volkspartei, Dr. Michael Graff, im Zivilberuf Rechtsanwalt. Er kommentierte den Tod des Jack Unterweger in der diesen Abend dem Thema »Unterweger-Selbstmord« gewidmeten Diskussionssendung »Runder Tisch« kühl lächelnd: »Es war sein bester Mord!« In einem Interview mit einem deutschen Privatsender setzte er noch eins drauf: »Auch der Kriegsverbrecher Göring hat sich [trotz schärfster Überwachungsmaßnahmen] selbst gerichtet.«

Was vor lauter Stellungnahmen »wichtiger« Persönlichkeiten unerwähnt blieb: Meine vergeblichen Warnungen der letzten Tage vor dem Selbstmord.

Die widersprüchlichen Gefühle, die der Tod Unterwegers im Land ausgelöst hatte, wurden von der »Krone«-Kolumnistin Marga Swoboda recht treffend beschrieben: »In den Kantinen und Straßenbahnen kursieren die ersten unappetitlichen Witze zu Unterwegers Tod. Seltsame Streitereien an Stammtischen: Hätte man das verhindern können/ sollen/müssen? Warum hat er sich nicht früher heimgedreht, dieses Aas? Obszöne Schadenfreude, skurriles Mitleid, Ekel und Faszination. Merkwürdige Gefühle zu einem unbegreiflichen Menschen. Wirre Debatten über das Recht auf Freitod. Zorn darüber, daß er sich der Strafe entzogen hat. Genugtuung darüber, daß der Staat ihn nun doch nicht mehr durchfüttern muß [...]« (»Kronen-Zeitung«, 1.7.1994).

Bald wurde durch einige Zeitungen das Gerücht in Umlauf gesetzt, daß der Knoten der Schnur, mit der Unterweger sich erhängt hatte, ident mit den Knoten in den Mordfällen sei. Allerdings war ein Gutachten über den Knoten des Selbstmordwerkzeuges nie offiziell in Auftrag gegeben worden.

Dafür war ein seltsamer Zufall nur eine knappe Erwähnung in den Vorabendnachrichten wert: Drei Tage nach Jack Unterwegers Tod, am 2. Juli 1994, wurde in der Nähe der Wiener Praterallee die Leiche der erdrosselten Wiener Prostituierten Eva Montangnon gefunden. Der Mord ist bis heute nicht geklärt.

NACHWORT

Die von Anwalt Zanger nach dem Tod seines Mandanten gegen das Urteil eingebrachte Nichtigkeitsbeschwerde wurde vom Obersten Gerichtshof zurückgewiesen – mit einer ganz einfachen Begründung: Da das Urteil infolge Ablebens des Angeklagten vor Ablauf der Rechtsmittelfrist niemals rechtskräftig geworden sei, fehle es an der rechtlichen Beschwer. Eine juristisch korrekte, aber auch recht bequeme Lösung – der brisante Justizfall konnte nun endgültig ad acta gelegt werden. Was Boulevardmedien nicht daran hindert, das zumindest juristisch falsche Bild vom »Prostituiertenmassenmörder Jack Unterweger« noch Jahre nach dessen Tod auszuwälzen.

Ob Jack Unterweger wirklich schuldig war oder ob unschuldig verurteilt wurde, kann bis heute niemand mit Gewissheit sagen. Morde an Prostituierten mit vergleichbarem Täterprofil gab und gibt es bis heute. Aufhorchen ließ zuletzt die Festnahme des Eisenbahners Helfried B. Der unauffällige, kontaktarme Eisenbahner gestand neben dem ihm nachweisbaren Mord an der 52jährigen Wiener Straßenprostituierten Elisabeth Salmhofer (ermordet am 7. Juni 2002 in Wien-Penzing) bei den Verhören noch drei weitere Morde: Die Morde an der 42jährigen Grazer Prostituierten Gertrud Seger (ermordet am 10. Jänner 1989), an der 40jährigen Wiener Prostituierten Eva Montagnon (ermordet am 2. Juli 1994) sowie an der am 24. Oktober 1995 in einer Mülltonne aufgefundenen 27jährigen Wiener Prostituierten Evelyn Mirkovic. All diese Frauen waren erdrosselt worden. B. war beruflich in ganz Österreich unterwegs gewesen. Andererseits besaß er kein Fahrzeug, mit dem er ein Opfer in entlegene Waldgebiete hätte verbringen können. Was auffällt: Der Mord an der Grazerin Gertrud Seger war etwas mehr als ein Jahr vor der Entlassung Jack Unterwegers aus der Strafanstalt Stein verübt worden. Der Mord an Eva Montangnon geschah drei Tage nach dem Tod Jack Unterwegers. Die dazwischenliegende siebenjährige Pause wäre für einen Serien-Lustmörder jedenfalls ungewöhnlich. Nach dem Einschreiten seines Verteidigers widerrief B. allerdings die Geständnisse mit Ausnahme des ihm nachweisbaren Mordes. Obwohl auch einzelne Medien über die unübersehbaren Parallelen zum Fall Unterweger berichteten, wurde in diese Richtung nicht ermittelt – die Jack Unterweger angelasteten Morde gelten für die Polizei als geklärt. Der Wiener Staatsanwalt brachte nur den nachweisbaren Mord an Elisabeth Salmhofer zur Anklage. Im Prozeß kam zutage, dass Helfried B. tiefer Frauenhaß getrieben hatte. Er wurde zu lebenslanger Haft verurteilt und in eine Anstalt für geistig abnorme Rechtsbrecher eingewiesen.

Abschließend eine Klarstellung: Ich agierte in diesem Fall nicht nur als Juristin, die ihre Kollegen kritisch beobachtet, sondern auch als Mensch, der nicht tatenlos zusehen will, wenn einem Mitmenschen Unrecht widerfährt. Das genügte gewissen Boulevardjournalisten offenbar, um mich irgendwo in der Schublade des verkaufsfördernden »Sex & Crime« unterzubringen. Ich musste anhand des Falles Unterweger leider auch erfahren, wie leicht man als Frau, die es wagt, einer üblen Medienhetze entgegenzutreten, zu deren Beute wird.

Das Kapitel »Jack Unterweger« verlieh meinem Leben jedenfalls einen entscheidenden Wendepunkt. Zum einen in beruflicher Hinsicht: Die Erfahrungen der hier geschilderten Ereignisse waren maßgeblich für meine Entscheidung, mich auch als Strafverteidigerin zu betätigten. Mehr noch haben die Ereignisse mich aber in persönlicher Hinsicht weitergebracht, indem ich mich mit Grundfragen der menschlichen Existenz auseinandergesetzt habe – Gerechtigkeit, Schuld, Tod.

Auch ich weiß nicht, ob Jack Unterweger schuldig war oder ob er unschuldig verurteilt wurde. Ich weiß nur, dass der Prozeß, der gegen ihn geführt wurde, kein fairer war. Dieses Buch habe ich geschrieben, um aufzuzeigen, welch unselige Dynamik aus dem Zusammentreffen von Erfolgsdruck auf Ermittlungsbehörden, Karrieredenken und der medialen Jagd nach Auflagen und Quoten entstehen kann. Auf der Strecke bleiben nicht nur die Menschenwürde, sondern auch die Suche nach der Wahrheit. Vielleicht rüttelt dieses Buch Menschen auf, die sonst kaum mit der verdrängten Thematik der Strafjustiz in Berührung kommen. Vielleicht erreicht dieses Buch Menschen, denen Einfluß auf die Gestaltung von Gesetzen zukommt, und Menschen, die für die Medienberichterstattung in Strafprozessen verantwortlich sind. Vielleicht trägt es dazu bei, eine kritischere Sichtweise auf Strafprozesse zu gewinnen – und damit letztendlich zu Änderungen im Sinne einer Aufwertung der Rechte des Angeklagten. Dann hätte dieses Buch schon sehr viel erreicht.

ZWEITER TEIL

Ulrike Rainer

DER FALL WEISSENSTEINER

ZWEIMAL LEBENSLÄNGLICH
UND FÜNF JAHRE

Cairns, Australien, 25. September 1991, Circuit Court

Bevor der Tumult losbricht, sitzt der Angeklagte mit verschränkten Armen ruhig, ohne erkennbare Regung, neben einer Polizistin. Sie trägt einen breitkrempigen Texashut und das Wappen des Staates Queensland auf den kurzen Ärmeln. Ihre Miene ist ernst und konzentriert, mittlerweile hat sie sich wohl an den Rummel gewöhnt. Sie war heute vorbereitet auf die Journalisten, die Fotografen und darauf, daß der kleine Saal am Tag des Urteils bis auf den letzten Platz besetzt sein und sie neben dem Mann sitzen würde, dem die ganze Aufmerksamkeit gilt. Der Reporter einer Lokalzeitung fixiert den Mann an ihrer Seite, den er seit zwei Wochen beobachtet, dessen Geheimnis er bis heute nicht auf die Spur gekommen ist.

Nur Weißensteiners Gesichtsfarbe, eine fahle, kranke Blässe, verrät, was in ihm vorgeht. Äußerlich läßt sich der junge Mann sonst nichts von seiner Nervosität anmerken. Manchmal blickt er auf, dreht sich halb zum Zuschauerraum um, dann folgen die Augen der Polizistin seinen Bewegungen und ihre Unterarmmuskeln spannen sich an, sie zuckt leicht, wie eine Dompteuse, die ihre Peitsche fester umklammert, wenn das Raubtier eine nicht einstudierte Haltung einnimmt.

Doppelmord und Diebstahl der Yacht »Immanuel« lautet die Anklage gegen Johann Manfred Weissensteiner, dessen richtiger Name »Weißensteiner« lautet, im Englischen jedoch mit »ss« geschrieben wird. Den Vornamen Johann verwendet er selbst nie, er nennt sich Manfred. Zu Beginn des Prozesses vor zwei Wochen beschrieb der Sydney Morning Herald den 25jährigen Österreicher so: »der klassische Pin-up Boy: stark gebräunt, blondes Haar, blaue Augen, muskulös.«[1]

Seine Lider sind geschwollen, er dreht den Kopf zur Seite, als die Tür aufgeht und der Gerichtsdiener in einem blauen Anzug zum Richtertisch schreitet. Sofort wird es still im Saal. Der Angeklagte wendet sich dem Mann zu, die Polizistin folgt seinem Blick in ihrer angespannten, leicht vorgeneigten Haltung. Die Jury, teilt der Gerichtsdiener den Anwesenden mit, wobei er sich verhaspelt und zu stottern beginnt, sei noch zu keinem Ergebnis gekommen. Eine kleine Weile verharrt er noch in seiner würdevollen Position vor dem erhöhten Richtertisch, dann räuspert er sich und verläßt den Saal ungeachtet des Murrens im Publikum.

Die Polizistin wechselt einen Blick mit ihrem Kollegen, wortlos führen die beiden dann den Angeklagten aus dem Saal, vorbei an knarrenden Holzbänken, die besetzt sind von Verwandten der Opfer, von Freunden und Bekannten aus der Yacht- und Aussteigerszene von Cairns, von internationalen Presseleuten und Neugierigen. Seit Wochen wartet man auf diesen Tag, nicht einmal so sehr auf das Urteil, denn fast jeder rechnet mit einem Freispruch. Man hofft auf die erste Gefühlsregung desjenigen, der des zweifachen Mordes an seinen Freunden, einem Liebespaar, beschuldigt wird.

In den vergangenen zwei Wochen – während des gesamten Prozesses – zeigte er keine Reaktion auf die Zeugenaussagen. Und er schwieg zu den Vorwürfen.

Die Oberlichte der hohen Rundbogenfenster sind gekippt, schwach dringt der Geruch von Zigaretten- und Zigarrenrauch in den Saal. Auch der Reporter und sein Fotograf beschließen den Vormittag, wie die meisten Zuhörer, vor dem Gerichtsgebäude auf den Bänken unter Eukalyptusbäumen zu verbringen. Sie trinken Kaffee aus Pappbechern und unterhalten sich in gedämpfter Tonlage.

»Netter Junge, den sie da abtakeln. Ich glaube, der bekommt nicht viel mit von dem, was vorgeht«, sagt der Fotograf.

Der Reporter nimmt einen Schluck aus seinem Trinkbecher, verzieht das Gesicht und spuckt den Kaffee unter einen Bougainvilleastrauch. »Eigentlich sollte ich schon längst wieder in der Redaktion sein. Das muß doch ein glatter Freispruch sein, ich weiß nicht, worüber die so lange nachdenken.«

Nervös sieht er auf seine giftgrüne Swatch, macht sich eine kurze Notiz in den Terminkalender und betrachtet dann verträumt einen kleinen grauen Vogel, der zwitschernd auf der Steinumrandung des Blumenbeetes herumhüpft. Er denkt über einen Titel für die Story über den Freispruch nach, die er schon Wort für Wort im Kopf hat.

»Merkwürdige Geschichte das mit den Prophezeiungen, nicht wahr? Was hältst du davon?« will der Fotograf wissen.

»Ja, ziemlich schräg. Genau wie das Schiff. Ich muß versuchen, gleich

Der Fall Weißensteiner | 295

nach seiner Freilassung ein Interview zu bekommen. Wenn die Behörden ihn nicht direkt ins nächste Flugzeug verfrachten ...« Er spricht nicht weiter, denn er sieht den Gerichtsdiener durch den Gang eilen. Aus Erfahrung weiß er, daß sie sich nun rasch in den Saal begeben müssen, um die besten Plätze zu bekommen. Die Geschworenen scheinen endlich entschieden zu haben.

Weißensteiner und seine Bewacher sind schon auf ihren Bänken, ebenso Michael Summner-Potts, der Anwalt des Angeklagten. Er ist ein junger Mann mit Hornbrille und einem verschmitzten Gesichtsausdruck, der Optimismus und Selbstbewußtsein verströmt. Als die Zuhörer und die Richter Platz genommen haben, und die Türen zum Gang geschlossen werden, nimmt der Reporter ein Zucken der Schlagader am Hals des Angeklagten wahr. Wie bei den meisten im Saal ist auch Weißensteiners Kragen geöffnet, er trägt kein Jackett über dem kurzärmligen Seidenhemd. Seine weißen Turnschuhe mit heraushängenden Laschen sind nach Art der Skateboardfahrer locker gebunden, doch er wirkt adrett und gepflegt.

Es ist Mittag, im Saal herrscht Stille, als die zwölf Laienrichter, neun Männer und drei Frauen, zu ihren Bänken gehen. Fünf Stunden hatten sie heute in einem abgeschlossenen Raum beraten, ihre Mienen sind ernst, sie sind erschöpft und ausgelaugt nach den langen Diskussionen.

Einer von ihnen überreicht Richter Trevor Pollock das zusammengefaltete Blatt Papier mit dem Urteilsspruch. Fahlfarbene Hände greifen aus den schwarzen Trompetenärmeln des Richtertalars nach dem Blatt. Der vorsitzende Richter öffnet das Blatt langsam, liest es zuerst für sich und blickt dann zum Angeklagten. Zumindest seine Spannung löst sich in diesem Moment. Es ist ein Urteil, das er erwartet hat, schon vor Monaten in einem Zeitungsbericht ankündigte[2] und jetzt zufrieden zur Kenntnis nimmt.

»Angeklagter, erheben Sie sich«, übersetzt der Dolmetscher die Worte des Richters in Weißensteiners Muttersprache. Weißensteiner und Michael Summner-Potts stehen auf.

Unerträglich lange scheint die Einleitung, die Wiederholung der Anklagepunkte, zu dauern. Das Ritual zieht sich hin, eine Zeitlupenszene mitten im Leben, so als mache der Alltag Pause. Weißensteiner zieht die Augenbrauen zusammen, bemüht, den Worten des Richters sowie jenen des Dolmetschers zu folgen. Hin und wieder sucht er den Blick seines Anwaltes. Manchmal runzelt er die Stirn, als sei er nicht sicher, ob der Richter tatsächlich gemeint habe, was er ins Deutsche übersetzt bekommt, ob er richtig verstand, ob das Wort die Bedeutung hatte, die ihm der Dolmetscher gab. Zuweilen scheint er an seiner Fähigkeit, die Muttersprache zu verstehen, zu zweifeln. Aber er fragt nicht nach und bittet nicht um Erläuterungen. Er steht nur stumm da, als befände er sich in einem Raum, der nicht zu seiner Wirklichkeit gehört.

»Der Angeklagte Johann Manfred Weißensteiner, österreichischer Staatsbürger«, Richter Pollock sieht ihn einige Sekunden lang an, beugt sich noch näher zum Mikrophon, das seiner Stimme einen kalten, unpersönlichen Ton verleiht und das Gesagte unwirklich klingen läßt, »ist schuldig, er hat Hartwig Rüdiger Bayerl, geboren in Österreich, und Susan Avril Zack, geboren in England, getötet und die Yacht ›Immanuel‹ gestohlen.«

Schuldig in allen Anklagepunkten. Sachlich kühl hört sich das in der Übersetzung an, distanziert, emotionslos. Für wenige Sekunden herrscht absolute Stille.

Kurz danach geht ein leises Raunen durch den Saal, Entsetzen und Ungläubigkeit ist auf den Gesichtern zu sehen. Der Reporter sieht zu seinem Fotografen, der sich einen guten Schußwinkel erkämpft hat, aber jetzt nicht auf den Auslöser drückt. Zu groß ist die Überraschung, und beide, Reporter wie Fotograf, sind sich nicht sicher, ob sie richtig gehört haben.

»Unmöglich! Das gibt es doch nicht!« ereifert sich die Dame links vom Reporter.

»Schuldig? Hat er schuldig gesagt?« will ihre Nachbarin aufgeregt wissen.

Richter Pollock nimmt den Hammer, schlägt auf den hölzernen Amboß und fordert Ruhe.

Dann geschieht etwas Merkwürdiges. Zwei Geschworene beginnen zu weinen, sie verbergen ihre Augen hinter ihren Händen und schütteln stumm die Köpfe.

Auch die Mutter Hartwig Bayerls verliert angesichts des Urteils die Beherrschung. Die Eltern Zack und Bayerl umarmen einander.

Ein Blitz. Der Fotograf beugt sich, endlich wieder reaktionsfähig, nach vorn, um die Mimik des Verurteilten einzufangen. Manfreds Mund verzieht sich zu einer Grimasse, die vielleicht nur die Selbstbeherrschung, die er unter keinen Umständen verlieren will, diktiert. Am nächsten Tag wird das Bild des ehemaligen Models auf Seite eins der Lokalzeitung unter der Überschrift »Der lächelnde Killer« in den Kiosken entlang der Küste von Nordqueensland feilgeboten.

Später erzählt eine Beobachterin der österreichischen Polizei, sie hätte den Eindruck gehabt, Weißensteiner sei unter Schock oder unter dem Einfluß von Drogen gestanden. »So, als dringe nichts zu ihm durch, als bekäme er gar nicht mit, was vor sich geht. Es war beinahe gespenstisch. Er verhielt sich während des gesamten Prozesses so, als ginge es gar nicht um ihn.«

Der Richter sieht den Angeklagten an, während er die Strafe verkündet. Weißensteiner steht aufrecht da, kurz streift sein Blick die Geschworenenbank. Der Reporter hat den Eindruck, als wolle er ihnen eine Frage stellen, doch er öffnet die Lippen nicht. Sein Anwalt dagegen vibriert, die Nasenflügel flattern, seine runden Backen zittern und die Hände sind zu Fäusten geballt. Er wirkt wie jemand, der unter Strom steht.

»Ich verurteile Sie zu zweimal lebenslänglicher Haft für die beiden Morde und fünf Jahren für den Diebstahl der Yacht ›Immanuel‹.« Richter Pollocks Stimme ist blechern und erinnert an die des »Hau den Lukas« auf dem Rummelplatz. Er hat den Satz noch nicht zu Ende gesprochen, als der laute Protest im Publikum einsetzt.

Die Frau neben dem Reporter springt hoch: »Unglaublich! Das ist nicht möglich!« schreit sie und schlängelt sich an ihm vorbei. Er fühlt, wie sich ihr Ellbogen in seine Rippen bohrt, aber sie ist zu aufgeregt, um es zu bemerken. Kollegen von ihm laufen aus dem Saal, um die Nachricht über die Faxgeräte in alle Welt zu jagen. Drinnen schlagen Zuhörer Hefte und Zeitungen auf die Bänke, der Reporter hört nur einzelne Wortfetzen wie »Ungerechtigkeit«, »Schlamperei«, »Fehlurteil«, »Justizskandal«. Er versucht mitzubekommen, was Summner-Potts zum Richtertisch ruft, um es in seinem Artikel zu zitieren. Doch er versteht nichts von dem gewaltigen Ausbruch des Anwaltes, dessen Gesicht ganz rot geworden ist und auf dessen Stirn sich dicke Schweißperlen bilden.

Einzigartig ist die Reaktion Weißensteiners. Nach einem kurzen Zukken in seinen Lidern und einem trotzigen Lächeln senkt er den Kopf leicht. Die Knochen in seinem Nacken treten hervor, so, als wolle sein Rücken bei dem Versuch, sich zu beugen, nicht mitmachen. Das ist alles. In dem Radau ist er der einzige, der still und unbewegt bleibt.

Energisch verschafft sich der Richter mit Hilfe seines Hammers wieder Gehör und wendet sich dann gleichmütig dem Angeklagten zu: »Sehen Sie irgendeinen Grund, Herr Weißensteiner, warum ich Sie nicht zu lebenslänglicher Haft verurteilen sollte?«

Manfred Weißensteiners Stimme ist monoton und ruhig wie seine Gesten. Von ganz weit her scheint diese Stimme zu kommen, die die einzigen Worte wiederholt, die er jemals vor Gericht über die ihm angelasteten Verbrechen gesprochen hat: »Ich bin nicht schuldig.«

Michael Summner-Potts legt sofort Berufung ein: »Das Urteil ist eine Schande für die Justiz, eine Ohrfeige für die Gerechtigkeit. Aber wir geben den Kampf noch nicht auf!«

Niemand wirkt friedlicher und ungefährlicher als Weißensteiner, der von der Polizistin und einem ihrer Kollegen in Handschellen aus dem Saal geführt wird. Ihre Hand krallt sich in seinen Oberarm, während drinnen noch immer lauthals debattiert wird.

Draußen warten Fotografen auf ihn. Unbewegt, ohne ein Wort zu sprechen, läßt er das Blitzlichtgewitter über sich ergehen. Die Bilder zeigen ihn mit trotziger Miene und herabgezogenen Mundwinkeln. Er sieht aus wie jemand, der für seine Überzeugung in den Tod gehen würde.

Der Court of Appeal, das Berufungsgericht von Queensland bestätigt am 22. Juni 1992 das Urteil der ersten Instanz. Die Entscheidung lautet 2:1 für die Königin.

Das Legal Aid Office, Weißensteiners Anwaltskanzlei in Brisbane, beruft erneut.

Zum dritten Mal heißt es »The Queen versus Johann Manfred Weißensteiner«. Die Richter Mason CJ, Deane, Dawson, Brennan und Toohey entscheiden gegen Weißensteiner. Gaudron und McHugh geben ihm Recht und verlangen einen neuen Prozeß.

Am 17. November 1993 wird das Urteil rechtskräftig: Das australische Höchstgericht lehnt die Berufung mehrstimmig ab.

In den zwei Jahren seit dem Spruch des Erstgerichtes hat sich juristisch nichts Neues ergeben.

Nach wie vor fehlen Leichen und Beweise für die Taten.

EIN LEBENDER TOTER

Salzburg, Österreich, 13. November 1997

Follow me.

Das ist der Name jener Bar am Salzburger Flughafen, in der ich an einem Novembertag des Jahres 1997 auf meine Freundin wartete und von dem merkwürdigsten Fall meiner 12jährigen Arbeit als Polizist erfuhr.

Damals ahnte ich natürlich nicht, daß dies für mich der Anfang von etwas war, das ich im nachhinein nur als einzigartigen Trip von einer Insel genannt Mensch zur anderen bezeichnen kann.

Auf einigen Routen wurde ich verdammt seekrank, ich verlor zuweilen die Orientierung, geriet in Nebelwände und hatte das Gefühl, das Steuerrad nicht mehr selbst zu führen. Die Reise ist beschwerlich, und sie führt in Gebiete, von denen Sie vielleicht noch nie gehört haben. Wenn Sie mir dennoch folgen wollen, lade ich Sie gern dazu ein – Follow me!

Seit fünf Jahren arbeitete ich damals bereits bei einer Spezialeinheit der Interpol. Ich bin nicht leicht hinters Licht zu führen. Jeden Tag habe ich mit professionellen Täuschern zu tun, ich kenne die Tricks, es ist schwer, mir etwas vorzumachen.

Zuhören ist mein Beruf. Aber ich rede auch gerne und oft, und wenn ich in meiner kleinen Dachwohnung den Sternenhimmel betrachte, die Duftlampe mit Entspannungsöl und die Boxen mit Luther Vandross' sanfter Stimme gefüllt, bedaure ich, nie und mit niemandem über alles sprechen zu können, nicht einmal mit meinem Boß. Das bringt mein Beruf mit sich.

Ich habe mehrere Namen, unter anderem einen Codenamen, unter dem ich auch in der Öffentlichkeit auftrete, bei Gericht etwa. Als eine Art »MY 44« will ich nicht durch das Buch geistern, Sie könnten mich für ein Virus halten oder – schlimmer noch – für etwas, das dem Terminator gleicht, dabei habe ich eher Ähnlichkeit mit einem tibetischen Mönch, so lang und dünn wie ich bin. Probleme löse ich nicht mit Fäusten, schon wegen meines glücklicherweise überstandenen Knochentumors nicht. Obwohl es nur einen Menschen gibt, der mich wirklich so nennt, habe ich mich hier für den Namen Raoul* entschieden.

Ich saß also an jenem Mittag an der Theke bei meinem kleinen Schwarzen und einer halbleeren Schachtel Maverick und beobachtete das Treiben der Fluggäste. November ist die Zeit, zu der hauptsächlich Geschäftsleute reisen, Männer in Trenchcoats mit grauen Gesichtern und Laptops, die sich vor dem Abflug noch den einen oder anderen Drink gönnen, in der »Presse« oder der »Herald Tribune« blättern.

Ich genoß das Gefühl, zwei Tage am Stück frei zu sein und tun zu können, was ich wollte. Morgen würden wir einen Ausflug zu einem See machen und – eingepackt in dicke Pullover und wasserdichte Jacken – in einem Ruderboot den Herbst als Nebelschleier auf unseren Wangen fühlen. Gleich nach Dienstschluß hatte ich mich in meinen alten Golf gesetzt und war von Wien nach Salzburg gerattert. Erst wenn ich etwa die Hälfte der Strecke hinter mir habe, kann ich mich richtig auf das Wochenende freuen, bis dahin begleitet mich das Unbehagen, ein Anruf könnte mich wieder zurück zu meiner Einheit beordern. Aber wenn ich einmal in Salzburg bin, fühle ich mich gewissermaßen sicher. Außer mein Handy läutet.

»Sie pfeifen dich wieder nach Wien, good bye, Waschküche am See«, schoß es mir durch den Kopf, als mich das Surren aus meinen Träumen riß. Auf die Idee, gar nicht erst abzunehmen, komme ich merkwürdigerweise nie.

»Hallo Raoul«, meldete sich Peter*, ein mir seit Jahren bekannter Informant.

Wir tauschten Höflichkeiten aus, ich beschrieb ihm meine Wochenendpläne und hoffte, er würde den Wink verstehen.

»Gut, daß du in Salzburg bist. Ich habe eine Geschichte für dich, die ...«

»Hör zu«, unterbrach ich ihn. »Montag bin ich wieder in Wien, dort habe ich alle Unterlagen.« Er war sofort still und es wäre die Chance für mich gewesen, mit ein paar freundlichen Abschiedsworten das Wochenende zu retten. Seine Zurückhaltung verursachte mir aber Gewissensbisse und so fragte ich ihn, ob es sehr dringend wäre.

»Na ja, da sitzt einer wegen Mordes in Australien. Sagt dir der Name Weißensteiner etwas?«

Ich konnte mich nicht an diesen Namen erinnern, aber ich höre täglich so viele, daher zögerte ich mit der Antwort.

»Der soll zwei Leute umgebracht haben. Dafür sitzt er jetzt zwei Leben lang. Hoffentlich ist er eine Katze, dann hätte er ja noch fünf.«

Peter ereiferte sich immer mehr. In der Szene wurde er »Goldgoscherl«* genannt (Gosche ist ein anderes Wort für Mund) – ich weiß nicht ob wegen seiner blitzenden Zahnfüllungen oder seiner unvergleichlichen Redeweise. Ich versuchte einigermaßen Ordnung in seine Erzählung zu bringen, um das Wesentlichste zu erfahren. »Das heißt, er ist rechtskräftig verurteilt?«

»Kräftig, ja. Rechts, weiß ich nicht.«

»Für Mordfälle sind wir nicht zuständig, aber ich kann mit den Kollegen reden.« Mein Handy begann zu krachen, und er verstand mich nicht. Ich versuchte, etwas lauter zu sprechen, blickte auf der Suche nach einem diskreteren Platz um mich und sah meine Freundin auf mich zukommen.

Als ich den Hörer wieder am Ohr hatte, hatte sich Peter vollends in Schwung geredet und mir vermutlich die ganze Geschichte erzählt. Offenbar war er nun an der Pointe angelangt:

»Vor einigen Tagen wurde das Mordopfer fotografiert. Hier in Salzburg. Lebend.«

»Also langsam.« Ich schätzte den Informanten als sehr vertrauenswürdig ein, doch konnte ich mit den Bruchstücken der Geschichte vorerst nicht viel anfangen. »Da sitzt einer wegen Mordes, aber das Opfer lebt? Was soll dahinter stecken?«

»Weiß ich auch nicht genau. Helmut Probst*, der Mann, der die Fotos gemacht hat, weiß alles darüber. Bei dem solltest du dich melden.«

Etwas an dem Bericht faszinierte mich, ich kann nicht mehr sagen, was genau es war. Doch Mordfälle dieser Art gehörten nun einmal nicht zu meiner Einheit. Noch dazu lag dieser lange zurück, war abgeschlossen und hatte sich am anderen Ende der Welt zugetragen. Dennoch notierte ich mir seine Angaben und beschloß, mir den Akt einmal vorzunehmen.

Ich bat ihn zu versuchen, Fingerabdrücke des angeblichen Mordopfers zu besorgen. »Nimm ein Glas aus einem der Lokale mit oder steck ihm Flugzettel hinter die Windschutzscheibe, die du dann einsammelst, wenn er sie wegwirft. Laß dir etwas einfallen. Vielleicht wurde er einmal erkennungsdienstlich behandelt, und wir können die Abdrücke vergleichen. Wenn du nächste Woche in Wien bist, können wir uns ausführlich darüber unterhalten.«

Als dann am Sonntag die Scheibenwischer auf der Autobahn nach

Wien ihr Letztes gaben, um den Schleier aus Wasser und Matsch quietschend an die Ränder zu befördern, versuchte ich mir vorzustellen, wie mein Boß auf mein Ansinnen reagieren würde, mich mit diesem Fall zu beschäftigen. Major Gschwendt legt uns wenig Steine in den Weg, er läßt uns in unseren Methoden ziemlich viele Freiheiten. Aber natürlich würde ich mein Engagement in dieser Sache rechtfertigen müssen. Ich überlegte mir, wie ich das anstellen sollte.

Bevor ich ihm davon erzählte, wollte ich mehr darüber wissen.

Am nächsten Morgen verließ ich sehr früh meine Wohnung. Es war noch dunkel, als ich auf die Straße trat, feuchte Blätter blieben an meinen Schuhsohlen haften, Herbstwind blies mir ins Gesicht. Ich hatte einen Anruf bekommen, eine Routineaufgabe zu erledigen, und bevor ich mich auf den Weg zu einer stinkenden Frittenbude nahe der deutschen Grenze machte, um einen Zeugen auf seine Glaubwürdigkeit zu überprüfen, durchsuchte ich unseren Computer nach den Fingerabdrücken eines Hartwig Rüdiger Bayerl. Ich hatte Glück.

Außerdem fand ich mehrere Computereintragungen über den Weißensteiner-Fall, die ich überflog. Vorerst bestätigten sie nur einige der Angaben, die mein Informant gemacht hatte.

In den achtziger Jahren wurde Bayerl wegen eines Drogendeliktes festgenommen, aus jener Zeit stammten auch die Abdrücke, ordentlich nebeneinander aufgereiht wie zehn verkleinerte Luftströmungskarten. Bevor ich zur Frittenbude fuhr, forderte ich bei Interpol den Akt zum Fall Weißensteiner an.

Als ich wieder ins Büro kam, waren alle Kollegen bis auf Markus*, den Neuling, schon nach Hause gegangen. Auf meinem Schreibtisch lagen eine Notiz mit einem Termin für den nächsten Tag zu einer Lagebesprechung und mehrere gelbe, mit Bindfaden zusammengehaltene Ordner von der Dicke der Wiener Telefonbücher. Ich versuchte, sie nicht zu öffnen, nicht bevor ich den Bericht über die Frittenbude geschrieben hatte.

Ich knipste die Metallampe an, die einen gelblichen Lichtkegel auf das Zettelchaos auf meinem Schreibtisch warf. Markus stellte stumm eine Tasse mit dampfendem Kaffee vor mich hin. Er erschien mir übermüdet, mit geröteten Augen und ein wenig deprimiert. Abwartend blieb er bei mir stehen. Offenbar suchte er ein Gespräch, doch ich war zu begierig, den Akt zu studieren, um mich darum zu kümmern. Ich wollte im Augenblick mit niemandem sprechen, so widmete ich mich, ein sehr leises »Danke für den Kaffee« murmelnd, dem Schnellheftern. Ehrlich gesagt war ich froh, als er sich wieder zu seinem Schreibtisch trollte. Tief in der Nacht, als ich nach Hause gehen wollte, saß er immer noch da und stierte auf den Bildschirm. Er schien nicht zu arbeiten. Ich hatte ihn die ganze Zeit über nicht bemerkt, so leise war er gewesen. Natürlich war mir klar, daß ich jetzt wenigstens mit ihm sprechen sollte, und wieder konnte ich es nicht. Ich war zu müde, ich vermutete, er hatte die üblichen Anfangsschwierigkeiten und brauchte einen kollegialen Rat. Darum vertröstete ich ihn auf morgen und fand ein paar unverbindliche Worte. Viel später erfuhr ich, er war in der Mittagspause jenes Tages seiner Frau zuliebe bei Gericht gewesen und hatte sich scheiden lassen. Dieser Mensch hätte mich wahrscheinlich nur ein einziges Mal in seinem Leben wirklich gebraucht, nur für wenige Stunden. Ich habe keine Ausrede für mein Verhalten und keine Entschuldigung, denn ich erinnere mich an meine dunkelste Nacht, als ich von meinem Knochentumor erfuhr.

Ich war 27, verheiratet, und bereitete mich auf das Sterben vor. Der Tumor saß in der Wirbelsäule, man wollte versuchen, ihn zu operieren. Es stimmt, man wird durch so etwas ein anderer Mensch, aber nicht plötzlich, nicht von einem Tag zum anderen. Bei mir dauerte der Prozeß viele Jahre, ich krempelte mein Leben um. Zum Schluß, nachdem ich gesund war, ließ ich mich scheiden, weil ich das Verhalten meiner Frau als gleichgültig empfand. Es war aber wahrscheinlich nichts anderes als die Erfahrung des Phänomens »Einsamkeit«, die mich und mein Leben so erschütterte. Ich entwickelte einen Instinkt für diese Not, der auch in jener Novembernacht funktionierte, nur deckte ich ihn mit den hunderten zusammengehefteter Aktenseiten zu.

Zuerst las ich eine Abgängigkeitsanzeige, die ein Engländer namens Sidney Zack im Jänner 1990 gemacht hatte. Seine Tochter Susan, deren letzter Aufenthaltsort Cairns, Australien, gewesen war, sei verschwunden, gab der Mann den englischen Behörden an.

Cairns, Queensland, Australien, 3. Jänner 1990, Büro der Einwanderungsbehörde

Die drückende Schwüle jenes Hochsommervormittages kündigte wieder einen jener sintflutartigen Regenfälle an, die den Nordosten des Kontinents um diese Jahreszeit so oft heimsuchen. Der Beamte, der die Einwanderungsanträge durchsah und auf einige den Stempel »Antrag abgelehnt« drückte, hatte den Kragenknopf geöffnet. Der Tischventilator surrte auf höchster Stufe, dennoch standen Schweißperlen auf seiner Stirn. Aber kein einziges seiner grauen Haare geriet dadurch in Unordnung. Die Frisur saß fest und wirkte, als könnte er sie beim Grüßen wie einen Hut vom Kopf nehmen und dann wieder aufsetzen. Durch das geöffnete Fenster drang zarter Orchideenduft, der sich mit dem Geruch von Schweiß und Wurstbrot mischte.

Der junge Mann klopfte, bevor er eintrat. Das überraschte den Beamten, denn die meisten polterten ohne Ankündigung herein und stellten sich dann, Aufmerksamkeit fordernd, an den Tresen, wo sie mit dem Fuß wippten oder sich auf die Ellbogen stützten und so weit nach vorne lehnten, daß sie schon fast auf seine Seite fielen. Der Ausländer, offensichtlich Europäer, war braungebrannt, gepflegt und hatte ein freundliches Lächeln auf den Lippen. Er nahm seine Ray-Ban-Brille ab, als er sein Anliegen in ruhigem, höflichem Ton vortrug. »Mein Name ist Manfred Weißensteiner, ich bin Österreicher, habe ein Touristenvisum für Australien und möchte ein Visum für Papua-Neuguinea.«

Der Beamte wandte sich dem Mann zu, den er bei flüchtiger Betrachtung für einen Rucksacktouristen hielt. »Einen Moment«, wies er ihn mit einer verweigernden Handbewegung in die Schranken. Sorgfältig legte er die Papiere wieder auf einen Stoß, den er dann, nach Nummern geordnet, in eine durchsichtige Plastikhülle steckte und auf die Ablage bugsierte.

Weißensteiner wartete geduldig, bis ihn der Beamte schließlich direkt anredete.

»Was sind Sie? Urlauber?« Er griff nach einem Formular auf seinem Schreibtisch.

»Nein«, antwortete Weißensteiner, »ich lebe hier auf der Yacht ›Immanuel‹.«

Einer jener Abenteurer also, die Cairns belebten und sich meist am

Hafen herumtrieben. Er schob das Papier in die Ablage zurück. Beamte der Einwanderungsbehörde wissen von diesen jungen Menschen und ihrer Sehnsucht nach Freiheit, und sie wissen auch von dem Ruf, den Cairns als Drogenhauptstadt Australiens genießt.

»Ist das Ihre Yacht?« wollte der Beamte wissen.

»Der Eigentümer des Bootes ist Hartwig Bayerl, ein Freund und Landsmann von mir.«

Von Cairns aus gibt es Flugverbindungen mit günstigen Tarifen nach Port Moresby, der Hauptstadt der Inselgruppe, es ist die üblichste Verkehrsverbindung nach Neuguinea. Wenn man einen Antrag auf Einreise stellt, muß man allerdings ein Weiterreiseticket vorweisen. »Haben Sie ein Rückflugticket?« fragte der Beamte.

Weißensteiner schüttelte den Kopf. »Ich werde nicht fliegen. Ich fahre mit dem Schiff.«

Der Beamte war überrascht. Die öffentlichen Schiffsverbindungen sind weniger frequentiert, Schiffe verkehren nur selten zwischen Cairns und Port Moresby, kaum jemand wählt diese Art des Reisens. Mit dem Schiff dauert die Reise lang und kommt verhältnismäßig teuer.

Er sah Weißensteiner verwundert an, zuckte dann aber die Schultern. Für Belehrungen und Ratschläge war er nicht zuständig, daher unterließ er es, genauer nachzufragen. »Sie brauchen dennoch ein Ticket für die Rückreise«, erklärte er.

Doch der Mann hatte auch nicht vor, eine der öffentlichen Schiffsverbindungen zu nehmen.

»Ich möchte mit der Yacht meines Freundes reisen. In zwei Wochen komme ich hierher zurück und kann mich wieder melden.«

Dies war einer jener Fälle, die der Beamte gerade jetzt nicht brauchen konnte. Er mußte weitere Fragen stellen, dieses ziemlich schwache Englisch ertragen und aus den manchmal nur gestammelten Antworten versuchen herauszufinden, was der andere meinte.

»Dann werde ich ein neues 6-Monatsvisum für Australien beantragen.«

Dies wäre ein legaler Weg gewesen, nach Cairns zurückzukommen, doch bei dem Beamten wurden Zweifel wach. Natürlich beherrschten diese Leute alle Tricks, um ihre Visa immer wieder zu erneuern, aber lag das im Interesse Australiens?

»Was ist mit dem Eigentümer? Warum kommt er nicht selbst her und stellt den Antrag?« Der Beamte fixierte ihn mißtrauisch über den Metallrand seiner Brillengläser hinweg.

»Bayerl besucht Freunde in Kuranda. Aber Ende Jänner hole ich ihn hier ab.«

Kuranda, eine kleine Siedlung in den Tablelands, liegt etwa 30 Kilometer nordöstlich von Cairns. Bei Touristen ist die Zugfahrt dorthin besonders beliebt, gilt sie doch als eine der schönsten Routen Australiens. Es gibt Wasserfälle, Tunnels, Viadukte und einen imposanten Blick über den Regenwald. Der Beamte wußte aber auch von einer Aussteigerkolonie in den einsamen Wäldern nördlich von Kuranda. Anzunehmen, daß der Freund des Österreichers sich dort aufhielt.

»Wie ist Bayerls derzeitige Adresse?« Er wollte sie den Vorschriften entsprechend notieren.

»Ich weiß es nicht«, antwortete Weißensteiner. »Die genaue Adresse kann ich Ihnen nicht sagen, aber ich könnte ihm über Freunde eine Nachricht zukommen lassen, falls es notwendig ist.«

Damit war für den Beamten klar, daß er Weißensteiner das Rückreisevisum nach Australien verweigern würde. Die Angaben, die er machte, waren zu verschwommen, es war unmöglich, auch nur die Formulare korrekt auszufüllen. Unter solchen Umständen konnten Visaanträge nicht einmal eingebracht, geschweige denn, ihnen stattgegeben werden. Und so verließ Manfred Weißensteiner das Büro der Einwanderungsbehörde unverrichteter Dinge.[3]

Die Amtswege waren für ihn an diesem Tag noch nicht zu Ende. Er schlenderte an den Straßencafés der Esplanade entlang und bog dann in die Aplin Street, die, wie die meisten Straßen im Zentrum von Cairns, schnurgerade verläuft. Sie endet an der Bahnstation, wo die Züge nach Kuranda abfahren. Doch so weit brauchte er gar nicht zu gehen.

Er betrat das Gebäude der Zollbehörde. Als er die Tür öffnete, spürte er sofort die angenehme Kühle der Klimaanlage und blieb einen Augenblick stehen, er war nicht zum ersten Mal hier. In den letzten Monaten hatte Hartwig ihn schon öfter Amtswege erledigen lassen.

An jenem Tag hatte Michael Golding Dienst. Er erkannte Manfred gleich und begrüßte ihn mit einem freundlichen Lächeln.

»Ich brauche einen Zollschein für die ›Immanuel‹«, bat Weißensteiner.

»Wo soll es denn hingehen?«

»Nach Port Moresby.«

»Oh, auf die Inseln! Nehmt euch vor den Zyklonen in Acht! Und eßt nicht zuviel von dem scharfen Zeug dort oben. Na, also gut, zeig mir die Bestätigung von deinem Boß, dann kriegst du den Zollschein.«

»Ich habe keine Bestätigung«, erwiderte Manfred.

»Na gut, hol sie; wenn du dich beeilst, schaffst du es noch vor meiner Mittagspause. Ich fülle inzwischen das Formular aus.«

»Er ist nicht in Cairns«, antwortete Weißensteiner. »Aber ich treffe Bayerl in Port Moresby.«

»Zeigst du mir wenigstens deine Aufenthaltsgenehmigung für Australien?«

Manfred holte aus seiner Jeanstasche das Papier und reichte es Michael, der es überflog und ihm dann zurückgab. »Du hast die Einreisebestimmungen übertreten, das Visum ist abgelaufen. Ich muß dir leider sagen, daß du nicht in Australien bleiben kannst, okay? Ich kann nicht viel für dich tun. Du mußt dich bald darum kümmern, sonst mußt du das Land bis spätestens 25. Jänner verlassen. Sorry, aber das sind die Bestimmungen.«[4]

Am nächsten Tag, dem 4. Jänner 1990, einem Donnerstag, erhielt der Hafenmeister von Cairns, Angelo Nucifora, genannt Andy, einen Anruf aus England. Am anderen Ende der Leitung war Mrs. Zack, deren Stimme gebrochen klang. Sie sei wegen ihrer Tochter Susan beunruhigt, sie könne sie nicht erreichen.

»Bitte, teilen Sie ihr mit, sie soll sich so bald wie möglich bei ihrer Mutter melden. Ihre Tante[5] ist vorgestern gestorben, wir erwarten dringend ihren Rückruf.«

Andy machte sich sofort auf den Weg hinunter zur Trinity Inlet, der Bucht, vor der die »Immanuel« ankerte. Das sonore Brummen von behäbigen Fischerbooten war weithin zu hören, es übertönte das Rauschen der Wellen. Andy nahm den kürzesten Weg durch die Büsche hinunter zum Strand. Wie das Gefieder überdimensionaler Vögel flatterten die Fächerpalmblätter in der Meeresbrise und streiften manchmal leicht seinen Rücken.

Vom Pier sprang er in das Speedboat der Hafenmeisterei, damit brauste er hinaus zur »Immanuel«.

Sie war ein elf Meter langes Segelschiff aus Stahl, nicht unbedingt das, was man sich unter einer Millionärsyacht vorstellt, im Stil eher einem Nutzschiff ähnlich, mit einem verglasten Cockpit, das in der Form an die Führerhäuser amerikanischer Lkws erinnerte. Es war nicht, wie bei den modernen Luxusbooten, aerodynamisch geformt, sondern ragte fast senkrecht empor. Das vermittelte einem das Gefühl von Gediegenheit und Verläßlichkeit, ja geradezu Seriosität. Aber der Schein trog, wie Nucifora wußte. Alle wußten es, und alle, die sich mit Booten auskannten, schüttelten den Kopf bei ihrem Anblick. Die Takelage war eingerollt, der Generator dröhnte.

Nucifora verschwendete keine Zeit damit, sich über das Boot Gedanken zu machen. Er fuhr so nahe wie möglich an die »Immanuel« heran und sah dann Weißensteiners blonden Schopf sich über die Reling beugen. Nucifora erklärte in kurzen Worten, warum er gekommen war.

»Susan ist nicht in Cairns«, erklärte Manfred. »Kann ich ihr etwas ausrichten?«

»Miss Zack lebt doch auf diesem Schiff, nicht wahr?« fragte der Hafenmeister. Sein Boot schwankte, er hielt sich am Steuerrad fest und mußte ziemlich laut schreien, um verstanden zu werden.

»Ja. Aber im Augenblick ist sie nicht hier«, rief der junge Mann zurück. »Sie ist oben in den Tablelands, mit Hartwig, dem das Boot gehört. Sie kommt nächste Woche zurück.«

Der Hafenmeister überlegte einen Augenblick. Der junge Mann schien ihm vertrauenswürdig, dann schrieb er eine Nachricht für Susan auf ein Blatt Papier. »Würden Sie ihr das geben, wenn Sie sie treffen?«

»Ja, natürlich«, antwortete Weißensteiner und nahm das Schreiben an sich. Doch er wußte, wie er später zugab, daß er sie nicht treffen würde. Und er wußte auch, Susan war nicht in den Tablelands.[6]

Als Nucifora fünf Tage später, am 9. Jänner, wieder zur »Immanuel« hinausfuhr, fand er niemanden an Bord vor. Familie Zack meldete ihre Tochter Susan daraufhin als abgängig.

MODEL HINTER GITTERN

Wien, Österreich, 13. November 1997

An ein und demselben Tag hatte Weißensteiner vor Behörden mehrere verschiedene Versionen über den Aufenthaltsort seiner Freunde Zack und Bayerl geliefert. Gegenüber der Einwanderungsbehörde hatte er behauptet, sie seien in Kuranda und er würde sie Ende Jänner in Cairns wieder treffen. Zu Michael Golding von der Zollbehörde sagte er, er werde Bayerl in Port Moresby treffen. Nucifora erfuhr wieder, Susan käme eine Woche später nach Cairns zurück.

Es blieben nicht die einzigen Widersprüche in seinen Aussagen. Ich blätterte weiter im Aktenstoß der Interpol und fand eine Menge alter Zeitungsausschnitte aus der Zeit des Vorverfahrens gegen ihn, die unter anderem davon berichteten, es gäbe mittlerweile zwölf verschiedene Versionen der Geschichte, alle von Weißensteiner.

Vielleicht war das der Anlaß für die zum Teil – jedenfalls für mitteleuropäisches Rechtsempfinden – äußerst ungewöhnliche Behandlung eines Untersuchungshäftlings. Natürlich stellt man sich zuerst die Frage, wie jemand angeklagt, geschweige denn verurteilt werden kann, obwohl niemand weiß, ob überhaupt ein Verbrechen vorliegt. Nun, man machte dem Häftling vor allem auch sein Schweigen vor Gericht zum Vorwurf.

Richter Trevor Pollock, der Mann, der ihn in erster Instanz verurteilte, hatte schon lange vor der Prozeßeröffnung verkündet, er sei zufrieden, »daß dies ein Fall ist, in dem die Geschworenen aufgrund der Beweislage Weißensteiner für schuldig erklären können.« Er gebe jedoch, betonte er, ausschließlich seine persönliche Meinung wieder und vertraue auf den Prozeß.

»Es gibt ganz offensichtlich viele offene Fragen in diesem Fall«, räumte er im Mai 1991, vier Monate vor dem Prozess, der Presse gegenüber ein, diese könnten allerdings »nur von den Geschworenen beantwortet werden.«[7]

Zum selben Zeitpunkt äußerte sich auch Staatsanwalt Vishal Lakshman, als Verteidiger Summner-Potts dem Gericht vorwarf, es gäbe zu große Probleme, den Fall nachzuweisen, »als daß man den Mann anklagen könnte«.

Man hatte das Schiff gründlich untersucht, und Michael Summner-Potts erzürnte sich: »Es gibt keinen Bericht über irgendwelche Toten, kein Blut auf dem Schiff, keine Anzeichen von Gewalt, keine Einschußlöcher.«

»Natürlich beruht der Fall nur auf Indizien«, so Staatsanwalt Vishal Lakshman, »aber Weißensteiner hätte die Möglichkeit gehabt, die beiden zu töten.«[8]

Damals, im Vorverfahren, als noch nicht sicher war, ob man ihn überhaupt würde anklagen können, beschloß der Verdächtige, alle Fragen zum Geschehen nur noch mit Schweigen zu beantworten. Alles Bedrängen nutzte nichts. Sein Verteidiger vom Legal Aid Office in Brisbane, der Hauptstadt Queenslands, verzweifelte fast an der Unbeugsamkeit seines Mandanten. Auch das Gericht forderte ihn auf, Stellung zu nehmen.

Üblicherweise fragt im australischen Rechtssystem der Richter, dessen Assistent, oder der Gerichtsschreiber den Angeklagten, ob er eine Zeugenaussage zu seiner Verteidigung vorbringen möchte.

Weißensteiner wurde vom Assistenten des vorsitzenden Prozeßrichters gefragt: »Beabsichtigen Sie, eine Zeugenaussage zu Ihrer Verteidigung zu machen, bevor Ihr Anwalt die Geschworenen anspricht?«

Er antwortete: »Ich werde nicht aussagen, noch Zeugen aufrufen.«[9]
Und er hielt sich daran.

Nur einmal hatte er sich vor Gericht geäußert, ganz zu Beginn des Prozesses, am Montag dem 9. September 1991.

Die Anklagepunkte waren verlesen worden, Weißensteiner hörte sie in der Übersetzung des Dolmetschers. Nach dem vergeblichen Versuch der Verteidigung, den Prozeß mit dem Argument zu verhindern, es liege kein Beweis für irgendwelche Verbrechen vor, versuchte Summner-Potts einen letzten Trumpf auszuspielen: Die Krone habe ja keinen Beweis, daß die Verbrechen in Cairns begangen worden waren. Somit erschien es fraglich, ob der Prozeß überhaupt in Cairns stattfinden durfte.

»Haben Sie etwas zu den Anklagepunkten zu sagen?« wurde Weißensteiner zum Schluß gefragt.

Er erhob sich: »Dieses Gericht hat keine Jurisdiktion, um über mich zu richten. Das ist alles, bitte«, erwiderte er.[10] Das Gericht zog sich daraufhin zur Beratung zurück. Beamte der Einwanderungsbehörde standen bereit, ihn aus dem Gerichtssaal zu führen und sofort des Landes zu verweisen, sollte seinem Einwand stattgegeben werden. Nach 30 Minuten hatte der mit dieser Entscheidung beauftragte Richter Moynihan verfügt, der Circuit Court in Cairns sei doch zuständig, und lehnte eine Freilassung ab, obgleich er eingestand, auch diese Frage müsse geklärt werden.

Australisches Recht basiert auf dem englischen Case-Law. Das bedeutet, daß Gerichtsentscheidungen Recht bilden können, im Unterschied zum Gesetzesrecht. Beide Formen, Gesetzesrecht und Fallrecht stehen nebeneinander, im Konfliktfall geht das Gesetzesrecht dem Case Law vor. Die Klage erhebt de jure auch in Australien die englische Königin.

In der Urteilsbegründung im Weißensteiner-Prozeß nimmt das Fallrecht etwa 2/3 des Raumes ein. Die Berufungsrichter beziehen sich in langen Zitaten auf vergangene Fälle, und es geht fast ausschließlich um die Frage des »Rechts auf Schweigen« des Angeklagten. Vereinfacht gesagt, stellen die Richter hier Fälle vor, in denen ebenfalls ein Angeklagter verurteilt wurde, weil oder obwohl er geschwiegen hatte. Mittlerweile gibt es einen Fachausdruck für diese Art der Verurteilung, die sogenannte »Weissensteiner-direction«, die auch in den Transkripts des High Courts von Australien im Internet nachzulesen ist.

Jedenfalls folgten die Richter des Court of Appeal Pincus und McPherson dem Ersturteil und lehnten die Berufung ab; Richter Shepherdson meinte hingegen, es handle sich um ein ernstes Fehlurteil der Justiz. »Ich würde die Verurteilung aufheben und einen neuen Prozeß anordnen.«[11]

Der Aktenstoß der Interpol war nach mir nicht nachvollziehbaren Kriterien geordnet. Ein Durcheinander aus zum Teil schon recht abgegriffenen Blättern, mit vergilbten Ecken, manche handschriftlich und schwer zu entziffern, andere auf dünnem Durchschlag- oder Zeitungspapier.

Ich verschaffte mir einen groben Überblick, entdeckte einen Haufen Eingaben an Polizeidienststellen, das Innenministerium und sogar den Bundespräsidenten, die allesamt die Unterschrift Probsts trugen, des Mannes, der nun vor kurzem Fotos eines noch Unbekannten, der Hartwig Bayerl sein könnte, geschossen hatte.

Das alles beantwortete vorerst nicht meine brennendste Frage – wer ist dieser Manfred Weißensteiner eigentlich? Schließlich fand ich so etwas wie einen Überblick über seinen Lebenslauf und dann einen Akteneintrag, der möglicherweise Aufschluß darüber geben konnte, warum er wirklich nach Australien gereist und so lange fortgeblieben war. Abenteuerlust konnte eine Rolle gespielt haben, aber der tiefere Grund für sein plötzliches Verschwinden mochte ein anderer gewesen sein. Vielleicht war es eine Art Flucht, die ihn, der schlecht Englisch sprach und noch wenig herumgekommen war, ans andere Ende der Welt trieb.

Johann Manfred Weißensteiner wurde als ältester von drei Söhnen eines Nebenerwerbsbauern in Bad Gams am 18.6.1965 geboren. Nach seinem Schulabschluß machte er eine Tischlerlehre, die er sehr erfolgreich abschloß. Ein ruhiges, etwas verschlossenes Kind, hieß es, das nicht weiter auffiel, außer bei Skirennen, die er als Jugendlicher hin und wieder gewann.

Ein kleiner Betrugsversuch, der aber nie vor Gericht kam, ausgenommen, verlief alles in geordneten Bahnen, bis er zum ersten Mal einem Richter gegenüberstand, der ihn mit aller erdenklichen Härte bestrafte. Danach war für die Familie Weißensteiner nichts mehr so wie vorher.

Bad Gams, Österreich, Pfingstsamstag, 17. Mai 1986

Es war ein frühlingshafter Nachmittag, die Apfelbäume standen in voller Blüte und durch das geöffnete Küchenfenster drang Motorengeräusch. Christine Weißensteiner nahm das frische Gemüse – Schnittlauch, knackige Radieschen und üppigen grünen Salat – das sie soeben im Garten geerntet hatte, und warf es in die Mülltonne. Seit drei Wochen handhabte sie es so mit ihren Gartenfrüchten. Sie erntete sie und warf sie in einen eigens dafür bereitgestellten Abfallkorb mit einem dickem schwarzem Plastiksack. Anfangs hatte es ihr das Herz gebrochen, aber mittlerweile hatte sie sich daran gewöhnt.

In diesen Tagen veröffentlichten die Zeitungen noch immer regelmäßig die Strahlenwerte. Die Normalwerte lagen zwischen 7 und 12 Mikrorem. Letzten Sonntag hatten sie bei ihnen 50 Mikrorem betragen. Heutzutage, dachte Christine, mußte man froh sein, nicht auf den Ertrag des Bauernhofes angewiesen zu sein. Die Ernte, so prachtvoll sie auch werden mochte, würde vermutlich niemand essen können. Tschernobyl war vor drei Wochen explodiert und das Gebiet um Bad Gams war aufgrund des tagelangen Regens danach besonders schwer betroffen. Freilandgemüse durfte nicht gegessen werden, man wußte nicht, wann das Verbot aufgehoben werden würde.

Sorgfältig wusch und bürstete sie sich die Hände, die geschwollen waren, immer öfter nach der Arbeit schmerzten und es fast nicht mehr zuließen, daß sie an den Feierabenden ihre Häkeljacken mit Edelweiß oder Glockenblumen bestickte. Heute wollte sie sich den Stoß Bügelwäsche vornehmen, der auf der Eckbank lag. Sie ärgerte sich, weil das Aufheulen eines Motors die Musik aus dem Kofferradio störte. Aber sie sagte nichts.

Wäre Manfred allein draußen gewesen, hätte sie ihm vermutlich zugerufen, er solle nicht solch einen Krach machen, doch es waren zwei Freunde bei ihm, und sie wollte den dreien den Spaß nicht verderben.

Es war Manfreds Nissan, an dem sie werkten und den sie austesteten. Er hatte sich das Auto erspart, hatte viel dafür gearbeitet, zuerst als Tischler, dann war er nach Graz gegangen und hatte eine Anstellung bei der Graz-Köflacher Bahn gefunden. Christine meinte, er steckte viel zu viel Zeit und Geld in den Wagen.

Manfred war ihr Ältester und der ihrer drei Söhne, der am wenigsten Schwierigkeiten machte, abgesehen von der Dummheit mit einem Versandhaus, das er versucht hatte hereinzulegen. Zwar zeigten die ihn wegen Betrugsversuches an, doch war es nie zu einem Gerichtsverfahren gekommen. Christine hatte sich gefragt, was ihn dazu gebracht hatte, diesen ruhigsten und ausgeglichensten der drei. Mit seinem Vater hatte es deswegen furchtbaren Krach gegeben, und auch sie hatte ihn ziemlich hart zur Rede gestellt. Danach hatte er sich nichts mehr zuschulden kommen lassen, sie hielt es mittlerweile für eine Jugendsünde. Die Großmutter rieb ihm das bis heute unter die Nase, sie hatte ihn nie gemocht. So jedenfalls empfand es Christine, doch nachdem das Kind nicht sehr darunter zu leiden schien, ließ sie es dabei bewenden.

In der Schule gab es keine Probleme, und sein Lehrmeister hatte ihn einmal so gelobt, daß sie rote Wangen bekommen und kopfschüttelnd abgewehrt hatte. Sie war damals sehr stolz gewesen, doch das zeigte sie natürlich nicht.

Jetzt lief er in die Küche, griff mit ölverschmierten Fingern nach einer Colaflasche und drei Bechern und wollte wieder davonhuschen.

»Was habt ihr vor?« wollte seine Mutter wissen.

Seine Augen begannen zu leuchten. »Spazierenfahren. Er läuft wie ein Glöckerl.« Hastig riß er die Kühlschranktür auf, holte die teure Wurst hervor, die sie für die Pfingstfeiertage besorgt hatte.

»Sei zum Abendessen pünktlich«, erwiderte Christine und reichte ihm einen Wäschestoß, »da – du kannst gleich deine Leiberln in den Kasten legen – und nimm die zwei Stöße von deinen Brüdern auch mit. Die Bettwäsche bringst du der Oma. Mach mir nur keinen Dreck drauf mit deinen Ölfingern!«

Er nahm das Wurstblatt zwischen die Zähne, aß es aber nicht, streckte ihr seine Unterarme entgegen, auf die sie die Wäschestöße legte und erledigte – wie immer ohne Widerrede – ihre Anordnungen. Wie er zurechtkommen würde, wußte sie nicht, aber sie war sicher, auf den weißen Stoffen würde sich kein kleinstes Fleckchen finden, wenn er sie abgelegt hatte. Bevor er ins Auto einstieg, rief er seinen Hund, nahm das Wurstblatt aus dem Mund und ließ Rolf danach schnappen. Das Spiel dauerte eine Weile, aber das Tier gewann natürlich wie immer.

»Das Vieh kriegt genug zu fressen, das muß wirklich nicht die Schinkenwurst bekommen!« schimpfte sie.

Er streichelte den Kopf des Hundes, das Tier schloß genüßlich die Augen dabei und winselte. »Nein, da kannst du nicht mit«, redete er auf ihn ein, »später gehe ich mit dir spazieren.« Der Hund schleckte seine Hand, wedelte mit dem Hinterteil und wollte sich ins Auto stehlen.

»Aber ich kann dich nicht mitnehmen, geh zur Mama, die gibt dir noch was.« Natürlich gehorchte der Hund nicht. Er tätschelte ihn und bat sie, das Tier zu rufen.

»Komm her! Platz! Hierher, mach Platz, aber sofort!« befahl Christine. Der schwarze Mischling trottete mit beleidigt gesenktem Kopf auf seine Matte neben der Eingangstür, wo er mit der Schnauze zwischen den Pfoten auf die Rückkehr seines Herrchens warten würde.

Sie hörte Autotüren zuschlagen, dann fuhr der Wagen an und wurde immer leiser, bis er hinter der Waldbiegung verschwand.

Im Radio brachten sie statt Musik eine Sendung über die Präsidentenwahl mit Kurt Waldheim. Christine Weißensteiner stellte es ab.

Rudi*, der hinten saß, sprach über nichts anderes als die fesche Italienerin vom letzten Sonntag. Josef*, auf dem Beifahrersitz, und Manfred hörten ihm kaum zu. Manfred fuhr schnell, aber konzentriert und sicher. Wenn er fuhr, hatte er weder Augen noch Ohren für anderes. Es war eine seiner stärksten Eigenschaften, seine Aufmerksamkeit auf eine Sache zu richten, egal, was um ihn herum geschah. So fertigte er auch seine Tischlerarbeiten, so las er, so schrieb er Briefe. Er genoß das schwierige Gelände, die schmale Straße mit den vielen Kurven und Kehren, in die er den Wagen nicht allzu zögerlich lenkte. Es gab keine

Leitschienen und wenn ein Reifen das Bankett streifte, hörten sie den Streusand knirschen.

Er konnte Josefs Bewunderung spüren, der seine Schaltmanöver genauestens verfolgte und manchmal, wenn er eine Stelle ziemlich riskant passierte, trocken auflachte. Josef war 16 und hatte noch keinen Führerschein. Manfred konnte sich genau erinnern, wie sehr er sich in diesem Alter gewünscht hatte, einmal ein Auto fahren zu dürfen, aber mehr als eine Traktorfahrt über die Wiese war bei ihm damals nicht drin gewesen. Und natürlich begann Josef zu betteln.

»Hey, laß mich einmal ans Steuer.«

»Bist du schon einmal gefahren?« fragte Manfred schmunzelnd.

»Klar, bei meinen Brüdern. Ich kann es, ehrlich!«

»Das? Wo sie dich angeschoben haben? Das war kein A-u-t-o! Das war der Tretroller.«

Rudi klopfte sich auf die Schenkel. »Du, Kleiner, du glaubst ja noch, der Schalthebel ist ein Flascherlwärmer! Und du willst mit uns den Bad Gamser Highway bezwingen?« Rudi war einige Monate älter als Josef.

Josef steckte die Neckereien weg, aber er gab nicht auf. »Komm schon, laß es mich versuchen! Da, auf der Zufahrt kannst du mich fahren lassen, das ist ein Privatweg.«

Anfänger sind beinahe süchtig nach dem Gashebel und wenn sie die Chance sehen, an ihn heranzukommen, kaum noch zu bändigen. Josef setzte all seine Überredungskünste ein.

»Ich fahre von hier bis zur Tanne da vorn, das sind keine fünfzig Meter, was ist schon dabei?« Manfred wechselte einen Blick mit Rudi, der zuckte die Schultern. Josef schaute ihn mit glänzenden Augen an, wie ein Hungriger, der einen Braten riecht.

»Also gut, aber nur bis da vorne«, beschloß er.

Josef sprang aus seinem Sitz. Noch bevor Manfred wieder saß, hatte Josef den Gang schon eingelegt, dann ließ er langsam die Kupplung los und fuhr davon. Anfangs fuhr er langsam und vorsichtig und hielt das Lenkrad fest umklammert. Nach einigen hundert Metern – an der Tanne waren sie längst vorbeigezockelt – entspannte sich seine Haltung, er streckte die Arme durch, preßte den Rücken gegen den Sitz wie ein Rennfahrer und trat stärker aufs Pedal. Manfred rief, jetzt sei es genug, er solle ihn wieder fahren lassen.

Josef schaltete in die Vierte und das war eindeutig um zwei Gänge zu viel. »Ob ich die Kurve da vorne kriege? Was meinst du?«

»Hey, laß das, hör auf. Geh runter, nimm Gas weg!« schrie Manfred.

Josef lachte und genoß die Macht, die ihm das Auto verlieh. Er zeigte eine unbändige, kindliche Freude an seiner Position, und um ihnen zu beweisen, wie gut er es beherrschte, schaltete er einen Gang hinunter und fuhr auf der linken Seite auf eine Rechtskurve zu.

»Genug, halt an!« schrie Manfred. Rudi verhielt sich ganz ruhig auf dem Rücksitz. Ihm hatte es buchstäblich die Rede verschlagen.

Bäume verstellten die Sicht auf den Kurvenausgang, sie rasten blindlings weiter. In der Kurve schaltete Josef einen Gang höher, trat aufs Gas, so daß die Reifen quietschten.

Und plötzlich wußten sie, daß Josef mit dem Auto auf eine seidenpapierene Wand zufuhr, auf den Paravent an der Grenzstation von Leben nach Tod.

Der Nissan geriet aus der Bahn, überschlug sich und landete im Graben. Während es geschah, hatten sie das Gefühl, in einer Kapsel auf die Erde geschleudert zu werden. Man wartet auf den Aufprall und hofft, es ist bald vorbei. Aber es dauert verdammt lange, bis man weiß, was geschieht, wenn man endlich auf dem Boden aufschlägt. Vielleicht betet man, aber daran kann man sich nachher meist nicht mehr erinnern.

An das Blut erinnert man sich, das in die Bezüge sickert, an Stöhnen, an blaue Flecken in den Gesichtern der anderen und an ihre geschwollenen Glieder. An Blutspritzer auf den Fensterscheiben und an Glassplitter.

Manfred blieb unverletzt, aber seine Freunde hatte es schwer erwischt. Für sie setzte es mehrere Wochen Krankenhaus. Für Manfred, den Besitzer des Autos, zwei Monate unbedingt, weil Josef noch keinen Führerschein besessen und er ihn hatte fahren lassen. Die Graz-Köflacher Bahn kündigte ihm daraufhin.

Er brach den Kontakt zu seinen Eltern fast ganz ab.

Um Geld zu verdienen, nahm er, bevor er die Gefängnisstrafe antrat, Aufträge als Dressman an, auch nicht unbedingt etwas, worauf seine Eltern stolz waren. Für sie bedeutete der Umgang in der Modelszene »schlechte Gesellschaft«, oder jedenfalls nicht das, was sie unter »guter Gesellschaft« verstanden.

»So was hängt einem ein Leben lang nach«, sagen die Leute im Wirtshaus, »wenn man einmal im Gefängnis war, das wird man nicht mehr los. Keinen interessiert, warum du drin warst, du hast den Stempel und basta, da gibt es keine Tilgung.« Sie trinken einen Schluck Bier, wischen sich den Schaumbart auf den Handrücken und nicken wissend. Tief im Inneren halten sie es nicht für richtig, aber sie wissen, es ist so. Ein wenig tut einem so einer leid. Ein wenig auch seine Eltern.

Aber es ist nun einmal so.

Manfred verließ Graz Richtung Asien, ohne vorher noch einmal nach Bad Gams zurückzukehren. Eines Tages, im Jahr 1988, erhielt seine Mutter einen Anruf von ihm, kurz nachdem er aus dem Gefängnis entlassen worden war.

»Bitte holt meine Sachen aus der Lagergasse, ich gehe fort«, sagte er.

Auf Fragen, wie es ihm gehe, antwortete er immer nur, es gehe ihm gut. Christine blieb nicht viel übrig, als sich damit abzufinden, nie von ihm etwas über seinen wahren Zustand zu erfahren. Sie kannte ihn als jemanden, der, wie sie es nannte, hart war, wenn es um ihn ging.

Es sollte ein Abenteuer sein, er hatte vor, ohne Geld, ohne Job, ohne irgendeine Sicherheit weit weg zu fahren und sich durchzuschlagen. Natürlich dachten alle, er werde nicht sehr lange bleiben und bald wieder vor der Haustür stehen.

Dennoch, als sie seine Sachen holte, hatte es für sie etwas Endgültiges. Dunkle Gedanken und Sorgen wischte sie gewohnheitsmäßig weg, und so hielt das Gefühl vorerst nicht lange an.

Ungefähr zwei Jahre später, kam es aber mit einer Wucht wieder, die sie buchstäblich niederwarf. Aus heiterem Himmel, so erzählte sie später Bernd Melichar, einem Journalisten der *Kleinen Zeitung Graz*, sei es ihr schlecht gegangen.

»Ich konnte nicht arbeiten. Ich spürte, daß etwas passiert sein mußte.« Kurze Zeit danach erfuhr sie, daß ihr Sohn wegen Doppelmordes verhaftet worden war.[12]

Er hatte ihnen im ersten Jahr seiner Reise Karten aus 22 Ländern geschrieben und Briefe über seine Arbeit als Deckhand auf großen Schiffen im Pazifik und im südostasiatischen Raum. Thailand, die Philippinen, Indonesien und Australien waren darunter. Es schien ihm gut zu gehen, die Karten waren fröhlich und klangen optimistisch.

Schließlich erhielten seine Eltern im Sommer 1989 einen Brief aus Cairns, in dem er ihnen mitteilte, er würde nach Hause kommen. Das Ticket von Singapur nach Wien hätte er schon in der Tasche. Doch er kam nicht.

Die nächsten fünf Briefe, die Christine Weißensteiner von ihrem Sohn erhielt, waren beängstigend. Später schickte sie diese fünf Briefe ans Gericht, um ihren Sohn zu entlasten. Seither sind sie verschollen und wurden während des Prozesses auch nicht erwähnt.

Sie erreichten Christine an einem Tag im Oktober 1989, die Umschläge waren durchnumeriert von eins bis fünf, sie sollten als ein einziger Brief in Fortsetzungen gelesen werden. Der Inhalt war wirr, unverständlich, es war die Rede von Krieg und Untergang, von Drogen, einer Weltverschwörung und Flucht. Zuhause konnte sich niemand einen Reim darauf machen. Es waren die Briefe eines Mannes, der Gefahr lief, seinen Verstand zu verlieren.[13]

WÜSTENSURFER

Top End nahe Darwin, Australien, Juli 1989

Die Gegend hieß Top End, Manfred war nicht zum ersten Mal hier. Der Katalog seiner aktuellen Gefühle trug denselben Namen. Sicher, den Touristen bot sich hier einiges, Krokodilsfütterungen, Wasserfälle, tropische Sonnenuntergänge, Vogelschwärme, Gewitter von solcher Wucht, daß die Scheiben klirrten, wenn es donnerte. Aber an diesem nördlichsten Winkel Australiens immer nur zwischen dem Flughafen und der Stadt pendeln zu müssen war nicht unbedingt das, worauf er im Moment scharf war.

Zum letzten Mal fuhr der alte Chrysler-Kombiwagen die 6 oder 7 Kilometer von Darwin Richtung Norden zum Flughafen, soviel war sicher. Jedenfalls zum letzten Mal mit ihm am Steuer. Er kannte die Strecke. Seit Tagen fuhr er sie hin in der Hoffnung auf ein Flugticket nach Singapur, von wo er mit einem Frachtschiff nach Europa reisen könnte, und zurück mit nichts als der Auskunft »Versuchen Sie es morgen wieder«. Heute war dies bereits sein zweiter Versuch, denn am Vormittag hatte es geheißen, er solle abends wiederkommen. Er machte sich aber keine großen Hoffnungen. Ohnehin fiel ihm der Abschied von diesem Land schwer, und er würde sich wohl immer danach sehnen zurückzukommen.

So ziemlich alles hatte ihn bisher an Australien begeistert, jeder Winkel hatte einen besonderen Reiz, überall gab es Schönheit, Größe, Pracht oder Anmut. Er hatte darauf gewartet, daß das Staunen einmal aufhörte, er sich an die Großartigkeit gewöhnte, aber bis zu diesem Tag war das nicht geschehen. Vielleicht war er geistig schon fort, und ihn störte nur die Tatsache, festgehalten zu werden, nicht frei entscheiden zu können, wie es weiterging. In den 18 Monaten seiner Reisen durch Australien hatten Worte, die er früher niemals ausgesprochen, ja nicht einmal gedacht hätte, weil er sie Büchern zuordnete, eine anschauliche Bedeutung bekommen, Worte wie »paradiesisch« oder »Urgewalt«.

Beim ersten Mal, etwa sechs Monate war das her, hatte ihm Darwin gefallen, die Mischung aus asiatischer und europäischer Lebensart, die Märkte, wo es Stoffe mit »Röntgenbildmustern« der Aborigines, Glückskekse aus China, Instrumente aus Griechenland und indische Räucherstäbchen zu kaufen gab. Dann hatte er beschlossen sich Perth, die Hauptstadt Westaustraliens, anzusehen und lernte die Bedeutung des Wortes »atemberaubend« kennen.

Nach 4283 Kilometern in einem stickigen Bus durch fahlfarbene Dürre war er zur Zeit des Sonnenunterganges am Strand von Freemantle, einem Vorort von Perth, in einem Café gesessen, hatte den Kopf an den Stamm einer Palme gelehnt und für eine Weile die Augen geschlossen.

Als er sie wieder öffnete, brannte die Welt. Das Meer, gerahmt von Felsen, war ein riesiger Kessel flüssigen Kupfers, die Boote schwimmende Gesteinsbrocken, der Horizont ein Feuerreif, über die Erde geworfen, der Himmel im Osten eine Kuppel aus Lapislazuli – und da konnte er für eine Weile nicht mehr atmen.

Drei Monate war er in Perth geblieben, hatte bei Freunden gewohnt, so ziemlich jeden Abend Party gefeiert und war dann, um langsam seine Heimreise vorzubereiten, mit dem Zug nach Sydney gefahren. Nach langem Hin und Her fand er den Platz auf einem Frachtschiff**, das ihn in Singapur aufnehmen würde. Von Sydney fuhr er nach Cairns, blieb einige Tage. Dazwischen war er einmal für zwei Wochen auf der indonesischen Insel Kupang, um bei seiner Rückkehr sein Visum zu erneuern. Er hatte sich überlegt, die kurze Zeit bis zu seiner Heimreise illegal in Australien zu bleiben, wie hunderttausend andere Backpackers, hatte aber die Idee gleich wieder verworfen.[14]

Er parkte den Chrysler unter einem Eukalyptusbaum, dessen Stamm lachsrosa schimmerte. Es gab keinen Grund zur Eile, dennoch waren seine Schritte hastig. Eine Boeing setzte zur Landung an, zog eine Schleife und hing dabei für einige Sekunden so windschief in der Luft, als wäre einer ihrer Flügel mit einer Schnur am Himmel befestigt, wie ein Mobile über einem Kinderbett. Als er die Abflughalle betrat, bot sich ihm das gleiche Bild wie in den Tagen zuvor: lange Schlangen vor den Schaltern, auf den Bänken schliefen Leute in Jeans, den Kopf auf ihre Rucksäcke gebettet. Kinder spielten mit aufblasbaren Haifischen, Erwachsene starrten wie gebannt auf die Anzeigetafel und verglichen sie mit den Einträgen auf ihren Billetts.

Am Schalter für die Stand-by Tickets war es laut. Die Informationen, die der Erste in der langen Reihe erhielt, brüllte er nach hinten, das hatte heftigen Protest derer zur Folge, die dasselbe Ziel hatten. Aber keiner von ihnen verließ seinen Platz. Alle schienen auf ein Wunder zu hoffen. Die Hostess bemühte sich nach Kräften, dem Nächsten mit derselben Freundlichkeit dieselbe Auskunft zu erteilen, und tippte unaufhörlich die gewünschten Zielorte in ihren Computer.

Endlich war Manfred an der Reihe. Über Singapur hatte bisher noch niemand ein »no chance!« verhängt, daher würde es wohl an ihm sein, die Hiobsbotschaft zu erhalten. Natürlich gab es keinen freien Platz.

»Versuchen Sie es morgen wieder«, vertröstete ihn die Hostess, deren Schicht alle sechs Stunden wechselte. Das hatte er schon vor drei Tagen festgestellt. Es ist merkwürdig, auf welche Fragen man sich einläßt und welche Spiele man erfindet, um die Zeit totzuschlagen. Er brachte es nicht fertig, die Neuigkeit groß hinauszuposaunen, das erledigte jedoch sein Hintermann, ein braungebrannter Mittzwanziger mit blondem Nackenzopf und Surferschultern.

»Singapore – no chance!« schrie er.

»Es sind Ferien, die meisten Fluggäste buchen Monate im voraus. Ich kann wirklich nichts für Sie tun. Auch für die nächsten Tage sehe ich wenig Chancen«, erläuterte die Hostess.

»Dann werde ich mein Schiff verpassen. Ziemlich dumm, der größte Teil meines Gepäcks ist schon an Bord. In Cairns setzte man große Stücke auf Sie.« Manfred hatte die Hoffnung noch nicht ganz aufgegeben, obwohl er ahnte, daß er auf verlorenem Posten kämpfte.

Gefällig schmunzelnd tippte sie noch einmal seine Destination in den Computer. »Sieht schlecht aus. Die Liste für Stand-by Flüge ist wirklich lang. Verstehen Sie? Und Sie stehen ziemlich weit unten. Sorry.« Sie wandte sich seinem Hintermann zu und bedeutete Manfred, für den Nächsten Platz zu machen.

Im Auto erwog er die Möglichkeiten, die ihm blieben. Er fuhr nicht gleich los, sondern lehnte den Kopf an das Fenster und spielte mit dem Zündschlüssel.

Es blieb ihm nichts anderes übrig, als den Kapitän anzurufen und ihm mitzuteilen, daß er nicht rechtzeitig in Singapur sein konnte. Er ging zurück in die Abflughalle, wechselte Geldscheine in Münzen und fand eines der orangen Telefone, von welchen aus man auch nach Übersee telefonieren konnte.

»Hey, auf welchen Trip gehst du jetzt?« hörte er eine männliche Stimme hinter sich. Manfred fühlte sich nicht angesprochen, er kramte in seinem Rucksack nach dem Adressbuch.

»Hey, du! Singapur!«

Manfred blickte sich um und erkannte den Burschen wieder, der sich hinter ihm um ein Ticket angestellt hatte. »Du standest wohl auch ganz unten im Computer?«

»Uuuhh, weit, weit unten. So weit, daß die Lady mich nicht einmal nach meinem Namen fragte. Ich gehöre zur Kategorie mit den Endnummern ab 700 irgendwas. Nur im Evakuierungsfall würden sie mich ausfliegen, aber auch dann erst mit dem allerletzten Doppeldecker der Schaftreiber-Airways.«

»Ich rufe mein Schiff an und dann werde ich weitersehen.« Sorgfältig wählte er den Code. Manfred hatte eine Verbindung zu seinem Schiff bekommen, er hörte es knacken und krachen, schließlich hob am anderen Ende jemand ab. Die Stimme des Kapitäns kam mit einiger Verzögerung über die Leitung.

»Was ist los, Manfred, ich dachte, du sitzt im Flugzeug?« brummte der Kapitän.

»Kein freier Platz. Ich denke, ich werde eine andere Möglichkeit finden müssen, um nach Europa zu kommen.«

Es dauerte eine Weile, bis Manfred Antwort erhielt. Er warf neue Münzen nach und drückte den Hörer fester an sein Ohr. Die Antwort des Kapitäns hörte er nur bruchstückhaft, glaubte aber zu verstehen, es sei bald ein Schwesternschiff nach Europa unterwegs.

»Von wo fährt sie ab?«

Wieder dauerte es eine Weile, bis die Stimme durch das Rauschen drang: »Sydney«, verstand er.

»Gut, ich werde dort anheuern.«

»... in einigen Wochen ... nimmt Deckhands auf ... viel Glück ...«. Die Verbindung wurde unterbrochen. Seither kreist auf diesem Frachter ein Großteil von Manfreds Besitztümern ziellos über die Weltmeere und niemandem scheint es aufzufallen.

Er würde also wieder nach Sydney fahren, am besten mit dem Auto. Es blieben ihm einige Wochen bis zur Abfahrt des Schwesternschiffes, und um die Formalitäten konnte er sich in der Stadt kümmern.

»Sydney?« fragte der Junge. Er warf einen vielsagenden Blick auf Manfreds Autoschlüssel. »Willst du mich 700 irgendwas nennen oder Edgar**?«

»Du willst auf meine Liste, stimmt's? Und wohin?«

Der Fall Weißensteiner | 323

»Richtung Ostküste. Hast du Platz für mich und den Tide Trickser?«

Die Fahrt würde lang werden, sich quer über den Kontinent auf Straßen hinziehen, die kein Ende nahmen, und sie würden am Tag, wenn sie Glück hatten, vielleicht drei, vier Autos zu Gesicht bekommen. Da ist es gut, wenn man nicht allein ist.

Einige Tage später packten Manfred und Edgar ihre Rucksäcke, Proviantkartons, Wasser- und Benzinkanister in den Chrysler und fuhren gegen Süden. Der Tide Trickser wurde aufs Dach geschnallt. Mit dem Schwert nach oben, surfte Edgars Board kopfüber Tausende von Kilometern durch die Wüste, der feine Sand wirkte auf den Belag wie Schmiergelpapier und das Brett war also Edgars Tribut an »den abgefahrenen Ritt durch die Gegend, die sie damals nicht am Mars haben liegen lassen.«

Hinter Katherine beginnt das Outback, das wilde, kaum besiedelte Australien, das vertrocknete Herz des Kontinents. Der Stuart Highway ist zwar durchgehend gepflastert, und es gibt im Abstand von einigen hundert Kilometern Roadstations mit Zapfsäulen, surrenden Generatoren, Wassertanks und einem meist eingeschossigem Gebäude, manchmal eine Blockhütte, manchmal gemauert, doch ermüdet die Fahrt auf der pfeilgeraden Straße, die in den Himmel zu führen scheint. Es ist für Menschen, die nicht daran gewöhnt sind, ein fast unheimliches Gefühl, Kilometer um Kilometer dieses Asphaltbandes abzuspulen, anzuhalten, sich umzudrehen und genau dasselbe Bild in der anderen Richtung vor Augen zu haben. Es ist wie in einem Alptraum: Man sieht das Ziel, aber man kommt ihm nie näher, so lange man auch fährt.

»Falls wir jemals in Queensland ankommen, zeige ich dir die besten Backpackers-Hostels mit Fließwasser und Betten im Schatten.«

»Du weißt, ich will runter nach Sydney. Liegt ja nicht gerade in Rufweite.«

Edgar zog die Knie an und stützte seine nackten Füße auf dem Armaturenbrett ab. Über die sonnenverbrannte Haut hatte sich bis zum Knöchel eine Staubschicht gelegt, die wie hauchdünne Socken aussah.

»Dort gibt es die besten Jobs. Du kannst praktisch nicht pleite werden in diesem Paradies. Bring mich nach Queensland, und ich mache dich zum Tellerwäscher!« Er fummelte am Radio, wippte im Takt der Musik und drehte den Schirm seiner Baseballkappe in den Nacken.

»Work prohibited – arbeiten verboten – steht auf meinem Visum. Vermutlich hast du auch nur ein Urlaubsvisum, also weißt du ja, wovon ich spreche. Wenn sie uns erwischen, schmeißen sie uns raus. Und wir bekommen eine Einreisesperre.«

»Ich bin sowieso zum Teil auch gegen das Arbeiten«, erwiderte Edgar. Leute wie Edgar und Manfred hießen bei den Einheimischen »Drifters« – Treibende. Es sind Menschen, die nie lange an einem Ort bleiben, jung und genügsam sind und zumindest einige Jahre ihres Lebens der Neugier opfern, bevor sie sich niederlassen und ein bürgerliches Leben beginnen. Manche schaffen den Sprung in »geordnete Bahnen« nie, aber die meisten packt nach ein oder zwei Jahren doch die Sehnsucht nach mehr Geborgenheit.

Edgar war Fatalist und noch nicht lange genug unterwegs, um an den Punkt zu kommen, an dem er sich ein Zuhause wünschte. Manfred war an diesem Punkt. Zumindest manchmal freute er sich schon wieder auf Europa, aber Edgar verstand das nicht.

»Wenn du einen Parkplatz in der Tiefgarage des Lebens suchst, kannst du doch vorher in Queensland auf dem Parcours der Freiheit noch ein bißchen Fun-Ralley fahren, oder?« Der Vorschlag hatte etwas für sich.

»Vielleicht mache ich das, in Tennant Creek werden wir es wissen«, antwortete Manfred. Manchen Argumenten Edgars war einfach nicht beizukommen. »Hör dir das an! Das ist die zivilisierte Welt, und genau dahin willst du zurück! Nichts als Krieg«, blöckte Edgar, wobei er das Radio lauter drehte. Die Nachrichten waren voll von Berichten über Unruhen in Bougainville, einer Insel bei Papua-Neuguinea, dem sie auch politisch untersteht. Rebellen in Bougainville forderten seit langem die Unabhängigkeit, hauptsächlich ging es um die reichen Erträge der Kupfer- und Goldminen, die zu einem hohen Prozentsatz an Papua-Neuguinea abgeliefert werden mußten.

Der Nachrichtensprecher berichtete von der Schließung einer Kupfermine in Bougainville »aufgrund sezessionistischer Aktivitäten«, wie er sich ausdrückte. Der Konflikt zwischen Regierungstruppen Papua-Neuguineas, der PNGDF (Papua New Guinea Defence Force) und der BRA (Bougainville Revolutionary Army), der bewaffneten Opposition, war dabei, sich auszuweiten.[15]

Schon von weitem sahen sie die Telegraphenmasten der kleinen Stadt Tennant Creek und deren wie Spinnfäden glitzernde Leitungen – in der Wüste waren diese Insignien der Zivilisation Anlaß für einen Jubelausbruch. Edgar pfiff eine Hymne auf kaltes Bier. Sie hielten an einer Tankstelle vor der Stadt. Der Parkplatz war nicht asphaltiert, und als der Chrysler einbog, wirbelte er eine rote Sandwolke auf.

Der Fall Weißensteiner | 325

In dem schummrigen Roadhouse, in dem es nach geschmolzenem Käse und verschüttetem Bier roch, stellte der Wirt, murrend über den mangelnden Druck seiner Wasserpumpe, ein eiskaltes Foster Lager für Edgar und eine große Schale schwarzen Kaffee für Manfred auf den Tresen. Es dauerte eine Weile, bis sich ihre Augen an das Dunkel gewöhnt hatten, und sie die Aufschriften der Plaketten und Flugzettel an den Holzwänden entziffern konnten. Es waren Logos von Transportunternehmen, Lastkraftwagen, Rummarken, einige Orden, Aufkleber eines Kricketclubs und die Ankündigung einer Wrestlingveranstaltung von vor drei Monaten.

»Wohin wollt ihr?« fragte der Wirt, während er eine Kugel Kautabak von einer Backe zur anderen schob.

Manfred seufzte gottergeben: »Rüber nach Queensland.«[16]

»Yeah!«, jubelte Edgar und haute mit der Faust auf den Tisch.

»Barkly's entlang? Ist eine gute Straße«, erwiderte der Wirt. Er hatte recht. Der Barkly Highway ist eine gute Straße, auch wenn die Markierungspunkte zufällig gesetzt sind. Die Dinge, die man sich merkt, wenn man daran vorbeifährt, und an denen man sich orientieren würde, wüßte man plötzlich nicht mehr, in welche Richtung man fahren soll, sind schaurig. Es sind die Kadaver und Skelette nachtaktiver Wüstentiere, die das bißchen Grün am Straßenrand lockte und die, von Scheinwerfern geblendet, vor den seltenen Ungeheuern aus Eisen und Stahl nicht mehr rechtzeitig flüchten konnten.

Wien, 17. November 1997, Café Bräunerhof

Peter saß an einem Tisch im hinteren Teil des Lokals, vor sich eine Mappe aus schwarzem Plastik und sein Handy.

Der Bräunerhof ist eines der wenigen echten Wiener Kaffeehäuser, die es noch gibt. Er liegt im Zentrum, in einer winkligen Gasse hinter der Hofburg, angrenzend an die Hofstallungen, doch es riecht nach gerösteten Kaffeebohnen und Zigarren. Die großen internationalen Tageszeitungen sind in Holzrahmen eingespannt. Man kann Kaffee und Kuchen bestellen, aber Wiener verlangen gern: »Einen kleinen Braunen und die Welt, wenn sie zu haben ist.«

»Also, wie schätzt du die Sache ein?« wollte Peter wissen. Er war aus

Salzburg gekommen, um mir die Fotos des Mordopfers zu geben. Als ich mich gesetzt hatte, fischte er sie aus einer Mappe und reichte sie mir. Ich warf einen ersten kurzen Blick auf jedes einzelne. Es waren erstaunliche Bilder.

Der Ober in seinem etwas zu salopp sitzenden Sakko brachte mir meinen Kaffee auf einem leicht verbeulten Silbertablett und mit dem dazugehörenden Glas Wasser. So habe ich das gern.

Ich betrachtete die Fotos eingehender. Es war eine Serie von drei Farbbildern eines Mannes in hellem, offenem Trenchcoat und heller Hose, der aus einem Wohnhaus herausgeht. Sein langes dunkles Haar trägt er im Nacken zu einem Zopf gebunden. Die linke Hand steckt in seiner Hosentasche. Er geht auf die Kamera zu, zwei Bilder zeigen sein Profil, eines sein Gesicht von vorne. Er ist schlank und attraktiv.

Die Bilder waren verschwommen und graupig, man sah die Gesichtszüge nicht scharf genug, um sofort ein Urteil zu fällen.

»Und? Was meinst du?«

Ich schüttelte den Kopf. »Sie sehen aus wie der Versuch eines Okkultisten, den Schloßgeist abzulichten, wenn du die Wahrheit hören willst.«

»Habt ihr nicht Möglichkeiten das nachzubessern? In entwickelten Staaten soll die Polizei über einschlägige Computerprogramme verfügen.«

Es gibt angeblich tatsächlich ein Programm, das die Gesichtszüge eines Menschen genau rekonstruieren kann, selbst wenn das Bild so unscharf ist, daß man nicht einmal sagen kann, ob es sich um eine Frau oder einen Mann handelt. »Wir haben das nicht. Wir wären schon dankbar, hätten wir Rollos, damit uns die Sonne nicht die Buchstaben vom Bildschirm frißt. Unser Vergleichsprogramm ist einige Jahre alt, ob es bei diesen Vorlagen etwas zustande bringt, weiß ich wirklich nicht.«

»Wäre es dann nicht an der Zeit, sich das Neuere anzuschaffen?« fragte Peter hochnäsig.

Ob Sie es glauben oder nicht, aber mit solchen Sprüchen kann man mich ganz schön vergrämen. Nicht etwa, weil man meinen Stolz verletzen würde, nein, das ist relativ schwer, ich mache mir nichts vor, über meine Arbeit oder die der Organisation. Ich sehe sie realistisch und weiß ungefähr, wo wir stehen. Aber Außenstehende sind schnell mit Ratschlägen zur Stelle, sie wissen immer, was der Polizei fehlt, und glauben, wir bräuchten nur mit dem Finger zu schnippen, schon serviert uns der jeweilige Minister das Verlangte und bedankt sich vielleicht noch bei uns dafür.

»Andererseits stellt sich natürlich auch die Frage«, konnte ich mir nicht verkneifen zu bemerken, »warum diese Kamera nicht bessere Bilder zustande bringt.«

»Ich habe sie nicht gemacht. Da mußt du den Helmut Probst fragen, aber sicher stand er in einiger Entfernung des Mannes, weil er nicht entdeckt werden wollte.« Er lehnte sich zurück und verschränkte die Arme vor der Brust. »Was soll ich ihm ausrichten? Willst du ihn treffen?«

»Ich sehe mir die Fotos genauer an, dann gebe ich dir Bescheid«, erwiderte ich und machte mich auf den Weg in das verrauchte Kämmerchen unserer Computerexperten. Markus scannte die Bilder ein, die von Probst und auch jenes von Hartwig Bayerl, das im Akt lag, und ließ den Computer vergleichen.

»Die 100 bekommen wir nicht«, sagte er trocken nach einem kurzen ersten Blick auf die Bilder.

»Was heißt das?« wollte ich wissen.

Er kniff die Augen zu Schlitzen zusammen, damit der Rauch seiner Zigarette sie nicht tränen machte, und erklärte mir, nach einem tiefen Lungenzug, aufgrund dieser Vorlagen würde der Computer uns keinesfalls hundertprozentig sagen können, daß die Personen auf den Bildern identisch seien. Es dauerte unendlich lange. Jedesmal, wenn wir Ausschnitte zum vergleichen auswählten, brauchte er mehrere Minuten bis sich die Bilder aufbauten. Oft hieß es, der Ausschnitt sei nicht klar definiert, was bedeutete, er konnte viele Fehler der Bilder nicht ausbessern.

Schließlich erhielten wir eine Antwort, und die lautete, eine Übereinstimmung der Identität der Abgebildeten sei nicht auszuschließen. Mit einem Wort – die Bilder boten nicht genug Anhaltspunkte, um eine konkrete Vermessung des Gesichtes zuzulassen und ein eindeutiges Ergebnis zu liefern.

Ich legte sie mir auf den Schreibtisch. Minutenlang betrachtete ich sie und versuchte alle Berechnungen zu vergessen, mich möglichst unbeeinflußt damit auseinanderzusetzen. Was sagte mir mein Gefühl, was sagten mir meine Augen?

Die Ähnlichkeit war verblüffend: Der leicht M-förmige Haaransatz, das kantige, gutgeschnittene Gesicht, die dunklen, buschigen Brauen und die schlanke Figur schienen demselben Menschen zu gehören. Über die Größe ließ sich nichts aussagen. Bayerl ist oder war 1,73 m groß und wog zwischen 70 und 75 Kilo. Als besondere Kennzeichen werden noch drei Narben angegeben – eine 20 cm lange auf der Brust, eine kurze zwischen dem rechten Daumen und Zeigefinger und eine ebenfalls kleine Narbe am linken Sprunggelenk.

Am nächsten Tag beantragte ich eine Dienstreise nach Salzburg, um von Helmut Probst zu erfahren, wie es überhaupt zu den Fotos gekommen war.

IMMANUEL – GOTT MIT UNS

Cairns, Australien, August 1989, im Trockendock

Die Zeit drängte.

»Es ist bald soweit«, sagte Hartwig nach einem kräftigen Schluck aus der Bierflasche, die in einem Styroporbecher steckte, damit das Getränk länger kühl blieb. Er stand an der Reling, eine Hand auf das Geländer gestützt, das rechte Bein auf die Sprosse gestellt, und blickte hinüber zu den Kränen, die entlang des Trockendocks aufgereiht waren. Obwohl es Hochwinter war, kletterte das Thermometer meist über 20° C, manchmal bis 25 oder sogar höher. Viele Urlauber kamen um diese Zeit aus dem kühlen Süden hierher, denn es war nicht so feucht wie im australischen Sommer, es gab kaum Regen und Wolken.

Ein Tau schlug einen trägen Rhythmus an den Rumpf der 11-Meter-Yacht, die er voriges Jahr hier in Cairns von Laurence Leonard Weeding für 45 000 australische Dollar gekauft hatte. Damals hieß sie »Elisabeth M.«, aber er hatte ihr einen anderen Namen gegeben, einen, der besser zu seinem Vorhaben paßte.[17]

»Immanuel«.

»Weißt du, was der Name bedeutet?« Manfred schüttelte den Kopf.

Er hatte sich auf die Annonce am schwarzen Brett seines Backpacker-Hostels gemeldet, in der eine Hilfskraft für den Umbau einer Yacht gesucht worden war. Er hatte sich durchgefragt und stand nun Hartwig Bayerl gegenüber. Als Landsleute sprachen sie deutsch miteinander.

»Unser Retter«, erläuterte Hartwig. »Oder Jesus Christus. Ein schöner Name, findest du nicht?«[18]

Wörtlich übersetzt bedeutet das biblische »Immanuel« »Gott mit uns«, aber Hartwig hatte seine eigenen Interpretationen.

»Ich beschäftige mich viel mit der Bibel. Wenn man sie ernst nimmt, steht uns nichts Gutes bevor.« Er zog an seiner selbstgedrehten Zigarette, der Rauch hatte eine süßliche Note, ein wenig wie Sandelholz.

Zwei Surfer schlenderten, die Bretter unter den Arm geklemmt, mit vom Wind zerrauften Haaren am Pier entlang, und ein älteres Ehepaar genoß die letzten Sonnenstrahlen, ihre Gesichter beschattet von großen Strohhüten. Hartwig taxierte sie, warf dann lachend den Kopf in den Nacken, gab aber keine Erklärung dafür ab, was ihn so belustigte.

»Wir müssen einen neuen Stahlboden einziehen, die Luken mit kugelsicherem Glas ausstatten. Wir brauchen stärkere Seile am Rigg und einen doppelt so starken Mast. Das nur fürs erste – was schätzt du, wie lange wir dafür brauchen werden?« wollte er statt dessen wissen.[19]

Er beobachtete das Ehepaar, das jetzt vor einer der Yachten stand, die für Reparaturarbeiten an Stahlpfosten hingen. Bauch und Kiel der meisten Schiffe waren rostbraun gestrichen, nur der Teil über Wasser war weiß.

»Sieben, acht Wochen vielleicht«, schätzte Manfred.

»Du hast offenbar nicht verstanden.« Hartwig wandte sich zu Manfred, er sprach lauter und schneller. »Es ist allerhöchste Zeit, wenn wir die Katastrophe überleben wollen. Sieben, acht Wochen! Wahnsinn, bis dahin ist der Krieg längst ausgebrochen, und wir sind mitten drin im Holocaust.«

Manfred wußte nicht, was der Mann meinte, und warum er so aufgebracht war, doch es mußte etwas sein, das ihn ziemlich verunsicherte. Er schien es wirklich eilig zu haben, und so versuchte er ihn zu beruhigen: »Wenn du ununterbrochen zu zweit daran arbeitest, könnte es schneller gehen. Aber was du vorhast, sind keine Kleinigkeiten. Ich muß spätestens in drei Wochen hinunter nach Sydney, wir werden ja sehen, wie weit wir bis dahin gekommen sind.«

Hartwig nickte. »Bist du ganz sicher? Du wirst zurückfahren? Weißt du, was dich erwartet, wenn du dir nicht schnellstens einen Ort suchst, wo du den nächsten Weltkrieg überleben kannst?« Mit weitgeöffneten Augen betrachtete er die Spaziergänger und schüttelte mitleidig den Kopf.

»Sie wissen nicht, worauf die Welt zusteuert. Vielleicht ist das auch besser so.« Aus der Tasche seiner Shorts nahm er Tabak und Zigarettenpapier. Mit großer Fingerfertigkeit hatte er innerhalb weniger Sekunden eine Zigarette gedreht und fragte Manfred ob er auch eine möchte. Manfred lehnte ab.

»Möglicherweise wissen sie es aber doch. Viele wissen es, verstehst du?«

Auf der Gasse, die das Trockendock mit der Cook Street verband kam ein Mädchen auf die »Immanuel« zu. Zuerst sah Manfred ihren braunen Wuschelkopf und dann ihr fröhliches Lachen. Von weitem winkte sie Hartwig zu. Sie hatte eine Handtasche aus Leinen umgehängt und schleppte eine prallgefüllte Einkaufstasche. Hartwig winkte ihr kurz zurück.

»Das ist Susan. Sie ist meine Freundin«, erklärte er Manfred. »Wir leben zusammen hier auf dem Schiff. Sie ist Engländerin.«

»Hübsch.«

»Kann man sagen. Das ist aber nicht alles.«

Auf den letzten Metern lief sie, reichte dann Hartwig die Plastiktasche und kletterte an Bord. Hartwig stellte die beiden einander vor. Sie gab Manfred freundlich die Hand und lächelte ihn offen an. Sie hatte Ohrringe so groß wie Hulareifen, das verlieh ihrem Gesicht etwas Kindliches.

»Ah, du wirst hier arbeiten, das ist gut. Wir können wirklich jemanden gebrauchen.«

Hartwig legte einen Arm auf ihre Schulter und zog sie fest zu sich. »Sie ist Pharmazeutin und arbeitet hier in einer Apotheke. Ist das nicht phantastisch?«

Susan strahlte Hartwig an, offenbar hatte sie kein Wort verstanden, denn er sprach deutsch. Es irritierte ihn nicht, und sie zuckte die Schultern, gab ihm einen Kuß und stieg dann die knarrende Treppe hinunter in die Kajüte.

»Gut«, sagte Hartwig, »komm morgen wieder vorbei.«

Manfred begriff, daß er nun gehen sollte, und machte sich auf den Weg.

Cairns gefiel ihm. Es war eine junge Stadt, bunt, lebendig und vielfältig, an jeder Ecke gab es Take-aways, Straßenmusiker spielten und sangen, die Luft war angenehm lau und duftete nach Meer. Die Straßen waren gesäumt von Palmen und Akazien, und tropische Drinks mit bunten Schirmchen standen auf den Tischen der Bistros.

Langsam schlenderte er die Esplanade entlang ins Zentrum.

In den feinen Restaurants der Innenstadt unter den Arkaden speisten die Gäste Hummer; die Damen, die aus den Panoramafenstern verwundert auf das Treiben der Rucksacktouristen draußen schauten, trugen Marinelook mit Goldknöpfen in der Form von Steuerrädern und schwere Goldketten an denen Ankeranhänger baumelten. An einem dieser Tische im noblen Seafood-Restaurant saß Kym* mit einer dieser Damen. Er kannte Kym vom Backpackers-Hostel und winkte ihm zu. Die Dame – vielleicht war es Kyms Mutter – hob ihre manikürte Hand, legte sie an Kyms Kinn und verlangte so nach seiner Aufmerksamkeit. Kym grinste verlegen, Manfred ging schmunzelnd weiter.

Im Backpackers-Viertel saß er bis spät in die Nacht an einem wackligen Plastiktisch auf dem Gehsteig vor einem Fastfood-Lokal, über dem der Schriftzug »Harry's Bar« auf einem Holzschild im Westernlook gemalt war. Er trank Bier aus der Dose und aß ein heißes Sandwich mit viel Mayonnaise. Es roch nach gebackenem Fisch. Von der Straßenlaterne splitterte der Lack ab, darunter kamen Rostflecken zum Vorschein, und die Mülltonne, die neben dem Eingang stand, trug die Aufschrift »Nur für Harry's«.

Er schrieb seiner Mutter. Er schrieb, wie gut ihm Cairns gefiel, aber daß er dennoch sehr bald nach Hause käme, obwohl es Schwierigkeiten mit dem Flug nach Singapur gegeben hatte. Doch sei bald ein anderes Schiff von Sydney aus nach Europa unterwegs, und auf diesem werde er anheuern.

Dann war es Zeit, sich für die Party fertig zu machen.

Kym lehnte an der Bar und beobachtete ungefähr eine halbe Stunde lang wie Manfred, Edgar und zwei Mädchen sich an dem Bambusrohrtisch unterhielten. Sie mußten die Köpfe zusammenstecken, wenn sie einander verstehen wollten, aus den Boxen erklang »Purple Rain« von Prince in voller Lautstärke. Manfred hatte seine Jeans gegen die maßgefertigten Lederhosen und sein T-Shirt gegen ein hellblaues Seidenhemd getauscht. Die Dame aus dem Restaurant beugte sich zu Kym und flüsterte ihm etwas ins Ohr. Sie schlängelte sich vom Barhocker und verschwand hinter den nach Heu riechenden Strohwänden, die zwischen dem Entrée und der Diskothek standen. Er steuerte direkt auf Manfred zu.

»Du gefällst ihr«, feixte Kym.

Manfred zuckte verlegen die Schultern. »Was meinst du?«

Kym prustete und schlug sich auf die Schenkel. »Ich meine, die Lady weiß von den guten Dingen im Leben. Das meiste davon kann sie sich kaufen. Ihre Freundinnen auch. Wie war dein Tag?«

»Ab morgen habe ich einen Job. Heute feiere ich, daß sich das Strohdach biegt.«

»Welchen Job?«

»Ich helfe beim Renovieren einer Yacht.«

»Ah. Knochenarbeit. Gut für die Figur«, Kym versetzte Manfred einen freundschaftlichen Schulterschlag und lachte lauthals. »Ich wette, was du in einem Monat verdienst, geben die Ladies für eine Nacht aus.«

»Kann sein, aber ich werde gar keinen Monat mehr hierbleiben.«

»Welche Yacht?« wollte Kym wissen. »Ich arbeite manchmal am Pier als

Der Fall Weißensteiner | 333

›Mädchen für alles‹, die meisten Yachten, die länger hier sind, kenne ich.«
»Die ›Immanuel‹. Gehört einem Landsmann von mir.«
»Hartwig. Ich kenne ihn.« Kym schlug die Augen zum Himmel und schlug sich an die Stirn. »Oh, mein Gott!«

Hartwig blickte zu seinem neuen Freund mit diesem wissenden und ein wenig verunsicherten Lächeln. Sein langes schwarzes Haar hatte er im Nacken zu einem Zopf gebunden, seine Haut war gebräunt und auf seinem Körper war kein Gramm Fett zu sehen. Kein Wunder, daß ihm die Frauen die Tür einrannten, auch wenn er manchmal, wie jetzt, den Eindruck eines Gehetzten machte, mit flatterndem Blick, und auch wenn er von Dingen sprach, die beunruhigend klangen. Schon bei ihrem ersten Treffen hatte er von Katastrophen gesprochen und angedeutet, daß er wisse, wie man diesen entkommen könne. »Sie nehmen die Schrift nicht ernst, aber es steht alles drin. Alles.«

Er wies auf ein Buch, das auf einer der Werkzeugkisten lag. »Darum suchen Susan und ich eine Insel, weit weg von jeder Zivilisation. Dort werden wir den kommenden Holocaust überleben. Ich weiß, wo das ist. Es gibt nur wenige Orte, die den Holocaust unbeschadet überstehen werden.«

Im Widerschein der untergehenden Sonne, ein Bein hochgestellt und den Blick in die Ferne gerichtet, ähnelte er einem modernen Piraten und hätte im Augenblick ein beeindruckendes Filmplakat für eine Hollywoodproduktion abgegeben.

»Aber dazu brauchen wir ein Schiff, das einer Festung gleicht. Es wird Atombomben geben, die werden Flutwellen zur Folge haben, und die Leute, die das überleben – es werden nur etwa zehn Prozent übrigbleiben – sie werden sich gegenseitig bekämpfen. Ein Bürgerkrieg, wie ihn die Welt noch nicht gesehen hat, jeder gegen jeden. Pafff!«

Es sei alles so vorausgeplant, erläuterte er, von »denen da oben«. Dabei wies er mit dem Zeigefinger in die Luft. Die Vorzeichen seien bereits eingetreten: die Krise im Nahen Osten, das Wirken Saddam Husseins, aber das sei nur der Anfang.[20] Er machte eine kurze Pause und lachte dann bitter. »Die meisten Menschen ziehen es vor, die Augen vor der Wahrheit zu verschließen. Natürlich ist auch das programmiert. So naiv darf man nicht sein und die ganze Schuld den Unwissenden geben. Sie werden ja bewußt fehlinformiert. Die ›blöde Masse‹, der man alles einreden, mit der man alles machen kann!«

Hartwigs Augen funkelten. Er nahm einen großen Schluck aus der Bierflasche und lehnte sich dann mit dem Rücken gegen die Reling. Er stützte beide Ellbogen auf das Geländer und sah aus wie jemand, der ein schönes Panorama genießt. Aber sein Blick fiel nur auf die Lagerhallen des Hafens, in denen Tonnen von Zucker und tropischen Früchten des nahen Regenwaldes darauf warteten, verschifft zu werden.

»Ich gehöre nicht dazu. Nicht mehr. Aber ich muß versuchen, es den anderen zu sagen. Jeder soll eine Chance haben, gerettet zu werden.«

Zuhause in Österreich hatten sie nie viel über diese Dinge gesprochen. Manfreds Mutter war zwar keine ausgesprochen disziplinierte Kirchgängerin, aber sie ist ein gläubiger Mensch, Katholikin, wie die meisten Bad Gamser.[21] Sie hat einen Winkel in der Küche, den Herrgottswinkel, mit einem Kreuz und Blumen davor. Sein Vater sprach auch nicht viel über diese Dinge. Weil der Hof nicht genug trägt, arbeitet er noch für die Bahn. Im Winter schlägt er das Eis von den Gleisen in seinem blauen Overall mit handgestrickten Fäustlingen, einer dicken Wollmütze und dunkelroten Wangen. Bestimmt ist Gott in manchen Momenten zu fühlen. Aber wer würde sich herausnehmen, über Gefühle zu sprechen, und wen würde das schon interessieren? Man schaut, daß man die Arbeit macht und nicht die Zeit mit Phantastereien vergeudet, die nichts bringen.

Hartwig tat diese Fragen nicht als Spinnereien ab, er setzte sich wirklich damit auseinander. Mehr als das – er versuchte etwas gegen das kommende Unheil zu unternehmen, er kämpfte dagegen mit allen Mitteln.

»Ich hatte dauernd Probleme mit meinen Helfern«, sinnierte Hartwig. »Das war schon in Adelaide so. Ich hoffe, du bist anders. Die meisten sind nur aufs Geld aus, das kommt daher, weil sie nichts von der Welt verstehen.«

»Du hast in Adelaide gelebt?«

»Als ich nach Australien kam, ließ ich mich zuerst dort unten nieder. Für eine gewisse Zeit. Ich hatte ein Haus dort, und weißt du was? Mein Vater ist hergeflogen, um mir beim Ausbau zu helfen. Drei Monate war er hier. Dort hatte ich den Keller.«[22]

»Welchen Keller?«

»Ein besonderer Keller.« Manfred sah ihn fragend an, aber Hartwig sprach nicht weiter.

»Wann bist du hergekommen?«

»1983. Zusammen mit Margarita, einer Tirolerin. Ich habe wie ein

Blöder gebüffelt, um die Arbeitserlaubnis hier zu bekommen. Ich habe meine Prüfungen gemacht und konnte dann hier als Feinmechaniker arbeiten. Sonst machen sie ja lauter Schwierigkeiten, wenn man einwandern will. Wir sind aus Österreich weggegangen, weil wir etwas von der Welt sehen und neu anfangen wollten.«

»Wie lange warst du mit ihr zusammen?«

»Bis vor drei Jahren, bis 1986. Ich habe sie vor kurzem wieder getroffen. Wir sind noch Freunde«, erwiderte Hartwig.[23]

Eine Woche später

Im Rumpf war es dunkel, stickig, es roch nach heißem Metall und nach den Funken, die beim Schweißen sprühten. Hier unten mußte Manfred kniend arbeiten, mittlerweile schmerzten seine Gelenke. Er legte den Schweißbrenner auf den Boden. Der Griff des Werkzeugs glänzte ölig, seine rechte Handfläche fühlte sich klebrig an, als hätte er sie in Sirup getaucht. Er drehte sie um, der Ballen war weiß, die Haut hatte sich vom Fleisch gelöst und war aufgesprungen, die Blase zog sich als fleischige Sichel vom Daumenansatz bis zum kleinen Finger. Er brauchte Wundbenzin und Verbandszeug, das Susan irgendwo in der Kajüte aufbewahrte. Sie war auf Arbeit, doch offenbar kam Hartwig gerade von einer Besprechung in Mozart's Coffee Shop zurück, das er ziemlich oft besuchte, denn Manfred hörte jemanden die Treppe herunterpoltern. Noch bevor er sich erhoben hatte, um nach oben zu gehen, sah er Hartwigs Silhouette im Niedergang auftauchen.

»Wie kommst du voran? Bist du mit dem Schweißen fertig?« Hartwig war, wie immer, in Eile. Nie konnte es ihm schnell genug gehen.[24]

Manfred schüttelte den Kopf. »Es spießt sich. Der Brenner hat den Geist aufgegeben, ich mußte in der Stadt Ersatzteile besorgen. Das hat mich Zeit gekostet.«

»Wie lange wirst du noch brauchen?«

Es ließ sich schwer sagen; im Rumpf, der vergrößert werden sollte, um genügend Ladung aufnehmen zu können, war es ohnehin schon heiß genug. Mit dem Brenner wurde die Temperatur beinahe unerträglich, und Manfred kam weniger schnell voran, als erhofft. Selten gönnte er sich, wie jetzt, eine Pause, dennoch war Hartwig mit seiner Leistung unzufrieden. Hartwig schlüpfte durch die kleine Luke, in den Laderaum, in dem man nicht aufrecht stehen konnte. Manfred wischte sich den Schweiß von der Stirn und nahm einen Schluck Wasser aus der Plastikflasche. Es war warm und schmeckte abgestanden.

Stolz blickte sich Hartwig um. Die Wände waren aus Stahl, wie der ganze Schiffskörper, aber sie mußten noch verstärkt werden. Sobald der Boden und die Wände fertig wären, kämen die Bullaugen an die Reihe. »Sie müssen kugelsicher sein«, hatte Hartwig angeordnet und sich das Glas dafür eigens anfertigen lassen.

»Meine Güte, was habe ich nicht alles in den Kahn hineingesteckt! Ein Vermögen. Und es ist noch lange nicht genug«, lamentierte er. »Wenn ich denke, was allein das Solarsystem verschlingt. Und dann brauchen wir natürlich eine Wasseraufbereitungsanlage. Wir werden auf einer Insel leben, auf der es kein Süßwasser gibt, sie wird das Meerwasser entsalzen. Diese Anlage wird uns das Überleben sichern.«

Er zog an seiner Zigarette, kippte dann die Asche auf den Boden. Tief sog er den Rauch ein und schloß die Augen. »Du verstehst doch, daß ich dir nichts bezahlen kann, oder?«

»War so ausgemacht«, erwiderte Manfred, der vorsichtig seine Beine ausstreckte. Sie waren vom langen Knien steif geworden und schmerzten, wenn er sie bewegte.

»Wirst sehen, wo wir hingehen, brauchst du kein Geld. Niemand wird je wieder Geld brauchen, aber du kommst mit uns. Das verspreche ich dir. Du arbeitest hier zwar nicht für Geld, aber für etwas viel besseres: Fürs Überleben. Es dauert nicht mehr lange und nur wenige werden es schaffen. Wir drei – Susan, du und ich – wir gehören zu denen, kapiert?« In beinahe feierlicher Ruhe hockte er sich zu Manfred auf den Boden.

Hartwig redete fast nur noch über das Armageddon. Er besaß ein ungeheures Wissen von den Dingen und konnte die Zusammenhänge genau erklären. Auf alle Fragen wußte er eine Antwort, alles ergab schließlich einen Sinn. Es war ein geheimes Wissen, zu dem er Zugang hatte, aber er sagte nicht genau, wer ihm das Wissen vermittelte.[25] Nur wenige Leute hätten Kontakt zu den Wesen, die unsere Welt beherrschten. Hartwig kannte einen dieser Auserwählten und erhielt streng geheime Informationen von ihm.

Jedenfalls werde bald etwas geschehen, »wogegen Hiroshima das Paradies ist. Der schlimmste Holocaust aller Zeiten steht uns bevor. Und willst du wissen, wer dafür verantwortlich ist? Ich sag's dir – die Freimaurer. Denn sie haben die ganze Welt in der Hand. Und der größte Witz ist, daß das alles in der Bibel steht, schwarz auf weiß.« Er blätterte wieder in seinem Buch, las Stellen aus Moses und Hesekiel vor, in denen von Wolken die Rede war, die auf die Erde niederkamen, vom »Allsehenden Auge«, das auf die Menschen blickte und von der Feuersäule, die Nachts Licht spendete. »Verstehst du, wovon da die Rede ist? Stell dir einmal diese Beschreibungen vor – die Feuersäule – ein Scheinwerfer, die Wolken aus Metall, denen menschenähnliche Wesen entsteigen, also wenn das nicht das ist, was wir UFOs nennen, dann küsse ich dem Papst den Ring.«[26]

»Außerirdische? Aliens beherrschen uns?«

»Sie kommen von drei Planeten, die von der Erde aus sichtbar sind, sie beeinflußen uns – nein, sie terrorisieren uns. Willst du einen Joint?« In letzter Zeit, oder jedenfalls seit Manfred ihn kannte, rauchte Hartwig unentwegt Gras. Es fiel den Leuten im Hafen auf, aber das war in Cairns nun wirklich nichts Ungewöhnliches.[27]

»Später vielleicht.« Inzwischen war Manfred auf den Geschmack gekommen, ja, er rauchte jetzt hin und wieder Haschisch oder Marihuana, je nachdem, was Hartwig ihm anbot. Es tat gut nach der schweren Arbeit, man glitt sanft in eine andere Welt und konnte richtig entspannen. Aber es machte müde, und er wollte heute noch arbeiten, um wenigstens die Bodenplatten fertig zu machen.

»Weißt du, was die Bibel wirklich ist?« fragte Hartwig. Nein, er wußte es natürlich nicht, aber er hatte Hartwig schon oft darüber sprechen hören. Immer trug er das Buch bei sich und er fand gleich die Stelle, die er suchte. Es war faszinierend, ihm zuzuhören, wenn auch manches unverständlich war. Hartwig hatte eine logische Erklärung für all die Geheimnisse in der Schrift, die unverständlichen Ausdrücke und die Andeutungen, die manchmal so unheimlich klangen.

»Die Bibel ist das Buch, das erklärt, wer uns wirklich regiert, wann das alles begann und wer davon profitiert, bis heute. Es ist ganz einfach, ganz klar. Alles steht drinnen, man muß es nur richtig deuten.« Aber wer war dazu schon in der Lage, wenn er nicht jahrelang all diese Bücher studiert und Informationen von Wissenschaftlern bekommen hatte? Es gab eine Gruppe von Mächtigen, die die Welt in der Hand hatten. Ein Geheimbund, gut organisiert und weltweit tätig. Diese Gruppe arbeite Hand in Hand mit den Außerirdischen, sie hatte einen Namen, den Manfred schon öfter gehört hatte.

»Die Freimaurer werden einen Krieg anzetteln, an dessen Ende nur noch zehn Prozent aller Menschen am Leben sein werden.« Er senkte die Stimme, draußen wurde ein Generator mit Getöse angeworfen, Manfred konnte Hartwig kaum verstehen. »Darum habe ich damals den Keller gebaut, weil sie dabei sind, die Welt zu zerstören.«

Hartwig liebte es nicht, unterbrochen zu werden, dennoch wagte Manfred einen Versuch, endlich mehr über das Haus in Adelaide zu erfahren. »Was war so besonders an dem Keller?«

»Warum interessiert dich das, verdammt noch einmal?« Seine Augen funkelten, er zog die Stirn in Falten und straffte die Schultern. Er griff sich den Schweißbrenner, tat, als wollte er damit Manfreds Knie in Stücke schlagen. Manfred fing ihn ab und schloß gequält die Augen, als der Stab auf die offene Wunde seiner Rechten sauste. Hartwig lachte laut auf, als er es sah. »Kümmere dich lieber um die Arbeit, dazu bist du schließlich hier.«

»Hey, hast du einen Kurzschluß in der Birne?« Manfred pustete auf die schmerzende Handfläche.

»Vertrauen gibt es nicht für ein paar Handgriffe.« Damit schnellte Hartwig von seinem Platz hoch, fast hätte er sich den Kopf angeschlagen, und ging in gebückter Haltung hinaus.

Einige Tage später

Trotz dieser zweiten, strengen Seite Hartwigs, die er nicht zum ersten Mal bemerkt hatte, und die niemand dem Charmeur zutrauen würde, war er froh über diese Freundschaft. Hartwig war 35, zehn Jahre älter als Manfred, er lebte seit Jahren in Australien, kannte viele Leute, wußte, wo es lang ging. Nicht nur im alltäglichen Leben. Vor allem schien er einen Plan zu haben, ein Ziel, einen Sinn in dem, was er tat. Er war nicht einfach irgendein Aussteiger, der sich treiben ließ, der willenlos herumgondelte, keine Fragen stellte und wartete, was geschah. Und er verstand es, andere mitzureißen.

Endlich jemand, mit dem Manfred in seiner Sprache reden konnte, jemand, der ihn aufnahm wie selbstverständlich, der ihm sinnvolle Arbeit gab, mit dem er Bier trinken und bei dem er sich geborgen fühlen konnte. Das würde er nicht durch lästige Fragen nach Hartwigs Vergangenheit aufs Spiel setzen. Sein neuer Freund hatte sicher gute Gründe, vorsichtig zu sein.

Der Boden war fertig, Hartwig prüfte die Nähte und nickte anerkennend. »Gute Arbeit. Ich mache dir einen Vorschlag: Du kannst in die Vorschiffkabine ziehen, das spart Zeit und Geld. Außerdem« Hartwig legte eine Hand auf seinen Arm und sah ihm ernst in die Augen »wird es da draußen immer gefährlicher. Wir müssen jederzeit ablegen können – jederzeit.« Sein Griff wurde härter und Manfred nickte.

Dann ließ er seine Hand los. »Mein Haus war für den Entscheidungskampf gerüstet. Der Keller war ein Bunker. Man hätte vielleicht Chancen, die Schlacht, die auf uns zukommt, dort zu überleben.« Er donnerte mit den Fäusten gegen die Bordwand, aus dem hohlen Inneren hallte es metallisch wider. »Aber die Chancen sind nicht groß genug.« Wieder trommelte er gegen die Stahlwand: »Nicht groß genug.«

In dieser Nacht, wie in den folgenden, hörten die Menschen auf den Nachbarbooten im Dock es noch lange Hämmern und Bohren in der »Immanuel«.

Einer dieser Nachbarn war Karl Ölrichs, ein Hamburger Elektronikingenieur, der seit zwanzig Jahren in Australien lebte. Hartwig wußte Karls technische Fähigkeiten zu schätzen und ließ sich von ihm beim Umbau der Yacht helfen. Dann, wenn sie müde waren und ein wenig entspannen wollten, saßen sie beisammen, Hartwig hielt lange Monologe und Karl, der Typ »gutmütiger, bärtiger Seebär« hörte zu.

Jedenfalls bis zu dem Tag, an dem Hartwig ihm drohte, er werde ihn umbringen.

AUSSERIRDISCHE UND DIE ZAHL DES TIERES

Susan war verändert, Karl war nicht der einzige, dem das auffiel. Als er an jenem Morgen mit seinem schweren Werkzeugkoffer zur »Immanuel« ging, verhielt sie sich nicht wie sonst. Hätte er gewußt, was auf ihn zukam, hätte er sie wohl darauf angesprochen. Doch er konnte nicht ahnen, daß er an diesem Tag zum letzten Mal seinen Fuß auf die »Immanuel« setzen und nie wieder Gelegenheit haben würde, mit ihr zu sprechen.

Schon in aller Frühe herrschte reges Treiben im Hafen von Cairns. Katamarane wurden vom Stapel gelassen, Taucher warfen ihre Flossen in Zillen, deren Außenbordmotoren heulten wie auffrisierte Mopeds, Fischer hatten ihre Netze geschultert und stapften zu ihren Lieferwagen, Touristen stellten sich um einen Platz auf einem der Ausflugsschiffe zum Great Barrier Reef an. Das Motorengeräusch der Boote war noch auf der Esplanade zu hören, wo die Kellner die Tische abstaubten und die Sonnenschirme öffneten.

Äußerlich war es auf der »Immanuel«, die im Trockendock auf einem Stahlgerüst aufgebockt war, ruhig, aber von drinnen hörte man es schon Hämmern. Die Yachten, die hier renoviert wurden, sahen aus, als balancierten sie schwerelos auf ihren Kielen und würden nur von den Leitern gehalten, die vom Bugdeck zur Straße führten. Karl kletterte langsam und etwas behäbig an Bord. Er trug sein Werkzeug bei sich, denn Hartwig hatte ihm aufgetragen, noch einige elektrische Geräte anzuschließen und ihre Funktionstüchtigkeit zu überprüfen. Er kannte Hartwig seit dieser zusammen mit Machi auf der »Immanuel« gelebt hatte. Machi war gegangen und jetzt waren Susan und der junge Österreicher hier, mit dem Karl kaum ein Wort sprach.

Niemand kannte Manfred richtig, hin und wieder wurde er Besuchern vorgestellt, aber das war schon alles. Der Junge arbeitete Tag und Nacht auf dem Schiff und war sehr nett. Mehr konnte er nicht über ihn sagen.

Er hatte das Deck erreicht. Er stellte gerade seinen schweren Koffer ab, um in den Niedergang hinunterzurufen, als die Klapptür aufflog und er Susans Wuschelkopf sah, den sie gesenkt hielt, als sie die enge Holztreppe emporstürmte. Sie schien ihn kaum wahrzunehmen, als sie an ihm vorbeilief. Es war die Stunde, da sie zur Arbeit in die »Tropical Pharmacy Company«[28] ging, sie trug dunkle Sonnenbrillen, und ihr weiter Rock flatterte. Im Vorbeilaufen nickte sie Karl kurz zu, dann kletterte sie die Leiter hinab und lief davon.

Etwas hatte aus ihr einen anderen Menschen gemacht. Etwas oder jemand.

Vor kurzem hatte er ein Erlebnis mit ihr gehabt, das ihm mehr Einblick in ihre Beziehung zu Hartwig gab. Er war auf seinem eigenen Boot gewesen, als Susan angelaufen kam. Damals wollte Hartwig ihn überreden, mit ihm auf eine Pazifikinsel zu flüchten, mit zwei Booten. »Unterwegs nehmen wir schwarze Frauen an Bord, die sind robuster und können einen Holocaust besser überstehen als weiße«, hatte er gemeint.[29] Mit zwei Booten zu flüchten, erschien ihm von Vorteil, die Überlebenschancen würden sich dadurch mächtig erhöhen.

»Karl«, bat Susan ihn an jenem Nachmittag vor einigen Wochen, »kannst du einmal hinüberkommen zu uns? Hartwig möchte dir etwas Wichtiges sagen.«

Karl war beschäftigt und antwortete Susan, sie solle Hartwig ausrichten, wenn er etwas wolle, soll er doch selbst vorbeischauen.

Sie blieb stehen. »Ich möchte ihm das nicht sagen«, bekannte sie, »sonst wird er mich schimpfen.«

Damals hatte er sich gewundert, weil er sie als selbstbewußte Frau kannte, die sich nicht leicht einschüchtern ließ.[30]

Susan hatte Hartwig im Yachtclub von Cairns im April 1989 kennengelernt, und schien sehr verliebt in ihn zu sein. Immer wieder, wie bei jenem Besuch Susans auf seiner Yacht, hatte Karl das Gefühl, sie hatte manchmal Angst vor ihm. Karl dachte, Susan war auf der Suche nach jemandem gewesen, der sie auf einen Törn mitnahm.[31] Offenbar besaß sie Geld, sie steckte im Lauf der Monate Unsummen, insgesamt an die 100 000 australische Dollar, in den Ausbau der Yacht.[32]

Und an diesem Morgen, als er auf die »Immanuel« kam, lief sie ohne ein Wort an ihm vorbei. Nur ein flüchtiges Nicken in Karls Richtung und schon stieg sie die Leiter hinunter. Früher hatten sie immer einige Worte gewechselt, heute war sie offenbar nicht in der Stimmung dazu.

»Gut daß du hier bist. Der Wasserreiniger funktioniert nicht. Kannst du dir das einmal ansehen?« Hartwigs Stimme klang gelassen. Er kroch aus der Kajüte, hielt die Hand vor die Augen, um sie vor dem gleißenden Sonnenlicht zu schützen. Irgend jemand hämmerte im Rumpf, immer im gleichen Rhythmus – zuerst einige lange Schläge mit großen Pausen dazwischen, dann wurden sie kürzer und schneller, hastiger, bis sie kurz aufhörten und das Spiel von vorne begann.

»Haben wir gleich. Wann soll es denn losgehen?« wollte Karl wissen. Hartwig sprach dauernd von seinem Plan, auf eine Insel zu flüchten, und er konnte es kaum erwarten, Segel zu setzen.

»So schnell wie möglich. Hast du es dir überlegt? Willst du bestimmt nicht mitkommen? Ich sage dir, es ist deine letzte Chance. Wenn du überleben willst, bist du dabei.«

Sie gingen ins Cockpit in dem es aussah, als hätte ein Wirbelsturm darin gewütet: Am Boden standen halb ausgepackte Kartons mit technischen Geräten; Bildschirme, ein Tiefenmesser, Keyboards und das dazugehörige Werkzeug lagen verstreut auf der Holzkonsole, in die ein rechteckiges Loch gesägt war. Am schlimmsten war das Gewirr an Kabeln, die aus jedem Gerät hingen, in Schleifen um Nägel an der Wand gerollt waren, am Boden kugelten und natürlich aus dem Loch in der Konsole quollen. Selbst für einen Profi wie Karl war der Anblick zuerst ein wenig einschüchternd. Hartwig räumte den Platz an dem er das Gerät installiert haben wollte, mit einem Handstreich frei.

»Hier soll dieser Kasten hin. Manfred fixiert ihn dann noch, aber anschließen mußt du ihn«, sagte er. Unvermittelt begann er wieder von seinem Vorhaben zu sprechen. Er war nervös, angespannt und erklärte dann, warum: »Ich habe wieder Informationen bekommen, wir sind nahe dran, an der Katastrophe. Ich werde Sprengstoff besorgen, um im Ernstfall nach der Katastrophe – du verstehst – andere Schiffe zu überfallen.«

Er wirkte gehetzt und nervös. Karl wußte, es waren Waffen an Bord und vielleicht fürchtete sich Hartwig vor Kontrollen, jedenfalls lief er hektisch auf und ab, phantasierte unentwegt vom Weltuntergang und ließ seine Augen über das Gelände schweifen, so als erwarte er jemanden. Dann sprach er wieder von den Eidechsen.

Am schlimmsten seien aber die Freimaurer. Sie und die Lions und die Apexianer seien an der Spitze der Pyramide der Macht, die die Welt bedroht. »Sie haben alles unter Kontrolle, die Banken natürlich, die politischen Parteien, die Medien, einfach alles.«

Offenbar wurden diese Leute, die er für die eigentlich Mächtigen hielt, in seiner Vorstellung auch von UFOs gesteuert, von Außerirdischen, echsenartigen Wesen, die aber die Form und das Aussehen von Menschen annehmen können. »Kennst du die Ninja Turtels?«, fragte er ihn.

»Das Kinderspielzeug?« fragte Karl. Natürlich kannte er die Plastikfiguren, drollige Kerle, die allerlei Unsinn anstellen und aussehen wie Echsen.

»Genau darum machen sie es: Sie wollen sich der Menschheit zeigen. Damit man schon an ihr Aussehen gewöhnt ist, veranlassen sie die Herstellung dieser Figuren. Sie wollen uns damit nur auf ihr Erscheinen vorbereiten.« Außerirdische lebten zum Teil unter Menschen, behauptete Hartwig. Er würde sie jedoch erkennen und von Erdlingen unterscheiden können. Man konnte mit Hartwig darüber nicht diskutieren, er wurde böse, wenn ihm jemand widersprach.

In der Yachtszene an der Küste Queenslands war Hartwig darum als der »verrückte Österreicher« bekannt und verschrieen. Es gab nur wenige Menschen, die ihm so geduldig zuhörten wie Karl. Bei manchen hinterließen Hartwigs Theorien allerdings einen starken Eindruck. Er brachte diese Thesen so überzeugend vor, daß es schwer war, ihm zu widersprechen. Vieles klang verrückt, manche seiner Ansichten hatten einen realen Hintergrund, doch interpretierte er Fakten auf seine Art und schien auf alles eine passende Antwort zu wissen.

»Außerirdische von drei Planeten, die alle aussehen wie Eidechsen, schlüpfen in die Körper von Geschäftsleuten und Politikern«, phantasierte er, während er sich eine Zigarette drehte. Er blickte zum Himmel, vielleicht suchte er nach einem Zeichen oder einem UFO, vielleicht sah er auch nur, ob Wolken einen Regen ankündigten.[33]

Die UFO's waren allgegenwärtig. »Hast du schon einmal ein UFO gesehen?« wollte Karl wissen.

Hartwig zuckte die Schultern. »Gehört. Und du hättest sie auch gehört, ich habe es dir damals gesagt. Aus deiner Stereoanlage habe ich die Botschaften vernommen.« Karl erinnerte sich, ihm vor kurzem seine neue Stereoanlage vorgeführt zu haben, dabei war Hartwig unruhig geworden und hatte behauptet, er könne etwas aus dem Gerät vernehmen, das eine Botschaft der Außerirdischen sei.

War Hartwig einmal in Fahrt, so wie heute, war er kaum noch zu bremsen. Unentwegt prasselten seine Geschichten auf Karl nieder, während der sich bemühte, das Navigationsgerät anzuschließen. Hatte Hartwig sich erst einmal in etwas verbissen, gab er keine Ruhe mehr und hörte nicht auf, von seinen Feinden zu sprechen.

Eine Bibel lag auf dem Hocker, er nahm sie zur Hand, um daraus zu zitieren. Er schien sie fast auswendig zu kennen, aber er zog seine eigenen Schlüsse und die waren keinesfalls christlich. »Jesus ist der Teufel«, behauptete er. »Es steht da drinnen.«

Karl hatte vor kurzem einen neuen Schraubenzieher gekauft, den er jetzt zur Hand nahm. Er war noch verpackt auf einen Karton geschweißt, Karl riß ihn auf und warf die Verpackung auf den Boden. Hartwig nahm sie zur Hand, drehte sie um, betrachtete eingehend den Preiszettel auf dem ein Strichcode und eine Nummer gedruckt waren.

»Die Zahl Satans«, rief er aus. Er lachte bitter und hielt Karl den Karton unter die Nase. Das Hämmern im Inneren hörte auf. »666. Kennst du die Zahl des Teufels? – 666. Das ist die Zahl des Tieres, so steht es in der Bibel. Sie ist in jedem dieser Codes verborgen, in jedem.«[34]

Es beunruhigte Hartwig immer wieder aufs Neue. Die Zahl war zu einer seiner fixen Ideen geworden. Er sank zu Boden, den Rücken an die Wand gelehnt, die Füße nah am Körper, schlug er die Bibel auf und las das 13. Kapitel der Offenbarung des Johannes vor.

Der Autor beschreibt darin seine Vision der Herrschaft des »Tieres«, das die Menschen anbeten mußten. »Johannes sah – und jetzt kommt es, das ist die wichtigste Stelle, hör sie dir gut an –«, ermahnte Hartwig Karl mit dunkler, gebrochener Stimme, »wie das Tier alle Menschen zwang ›auf ihrer Hand oder ihrer Stirn ein Kennzeichen anzubringen. Kaufen oder verkaufen konnte nur, wer das Kennzeichen trug: den Namen des Tieres oder die Zahl seines Namens. Hier braucht man Kenntnis. Wer Verstand hat, berechne den Zahlenwert des Tieres, denn es ist die Zahl eines Menschennamens; seine Zahl ist‹«, Hartwig machte eine Pause, sah Karl eindringlich in die Augen, wie um seine Reaktion zu testen, zuckte leicht zusammen, als unter ihm wieder der Lärm des Hämmerns einsetzte. Jeder Hammerschlag begleitete eine Silbe: »›Sechs-hun-dert-sechs-und-sech-zig‹.«[35]

Dann schlug er das Buch zu, legte es an seinen Platz und erhob sich. »Wir steuern auf eine Gesellschaft zu, in der die Menschen Strichcodes an ihren Händen haben werden, eine bargeldlose Gesellschaft. Mit Kreditkarten hat es begonnen, die sind ein Werkzeug des Satans! Willst du immer noch hierbleiben und auf die Apokalypse warten? Es sind die Freimaurer und die Rosenkreuzer, die die Welt beherrschen und uns vernichten werden. Sie haben das Armageddon geplant und sind dabei, es auszuführen.«[36]

»Ich frage mich, woher du deine Informationen hast«, antwortete

Karl. Er hatte den Großteil des Auftrages erledigt, sie prüften, ob die Maschine funktionierte und drehten an einem Knopf. Nichts rührte sich. Karl hatte Hunger und war durch den langen Vortrag Hartwigs ziemlich erschöpft, aber er versuchte es weiter.

»Es muß an einem Fehlkontakt liegen. Ich sehe gleich nach.« Er nahm das Gerät wieder auseinander. Es war gegen Mittag, sein Magen knurrte, und die Sonne brannte auf seinen Rücken, während Hartwig seine Frage beantwortete: »Dies ist eine alte Bibel, da steht alles drinnen. Übersetzt von Martin Luther. Es steht auch drinnen, wie und vor allem wo man den Holocaust überleben kann.« Er schlug das Buch auf und wies auf eine Stelle in der beschrieben wurde, was er tun mußte. »Wir müssen eine Höhle finden und uns genau nach den Anweisungen, die hier beschrieben werden, halten. Wie wir in der Höhle liegen müssen, wie oft wir uns umdrehen müssen, um die Energie zu konservieren, wieviel Lebensmittel wir brauchen.«[37]

Mit einem Seitenblick streifte Karl die Stelle, auf die sein Bekannter deutete. Das Gerät war wieder zusammengebaut, sie testeten es erneut. Diesmal funktionierte es. Karl atmete auf und begann damit, sein Werkzeug in seinen Koffer zu packen.

»Sie benutzen das Fernsehen, um die Menschen einer Gehirnwäsche zu unterziehen. Eines ist sicher – ich verschwinde, keiner wird mich finden«, sagte Hartwig. Ernst sah er Karl an: »Du solltest es dir gut überlegen.«

»Wie willst du untertauchen, ohne Spuren zu hinterlassen? Das ist unmöglich. Wenn sie dich finden wollen, werden sie dich finden. Schon allein durch dein Schiff.«

»Die ›Immanuel‹ versenke ich, so lenke ich die Behörden ab.«[38]

Karl zuckte die Schultern. »Ich mache mich auf den Weg. Zuhause wartet Lunch auf mich, und, wie es aussieht, vertilge ich das Geschirr dazu.« Er steckte eine Zange durch eine Befestigungsschlaufe in seinem Koffer, prüfte, ob er nichts vergessen hatte und erhob sich.

»Du kommst doch am Nachmittag wieder. Warum läßt du dein Werkzeug nicht gleich hier? Wir müssen noch die Solaranlage prüfen. Ohne Süßwasser kein Überleben auf der Insel, also dieses Ding muß wirklich hundertprozentig in Ordnung sein.«

Karl schloß den Deckel seines Koffers. »Ich wollte mit dir über die Bezahlung sprechen. Du mußt es mir nicht gleich geben, du kannst es später vorbeibringen oder morgen, wenn es nicht anders geht.«

Hartwig baute sich vor ihm auf und funkelte ihn wild an. »Du glaubst doch nicht, daß ich dir Lohn zahle, wenn du noch gar nicht mit der Arbeit fertig bist?«

»Du schuldest mir aber noch einiges, ich habe es aufgeschrieben, ich wäre froh, wenn ich das bald bekäme.«

»Du hast ja nicht alle Tassen im Schrank! Ich bezahle dir keinen müden Dollar, solange du nicht alles fertiggemacht hast!«, schrie Hartwig.

»Aber es geht um ausständigen Lohn von vor Wochen. Um Arbeiten, die ich abgeschlossen habe. Du solltest mir das endlich bezahlen, ich warte wirklich schon lange darauf.«

Karl schwang sein Bein auf die oberste Sprosse der Leiter und sagte, er werde keinen Finger mehr rühren, solange Hartwig nicht die Rechnung bezahlt hatte.

»Du willst alles liegen und stehen lassen und einfach abhauen! Wenn du das tust, schieße ich dir den Kopf vom Körper!«[39] Als Hartwig ihn so anbrüllte, verstummte das Hämmern im Inneren des Schiffes.

Seit diesem Tag sprach Karl kein Wort mehr mit Hartwig und ging ihm aus dem Weg, so gut er konnte.

Wien, November 1997, Büro der Interpol

Das in etwa war die Gedankenwelt des Hartwig Bayerl zu dem Zeitpunkt, als Karl Ölrichs Kontakt zu ihm hatte.

Ich entnahm sie den Akten, ich war noch nicht sicher, wieviel sie mit dem Fall Weißensteiner wirklich zu tun hatten. Wieder einmal war es Nacht, aber diesmal bereiteten meine Kollegen einen Einsatz vor. Ich unterbrach meine Arbeit, denn nach der Lagebesprechung kamen sie aus Hannes' Büro zurück, legten ihre Schulterhalfter an und prüften ihre Waffen. Sie putschten sich dabei gegenseitig mit Sätzen wie »Diesmal kriegen wir sie« und ähnlichem auf. Manche küßten ihre Glocks, bevor sie sie einsteckten. Es war Markus' erster Einsatz dieser Art, er war nervös, überprüfte dauernd seinen Gesundheitspaß, in dem die Blutgruppe, Allergien auf Medikamente und derartiges vermerkt sind.

»Du hast doch seit acht Stunden nichts gegessen, oder?« fragte Norbert* Markus.

»Doch, natürlich, ich glaube schon.«

»Sapperlot! Herz, Lunge, Nieren natürlich, das geht ja, das können sie trotzdem jemandem einpflanzen, aber den Magen nehmen sie nur, wenn du vorher nichts gegessen hast.«

Markus erblaßte leicht, lächelte aber, und ich mußte einfach Norbert eine drüberziehen. »Bertl, wenn du nicht pfuschst, dann kann er vielleicht am Leben bleiben.« Langsam würde Markus lernen müssen, sich selbst in solchen Situationen zu wehren, auch wenn er der Neue und damit sozusagen das Opferlamm vom Dienst für Scherze dieser Art war.

Als sie gegangen waren, durchforstete ich die Akten nach weiteren Äußerungen zu Bayerls Weltanschauung.

Hartwig Bayerl war schon immer religiös und nahm die Bibel wörtlich, so sagte seine Mutter im Prozeß aus.[40]

Armageddon, das er oft erwähnt hat, ist ein Begriff aus der Bibel, es bezeichnet einen fiktiven Ort, einen Berg in der Wüste Israels, an dem die Endschlacht stattfinden wird. Bei den »Zeugen Jehovas« ist »Armageddon« ein zentraler Begriff, im allgemeinen Sprachgebrauch bezeichnet es einfach den Weltuntergang.

Davor fürchtete Bayerl sich so sehr und so überzeugend, daß er seine Ängste auf andere Personen übertrug. Seine Ängste sind nicht plötzlich aufgetaucht, schon seit Jahren quälten ihn offenbar Untergangs- und Vernichtungsphantasien. So wurde 1984, etwa zwei Jahre nachdem er nach Australien ausgewandert war, der Keller in seinem Haus in Adelaide zum Bunker: Lebensmittelvorräte, Gasmasken und strahlensichere Kleidungsstücke wurden angeschafft, erzählte die damalige Lebensgefährtin Bayerls, Margarita Luka, dem Gericht.[41]

Hartwig hielt mit seinen Thesen nicht hinter dem Berg, auch Susans Eltern erfuhren von der Weltverschwörung durch die Freimaurer, die dabei seien, den dritten Weltkrieg anzuzetteln und die Weltbevölkerung auf ein Zehntel zu reduzieren.

Vor Gericht war sich Herr Zack nicht mehr ganz sicher, aber er sagte aus, er glaube, damals Hartwig Bayerl erzählt zu haben, er selbst sei auch Freimaurer.[42]

Als Bayerl Herrn Zack um die Hand seiner Tochter bat, rieten die Eltern Susan strikt von einer Heirat ab. Sie würden einander noch nicht gut genug kennen und sollten zuerst diese Kreuzfahrt machen. Wenn sie danach noch immer heiraten wollten, würden sie zur Hochzeit nach Australien fliegen.[43]

Beim Besuch ihrer Eltern im Juni 1989 war Susan offenbar noch nicht von Hartwigs Ideen besessen. Ihre Mutter sagte vor Gericht aus, sie habe nicht an seine Wahnideen geglaubt. »Sie hat sogar darüber gelacht.«[44]

Doch das mochte sich mittlerweile geändert haben.

Frau Zack schilderte vor Gericht den Eindruck, den Hartwig auf sie und ihren Mann gemacht hatte. »Er war arrogant und selbstsüchtig. Ich hab' ihn nie gemocht. Er war nicht der Typ Mann, mit dem sie sich normalerweise abgab.«[45]

Im September 1988 lernte Sabine L., deren richtiger oder voller Name nicht veröffentlicht wurde, Hartwig Bayerl in Cairns kennen. Später gab sie einem Journalisten der *Kleinen Zeitung* über diese Begegnung Auskunft.[46]

Auch Sabine wurde von Hartwig Bayerl auf seine Yacht eingeladen. Damals lebte er mit einer Freundin auf dem Schiff und Sabine half beim Ausbau der Yacht. Sie wurde dafür gut bezahlt. Und sie berichtet, daß ihr Bekannter schon im Dezember 1988 verschwinden wollte, um dem dritten Weltkrieg zu entkommen.

»Er hat mir gesagt, alle müßten glauben, daß er und seine Freundin tot seien, nur so könne er überleben. Selbst die Eltern dürften nicht wissen, daß er auf eine kleine Insel im Pazifik geflüchtet sei.«

Auch ihr gegenüber sprach er von seiner Angst vor den Freimaurern, er dachte, diese hätten das Alte Testament geschrieben und den Weltuntergang vorhergesagt. »Er behauptete auch, daß es in Cairns nur so wimmle von Freimaurern. Aus diesen Gründen wollte er weg.« Den Namen der Insel erwähnte Bayerl nicht.

Sabine vertraute er auch an, früher einmal Rauschgift konsumiert zu haben, doch hätte er vor einigen Jahren damit aufgehört. Er hätte in seiner eigenen Welt gelebt, war freundlich, nett und hilfsbereit und bot ihr an, mitzukommen, doch sie hatte kein Interesse. Im November 1988 brach der Kontakt zu ihm ab.

Hartwig Bayerl bediente sich in seiner apokalyptischen Weltverschwörungstheorie eines Feindbildes, das über Jahrhunderte immer wieder herhalten mußte, um die Verantwortung für tatsächliche oder vermeintliche Mißstände zu übernehmen: die Freimaurer. Ähnlich wie den Juden wurde auch den Freimaurern immer wieder unterstellt, sich gegen die »Welt« zu organisieren und Unheil hervorzurufen. Zur Zeit des nationalsozialistischen Regimes wurden die Logen geschlossen, das Vermögen eingezogen und die Mitglieder verfolgt.

In der Vorstellung vieler Weltverschwörungstheoretiker, vor allem mit rechtsradikalem Hintergrund, besitzen die Logenbrüder etwa die Macht, Regierungen einzusetzen und zu stürzen, sie würden die Hochfinanz kontrollieren, mittels Massenmedien die Menschen manipulieren und ihr ganzes Handeln und Denken nur darauf ausrichten, so viel und so totalitäre Macht wie möglich zu erringen, um ihres eigenen Vorteils willen. Sie seien elitär und würden im Geheimen wirken, würden sich grausamen Ritualen unterwerfen und sich mit Haut und Haaren der Loge verschreiben.

Die historischen Fakten des Freimaurertums in Deutschland nach dem 2. Weltkrieg ergeben ein anderes Bild: nach der Schließung der Logen und der Verfolgung der Mitglieder im Nationalsozialismus, gab es bereits 1945 wieder erste Logen, die sich 1958 zu den »Vereinigten Großlogen von Deutschland« zusammenschlossen. Die Mitgliederzahl um 1990 war in Deutschland etwa 20 500, weltweit betrug sie an die 7 Millionen. Genaue Zahlen sind nicht bekannt. Auch die Großlogen sind eingetragene Vereine oder Körperschaften, es gibt in Deutschland ein Freimaurerisches Hilfswerk und in Bayreuth ein Museum mit Bibliothek, wo man Näheres über die Organisation erfahren kann. Im Internet haben die Vereinigten Großlogen Deutschlands eine Webseite eingerichtet mit zahlreichen Links zur Geschichte, Ethik und Philosophie des Ordens.

Wichtigste Grundlage freimaurerischen Denkens ist Toleranz. Symbole und symbolhafte Handlungen spielen eine große Rolle. Sie verstehen sich als »Bruderschaft«, als ihre Hauptziele nennen sie »Erziehung zur Nächstenliebe, Duldsamkeit und Wohltätigkeit«.[47]

Entgegen der herrschenden Meinung sind die Freimaurer keine über die ganze Erde reichende zusammenhängende Organisation. Sie schließen sich in den Staaten, in denen sie arbeiten, zu Bünden zusammen, und die Mitglieder der einzelnen Logen wählen in freier Wahl ihren Vorsitzenden.

Eine der Ursachen für die ständigen Angriffe, denen die Freimaurer ausgesetzt sind und waren, dürfte in der Tatsache begründet sein, daß man relativ wenig über sie weiß. Tatsächlich schützen die Logen die Namen ihrer Mitglieder, zumindest zu deren Lebzeiten, das mag in ihrer Geschichte begründet sein. Es gab Zeiten, da wurden Freimaurer vom Papst exkommuniziert, die Gefahr von Nachteilen durch das Bekanntwerden einer Logenmitgliedschaft war also schon immer gegeben.

Schweigen zu bewahren wird darüber hinaus von den Orden als große Tugend gefordert, es ist eine Art Prüfung, die den Brüdern auferlegt wird. Weltanschauung ist laut Gesetz Privatsache, solange niemandes Recht dadurch verletzt wird.

Aus diesen Gründen sind die Freimaurer ein dankbares Ziel für Verschwörungstheoretiker: man weiß wenig, und was man weiß, ist geheimnisvoll. Somit liefern diese Vereine genug Stoff für Interpretationen auch abenteuerlichster Natur und jemand, der die Freimaurer pauschal böser Taten bezichtigt, bewegt sich auf ziemlich »sicherem« Terrain: wer macht sich schon die Mühe, sich genauer über die Fakten zu informieren, noch dazu, wenn diese relativ schwer zugänglich sind? Derjenige, der diese Behauptungen aufstellt, wird selten auf einen Widerpart treffen, der über den Orden Bescheid weiß.

Ich habe mich nie sehr damit beschäftigt, bis zu diesem Zeitpunkt hat es mich nicht brennend interessiert, um ehrlich zu sein. Ich wußte aber von dem sozialen Engagement des Vereins, und daß Logenbrüder sich meist durch besondere ethische, intellektuelle oder humanitäre Fähigkeiten auszeichnen.

Eine der Gruppen, die Bayerl immer als Träger einer Weltverschwörung nannte, ist in Europa völlig unbekannt. Die Apexianer sind eine hauptsächlich in Australien beheimatete Organisation, die sich, ähnlich wie die Lions, der Wohltätigkeit verschrieben hat. Auch sie arbeiten mit Symbolen: eine Pyramide ist auf dem Logo der Organisation abgebildet. Für Verschwörungstheoretiker sind solche Zeichen oft Grund genug, die Gruppe einer »Pyramidenmacht« zuzuordnen.

Die Rosenkreuzer sind ein im 17. Jahrhundert in Deutschland entstandener Orden, der strenge Verschwiegenheit forderte, sich mit Alchimie beschäftigte, im 18. Jahrhundert politischen Einfluß in Preußen gewann, bei Rudolf Steiner wieder auflebte und jetzt in einigen Orden wieder auftritt.

WAFFENHÄNDLER UND GEHEIMAGENTEN

Salzburg, Österreich, 19.11.1997, Hotel Österreichischer Hof, 16 Uhr

Warten gehört zu meinem Beruf. Ich erscheine meist etwas früher als ausgemacht zu einem Termin, aber ich bin keiner, der das von anderen erwartet. Es macht mir nichts aus – verspätet sich jemand um fünf oder zehn Minuten genieße ich sogar die Zeit, wenn ich irgendwo allein sitzen und die Menschen um mich herum beobachten kann. Ich wähle immer Eckplätze und sitze mit dem Rücken zur Wand, um den besten Überblick zu haben. So wie damals, als ich Helmut Probst, den Mann, der die Bilder gemacht hatte, von denen er behauptete, sie zeigten Hartwig Bayerl, treffen sollte.

Der Österreichische Hof liegt an der Salzach, es gibt einen verglasten Wintergarten, von dort konnte ich den Schneeflocken zusehen, wie sie langsam durch die Luft wirbelten und alles stiller machten. Die Menschen auf der Straße duckten sich unter ihre Regenschirme, die Autos hatten die Scheibenwischer angestellt und fuhren mit Licht. Im Café waren die meisten Tische besetzt, Studenten der Musikhochschule vertieften sich in Notenbücher, ältere Damen hielten ein Schwätzchen, einsame Herren studierten die Tageszeitungen.

Ich erinnerte mich an meine eigene Australienreise vor einigen Jahren, an die schönen Seiten des Landes, aber auch an weniger Schönes. Ein Erlebnis hat mich zutiefst schockiert. Ich sah viele Aborigines an den Flüssen oder auf der Straße sitzen, unter sich, arbeitslos, hoffnungslos, krank und entsetzlich arm. Die Trennung von schwarz und weiß ist kraß, die Kontakte zwischen den beiden Bevölkerungsgruppen beschränken sich auf das Allernotwendigste. Es ist kein Geheimnis, daß es in Australien Rassismus gibt, ich wußte das von Reisebüchern, aber es irgendwo zu lesen und es mit eigenen Augen zu sehen sind zwei Dinge.

Wir saßen – ich war mit meiner Freundin unterwegs – vor einem eher einfachen Lokal in einer kleinen Stadt und aßen unsere Burger, als ein Aborigine kam, der ebenfalls Essen kaufte. Er setzte sich nicht an einen freien Tisch. Das durfte er nicht. Er betrat nicht einmal das Lokal, um drinnen an der Theke auszuwählen, wie wir es getan hatten, denn das durfte er auch nicht. Für Aborigines gibt es in solchen Lokalen eine Glocke vor dem Geschäft und eine Durchreiche, wo sie das Gewünschte in Empfang nehmen, denselben Preis wie wir bezahlen, und wieder gehen. Schilder weisen übrigens oft darauf hin, Schwarze seien unerwünscht, verbrämt mit den Worten »Only decently dressed people welcome« (»Nur anständig gekleidete Menschen sind willkommen«).

Probst war ein Freund Weißensteiners, ich kannte seinen Namen auch von zahlreichen Eingaben, die er bei den Behörden gemacht hatte und die im Akt gesammelt waren. Er war seit Jahren unglaublich engagiert in dieser Sache, zäh verfolgte er jede noch so kleine Spur und meldete seine Ergebnisse der Polizei. Er hatte Manfred im Gefängnis besucht, war offenbar viel gereist, um Bayerl aufzuspüren, und nun hatte er tatsächlich diese Bilder in der Hand.

Wie gesagt, zu warten macht mir nichts aus, aber nach zwanzig Minuten beginne ich mich zu fragen, ob ich vielleicht sitzengelassen wurde.

Vier Uhr hatten wir ausgemacht.

Um halb fünf war Probst noch immer nicht da. Dann kam er doch noch und gab mir zu allererst eine Liste mit Namen von den Polizeibeamten, die in dem Fall involviert seien und Bayerl deckten.

»Sie stecken alle mit drin. Alle dreizehn. Ich kann es beweisen. Es sind Salzburger, sie stecken verdammt tief drinnen.«

Probst sprach laut, ich sah mich um und bemerkte, daß wir ziemliches Aufsehen erregten. Er war um die 40, klein, und hatte graumeliertes, gepflegtes Haar. Seine grün-orange Sportjacke hatte er über einen freien Sessel geworfen, auf dem er schon seinen Rucksack abgestellt hatte. Nun wühlte er sich durch den Goretexberg und zog aus seinem Rucksack seine Unterlagen hervor. Er überreichte mir die Liste mit der Bemerkung, ich solle mich einmal darum kümmern.

»Inwiefern stecken sie mit drinnen?« wollte ich wissen. Ich warf einen Blick auf den Zettel, auf dem in alphabetischer Reihenfolge dreizehn Namen mir meist unbekannter Kollegen getippt waren.

»Das kann ich dir so nicht sagen. Du wirst es selbst herausfinden, wenn du dich darum kümmerst. Sie machen unsaubere Geschäfte, lassen sich für Dienste«, er betonte das letzte Wort und gab ihm einen ironischen

Unterton, »bezahlen und verkehren in zwielichtigen Clubs, unter anderem. Mehr will ich dazu nicht sagen, jedenfalls jetzt noch nicht.«

»Das wird aber nicht reichen.« Ich steckte die Liste zu meinen Unterlagen.

Er zuckte die Schultern. »Stich in den Gugelhupf und du wirst sehen, wie es staubt. Korruption ist gar kein Wort mehr dafür, was hier geschieht. Das muß man schon Ablaßwesen nennen, mittelalterlichen Kirchenterror oder Raubrittertum. Da sitzen welche, die führen sich auf wie Gustav Gans in einem James-Bond-Film, so als hätten sie das Wort ›Gesetz‹ noch nie gehört. Da mußt du froh sein, wenn sie einen Verdächtigen höflich nach seinem Alibi fragen. Nicht immer, natürlich. Es kann auch sein, daß sie jemanden wegen Vergewaltigung verhaften, der zum Zeitpunkt der Tat seiner Kindergartentante ein rotes Herzerl auf die Tafel gemalt hat.«

»Du wolltest mir doch eigentlich etwas über den Bayerl erzählen.«

»Der ist ein V-Mann der Polizei und darum ist er auch nicht aufzufinden. Der wird von einem Geheimdienst gedeckt.«

»Welcher Geheimdienst?«

»Der französische. Es geht um Waffen- und Rauschgifthandel, der bis in die höchsten Kreise reicht.« Er könne mir Beweise liefern, versprach er. Jedenfalls – verbesserte er sich – habe er Beweise dafür. Es hätte mich auch gewundert, hätte er mir in diesem Moment schon sein volles Vertrauen geschenkt. Sollte er tatsächlich Beweise für seine Behauptungen haben, würde es wohl eine ganze Zeitlang dauern, bis er sie mir aushändigte.

»Wie hast du ihn gefunden? Aber laß uns das Lokal wechseln«, schlug ich vor. Auf dem Weg in ein kleines Kaffeehaus nebenan erzählte ich ihm von meinem Australienaufenthalt, um ihn auf andere Gedanken zu bringen.

Wir gingen ins Hinterzimmer, in dem es nach Gewürznelken roch und der Milchwärmer solch einen Krach machte, daß wir zeitweise noch lauter als im vorigen Lokal sprechen mußten. Im schummrigen Licht der Wandleuchter aus falschem Kristall und mit Fransen an den Schirmchen, bekam seine Gesichtsfarbe, die durch die Aufregung zunehmend dunkler wurde, einen warmen Rostton und die Pupillen verengten sich. Seine Stimme überschlug sich, als er mir von seinen Erlebnissen berichtete.

An diesem Tag hatte Probst viele Vorurteile gegen jeden, der irgendwann einmal mit der Sache zu tun gehabt hatte. Die Salzburger Polizei will nichts tun, sagte er, und beinahe alle, die in Kontakt mit Weißensteiner standen oder gestanden hatten, verurteilte er aufs heftigste. Egal, ob es sich dabei um ehemalige Lebensgefährten Bayerls, einen Probst selbst bekannten Detektiv, Journalisten, die über den Fall berichtet hatten, um die Justiz oder um Leute handelte, die Weißensteiner einmal im Gefängnis besucht hatten – sie alle hätten nur Böses im Sinn, meinte er. Es war nicht leicht, das Gespräch in die Richtung zu leiten, die mir bei meiner Arbeit weiterhelfen würde.

Sein Zustand besserte sich auch nach dem Lokalwechsel nicht. Er setzte seine langatmigen Tiraden fort. Ich machte mir Notizen zu den Personen, die er mir nannte, und würde herausfinden, was an den Geschichten dran war, oder ob sie ein reines Hirngespinst waren.

»Es geht vorerst darum, diesen Mann auf den Fotos zu identifizieren, nicht wahr? Das ist doch das Wichtigste zur Zeit«, beharrte ich. Alles weitere, so dachte ich mir, würde sich ergeben. Sollten auch nur einige seiner Verdächtigungen wahr sein, kämen wir ihnen am ehesten durch eine Identifizierung des Mannes, oder deutlicher gesagt, durch eine Festnahme Bayerls, auf die Spur.

»Sicher«, erwiderte er. Ich bemerkte seinen mißtrauischen Blick. Nach allem, was er mir bisher schon erzählt hatte, mußte er einfach zweifeln, wo er mich zuordnen sollte, und ließ verständlicherweise Vorsicht walten.

»Schau, ich arbeite bei der Interpol«, ich nahm meinen Dienstausweis heraus und zeigte ihn ihm, »du kannst dir meine Dienstnummer aufschreiben und dich nach mir erkundigen, wenn du willst. Natürlich mußt du entscheiden, ob und wieweit du mir vertraust, aber wenn du der Meinung bist, du riskierst zu viel, laß es bleiben. Es ist sowieso nicht meine Dienststelle, ich kann den Akt an die zuständigen Kollegen geben.«

Das wollte er nicht. »Nein, ist schon in Ordnung«, meinte er. Endlich gab er mir weitere Fotos und kam zum Kern der Sache. Obwohl die Qualität ähnlich schlecht war, wie die jener, die ich bereits in Wien gesehen hatte, war die Ähnlichkeit zwischen Bayerl und dem Mann auf den Fotos verblüffend.

»Was weißt du noch über ihn?« Ich erhoffte mir nicht sehr viel, höchstens einen Hinweis, wann er ihn zuletzt gesehen hatte, aber Probst hatte mehr.

»Ich weiß, wo er wohnt, wo er aus und ein geht, ich habe sogar sein Autokennzeichen.« Probst hatte gute Arbeit geleistet.

Ich schrieb mir die Nummer eines großen BMW mit Bregenzer Kennzeichen auf, mit dem der Mann öfter unterwegs sei.

Probst hatte, so erzählte er mir jedenfalls, Weißensteiner in Graz kennengelernt, aber sie hatten sich dann aus den Augen verloren. Die Nachricht von der Verhaftung seines Freundes erreichte ihn, als er im Ausland war – ich glaube es war Südamerika –, und er kam sofort nach Europa zurück, um seinem Freund zu helfen. Er nahm Kontakt zu Journalisten auf, die über den Fall berichteten, suchte einen Detektiv, der ihm bei den Recherchen half, er legte sich tage- und nächtelang auf die Lauer, um ein Lebenszeichen des Verschollenen zu finden.

Nach meinem persönlichen Eindruck ging er dabei recht weit. Er beobachtete unaufhörlich das Elternhaus Bayerls, lauschte unter dem Fenster, versuchte herauszufinden, mit wem sie wann telefonierten, allerdings schien er darauf zu achten, nichts Illegales zu tun.

Auf zwei Hauptpunkte stützten sich seine Verdächtigungen: Bayerl sei – wahrscheinlich führendes – Mitglied eines internationalen Suchtgift- und Waffenhändlerringes, und außerdem arbeite er als V-Mann für einen Geheimdienst und sei dadurch für die Polizei mehr oder weniger unantastbar.

»Was glaubst du, warum deine Salzburger Kollegen nichts unternehmen?«

»Ja, ich werde mich darum kümmern«, erwiderte ich und handelte mir einen zweifelnden Seitenblick ein. Soweit ich den Akt kannte – natürlich hatte ich mich damals erst oberflächlich eingelesen – waren die Vermutungen, Bayerl sei in Drogen- oder Waffengeschäfte verwickelt, keinesfalls aus der Luft gegriffen. Bayerl war wegen eines Drogendeliktes einmal verhaftet worden, und über das, was Probst den »Bougainville-Deal« nannte, war ich bereits durch Zeitungsberichte informiert. Denen zufolge gab es an Bord der »Immanuel« Waffen, die an die Rebellen in Bougainville geliefert worden sein sollen.

Um ehrlich zu sein, machte ich mir geringe Hoffnungen, etwas über die vermeintliche Tätigkeit Bayerls als V-Mann eines Geheimdienstes herauszufinden. Das liegt in der Natur der Sache. V-Leute werden nicht preisgegeben, selbst in solch einem Fall nicht.

»Kannst du versuchen, mir Fingerabdrücke des Mannes zu besorgen, den du fotografiert hast?«

»Sicher kann ich es versuchen.«

»Sei vorsichtig, wenn du etwas unternimmst. Tritt nicht an ihn heran, verscheuche ihn mir nicht. Bleib zurückhaltend, informiere mich, wenn du etwas Neues herausgefunden hast, aber laß dich nicht von ihm erwischen.«

Ich fuhr zurück nach Wien, am nächsten Tag wußte ich, daß der BMW mit Bregenzer Kennzeichen einer Prostituierten gehörte, portugiesische Staatsbürgerin, die jetzt im Roma-Club in Salzburg arbeitete. Sie hatte zuvor in Bregenz gelebt und gearbeitet. Näheres über den Mann, der offenbar bei ihr lebte, fand ich nicht heraus.

An jenem Abend nahm ich mir einen Teil des Aktes mit nach Hause, um bei einer Tasse Tee darin zu blättern. Ich dachte, ich würde etwa eine Stunde schmökern und mich dann zu Bett begeben. So legte ich ihn mir auf meinem Eßtisch – meine Güte, wozu brauche ich den eigentlich sonst? – zurecht, zündete eine Duftkerze an, öffnete eine neue Packung Maverick, und als ich wieder aufsah, waren fünf Stunden vergangen. Warum, verflixt noch einmal, ließ mich die Geschichte nicht los?

Meine Augen brannten vom vielen Rauch, selbst als ich im Bett war und versuchte einzuschlafen, schmerzten sie noch. Aber das war nicht der Grund für meine Schlaflosigkeit. Ich mußte an die beiden Mädchen denken, denen Bayerl angedroht hatte, sie würden ermordet, sollten sie jemandem von ihm und seinen Plänen erzählen.

Es geschah etwa ein Jahr bevor Manfred Weißensteiner auf der »Immanuel« arbeitete.

Cairns, Australien, Ende 1988, Mozarts Coffee Shop

Wenn die Bibel recht hatte, war das ihre letzte Chance.

Linda richtete auf einem kleinen Tablett einen pinkfarbenen, entfernt nach Erdbeeren riechenden Milkshake an, stellte ihn auf einen papierenen Untersetzer, wobei sie Hartwig, der an der Theke saß, einen kurzen Blick zuwarf. Er hatte etwas an sich, das sie zittern ließ. Sie wandte sich ab und stieß dabei das Glas um. Ihre Bewegungen waren schnell und geschmeidig, doch wenn Hartwig hier war, war sie unkonzentrierter als sonst. Hartwig runzelte die Brauen, während sie die verschüttete Flüssigkeit wegwischte. Die Milch floß über die Kante die Kühlschranktür hinab und tropfte langsam auf den Boden.

»So etwas passiert dir in letzter Zeit aber häufig«, murmelte Hartwig, er blätterte dabei wie beiläufig in seinem Buch, dann schlug er es auf, doch als er sprach, brauchte er nicht zu lesen. Er kannte die Worte auswendig. »Er läßt uns Giftwasser trinken, weil wir gesündigt haben gegen den Herrn. Jeremia 8, Vers 14.«

»Ich muß dauernd an das denken, was du mir gesagt hast. Es beschäftigt mich, verstehst du? Dabei habe ich wirklich Wichtigeres zu tun.« Sie bückte sich, um den Boden zu säubern.

»So? Bist du da sicher?« Er drehte sich um und rutschte vom Hokker, legte Geld auf den Tresen, dann beugte er sich nach vorn und sah auf Linda hinab. »Was ist wichtiger, als zu überleben?« Er warf den Kopf zurück und ging zur Tür, das Buch vor die Brust geklemmt. »Du hast nicht mehr viel Zeit.«

Linda erhob sich und rief ihm nach: »Kommst du morgen wieder?«

»Warum sitzen wir da? Sammelt euch! Hinein in die befestigten Städte!« Er drehte sich zu ihr um und blickte sie an. Er sprach ernst und ruhig, seine Augen schimmerten dunkel und traurig. Bei den folgenden Worten mußte Linda ihre bebenden Hände an die Tischkante klammern, denn fast versagten ihre Knie: »Dort werden wir umkommen; Denn der Herr, unser Gott, läßt uns umkommen. Auch Jeremia 8, Vers 14«.

»Du kommst doch morgen wieder vorbei? Oder heute abend? Wir sind zu Hause, Alex und ich.«

Ohne zu antworten ging er aus der Tür. Er setzte seine Sonnenbrille auf und blickte sich nicht mehr nach ihr um. Aber er neigte leicht seinen Kopf. War es ein Nicken? Hieß das »ja«?

Stammgäste riefen nach ihr, laut und fröhlich, und sie versuchte, sich nichts von ihrer Nervosität anmerken zu lassen. Hauptsächlich wurde Mozart's Coffee Shop von deutschsprechendem Publikum frequentiert, das es auch als Kommunikationszentrum nützte. Informationen wurden entweder mündlich durch das Personal oder auf dem schwarzen Brett weitergegeben. Das Café lag Ecke Grafton/Spence Street, ganz in der Nähe des Hafens und als Besonderheit gab es neben berühmten Kuchen hin und wieder sogar Zeitungen in deutscher Sprache. Früher oder später tauchte fast jeder Resident von Cairns mit dieser Muttersprache hier auf, so wie Hartwig, den sie vor einigen Wochen kennengelernt hatte.

Er war noch nicht lange hier und hatte ihr schon kurz nach ihrem Kennenlernen von seiner bevorstehenden Reise auf eine einsame Pazifikinsel erzählt. Seit ihrer ersten Begegnung erschien er regelmäßig im Café, oft auch in ihrer Wohnung, die sie mit ihrer Schwester Alex teilte. Hartwig war mit einer Frau, die Linda als »Angie«[48] kannte, zusammen. Die beiden lebten auf der Yacht, die sie vor kurzem gekauft hatten. Aber wovon er lebte, sagte er nicht.

Ungeduldig erwartete sie das Ende ihrer Schicht, kleidete sich so schnell sie konnte um und rannte nach Hause. Alex war noch nicht da, von Hartwig war auch nichts zu sehen. Vielleicht war er schon dagewesen und wieder gegangen, als er niemanden angetroffen hatte. Sie räumte Gläser vom Couchtisch und glättete die Falten des Baumwollüberwurfs, dann legte sie die Beine hoch und sah fern. Sie zappte durch die Kanäle, fand aber nichts, das sie auf andere Gedanken gebracht hätte. Als es läutete, war sie mit einem Satz bei der Tür. Draußen stand Hartwig, ohne Gruß trat er ein.

Er kannte sich in ihrer Wohnung gut aus, setzte sich auf seinen Lieblingsplatz, einen Fauteuil am Fenster, von dem aus man die Regenwaldhügel im Osten der Stadt sehen konnte. Nun, jedenfalls die Kuppen der Hügel über den Dächern der neugebauten Wohnhäuser. Auf dem Bord über der Anrichte hatte Alex ihre Siebensachen in eine Muschel gelegt: Opalschmuck, ein goldener Ring ihrer Großmutter, Wattestäbchen, ein Nagellack – pink flammeé – und ihre American-Express-Karte.

Kopfschüttelnd stand Hartwig vor Alex' Schätzen. Er griff nach der Kreditkarte, lachte leise auf und hielt sie Linda vor das Gesicht. »Wißt ihr, was das ist? Damit haben sie euch. Damit seid ihr schon in deren Klauen! Kreditkarten sind ein Werkzeug Satans.«

»Ich weiß, du hast es mir schon erklärt. Alex hatte es heute eilig, du kennst sie ja. Sie hat wohl vergessen, sie wegzuräumen.«

Er schnaubte verächtlich: »Wegräumen! Als ob das etwas nützen würde!«

Hartwig wußte von Dingen, von denen nur ganz wenige Menschen auf der Welt wußten. Zum Beispiel, daß alles von den Freimaurern kontrolliert wurde. Sie hatte den Begriff schon früher gehört, sich aber keine großen Gedanken darüber gemacht. Erst Hartwig machte sie auf den zerstörerischen Einfluß der Organisation aufmerksam.

»Sie stehen an der Spitze der Pyramidenmacht und bilden zusammen mit den Katholiken eine Weltverschwörung. Glaub es oder nicht, es ist so. Der Papst trägt auf der Tiara die Zahl 666 – die Zahl des Tieres aus der Bibel.«[49]

Hartwig sprach auch davon, daß Gorbatschow, der russische Präsident, in dieser Weltverschwörung eine bedeutende Rolle spiele. Man müsse sich nur die Welt ansehen, man müsse genau hinterfragen, was er mache, und die Bibel lesen, aber richtig, sie Wort für Wort durchdenken, dann käme man von allein zu den richtigen Schlüssen. Gorbatschow sei in Wahrheit der »Antichrist«, von dem in der Bibel so viel die Rede sei. »Unsere Welt ist in der Endzeit angekommen. Aber die Leute wollen es nicht glauben.«

Er sah sie fragend an, wie ein Professor, der einer Kandidatin eine Prüfungsfrage stellt. »Und du?«

Sie zuckte die Schultern: »Ich weiß nicht, vielleicht hast du recht.«

»Vielleicht habe ich recht? Weißt du, was auf jedem einzelnen Strichcode eingeprägt ist? Soll ich es dir sagen? 666 – die Zahl des Satans.«

Dann zitierte er auswendig eine Stelle aus der Bibel, in der von dieser Zahl die Rede war, und genau das traf auf jene Codes zu, die an den Supermarktkassen über den Scanner gezogen werden und automatisch alles registrieren: das Produkt, die Anzahl der eingekauften Waren, den Supermarkt, sogar die Uhrzeit, wann man sie gekauft hat. »Was glaubst du wohl, warum die das so genau wissen wollen? Und als nächstes kommen die Codes auf unsere Hände, und wir können uns Kreditkarten sparen. Das hat ja auch einen Vorteil: niemand kann sie uns mehr stehlen, und wir können sie weder verlieren noch irgendwo vergessen. In Wahrheit haben sie damit die absolute Kontrolle über jeden einzelnen Menschen. Die Strichcodes sind nur eine Vorbereitung auf diese schöne neue Welt.«

Mittlerweile zweifelten die beiden Schwestern nicht mehr daran, daß er wirklich über Geheiminformationen verfügte, die anderen nicht zugänglich waren. »Sie werden uns alle ausrotten.« Sie sprach ohne Betonung, so als käme ihre Stimme aus einem Lautsprecher in einem Zug: »Nächster Aufenthalt Armageddon. Sie werden uns alle ausrotten. Beachten Sie die Hinweise auf den Anzeigetafeln.«

»Es wird drei Atomexplosionen geben, zur gleichen Zeit an verschiedenen Orten auf der Welt. Das ist aber nur der Anfang. Danach gibt es ein unvorstellbares Chaos, in dem jeder jeden umbringen wird.«

Seine Thesen, die er ihr nun schon seit Wochen darlegte, faszinierten sie. Er hatte sie mehrmals bedrängt, endlich in sein Projekt einzusteigen. »Die ›Immanuel‹ wird so befestigt sein, daß sie bewaffnete Angriffe, Flutwellen und Verstrahlungen übersteht.«

»Und wie willst du auf einer einsamen Insel überhaupt überleben?« fragte sie.

»Ich weiß, wie ich überleben kann. Aus Salzwasser Trinkwasser zu gewinnen, das ist kein Problem. Nur die Anlage kostet viel Geld.«

Geld, das er nicht hatte, denn er war ständig auf der Suche nach jemandem, der ihm den Ausbau des Bootes finanzierte. »Ich weiß etwas über Tierzucht, ich war ein halbes Jahr in der Wildnis und habe ein hartes Überlebenstraining gemacht. Und natürlich habe ich dabei auch Ackerbau gelernt. Ich verstehe also auch von diesen Dingen viel.« Er saß breitbeinig auf der Couch, einen Arm stützte er auf die Lehne, die beiden Kerben neben seinen Mundwinkeln vertieften sich, wenn er wie jetzt lächelte. Seine Shorts waren zerknittert, die nackten braunen Füße steckten in ausgebeulten Espadrilles, aber er wirkte immer, als käme er direkt aus einer Konferenz mit den mächtigsten Männern der Welt.

Seit sie ihm begegnet war, fand sie Registrierkassen unheimlich. Sie sah Dinge mit anderen Augen, Dinge, über die sie früher nie nachgedacht hatte. Sie achtete auf scheinbare Belanglosigkeiten, wie etwa darauf, wie sich jemand bewegte. Hartwig meinte in vielen Leuten, gerade in Cairns, würden sich Außerirdische verbergen, deren Erfüllungsgehilfen die Freimaurer wären. Er nannte sie »Lizards – Eidechsen«. Und tatsächlich, wenn man von den Bewegungen wußte, konnte man sie deuten. Ein Zucken des Lides zum Beispiel, eine bestimmte Art, die Lippen zwischen die Zähne zu ziehen, solche Dinge waren auf einmal nicht mehr gleichgültig oder nebensächlich.

»Ich verstehe nicht, warum niemand etwas dagegen unternimmt. Es können doch nicht alle, die davon wissen, dafür sein«, klagte Linda.

»In Amerika war ich bei hochrangigen Politikern und habe ihnen von dem Plan der Freimaurer und dem bevorstehenden dritten Weltkrieg erzählt«, erwiderte er. »Sie waren sehr interessiert. Ich wollte sie dazu bringen, etwas zu tun, damit es nicht so weit kommt. Sie haben mir gesagt, mein Wissen sei eigentlich geheim und niemand sollte darüber informiert sein. Dann haben sie mich gefragt, woher ich dieses Wissen habe.«

»Und? Woher hast du es?«

Für einige Sekunden schloß er die Augen. Dann sah er aus dem Fenster, schien zu zweifeln, ob er ihr vertrauen konnte. Er nahm seinen Tabak, und drehte sich eine Zigarette. Sie gab ihm Feuer, ihre Hand zitterte leicht, er hielt sie fest und schaute ihr in die Augen: »Ich weiß es durch einen Menschen, der mir persönlich bekannt ist.« Wieder schien er zu überlegen, wieviel er ihr preisgeben konnte, wandte jedoch seinen Blick nicht ab. »Und der Kontakt zu diesen Wesen hat.«

Dann sagte er eindringlich und mit leiser Stimme, wobei er mit leicht kreisenden Bewegungen ihren Handrücken entlangfuhr und ihr dabei eine Gänsehaut verursachte: »Wenn du weitersagst, was ich dir über diese Geheimnisse erzählt habe, wirst du von den Freimaurern umgebracht.« Sie lächelten sich verschwörerisch an. Er streichelte weiter ihren Arm, doch plötzlich hielt er inne und seine Finger schnappten zu. Sie verzog ihr Gesicht vor Schmerz. Seine Lippen näherten sich ihrem Ohr, sie fühlte seinen warmen, rauchigen Atem, als er flüsterte: »Denn jeder, der nicht spurt, wird liquidiert. So einfach ist das.«

Linda glaubte ihm.[50]

Wien, Österreich, November 1997

Bayerl muß auf die beiden Mädchen großen Druck ausgeübt haben. Sie konnten sich ihm offenbar nur schwer entziehen, drei Wochen lang besuchte er die beiden Frauen täglich in deren Wohnung. Er hatte anscheinend die Fähigkeit, Menschen in seinen Bann zu ziehen, denn die beiden waren nicht die einzigen, die sich ernsthaft mit dem Gedanken beschäftigten, ihn auf seiner Mission zu begleiten.

Herbert Hoffmann ist ebenfalls Österreicher und auch er lebte damals bereits seit Jahren in Cairns. Auf ihn machte Bayerl einen fast noch stärkeren Eindruck als auf die beiden Frauen, jedenfalls ging Hoffmann noch einen Schritt weiter – er fuhr mit Bayerl auf der »Immanuel« aufs Meer hinaus. Beinahe hätte diese Ausfahrt in einer Katastrophe geendet.

Linda und Alex ließen es nicht so weit kommen. Sie versuchten sich von dem charismatischen Mann zu lösen, als die Angst unerträglich wurde. Sie fingen an, ihn zu meiden, doch es sollte Monate dauern, bis sie wieder völlig klar denken und ein normales Leben führen konnten.

Ich frage mich manchmal, wie so etwas funktioniert, was jemand wie tut oder sagt, um für derartige Theorien Anhänger zu finden. Die Überzeugungskraft dieses Mannes muß sehr groß gewesen sein, offenbar litt er selbst tatsächlich unter diesen Ängsten und übertrug sie äußerst wirkungsvoll auf seine Umgebung.

Ich muß unweigerlich an Heaven's Gate denken, eine amerikanische Sekte, deren Mitglieder auf Geheiß ihres Führers am 26. März 1997 kollektiven Selbstmord begingen. Obwohl nicht viele Gemeinsamkeiten zu Bayerls Doktrin bestehen, gibt es doch einen Berührungspunkt: der

Glaube an außerirdische Lebewesen, die unsere Erde beeinflussen. Auch Applewhite, der Führer der Sekte Heaven's Gate, glaubte an eine höhere Seinsebene in Form von Außerirdischen, zu denen er Kontakt aufnehmen wollte. Heaven's Gate ist für mich eines von vielen Beispielen, wie Menschen in den Bann von solchen Kulten geraten können, unabhängig von den Glaubensinhalten, die gelehrt werden. Applewhites Opfer glaubten so sehr an eine Rettung durch UFOs (für sie waren die Außerirdischen positiv gestimmt, im Gegensatz zu Bayerls Ansicht), daß sie kollektiven Selbstmord begingen, um durch den Kometen Hale Bob in einer andere Welt gebracht zu werden.

Bayerl ist oder war damals kein einsamer Verrückter, der seine selbstgezimmerte Theorie verbreitete und einige wenige genauso einsame Verrückte zufällig traf, die er damit beeindruckte. Ganz im Gegenteil. Es gibt Studien, wonach 48 Prozent der Amerikaner an die Existenz von UFOs glauben. Das sind 100 Millionen Menschen. 37 Prozent aller Amerikaner sind sicher, die Regierung der Vereinigten Staaten habe geheimgehaltene Kontakte zu Außerirdischen.[51] Ich kenne die Zahlen von Europa nicht, doch dürfte aufgrund der vorliegenden Zahlen die Ansicht gerechtfertigt sein, daß Bayerls Ideen dem Zeitgeist vieler Esoteriker entsprachen und vermutlich bis heute entsprechen, denn Kulte, die ähnliche Glaubensinhalte verbreiten, finden nach wie vor regen Zulauf.

Doch im Herbst 1997 interessierten mich die weltanschaulichen Thesen weit weniger als der geheimnisvolle Unbekannte auf Probsts Fotos. Ich fuhr also wieder nach Salzburg, um weitere Nachforschungen anzustellen.

Weder der Mann, noch die Frau, deren Wohnung er frequentierte, noch das Bregenzer Auto waren zu finden.

Am 19. Dezember fuhr ich erneut nach Salzburg. Ich hatte drei Tage Zeit, um erste Schritte für eine gezielte Suche einzuleiten. Ich besuchte meinen Kollegen Stefan*, den ich seit langem gut kenne.

Er arbeitete trotz der Kälte draußen hemdsärmelig, die ledernen Hosenträger spannten sich über seiner Brust, und er fuhr regelrecht zusammen, als ich sein Büro betrat. Er ist meist so in etwas vertieft, daß er leicht zu erschrecken ist. Aber er fing sich gleich wieder und leitete die Begrüßungsformel mit einer spitzen Bemerkung ein.

»Na, weiß man in Wien wieder einmal nicht weiter? Servus, wie geht's dir.« Das zweite war keine Frage, es klang mehr nach einer Feststellung, so als hätte er gesagt: Servus, jetzt habe ich überhaupt keine Zeit, danke, verzieh dich.

Der Fall Weißensteiner | 363

»Vielleicht bin ich nur gekommen, um euch mitzuteilen, daß unser Hauptquartier nach Salzburg verlegt wird. Ich schaue mir schon einmal das Büro an, das ich dann bekomme. Mhm, der Bürostuhl gefällt mir.«

Kaum zu fassen, aber für den Bruchteil einer Sekunde glaubte er mir das. Er baute sich vor mir auf, die Arme in die Hüften gestützt und starrte mich angriffslustig an. Die Länder müssen ein unglaubliches Mißtrauen gegen die Wiener hegen, ich glaube, sie trauen uns wirklich alles zu. Ich jedenfalls hatte, was ich wollte – seine Aufmerksamkeit. Und ich erzählte ihm, was ich von der Geschichte bisher wußte.

»Pfui, und ich darf dann sozusagen im Roma-Club arbeiten? Da ist es aber besser, wenn meine Mami das nicht erfährt.«

»Naja, für so etwas müssen wir halt auf unsere Feschesten zurückgreifen, mußt du ihr eben erklären.«

Wieder glaubte er mir für Sekunden, dachte ich jedenfalls, als er einen koketten Blick in den Spiegel über dem Waschbecken riskierte und sich über seine schwarzen Haarstoppel strich.

Als er sich wieder umdrehte, stand ein anderer Mann vor mir: die Schultern zurückgenommen, zwei Finger unter den Hosenträgern, eine Hand in der Hosentasche, die Augen zusammengekniffen und die Lippen zu einem spöttischen Lächeln verzogen. Er maß mich von oben bis unten mit dem Blick eines schmierigen Machos, der eine Frau begutachtet; dann trompetete er: »Na, Burli, gemma's an!«

Er würde einen Informantenkreis im Roma-Club aufbauen. So etwas braucht Zeit, Nerven und Energie. Man baut einen Informantenkreis nicht in zwei, drei Tagen auf, man braucht dazu Wochen. Die Vertrauensperson versucht in der Szene Fuß zu fassen, am leichtesten geht das über regelmäßige Besuche in dem Lokal. Er oder sie spricht mit Stammgästen, macht sich zum Stammgast und erhält so nach und nach Informationen. So funktioniert es im Prinzip, nach Lehrbuch. Ich weiß nicht, wie Stefan arbeitete, was genau er machte oder vorhatte, ich muß ehrlich sagen, ich will das auch gar nicht wissen.

Am nächsten Tag sprach ich zum ersten mal mit einer Zeugin, Stefanie Tögelhofer, die Bayerl 1993 gesehen haben will. Sie wirkte auf mich seriös und glaubwürdig. Aber den Mann auf den Fotos fand ich in diesen drei Tagen nicht. Schließlich hörte ich, daß er Mitte Dezember Österreich verlassen hatte, um in Spanien, Portugal oder Südamerika Frauen für die Salzburger Rotlichtszene zu organisieren. Ich erhielt diese Information von Probst, konnte aber bis heute keine Bestätigung dafür bekommen.

Am 22. Dezember fuhr ich nach Wien zurück, und die internationalen Ermittlungen begannen.

So stieg ich in die Sache ein. Das war der Anfang.

ÜBER DIE GRENZEN

Wien, Österreich, 23. Dezember 1997, Büro der Interpol

Es war an der Zeit, Hannes Gschwendt ganz einzuweihen. Ich hatte mittlerweile genug Material, um ihn zu überzeugen, jemanden an diesem Fall arbeiten zu lassen, und ich legte ihm dieses Material vor. Er nickte nur, während ich sprach, er unterbrach mich nicht.

Wir saßen in seinem Büro, von weihnachtlicher Stimmung war nicht viel zu bemerken. Der Docht der Bienenwachskerze auf dem Tannenzweiggesteck war noch weiß. Die große rote Schleife und die goldenen Tannenzapfen waren mit Schnee aus dem Spray verziert, in Weihnachtspapier gewickelte Geschenke auf seinem Schreibtisch und auf der Besucherbank waren die einzigen Attribute an die kommenden Festtage.

Ich berichtete ihm von meinem Gespräch mit Probst und dessen Vermutungen, Bayerl könnte in Waffen- und Drogenhändlergeschäfte verwickelt sein.

»Und, was ist dran?« wollte Hannes wissen.

»Ich habe lange darüber nachgedacht. In Einzelheiten spielt sicherlich die Phantasie Probsts eine Rolle. Aber nicht nur. Soviel ich bisher herausgefunden habe – bei weitem bin ich noch nicht durch den ganzen Akt – muß ich sagen, es besteht die Möglichkeit, daß Weißensteiner mit den Morden, für die er verurteilt wurde, tatsächlich nichts zu tun hatte. Ich finde, es ist was dran. Wir sollten es den Kollegen von der Mordkommission übergeben.«

Er stand auf, trat zum Fenster und schwieg eine Zeitlang. Dann sagte er: »Mach es selbst.«

Ich arbeitete eigentlich an einem anderen, aktuellen Fall und war überrascht von seiner schnellen und eindeutigen Reaktion. Er wollte mir den Fall übertragen, weil er meinte, ich sei schon ein wenig eingearbeitet. Aber ich hatte ihm noch nicht alles gesagt.

»Es gibt da noch etwas«, druckste ich herum. Ich reichte ihm die Liste mit den Namen der dreizehn Salzburger Polizisten. Er las sie durch, zog die Augenbrauen hoch und blickte mich fragend an.

»Ja?«

Ich wußte nicht, wie ich ihm das schonender beibringen konnte, also platzte ich mit den Vorwürfen heraus: »Es besteht ein Verdacht gegen diese Kollegen, den ich noch nicht überprüfen konnte.«

Wieder las er die Liste durch. Einige Namen waren ihm bekannt, über andere wußte er nichts. Ich konnte ihm lediglich ihre Dienstgrade und die Abteilungen nennen. »Sie sollen involviert sein.«

»Alle?«

»Alle.«

»Geht es um Korruption?«

»Sie sollen ›involviert‹ sein. Laut meinem Informanten ›stecken sie mit drin‹. Ich habe noch nicht herausgefunden, was genau damit gemeint ist. Mein Informant hat seine persönliche Sicht der Dinge. Er glaubt an einen Zusammenhang mit einem ausländischen Geheimdienst und denkt, diese dreizehn Leute hätten auch etwas damit zu tun.«

Hannes setzte sich. Noch einmal las er die Liste durch. »Ist der Verdacht begründet?«

»Ich habe keine Ahnung«, mußte ich gestehen. »Ich habe wirklich keine Ahnung.« Mir war klar, damit provozierte ich einen Auftrag, den ich ums Verrecken nicht wollte, aber es blieb mir nichts anderes übrig. Gegen Kollegen zu ermitteln ist so ziemlich das letzte, was einem passieren kann, aber Zimperlichkeiten konnte und wollte ich mir nicht erlauben. Ich hatte die vage Hoffnung, er würde jemand anderen damit beauftragen, aber natürlich täuschte ich mich.

»Finde es heraus«, sagte er leise. Wieder ging er zum Fenster, ich weiß nicht, wohin er dann schaut, ich glaube nirgendwohin. Wir haben kein Visavis, es gab an diesem Tag nur bedeckten Himmel zu sehen, es war so, als betrachte er eine Bildstörung im Fernsehen. »Das muß geklärt werden. Ohne Rücksicht.«

Und so begann ich mit ganz klassischen Ermittlungen gegen die Salzburger Polizei.

Salzburg, Jänner 1998, Polizeirevier

»Wenn du so weitermachst, ruinierst du noch die ganze Arbeit, dann können wir von vorne wieder anfangen.« Ich hatte Probst auf das Revier bestellt, wo wir in einem kleinen Zimmer auf abgewetzten Fauteuils aus den sechziger Jahren saßen. Von unseren Schuhen tropfte der Schneematsch, und hinterließ unter jedem Sitz eine braune Lache auf dem hellgrünen Fußboden. »Meine Kollegen hier fürchten, du verhältst dich zu auffällig.«

»Aber ihr tut ja nichts. Es geschieht nichts, was ist schon passiert in der ganzen Zeit? Der Manfred sitzt im Gefängnis, er hat schwere Magenprobleme, der hält das nicht mehr lange durch.«

»Deswegen kannst du nicht dauernd querschießen. Das sprengt noch unsere Informantenkette. Zur Zeit ist der Gesuchte gar nicht in Österreich, kein Mensch hat eine Ahnung, wo er sich aufhält. Mir sind die Hände gebunden, siehst du das nicht ein?«

Ich hatte erfahren, daß Probst in seinem Engagement häufig zu weit ging. Er fotografierte Leute, die den Roma-Club betraten, und fragte sehr auffällig herum. Ich nenne das »die Pferde scheu machen«. Aber das war nicht der einzige Grund, warum ich ihn um dieses Gespräch gebeten hatte. Ich fand, es war an der Zeit, endlich einmal etwas von Weißensteiner selbst in der Hand zu halten.

»Ich möchte, daß er mir einige Fragen beantwortet.«

Weißensteiner war scheu, vor allem gegenüber Behörden, also versuchte ich Probst als Vermittler zu gewinnen. Bat Probst ihn um Beantwortung meiner Fragen, so hoffte ich, würde es ihm leichter fallen, mir zu schreiben. Ich reichte Helmut meinen Katalog mit etwa zehn Fragen, und er versprach mir, sich darum zu kümmern.

»Wenn ihr anfangt, endlich etwas zu unternehmen, wird es sicher nicht schwierig, Manfred zu überzeugen, er soll dir das beantworten.«

Er lehnte sich zurück, betrachtete mich mißtrauisch und fing dann wieder an, sich in seinen Verschwörungstheorien zu ergehen. »Solange man aber nicht weiß, wer involviert ist, ist es ja vielleicht wirklich besser, er hält den Mund.«

Ich erklärte ihm, wir seien dabei, das alles zu überprüfen, und erpressen ließe ich mich schon gar nicht. Aber ich hatte den Eindruck, er wollte auf etwas anderes hinaus. Er sah sich um, entdeckte Coladosen in einem Aktenschrank, dessen Metalltüren nicht zugeschoben waren, fragte, ob er sich eine nehmen dürfe, und bediente sich auf mein Nicken hin. Mir schob er ein Glas hin und füllte es aus seiner Dose. »Ich weiß, wo er ist.«

»Wer? Der Mann auf deinen Fotos?«

»Bayerl. – Das *ist* der Mann auf meinen Fotos.« Offenbar dachte er darüber nach, ob er jetzt schon alles bekanntgeben sollte. Ich beschloß, ihn ein wenig in Ruhe zu lassen, und ging für einige Minuten aus dem Zimmer. Als ich zurückkam, hatte er sich entschieden. Er erzählte mir, was er wußte.

»Bayerl ist in Berlin. Er ist Mitglied der Odin Sekte, eine rechtsradikale Gruppierung, oder hat zumindest Kontakt zu dieser Gruppe. Sagt dir der Name der Gruppe etwas?«

Ich schüttelte den Kopf. »Ich bin nicht bei der Einheit, die sich mit politischem Extremismus beschäftigt. Ich kann mich aber erkundigen.«

»Tu das.«

Ich konnte Probst ansehen, daß das noch nicht alles war. Mit einer bestimmten Information hielt er noch immer hinter dem Berg. »Hast du noch etwas?«

Schließlich nannte er mir sogar den Decknamen, unter dem Bayerl in Berlin auftreten sollte. Er hatte seine Nachteile, dieser Probst, aber ich mußte zugeben, daß er auch sehr viel zustande bringen konnte.

Ende Jänner 1998 teilte mir Stefan mit, der Mann werde vermutlich im Februar nach Salzburg kommen. Zumindest seine Freundin hatte sich wieder für die Arbeit angemeldet und wurde für Mitte des Monats zurückerwartet.

Salzburg, Österreich, Mitte Februar 1998

Man spürt, wenn Bewegung in einen Fall kommt, man fühlt es, ohne genau zu wissen, warum. Man nähert sich der Lösung der Frage, die man aufzuklären hat, und obwohl noch nichts Konkretes passiert, und man nicht einmal genau weiß, ob überhaupt etwas geschehen wird, beginnt man sich darauf einzustellen. Ich rauche dann noch mehr. Ich bitte sogar, in einem Auto rauchen zu dürfen, mit Schildern, die sich nicht mit dem Verbotszeichen – der durchgestrichenen Zigarette – begnügen, sondern auf denen auch noch steht: »Danke!«.

Es war Stefans Privatauto, aber ich konnte mich nicht beherrschen. Er saß, die Ohrenschützer und den Schirm seiner Lammfellkappe tief ins Gesicht gezogen, am Steuer. So erinnerte er an einen russischen Kutscher; von dem Macho, den er mir vor kurzem präsentiert hatte, war nicht viel übriggeblieben. Er seufzte und schlug die Augen zum Himmel, als ich meine Zigaretten aus meiner Jacke holte, aber er erlaubte es mir.

Sie war wieder da. In ihrer alten Wohnung, in ihrem alten Job – das Mädchen aus Portugal. Ich sah sie aus ihrem Wohnhaus gehen – eine zierliche Gestalt in schwarzen langen Hosen, flachen Schuhen, ungeschminkt und mit einer straff gegürteten silbernen Daunenjacke. Sie trug eine Sporttasche von einem teuren amerikanischen Designer, als ginge sie zum Fitneßtraining. Als sie an uns vorbeischlenderte, hatte es den Anschein, als versuchte sie zu sehen, wer hinter unseren getönten Scheiben saß. Stefan sah sicherheitshalber in die andere Richtung, um nicht von ihr erkannt zu werden. Mir kam es vor, als lächle sie, doch dann ging sie schnurstracks zu ihrem BMW, stieg ein, ließ den Motor aufheulen und rauschte an uns vorbei.

»Sie ist seit einigen Wochen wieder in unregelmäßigen Abständen hier, und ich habe herausgefunden, wo sie sich in der verbleibenden Zeit herumtreibt.« Wir folgten ihrem Wagen in einigem Abstand.

»Schieß los.«

»Ich weiß noch mehr. Bayerl hat doch eine Narbe auf der Brust.«

»Ja, eine ziemlich große«, antwortete ich.

»Genau, eine große. Rate mal.« Wir näherten uns einer Ampel, das Mädchen war zwei Wagen vor uns und rutschte noch bei Gelb über die Kreuzung. Stefan wechselte die Fahrbahn, die für Rechtsabbieger reserviert war, und donnerte bei Rot geradeaus. Im Hupkonzert, das diesem eleganten Manöver folgte, ging meine Antwort fast unter.

»Gut, ich rate: der Unbekannte hat dieselbe Narbe.«

»Er hat jedenfalls eine Narbe auf der Brust, das ist sicher. Ob es dieselbe ist, kann ich nicht sagen. Außerdem«, jetzt hatten wir den BMW wieder in sicherer Nähe vor uns, Stefan bremste etwas zu abrupt, so daß unser Hintermann die Scheinwerfer blitzen ließ, »außerdem dreht er sich seine Zigaretten selbst.«

Wir erreichten den Roma-Club ohne weitere Zwischenfälle. Ihr Auto stand vor dem Lokal, sie war schon ausgestiegen und hineingegangen. Auf keinen Fall wollte ich jetzt schon mit ihr in Kontakt treten. »Wir müssen sie beobachten, aber sie darf nicht mißtrauisch werden.«

»Sie fährt zwischendurch immer nach Berlin, dort soll sich auch ihr Freund aufhalten.«

»Und Bayerl«, ergänzte ich. Mit Hilfe meiner deutschen Kollegen hatte ich versucht, mehr über die Odin-Sekte herauszufinden, doch niemand wußte etwas darüber. Zum damaligen Zeitpunkt war eine Gruppierung dieses Namens der Polizei unbekannt, was nicht viel heißen mußte. Auch im Internet fand ich keine Spuren; das bedeutete jedoch genausowenig.

»Was hast du über den Decknamen herausgefunden?« fragte Stefan.

»Keine Hinweise auf einen Mann dieses Namens. Gar nichts. Entweder er ist sehr vorsichtig oder das ganze war ein Hirngespinst. Aber nach dem, was du mir jetzt gesagt hast, glaube ich, er ist geschickt.«

»Ich weiß, wann sie das nächste Mal hinauffährt«, setzte Stefan noch eines drauf.

»Dann haben wir einiges zu erledigen.«

Es war an der Zeit, eine Observation zu beantragen und zu planen. Es ist schwierig, Observationen genehmigt zu bekommen, sie sind zeit- und personalaufwendig, mit einem Wort sehr teuer, daher wird dieses Mittel, vor allem bei grenzüberschreitenden Fällen, äußerst selten angewandt. Es hieß, sie führe regelmäßig nach Berlin, und ich beantragte eine grenzüberschreitende Observation mit dem deutschen Bundeskriminalamt. Ich bekam auch dort die Genehmigung, obwohl nichts gegen die Frau vorlag. Die Münchener und die Berliner Kollegen erklärten sich bereit, die Frau bei ihrer nächsten Fahrt nach Deutschland von uns zu übernehmen.

Die Sache lief schief.

Unsere Männer standen am Abreisetag, einem Freitag Mitte März, am Bahnsteig in Salzburg, doch die Frau kam nicht. Entweder war sie schon früher gefahren, oder sie hatte das Auto genommen, jedenfalls war sie nicht zu finden.

Aber wir hörten schon bald, sie würde wieder fahren.

Cairns, Australien, 14. September 1989

Dr. Saluay Kidson bat ihre Patientin, sich hinter dem Vorhang wieder anzukleiden. Sie streifte sich die Chirurgenhandschuhe ab, warf sie in den Abfalleimer und notierte dann ihre Untersuchungsergebnisse auf die Karteikarte.

»Leben Sie in einer festen Beziehung?« fragte die Ärztin. Die junge Frau war zum ersten Mal bei ihr, und sie kannte ihre Lebensumstände nicht. Sie war Engländerin, hieß Susan Zack, aber für das, was sie ihr zu sagen hatte, wollte sie vorher mehr von ihr erfahren.

»Ja. Ich habe einen Freund«, erwiderte das Mädchen.

»Und sie planen zusammenzubleiben?«

Susan kam hinter dem Vorhang hervor. Sie war blaß und wirkte nervös. »Was fehlt mir?«

Dr. Kidson lächelte sie herzlich an. »Nichts, Ihnen fehlt bestimmt nichts Schlimmes.«

»Oh nein, oh mein Gott!« erwiderte Susan.

Dr. Kidson sah, wie sie in sich zusammenfiel. Sie verlor noch mehr Farbe im Gesicht, ihre Lippen wurden weiß, und sie begann zu zittern. Die Ärztin bat sie, auf dem Besuchersessel Platz zu nehmen.

»Möchten Sie ein Glas Wasser? Ist Ihnen schlecht?« Sie eilte zum Waschbecken, füllte Wasser in ein Glas und reichte es der Patientin. Susan konnte nicht trinken.

»Ich bekomme ein Baby«, sagte sie tonlos. »Was soll ich nur tun? Was soll ich denn jetzt machen?«

Saluay Kidson versuchte, sie zu beruhigen. »Sehen Sie, sie stehen ganz am Anfang der Schwangerschaft. Viele Frauen, die nicht wirklich mit einem Kind rechnen, sind im ersten Moment etwas aus der Fassung, doch sehr oft gibt sich das, und sie planen dann das Kind in ihr Leben ein. Sie sehen es als Bereicherung, wenn der erste Schreck vorüber ist.« Die Frau war knapp dreißig Jahre alt, ein geradezu idealer Zeitpunkt für ein Kind.

»Aber Sie verstehen nicht. Mein Freund – der Vater des Kindes –, ich weiß nicht, was er dazu sagen wird.«

»Es ist natürlich oft für beide Elternteile eine Neuigkeit, an die sie sich gewöhnen müssen. Haben Sie schon einmal mit ihm über ein Kind gesprochen?«

Susan kannte Hartwig seit etwa fünf Monaten und nun sollte sie ihm beibringen, er werde Vater. Mit großen Augen sah sie die Ärztin an. »Es kann sein, daß er das überhaupt nicht will.«

»Leben Ihre Eltern noch? Haben Sie Arbeit?«

Susan hatte Mühe, auf diese Fragen zu antworten. All ihr Denken schien nur um ihren Freund zu kreisen, dessen Reaktion sie fürchtete. »Meine Eltern leben in England. Ich bin dort aufgewachsen und habe Pharmazie studiert. Danach habe ich einige Zeit in England als Pharmazeutin gearbeitet.«

»Und dann sind Sie nach Australien gekommen?«

Susan nickte. »1986 zum ersten Mal, zwei Jahre später fuhr ich wieder nach England zurück. Ich vermißte meine Familie und meine Freunde. Als ich das nächste Mal nach Australien kam, fand ich Arbeit bei der Tropical Pharmacy Company. Und dann ...« Sie hielt die Hand vor die Augen und begann leise zu weinen.

Ihre Erscheinung ließ darauf schließen, daß Susan zu besseren Zeiten ein lebensfroher, vitaler Mensch war, doch viel von einer selbstbewußten Frau war im Augenblick nicht übrig. Sie erweckte den Eindruck, als stünde sie unter großem Druck. »Und dann lernte ich Hartwig kennen. Wir bauen zusammen ein Schiff und gehen bald auf große Reise.« Sie machte eine kurze Pause. »Er wird das Kind nicht wollen.«

»Ich stehe natürlich jederzeit zu Ihrer Verfügung, wenn Sie möchten, kann ich mit ihm sprechen.«

»Wir müssen doch fort! Wir müssen weg.« Dr. Kidson reichte ihr ein Taschentuch, mit dem Susan ihre Tränen abwischte. »Wann wird es denn zur Welt kommen?«

Dr. Kidson errechnete den Geburtstermin für Ende April 1990. Die Nachricht versetzte Susan erneut in Aufregung.

»Aber wir verlassen Cairns. Wir fahren auf See, er wird nicht wollen, daß ich mit einem Kind ...«

Sie konnte nicht weitersprechen. Dr. Kidson notierte auf die Karteikarte, Susan Zack sei physisch und psychisch in einem so schlechten Zustand, daß ein Selbstmord nicht auszuschließen sei. Sie sprach beruhigend auf die Patientin ein, aber die Sorgen und Ängste der jungen Frau schien sie nicht vertreiben zu können.

Als sich Susan etwas gefaßt hatte, vereinbarten sie einen nächsten Termin. Susan zog eine Abtreibung in Townsville in Erwägung, versprach aber, den nächsten Termin bei Dr. Kidson unbedingt einzuhalten.[52]

»Wir brauchen noch Riggs, aber sie müssen doppelt so stark sein, wie die alten.«

Leonard Campbell betrieb ein Geschäft für nautische Geräte in Cairns und kannte die junge Frau, die seit Monaten bei ihm Sachen für die »Immanuel« kaufte. Er kannte das Schiff und war nicht der einzige, der sich über die Renovierungsarbeiten wunderte. Susan kaufte nur das beste Equipment, das zum Teil in Übersee bestellt werden mußte. Der Mast war so hoch und dick, daß er für ein zweimal so großes Schiff gereicht hätte. Die Solaranlage, mit der man aus Salzwasser Süßwasser machen konnte, war die teuerste und modernste, die zur Zeit auf dem Markt erhältlich war.

»Susan, mit diesem Boot könnt ihr ja bald einen Kanonenangriff überstehen«, scherzte Leonard.

»Das ist gut so«, erwiderte sie ernst.

Sie hatte sich verändert, seit sie zum ersten Mal in sein Geschäft gekommen war. Damals war sie das, was er als »sophisticated« bezeichnete, eine gute Erscheinung, gepflegt und attraktiv. Doch im Laufe der Monate, in denen sie mit Hartwig zusammen war, achtete sie nicht mehr auf ihr Äußeres. Sie verfiel zusehends und schien sich über irgend etwas große Sorgen zu machen. Sie hatte sich von einer vernünftigen Frau, die wußte, was sie wollte, zu einem Wesen entwickelt, das offenbar keine Kontrolle mehr über das eigene Leben hatte. Sie hatte bei ihm Unmengen an Seekarten gekauft, an die 150 Stück, viele Bücher über das Segeln im Pazifik und Navigationsinstrumente. Es war ihr Geld, mit dem sie bezahlte, letztlich waren es an die 100 000 australische Dollar, die sie in das Unternehmen investierte.

Als Susan das Geschäft verließ, wandte sich Leonard an seine Frau: »Sie kann einem wirklich leid tun, die Kleine. Wenn ich bedenke, wie sie vor einigen Monaten war – naiv, ja, und auf der Suche nach jemandem, der sie auf einen Segeltörn mitnimmt. Nun, den scheint sie gefunden zu haben, aber ob das der ist, den sie sich vorgestellt hatte?«

»Sie hatte doch viele andere Bekannte in der Yachtszene, galt als junges, reiches Mädchen, mit dem man Spaß haben konnte. Warum hat sie sich mit dem Österreicher nur eingelassen?«, erwiderte seine Frau.

Susan hatte sich wahrscheinlich einfach nur furchtbar verliebt.

Doch die Septembertage waren weder harmonisch noch romantisch, jedenfalls nicht auf der »Immanuel«.

Hartwig drängte immer ungeduldiger darauf, startklar zu machen und das Schiff endlich vom Stapel zu lassen. Kaum gönnte er Manfred eine Pause und auch er und Susan arbeiteten Tag und Nacht daran, wie Bekannte bemerkten.

Ab und zu kam jemand an Deck, um mit Hartwig zu schwatzen, doch niemand sprach jemals mehr als eine Begrüßungsfloskel zu Manfred. Höchstens wurde er ihnen mit Vornamen vorgestellt, dann ging er unter Deck und man konnte ihn sägen, schleifen, hämmern oder bohren hören.

Gemeinsame Gespräche der drei auf dem Schiff zusammen lebenden Personen gab es selten. Entweder unterhielten sich Hartwig und Susan, Hartwig und Manfred oder Susan und Manfred miteinander.[53]

In den Stunden, wenn es auf der »Immanuel« ruhig war und niemand daran werkte, schimmerte gelbliches Licht durch die Bullaugen, hinter denen die drei dann saßen, über die Bibeln gebeugt, die sie studierten. Fünf, sechs dieser Bücher lagen auf dem Stahlboden, auf dem sie Dekken ausgebreitet hatten. Sie hockten im Kreis und diskutierten die Schriften, versuchten Unterschiede der einzelnen Ausgaben zu deuten und herauszubekommen was es nun genau mit den Prophezeiungen auf sich hatte. Alchimisten gleich, die früher im Verborgenen nach dem Geheimnis des Goldes forschten, versuchten sie die Heilige Schrift zu ergründen und sie Hartwigs Vorstellungen von der Welt anzupassen. Wichtige Stellen unterstrich er, schrieb Randbemerkungen dazu und hatte für alles eine einleuchtende Erklärung.

Damals konnte Susan abends noch das Schiff verlassen. Allen Ylstra war Kranführer im Dock und sah sie öfters in Hartwigs Auto sitzen. Stundenlang war sie dort und weinte.

In den letzten Septembertagen war es soweit. Die »Immanuel« war bereit, vom Stapel gelassen und als schwimmende Festung erstmals getestet zu werden. Die 20 Millimeter dicken Stahlwände waren ordentlich verschweißt, die Luken dicht, die Segel gesetzt.

Sie war mittlerweile ziemlich schwer, die Skipper im Cairns Yacht Club schüttelten bei ihrem Anblick die Köpfe. Sie lag viel zu tief, erweckte den Eindruck, bei dem ersten stärken Seegang unweigerlich zu sinken. Hartwig hielt jedoch eisern an dem Glauben fest, sie sei unsinkbar, und war überzeugt, die Ausfahrt würde ein Erfolg werden.

Um sich hundertprozentig zu versichern, sie böte genug Schutz für den Weltkrieg, beschloß Hartwig, die kugelsicheren Bullaugen zu testen.

Er feuerte Gewehrsalven auf das Glas, ein Fenster hielt dem Geschoß nicht stand, es zersprang.

Niemand war wirklich überrascht, als sie kurze Zeit später in den Hafen zurückkamen mit einer schwer lecken »Immanuel«, enttäuscht, niedergeschlagen, dennoch bereit, alles zu tun, um sie zu reparieren und es noch einmal zu versuchen. Hartwig bestellte neue Bullaugen mit noch stärkerem Glas und ließ alle Fenster austauschen, auch jene, die seine Attacken ausgehalten hatten.

Aber nicht nur dem Schiff trauten die Leute nicht zu, eine Fahrt auf hoher See nicht zu überstehen. Auch die mangelnde Erfahrung im Führen eines Schiffes aller drei war bekannt. Nur Susan wußte ein wenig vom Segeln, die beiden Männer verließen sich wohl auf sie.

Hartwig wurde immer ungeduldiger und trieb Manfred zu mehr Arbeit an. Susan erging es meist noch schlechter.

Eines Abends stand Manfred an Deck, die beiden anderen waren noch unten in der Kajüte, wo sich das Geschirr im kleinen Waschbekken türmte und Hartwigs Zigarettenstummel aus den Blechbüchsen hervorquollen. Zu seiner Linken zeichneten die Strahlen der untergehenden Sonne geheimnisvolle rotgoldene Buchstaben aufs Meer, das wie eine riesige Laufschrifttafel mit Hieroglyphen in einer ihm unverständlichen Sprache aussah. Er hörte Hartwig aus der Bibel zitieren, er konnte nicht alles verstehen, denn drüben auf dem Nachbarschiff ratterte ein Generator, aber manchmal sprach Hartwig so laut, daß er das Geräusch der Maschine übertönte.

Erneut erklärte er Susan, die Freimaurer hätten alles angezettelt, und sie würden alle zugrunde gehen, wenn sie nicht bald hier raus kämen. Susans Antwort war nicht zu hören, vielleicht weinte sie.

Es begann mit einer zerberstenden Flasche, dann ein blechernes Scheppern, Schritte, dumpfe Geräusche, als würde etwas gegen die Stahlwände geworfen. Es gibt nicht viel, das man umstoßen kann auf einem halbwegs seetüchtigen Schiff. Alle Dinge sind sturmsicher befestigt, vernietet, vernagelt, angeleint, dennoch knallte etwas auf den Boden, das sich anhörte wie ein umgeworfener Sessel. Vielleicht war es nur eine Kiste, ein Stoß Bücher oder ein großer Topf. Vielleicht war es auch nur eines der beiden Gewehre, die an der Kojenwand hingen.

Der Generator hörte auf zu brummen, das Wimmern konnte er jetzt hören, abgelöst von Hartwigs Brüllen, ein schriller Schrei, der forderte, er solle aufhören, aber die Stimme war völlig ohne Kraft. Es hörte nicht auf. Es ging weiter.

Manfred sollte einschreiten, das wußte er. Aber er tat es an jenem Abend nicht, als er zum ersten Mal Zeuge der Gewalttaten Hartwigs wurde. Und auch später, wenn sich die Szenen in immer kürzeren Abständen wiederholten, schritt er nicht ein.

Er machte sich dadurch mitschuldig, das war ihm bewußt. Manfred hatte vielleicht noch mehr Angst vor Bayerl als Susan.

Was wäre gewesen, hätte Susan gewußt, daß der Mann, den sie liebte, schon öfter gegen seine Freundinnen gewalttätig geworden war? Hätte sie gedacht, sie werde ihm dazu keinen Anlaß geben, ihre Liebe und ihr Vertrauen seien stärker und größer als seine »Schwäche«? Oder hätte sie ihm, bevor es zu spät war, die Tür zu ihrem Leben vor der Nase zugeschlagen?

Niemand weiß es. Alles, was man heute weiß ist, daß dies erst der Beginn war. Was für sie folgte, war noch weit schlimmer.[54]

LETZTE LEBENSZEICHEN

Wien, Februar 1998, Büro der Interpol, Videoraum

»Einmal bedrohte er mich mit einem großen Messer. Er war sehr eifersüchtig und erlaubte keiner Frau, die mit ihm zusammen war, einen anderen Mann anzusehen. Aber er nahm sich die Freiheit, seine Frauen zu betrügen. Während unseres Zusammenseins hatte er mindestens fünf Affairen.«[55]

Die Frau sprach mit leiser Stimme in das Mikrophon. Sie stand vor dem Gerichtsgebäude in Cairns und erzählte einem Reporter von ihrer Zeit mit Hartwig Bayerl.

Das Video mit dem Interview befand sich in den Akten, auf derselben Kassette ist auch ein Gespräch mit den Eltern Bayerls aufgezeichnet. Als ich es mir in unserem fensterlosen Videoraum mit den abgenützten Schnürlsamtmöbeln ansah, war ich wenig überrascht über die Aussagen Margarita Lukas, die fünf Jahre seine Lebensgefährtin gewesen und mit ihm nach Australien ausgewandert war.

»Er war charismatisch und hatte unglaublich große Augen. Er faszinierte Menschen. Sie waren mesmerisiert«, schilderte sie.

Bayerl besuchte Australien erstmals 1981 für einige Monate. In den Jahren davor, zwischen 1974 und 1976, arbeitete er auf einem Containerschiff und befuhr dabei ein Gebiet, in dem sich später auch Manfred Weißensteiner mit der »Immanuel« aufhalten sollte. Er war damals etwa 20 Jahre alt. In der Nähe der Marshallinseln – Weißensteiner wurde auf diesen Inseln verhaftet – entdeckte Hartwig eine gesunkene Dschunke mit einer Schatzladung, die er später einmal heben wollte.[56]

1979 gibt es die Vormerkung über Hartwig Bayerl bei der Salzburger Polizei wegen Drogendealerei.

Anfang der achtziger Jahre lernte er die Tirolerin Margarita Luka[57] kennen, 1983 beschlossen die beiden, sich am anderen Ende der Welt niederzulassen. Sie lebten in diesem Haus in Adelaide. Fünf Jahre hielt die Beziehung, die beiden trennten sich Anfang 1986, blieben aber gut befreundet.

Hartwig sei ein außergewöhnlicher Mensch gewesen, hörte ich Margarita sagen: »Nicht ein Durchschnittstyp. Er war sehr unternehmungslustig und ein Abenteurer sicher auch, er wollte viel von der Welt sehen und seine eigenen Ideen verwirklichen. Eine dieser Ideen war es, eine Yacht zu besitzen, zu segeln, eine eigene Insel zu finden, auf der er sich niederlassen konnte.« Er habe Susan geliebt und geleugnet, nur wegen ihres Geldes mit ihr zusammen zu sein.[58]

Auch in der Zeit, in der sie mit ihm zusammen war, studierte er die Bibel. »Er entnahm aus ihr, daß ein Atomkrieg zwischen 1991 und 1993 kommen werde. Darum wollte er sich absetzen und diese Insel finden.«[59]

Zum letzten Mal sah sie ihn einige Monate vor seinem Verschwinden, im Juni 1989 in Cairns.[60]

Zum religiösen Fanatiker wurde Bayerl laut Aussage Machi Konbos' erst nach der Begegnung mit einem »Wiedergeborenen Christen« auf den Philippinen. In den achtziger Jahren lebte Machi mit Hartwig zusammen.

Machi Konbos war die Frau, die er für Susan verließ, vierzehn Tage nachdem er die Engländerin kennengelernt hatte, also im April 1989. Von ihr ist nichts bekannt, als das, was sie am 14.5.1991 vor dem Supreme Court in Cairns über ihre Beziehung zu Bayerl aussagte. Nicht einmal ihr richtiger Name konnte festgestellt werden: sie wird als »Miss Konbos« oder auch »Kondos« erwähnt. In den Gerichtsakten des Court of Appeal und des High Court taucht ihr Name gar nicht auf.

Es muß ein aufregendes, abwechslungsreiches Leben gewesen sein, das er ihr bot. Sie trampten nach Europa, lebten dann mehrere Monate in der Wildnis, auf der Kimberly-Ranch und trainierten das Überleben in freier Natur unter Schlangen und Krokodilen. Er nützte die Zeit, um noch tiefer in die Geheimnisse des Alten Testaments einzudringen.

Hartwig schürfte in jenen Jahren Opale und hatte offenbar auch Glück dabei, es soll ihm laut Aussage seiner Eltern eine Kiste mit Opalen im Wert von etwa 2 Millionen Schilling kurz vor seinem Verschwinden abhanden gekommen sein. In Cairns schliff er sie und verkaufte sie auf dem Markt.

Eine Begegnung mit einem »verrückten Ex-Missionar auf den Philippinen, der ihn mit seinen irren Theorien in seinen Bann gezogen hat«, veränderte Hartwig, der danach »nur noch für sein Schiff und die Flucht vor dem Bösen« gelebt habe, erinnert sich Machi, die glaubt, Hartwig

Der Fall Weißensteiner | 379

hätte die »Immanuel« niemals verlassen, denn er war überzeugt, das Schiff wäre sein Ticket zu einem sicheren Ort.

Auch ihr predigte er seine Thesen vom Weltuntergang, den Freimaurern, die alles kontrollieren würden, den Kreditkarten, die ein Werkzeug Satans seien, von der Konspiration der Bösen auf der Welt gegen die Guten. Alle Menschen würden von diesen Gruppen gelenkt. UFOs kontrollierten die Welt. Armageddon sei nahe.

»Er war krankhaft eifersüchtig und hat mich geschlagen«, bekannte die Frau vor Gericht.

Über seine Persönlichkeit äußerte sie sich ähnlich wie die Eltern Susans: »Er war arrogant und wurde aggressiv gegen Leute, die nicht an seine Theorien und Warnungen glaubten. Er würde nur mit Leuten reisen, die seiner Meinung waren.«[61]

Cairns, Australien, Oktober 1989

Allan Ylstra sah Susan nicht mehr weinend in Hartwigs Wagen sitzen.

Hartwig und Susan hatten begonnen, die Verbindungen zur Außenwelt abzuschneiden.

Zu Anfang des Monats Oktober war die »Immanuel« wieder im Trokkendock im Hafen von Cairns, an der Trinity Inlet, zwischen dem fashionablen Ambiente des Cairns Yacht Club und den Industriehallen der Zuckerfabrik. Wenn man vom Pier aus auf die Segelschiffe, die zwischen Holzpfählen ankern, schaut, hat man fast den Eindruck an einem Gebirgssee zu sein, denn die Ufer der Bucht sind grün. Einem Krokodil gleich kriecht der Regenwald über die Berge hinunter ins Meer und begräbt die Stadt fast unter sich.

An Samstagen und Sonntagen legte sich Hartwig seine Kette mit dem großen Opal um den Hals, schulterte die mit Steinen prallgefüllte Umhängetasche und ging zum Markt, um sie dort anzubieten. Schon früh machte er sich auf den Weg Richtung Grafton/Spence Street, dort, wo das Café Mozart war. Es herrschte eine Atmosphäre wie zur Zeit der Hippies, neben exotischen Früchten wurden Trödelwaren und Handwerksarbeiten aus der Region angeboten; die meisten Reiseführer priesen diesen Markt als einen der spektakulärsten der Gegend an. Den Touristen, die um diese Zeit noch immer an die Küste strömten, saß das

Geld lockerer im Beutel, und die Chancen für gute Geschäfte waren hervorragend.

Manchmal, wenn Susan von ihrer Arbeit zur »Immanuel« kam, duschte sie, kleidete sich wieder an und verließ Trinity Inlet noch einmal, um in die Sheridan Street, eine breite Geschäftsstraße, die parallel zur Esplanade verläuft, zu gehen. Sie traf sich dort mit Michael Kennedy, einem Manager und Bekannten Hartwigs.

Zum letzten Mal besuchte sie Michael am Freitag den 27. Oktober 1989.

Die Jalousien waren heruntergezogen, im Büro war es dämmrig und verglichen mit den Temperaturen draußen, angenehm kühl. Er öffnete seine Schreibtischschublade und überreichte ihr ein Kuvert.

»Die letzte Rate. Zählst du nach?«

Sie steckte es ungeöffnet in ihre Tasche. »Damit gehört dir jetzt mein Auto. Ich wünsche dir viel Glück«, erwiderte Susan, aber es klang beiläufig.

»Ich habe Hartwig länger nicht gesehen. Ist nicht heute der Tag, an dem er seine Versammlungen abhält?«

Susan war unkonzentriert und verstand seine Frage nicht sogleich. Überhaupt schien sie ihm in letzter Zeit recht merkwürdig, fahrig und nervös, aber das konnte auch an der bevorstehenden Abreise liegen und mußte nicht viel bedeuten.

»Macht er das nicht mehr? Damals, als ich es einmal sah, hatte er ungefähr 20 Leute in seinen Bann geschlagen, es ist unglaublich, nicht war? Sie sind alle fasziniert von ihm.« Abgesehen von seinen Glaubensinhalten hielt Kennedy ihn für einen ziemlich smarten Typen.

Susan zuckte die Schultern. »Wir werden bald abreisen und endlich im Pazifik segeln. Wir müssen uns beeilen wegen der Zyklone. Sie beginnen ja schon im November und hören erst im März wieder auf. Das wäre dann viel zu spät«, sagte Susan, vergewisserte sich noch einmal, daß sie das Kuvert eingesteckt hatte und machte sich dann wieder auf den Weg ins Dock, um Hartwig nicht warten zu lassen.[62]

Er war noch nicht zurück, sie hockte sich auf ihr Bett, die Beine angezogen und das Gesicht auf die Knie gestützt, und zählte die Schreie der Möwen. In letzter Zeit kam er häufig sehr spät heim, er war oft im Le Fettuccine, einem italienischen Restaurant, dessen Besitzer ebenfalls Salzburger war.

Hartwig glaubte, in ihm wieder jemanden gefunden zu haben, den er vor dem Armageddon retten konnte.

»Wie geht es voran? Wie weit seid ihr denn?« fragte Herbert Hoffmann. Ein Kellner brachte eine Flasche Chianti an den Nebentisch, der dieselbe Farbe wie das Jackett des Obers hatte. Fachkundig entkorkte er die Flasche und füllte die langstieligen Gläser. Es roch nach Oregano, Parmesan und dem zu starken Eau de Cologne des Tischnachbarn. An dem Tisch saßen zwei Ehepaare, die Damen mit Hüten aus Organza, die Herren in Dinnerjackets und mit goldenen Uhren. Hartwig zog an seiner Selbstgedrehten und blies den Rauch über die Flamme der Tischkerze, so heftig, daß sie erlosch.

»Paff! So wie der Kerze wird es denen allen ergehen«, kommentierte er, wobei er zu den Gästen am Nebentisch deutete. »Gut, denen wahrscheinlich nicht. *Die* werden es überstehen.« Er verzog den Mund abfällig, als er »Lizards« zischte.

Das »Le Fettuccine« war, wie meistens, gut besucht. Seit kurzem kam Hartwig regelmäßig mit seiner Bibel und wartete, daß Herbert sich zu ihm setzte. Er war der Besitzer des Lokals, nahm sich aber oft Zeit für ein Gespräch mit ihm.

»90 Prozent werden ausgelöscht, wie die Flamme.«

Herbert zündete sie wieder an. Er schnippte mit den Fingern, sofort kam ein Kellner angerauscht. Herbert bestellte Spaghetti Carbonara für Hartwig und Lasagne für sich. »Was ist nun mit der ›Immanuel‹? Ist sie bald fertig?«

Wieder saugte Hartwig den Rauch tief in die Lungen, bevor er ihn so heftig wie zuvor ausstieß, diesmal aber ohne die Kerze auszublasen. »Sicher. Wenn du willst, kannst du die Probefahrt – eigentlich ist es die ›Jungfernfahrt‹ – mitmachen.«

Herbert besaß selbst ein Schiff, das er ebenfalls umbaute, und das Angebot reizte ihn. »Wann ist es denn soweit?«

»Bald. Sonst wird es nämlich für uns alle zu spät sein.«

»Setz mich für die erste Ausfahrt auf die Passagierliste, ich will sie einmal in voller Fahrt erleben«, freute sich Herbert.

»Gut. Aber dabei sollte es nicht bleiben. Wenn du nicht draufgehen willst, machst du mit. Hast du dir nie überlegt, alles hinter dir zu lassen und einfach auszusteigen?« Der Ober servierte das Essen, Hartwig senkte seine Stimme ein wenig, sprach aber weiter: »Kannst du dir nicht vorstellen, auf einer Insel zu leben, unter Palmen, an einem weißen Strand, keine Sorgen mehr zu haben und nicht mehr einfach nur eine Nummer zu sein? Hast du nie davon geträumt?«

Wer hatte das nicht? Herbert kannte kaum jemanden, der sich das nicht schon einmal vorgestellt hatte, doch wer schnürte schon sein Bündel und spielte Robinson im wirklichen Leben? Noch nie war er jemandem begegnet, der so ernsthaft wie Hartwig darangegangen war, diesen Traum in die Tat umzusetzen. Er bewunderte ihn. Hartwig war in seinen Augen ein überaus intelligenter Mann, der eine große Überzeugungskraft besaß, und seine Ideen, das mußte er zugeben, hatten viel für sich.

»Unsere Gesellschaft ist doch völlig degeneriert, wir sind der Willkür anderer ausgeliefert. Das ist zum Lachen, daß wir das mitmachen, das gibt es doch nicht, wie die Leute sich zum Narren machen! Aber mit mir nicht mehr. Ich habe genug. Du wirst sehen, wenn der Jüngste Tag anbricht – und das wird schon sehr bald sein –, dann wird ihnen ein Licht aufgehen, aber dann wird es zu spät sein.«

»Ich habe hier mein Geschäft, mein Haus und meine Yacht. Soll ich das alles aufgeben?«

»Du wirst es nicht mehr brauchen, wenn du tot bist.« Er rollte mit großer Fingerfertigkeit die Spaghetti auf seine Gabel und schnaubte laut wie ein Pferd. ›Macht nur Pläne! Sie werden vereitelt. Was ihr auch sagt, es kommt nicht zustande. Denn Gott ist mit uns‹. Oder glaubst du, dein Haus übersteht einen Atomangriff? Du hast ja nicht einmal Vorräte für die erste Zeit danach. ›Rüstet nur! Ihr werdet doch zerschmettert. Rüstet! Ihr werdet zerschmettert‹. Steht alles im 8. Kapitel des Jesaja. Selbst wenn du überlebst – was willst du essen, was trinken, wenn alles verseucht ist?«

In diesem Punkt mußte Herbert ihm recht geben. Natürlich war die Gesellschaft degeneriert, die Welt irgendwie am Ende, jeder unterlag Zwängen und Kontrollen, er als Geschäftsmann konnte ein Lied davon singen. Man arbeitete sich krumm und schief, nur damit schläfrige Beamte die Eselsohren der Regierung wieder geradebiegen konnten. Trotzdem hatte er Zweifel, alles einfach hinzuschmeißen und sich auf eine entfernte Insel abzusetzen.

»Wie willst du denn dort überleben?«

»Wir haben einen Großteil schon mit an Bord. Natürlich, wenn du dich entschließt mitzumachen, dann mußt du mit einer größeren Summe rechnen, das kostet etwas, keine Frage. Wir müßten Zusatzgeräte und Vorräte besorgen, alles würde sich verteuern, aber das spielt ja wohl keine Rolle, oder?«

In den letzten Tagen hatte Hartwig ihm alles genau erklärt, alle Zusammenhänge geschildert und ihn so eindringlich vor der Katastrophe gewarnt, daß Herbert von Hartwigs Ideen überzeugt war.

»Was ist dir denn mehr wert – deine Besitztümer oder dein Leben, noch dazu in einem Paradies? Ich weiß, wie man Schafe züchtet und Hühner hält, ich kann Gemüse anbauen, ich habe monatelang in der Wildnis gelebt, ich kann überleben. Und du kannst es auch.«

Sicher könnte er. Es war nur die Frage, ob er tatsächlich einen Schlußstrich unter ein Leben ziehen wollte, das bei näherer Betrachtung vielleicht doch nicht so schlecht war.

Einige Tage später war Herbert zusammen mit Hartwig, Susan und Manfred an Bord der »Immanuel«. Sie lichteten Anker und fuhren die Trinity Inlet hinaus aufs offene Meer, auf die Korallenbänke des Great Barrier Reef zu, das, wie es heißt, größte natürliche Bauwerk der Welt.

Die Aufregung der vier war groß. Hartwig versuchte, den Kurs zu halten, Manfred schwieg zwar, wurde aber ziemlich blaß und Susan schien als einzige wenigstens halbwegs zu wissen, wie man das Schiff manövrierte. Herbert beobachtete vom Bug aus Hartwigs Versuche, im Cockpit Herr der Situation zu werden. Nervös kontrollierte er ständig die Anzeigen auf den Navigationsgeräten und schien keine Ahnung zu haben, was er tun mußte, wenn ein Lämpchen aufleuchtete oder ein Zeiger ausschlug.

Die »Immanuel« lag ziemlich tief im Wasser, sie war schwer und behäbig geworden, und als sie das Delta verließ und den Pazifik vor sich hatte, erinnerte sie an ein sehr müdes, sehr altes Schlachtroß, das noch einmal in den Kampf gepeitscht wurde und sich mit letzter Kraft bemühte, seinen Herrn nicht zu enttäuschen. Eine Rosinante der Meere mit einem Don Quichotte, der gegen UFOs ritt, und seinem Gefolge auf dem Rücken, so schaukelte sie gegen Osten.

Sie warf sie nicht ab, auch wenn es fast so weit gekommen wäre, als Hartwig haarscharf an einem Riff vorbeijonglierte. Herbert sah es kommen und warnte den Skipper, doch der wußte einfach nicht, wie er in solch einer Situation reagieren sollte. Susan sprang ein, mit vereinten Kräften konnten sie das Schlimmste verhindern, und nachdem sie alle sich von dem Schrecken erholt hatten, jubelte Hartwig »Sie fährt! Sie schafft es! Sie kann den Ozean bezwingen!« Die anderen stimmten nach und nach ein.

Hartwig war nun sicher, durch die – in seinen Augen gelungene – Probefahrt, einen neuen Mitstreiter gewonnen zu haben. Herbert war durch das Erlebnis eher geschockt als motiviert, doch Hartwig verstand es, alle Bedenken wegzuwischen.

»Dieses Schiff kann nicht sinken«, glaubte er, »denn sie ist dazu bestimmt, uns zu retten! Hast du dich endlich entschieden?«

»Hör zu, Hartwig, ich weiß es noch nicht. Wahrscheinlich, ja. Du hast wahrscheinlich recht.« Sie fuhren wieder in die Trinity Inlet ein, diesmal manövrierte Susan, er und Hartwig standen am Bug und sahen das Ufer näherkommen.

»Und, was hast du schon unternommen? Hast du dich um den Verkauf des Hauses schon gekümmert? Du hast nicht mehr viel Zeit, wir fahren bald endgültig weg. Du wirst es bitter bereuen, wenn du nicht dabei bist.«

Außerdem brauchte Hartwig für die Anschaffungen, die Herberts Entschluß erfordert hätten, Geld.

Es hatte eine Zeitlang den Anschein, als käme Herbert auf die Reise mit. Er sagte noch nicht ganz fix zu, doch versprach er, es sich noch einmal genau zu überlegen und ihm dann Bescheid zu geben, obwohl Hartwig auf eine rasche Entscheidung drängte. Zwei Wochen lang besuchte Hartwig ihn täglich, redete auf ihn ein, stellte ihm Fragen, die er nicht beantworten konnte und kam mit Erklärungen, die Herbert ängstigten. Herbert bewunderte die Intelligenz seines Freundes, seine Überzeugungskraft und das umfangreiche Wissen, das er sich angeeignet hatte.

Als es soweit war, und er eine endgültige Entscheidung treffen mußte, wog er noch einmal alle Für und Wider ab. Er betrachtete sein Leben von allen Seiten und fragte sich, ob es tatsächlich so schlecht sei, daß er es aufgeben müsse. Sicher, er lebte nicht den Traum von Freiheit auf einer einsamen Insel, aber es gab Schlechteres. Er versuchte zu verstehen, was mit ihm geschehen war, warum er so sehr auf Hartwig hörte, und er fand darauf keine Antwort. Er fühlte, etwas war falsch an der Sache, er wußte nur nicht genau was. Natürlich hatte auch er Angst vor dem Szenario, das Hartwig ihm ständig ausmalte. Er wollte diese Angst loswerden und begriff, daß es dazu nur einen Weg gab.

Als sie sich das nächste Mal trafen, und Hartwig ihn wieder fragte, ob er mitkäme, sagte er nein. »Ich habe mich entschieden. Ich fahre nicht mit.« Ernst und, um seine Unsicherheit zu überspielen, sehr bestimmt, fügte er hinzu: »Und ich bitte dich auch, mich nicht mehr zu besuchen.«

Herbert Hoffmann brach daraufhin jeden Kontakt zu Hartwig Bayerl ab.[63]

November 1989

Die »Immanuel« hatte ihren fixen Ankerplatz im Hafen von Cairns, seit sie die Probefahrt bestanden hatte. Daß in Berlin die Mauer fiel, bekamen die drei am Rande mit. Die »Immanuel« war endlich auf Wasser, das war viel wichtiger, so gewöhnte man sich langsam an das ewige Schaukeln. Kleinigkeiten waren immer wieder zu reparieren: Das Besteck mußte in der Lade fixiert werden, weil es sonst unaufhörlich klapperte, die Konservendosen unter den Betten wurden abgesichert, damit sie nicht beim ersten stärkeren Wind durch die Koje flogen, die Reissäcke wurden verkeilt und die Kochtöpfe mit Gummistoppern gesichert.

Susan ging bis zum Ende des Monats regelmäßig zur Arbeit, zugleich traf sie Vorbereitungen für eine größere Reise. Sie verkaufte für etwa 50 000 Dollar ihren Bootsanlegeplatz und sie löste ihre Konten auf.

Ende November wurde die »Immanuel« bei Fitzroy Island gesehen, eine kleine Insel etwa 15 Seemeilen außerhalb von Cairns. Alle drei, Susan, Hartwig und Manfred waren an Bord.

Am 22. November gab Susan eine Geburtstagskarte für ihre Schwester in England auf. »Mach dir keine Sorgen, wenn du länger nichts von mir hörst, ich gehe auf eine große Reise«, schrieb sie. Linda erhielt die Karte am 29. November. Die Familie Zack hat seither nichts mehr von Susan gehört.

Zwei Tage später suchte Susan wieder Dr. Kidson auf. Sie war in der 18. Schwangerschaftswoche und es ging ihr gut, oder jedenfalls besser als beim ersten Mal.

»Ich freue mich auf mein Baby und ich werde zur Entbindung in ein Spital gehen«, sagte sie der Ärztin.

Sie habe vor, diese Segeltour nach Papua-Neuguinea mit ihrem Freund zu unternehmen, doch werde sie zum Geburtstermin – Ende April 1990 – wieder in Cairns sein. In der Zwischenzeit wolle sie sich regelmäßig von Ärzten untersuchen lassen.

Am 26. November stellte sie einen Scheck über eine kleine Summe aus, am Tag darauf bezahlte sie zum letzten Mal mit ihrer Kreditkarte im Cairns Liquor Barn.

Susans Vater erhielt noch eine Banküberweisung mit ihrer Unterschrift, datiert vom 7. Dezember 1989. Sidney Zack transferierte vor ihrem Verschwinden mehr als 100 000 Dollar von Susans Londoner

Konto, das war alles, was sie hatte. Die Westpac Bank in Cairns schloß ihr Konto mit einem Minus von 70 Dollar.[64]

Seither gibt es kein Lebenszeichen mehr von ihr.

Im November meldete sich Manfred Weißensteiner zum letzten Mal vor seiner Verhaftung bei seiner Mutter. Sie bat ihn eindringlich, so schnell wie möglich nach Hause zu kommen. »Es ist zu spät«, antwortete er. »Mach dir keine Sorgen wenn du längere Zeit nichts von mir hörst. Ich fahre mit einer Engländerin und einem Salzburger auf eine Insel.«

Hartwig Bayerls letztes Telefonat mit seinen Eltern in Salzburg schloß er mit den Worten: »Ich fahre mit dem Schiff ein paar Monate auf Urlaub, mach dir keine Sorgen …«.

Die letzte schriftliche Nachricht, die Bayerls Eltern erhielten, war eine Bibel, in der er für ihn wichtige Passagen rot unterstrichen hatte.[65]

Laut Gerichtsakten gibt es seither keine Lebenszeichen mehr, weder von Susan noch von Hartwig. Danach, so Berufungsrichter Pincus, hätte zwar noch ein Elektriker namens Livingstone Bayerl Ende November oder Anfang Dezember gesehen, aber »abgesehen von Statements dieser Art« habe keiner der zahlreichen Bekannten der beiden Vermißten einen von ihnen gesehen.

Die beiden Höchstrichter Gaudron und McHugh formulieren vorsichtiger: »Nichts wurde seit dieser Zeit, oder spätestens seit Anfang Dezember von ihnen oder über sie gehört. Insbesondere hat seither keiner von beiden mit seinen Eltern gesprochen, obwohl beide zuvor in regelmäßigem Kontakt mit ihnen gestanden sind.«[66]

Warum gelang es aber dem österreichischen Journalisten Werner Kopacka, im Jahr 1991 einen Mann zu interviewen, der Hartwig in Cairns danach nicht nur gesehen, sondern auch mit ihm gesprochen hat? Und zwar am 16. Jänner 1990, einen Tag bevor die »Immanuel« auslief.

Das Gericht setzt den Todeszeitpunkt der beiden auf den Zeitraum »zwischen 1.November 1989 und 18. Jänner 1990« fest, obwohl die Zeugenaussagen über die Begegnungen im November bekannt waren.[67]

Ein genaues Datum gibt es aber für den Diebstahl der Yacht: 17. Jänner 1990, ein Tag nachdem Werner Kopackas Interviewpartner, Bruce Smith* mit Bayerl gesprochen hatte.

VOM ENDE DER ZEIT

Bayerls Theorien erscheinen auf den ersten Blick verwirrend und unzusammenhängend. Man ist geneigt, sie als die Phantasien eines verängstigten Menschen abzutun, vielleicht eines Paranoikers, der tief in die Wühlkiste der Designergötter gegriffen und sich daraus wahllos bedient hat. Zwei Menschen, Susan Zack und Manfred Weißensteiner, ließen sich davon tiefer beeindrucken als Bayerls andere Bekannte. Beide waren weder unterdurchschnittlich intelligent noch vor ihrer Begegnung mit Bayerl psychisch labil. Jedenfalls ist über psychische Probleme der beiden nichts bekannt.

Woher stammen diese Ideen? Gibt es überhaupt Vorbilder, lassen sich ähnliche Thesen irgendwo sonst finden? Wenn ja, wo und mit welchem Hintergrund? Oder war Bayerl in seinem Glauben so originell wie in seiner Lebensweise? Dies ist der Versuch, ähnliche Lehren zu orten und nach Herkunft und Hintergrund der Thesen zu fragen.

Die australischen Berufungsgerichte erwähnen Bayerls Thesen, gehen aber nicht näher darauf ein. Er »war ein Exzentriker und ein Verschwörungstheoretiker, der glaubte, daß gewisse Organisationen, wie die Freimaurer, eine große und geheime Kontrollmacht in der Gemeinschaft haben. Er war auch überzeugt davon, daß ein Nuklearkrieg bevorstehe, und seine beabsichtigte Reise in dem Boot hatte augenscheinlich mit diesem Gedanken zu tun.«[68] So schrieb der Court of Appeal in der Urteilsbegründung.

Ähnlich äußert sich der High Court: »Es stimmt, daß Bayerl, in den Worten eines Zeugen, ›eine einzigartige Sicht, von dem, was in der Welt vor sich ging‹ hatte, eine Sicht, die offenbar von Zack geteilt wurde. Er glaubte, ein nuklearer Holocaust stünde bevor, als Resultat einer Verschwörung, in der Katholiken und Freimaurer involviert seien.«[69] Näher beschäftigen sich aber beide Gerichte mit den Thesen nicht.

Auf drei Säulen basierte Bayerls Weltanschauung: Der Bibel, einer apokalyptischen Weltverschwörungstheorie und dem Glauben an außerirdische Lebewesen, die die Welt beherrschen und zerstören wollen. Auf den ersten Blick scheinen sich viele Thesen zu widersprechen, auch die

Handlungsweise Bayerls ist oft so widersprüchlich zu seiner Ideologie, daß man geneigt ist, in ihm einfach nur einen Geist zu vermuten, der, vielleicht durch Drogeneinfluß verwirrt wurde. Wie kann jemand ständig die Bibel unter dem Arm tragen und dann angeblich mit Waffen dealen? Wie kann jemand sich vor den Freimaurern so fürchten, daß er ein Schiff zu einer »schwimmenden Festung« umbauen läßt, und mit der Tochter eines bekennenden Freimaurers ein Kind zeugen? Wie kann jemand laufend aus dem alten Testament zitieren und dann von UFOs reden, die über unseren Köpfen kreisen, um ihre schädlichen Strahlen auf die Erde zu werfen und uns zu vernichten? Wie kann er Menschen die Rettung vor dem Untergang versprechen und sie dann mit Mord bedrohen?

Lange hatte es den Anschein, als sei Bayerls Ideologie tatsächlich nichts weiter als ein Konvolut von Elementen verschiedenster Weltanschauungen, dominiert von seiner eigenen Bibelinterpretation und den Verschwörungstheorien und es blieb fraglich, ob derartige Ideen jemals systematisiert, d. h. ob sie irgendwann einmal als ein Gedankengebäude dargestellt wurden.

Mehrere Weltanschauungs- und Sektenexperten prüften Bayerls Äußerungen.

Wien, Österreich, Frühjahr 1999, Referat für Weltanschauungsfragen der katholischen Kirche Wien

Zwei Mönche in langen braunen Kutten wiesen mir den Weg zum Lift. »Das Referat für Weltanschauungsfragen ist unter dem Dach, aber das hat keine besondere Bedeutung«, erklärte mir einer der beiden lachend.

Ich sah sie über den Hof schreiten, durch das große Tor zum Stephansplatz gehen, wo die Pferde der Fiaker mit den Hufen scharrten, und mußte an mittelalterliche Buchmalereien denken, an Federkiele, gotische Schriftzeichen, an Wachstropfen auf Eichentischen. Heute besteigen sie Taxis, aber ich habe den Verdacht, heimlich sprechen sie noch Lateinisch miteinander.

Die Kippfenster in der Dachschräge, unter der sich die Büros der Weltanschauungsbeauftragten der katholischen Kirche Österreichs befinden, geben den Blick auf die Kamine und Satellitenschüsseln der umliegenden Häuser frei. Unter einem der Fenster stand ein Schreibtisch aus hellem Holz, auf dem die Arbeitsunterlagen – Akten, Broschüren, Bücher – ordentlich zu Stößen geschichtet waren. Die Referentin, die an diesem Tisch arbeitete, erhob sich, als ich eintrat, und reichte mir die Hand. Sie bat mich, Platz zu nehmen.

Sie war jung, blond, zierlich, trug ein klassisches Kostüm und sprach lupenreines Schriftdeutsch. »Ich habe mir die Zusammenfassung der Thesen Bayerls durchgelesen«, begann sie.

Ich hatte sie darum gebeten und ihr am Tag zuvor einige Seiten mit Aussagen Bayerls gefaxt. »Kennen Sie etwas Vergleichbares?«

Sie verneinte. »Mit keiner der mir bekannten Sekten sind die Aussagen zu vergleichen. Jedenfalls nicht in zusammenhängender Form. Er bedient sich einiger Begriffe, auf die er auch fixiert zu sein scheint, die bei bestimmten Sekten eine Bedeutung haben. Heaven's Gate etwa, auch die waren auf UFOs spezialisiert.«

Von den Zeugen Jehovas sei Armageddon ein oft strapazierter Begriff, setzte sie fort, in einer Entscheidungsschlacht mit diesem Namen werde Christus »alle Reiche dieser Welt«, bis auf das der Zeugen Jehovas natürlich, vernichten.[70] Viel mehr als diese Gemeinsamkeit ist aber mit den Zeugen Jehovas nicht erkennbar. »Armageddon bedeutet im Alten Testament einfach Weltuntergang und ist nicht Teil der kirchenchristlichen Lehre.«

Ich schlug meinen Notizblock auf, wo ich mir Fragen aufgeschrieben hatte. Den Namen Machi Konbos hatte ich mehrmals unterstrichen. »Eine Freundin Bayerls sprach von einem Wiedergeborenen Christen und berichtete, daß dieser nach der Begegnung mit dem ehemaligen Missionar auf den Philipinen wegen des Armageddon in Fanatismus verfallen sei.

»Wissen Sie, wer oder was Wiedergeborene Christen sind?« fragte sie mich. Ich mußte zugeben, daß ich keine Ahnung hatte und mir nicht einmal vorstellen konnte, ob das etwas mit Karma und indischer Philosophie oder mit dem Jüngsten Tag zu tun hatte.

Sie lächelte, ohne Arroganz oder Besserwisserei, und erklärte mir, Wiedergeborene Christen, auch Charismatiker genannt, seien Kirchenchristen, die durch ein persönliches Erweckungserlebnis, wie sie glauben, als wahre Christen neugeboren wurden. Sie halten den Teufel für allgegenwärtig, las ich später in einem Buch über Sekten, legen die Bibel strikt wörtlich aus, verdammen Homosexualität wie Abtreibung und »erwarten im nahen Ende der Geschichte die Wiederkunft Christi auf Erden«. Gottesdienste unter Einfluß eines Charismatikers nehmen häufig Züge einer Massenhysterie an. Zungenreden, Stammeln, Stöhnen, unkontrolliertes Kichern befallen die Gläubigen bei solchen Gelegenheiten. Im Zustand des Kontrollverlustes wird den Anhängern eine aggressive Theologie eingehämmert, in der es darum geht, den Kampf gegen die Dämonen weltweit aufzunehmen und das Böse zu besiegen.[71]

»Sie legen die Bibel wörtlich aus«, fuhr die Referentin fort, »sie übergeben ihr Leben ganz Christus, sind aber keine Mönche. Aber wie ist denn der Mann, der verurteilt wurde, zu Bayerl gekommen? Wissen Sie etwas über die Geschichte der beiden?«

»Sie lernten sich in Australien kennen. Was genau mit Weißensteiner geschehen ist, weiß ich nicht. Ich nehme an, er war froh, jemanden getroffen zu haben, der sich um ihn kümmerte, mit dem er in seiner Sprache sprechen konnte.«

Sie nickte. »Ja, natürlich. Er wird sich einsam gefühlt haben.«

»Vermutlich, aber das weiß ich nicht. Bayerl hat möglicherweise eine Gehirnwäsche bei ihm gemacht, mir kommt es jedenfalls so vor. Und bei Weißensteiner hat sie eben gewirkt, sie wirkte ja nicht immer, nicht bei allen, die ihm zuhörten. Manche konnten sich rechtzeitig davon befreien.«

»Nein, ich würde das nicht Gehirnwäsche nennen. Manipulation ja, aber zum Unterschied von einer Gehirnwäsche folgen Sektenopfer ihren Gurus freiwillig. Die Menschen möchten ihm glauben, das macht es so schwierig, auszusteigen.«

»Die Opfer waren – vielleicht unbewußt – auf der Suche nach seinen Erklärungen, meinen Sie das? Müssen Opfer solcher Kulte bestimmte Voraussetzungen haben, gewisse Bedingungen erfüllen, um in so etwas hineinzugeraten?«

»Das kann jedem passieren«, antwortete sie. »Mir auch. Bei mir müßte eben einer den Knopf ›soziale Gerechtigkeit‹ oder ›Kampf der Armut‹ oder ›Nächstenliebe‹ drücken, dann könnte ich genauso in seine Fänge geraten, wie jeder von uns.«

»Die Welt ist ja auch recht einfach in diesen Theorien: Gut und Böse sind klar definiert. Für Bayerl waren die Freimaurer für alles Schlechte auf der Welt verantwortlich.«

»Die Freimaurer sind immer schuld bei fast allen Verschwörungstheoretikern«, antwortete sie wenig überrascht von diesem Teil der Theorien Bayerls. »Weil man wenig über sie weiß, werden sie grundsätzlich als bedrohlich empfunden. Die Fakten werden dabei völlig außer Acht gelassen, aber darum geht es ja solchen Gruppen nicht.«

Nach ihrer Auffassung weist die Angst Bayerls vor Strichcodes auf magisches Denken hin: Strichcodes kann man nicht lesen, dadurch bekommen sie einen dämonischen Charakter. So ist ihnen leicht ein Wert zuzuschreiben, der außerhalb ihrer wahren Bedeutung liegt und nichts mehr mit der Realität zu tun hat.

»Endzeitängste sind übrigens typisch für Jahrtausendwenden, sie sind allesamt religiös motiviert«, erklärte sie abschließend.

Ich verließ sie, um mich auf den Weg in eine Esoterikbuchhandlung hinter dem Dom zu machen, wo ich dem Verkäufer mit den eingefallenen Wangen erklärte, ich würde Unterlagen zu Verschwörungstheorien suchen. Ich gab meinem Ton etwas Interessiertes, ich sprach sanft, und tat mein Bestes, um wie jemand zu wirken, der diesen Geheimnissen durchaus auf die Spur kommen wollte. Ich trachtete danach, möglichst wie einer dazustehen, dem Ufos aus eigener Anschauung geläufig waren, und der jetzt nach einer wissenschaftlichen Erklärung für die Phänomene suchte, die ihn bei seinen nächtlichen Wanderungen auf Druidenpfaden plagten. Kennerisch ließ ich meinen Blick über Tarotkarten, Pyramiden und Kristalle schweifen und sog tief den Duft der Räucherstäbchen ein. Sphärenklänge flirrten durch den Raum, die den pastellfarbenen Vorhang zum Hinterzimmer in linde Schwingungen zu versetzen schienen.

»Davon gibt es eine Menge«, erwiderte der Verkäufer. »In welche Richtung soll denn das gehen?«

Sehen Sie, bei solchen Fragen ertappen sie einen. Sie merken sofort, daß man keine Ahnung hat, wenn man dann herumstottert. Immerhin blieb der Mann freundlich und war hilfsbereit, er schleppte einen Stoß Bücher an und erlaubte mir, darin zu schmökern. Ich suchte vor allem nach den Lizards – den als Menschen auftretenden außerirdischen Eidechsen – und nach UFO-Verschwörungen, falls es so etwas überhaupt gab.

Der New-Age-Charakter in Bayerls Thesen, also der UFO-Glaube zum Beispiel, die Strichcode-Angst, die Zahl 666, die für ihn so große Bedeutung hatte, der Glaube an die Pyramidenmacht, die Lizards und die Behauptung, er wisse von übernatürlichen Dingen, alles das paßt überhaupt nicht zu einem Anhänger eines Wiedergeborenen Christen.

Ungeachtet ähnlicher Methoden im Kampf um die Rekrutierung neuer Mitglieder und ähnlicher Vorstellungen über die nahende Apokalypse lehnen Charismatiker die New-Age-Ideologie strikt ab. Die beiden Bewegungen betrachten sich als Feinde und dämonisieren sich gegenseitig als Ausgeburten Satans. New Ager selbst sind aufgeteilt in Tausende Splittergruppen mit verschiedenen Lehren, sind offen für den UFO-Glauben, für das Paranormale, das Zurück-zur-Natur, das Okkulte, für Telepathie, Wunderheilung, Reinkarnation, Endzeitängste.

»New Age ist ein triviales Mischmasch aus östlicher Weisheit, westlicher Psychologie, Okkultismus, Spiritismus, Verschwörungstheorien und vor allem der Theosophie«, schreiben Nordhausen / Billerbeck in ihrem Buch »Psychosekten«. Die Theosophie ist eine von Helena Blavatsky gegründete »Glaubensrichtung« auf die fast alle Werke des New Age zurückzuführen sind. In der NSDAP spielte das Werk Blavatskys eine wichtige Rolle. Ihre Lehre ist rassistisch, geprägt vom Glauben an den »arischen Übermenschen« mit Überlebensberechtigung, während die »niederen Rassen« aufgrund ihres schlechten Karmas zum Aussterben verurteilt seien.

Dieser Hintergrund der Lehren sollte auch allen gutgläubigen und gutmeinenden Esoteriksympathisanten und -interessenten ständig bewußt sein, obwohl er natürlich meist sorgfältig verschwiegen oder umgangen wird. Es ist diese faschistische Tradition, die den Kern fast aller New-Age-Gemeinschaften bildet und oft die einzige Gemeinsamkeit ist, die die verschiedenen Splittergruppen miteinander haben.

In Bayerls Gedankenwelt sind die beiden Ideologien, New-Age und Wiedergeborene Christen, offenbar vereint worden.

»Es gibt keinen Gott. Das Leben auf der Erde wird von außerplanetarischen Wesen gesteuert«, predigte Bayerl seinen Verehrern.[72]

Die Eidechsen sind auch in der esoterischen Literatur äußerst schwer zu finden. Möglicherweise war hier Bayerl von Science-fiction-Filmen der 50er und 60er Jahre beeinflußt worden.

Nur in einem Buch von einem gewissen L. Kin habe ich etwas Vergleichbares gefunden. Kin erwähnt auch die Ninja-Turtles, die von den außerirdischen Echsenwesen auf den Markt geworfen würden, um die Menschen reptilienfreundlich zu stimmen. Ähnlich wie Bayerl berichtet er von Raumschiffen, auf denen Echsen herrschen, die Mikrowellen auf die Erde abstrahlen, um die Menschen aggressiv zu stimmen. Echsen würden Menschen brauchen, um sich zu vermehren. Die Rasse von Echsenmenschen sterbe nicht aus. Das Werk ist ohne Angabe von Ort oder Jahr erschienen, möglicherweise hätte Bayerl es gar nicht kennen können.[73]

Mehrere Titel gibt es in der esoterischen Literatur zur Thematik der Bewußtseinskontrolle, Weltverschwörungstheorien, Massenvernichtungswaffen und dergleichen.

Doch etwas, von dem man behaupten konnte, hier wären zumindest die Hauptthesen Bayerls zusammengefaßt und Widersprüche nicht feststellbar, war vorerst nicht zu finden. Die Frage, ob es irgendwann einmal irgend jemanden gab, der etwas inhaltlich Ähnliches verfaßt und veröffentlicht hatte, schien unlösbar.

Wien, Herbst 1999, Pfarramt der evangelischen Kirche Ottakring

»Kommt mir bekannt vor.«

El Awadalla sah den Pfarrer Lagger an und kicherte. »Mir auch.« Sie rückte sich den Sperrholzsessel im Arbeitszimmer des Pfarrers zurecht und setzte sich an den Tisch. Aus ihrem großen Rucksack holte sie ein Clipboard, prallgefüllte Schnellhefter aus buntem Karton und Kugelschreiber. Der Pfarrer nahm ihre Jacke und hängte sie auf einen Garderobenhaken unter seinen schwarzen Talar.

»Die UFOs, 666, das Alte Testament, der Weltuntergang, der dritte Weltkrieg, die Weltverschwörung, alles schon gehört«, strahlte Magister Sepp Lagger, seines Zeichens Sektenbeauftragter der evangelischen Kirche Wiens.

»Nicht zu vergessen die Freimaurer!«

»Ja selbstverständlich. Die auch. Alles schön unter Dach und Fach. Zusammengefaßt in diesen zwei Bänden.« Er setzte sich zu El.

El Awadalla waren durch ihre Arbeit an Büchern[74] und Vorträgen über Sekten in Österreich die meisten Thesen Bayerls von anderen New-Age-Gruppen geläufig und auch die Schriften, in denen Pfarrer Lagger blätterte, kannte sie. »Der Typ war ja keine 30, als er das schrieb. Sind die Bücher in Österreich eigentlich auch schon verboten, weißt du das?«

»Bei uns nicht, in Deutschland ist Verkauf und Besitz der Werke wegen verfassungsfeindlichen Inhaltes untersagt. Ich bin nicht sicher, was klüger ist. Willst du Tee? Du warst lange nicht da.«

»Bei dir kann ich nicht rauchen. Tee ohne rauchen schmeckt mir nicht. Oder darf man mittlerweile? Willst du vielleicht auch eine? Feinste Schmuggelware.« Hoffnungsfroh holte sie aus ihrem Rucksack eine Schachtel Memphis und ihr Feuerzeug hervor.

»Hier raucht nicht einmal der Weih. Und geschmuggelt werden bei mir nur Bücher – wie diese.« Er deutete auf die beiden Bände auf dem Tisch. »Die habe ich nach Deutschland geschmuggelt für meine Kollegen, weil sie sie ja dort nicht bekommen. Ich denke, wenn man gegen so etwas ankämpfen will, muß man es einfach kennen.«

»Weshalb sind die Bücher verboten?«

»Verbreitung rechtsradikalen und antisemitischen Gedankengutes und so weiter und so fort, natürlich.«

Sie verstaute Zigaretten und Feuerzeug wieder, nahm ihre Brille von der Nase, hauchte sie an und begann sie hingebungsvoll zu putzen. Es waren moderne Designerbrillen mit einem Kunststoffgestell, das asymmetrisch gearbeitet war: auf der einen Seite oben hell und unten dunkel, auf der anderen unten hell und oben dunkel. »Dann machen die Gerichte ja fast schon Werbung dafür. Die Rechtsextremen fahren doch voll darauf ab, wenn sie hören, das wurde wegen antisemitischer Äußerungen verboten, ich meine, das finden sie dann schon fast eine Empfehlung, besser als jede gute Kritik in der Nationalzeitung.«

Im Arbeitszimmer des Pfarrers sah es aus wie in den meisten Studierstuben: Bücher in Regalen an den Wänden, neben dem Computer, auf dem Fensterbrett, ein vergessener Keksteller mit einigen Bröseln darauf zwischen Diskettenboxen und Karteikästen. Es war klein und bescheiden eingerichtet. Die Sitzpolster der vier Sessel, die um den Tisch in der Mitte des Zimmers standen, waren mit bunten Schleifen an die Stühle gebunden. Anscheinend arbeitete er gerade an einem Seminar, Terminpläne und Manuskripte mit Korrekturzeichen in allen möglichen Farben deuteten darauf hin.

»Wir sollen also Bayerls Thesen identifizieren. Die Frage ist – wo fangen wir an?« El zeigte sich etwas ratlos.

»Na, im Grunde haben wir das ja schon. Oder hast du noch Zweifel?«

Er nahm die beiden Bücher, über die sie gesprochen hatten, zur Hand. Das eine hieß: Jan van Helsing, Geheimgesellschaften und ihre Macht im 20. Jahrhundert oder Wie man die Welt nicht regiert; das andere: Jan van Helsing, Geheimgesellschaften II. Interview mit Jan van Helsing.

Er schlug den ersten Band auf. »Schauen wir einmal nach. Das Alte Testament: van Helsing zitiert dauernd daraus, das tat Bayerl ja auch. Was er allerdings über das Überleben in einer Höhle sagt, die genauen

Anweisungen, wie oft er sich umdrehen muß und der ganze Zauber, steht so nirgendwo in der Bibel. Ich habe noch niemals etwas von solch einer Stelle gehört.«

Er hatte die Arme auf die Tischkante gestützt und vertiefte sich in das Buch. »Van Helsing zieht natürlich auch gegen die Freimaurer her, das ist ja nichts Neues in diesen Kreisen. Braucht man nur die Kapitelüberschriften zu lesen: ›Viele Logen verderben den Brei‹ oder, schön gereimt dazu, ›Mauern macht frei‹, und so geht es dahin.«

»Neu bei Bayerl ist aber«, warf El ein, »daß er auch den Vatikan und die Katholiken in seine Pyramidenmacht einbezieht.«

»Ach wo! Steht alles schon bei Helsing. Der hat es selbst irgendwo abgeschrieben, da braucht man sich nur seine Literaturliste anzusehen. Der Vatikan ist infiltriert von Freimaurern, erster Band, Kapitel 40, seitenlange Erklärungen auch über Johannes Paul II., der die Exkommunikation der Freimaurer aufgehoben hat. Damit macht er sich natürlich für van Helsing verdächtig.«

»Die Schriften des wegen Verbreitung nazionalsozialistischen Gedankengutes in Deutschland verurteilten Jan van Helsing nennen die Illuminaten als Oberbegriff für die Bösen schlechthin. Dies ist einer der wenigen Unterschiede zu den Thesen Bayerls, von dem die Verwendung des Begriffes ›Illuminaten‹ nicht überliefert ist.«

»Und natürlich die Juden, die sind bei van Helsing die Drahtzieher. Ist dir bekannt, wie Bayerl zu diesem Thema stand?«

»Ich weiß nur, daß Susan Zack Jüdin war. Aber das sagt nichts. Van Helsing schreibt doch irgendwo, er hatte auch eine jüdische Freundin, oder irre ich mich?«

Nun versenkte sich jeder von ihnen in einen Band. Minutenlang herrschte Schweigen, nur die Blätter raschelten bei der Suche nach dem Zitat. »Da, ich hab es gefunden!« jubelte El. »Band zwei, Seite 99, er verwendet es noch dazu als Argument, kein Rechter zu sein, ist das zu glauben? Da steht: ›Weiterhin ist zum Leid meiner ›Gegner‹ meine Ex-Freundin vollblütige Rassejüdin mit einem solchen Namen und auch einer solchen Nase!!!‹ Drei Rufzeichen macht er danach. Das ist schon stark, was? Du, schau mich einmal an, habe ich auch eine jüdische Nase?«

Sie blickte zur Seite, damit er ihr Profil begutachten konnte, aber der Pfarrer war zu beschäftigt, um sich ablenken zu lassen.

»Mach jetzt keine Faxen, El, ganz sicher hast du einen arabischen Namen.«

»Das würde doch passen. Aber es ist bezeichnend, daß Antisemitismus immer verschleiert werden soll, durch den Hinweis, man habe ja einen jüdischen Freund. Sepp, du hast dafür etwas von einer Echse. Echt, die Augen, schau dich einmal im Spiegel an.«

»Ja, ja, die Außerirdischen. Gott ist ein ET bei van Helsing.«

»Naja, irdisch ist er ja wirklich nicht, oder?«

Sie erntete erneut einen strafenden Blick. Sie zog ihn gerne ein wenig auf, und obwohl er immer so tat, als machte ihm das gar nichts aus, ärgerte es ihn doch ein wenig, das konnte sie ihm ansehen. Er rutschte dann auf dem Sitz hin und her und wechselte schnell das Thema. Sie war keines seiner Schäfchen, sie war eher Atheistin als sonst etwas, aber sie waren seit Jahren befreundet.

»Die UFOs kontrollieren alles von ihren Raumschiffen aus, die Freimaurer haben Kontakt zu ihnen und so weiter und so weiter, da werden wir nie fertig«, stöhnte der Pfarrer.

»Sehen die AIs aus wie Echsen bei van Helsing?«

»Weiß ich nicht, wie die aussehen. Wahrscheinlich sind es grüne Männchen. Oder silberne, was weiß ich. Das schreibt er nicht.«

»Doch, er schreibt es einmal irgendwo.«

»Weiß ich nicht, kann sein. Also, kommen wir zu dem Schluß, es könnte möglich sein, daß Bayerl seine Thesen von van Helsing übernommen hat – oder den Kern davon. Jetzt müßten wir noch wissen, ob man von einer Helsing-Sekte sprechen kann.«

»Er schreibt es.« El wollte die Textstelle mit den Außerirdischen finden, nahm den zweiten Band und durchforstete das Inhaltsverzeichnis. »Für Bayerl waren es ja die Lizards, also Eidechsenwesen, die in den Raumschiffen leben sollen. Vielleicht hat er das auch von van Helsing. Komm, hilf mir suchen.«

Auf der Suche nach den Außerirdischen in den Büchern van Helsings begegneten ihnen nach und nach sämtliche von Bayerl überlieferten Thesen: der Zahl 666 widmet sich van Helsing ausführlich, auch er sieht die Zahl in den Strichcodes und prophezeit wie Bayerl: »Und ich verspreche Ihnen, daß Sie, wenn sich nicht grob etwas ändert, ohne den Bar-Code bald nicht mehr einkaufen können. Irgendwann bekommen Sie ihn dann eben auf die Hand oder die Stirn.«[75]

Weiter sagt van Helsing, fast wortgleich mit Bayerl: »Die Illuminati leben das Prinzip ›Der Feind kommt auf stillen Wegen‹ und haben durch das Fernsehen, die Zeitungen und das Radio die Menschen im Denken umstrukturiert und die Nationen werden nach diesem kommenden, letzten, dritten Krieg, dem furchtbarsten aller Kriege, die Weltregierung

›erflehen‹. Man wird in dem Glauben, der bargeldlose Kreditkartenverkehr sei das A und O, mit Freuden ›ja‹ sagen.«[76]

Später heißt es: »Ein weiterer Notplan wurde aktiviert und wirkt heute bereits auf uns. Es ist der Plan, die Öffentlichkeit auf die zu erwartende Konfrontation mit einer außerirdischen Rasse vorzubereiten. Die Öffentlichkeit wird gegenwärtig bombardiert mit Fernseh- und Kinofilmen, Radioprogrammen und Werbung, die fast jeden Aspekt der Natur der Anwesenheit der Außerirdischen darstellen.«[77]

»Da, ich hab's!« rief Pfarrer Lagger aus. »Die Beschreibung eines Außerirdischen bei van Helsing. Er schreibt, er war 1992 mit seiner Freundin in Mexiko und hat einen AI getroffen, der ein vegetarisches Restaurant in Yucatan betreibt.«

El konnte sich nicht zurückhalten und kicherte. »Heißt das für den, er frißt keine Menschen?«

Der Pfarrer ließ sich nicht beirren, ernst las er vor: »›Chos‹ – so heißt der Außerirdische Vegetarier – ›sieht eigentlich ganz normal aus, bis auf seinen Schlangenmund. Und wenn man genau hinsieht, fällt einem auf, daß seine Pupillen leicht senkrecht geschlitzt sind, wie bei einer Katze.‹ Entsteht bei dieser Beschreibung das Bild einer Echse bei dir?«

»Ich weiß nicht. Möglich.«

»Er fügt auch an, Undercover-Außerirdische würden zu Millionen auf der Erde herumrennen, die einfachen Menschen würden sie jedoch nicht erkennen.«

Im Lauf der Durchsicht der Bücher van Helsings entdeckten sie noch weitere Gemeinsamkeiten mit Bayerl.

Sepp Lagger gab El den aufgeschlagenen zweiten Band, auf Seite 31 las sie folgendes: »Stellen Sie sich das mal bildlich vor. Da steht ein junger Typ, ganz in Schwarz gekleidet mit Pferdeschwanz in einem fremden Land und wird von einem General aus dem Weißen Haus oder einem Vorsitzenden einer weltbekannten Bank angesprochen, zum Essen eingeladen, und ihm wird dann verraten, daß ihm etwas gegeben werden muß, da man sich aus der ›Vergangenheit‹ kenne. Ist doch ziemlich abgefahren, oder?«

Insgesamt fanden sie viele Gemeinsamkeiten zwischen van Helsing und Bayerl: Beide erlernten ein Handwerk, hatten Drogen genommen, bereisten die ganze Welt und vor allem hatten sie dieselbe Philosophie. Widersprüche zu den Thesen Bayerls waren in den Büchern van Helsings nicht zu finden.

»Wann ist Bayerl verschwunden?« fragte der Pfarrer.

»1989 gibt es das letzte Lebenszeichen von ihm.«

»Dann sind wir auf dem falschen Weg. Da.« Er zeigte auf das Erscheinungsdatum des ersten Bandes. »1993«.

»Bayerl kann also damals van Helsings Schriften nicht gekannt haben. Damit sind wir wieder am Anfang. Aber wie ist das möglich – zwei Leute, die es schaffen, ein identisches Weltbild zu kreieren, das ein Mischmasch aus fast allen verfügbaren Ideologien und mit sonst nichts wirklich zu vergleichen ist?«

»Vielleicht kannte van Helsing Bayerl und stahl seine Ideen? Wäre ja möglich. Van Helsing ist ein Pseudonym, aber es ist doch aufgedeckt worden.«

»Richtig.«

»Ich sehe gleich nach, wie der Mann wirklich heißt.« Pfarrer Lagger wollte seinen Computer einschalten, aber El fiel der Name sofort ein.

»Jan Udo Holey. Er war 26, als er die Bücher geschrieben haben will. Deutsche Sektenexperten haben sich von Anfang an gewundert, wie er sich rein technisch ein solch umfangreiches Wissen angeeignet haben kann, jetzt einmal unabhängig von der Art des Wissens van Helsings, es ist jedenfalls viel, rein von der Masse her, verstehst du. Er muß unglaublich viel gelesen und gehört haben. Außerdem will er die ganze Welt bereist haben, so nebenbei«, begann sie.

»Na, so unwahrscheinlich ist das nicht. Es gibt viele 26-jährige, die zehn Jahre lang einfach nichts anderes gemacht haben, als sich hinter Büchern zu vergraben, und dann flanieren sie halt ein bißchen in der Welt ...« Pfarrer Lagger blätterte in Band eins, und nahm die Literaturliste unter die Lupe. Nichts Überraschendes kam dabei zum Vorschein. Van Helsings Ideen basieren auf den bei Verschwörungstheoretikern üblichen Schriften: Allen und Bramley, zum Beispiel, über die UFOs informierte er sich unter anderem bei Buttlar und Hesemann. »Mir kommt es außerdem vor, gar so groß ist sein Wissen nicht.«

»Weißt du, was er gemacht hat, bevor er die Bücher geschrieben hat?« sprudelte El heraus.

»Er war im Gefängnis?«

»Nein. Dort hätte er ja noch die Zeit für seine Studien gehabt. Er war ein Stadtstreicher, ein Punker, hat in Frankfurt am Main und Köln am Bahnhof geschnorrt und mit anderen Punks getrunken. Einmal hat er sich für ein Interview von hinten fotografieren lassen. Damals trug er einen Pferdeschwanz, nur nebenbei bemerkt. Das muß bei denen ja mega-in sein, dabei glauben immer alle, die Rechten seien Skins.«

»Sie könnten sich trotzdem über den Weg gelaufen sein. Jedenfalls können wir nicht sagen, daß Bayerl von van Helsing beeinflußt wurde, allenfalls umgekehrt, aber wen würde das schon interessieren? Sie verwenden aber mit ziemlicher Sicherheit dieselben Quellen.«

Sie zuckte die Schultern und packte ihre Sachen ein. »Wenn der Bayerl genau so fad war wie der van Helsing, frage ich mich, wieso der überhaupt Zuhörer gefunden hat, die es länger als für einen Joint bei ihm ausgehalten haben. Jetzt muß ich zu einer Veranstaltung von Esoterikern: Die haben in Hongkong ein Loch in ein Hochhaus bauen lassen, weil dahinter ein Berg steht, der feinstoffliche Atmosphäre abstrahlt, und das Hochhaus würde den Berg stören, sagen sie. Ich muß unbedingt herausfinden, wie ein grobstoffliches Loch die feinstofflichen Strahlen fördern kann.«

»Das werden sie dir schon erklären, nur komm mir hinterher nicht mit dem Schlagbohrer und mach mir Löcher in den Gemeindesaal, weil die Straßenbahnen dann vielleicht pünktlicher wären, klar?«

»Aber im Kirchenschiff darf ich, oder? Wegen der Himmelfahrt, bitte!«

VERRAT

Wien, Österreich, März 1998, Büro der Interpol

Nach langen Wochen des Wartens hielt ich die Antwort Manfred Weißensteiners auf meinen Fragenkatalog in den Händen. Ich hatte mir nicht allzuviel erwartet, doch angenommen, er zeige sich ein wenig kooperativ. Die Geschichte ist so kompliziert, daß ich darauf baute, von demjenigen, den sie am meisten betrifft und der darüber am besten Bescheid wußte, Unterstützung zu bekommen. Als ich die Zettel mit seinen Antworten vor mir sah, wußte ich nicht, ob ich lachen oder wütend werden sollte. Sein Wortschatz beschränkte sich beinahe auf fünf Worte: ja, nein, weiß ich nicht.

Das war alles. Ich weiß es nicht mehr wörtlich, aber in etwa sah das ganze so aus: Haben Sie Hartwig Bayerl ermordet? Antwort: nein. Wie sind Sie mit dem Schiff nach Majuro gekommen? Antwort: weiß ich nicht.

Nach der völlig schiefgelaufenen Observation hatte mir so etwas noch zu meinem Glück gefehlt.

Ich fühlte mich auf den Arm genommen, telefonierte mit Probst und erklärte ihm deutlich, so ginge das nicht. So weiterzuarbeiten hätte überhaupt keinen Sinn. »Wie stellt er sich das vor? Was glaubt er eigentlich? Daß ich ihn reinlegen will? Schließlich bin ich angeheuert, um ihn aus der Bredouille zu holen, warum gibt er mir dann solche Antworten?«

Probst entschuldigte sich fast für seinen Freund und versprach mir, er werde dafür sorgen, daß ich bald ein aussagekräftigeres Statement bekäme.

Meine Überprüfung der angeblich korrupten Salzburger Polizisten hatte ich abgeschlossen. Hannes wollte den Bericht und ich lieferte ihn ihm. Ich meine, das kam an diesem Tag noch dazu. Er rief mich zu sich, und ich stand ihm Rede und Antwort. Er muß mir meine Verärgerung angemerkt haben und fragte, ob alles in Ordnung sei.

»Ja. Alles in Ordnung.«

Er kennt mich. So wie ich es sagte, hieß das: »Nichts ist in Ordnung, ich fühle mich wie ein Idiot, aber geh mir nicht auf den Geist damit.«

Er beließ es dabei und brachte das Gespräch gleich auf die Salzburger.

»Ich hasse das.«

»Ich weiß. Glaubst du ich tanze einen Boogie-Woogie vor Freude?«

»Nichts. Es ist nichts herausgekommen. Sie sind lupenrein. Ich weiß nicht, woher Probst seine Anschuldigungen genommen hat, was diese Ansichten genährt hat. Ich weiß nur, daß er sie einmal durch die Stadt gejagt hat, weil er behauptete, Bayerl renne als Transvestit verkleidet durch die Gegend. Die haben daraufhin wirklich diesen Transvestiten festgenommen, aber der war natürlich nicht Bayerl. Und solche Jobs hat er ihnen eben öfter verschafft. Sie jagten mehrmals die Falschen, mittlerweile ist es ihnen ehrlich gesagt einfach zu blöd geworden. Sie nehmen seine Anzeigen auf, aber kaum einer rührt noch den Hintern.«

»Kann ich verstehen. Und er nimmt jetzt an, die wollen nichts mehr tun, weil sie involviert sind.«

»Genau, sind alle nach seiner Theorie zum mindesten korrupt oder selbst Geheimagenten und Bayerls Helferlein. Das glaubt er wirklich. Momentan habe ich sowieso einen Pick auf ihn. Ich muß aber sagen, nicht alles, womit er daherkommt, ist so aus der Luft gegriffen.«

Hannes nickte. Er war groß und kräftig und erweckte trotz seines relativ jungen Alters den Eindruck von Bedächtigkeit. Seine Bewegungen waren sparsam, und genauso sprach er, sparsam in den Worten, auf das Wesentliche konzentriert. Er erkundigte sich nach dem Mann auf den Fotos. »Wie weit bist du damit gekommen?«

»Ich gebe mir große Mühe, den Mann zu finden. Wir kommen um eine neue Observation nicht herum.«

Er zog die Augenbrauen hoch. »Wer soll sie machen?«

So stelle ich mir einen Chef vor. »Ich dachte an die Salzburger.«

»Und? Tun sie es?«

»Ich hoffe. Ich denke schon. Mit mir kooperieren sie ja noch. Und wenn du ein gutes Wort einlegst, kann das bestimmt nicht schaden.«

So war es auch. Hauptsächlich von Wien aus begann ich die nächste Observation der Frau aus der Roma-Bar zu organisieren. Sobald wir eine Nachricht von ihrer nächsten Fahrt nach Deutschland bekommen hätten, wären wir ihr auf den Fersen gewesen.

In der Zwischenzeit bemühte ich mich weiterhin, allen Eingaben über Sichtungen Bayerls nach 1989 nachzugehen. So behauptete ein malaysischer Geschäftsmann, ihn am Flughafen von Singapur gesehen zu haben. Er hatte seinen Bericht mit der Hand in kaum verständlichem Englisch und kaum entzifferbaren Blockbuchstaben verfaßt, und ich wollte mit ihm sprechen. Um es kurz zu machen: ein Mann dieses Namens existiert in Malaysia nicht. Eine Adresse wie die von ihm genannte gibt es nicht. Die Telefonnummer ist meinen Kollegen in Malaysia ebenfalls unbekannt.

Jeder einzelne Hinweis, den ich überprüfte, verlief ähnlich im Sand wie dieser. Entweder waren die Zeugen nicht mehr aufzufinden, hatten offiziell nie existiert, waren verstorben, oder konnten sich plötzlich an nichts mehr erinnern.

Ich faxte Bayerls Fingerabdrücke in etwa 30 Staaten der Welt mit der Bitte um Benachrichtigung, falls dieser Mann in den letzten Jahren aufgegriffen wurde oder falls er aufgegriffen werden sollte.

Einen einzigen Hinweis über eine Sichtung hielt ich nach den Überprüfungen noch für ernstzunehmend, mit Ausnahme der Fotos von Probst. Und zwar Stefanie Tögelhofers eidesstattliche Erklärung, sie habe Hartwig Bayerl 1993 mit seiner Freundin in einem Geschäft in Salzburg gesehen.

Stefanie Tögelhofer wuchs wie Hartwig Bayerl in Salzburg auf. Sie wurde Reiseleiterin und lebt seither die meiste Zeit im Ausland. Im Winter 1993 kam sie nach Salzburg, um ihre Mutter zu besuchen. Am 19. Februar sah sie in einem Elektromarkt einen der Bayerl-Söhne, doch fiel ihr dessen Vorname nicht gleich ein, weshalb sie ihn nicht ansprach. Der Mann war in Begleitung einer Frau, und Stefanie hörte, wie die Frau »Komm, Harti, gehen wir« zu Bayerl sagte.

Stefanie erinnerte sich nun an den Vornamen, sprach Bayerl dennoch nicht an. Das Paar verließ den Markt und Stefanie erzählte zu Hause ihrer Mutter von der Begegnung.

»Bist du übergeschnappt?« fragte ihre Mutter. »Der Hartwig ist seit Jahren tot.« So erfuhr die Tochter die Geschichte von dem Mord in Australien, von der sie bisher nichts gewußt hatte.

Aber Stefanie war sich ganz sicher, es habe sich um Hartwig gehandelt, den Verschollenen, und ging zur Kripo Salzburg. Die Beamten nahmen ihre Aussage zu Protokoll.

Auch ich sprach mit ihr und, wie gesagt, – es bleibt für mich bis zu den Fotos fast der einzig konkrete Hinweis.

Ende März meldete sich Stefan, mein Salzburger Informant, mit Neuigkeiten, die die Observationsgruppe auf Trab brachten.

»Am letzten Märzwochenende fährt sie wieder nach Berlin«, teilte er mir mit.

Wir hatten noch etwa zehn Tage Zeit, um alles vorzubereiten, ich setzte mich ans Steuer und fuhr nach Salzburg. Ich koordinierte die Beobachter, arbeitete einen genauen Plan aus, teilte ihn den Mitarbeitern mit. Wir waren sicher, den Mann diesmal zu schnappen.

Das Wochenende vor der geplanten Observation begann für mich angenehm, meine Arbeit war weitgehend erledigt und ich konnte mich seit langem wieder einmal meinem Privatleben widmen. Ich fuhr mit meiner Freundin und ihren Kindern ins Grüne, wir genossen die ersten Sonnenstrahlen auf der Terrasse eines noch geschlossenen Berghotels, sahen über das Tal und beobachteten die Schneeglöckchen und Krokusse. Wir wanderten über scheckige Wiesen, der Schnee in den Mulden und an den schattigen Stellen war noch nicht geschmolzen, es wirkte wie ein Kuhfellteppich, der sich vor uns ausbreitete.

Und dann geschah das Undenkbare, die Katastrophe.

Da rief Probst mich an, er klang ziemlich aufgeregt, begann mir Vorwürfe zu machen, ich würde nichts tun, und es lief darauf hinaus, daß ich mich dafür rechtfertigen mußte, daß die Portugiesin noch immer nicht nach Berlin gefahren war.

»Ich habe eine Observation organisiert, und sie geht nächste Woche über die Bühne. Also, beruhige dich, und sei sicher, daß wir ihn bald kriegen.«

Einer der Gründe, warum ich mich an diesem Tag so wohl fühlte, lag in der Gewißheit, die Sache mit den Fotos bald zu Ende bringen zu können. Ich war überzeugt, den Mann in wenigen Tagen fassen und endlich seine Identität feststellen zu können. Ich hoffte natürlich auch, damit den Fall Weißensteiner aufzuklären, obwohl ich mir solche Gefühle eigentlich nicht gestatten dürfte. Doch es war nun einmal so, ich war bereits, zumindest manchmal, ein wenig parteiisch.

Die Laune verdarb mir dieser Anruf noch nicht. Erst der nächste, den ich um drei Uhr morgens erhielt und der mich aus tiefem Schlaf schreckte. Mein Telefon lag auf dem Nachttisch neben meinem Bett, wenn es läutet, auch mitten in der Nacht, bin ich sofort hellwach. Meine Freundin hörte das Läuten nicht, sie drehte sich um und schlief weiter. Ich klappte es auf, flüsterte: »Hallo«.

Als Antwort kam Stefans Stimme so laut über den Äther, daß ich fürchtete, meine Freundin könnte davon erwachen.

»Sag einmal, bist du ganz deppert?« brüllte er. »Monatelang baue ich den Informantenkreis für dich auf, besorge dir Auskünfte, und dann das!«

Ich konnte mir darauf keinen Reim machen und dachte an einen schlechten Scherz, an einen Kollegenwitz, dessen Opfer ich geworden war. »Was ist los?« fragte ich.

»Mich hat soeben ein Journalist angerufen. Die Fotos des Mannes, die Probst gemacht hat, sind Anfang nächster Woche in der Zeitung, zusammen mit der ganzen Story!« teilte er mir in etwas sachlicherem Ton mit, weil er offenbar begriff, daß ich nichts davon wußte.

Ich sprang aus dem Bett und ging hinüber ins Wohnzimmer, um meiner Wut freien Lauf zu lassen. Wenn das stimmte, und ich das Erscheinen des Artikels nicht verhindern konnte, war die Observation sinnlos geworden, denn der Mann wäre vorgewarnt. Die ganze Arbeit wäre umsonst gewesen. Das war die eine Sache, die andere war im Moment für mich noch schwerwiegender: meine Informanten konnten dadurch in Gefahr geraten.

»Wer wird es bringen?«

Er nannte mir den Namen der Zeitung und den des Journalisten, der an der Geschichte arbeitete. Ich rief sofort bei ihm zuhause an und bat ihn um Verständnis, die Sache noch ein wenig aufzuschieben.

»Ich habe die Bilder und die Geschichte, ich werde sie bringen«, antwortete er mir gelassen, »ich arbeite gerne mit der Polizei zusammen, wenn es notwendig ist, aber in diesem Fall scheint mir das völlig sinnlos, denn morgen wäre mein Informant bei der Konkurrenz, und Sie können sicher sein, daß die das sofort drucken.«

Ich hatte diese Reaktion erwartet, bat ihn aber, wenigstens die Namen meiner Informanten herauszuhalten und das versprach er mir. Ich konnte nur hoffen, er hielt sein Versprechen.

Als ich das geregelt und eine Tasse starken Kaffee getrunken hatte, war es gegen fünf Uhr. An Schlaf war nicht mehr zu denken. Während ich mich duschte und anzog, stellte ich mir nur zwei Fragen: Wer hatte das getan? Und – warum?

Ich mußte die Observation natürlich absagen, fuhr nach Wien zurück. Am Montag erschien der Artikel über den Unbekannten, der vielleicht Hartwig Bayerl war, in einer steirischen Zeitung. Ein Teil der Fotos war abgedruckt, schön groß, damit der Gesuchte sich nur ja erkannte und flüchten konnte. Nun war es zu spät. Ich wußte mittlerweile, wer die Presse eingeschaltet hatte. Es war nicht schwer herauszufinden: Probst selbst hatte die Bilder dem Reporter gegeben und ihm die ganze Geschichte erzählt. Ich versuchte ihn anzurufen, aber er war und blieb unerreichbar.

Der Schaden war weit größer, als man auf den ersten Blick meinen könnte. Wir trafen uns zu einer Besprechung im Sitzungszimmer, Hannes, unser Jurist Werner* und ich, und überlegten die weitere Vorgehensweise. Es war ja nicht nur meine Strategie kaputt, so daß ich mir eine völlig neue zurechtlegen mußte. »Jetzt haben wir den Druck der Öffentlichkeit und müssen schnell Ergebnisse liefern«, brachte es Dr. Werner auf den Punkt.

Die beiden versuchten mich aufzurichten, so gut sie konnten.

»Die Sache könnte ja auch etwas Positives haben«, überlegte Dr. Werner, »Nehmen wir an, der Mann auf den Fotos ist nicht Bayerl. Er weiß jetzt, unter welchem Verdacht er steht, und meldet sich vielleicht bei uns.«

Nun, das Unglück war einmal geschehen, konnten wir nur versuchen, das Beste aus der Sache zu machen und die Medien für unsere Zwecke einzusetzen. Das Fernsehen wollte in einer Show über den Fall berichten. Die Sendung sollte am Mittwoch aufgezeichnet werden, Weißensteiners Mutter und die Eltern Bayerls waren dabei. Auch Hannes Gschwendt wurde eingeladen. Er sagte zu.

Am Dienstag warteten wir auf den entscheidenden Hinweis, hofften, irgend jemand werde sich auf den Artikel hin melden. Unser Journaldienst war Tag und Nacht unter der in der Zeitung veröffentlichten Nummer erreichbar.

Kein einziger Anruf an jenem Tag betraf diese Bilder. Der Mann blieb ein Phantom.

Es gab eine andere offene Frage. Noch mehr beschäftigte mich Probsts Motiv, uns zu verraten und meine Arbeit derartig zu behindern. Ich muß gestehen, daß ich in den dunkelsten Momenten sogar daran zu zweifeln begann, ob er seinem Freund Weißensteiner wirklich helfen wollte.

Immer wieder betonte Probst, Bayerl sei in Waffengeschäfte verwickelt. Diese Gerüchte erhielten Nahrung durch Beobachtungen eines Zeugen aus Cairns, der jedoch niemals vor Behörden aussagte.

Cairns, Australien, 16. Jänner 1990, im Hafen

Besser, man wich Uniformierten aus und sprach nicht zuviel über das, was man sah und wußte. Besser, man interessierte sich nicht zu sehr für eines der vier Boote, die im Hafen ankerten und deren Destination ein offenes Geheimnis war: Bougainville.

Auch über die Ladung wußte Bruce Smith Bescheid. Aber er hätte sich lieber die Zunge abgebissen, als darüber nur ein Wort zu verlieren. In Bougainville herrschte Krieg, die Rebellen forderten seit Monaten mit Waffengewalt ihre Unabhängigkeit von Papua-Neuguinea, mehrere Kupferminen waren mittlerweile geschlossen. Es gab Bilder in der Zeitung von den Rebellen: Sie hocken auf einer Anhöhe, von wo sie den Eingang zur Mine, der in einem Kessel liegt, überblicken. Die Förderbänder stehen still. Wie drei Adler wachen sie über das Gebiet, in zerfetzten Shirts, mit Rucksäcken und Stirnbändern, mit Wundverbänden auf den nackten Oberschenkeln und Armen, stolz und unbeugsam. Sie haben Stöcke zwischen den Knien, an denen sie sich festhalten. Von ihrem Posten aus können sie die ganze Mine und alle Zufahrtsstraßen beobachten. Obwohl sie nur von hinten zu sehen sind, läßt dieses Bild keinen Zweifel an ihrer Entschlossenheit. Wer immer sich in die Nähe der Mine wagen sollte, wird ins Visier genommen. Die Stöcke, an denen sie sich festhalten, sind bei genauerem Hinsehen die Läufe von Maschinengewehren, und am Rucksack des einen baumeln Patronenschachteln.

Seit November 1988 herrschte auf der Insel ein blutiger Krieg mit Tausenden Toten. Die BRA – die Bougainville Revolutionary Army – stellte drei Hauptforderungen an die Regierung Papua-Neuguineas: größere Gewinnbeteiligung an den Erträgen der Kupferminen, Kompensation für die entstandenen Umweltschäden und vor allem Unabhängigkeit von Papua-Neuguinea. Als Folge der Unruhen wurde 1989 die größte Kupfermine des Landes stillgelegt, die Kämpfe weiteten sich dennoch aus. Es gelang der BRA, weite Teile der Insel unter ihre Kontrolle zu bringen und die Solidarität der Bevölkerung zu gewinnen.[78]

Die Gegner der BRA waren militärisch perfekt ausgerüstet und hervorragend ausgebildet. Sie kämpften in Drillichanzügen und flogen mit Hubschraubern die Insel ab. Es waren die Regierungstruppen Papua-Neuguineas, denen die gesamte moderne Kriegstechnologie zur Verfügung stand. Die Widerstandskämpfer brauchten Waffen. Bougainville ist eine kleine Insel vor Papua-Neuguinea, Nachschub an Waffen zu bekommen war äußerst schwierig und gefährlich für beide Teile, die Schmuggler wie die Rebellen. Bezahlt wurde für die Waffen üblicherweise in Gold. Man schätzt, daß für ein Maschinengewehr und 200 Magazine Munition damals der Gegenwert von 10 000 australischen Dollars bezahlt wurde.

In Cairns lagen nach Bruce' Zählung vier Boote im Hafen, die Waffen schmuggelten. Eins dieser Schiffe war laut Bruce die »Immanuel«. Er hatte früher einmal auf der »Immanuel« Schweißarbeiten durchgeführt. Hartwig erzählte ihm damals von dem Deal mit Waffen und wollte ihn überreden, selbst mit seinem Boot in das Geschäft einzusteigen.

An diesem strahlenden Tag begegnete er dem Österreicher am Hafen. Die »Immanuel« war in den letzten Monaten mehrmals umgebaut worden und nach der ersten Probefahrt, bei der sie fast auf Grund gelaufen wäre, wieder völlig umgestaltet worden. Teures technisches Gerät, das Hartwig erst kurz zuvor gekauft und installiert hatte, wurde wieder entfernt und zu Sonderpreisen verscherbelt. Der Laderaum war noch einmal vergrößert worden, aber nun schienen sie endlich in See stechen zu wollen. Hartwig war fahrig und sprach nur kurz mit Bruce. Er war in Aufbruchstimmung: »Ich habe das Signal erhalten, morgen geht es los«, sagte er. »Du kannst noch immer einsteigen, wenn du willst.«

Aber Bruce war die Sache zu heiß, er lehnte ab.

Von den vier Booten, die ausliefen, um Waffen nach Bougainville zu transportieren, kamen drei wieder zurück. Die »Immanuel« sah Bruce nie wieder.[79]

Seit vier Tagen – seit 12.1.1990 – war die »Immanuel« wieder in Cairns, nachdem sie am 7. Jänner den Hafen verlassen hatte und etwas außerhalb geankert hatte. Am 9. Jänner fuhr Angelo Nucifora erneut hinaus zur »Immanuel«, um mit Susan Zack wegen des Todes ihrer Tante zu sprechen, traf jedoch niemanden an Bord an. Unverrichteter Dinge sauste er mit seinem Speedboat zurück in den Hafen.

Am 12. marschierte Manfred erneut in die Aplin Street, um mit Michael Golding zu sprechen, dem Beamten der Einwanderungsbehörde, der ihm einige Tage zuvor – genaugenommen war es der 3.1. gewesen – mitgeteilt hatte, er müsse das Land bis 25. Jänner verlassen.

Golding erkannte ihn wieder und fragte, wie es ihm gehe. »Der große Törn beginnt also?«

»Ja. Morgen, beim ersten Tageslicht setze ich Segel.«

»Fährst du allein?«

»Ich werde Hartwig in sechs Tagen in Port Moresby, in Papua-Neuguinea, treffen. Ich verlasse also Australien und zwar auf Dauer.«

Golding schrieb die Zollpapiere, legte sie dann vor Manfred auf den Tresen und ließ ihn unterschreiben. Es war für ihn eine reine Routineangelegenheit, bisher hatte der junge Mann noch keine Schwierigkeiten gemacht. Meist unterhielt er sich ein wenig mit ihm, die Papiere schienen jedenfalls in Ordnung zu sein, und aus Goldings Sicht sprach nichts mehr gegen die Abreise Weißensteiners. Die Zollformalitäten waren damit für die »Immanuel« erledigt, sie konnte jederzeit auslaufen.

»Kennst du überhaupt den Weg nach Papua? Hast du genügend Segelerfahrung, um diese Reise allein bewältigen zu können?«

»Ich denke schon. Ich werde die Küste entlang fahren.«

»Die Küste entlang?« Das erschien dem Beamten eine ziemlich unübliche Route.

»Innerhalb des Riffs.«

»Tatsächlich?« wunderte sich Golding. »Dann wünsche ich dir viel Glück.«

»Ja, vielen Dank.«

Manfred verließ das Zollgebäude, schlenderte die Aplin Street entlang wieder hinunter zum Hafen, die Zollpapiere ordentlich gefaltet in seinem Portemonnaie.

Vermutlich, so steht es im Urteil zu lesen, verließ die »Immanuel« Cairns in den frühen Morgenstunden des 17. Jänner. Laut Papieren war nur Weißensteiner an Bord.

Sie kam tatsächlich in Port Moresby an und wurde von der Polizei durchsucht.

Niemand weiß, wessen Stimme es war, die der Hafenpolizei von Cairns mitteilte: »Stoppt die ›Immanuel‹. Sie hat Waffen an Bord. Der nächste Hafen, den sie anläuft ist Port Moresby auf Papua-Neuguinea.«

Der australische Polizist, dem die Mitteilung gemacht wurde, nahm die Sache so ernst, daß er sich hinter sein Telefon klemmte und die Hafenpolizei von Port Moresby anrief.

»Wir haben Informationen, daß auf der Yacht »Immanuel« Waffen geschmuggelt werden. Sie müßte bald bei euch einlaufen.«

Mit der »Seeadler«, einem Patrouillenboot, machten sich mehrere Polizisten auf die Suche nach der Yacht. Sie eskortierten das Schiff in den Hafen und durchsuchten es auf Waffen. Weißensteiner war allein an Bord.

Es wurden keine Waffen gefunden, lautete der Polizeibericht.

Manfred mußte lächeln, als die Polizisten das Schiff wieder verließen. An der Kojenwand hingen noch immer die zwei Gewehre von Hartwig, aber die hatten die Beamten nicht beachtet. Hartwig hätte sogar Waffenscheine dafür besessen, doch keiner hatte danach gefragt: Es waren Jagdgewehre, die für die Polizisten unverdächtig waren. Hartwig hatte sie 1986 erworben, angeblich um in Reservaten arbeiten, oder dort Urlaub machen zu können.

Die Route der »Immanuel« führte dann an Bougainville vorbei.

Es ist nicht geklärt, ob die Beamten Papua-Neuguineas die Waffen nicht entdeckt haben oder ob der Handel schon vor der Durchsuchung durch die Besatzung der »Seeadler« abgeschlossen wurde, falls auf der »Immanuel« tatsächlich Waffen geschmuggelt worden waren. Sicher ist nur, daß weder Hartwig Bayerl noch Susan Zack zu diesem Zeitpunkt auf dem Schiff waren.

Weißensteiner erzählte später einigen Leuten, die ihm auf seiner Fahrt begegneten und ihm Fragen nach seiner Herkunft und seinem Reiseziel stellten, die Neuguineische Marine hätte ihn aus Bougainville verwiesen.

Das Gericht rekonstruierte die achtmonatige Fahrt der »Immanuel« quer über den Pazifik. Laut Papieren erreichte er die Insel Kosrae am 21. Februar 1990 und blieb dort für 2 oder 3 Tage.

Kosrae ist eine Vulkaninsel, die politisch zu den Föderierten Staaten von Mikronesien gehört. Es ist noch keine touristisch vollständig erschlossene Inselwelt und die Infrastruktur ist noch nicht den Industriestaaten angeglichen. Zwar ist Kosrae seit kurzem an das internationale Flugnetz angeschlossen, dadurch beginnt der Fremdenverkehr zu wachsen, aber noch immer stehen die mikronesischen Inseln touristisch im Schatten ihrer berühmten Schwestern: Bora Bora etwa oder Tahiti. Die Südseeinseln sind über das Meer verstreut, Seekarten des Gebietes sehen aus wie Himmelskarten mit noch unbekannten Tierkreisbildern. Sie sind meist winzig und weit voneinander entfernt. Insgesamt gibt es mehrere Tausend zum Teil noch unbewohnter und unerschlossener Inseln.

Am 16. März legte Weißensteiner auf Kiribati an, einem Land am Äquator mit insgesamt 65 000 Einwohnern, dessen 33 Inseln sich von Norden nach Süden auf 800 km und von Westen nach Osten auf 3 200 km erstrecken. Er blieb nur etwa eine Woche, am 23. März segelte er weiter nach Westen. Grob geschätzt kann ein Schiff wie die »Immanuel« etwa 5 Knoten, circa 9 km/h machen. Sie käme auf eine Strecke von etwa 240 km in 24 Stunden.

Die »Immanuel« hatte in dieser Zeit, ab 17.1.1990, eine Strecke von mehr als 5 000 Kilometern auf hoher See zurückgelegt, ein Schiff, dem noch einige Wochen zuvor alle Segler von Cairns nicht zugetraut hätten, daß es den ersten stärkeren Wellengang übersteht, mit einem einzigen Mann an Bord, der noch niemals in seinem Leben vorher ein Steuerrad gehalten hatte.[80]

Einige Monate später kam Manfred nach Kiribati zurück und wieder wurde die »Immanuel« auf Waffen durchsucht.

IRRFAHRT IN DER SÜDSEE

Majuro, Marshallinseln, April – August 1990

Ein cremefarbener amerikanischer Straßenkreuzer hielt vor dem Stand der Kokosnußverkäuferin, ein Mann in Shorts und mit breitkrempigem Hut stieg aus, warf der Frau einige Münzen zu, trank eine Tasse Kokosmilch, wischte sich den Schweiß von den Wangen und begab sich gemächlich wieder zu seinem Wagen. Hinter ihm hupten die Lieferwagen, ein Moped schlängelte sich rechts vorbei. Es war Rush-hour, der Verkehr stockte, schwarze Wolken kamen aus den Auspuffen, es roch nach Benzin, gemischt mit intensivem Fischgeruch. Hinter der Stadt baute sich eine Wolkenfront auf, und wie stets, kurz bevor einer dieser tropischen Regengüsse einsetzte, atmeten die Menschen schwere, feuchte Luft wie in einem Dampfbad.

Der Regen dauerte meist nicht lange, war dafür umso heftiger, aber es waren weiche Tropfen, wie ein Sprühregen aus Öl.

Joe Murphy fuhr nach Hause, er hatte das Treffen mit einem Handwerker vereinbart und wollte ihn auf keinen Fall zu lange warten lassen. Handwerker, gute Handwerker, die etwas von Holzverarbeitung verstanden, waren nicht leicht zu finden auf Majuro, und die Umbauarbeiten sollten möglichst rasch abgeschlossen werden.

Murphy war Amerikaner, lebte aber seit vielen Jahren auf den Marshallinseln, die früher unter amerikanischem Protektorat standen und noch immer eng mit den Vereinigten Staaten verbunden waren. In der Nähe hatten die Amerikaner ihre Atombombenversuche auf dem Bikiniatoll gemacht, die Region ist einer der strategisch wichtigsten Teile des pazifischen Raumes.

Joe gab das »Marshall Island Journal«, eine wöchentlich erscheinende Inselzeitung heraus. Er lebte in einer Villa am Stadtrand, vor 23 Jahren hatte er sich hier angesiedelt, das Klima tat ihm gut, und er konnte sich hier oft seiner Leidenschaft, dem Segeln, widmen.

Der Junge war schon da. Anabel*, die Haushälterin, hatte ihn hereingelassen, er wartete auf der Terrasse auf Joe. Er trug frisch gewaschene Jeans und ein klassisches weißes, weites Hemd, dessen obere Knöpfe geöffnet waren. Er wirkte gepflegt und begrüßte ihn mit einem festen Händedruck.

Er stellte sich als Manfred vor und sagte, er stamme aus Österreich.

»Da hast du eine ziemlich weite Reise hinter dir.«

Sie führten den üblichen Smalltalk über das Leben auf den Inseln, die Schiffahrt und den letzten Taifun, der die Kokospalmen am Ufer vor Joes Haus geknickt hatte.

»Siehst du, da unten liegen noch Holzteile. Das Nachbarhaus hat es aus den Angeln gehoben, das kann man so sagen. Es war aus Holz gebaut, einzelne Bretter hat der Sturm bis an den Strand geweht. Weißt du, die Dinger sind launisch, richtig launisch. Sie lassen ein Kartenhaus unberührt und zertrümmern einen Betonbau wie nichts, wenn sie wollen. Niemand weiß, warum das so ist. Am besten man verkriecht sich in den Keller, wenn so etwas heranzieht.«

»Auf der Fahrt hierher habe ich auch Stürme erlebt, aber nicht so schwere, das war auch besser so – ich werde leicht seekrank.«

Sie lachten beide und tauschten Tips gegen die Symptome der Krankheit aus. »Man sollte nicht lesen, wenn man nicht ganz seefest ist«, meinte Joe.

»Ja, aber wenn ich auf die Karten sehe, muß ich ja den Kopf nach unten halten. Und schon ist es geschehen.«

»Oh, ich weiß, das geht schnell. Es gibt kaum ein Mittel dagegen außer vielleicht Schnaps.«

»Wenn man den an Bord hat – oder sagen wir, nach einer dreiwöchigen Reise noch an Bord hat.«

»Kannst du gut navigieren?« wollte Joe von Manfred wissen.

Der lachte schallend los. »Weißt du, wo ich gelandet bin, als ich von Bougainville nach Kiribati wollte?«

Nun gut, wie sehr konnte man sich auf dem Pazifik schon verirren, vorausgesetzt man hatte gute Instrumente zur Verfügung? Man konnte unter Umständen zwei nahe beieinander liegende Inseln auf einem der Atolle verwechseln, einige fünfzig, vielleicht hundert Kilometer Umweg machen, wenn man sehr ungeschickt war. Aber Manfreds Irrtum glich schon beinahe einem Weltrekord.

»Ich landete auf – Kosrae!«

Nun mußte auch Joe lachen, so etwas hatte er noch nie gehört. Kosrae und Kiribati liegen etwa 2 000 Kilometer voneinander entfernt.

»Wenn du nicht Seemannsgarn spinnst, mußt du unter schwersten Halluzinationen gelitten haben, als dir das passierte.«

»Ich sagte ja, ich werde leicht seekrank«, gab Manfred zurück.

Dann führte Joe Manfred in den Salon. Er hatte Panoramafenster und Rattanmöbel mit groß gemusterten Überzügen in den Farben des Regenwaldes. Die hintere Wand des Zimmers war frei, eine Konsole war weggerückt worden und Joe wies auf die Stelle, an der sich offenbar der Einbauschrank befunden hatte, der jetzt gleich neben der Eingangstür stand. Er war fast völlig leergeräumt, nur einige Bücher mit gut sichtbaren Lesezeichen – zwischen die Seiten gesteckte Briefen und Zetteln – lagen in den Regalen.

Er wies auf die freie Wand. »Hier soll sie stehen. Ich will beim Mixen der Drinks einen schönen Ausblick, verstehst du?«

»Ja, das kann ich gut verstehen. An welches Holz hast du gedacht?«

»Wie wäre es mit Mahagoni? Es ist edel, läßt sich gut bearbeiten, ist haltbar und gediegen.«

»Eine Wurzelholzart wäre vielleicht etwas ausgefallener, hat aber etwas Unruhiges und ist schwer zu kombinieren«, gab Manfred zu bedenken, obwohl er wußte, daß es ihm eigentlich nicht zustand, auf das Design Einfluß zu nehmen.

Die Zeit verging sehr schnell: als Manfred die Villa verließ, war es bereits dunkel. Antony Dujmovic, der ebenfalls für Murphy arbeitete, brachte ihn im Auto zurück zum Hafen, wo die »Immanuel« ankerte.

»Ich komme in den nächsten Tagen wieder hinaus zu euch und werde die Wand ausmessen. Wenn das Holz da ist, kann ich sofort mit der Arbeit beginnen.«

Antony freute sich über den Zuwachs in Joe Murphys Team. Er selbst war Australier und arbeitete schon seit längerem für Murphy. »Hey, ich finde es gut, daß du gekommen bist. Wir werden bestimmt die schönste Bar des Pazifiks zimmern. Wirst sehen, bei uns gefällt es dir!«

Manfred schlenderte den Pier entlang zur Yacht. Der gigantische Mast zeigte auf den Mond. Im Rhythmus der Wellen schwang seine Spitze von links nach rechts, ein Pendel, das nicht zur Ruhe kam und bedrohlich wirkte, weil es eine Stunde zu schlagen schien, aber nicht sagte, welche.

Vorne am Bug leuchtete der Schriftzug des Schiffes. Früher hatte sie »Immanuel« geheißen. Manfred hatte einige Buchstaben übermalt und ihr so einen neuen Namen gegeben.

Sie hieß jetzt »MAN«.

Im Mai standen die Hauptteile der Bar und sollten an die Wand fixiert werden. Schon jetzt konnte Joe sicher sein, daß sein Salon ein neues Schmuckstück bekam. Handgefertigt von einem Könner, der überaus genau arbeitete.

Manfred verleimte gerade eine Stütze am Tresen, als er aus dem Radio die neuesten Nachrichten erfuhr.

»Heute erklärte der Führer der Rebellengruppe BRA die Unabhängigkeit Bougainvilles und rief die Republik Bougainville aus. Die Regierung in Port Moresby reagiert mit einer Wirtschaftsblokade der Insel.«

Er legte das Werkzeug beiseite, lächelte und hockte sich dann auf den Boden. »Sie haben es also geschafft«, sagte er.

Manfred verstand sich mit Antony sehr gut, sie waren in den wenigen Wochen richtige Freunde geworden. Antony brachte zwei Dosen Bier und setzte sich zu ihm. »Freut dich das?«

Manfred nahm einen Schluck, wischte sich den Schaum von den Lippen und sah Antony in die Augen. »Ich war dort. Auf meiner Fahrt hierher kam ich bei Bougainville vorbei.«

Manfred war eher ein stiller Typ, jemand, dem man die Würmer regelrecht aus der Nase ziehen mußte, aber nun, da er in Redelaune war, schien es Antony eine gute Gelegenheit, mehr über ihn und seine Reise zu erfahren.

»Hast du dort angelegt oder bist du nur vorbeigefahren?«

»Nein, ich habe angelegt. Die beiden, die mit mir unterwegs waren – Susan und Hartwig – sind dort ausgestiegen.«

»In Bougainville, bei den Rebellen? Hatten sie keine Angst?«

Manfred zuckte die Schultern. Sein Blick ging ins Leere, und er biß sich auf die Lippen. »Ich weiß nicht. Wenn man nicht zu den Minen geht ist es nicht so gefährlich.«

»Was machen sie jetzt? Sind sie noch dort?«

»Keine Ahnung.« Er trank sein Bier schnell aus, biß von einem Sandwich ab, das nach Leim schmeckte, und legte ein neues Brett auf den Arbeitstisch. »Wenn Joe heute nach Hause kommt, soll er das Grundgerüst sehen. Damit rechnet er bestimmt nicht.«

»Willst du nicht noch aufs Postamt?« fragte Antony.

Manfred nickte. »Während der Leim trocknet, kann ich hingehen.«

»Vielleicht ist ja diesmal etwas dabei.«

»Vielleicht«, erwiderte Manfred.

Antony sah ihn alle paar Tage voll Hoffnung zum Postamt marschieren; die Beamtin kannte den Österreicher und hatte ihn, wie fast alle Insulaner, zu denen er Kontakt hatte, ins Herz geschlossen. Jedesmal wenn er kam und fragte, ob Post für ihn da sei, sagte sie »Ja« und schickte ihn mit einer Geste des Bedauerns ohne Brief wieder fort. Es heißt, die Südsee-Insulaner antworten niemals auf die Frage eines Fremden mit »Nein«. Es gilt als unhöflich. Sie sagen immer »Ja«, selbst wenn sie wissen, es stimmt nicht. Sie nahmen wohl alle an, er warte auf Briefe aus der Heimat. Doch dort wußte niemand, wo er war.

Natürlich kam er auch diesmal mit leeren Händen wieder zurück. Es schien eine wichtige Nachricht zu sein, auf die er wartete. Antony fragte ihn beim Abendessen auf der Terrasse danach.

»Ich sollte weitere Instruktionen bekommen, wohin ich fahren soll.« Er biß von dem Huhn, das Anabel mit Kokosmilch und Papaya zubereitete und scharf würzte.

»Von wem bekommst du die Instruktionen?« wollte Antony wissen.

In diesem Augenblick stürmte Joe auf die Terrasse. Für ihn war gedeckt, aber da man nie sicher sein konnte, wann er kam oder ob er überhaupt zu Hause aß, warteten sie nie auf ihn. Er begrüßte die beiden, dann sah er ins Innere und schlug erfreut die Hände zusammen. »Sieht aus, als könnte ich bald meine Drinks selbst mixen. Phantastisch!«

»Bevor ich abfahre sind wir bestimmt damit fertig«, sagte Manfred.

»Du willst schon bald wieder weg?« erhob Joe Einspruch. »Wer weiß, was mir noch alles einfällt, um mein Haus zu renovieren, was soll ich dann ohne dich machen?«

»Ich muß wegen des Visums nach Kiribati zurück.«

»Und wie willst du dorthin?

»Mit meinem Schiff. Mittlerweile kenne ich mich ja in der Gegend ziemlich gut aus.«

Sie unterhielten sich über die Wetterbedingungen zu dieser Jahreszeit. Joe hatte die »Man« am Hafen gesehen, sie schien ihm nicht gerade hervorragend geeignet für eine erneute Gewalttour, doch Manfred hatte volles Vertrauen in sie.

»Wo hast du sie eigentlich her?«

»Ich habe sie in Cairns gekauft«, antwortete Manfred. »Von einem alten Mann.«

Antony wunderte sich, wie ein so junger Kerl wie er zu so viel Geld kommen könnte, um sich diese Yacht leisten zu können.

»Ich habe in Cairns als Gigolo gearbeitet«, erwiderte Manfred auf Antonys Verwunderung.

»Das gibt es doch nicht! Du und ein Gigolo, daß ich nicht lache! Ich meine, es gibt tatsächlich Frauen, die bezahlen? Erzähl mir doch nichts.«

»Doch das gibt's. Sie war schon älter und hatte eine vorübergehende Behinderung, etwas am Fuß. Sie hat mir Geld gegeben, da bin ich mit ihr ausgegangen.«

Antony und Joe ließen es bei dieser merkwürdigen Erklärung, die so gar nicht zu Manfred zu passen schien, bewenden. Erst viel später fragten sie ihn wieder nach dieser Geschichte und bekamen eine ganz andere Antwort.

Kiribati, 25. Juni 1990, Polizeistation

Glücklicherweise betrachtete der Polizist den blonden Exoten als willkommene Abwechslung in seinem Arbeitsalltag und nahm sich genügend Zeit, um dessen Anliegen gleich zu erledigen. Er trug ein blaues Uniformhemd, eine goldene Uhr und ein Wappen über dem Verschluß seines Gürtels.

Der kleine Raum, in den er Manfred gebracht hatte, war dunkel und etwas kühler als die Luft draußen, ein Ventilator surrte auf dem dunkelbraunen Tischchen, das als Schreib- und Besprechungstisch diente. Aktenordner standen in einem Holzregal, das Telefon hatte noch die altmodische Wählscheibe und an der Wand hing eine Karte der Republik Kiribati mit ihren 33 Inseln, jede genau aufgelistet und mit den jeweiligen Hauptorten versehen.

Der Polizist war sachlich und stellte Manfred Fragen nach seiner Herkunft, seinem augenblicklichen Aufenthaltsort und danach, welchen Antrag er stellen wolle.

Dann fragte er ihn, wie er auf die Insel gekommen sei.

»Mit dem Schiff ›MAN‹, es liegt unten am Hafen.«

»Ah, mit dem Schiff. Sind Sie allein gekommen?«

»Ja.«

Der Beamte machte sich Notizen auf einem Block mit einem schmierenden Kugelschreiber. Durch das geöffnete Fenster rief er auf mikronesisch etwas zu seinem draußen mit der Begutachtung eines ziemlich schrottreifen Pick-up beschäftigten Kollegen. Sie palaverten mehrere Minuten, »sein« Polizist hatte ihn anscheinend völlig vergessen. Offenbar

sprachen sie von ihm, denn der im Inneren trat zur Seite, der andere sah ihn kurz an, nickte, gab einen letzten Kommentar ab, woraufhin der Mann, dem der Lieferwagen offenbar gehörte, ebenfalls ans Fenster trat, Manfred in Augenschein nahm, sich aber gleich wieder abwandte.
»Gehört das Schiff Ihnen?« wollte der Polizist wissen.
»Nein. Einem Freund von mir.«
»Der Freund ist nicht mit Ihnen gekommen?«
»Nein. Er und seine Lebensgefährtin sind in Kununurra, in Westaustralien und haben mir die Yacht geborgt, damit ich meine Kreuzfahrt machen kann.«
»Allein?«
»Richtig.«

Die Einwohner Kiribatis sind Meister der Seefahrt. Die Absolventen der Marine Training School sind bei internationalen Reedereien sehr gefragt, die Schule genießt einen hervorragenden Ruf. Ein I-Kiribati, wie die Einwohner heißen, wundert sich aus diesem Grund umso mehr über einen allein über den Pazifik segelnden Europäer, und möchte sofort Näheres wissen.

Der Polizist stand auf und verließ den Raum. Er befahl Manfred, hier auf ihn zu warten. Draußen sprach er wieder mit seinem Kollegen, der beschloß, den Pick-up weiterfahren zu lassen und sich ganz dem Europäer zu widmen. Die Hände in die Hüften gestützt, beratschlagten sie und diskutierten immer heftiger, wobei sie aufgeregt zum Hafen deuteten. Dann kamen beide herein. »Wir müssen das Schiff durchsuchen.«
»Warum?«
»Wo liegt die ›MAN‹? Bringen Sie uns zu ihr.«

Sie hätten sie ganz bestimmt auch ohne seine Hilfe gefunden, sie ankerte direkt im Hafen und war wegen ihres außergewöhnlichen Aussehens natürlich längst aufgefallen.

Manfred begleitete die beiden Männer hinunter an den Pier, sie gingen an Bord und begannen sofort mit der genauen Durchsuchung. Sie drehten alles um, in der Kajüte durchsuchten sie jede Lade, sahen unter die Kojen, durchwühlten Kisten und Kartons und klopften die Wände ab.

Nach einer Weile kamen sie wieder nach oben. Manfred hatte erwartet, daß sie die beiden Gewehre, die nach wie vor an der Kojenwand hingen, ans Tageslicht befördern würden, doch sie erwähnten sie nicht einmal. Es war, als hätten sie sie nicht gesehen. Sicher suchten sie nach Waffen und Drogen, aber offenbar hatten sie ganz andere Dimensionen erwartet. Soweit war damit die Polizei zufriedengestellt, aber eine Woche später stellte der Zollbeamte von Kiribati Manfred ebenfalls die Frage nach der Herkunft des Bootes.

»Sie gehört einem Freund von mir, der sie mir geborgt hat«, antwortete er.

»Und wo ist der Freund?« wollte der Beamte wissen.

»Bei seiner Freundin in Cairns, Australien«, log Manfred.

Dennoch: Um den 6. Juli konnte Manfred Kiribati wieder verlassen. Er hatte alle Behördenwege erledigt und nahm Kurs auf Majuro, wo er am 11. Juli wieder eintraf.

Natürlich führte der erste Weg Manfred aufs Postamt. Das Mädchen winkte ihm schon von weitem zu und begrüßte ihn herzlich. Er erzählte ihr von der Reise und brachte ihr Neuigkeiten von Kiribati, dann fragte er, ob Post für ihn gekommen sei.

»Ja«, sagte das Mädchen.

Manfred war lange genug mit den Bräuchen der Inselwelt vertraut und konnte manchmal schon ein richtiges »Ja« von einem gemeinten »Nein« unterscheiden, selbst wenn das Wort dasselbe war. Jetzt war er nicht sicher.

»Wirklich? Ist eine Nachricht für mich gekommen?«

»Ja«, antwortete das Mädchen. Und wieder war es ein »Nein«.[81]

Cairns, Australien, Mitte August 1990, Polizeistation

Detective Sergeant Bruce Gray hob den Hörer ab und wußte nach wenigen Sekunden, daß er nun, falls der Anrufer es ernst meinte, die Ehre haben würde, der Interpol eine Mitteilung zu machen, auf die sie lange gewartet hatte.

Detective Gray war einer der erfahrensten Kriminalbeamten von Cairns, seit langem arbeitete er beim CIB, der Kriminalpolizei von Cairns, und war an der Aufklärung mehrerer Mordfälle beteiligt gewesen. Als im vergangenen Jahr der amerikanische Vizepräsident Dan Quale Australien besuchte, war er im Security-Team. Er war bekannt dafür, seine Aufgaben mit vollem Einsatz zu erledigen, genoß das Vertrauen seiner Vorgesetzten und die Anerkennung der Öffentlichkeit. Er war ein durchtrainierter Mann in den Vierzigern mit einem dunklen, kurzgeschnittenen Haarkranz über den Ohren und einem buschigen Schnauzbart und verstand, mit der Waffe umzugehen. Bei Einsätzen bediente er sich gerne eines großkalibrigen Gewehres, aber auch wenn er mit gesenktem Kopf, die langläufige Waffe in der Linken, auf Verbrecherjagd ging, vergaß er nie, die Krawatte ordentlich festzuzurren.

»Und Sie sind ganz sicher?« fragte er den Anrufer.

»Ja.«

»Wie ist ihr Name?«

Der Anrufer legte auf. Ein anonymer Hinweis also, das war nicht ganz so erfreulich, doch die Information – wer immer sie ihm gesteckt haben mochte – würde Detective Gray einige Lorbeeren einbringen, darauf würde er seinen Schnellziehholster verwetten. Noch war nicht klar, ob es sich nicht um einen Scherz handelte, um jemanden, der die Polizei necken wollte, aber die Chancen standen gut, daß er in dem Fall, der seit etwa acht Monaten auf seinem Tisch lag, einen entscheidenden Schritt weitergekommen war. Nun, man würde sehen.

Auf Majuro also. Seit Jänner jagten sie die »Immanuel«, und bis jetzt war es ihnen nicht gelungen, sie zu finden. Nun hatte er eine Spur, sie führte weit weg von Cairns, dummerweise auch von Australien.

»Sie hat Waffen und Rauschgift an Bord, o.k.?« hatte der Anrufer gesagt.

Bruce Gray klemmte sich hinter sein Telefon und versuchte eine Verbindung zur Polizei der Marshallinseln zu bekommen. Vorerst hörte er nur lautes Knacken in der Leitung, aber schließlich hob jemand ab. »Liegt bei euch im Hafen ein Schiff mit Namen ›Immanuel‹?« fragte Gray ohne Umschweife.

Es dauerte eine Weile, bis der Polizist am anderen Ende der Leitung antwortete, vielleicht mußte er überlegen, nachsehen, oder es gab Schwierigkeiten mit der Verbindung. Aber dann hieß es, ein Schiff dieses Namens sei nicht auf Majuro.

»Es ist eine Segelyacht: I.M.M.A.N.U.E.L.«, buchstabierte Gray.

»Keine ›Immanuel‹. Eine Segelyacht, ja, seit einiger Zeit.«

»Seit wann?«

Der Kollege auf Majuro wußte es nicht genau. Seit einigen Wochen, meinte er, und Gray fragte, wem sie gehören würde.

»Einem Ausländer. Ein junger Mann, der von Australien herübergekommen ist. Warum? Stimmt etwas nicht mit ihm?«

»Wie heißt das Schiff?«

»›MAN‹«

»Und der, dem es gehört?«

Wieder dauerte es ziemlich lange, bis er Antwort erhielt, doch auf *diese* Antwort hätte er mit Freude auch noch einige Minuten länger gewartet. »Manfred. Manfred Weißensteiner« klang es an Bruce Grays Ohr.

»Nehmt ihn fest. Ich setze mich ins nächste Flugzeug und komme zu euch. Präsentiert ihn mir herausgeputzt mit den schönen silbernen Armreifen, der Kerl hat sie sich nach acht Monaten Katz- und Mausspiel wirklich verdient.«

»Gegen ihn liegt nichts vor. Wir können ihn nicht einfach festnehmen.«

»Schnappt ihn euch, sage ich! Wenn ihr wissen wollt, was vorliegt, nehmt das: Diebstahl der Yacht ›Immanuel‹. Der Mann hat das Boot geklaut und soll nicht so einfach damit durchkommen. In wenigen Tagen bin ich bei euch und verhöre ihn selbst. Also, geht das in Ordnung?«

Der andere legte auf.

Detective Sgt. Gray konnte nur hoffen, daß er ihn verstanden hatte, und tat, was er verlangte.

AUSBEUTE

Salzburg, Österreich, 24. März 1998

Nun, da die Bilder in den Zeitungen veröffentlicht worden waren, hatte ich mich bei Hartwig Bayerls Eltern angekündigt. Sie wohnten in einem Haus mit einem kleinen Garten, ich kenne nur ein Wort für diese Art zu wohnen: schmuck. Sauber und ordentlich, komfortabel, ohne Luxus. Als ich läutete, baten sie mich hinein, und ich folgte ihnen in eine Wohnung unter dem Dach.

Ich stellte mich vor und zog meinen Ausweis aus der Tasche. Sie prüften ihn, vertrauten mir aber nicht ganz. Ich hatte dafür Verständnis, denn ich wußte, was Probst alles unternommen hatte, um Bayerl zu stellen, er war auch vor direkten Konfrontationen mit der Familie Bayerl nicht zurückgeschreckt. Es hatte heftige Auseinandersetzungen gegeben, Probst war sicher, die Eltern wußten, daß Hartwig noch lebte und würden ihn decken.

Ihr Vertrauensmann bei der Salzburger Polizei bestätigte ihnen meine Identität und danach führten sie mich in die Wohnstube. Kurz erklärte ich, worum es ging, dann legte ich ihnen die Bilder vor.

Frau Bayerl schüttelte den Kopf: »Niemals ist er das.«

Auch Herr Bayerl war ganz sicher, bei dem Mann auf den Fotos handle es sich keinesfalls um seinen Sohn, der hätte sich längst bei ihnen gemeldet, wäre er noch am Leben.

»Sie sind also ganz sicher, daß ihr Sohn tot ist?« fragte ich. Die beiden wechselten einen Blick.

»Wir können uns vorstellen, daß er irgendwo festgehalten wird und keine Möglichkeit hat, mit uns in Kontakt zu treten«, antwortete der Vater.

»Ja, er hätte sich gemeldet, denn einfach verschwinden, ohne es uns zu sagen, das tut er nicht. Wir haben immer gewußt, was los ist, wo er sich aufhält und was er macht«, fügte Frau Bayerl hinzu.

»Ja«, fiel ihr Mann ihr ins Wort, »und wenn er in Schwierigkeiten steckt, dann weiß er, er braucht nur anzurufen und binnen 48 Stunden bin ich da, egal wo er ist. Ich lasse alles stehen und liegen und setze mich in den Zug oder ins Flugzeug oder – ich weiß nicht ...«

»Unsere Kinder wissen das«, jetzt unterbrach sie ihn, »wir sind für sie da.«

Wie es aussah, lebten sie seit sieben oder acht Jahren in Ungewißheit über das Schicksal ihres Sohnes und befanden sich seither in einem Zustand zwischen Hoffen und Angst.

Auch sie waren in die Talkshow eingeladen, die am nächsten Tag aufgezeichnet werden sollte. Sie würden dort Probst begegnen, meinem Chef Hannes Gschwendt und Christine Weißensteiner. Sie fragten mich, ob ich auch käme.

»Nein, ich habe Journaldienst. Und am Tag der Ausstrahlung werde ich im Büro sein und die Anrufe nach der Sendung entgegennehmen. Dann muß ich die Hinweise überprüfen. Meine Aufgabe ist es, den Mann auf den Bildern zu identifizieren und ich hoffe, die Sendung trägt dazu bei.«

Sie luden mich zum Essen ein, doch ich machte mich gleich wieder auf den Weg. Ich fuhr zurück nach Wien. Niemand von uns hatte erwartet, die Eltern würden Hartwig identifizieren, selbst wenn sie ihn auf den Fotos erkannt hätten. Sie wüßten ja, er stecke in Schwierigkeiten und hätten sicher die Polizei nicht ins Vertrauen gezogen. Ich muß ehrlich zugeben, ich bin hingefahren, um ihre Reaktion zu testen, das war der Sinn der Reise. Ich erhielt ein wenig Aufschluß, aber nicht genug, um mich hier dazu zu äußern.

Wien, Österreich, 25. März 1998, in einer Bierstube

Das Lokal befand sich in der Nähe des Fernsehstudios, in dem die Sendung »Vera« aufgezeichnet worden war. Ich hatte mit Hannes vereinbart, ihn dort nach der Aufzeichnung zusammen mit Probst zu treffen.

Es war gegen zehn Uhr abends, als ich eintraf. Das Lokal war ziemlich voll und daher auch laut, an der Theke standen die Gäste in mehreren Reihen, und als ich gleich dort mein Essen bestellte, mußte ich mich zwischen andere Gäste quetschen und der Servierin mit dem tiefen Ausschnitt die Bestellung ins Ohr brüllen.

Hannes und Helmut hatten mir an einem großen Tisch einen Platz freigehalten, ich zwängte mich an Studenten vorbei, die über die bevorstehende Staatsprüfung sprachen und für die wir folglich Luft waren. Die Stimmung der beiden schien mir gedrückt, sie waren recht schweigsam, Probst vermied es, mich anzusehen und Hannes schien irgend etwas die Laune verdorben zu haben. Ich beschloß, mich vorerst nicht darum zu kümmern, ich vermutete, die Sendung war vielleicht nicht so gut gelaufen, wie sie sich das vorgestellt hatten.

Meine Cola kam, das Sandwich war mit Ei und eingelegtem Paprika belegt: Der Dotter war am Rand grün, das verdarb mir ziemlich den Appetit.

Die beiden schwiegen noch immer. Es war ein ungünstiger Zeitpunkt, die Stimmung durch Vorwürfe an Probst wegen der verpatzten Observation noch weiter zu verschlechtern, darum gab ich mich gutgelaunt und handzahm.

»Hast du den Aufruf machen können?« fragte ich Hannes.

Er nickte. Es brachte ihn keinesfalls in bessere Laune. Er nahm einen großen Schluck von seinem Bier und runzelte die Brauen.

Dann ließ er die Katze aus dem Sack, ohne Überleitung nahm er einen Verhörton an und knallte mir die Neuigkeit ins Gesicht. »Herr Probst hat mir, seit wir hier sitzen, einiges über dich erzählt. Er behauptet, du hättest Dreck am Stecken.« Ich nenne es jemanden kalt erwischen, es ist eine Technik, die manchmal bei Verhören angewendet wird und meist funktioniert. Selbst ich, der ich mit Verhörtechniken vertraut bin, reagierte wie ein Laie – ich war fassungslos, planlos, verwirrt.

»Was? Wie kommst du darauf?« wandte ich mich an Probst, es war alles, was mir im Augenblick dazu einfiel.

Diese Situation nützen wir dann in Verhören aus. Wäre es nicht naheliegender gewesen, ich hätte nach den konkreten Vorwürfen gefragt, anstatt zuerst daran zu denken, wie Probst darauf gekommen sei?

Probst ließ einen Bierdeckel zwischen seinen Fingern kreisen. »Du warst in Australien, nicht wahr?«

Was wollte er damit erreichen? Wollte er mich und Hannes ablenken? »Na und?« erwiderte ich ungehalten.

»Warum warst du dort? Und was hast du gemacht?«

»Soll ich jetzt über das unsoziale Verhalten der Wüstenflöhe in den Schlafsäcken von Touristen referieren oder was?«

»Er behauptet, du seist in die Sache verwickelt«, erläuterte Hannes frostig.

Ich hatte schon früher Probsts Mißtrauen gegen Menschen bemerkt, die mit Australien zu tun gehabt hatten. Außerdem verdächtigte er jeden, Bayerls Helfer zu sein, der irgendwann einmal mit Manfred Kontakt gehabt hatte.

Er hatte jetzt also auch Zweifel mir gegenüber. »Er behauptet, du seist jemand, der Bayerl deckt und ihn gar nicht fassen will.«

Ich zuckte die Schultern. »Was soll ich dazu sagen?«

»Er erhebt schwere Vorwürfe gegen dich. Deine Arbeit habe zu nichts geführt, monatelang seist du nur herumgesessen und hättest nichts unternommen, er glaubt, du gehörst zu denjenigen, die Bayerl in der Hand hat.«

Ich erwiderte nichts darauf. Probst rutschte auf seinem Sitz hin und her und wurde wieder so hektisch wie bei unserem ersten Treffen. Es kam mir so vor, als hätte er in seinem Verschwörungsszenario eine Lücke gefunden, die ich nun ausfüllen sollte.

»Hast du ihn geschnappt oder nicht?« fragte er mich. »Du hast ihn nicht geschnappt und bist seit Monaten hinter ihm her. Ich habe dir dauernd Hinweise geliefert, aber keiner von euch hat sich darum gekümmert.«

»Herr Probst«, schnitt Hannes ihm das Wort ab, in einem Ton, der ruhig, aber hart war und Probst sofort zum Schweigen brachte. »Wir haben mehr unternommen, als in solchen Fällen sonst üblich. Halten Sie sich mit Ihren Verdächtigungen zurück.« Dann sprach er über mich und meine Arbeit und las Probst gehörig die Leviten.

»Ich habe nicht gewußt, daß er wirklich ein Polizist ist. Woher hätte ich das wissen sollen?« verteidigte sich Helmut.

»Hör einmal, habe ich dir nicht am Anfang meinen Ausweis unter die Nase gehalten? Du hast genau gewußt, daß ich Polizist bin.«

Er blieb dabei und hatte damit immerhin erreicht, daß ich völlig vergaß, ihn wegen der Veröffentlichung der Bilder zur Rede zu stellen. Ich weiß nicht, wie er nach diesem Abend von mir dachte, ob er überzeugt war, ich sei vertrauenswürdig, oder weiterhin glaubte, ich stünde mit Bayerl im Bund.

Wie auch immer, ich hatte einen Job zu erledigen.

Wien, 26. März 1998, Journaldienstraum der Interpol

Um 21 Uhr wurde die Sendung ausgestrahlt, ich saß am Schreibtisch unseres Büros, Bleistift und Papier griffbereit. Gemeinsam mit Markus und einem anderen Kollegen hoffte ich auf Hinweise, die zur Lösung des Rätsels beitragen würden. Irgend jemand mußte ihn kennen. Oder ihn gesehen, mit ihm gesprochen haben. Wissen, wo er war.

In einem Nebenzimmer lief der Videorecorder, der die Sendung aufzeichnete. Unser Beitrag kam zum Schluß, eingeleitet von einem Film, auf dem Weißensteiner, die »Immanuel«, Zack und Bayerl zu sehen waren. Und dann das erste Mal, untermalt mit dramatischer Musik und noch dramatischerem Text wie »Interpol sucht einen Toten«, eines der Bilder des Phantoms.

Mit ernster Miene und den Worten: »Mysteriös und gespenstisch: ein angeblicher Doppelmord passiert in Australien«, begann die Moderatorin Vera Russwurm ihre Interviews.

Sie saß auf einem Fauteuil, ihre Gäste hatten links von ihr auf einer Couch Platz genommen.

Sie ließ Hannes die Ereignisse in Australien zusammenfassen, wandte sich dann an Christine Weißensteiner, die vom letzten Gespräch mit ihrem Sohn vor seiner Verhaftung berichtete.

»Eigentlich war es eine Verabschiedung. Er hat nach Hause angerufen und gesagt, daß wir ein paar Jahre nichts von ihm hören würden.« Sie wirkte sehr ernst, aber gefaßt, sie sprach leise, ohne Zittern in der Stimme.

»Mit welcher Begründung? Hat er das gesagt?« wollte Vera von ihr wissen.

»Sie fahren auf eine Insel, da gibt es nichts zu schreiben und zu telefonieren.«

»Also für mehrere Jahre?«

»Ja«, antwortete Frau Weißensteiner. Er habe dabei die beiden angeblichen Mordopfer erwähnt, aber nicht ihre Namen.

Die Kamera schwenkte ins Publikum. Es muß eine Faschingssendung gewesen sein, die Damen trugen knallrote Boas zu langen Tanzkleidern, manche Herren waren im Smoking.

In der ersten Reihe saßen Herr und Frau Bayerl, die gespannt die Gespräche auf der Bühne verfolgten. Vera wandte sich an Bayerls Mutter: »Sie waren beide damals bei diesem Prozeß. Wie haben Sie die Argumentation und das Verhalten des verurteilten Manfred Weißensteiner empfunden?«

Frau Bayerl schilderte ihren Eindruck: »Der war high, der war überhaupt nicht zurechnungsfähig meiner Ansicht nach, der war ganz und gar abwesend. Ich glaub' der hat das gar nicht mitgekriegt.«

»Nun, es ist ja interessant«, bohrte Vera weiter, »daß Sie und die Mutter des Verurteilten miteinander Kontakte pflegen.«

Frau Bayerl bestätigte das und meinte, schließlich könnten ja die Eltern nichts dafür. »Es ist nie von mir oder auch von meinem Mann ein Wort gefallen, daß wir den Weißensteiner verurteilt haben. Wir möchten nur die Wahrheit wissen, wir möchten erreichen, daß er spricht und sagt, was los ist.«

Vera hakte nach: »Das heißt, auch Sie sind nicht davon überzeugt, daß Herr Weißensteiner der Mörder Ihres Sohnes ist.«

»Ich bin nicht davon überzeugt«, antwortete Frau Bayerl.

Ihr käme es vor, er würde jemanden decken, und als sie zum Prozeß in Australien gewesen waren, hätte die Polizei sie eindringlich vor bestimmten Leuten gewarnt und abgeschirmt. Dann wandte sich die Moderatorin an Herrn Bayerl: »Sie sind davon überzeugt, daß Ihr Sohn lebt.«

Frau Bayerl rief »Nein!«, und auch Adolf Bayerl verneinte diese Frage vehement. »Nein, nein.«

»Sie sind überzeugt, daß Ihr Sohn tot ist.«

»Es ist so«, antwortete Hartwigs Vater, »wir würden gern Sicherheit haben. Wenn ich heute erfahren würde, daß er auf einer Insel lebt oder irgendwo, dann wäre ich morgen dort.«

Hannes Gschwendt berichtete von den fünf Zeugen seit 1993, die Hartwig Bayerl erkannt haben wollen.

Dann erzählte Helmut Probst, wie es zu den Fotos gekommen war. »Also, das Foto ist so entstanden: Er ist mit der Frau auf mich zugekommen, und dann, wie er neben mir steht, schaut er mir in die Augen. Er hat mich direkt angeschaut, da habe ich seine blauen Augen gesehen …«

Probst hatte Bayerl niemals zuvor gesehen, er kannte nur Bilder von ihm, die ihm Manfred gegeben hatte. Aber so einfach, wie es den Anschein haben könnte, war es nicht gewesen. In der Tat hatte Probst sich jahrelang auf die Suche nach Bayerl begeben, war in Asien, Australien und Südamerika den angeblichen Spuren des Mannes gefolgt und hatte sich auch in Salzburg lange genug auf die Lauer gelegt, bevor er die Bilder machen konnte.

Die Sendezeit war nicht lang genug, um über seine Aktivitäten zu sprechen, und ich nehme an, auch das Lampenfieber mag eine Rolle gespielt haben, warum Probst seine Suche auf diese Art darstellte.

Major Gschwendt wurde gefragt, ob er es für möglich halte, daß der Mann auf den Fotos Hartwig Bayerl sei. Das gab ihm Gelegenheit seinen Aufruf an die Zuschauer zu richten, mit der Bitte um Hinweise, falls ihn jemand gesehen hatte.

»Wurde je ernsthaft nach den Leichen gesucht?«

»Da können wir hier von Österreich aus wirklich nichts unternehmen.«

»Sie wissen auch nicht, ob von australischer Seite aus je etwas unternommen wurde.«

»Das wissen wir auch nicht.«

Wie lange die Interpol noch suchen wolle, fragte Vera zum Schluß.

Hannes formulierte eine höfliche Antwort, die darauf hinauslief, wir würden eben so lange suchen, bis wir sicher wissen, daß Bayerl noch lebt. »Oder sicher tot ist«, mußte er noch anfügen.

Danach läutete endlich das erste Mal bei uns das Telefon.

»Jetzt geht es los«, frohlockte ich und zwinkerte Markus zu.

Er war skeptisch. »Ein Hellseher. Wirst es sehen. Die kommen zuerst: die Hellseher, Wahrsager und Pendler. Dann die Scherzbolde. Wenn wir Glück haben ist eine Ex-Geliebte dabei, die sich rächen will und uns vielleicht mitteilt, wo er vielleicht sein könnte. Dann hätten wir wenigstens etwas Konkretes.«

»Markus, du bist bei der falschen Einheit. Mit deinem Optimismus sollten sie dich zu den Selbstmördern abkommandieren. Wenn du einem, der springen will, gut zuredest, springt er wenigstens mit Freude.«

Es war eine Frau, die ihren Sohn erkannt haben wollte. Ich stellte ihr einige Fragen, die ergaben, daß ihr Sohn unmöglich der Mann auf den Fotos sein konnte.

Quantitativ war die Ausbeute der Sendung nicht überwältigend. Etwa zehn Meldungen trafen ein. Manche konnte ich gleich aussortieren, aber einige klangen doch interessant.

Eine Frau meldete sich, die den Mann in einem Lokal in Salzburg gesehen hatte.

»War er allein?« fragte ich.

»Nein, mit einer Frau. Eine dunkelhaarige, ziemlich hübsche Person, nicht sehr groß. Sie hatte lange Fingernägel und trug ein enganliegendes rotes Kleid und Stöckelschuhe.« Die Beschreibung paßte auf die

Frau, die im Roma-Club arbeitete, und bei der der Unbekannte offenbar wohnte, wenn er in Salzburg war.

»Haben die beiden sich unterhalten? Worüber haben sie gesprochen?«

»Ich weiß es nicht. Ich konnte sie nicht verstehen, die redeten Spanisch oder etwas Ähnliches.«

Dieser Hinweis war Gold wert, das war sicher.

»Haben Sie sonst etwas Auffälliges bemerkt?«

Sie überlegte einen Augenblick. »Ja. Der Mann hat viel geraucht und er hat sich die Zigaretten selbst gedreht.«

Bingo! Das war mit ziemlicher Sicherheit der Mann auf den Fotos. Sie gab mir ihre Adresse, wir vereinbarten ein Treffen, bei dem ich ihr auch die alten Aufnahmen Bayerls vorlegen wollte.

Ein zweiter, ernstzunehmender Hinweis kam ebenfalls aus Salzburg. Eine Kellnerin meldete sich, die glaubte, Bayerl Ende 1995 in ihrem Lokal gesehen zu haben. Sie sprach sogar einige Worte mit ihm, ein Akzent sei ihr nicht aufgefallen, sagte sie. Aber sie sei ganz sicher, es wäre der Mann auf den Fotos. Das Lokal lag in der Nähe des Hauses, vor dem der Unbekannte fotografiert worden war. Auch mit ihr vereinbarte ich einen Termin.

Eine dritte Zeugin sah den Mann ebenfalls in einem Lokal, allerdings in der Steiermark.

Zwei Tage später knatterte mein Golf Richtung Graz. Ich kam mir vor wie ein Vertreter, der hoffte, seine Werbemethoden zeigten Wirkung, aber nicht sicher war, ob die Leute nicht ein ganz anderes Produkt meinten. Die Südautobahn ist eine vielbefahrene Strecke, die von den Betonbrücken Wiens an den Weinbergen entlang ins Alpenvorland und dann in die sanftere wieder hügelige Gegend der Südsteiermark führt. Nicht umsonst nennt man das Gebiet der steirischen Weinstraße die Toscana der Alpen. Ich fuhr auf einen grünen Hügel zu, auf dessen Kuppe eine Kirche zwischen einer Pappel und einer Trauerweide stand. Die Gegend ist so lieblich, sanft und friedvoll, das Licht weich, es duftet nach Gras und Blüten, die Bauernhäuser fügen sich harmonisch in die Landschaft, selbst die Autobahn stört die Idylle nicht, sondern schmiegt sich wie ein silberner Bach an die Umgebung an. Und genau hier trieb einst Carmilla ihr Unwesen, ein weiblicher Vampir, den LeFanu, ein irischer Autor des 19. Jahrhunderts, unsterblich machte. Sie wütete in einem Schloß und rottete fast ein ganzes Dorf aus.

Einige Kilometer von ihrem Wohnort entfernt kurvte ich über den

Hauptplatz einer kleinen Stadt und erkundigte mich in der Bäckerei nach der Diskothek, die mir die Anruferin genannt hatte. Neben der alten Mühle, gleich hinter der Brücke, würde ich sie finden, sagten sie mir.

Der Parkplatz vor dem Haus war verwaist. Nur ein roter Lieferwagen mit dem Schriftzug »Coca-Cola«, zwei Mittelklasseautos und ein BMW mit knallgelben Rallyestreifen waren vor dem Eingang abgestellt. Ich schob den roten Plüschvorhang zur Seite und betrat den Gastraum. Über der Tanzfläche waren eine Lichtorgel in den Farben Blau, Rot und Grün und eine Spiegelkugel angebracht. Die Bar wirkte gediegen wie die in einem irischen Pub. Dahinter arbeitete eine Putzfrau, während ein Mann in einem weißen Nadelstreifsakko die Getränkelieferung kontrollierte. An ihn wandte ich mich, um zu erfahren, ob der Mann auf den Fotos hier einmal gesehen wurde.

Der Mann, er war der Lokalbesitzer, schaute sich die Bilder an, runzelte die Stirn und legte sie auf einen Tisch.

»Ich komme gleich. Möchten Sie etwas trinken?« erkundigte er sich.

»Haben Sie Kaffee?«

Seelenruhig fertigte er den Lieferanten ab, dann machte er mir einen Espresso und setzte sich zu mir.

»Worum geht es?«

»Kennen Sie den Mann? Haben Sie ihn schon einmal gesehen?«

Er holte tief Luft, studierte die Fotos und fragte, was er ausgefressen habe.

»Ich möchte nur wissen, ob sie ihn schon einmal gesehen haben. Die Bilder wurden in der letzten Vera-Sendung gezeigt, und daraufhin bekamen wir den Hinweis, der Mann wäre hier einmal gewesen.«

»Kann ich schwer sagen, die Fotos sind ziemlich verschwommen.«

»Gut. Kennen Sie diesen Mann?« Ich legte ihm zwei Bilder Bayerls vor, die kurz vor seinem Verschwinden gemacht wurden, und er schüttelte den Kopf.

»Ist das derselbe?«

»Das wissen wir nicht.«

»Der eine, der auf den schlechten Bildern, sieht jemandem ähnlich, den ich kenne. Genaugenommen sehen ihm die anderen Bilder auch ähnlich.«

»Und wem sehen sie ähnlich?«

Er stand auf, um aus der Lade hinter dem Tresen ein Notizbuch zu holen. Er schlug einen Namen nach. Ich konnte nur hoffen, er nahm nicht gleich den Hörer zur Hand und startete einen Warnruf vor meinen Augen. Doch genau das tat er. Er holte sein Handy aus dem Sakko und tippte eine Nummer ein.

Ich unterbrach ihn. »Sagen Sie mir, ob Sie den Mann kennen, dann tun wir beide uns leichter.«

Er zuckte die Schultern, wählte aber weiter. »Sie wollen doch mit ihm sprechen, oder?«

»Würden Sie bitte das Telefon aus der Hand legen, und auf meine Fragen antworten? Wenn Sie dann jemanden anrufen sollen, werde ich es Ihnen sagen.«

»Meine Güte, seid ihr aber empfindlich! Dabei will ich euch doch nur helfen. Gut. Der Mann sieht dem Bruder der Frau ähnlich, die bei mir als Kellnerin arbeitet, er ist öfter hier zu Gast. Aber damit Sie Zeit sparen, wollte ich –«

»Wie heißt er? Wie heißt die Frau?«

Ich nahm die Angaben auf, überprüfte sie, und stellte fest, daß es sich weder um den Fotografierten noch um Bayerl handeln konnte.

Am Nachmittag desselben Tages befragte ich die beiden Salzburgerinnen. Die eine hatte mit großer Sicherheit den Mann, den wir suchten, in Begleitung der Portugiesin gesehen, die andere, die 1995 den Mann in einem Lokal gesehen hatte, blieb bei ihrer Aussage, er habe akzentfrei deutsch mit ihr gesprochen.

Ich legte ihr die Fotos Bayerls vor.

»Das ist er. Ich bin ganz sicher, das ist der Mann, mit dem ich damals gesprochen habe.«

Im Augenblick brachte mich das nicht weiter, sowohl die vermutliche Freundin des Mannes als auch der Gesuchte selbst blieben verschwunden.

KEIN ENTKOMMEN

Majuro, Marshallinseln, 17. August 1990, Polizeistation

Joe wartete in einem kleinen Raum, vor dessen Fenster verrostete Gitterstäbe angebracht waren. Vom Wasserhahn platschten braune Tropfen in ein Waschbecken, so beständig und regelmäßig wie eine Uhr tickte. Die Wände waren ursprünglich wohl weiß gewesen, nun hatten sie einen fleckigen Grauton. Es gab zwei Stühle und einen weißlackierten Tisch, aber Joe setzte sich nicht.

Sie waren in sein Haus gekommen und hatten ihn, den Jungen mit dem ruhigen Wesen, der so verschmitzt lächelte, abgeholt. Anabel hatte die Eingangstür geöffnet und die beiden Uniformierten ins Wohnzimmer geführt.

»Sie sind festgenommen, wegen des Verdachts auf Diebstahl der Yacht ›Immanuel‹«, hatten sie gesagt, ihn in ihre Mitte genommen und abgeführt. Joe hatte keine Chance gehabt, ihm zu helfen, sie nahmen ihn gleich mit.

Es mußte ein Irrtum sein. Es war nicht möglich. Manfred war mitgegangen. Einfach so, er war mit ihnen ohne Widerstand gegangen, ohne Protest. Er hatte sich noch einmal zu ihm umgedreht, ihn angesehen, leicht den Kopf geschüttelt und gesagt, das werde sich aufklären. Er hatte gelächelt.

Joe erfuhr in groben Zügen auf dem Polizeirevier, worum es ging, und besprach sich mit einem Anwalt. »Für den Diebstahl einer Yacht in Australien werden sie ihn nicht ausliefern können«, meinte der Anwalt. Dies wollte Joe Manfred jetzt bei seinem Besuch mitteilen und vielleicht von ihm etwas mehr erfahren. Draußen waren Schritte zu hören, das Rasseln eines Schlüsselbundes, und dann ging die Tür auf.

Manfred trug sein weißes Hemd und seine Jeans, er war blaß, seine Wangen waren hohl, seine Augen hatten an Leben verloren. Joe begann mit sanfter Stimme; der Mann, der sich nun ihm gegenüber hinsetzte, wirkte so, als könnte ein Atemzug ihn zu Boden werfen.

»Ich habe schon mit einem Anwalt gesprochen.«

»Das ist gut. Sie sagen, ich hätte die Yacht gestohlen. Aber das stimmt nicht. Ich habe sie nicht geklaut.«

Joe nickte, froh darüber, normal mit ihm sprechen zu können. Er legte die Hände auf den Tisch und unterstrich jedes seiner Worte, indem er sehr langsam sprach und nach jedem Satz eine kleine Pause machte. »Ich glaube dir. Ich will dir helfen. Und ich werde dir helfen. Aber du mußt mir die Wahrheit sagen: Was ist passiert? Warum bist du hier?«

Manfred sah zu Boden und überlegte lange. Joe fiel auf, wie er sich auf die Lippen biß, so als müßte er sich zwingen, nicht zu reden.

»Du kamst aus Cairns, das stimmt doch, oder?«

Manfred nickte. »Ja. Am 17. Jänner lief ich aus. Ich bin allein durch den Zoll und auch allein mit der ›Immanuel‹ ausgelaufen.«

»Und weiter?«

Manfred schüttelte den Kopf. Joe wartete, aber als Manfred nicht fortsetzte, beugte er sich noch weiter nach vorn und versuchte seinen Blick aufzufangen. Widerstrebend und wahrscheinlich nur aus Höflichkeit hob Manfred den Kopf.

»Warst du die ganze Zeit über allein an Bord? Bist du allein durch die Südsee gesegelt?«

Wieder schüttelte Manfred den Kopf. »An einer einsamen Küstenstelle warf ich Anker und nahm die beiden anderen an Bord.«

»Was war mit Bougainville? Waren sie dabei, als du in Bougainvilie anlegtest?«

Die Antwort war ein Nicken. Und wieder gruben sich seine oberen Schneidezähne in seine Unterlippe, so daß das Fleisch ganz weiß wurde.

»Und, was ist dort geschehen?«

»Als ich die beiden an Bord nahm, luden wir auch Kisten aufs Schiff.«

»Was war in den Kisten?«

Manfred schaute zum Fenster und erwiderte wie beiläufig: »Waffen.«

»Was habt ihr damit gemacht?«

»Wir haben in Bougainville die Fracht an Land gebracht, Hartwig und Susan blieben dort. Ich fuhr weiter nach Port Moresby, meinem Zielhafen. In Australien hatte ich Port Moresby als Zielhafen angegeben, also mußte ich dorthin.«

Joe glaubte ihm die Geschichte. Er war überzeugt, der Mann saß zu Unrecht hier im Gefängnis, und überlegte, wie er ihn herausholen könnte.

»Hör zu, sie werden dich nicht ausliefern können, ich werde dafür sorgen. Aber was geschah in Port Moresby und danach?«

»Ein anonymer Anrufer aus Cairns hat uns verpfiffen und sie haben die ›Immanuel‹ genauestens untersucht. Aber es war ja nichts mehr an Bord, also ließen sie mich wieder laufen. Ich segelte weiter nach Kiribati und von dort hierher, nach Majuro.«

Was war aber mit seinen Freunden geschehen, wo hielten sie sich auf? Manfred zuckte nur die Schultern. »Keine Ahnung. Ich warte hier auf Nachricht von ihnen. Darum bin ich immer aufs Postamt gelaufen.«

»Aber sie haben sich nicht gemeldet.«

»Bis jetzt nicht. Wenn ich Nachricht kriege, hole ich sie ab, und wir segeln weiter.«

Joe hatte von Manfred einiges über Hartwig erfahren. In seinen Augen war der Mann, den er zwar nicht persönlich kannte, aber über dessen Weltanschauung Manfred ihm einiges erzählt hatte, einfach übergeschnappt. Aus manchen ihrer früheren Unterhaltungen hatte er den Eindruck gewonnen, Manfred war Bayerls Auftrag zufolge durch die Südsee gestolpert, auf der Suche nach der Insel Majuro und letztlich irgendwie dort gelandet.

Joe würde alles unternehmen, ihm zu helfen. Er war ganz sicher, hier keinen Dieb vor sich zu haben, der eine Yacht entwendete und damit ziellos herumkurvte, um schließlich in einem entlegenen Ort wie Majuro als Tischler bei Joe Murphy zu arbeiten.[82]

17. August 1990, Verhörraum

Die Fragen prasselten auf ihn nieder. Eine nach der anderen, und begannen von neuem. Die Polizisten fingen immer wieder von vorne an: mit dem 17. Jänner in Cairns. Wie oft hatte er es ihnen schon erzählt? Dreizehn; vierzehnmal? Oder kam es ihm nur so vor, und in Wirklichkeit hatte er es erst einmal erzählt? Was hatte er gesagt?

»Und dann? Was war dann?« beharrte der Polizist mit den kurzen grauen Locken.

Manfred antwortete wieder. Er sagte dasselbe wie zuvor, glaubte er. Aber mittlerweile war er nicht mehr sicher, ob sie ihn überhaupt nach Cairns fragten. Waren sie nicht schon längst wieder in Bougainville, und er begann sich nun in Widersprüche zu verwickeln? Würden sie ihm dann einen Strick daraus drehen?

Er bekam Magenkrämpfe und preßte seine Arme gegen seinen Bauch. Er wollte nicht, daß sie es mitbekamen, das Essen mochte daran schuld sein, vielleicht vertrug er die scharf gewürzten Eintöpfe nicht. Schweiß stand auf seiner Stirn, es mußte ihnen doch auffallen, daß er bald nicht mehr konnte.

»Wo sind ihre Begleiter? Wo sind sie jetzt? Antworten Sie!« herrschte ihn der Jüngere mit der drahtigen Figur an.

»Ich weiß nicht.«

»Susan Zack. Hartwig Bayerl. Sagen Ihnen die Namen etwas?«

Der Grauhaarige ließ es sich gut gehen. Er trank eiskaltes Cola und rauchte Dunhill.

»Die in Australien sind nicht so geduldig wie wir. Die werden Sie ganz anders in die Mangel nehmen. Oh, die Polizei von Queensland ist bekannt für ihre Härte. Es ist besser, Sie sagen jetzt hier die Wahrheit, sonst sitzen Sie schon bald in einem Flugzeug Richtung ›Wirklich hartes Leben‹.«

Ja, natürlich. Die behaupteten, sie würden ihn ausliefern, aber das konnten sie gar nicht. Und sie wußten es. Sie wollten ihn jetzt in die Mangel nehmen, um den Australiern etwas zu präsentieren, um sich nicht zu blamieren.

»Sie sind in Westaustralien, das habe ich doch schon gesagt.«

»In Westaustralien? Wo genau?«

»In Kununurra.«

Der Drahtige kritzelte etwas auf seinen Notizblock. Dann stellte er fast nebenbei die nächste Frage, so als würde ihn die Antwort gar nicht richtig interessieren. »Wann haben Sie eigentlich das Schiff umgetauft?«

»In Kiribati. Im März. Ich habe einfach Buchstaben überpinselt.«

»Und warum?« Sein Oberkörper schnellte nach vorn, die beiden Hände knallten auf den Tisch. Manfred zuckte zusammen. »Doch deswegen, weil Sie es gestohlen hatten und nicht entdeckt werden wollten, oder?«

»Ich habe die Yacht nicht gestohlen. Hartwig hat sie mir geborgt.«

Mit funkelnden Augen und lauter Stimme beharrte der Polizist: »Und darum haben Sie ihren Namen überpinselt? Ja? Jaaa?«

»›MAN‹ ist eine Abkürzung sowohl meines Namens als auch ihres ursprünglichen Namens.«

»Natürlich.«

Der Polizist beendete das Verhör. Zum Schluß, als Manfred schon auf

Der Fall Weißensteiner

halbem Weg zur Tür war, drehte er sich noch einmal zu ihm um. »Und? Werden Sie mich ausliefern?«

»Hau ab.«

Nein, würden sie nicht. Sie würden es nicht können.[83]

Einige Tage später landete auf dem kleinen Flughafen Majuros eine Maschine aus Cairns mit Detective Gray an Bord. Er war nicht allein gekommen. Sie waren zu viert. Vier Beamte aus Queensland hatten die Reise zu den weit entfernten Marshallinseln angetreten, um Manfred Weißensteiner abzuholen.

Über der Insel hingen satte Regenwolken, blaugrau und schwer. Fregattvögel schrien, als sie am Hafen vorbeifuhren; am Straßenrand zog eine Einheimische einen Holzkarren zum Markt, vollbeladen mit Kokosnüssen, die wie mumifizierte Schädel aussahen.

Es war Geschäftszeit, die kleinen Läden waren geöffnet und präsentierten ihre Waren auch vor der Tür: Taue, Flickzeug, Tücher, halbe Hühner und Sonnenbrillen. Fische wurden auf Holztischen unter den Palmen angeboten, vor dem Kunden ausgenommen, und in Plastiksäcke verpackt. Unter den Tischen standen bunte Eimer, aus denen die Gedärme quollen. Die Fischer sammelten sie und verwendeten sie als Köder oder ließen Katzen davon naschen.

Bald war es also soweit. Endlich würde Detective Gray den Mann, nach dem er seit acht Monaten suchte, zu Gesicht bekommen.

Ausgerüstet mit Aktentaschen, in denen sich die erforderlichen Unterlagen und Formulare befanden, betraten sie das Polizeirevier. Der Türknauf wackelte im Scharnier, und die Fliegengitter vor den Fenstern waren mit Blumendrähten befestigt.

Sie hatten ihr Eintreffen angekündigt und wurden vom Chef der örtlichen Brigade und seinen Adjutanten erwartet.

Detective Gray ließ sich berichten, was Weißensteiner im Verhör gesagt hatte, und bat dann um ein erstes Gespräch mit dem Häftling. Er ließ ein Tonbandgerät aufstellen, überprüfte es, zu aller Freude funktionierte es einwandfrei.

»Nun, dann kann es losgehen, nicht wahr?«

Manfred war noch immer davon überzeugt, daß diese Befragung zu nichts anderem als seiner Freilassung führen konnte. Erst viel später, als er begriff, daß es nicht so war, dachte er über Flucht nach.

Grays erste Frage war für Manfred überraschend: »Wieviel Geld haben Sie?«

»Wie meinen Sie das?«

»Wieviel Geld. Verstehen Sie nicht? Geld?«
»Ich habe kein Geld«, erwiderte Manfred.
Gray schlug nach einem Moskito auf seinem Unterarm und verfluchte die blutrünstigen Geschöpfe. »Und Ihre Eltern?«
»Was meinen Sie?«
Er schlug die Augen zum Himmel ob der Begriffsstutzigkeit des jungen Mannes. »Ich meine: Haben Ihre Eltern Geld? Wieviel Geld haben Ihre Eltern?«
Manfred begriff nicht worum es ging. Mißtrauisch betrachtete er den Beamten, der sich den Schweiß von der Glatze wischte und nicht nachgab. »Meine Eltern haben kein Geld. Wir sind nicht reich, wenn Sie das meinen.«
»Na gut. Erzählen Sie uns, wann Sie hierher gekommen sind.«
Es war dieselbe Geschichte wie immer, die Gray hören wollte, und er bekam dieselbe Geschichte geliefert. Cairns, Bougainville, Kiribati, Majuro. Manfred sagte, er wäre allein gefahren. Er hätte es nachlesen können. Als Manfred geendet hatte, sagte Gray mit einem freundlichen Lächeln: »Gut. Das war's. Sie können gehen.«
Eben. Hatte er es doch gewußt. Sie konnten nichts tun, sie würden sich vielleicht schon morgen wieder ins Flugzeug setzen, und übermorgen wäre er in Freiheit.

28. August 1990

»Los, auf, raus hier! Der Detective will dich sprechen!«
Manfred hatte nicht einmal Zeit, nach seiner Uhr zu greifen, aber seinem Gefühl nach war es mitten in der Nacht. Vielleicht zwei oder drei Uhr morgens. In Wahrheit war es später, aber man riß ihn aus dem Schlaf und ließ ihm keine Möglichkeit, sich in irgendeiner Art zu orientieren. Das konnte für die Ermittler von Vorteil sein, weil es den Verdächtigen in eine überraschende Situation brachte, die ihn verunsichern konnte.
Gray war ausgeschlafen, aber das war dieser Mann vermutlich immer. »Kununurra, was? Die beiden sind also in Kununurra!«
»Ja. Ich habe es doch schon gesagt, tausendmal«, erwiderte Manfred.

»Nein. Nur neunhundertneunundneunzigmal, einmal hast du nämlich erzählt, Susan wäre in den Tablelands. Erinnerst du dich?«

Ja, bestimmt hatte er das irgendwann einmal irgend jemandem erzählt. Und Gray hatte diesen Jemand gefunden. »Nein. Ich erinnere mich nicht.«

»Das ist aber schade, weil der sich nämlich erinnert, und das ist ein Offizieller, verstehst du? Dem wird man glauben. Andy Nucifora, na, funkt es jetzt?«

»Der Hafenmeister in Cairns? Ich habe gelogen. Sie war nicht in den Tablelands.«

»Wo war sie dann, wo war sie?«

»Sie war in Westaustralien. Die beiden sind vor Weihnachten dorthin gefahren.«

»Wann haben Sie sie zuletzt gesehen?« meldete sich einer von Grays australischen Kollegen zu Wort. Er hatte einen sanften, liebenswürdigen Ton, Manfred drehte sich zu ihm um. Er lehnte an einem Aktenschrank und wirkte entspannt.

»In Cairns. Im Jänner. Dann sind sie ausgestiegen, sie wollten in Kununurra leben, weg von der Zivilisation.«

Gray bezweifelte das. Wovon wollten die beiden denn leben, was hatten sie alles mitgenommen, wie waren sie überhaupt dorthin gekommen?

»Ich weiß nicht, wie sie dorthin kamen. Aber sie verließen Cairns ohne Geld«, antwortete Manfred.[84]

30. August 1990

Detective Gray bemühte sich nach Kräften um die Auslieferung des Häftlings, doch die Behörden der Marshallinseln verweigerten sie stur. Also blieben die vier australischen Polizisten auf der Insel und setzten ihre Verhöre fort.

»Sie lebten auf der Yacht, nicht wahr?« fragte Gray.

»Ja.«

»Wie lange und wovon haben Sie in dieser Zeit gelebt, was haben Sie gemacht? Haben Sie gearbeitet?«

»Ich war ungefähr sechs Monate auf dem Schiff. Wir haben die Yacht ausgebaut. Ich machte Tischlerarbeiten für Hartwig. Ich war sein einziger Freund.«

»Gut. Und was bekamen Sie dafür?«

Manfred sah ihn mit großen Augen an, als verstünde er die Frage nicht.

»Wieviel haben Sie dabei verdient – ungefähr?

»Nichts«, erwiderte Manfred erstaunt. »Ich habe für nichts gearbeitet.« Als er Grays ironischen Ausdruck sah, schlug er die Augen zu Boden, überlegte lange und fügte leise hinzu: »Wir hatten ein spezielles Abkommen.«

»Sie hatten eine Vereinbarung getroffen? Mit Hartwig Bayerl?«

Manfred nickte. Wieder klemmte er seine Arme gegen den Bauch und saß leicht vorgeneigt auf dem Sessel. Gray öffnete das Fenster. Ein Moped knatterte vorbei, und dann hörte man wie Türen eines Lieferwagens zugeschlagen wurden.

»Erzählen Sie mir von dem Abkommen.«

»Wofür? Ich kenne es.«

»Hat das Abkommen, über das Sie nicht sprechen wollen, irgend etwas damit zu tun, wo die beiden jetzt sind, und warum wir sie nicht finden können?«

»Ich weiß nicht.«

Der Sergeant machte eine Pause. Er erhob sich von seinem Stuhl und marschierte auf und ab, gedankenverloren, so als dächte er über die Unterredung nach. Es war schwierig, den Mann zu befragen. Manfreds Englisch war ziemlich mies, und er mußte oft lange nach dem richtigen Wort suchen.

Regen prasselte auf das Wellblechdach einer Hütte vor dem Revier und benetzte das Fensterbrett, von dem die graue Farbe absplitterte. Die Feuchtigkeit schlich ins Zimmer und hinterließ einen feinen Wasserfilm auf den Plastikfolien, in denen die wichtigsten Unterlagen steckten. Eine Frauenstimme war im Gang zu hören und das Geräusch eines Kübels, der über den Boden geschoben wurde. Der Henkel des Kübels klapperte, kurz danach pritschelte Wasser, offenbar von einem Wischtuch, das ausgewrungen wurde.

Gray holte tief Luft. »Möchten sie deswegen darüber nicht sprechen, weil es mit etwas Ungesetzlichem zu tun hatte?

»Ich weiß nicht … nicht soweit ich weiß.«

Wie es aussah, gaben die Marshallesen nicht nach und lieferten Weißensteiner nicht aus. Die Australier blieben aber und verhörten ihn immer wieder. Joe Murphy besprach sich mit dem Anwalt und schaltete noch einen zweiten ein. Die Anwälte berieten den Verhafteten und versuchten eine Besuchserlaubnis für Joe zu bekommen.

Jede Vernehmung mit Detective Gray wurde auf Band aufgezeichnet und später beim Prozeß den Geschworenen vorgespielt. Gray verbiß sich in das »Agreement«, von dem Manfred gesprochen hatte, aber das er nicht näher erklären wollte.

2. September 1990

»Sie möchten uns glauben machen, sie haben dieses 120 000-Dollar-Boot mit Hartwigs guten Wünschen bekommen?«

Manfred bejahte. »Er sagte mir, als mein Visum ablief, ich solle das Boot nehmen und darauf aufpassen. Ich sollte den Südpazifik befahren und in Majuro auf eine Nachricht von ihm warten.«

Das wurde Gray zu viel, seine Stimme schwoll an, er konnte einfach nicht glauben, was der Mann behauptete: er habe seine beiden Freunde zuletzt im Jänner in Cairns gesehen, das sie verließen, um in Kununurra, in Westaustralien, in der Wildnis zu leben. »Sie versuchen uns diese Geschichte weiszumachen, daß die beiden einfach verschwanden und Sie hier auf einen Brief von Bayerl warten, der Ihnen schreibt, wo Sie ihn abholen sollen. Es ist schwer zu glauben.«

Gray hatte auch von der Geschichte des Ausbaus der Yacht zu einer Festung, wie auch von Hartwigs Weltuntergangsängsten gehört. Sie brachte ihm seinem Ziel – die Auslieferung des Österreichers nach Australien – ein Stück näher. »Ließ Bayerl nicht die Bullaugen mit kugelsicherem Glas verstärken? Und haben die beiden nicht 100 000 Dollar in Navigationsinstrumente investiert, um im Südpazifik den Atomkrieg zu überleben? War das nicht so?«

»Doch. Es war so.«

»Nun – und warum sollten die beiden dann auf einmal beschließen, doch nach Kununurra zu gehen und auf dem Festland zu leben – warum? Nachdem sie alles ganz anders vorbereitet hatten?«

»Es kommt darauf an, was Hartwig sagt. Was er – denkt.«

»Na schön. Und warum sind Sie dann der Meinung, die beiden seien in Kununurra?«

»Hartwig hat mir gesagt, Kununurra sei ihr Ziel.«
Wieder war Gray einen kleinen Schritt vorangekommen. Ging das so weiter, konnte er mit Glück heute noch die Flugtickets reservieren. Und zwar fünf Stück. Eines mehr als bei seiner Anreise.
»Gibt es für diese Äußerung Bayerls Zeugen?«
»Wir waren allein, als er mir das sagte.«
»Und als er Ihnen auftrug, Sie sollen in Majuro auf Nachricht warten, hat das jemand gehört?«
»Wir waren allein.«
»Wie lange wollten sie auf Nachricht warten?«
Manfred sah ihn mit großen Augen an. Gray wiederholte seine Frage.
»Bis ich Nachricht bekomme«, erwiderte Manfred achselzuckend.
»Ja, aber wie lange hätten Sie darauf gewartet?«
»Immer. Ich hätte so lange gewartet, bis ich die Nachricht erhalten hätte.«
»Ewig?«
Manfred schmunzelte. »Ja.« Offenbar war er ganz sicher, daß das nicht ewig gedauert hätte. Schließlich war Hartwig sein Freund, hatte er gesagt.

Gut, da waren zwei Anwälte, die Weißensteiners Auslieferung wegen Diebstahls der Yacht bisher erfolgreich verhindert hatten, aber gegen das, was Gray den Behörden Majuros nun lieferte, würden sie kaum ein Mittel haben.

Manfred schien zu ahnen, worauf dieses Verhör hinauslief. »Ich ging aufs Postamt hier in Majuro. Etwa alle zwei Wochen. Die Angestellte kennt mich, sie kann das bestätigen.«

Die Postbeamtin in Majuro, die Manfred alle vierzehn Tage die Antwort erteilt hatte, es sei noch immer kein Brief für ihn da, wurde niemals von der Polizei befragt. Auch vor Gericht wurde sie nicht geladen.

»Mord?« wiederholte der grauhaarige Brigadier, der Weißensteiner verhaftet hatte.
Gray stand vor ihm und reichte ihm das ausgefüllte Formular, in beiläufigem Ton berichtigte er: »Doppelmord.«
Der Marshallese studierte das Papier. Tatsächlich lautete der Antrag auf Auslieferung wegen des Verdachtes des zweifachen Mordes und des Diebstahles der Yacht »Immanuel«.
Gray ging wieder in den Verhörraum und ließ sich Manfred noch einmal vorführen. Er erklärte ihm, er hätte nun einen Auslieferungsantrag

wegen Doppelmordes gestellt, aber Manfred würde sich viel Ärger ersparen, unterschriebe er den Antrag gleich selbst.

»In Australien, das müssen Sie doch einsehen, haben wir mehr Möglichkeiten, Ihre Geschichte zu überprüfen. Sie werden ohnehin in Polizeigewahrsam bleiben und früher oder später nach Australien ausgeliefert werden. Machen wir uns nichts vor: wenn Sie sich kooperativ zeigen, kann das nur von Vorteil für Sie sein. Sie können das alles dort viel rascher hinter sich bringen. Wenn Sie unschuldig sind, ist es leichter für Sie, das in Australien zu beweisen.«

»Ich habe niemanden getötet.«

»Dann haben Sie in Australien weniger zu befürchten, als hier. Sehen Sie es doch ein – wenn wir Ihnen helfen sollen, können wir das in Cairns viel besser.«

»Ich habe nicht ... Ich habe niemanden getötet. Ich bin kein ... Mörder.«

Er unterschrieb das Papier, das Gray ihm unter die Nase hielt. Und stellte damit selbst einen Auslieferungsantrag.

Joe Murphy konnte es nicht fassen. Schon die Diebstahlsgeschichte hatte er niemals geglaubt. Jetzt kamen die Australier mit ihrer Mordgeschichte, es war unglaublich! Die Anwälte meinten, diese Anklage wäre den Behörden in Majuro wohl ein wenig zu heiß, sie würden dem Begehren vermutlich stattgeben.

Joe eilte ins Gefängnis und bekam eine Besuchserlaubnis.

»Mein Gott, was soll das alles bedeuten? Sie wollen dich wegen Mordes drankriegen. Ich kann es nicht fassen! Doppelmord! Das glaube ich einfach nicht.« Manfred wirkte wie unter Schock, aber er war merkwürdig ruhig und gefaßt. Bekam er überhaupt mit, worum es ging?

»Wir werden trotzdem alles versuchen, um die Auslieferung zu verhindern.«

Manfred lächelte leicht. »Dazu ist es zu spät. Ich habe den Antrag selbst unterschrieben, gerade vorhin.«

Joe fiel aus allen Wolken. Wie hatte er das machen können? Warum diese voreilige Entscheidung, warum hatte er nicht auf die Anwälte gewartet oder wenigstens auf ihn und es sich noch einmal überlegt? »Wie konntest du nur? Warum hast du das gemacht? Haben sie dich gezwungen? Dann ist es ungültig, das werden die Anwälte bestätigen.«

Es war, als dringe nichts mehr zu Manfred durch. »Mord, Sie wollen dich wegen Mordes anklagen, versteh doch!«

Dann fielen die Worte, die das Gericht später immer wieder zitierte und gegen Manfred Weißensteiner ins Treffen führte. Ein Indiz gegen ihn.

»Aber sie haben nichts. Sie haben keine Leichen. Sie haben keinen Beweis.«[85]

3. September 1990

Dem Verhafteten ging es so schlecht, daß ein Arzt gerufen werden mußte. Er litt unter Bauchschmerzen und konnte sich kaum auf den Beinen halten. Nach der Untersuchung wies ihn der Arzt in ein Krankenhaus ein. Ob die Einlieferung ins Krankenhaus zu seinem Fluchtplan gehörte, oder ob ihm erst dort die Idee zu seinem kühnen Unterfangen kam, ist nicht geklärt.

Er wurde ins nächstliegende Hospital gefahren, untersucht und bekam ein Bett auf der Notfallstation. Im Liegen erholte er sich etwas, erstmals seit Tagen konnte er in Ruhe über die Geschehnisse nachdenken. Er starrte auf kahle Wände, während er die Flüssigkeit in dem Plastikschlauch beobachtete, wie sie langsam in die Nadel in seiner Hand tropfte. Das Essen stand noch unberührt auf seinem Nachttisch.

Es war außer Kontrolle geraten, er war nicht mehr Herr der Lage. Er mußte unbedingt einen Brief schreiben. Er mußte jemanden verständigen, ihn benachrichtigen, die Situation erklären und um Hilfe bitten. Aber wie konnte er das, ohne daß die Behörden davon erfuhren? Wie sollte er unter diesen Umständen die Empfängeradresse geheimhalten?

Was er am nötigsten brauchte, waren ein paar Stunden Zeit. Dann konnte er die Schritte einleiten, die zu einer raschen Klärung führen würden. Er richtete sich auf und versuchte vom Bett aus zu erkennen, wo genau er sich befand. Vor dem Krankenhaus waren Sträucher und Bäume, und zur Hauptstraße waren es nur wenige Meter. Das Meer mußte in einigen Minuten zu Fuß erreichbar sein. Majuro ist Teil eines Atolls, die Nachbarinseln liegen in Sichtweite. Dort würde er sich eine Weile versteckt halten und den Brief aufgeben können. Vielleicht würde es schiefgehen, aber wie es aussah, hatte er nichts zu verlieren.

Niemand rechnete offenbar mit solch tollkühnen Gedanken, denn die Bewachung war praktisch nicht vorhanden. Es gab niemanden, der vor seinem Zimmer Wache schob; beim Eingang saß zwar der Portier, doch er würde einen anderen Weg finden, um das Krankenhaus ungesehen zu verlassen. Er schloß die Augen, versuchte zu schlafen, um zu Kräften zu kommen, doch gelang es ihm nur jeweils für einige Minuten.

Er hörte die Schwester kommen, die das unberührte Essen wegtragen wollte, und bat sie, es noch stehen zu lassen. Gegen Abend zwang er sich, den süßlichen Brei aufzuessen, obwohl er sich danach fast übergeben mußte. Die Magenschmerzen begannen wieder, aber nicht so heftig wie in den letzten Tagen.

Hier, in der Nähe des Äquators, begannen die Nächte ziemlich plötzlich um etwa sechs Uhr abends und dauerten bis sechs Uhr morgens. In den Stunden, in denen es draußen schon dunkel war und er auf die Gelegenheit zur Flucht wartete, malte er sich aus, wie er auf die andere Seite des Atolls kommen würde. Er konnte natürlich nicht auf die »Man«, er konnte höchstens versuchen, jemanden zu finden, der ihn mit seinem Boot hinüberbrachte. Diesen Gedanken verwarf er sogleich, niemand würde sich für einen mittellosen Fremden freiwillig in Schwierigkeiten bringen.

Die einzige Chance war zu versuchen, die Insel schwimmend zu erreichen. Ihm graute schon allein bei der Vorstellung, stundenlang auf einen Punkt im Meer zuzusteuern, der nicht und nicht größer werden würde. Er würde mit ihm unbekannten Strömungen zu kämpfen haben, mit giftigen Fischen, vielleicht sogar mit Haien. Und wenn er in der Mitte des Weges wieder seine Magenkrämpfe bekäme? Die Eingeweide würde es ihm zusammenziehen, und er würde Kräfte damit verschleudern, einfach nur über Wasser zu bleiben, Kräfte, die er brauchte, um gegen die Wellen anzukämpfen, gegen den Hunger, gegen den Durst.

Er mußte aber diesen Brief schreiben.

Er stand auf und versuchte die Entfernung zur nächsten Insel abzuschätzen. Der Leuchtturm dort flackerte, und die Lichter der Häuser funkelten im Meer wie heruntergefallene Sterne. Mit der »Immanuel« hätte er sie in ein, zwei Stunden erreicht, bei gutem Wind vielleicht in einer halben.

Nun, er war nicht Johnny Weismüller, aber er war durchtrainiert, wenn auch nicht in Topform. Es müßte, mit ein wenig Glück, zu schaffen sein, aber sich jetzt über den Ausgang Gedanken zu machen war sinnlos. Er mußte es einfach versuchen.

Mit bloßen Füßen, nur mit seiner Jeans bekleidet, machte er sich auf den Weg. Er fühlte sich schwach, klein, hilflos und hatte kaum Mut.

ERKLÄRUNGEN

Detective Gray wußte, daß diese Flucht scheitern würde. Gelassen stand er mit seinen Kollegen am Strand, unternahm nichts, um den Schwimmer zu verfolgen. Er wartete darauf, daß Weißensteiner die Kräfte verließen.

Schaulustige versammelten sich am Pier, das Polizeiaufgebot hatte sie angelockt, und sie beobachteten, wie der Blonde gegen die Wellen kämpfte.

»Er will flüchten«, klärte ein Fischer seinen Freund auf. »Unglaublich! Er will übers Meer schwimmen!« In seiner Stimme schwang Bewunderung, aber auch ein wenig Ironie. »Er dachte, das kann gutgehen!«

»Könnte es ja auch«, erwiderte der andere. »Früher schwamm ich die Strecke durch. Na ja, sie lebte drüben.«

»Er war nicht weit genug, um von ihren Fernrohren nicht doch noch erfaßt zu werden.«

»Scheißdinger.« Sie lachten beide, stützten ihre Ellbogen auf das Geländer und feuerten leise den Schwimmer an, dessen Bewegungen langsamer und kraftloser wurden. Er schwamm jetzt auf das Ufer, auf Gray und seine Kollegen zu.

Der Detective rührte sich nicht. Er war eindeutig Sieger in diesem Kampf, keine Frage. Es war auch gut, den Mann selbst herkommen zu lassen, es hatte etwas sehr Demütigendes. Besser, als ihm nachzulaufen und ihn einzufangen, viel besser. Daß er drohte unterzugehen, spielte keine Rolle. Er sollte ruhig um sein Leben fürchten, das hatte er nach dem frechen Versuch wirklich verdient. Die Vorbereitungen zu seiner Festnahme würde er selbst die ganze Zeit über, während er zu ihnen schwamm, mitbekommen: die Waffen wurden gezogen, Handschellen geöffnet, die möglichen Fluchtwege gesichert, alles kein Problem. Und ab sofort würde Majuro sich bedanken, ihn los zu sein.

Als er Boden unter den Füßen hatte, ruhte er sich eine Weile aus. Die Polizisten wurden unruhig, aller Augen waren auf die Gestalt gerichtet, die aus dem Wasser auf sie zukam. Als er sich noch einmal zu der

Insel umdrehte, die er so gerne erreicht hätte, liefen zwei Polizisten auf das Einsatzboot am Pier zu. Gray hielt sie zurück.

Manfred hielt den Kopf leicht gesenkt und atmete, eine Hand auf die Hüfte gestützt, tief durch. Als er sich von der Anstrengung erholt hatte kam er langsam, aber mit hocherhobenem Kopf auf Detective Gray zu.

»Es gibt welche«, sagte der Fischer zu seinem Freund, »die verlieren einfach nicht ihr Gesicht. Selbst durch so etwas nicht.«

»Ich hätte ihm mehr Glück gewünscht.«

»Er ist ein Dieb, hat die Yacht da drüben gestohlen, sie haben sie gestern durchsucht. Alles abgeriegelt, ich wollte sie mir ansehen, aber sie haben sie versperrt.«

»Ich hätte ihm trotzdem mehr Glück gewünscht.«

»Und wenn es dein Schiff gewesen wäre, ha?«

Grays Leute warfen ihm ein graues Badetuch zu, mit dem er notdürftig seinen Oberkörper und seinen Kopf trocknete. Widerstandslos ließ er sich die Handschellen anlegen und ins Polizeiauto bugsieren.

Am 4. September, einen Tag nach seinem Fluchtversuch, genehmigte ein Richter seine Auslieferung und »der Berufungskläger ... stimmte zu, mit der Polizei nach Australien zurückzukehren«, heißt es im Urteil des Höchstgerichts.[86]

Am 6. September 1990 wurde Johann Manfred Weißensteiner in Cairns, Australien, des Mordes an Hartwig Rüdiger Bayerl und Susan Avril Zack und des Diebstahls der Yacht »Immanuel« bezichtigt und in Untersuchungshaft genommen.

Die »Immanuel« wurde von den Behörden genauestens durchsucht. Man fand zwei Gewehre und Munition. In der Hauptkabine hinter einer versteckten Paneel fand Gray ein 762-Gewehr, ein Gewehr Kaliber 22 wurde im Schlafraum gefunden, zahlreiche Plastikboxen mit 762er Munition war im Lagerraum aufbewahrt worden. Beide Waffen gehörten Bayerl.

Und man fand Dinge, die weitere Rätsel aufgeben: Susans Armband, das sie, so ihre Mutter im Prozeß, unter keinen Umständen zurückgelassen hätte, Kosmetikartikel, ungebrauchte Babyfläschchen, Babynahrung, Vitamintabletten, Susans Kleider. Außerdem, so der Court of Appeal, Bayerl's Bibel, die er immer bei sich trug. Der High Court fügt an, er habe diese Bibel von seinem Vater bekommen und habe regelmäßig daraus zitiert. Campingausrüstung Zacks und Bayerls und

Susans Tauchuhr waren an Bord. Außerdem Opale, die Bayerl im pazifischen Raum verkaufen wollte, zusammen mit seiner Halskette mit einem Opalanhänger, den er trug, wenn er seine Steine verkaufte. Die Generatoren und der Wasserentsalzer wurden ebenfalls an Bord der »Immanuel« gefunden. Weder Blutspuren noch Einschußlöcher oder andere Anzeichen eines Kampfes wurden festgestellt.[87]

Allan Manteit, ein Sergeant der Wasserpolizei von Cairns, wurde beauftragt, gemeinsam mit Inspektor Vic Belbla, Konstabler Kevin Gleeson und dem erfahrenen Kapitän David Lofts aus Brisbane die »Immanuel« von Majuro nach Cairns zu überstellen.

»Es ist ein verfluchtes Schiff, um nichts in der Welt würde ich es nochmals segeln«, sagte Allan Manteit später zu einem australischen Journalisten über die »Immanuel«.

Als sie das Schiff in Majuro das erste Mal betraten, wimmelte es von Kakerlaken und Moskitos, es war völlig überladen, der Motor war kaputt. Sie forderten Ersatzteile aus Cairns an und arbeiteten tagelang, um es seetüchtig zu machen. Die Schwüle machte ihnen zu schaffen, nach wenigen Sekunden klebten ihre Hemden am Körper und im Inneren war es so heiß, daß sie kaum Luft bekamen.

Nach langer Schufterei brachten sie das Schiff endlich auf See und begannen ihre Heimreise. Mitten im Pazifik setzte der Motor aus. Die Männer entdeckten ein Leck in der Benzinleitung, das sie nicht reparieren konnten.

»Wir kreuzten 250 Kilometer gegen den Wind, bis wir schließlich auf einem winzigen Atoll – Ebon – landeten.« Auf Ebon konnten sie das Leck abdichten und sie segelten weiter.

Ihre Reise schien weiter unter einem schlechten Stern zu stehen. 13 Tage lang herrschte vollkommene Windstille und beinahe unerträgliche Hitze. Das Deck glühte: »Wenn man es mit Schuhen betrat, begann die Sohle zu schmelzen«, erzählte Manteit.

Auf Nauru streikte der Motor erneut. Die »Immanuel« verweigerte endgültig jeden Dienst. Die Männer holen sie aus dem Wasser, verluden sie auf einen Frachter, der sie nach Cairns brachte.

Werner Kopacka, ein österreichischer Journalist, reiste nach Australien und suchte sie. Im März 1991 berichtet er von seiner Reise und schildert, wie er sie mit Hilfe eines örtlichen Pressefotografen fand.

Sie war in einem Hinterhof neben der Polizeigarage von Cairns abgestellt und hieß wieder »Elisabeth M.«. Der Rumpf hatte Rostbeulen, der Mast war gekappt, an Deck lagen Berge von Seilen und Kabeln. »Die

Luke zum Niedergang war mit Plastikstreifen versiegelt gewesen, aber der Klebstoff war längst aufgeweicht, und sie hingen nur noch als nutzlose Farbstreifen am Holz. Im Inneren war es brütend heiß.« Dort herrschte Chaos: Seile, Metallteile, teure elektronische Geräte lagen wirr durcheinander, im Waschbecken neben der Einstiegsluke türmte sich noch das dreckige Geschirr der Crew, die sie von Majuro nach Cairns gebracht hatte.

»Sie haben alles zerlegt«, schrieb Kopacka. »Ein Teil der Wandverkleidung ist abgeschraubt, vorne sind die Bodenluken offen. Es riecht nach Öl und Hitze und wenn man etwas Pathos in die Gefühle mischt, sogar nach Unheil und Tod. Die Stille an Bord ist beklemmend.

Wir tasten die Wände ab und finden ein verschlossenes Fach. Es läßt sich leicht öffnen. Im hintersten Winkel des Hohlraumes, der sich auftut, liegen einige Plastikbehälter. Sie sind randvoll mit Gewehrmunition. Tausend Schuß oder mehr.« Keiner war da, der die Journalisten hinderte, das Schiff zu betreten und niemand erfuhr von ihrem Besuch auf der »Immanuel«, zumindest nicht solange sie in Cairns waren.[88]

Wien, Österreich, April 1998

Noch immer gab es keine Neuigkeiten über den Mann auf den Fotos. Vier Wochen waren seit der Fernsehsendung vergangen. Ich stand in regelmäßigem Kontakt zu Stefan, meinem Salzburger Kollegen, aber er bekam keine Hinweise mehr.

Ich ließ das Gerichtsverfahren Revue passieren, das zu dem als Skandal bezeichneten Urteil geführt hatte.

Zuerst gab es eine Voruntersuchung in Cairns. Weißensteiner saß im dortigen »Watchhouse« ein, das kein richtiges Gefängnis ist, sondern für Untersuchungshäftlinge eingerichtet wurde.

Im November wurde er noch von Gray verhört, von da ab schwieg er.

Man überlegte, ob man den Mann überhaupt anklagen könne. Die Untersuchungen dauerten acht Monate, erst dann war sicher, daß es zu einem Prozeß kommen würde. Immer wieder wurde die Entscheidung vertagt. Er verhielt sich in dieser Zeit merkwürdig, zog sich immer weiter zurück, hin und wieder gab er der Presse Interviews, in denen er gestand, gelogen zu haben.

Seiner Mutter und einem Bekannten gegenüber machte er in jenen Tagen die bemerkenswertesten Aussagen, und er scheint auch zu Beginn seiner Gefangenschaft Manfred Klink, dem Präsidenten des deutsch-österreichisch-scheizerischen Clubs in Cairns, die Wahrheit anvertraut zu haben. In einem Interview vor laufender Kamera sagte Klink: »Susan ist tot mit dem Kind, und Bayerl, der lebt und ist irgendwo auf einer Insel und hat einen schönen Tag ... das ist meine private Meinung und nichts anderes als meine private Meinung.« Doch resultiere diese, wie er durchblicken ließ, aus einem Gespräch, das er mit Weißensteiner geführt hatte, der ihn jedoch verpflichtete, Stillschweigen darüber zu bewahren.

Klink hielt sich daran, äußerte sich jedoch ziemlich direkt zu Hartwig Bayerl. »Manfred ist unschuldig, so unschuldig wie Sie oder ich. Der hat mit dem Doppelmord überhaupt nichts zu tun. Wer aber hier Dreck am Stecken hat, das ist Hartwig Bayerl, und der sollte nun einmal aus dem Hintergrund auftauchen und seinen Freund unterstützen.«

Die Motive für sein Schweigen vor Gericht nannte Weißensteiner nie. Möglicherweise rieten ihm damals sogar seine Anwälte dazu. In Australien arbeitet ein Juristenteam an einem großen Fall. Es gibt den ermittelnden Anwalt, in seinem Fall war es Daniel »Danny« Towne, ein junger Mann mit Brille, der Sportwagen fährt und sich einen Namen als Verteidiger der Aborigines gemacht hatte. Towne war von Anfang an von der Unschuld seines Mandanten überzeugt, war aber ziemlich ratlos wegen der zahlreichen Lügengeschichten, die Weißensteiner immer wieder erfand.

Vor Gericht wurde er dann von Michael Summner-Potts vertreten.

»Manfred könnte auf Kaution freigehen«, erklärte Christine Weißensteiner im Jänner 1991, anläßlich ihres Besuches im Lotus Glen Prison, dem modernen Staatsgefängnis in Cairns, in dem Weißensteiner bis zu seinem Prozeß saß. »Es gibt Menschen, die den Betrag für ihn hinterlegen könnten. Er will aber nicht. Weil er panische Angst hat. Vor irgend etwas oder vor irgend jemandem.« Christine Weißensteiner hatte zum ersten Mal ein Flugzeug bestiegen, war vorher kaum weiter als bis Graz gekommen und dann ans andere Ende der Welt gereist, um ihn dazu zu bewegen, etwas zu sagen. Sie begann den Kampf um die Freiheit ihres Sohnes, er verweigerte sich ihr, wie er sich früher oder später jedem verweigerte. Aber er muß ihr doch einmal in etwa dasselbe erzählt haben, wie mir in seinem Brief.

Im Mai 1991 sagte sie in einem Interview: »Der Johann hat mir gesagt, was passiert ist. Er hat ein Verbrechen beobachtet und deckt den Täter. Mehr kann ich nicht sagen. Mein Sohn schwebt in Lebensgefahr.« Etwas teilte sie doch mit: »Susan Zack ist tot – ermordet. Aber Bayerl lebt – irgendwo auf einer Pazifikinsel.«[89]

Und Gerhard Schönbacher, ein Bekannter, der ihn im Gefängnis nach seinem Verhältnis zu Hartwig fragte, sagte, Manfred »spricht von ihm mit einer Bewunderung, die an Verehrung grenzt. Bayerl habe bereits vor einem Jahr die Ereignisse um Saddam Hussein vorausgesagt und wisse ganz genau, daß ein dritter, alles vernichtender Weltkrieg bevorstehe. In Cairns gibt es Dutzende Menschen, die der Salzburger immer wieder bedrängt hat, alles aufzugeben und mit ihm auf eine unbewohnte Insel zu flüchten ... Was diese Leute aber abgeschreckt hat, war der Fanatismus, mit dem Hartwig Bayerl sein Ziel verfolgt hat.«[90]

Im Mai 1991 fiel die Entscheidung, er werde angeklagt. In der Öffentlichkeit herrschte darüber großes Erstaunen. Weißensteiner habe die Entscheidung Richter Pollocks völlig teilnahmslos zur Kenntnis genommen, hieß es. Hin und wieder gab er Interviews: Er sagte, die Gerechtigkeit werde siegen, aber viel mehr war nicht aus ihm herauszubekommen. Er behauptete auch, seine Hände seien nicht ganz sauber, aber mit den Morden habe er nichts zu tun.

Und dann war da die Geschichte mit Link, einem Mithäftling, zu dem Weißensteiner gesagt haben soll: »Sie können die beiden nicht finden.« Die von Link vor Gericht gemachte Aussage wurde zu einem der schwerwiegendsten Indizien gegen ihn.

Summner-Potts nahm den Zeugen Link ins Kreuzverhör und behauptete, der habe sich durch diese Aussage Vorteile für seine eigene Verhandlung verschafft, und Weißensteiner habe diese Worte nie gesagt. Außerdem würde Link nicht so gut deutsch sprechen, um die Bedeutung der Worte erfassen zu können. Link aber blieb dabei.

Wenige Tage später griff Summner-Potts, wahrscheinlich selbst schon etwas verzweifelt über Weißensteiners Schweigen, zu harten Mitteln, um seinem Mandanten zu helfen. Zuerst war er aufgebracht über das Gericht und erhob vermutlich zu Recht schwere Vorwürfe: »Sie haben nichts unternommen, um Beweise zu erbringen. Sie sprechen immer nur von Möglichkeiten.« Und dann begann er selbst zu spekulieren: »Bayerl könnte verrückt geworden sein. Wer weiß, was auf dem Schiff tatsächlich passiert ist. Bayerls Vater war angeblich bei der SS, und Susan

Zack war Jüdin. Zacks Vater war Freimaurer, und Bayerl hat die Freimaurer gehaßt ... All das darf man nicht außer acht lassen.«[91]

Immer hieß es, dies wäre ein Urteil gewesen, bei dem es weder Leichen noch Beweise gegeben hatte. Ich mußte, als ich die Geschichte wieder und wieder studierte, auch feststellen, daß es nicht einmal ein richtiges Motiv gab.

Eine Zeitlang vermutete man, Weißensteiner und Zack hätten ein Verhältnis gehabt, und es habe sich um ein Eifersuchtsdrama gehandelt. Eine Freundin Susans hielt dies für unmöglich:»Susan war in den Hartwig wirklich verliebt. Außerdem war sie von ihm im fünften Monat schwanger, als sie verschwand. Der Manfred hat Bayerl verehrt. Es ist für mich einfach undenkbar, daß er sich seiner Freundin genähert hätte.«

Ganz ähnlich äußerte sich Karl Ölrichs auf die Frage zu den Gerüchten, Manfred wäre der frühere Freund von Susan gewesen:»Als Manfred Hartwig kennenlernte, war dieser schon mit Susan zusammen. Während der Zeit, als ich auf dem Boot war, gab es kein Anzeichen, daß Manfred und Susan etwas miteinander hatten. Sie waren sehr anständig, sozusagen, und es sah aus, als wäre Susan in dieser Zeit sehr verliebt in Hartwig gewesen.«[92]

In der Tat gibt es in den Urteilen der Berufungsgerichte nur einen Absatz, der sich mit dem Motiv der Morde beschäftigt:»Eine Person, die Eigentum einer anderen Person benutzt, die kürzlich verschwand, mag nicht nur in den Diebstahl des Eigentums verwickelt sein, sondern im Verschwinden des anderen. Der Schluß ist gegeben, daß die Involvierung im Verschwinden die Möglichkeit für den Diebstahl schafft.«[93]

Man vermutete, er tötete die beiden, weil er die Yacht wollte. Staatsanwalt Vishal Lakshman erklärte:»Weißensteiner teilte Bayerls Furcht vor einem atomaren Holocaust. Er hatte Angst, daß Bayerl und Zack ihn nicht auf ihre Flucht mitnehmen würden. Er hatte eine Menge zu gewinnen. Er nahm ihre Yacht und ihre weltlichen Besitztümer. Er kannte ihre Gewohnheiten, ihre Bewegungen und ihren Background. Deshalb hat er sie ermordet, um selbst mit dem Schiff flüchten zu können.«[94]

Vielleicht war es so. Ich kann und darf mir Gefühle nicht erlauben, sie spielen keine Rolle in meinem Beruf. Es war schwer, Distanz zu bewahren, ich gebe es zu. Es gab Momente, da hoffte ich, eines Tages Bayerl gegenüberstehen und ihm die Handschellen anlegen zu können. Sie haben mich ziemlich lange durch diese Geschichte begleitet, und wenn ich es auch eigentlich nicht zugeben dürfte, gestehe ich Ihnen doch ein: ja, ich freute mich auf diesen Moment. Und dann wieder war ich mir nicht sicher, ob Weißensteiner tatsächlich unschuldig war. Würde ich Bayerl wirklich fassen, welche Frage würde ich ihm zuerst stellen? Manchmal dachte ich, ich würde angesichts dieses Mannes, sollte er tatsächlich noch leben, sprachlos sein. Gar nichts sagen können. Aber nein, so wäre es nicht. »Würden Sie sich bitte ausweisen.« Das würde ich zuerst sagen. Und dann würde ich ihn bitten, aufs Revier mitzukommen. Wir würden die Fingerabdrücke abnehmen und sie vergleichen. Damit hätte sich mein Job erledigt.

Dürfte ich ihm dann noch eine Frage stellen, welche wäre es? Eigentlich fällt mir keine ein, jedenfalls keine, die er beantworten könnte. Ich würde gerne wissen wollen, wie jemand so wird. Welche Voraussetzungen man erfüllen müßte, um so handeln zu können?

Aber vielleicht war er ja tatsächlich seit sieben Jahren tot, ermordet, und ich jagte einem Phantom hinterher und unterstellte einem Mordopfer die gräßlichsten Verbrechen.

Mich beschäftigt der anonyme Anrufer bei Sergeant Gray in Cairns, der ihm mitteilte, die »Immanuel« sei auf Majuro. Es kommt mir merkwürdig vor, daß sich jemand gemeldet hatte, der wußte, daß die »Immanuel« von der Interpol gesucht wurde. Damals hieß sie »Man«, auf Majuro war sie unter diesem Namen bekannt. Wie konnte er wissen, daß die Yacht auf Majuro war und daß Waffen an Bord seien?

Manfred Weißensteiner schrieb im Jänner 1999 auf meine wiederholten Aufforderungen und nach Intervention seiner Vertrauensperson Helmut Probst eine mehrere Seiten lange Erklärung über die Geschehnisse.

Aber schon im März 1991 gab er in mehreren Interviews mit Werner Kopacka zu erkennen, was tatsächlich auf der »Immanuel« geschehen sein könnte.

»Zunächst versichert er uns«, schreibt Kopacka[95] über dieses Interview im Lotus Glen Prison, »daß Susans Kind nie zur Welt gekommen sei. Und dann taucht immer wieder der Name ›Bougainville‹ auf. Einmal flüchtet er sich in ein hilfloses ›Ich habe nichts getan‹, korrigiert sich aber im nächsten Augenblick und sagt: ›Ich hab' was getan – aber ich hab' ganz bestimmt niemanden umgebracht!‹

›Wenn du's nicht warst, haben andere die beiden getötet?‹

›Wer sagt, daß beide tot sind?‹

›Ist mit Susan etwas passiert?‹

Er nickt und erklärt damit auch, warum es das Baby nicht geben kann.«

Das Interview gab er noch, bevor über die Anklageerhebung entschieden war; seit Monaten saß er in Untersuchungshaft. Vor den Behörden schwieg er.

Die Ankläger versuchten in dieser Zeit, bis zum Beginn des Prozesses, der für 22.Juli 1991 angesetzt war, Beweismaterial zu erbringen.

Im Mai ließ man Zeugen aus Majuro einfliegen, Joseph Murphy etwa, und stellte sie zur Rede. Es gab keine einzige Zeugenaussage, die Weißensteiner belastet hätte. Murphy berichtete zwar, der Angeklagte habe ihm vom Waffendeal auf Bougainville erzählt, daraufhin befragte man Weißensteiner, ob die beiden von Rebellen der Insel ermordet wurden. Doch Weißensteiner bestritt das.

Machi Konbos wurde vorgeladen und erzählte dem Gericht von Bayerls Thesen und ihren Erfahrungen mit ihm. Saluay Kidson, die Ärztin Susans, sagte aus, Susan habe Angst vor Bayerl gehabt, wollte aber dennoch mit ihm auf eine Insel fliehen; die Ärztin hielt sogar einen Selbstmord für möglich, Karl Ölrichs beschrieb Bayerl als aggressiv und als jemanden, der mit Waffen umzugehen verstand.

Danny Towne, der Anwalt, der die Ermittlungen für die Verteidigung führte, war sicher, daß sein Mandant jemanden deckte.

Die Eltern Bayerls sagten aus, ihr Sohn sei schon immer religiös gewesen und habe die Bibel wörtlich genommen.

Gray räumte zwar ein, Bayerl und Zack hätten vorgehabt unterzutauchen, und er habe auch nach seinen Untersuchungen keine Ahnung, wo die beiden seien, aber »Ich bin überzeugt, daß sie tot sind«.

Margarita Luka erinnerte sich an ihre Zeit mit Hartwig, an das Haus in Adelaide, an den Bunker, an seine Weltuntergangsängste und seine wiederholten Aufforderungen an sie unterzutauchen, wenn sie überleben wollte.

Susan Zacks Vater meinte, seine Tochter habe die Weltanschauung Bayerls nicht geteilt, Anwalt Summner-Potts, Vertreter Weißensteiners vor Gericht, hingegen behauptete, sie sei Bayerl und seinen Ideen verfallen gewesen, im Gegensatz zu Weißensteiner. Herr Zack berichtete von den Vorbereitungen zu einer längeren Reise, wie Susans Kontoauflösung oder den Verkauf ihres Wagens.

Summner-Potts verwies auf die fehlenden Spuren auf der »Immanuel«. Richter Pollock behauptete dennoch, die Beweislage sei ausreichend, damit die Geschworenen den Verdächtigen verurteilen können.

Manfred Weißensteiner zeigte keine Regung. Stumm und beherrscht hörte er zu und legte keine Berufung gegen den Bescheid des Gerichtes zur Anklageerhebung ein.
Er fürchte um sein Leben, sagte Christine Weißensteiner.
Im Juli wurde der Prozeß auf Herbst verschoben, und endlich wurde am 9. September 1991 in Cairns zum ersten Mal verhandelt.[96]
Er schwieg.

Erst 1994, nachdem das Urteil seit einigen Monaten rechtskräftig war, nahm sich Robert Reid, ein australischer Journalist, erneut des Häftlings an. Reid, ursprünglich überzeugt von der Schuld Weißensteiners, war seit einem Gespräch mit ihm anderer Meinung und glaubte an dessen Unschuld, genau wie Summner-Potts, der den Fall weiterhin für nicht abgeschlossen hält, andere Journalisten, und ein Teil der Öffentlichkeit.
Laut Reid soll das Paar an Bord der Yacht gewesen sein, als Weißensteiner aus Cairns wegsegelte. »Das Urteil basiert auf der Annahme, daß die beiden zu diesem Zeitpunkt bereits tot waren. Gemeinsam fuhr man zur Rebelleninsel Bougainville, wo Bayerl mit Susan Zack an Land ging. Laut Weißensteiner soll ihm der Salzburger damals aufgetragen haben, die ›Immanuel‹ zu den Marshallinseln zu bringen und dort auf ihn zu warten. Der Österreicher deutete mir gegenüber auch an, daß das Schiff bis oben hin mit Marihuana beladen war. Was auf Bougainville geschah, verschweigt er noch immer. Er sagt nur, daß etwas geschehen ist. Er war dabei – ›aber ich war es nicht, der damals jemanden umgebracht hat!‹«
Er habe große Angst vor Bayerl gehabt, diese aber mittlerweile weitgehend abgelegt, sagte er zu dem Journalisten. »Ich habe immer gehofft, daß Hartwig zumindest einen Brief schreiben wird, der mich entlastet. Jetzt glaube ich fast nicht mehr daran.«[97]
Einer in Australien lebenden österreichischen Journalistin, deren Name nicht veröffentlicht wurde, gab er 1998 noch ein wenig mehr preis. Es war in der für ihn turbulenten Zeit nach der Veröffentlichung der Fotos des Unbekannten, als das Interesse der Medien neu aufgeflammt war. Die Journalistin telefonierte mit ihm und fand heraus, daß Weißensteiner, Bayerl und Zack mit der Yacht unterwegs gewesen waren und auf den Weltuntergang gewartet hatten. Als der Tag kam und die Katastrophe ausblieb, wollte Susan aus dem Projekt, in das sie ihr gesamtes Vermögen investiert hatte, aussteigen und nach England zurückkeh-

ren. Dann habe Bayerl sie mit einem Revolver erschossen. Die Leiche warf Bayerl über Bord.

Weißensteiner stand unter dem Einfluß Bayerls und glaubte an dessen Thesen. Nach dem Mord sei Bayerl bei Papua-Neuguinea von Bord der Yacht »Immanuel« gegangen und mit einem der drei Beiboote zur Insel gefahren.

Schon 1991 hatte Manfred Klink der Polizei vorgeworfen, dieses Beiboot nie gesucht zu haben. Als die »Immanuel« auf Majuro untersucht wurde hatte man nur ein Beiboot gefunden.[98]

Soviel wußte ich über die Fakten, als mich endlich ein Schreiben aus dem Borallon Gefängnis in Brisbane erreichte. Es waren etwa acht, neun handschriftliche Seiten und sie stellten den Tathergang des Verbrechens auf der »Immanuel« dar. Unterschrieben war der Brief von Manfred Weißensteiner.

Mein Herz klopfte hörbar, als ich den Brief aufriß. Ich faltete die Seiten auseinander und begann zu lesen.

Noch nie war mir ein Fall so nahe gegangen. Verdammt viel glaubte ich über den Burschen zu wissen, doch wie weit war ich von der Wahrheit entfernt? Ich fürchtete, etwas zu entdecken, das mir klar machte, hier hatte ich es doch mit einem kaltblütigen Doppelmörder und Dieb einer Yacht zu tun, der alles versuchte, um aus dem Gefängnis zu kommen. Einen Hinweis darauf, er sei ganz und gar der Mensch, den die Richter zu zweimal lebenslänglich und fünf Jahren verurteilt hatten. Ich habe ein Gespür für Verbrecher, ich würde unweigerlich aus den Zeilen herauslesen, daß er es war. Und daher scheute ich mich, mich dem Schreiben zu widmen. Zugleich war ich unendlich neugierig und konnte kaum erwarten, die Geschichte in seiner Darstellung zu erfahren.

GEFASST

»Ich werde beschuldigt, Hartwig Bayerl umgebracht zu haben. Dazu sage ich: ich war es nicht. Ich werde beschuldigt, Susan Zack umgebracht zu haben. Ich war es nicht. Ich werde beschuldigt, die Yacht ›Immanuel‹ gestohlen zu haben, ich habe sie nicht gestohlen«, diese Zeilen standen in einem frühen Statement Weißensteiners, das er am Anfang der gerichtlichen Untersuchungen für seinen Anwalt verfaßte.

In dem Schreiben an mich begann er die Darstellung der Ereignisse mit dem 16. Jänner 1990:

Die »Immanuel« lag vor Cairns: Susan, Hartwig und er bereiteten die Abreise vor, schließlich begaben sie sich auf hohe See. Sie konsumierten auf der Fahrt Drogen und Alkohol, mit einem Wort – es war eine Sauferei an Bord. In seinem Schreiben bestreitet er, mit Susan ein Verhältnis gehabt zu haben.

Manfred legte sich in die Koje schlafen und erwachte durch das Geräusch eines Schusses. Er lief an Deck, sah Susan blutüberströmt am Boden liegen. Er half Bayerl, Susan über Bord zu werfen. Sie waren irgendwo im Pazifik und beschlossen, weiter nach Bougainville zu fahren, wo sie Kisten mit Waffen abladen wollten. Das klappte auch wie geplant: auf einer Bougainville vorgelagerten Insel war ein Treffen mit den Käufern der Waffen geplant. Mit dem Beiboot fuhr Hartwig zu deren Schiff, das aber in einer Bucht, für Manfred unsichtbar, wartete. Bayerl nahm die Kisten mit den Waffen mit.

Werner Kopacka hatte er früher erzählt, sie hätten kein Geld für die Waffen bekommen.

»Das sind doch arme Leute dort oben. Die haben selbst kein Geld.«

Daraufhin schloß Kopacka, sie wären mit Gold bezahlt worden, es gäbe Goldminen auf der Insel.

»Gold? Nein. Da gibt's aber etwas, das mindestens genauso kostbar ist. Und davon haben sie ganze Plantagen angelegt.«

»Marihuana!« rief Kopacka aus. »Die Rebellen haben euch Marihuana für die Waffen gegeben.«

Dazu sagte Weißensteiner nichts.[99]

Mir schrieb er, einer der Rebellen sei dann mit Bayerl auf die »Immanuel« gekommen. Er mußte an Deck bleiben, während die beiden anderen hinunter ins Schiffsinnere gingen.

Und dann berichtete er von Susans Schicksal auf der »Immanuel«. Offenbar wollte sie noch in Cairns aus dem Projekt aussteigen. Das war gegen Hartwigs Intention. Er zwang sie, an Bord zu bleiben; sie konnte das Schiff nicht mehr verlassen. Die Gefangenschaft muß ungefähr – so schätze ich – eine Woche vor der Abfahrt der »Immanuel« aus Cairns begonnen haben. Sie wurde rund um die Uhr bewacht. War Hartwig nicht an Bord oder schlief er, übernahm Manfred die Wache. Ihm war klar, er machte etwas Illegales. Er wußte, was er tat. Damals muß er noch sehr unter Bayerls Einfluß gestanden haben. Bayerl erzählte ihm all seine Theorien: er müsse vor den Freimaurern auf der Hut sein, die seien in Cairns ganz besonders stark vertreten. Vor den Echsen solle er sich in Acht nehmen, der Weltuntergang stünde bevor. Er erzählte ihm von der Zahl 666, und von der Bibel. Zumindest die Untergangstheorien muß Manfred ihm abgenommen haben.

Vermutlich aus zwei Gründen hielt Bayerl Susan fest: Zum einen wollte sie ihr Geld zurückhaben, zum zweiten wußte sie, wohin er wollte. Offenbar hatte sie wirklich keine Möglichkeit, von dem Schiff herunterzukommen. Zu der Zeit, als es noch möglich gewesen wäre, stand sie zu sehr unter seinem Einfluß. Die psychischen Abhängigkeiten in dieser Geschichte sind für Außenstehende wahrscheinlich nicht nachzuvollziehen.

Sie brachten das Boot vom Hafen in Cairns aufs offene Meer. Weißensteiner hatte seit der Zeit auf der »Immanuel« zu niemandem mehr Kontakt. Vorher und auch später auf Majuro hatte er das für junge Globetrotter übliche soziale Leben: Bekanntschaften, Freundschaften und Begegnungen von kurzer Dauer. Auf der »Immanuel« sprach er mit niemandem außer mit Bayerl und Zack. Er erledigte seine Arbeit, und wenn Besuch kam, wurden sie einander höchstens mit Vornamen vorgestellt.

Er zog also auf die »Immanuel« und kappte sämtliche Kontakte, ohne neue zu knüpfen. Wenn man es genau nimmt, kam er auch nicht mehr von dem Boot herunter. Er schlief und arbeitete dort, und das war auch so ziemlich alles, was er machte, jedenfalls soweit es mir bekannt ist. Am Anfang sah er in der »Immanuel« wahrscheinlich nur eine Möglichkeit, aus Australien wegzukommen, nachdem sein Visum abgelaufen war.

Ich las den Brief wieder und wieder. Davon, daß Susan erschossen wurde oder von wem, steht kein Wort.

Salzburg, Österreich, 8. Mai 1998

Der Kiesboden war übersät mit kleinen weißen Blüten; wenn die Kellnerin in ihrem Dirndl den Kaffee servierte, knirschte es unter ihren Füßen, als ginge sie auf verkrustetem Schnee. Aber der Sommer glitzerte längst auf den grünen Blättern der Bäume. Es war Freitag, ein schöner, warmer Tag, ich wollte noch warten bis meine Freundin von der Arbeit kam, mit ihr essen gehen und dann nach Wien fahren, um meinen Wochenenddienst anzutreten.

Seit dem Fernsehaufruf waren sechs Wochen vergangen, und es hatte sich nichts Neues ergeben. Ich wußte noch immer nicht, wer der Mann auf den Fotos war, und bereitete eine neue Suchaktion vor.

Von meinen Kollegen in allen Teilen der Welt, an die ich die Fingerabdrücke Bayerls geschickt hatte, hatte ich nichts gehört. Ist es möglich, fragen Sie sich vielleicht, daß jemand in der heutigen Zeit untertaucht, sich jahrelang versteckt hält oder seine Identität so gründlich ändert, daß wirklich niemand ihn finden kann? Ja, ich halte es für möglich. Man braucht viel Geld dafür, aber es geht, im Grunde ist es nicht einmal ein sehr großes Problem.

Mein Handy surrte. Es war Stefan und er sagte nur drei Worte: »Er ist da.« Mir war sofort klar, wen er meinte.

»Wo?« fragte ich.

»Er wird um zwei entweder bei der Wohnung seiner Freundin oder im Roma-Club oder in der Faberstraße auftauchen. Er bringt das Mädchen mit und fährt dann gleich wieder nach Berlin.«

Wir hatten eine Stunde Zeit. Ich forderte Verstärkung an und raste dann in die Faberstraße, wo ich in einem Kaffeehaus auf meine Kollegen wartete.

Sie kamen zu fünft, wir machten eine Lagebesprechung.

»Wenn er hierherkommt, ist es einfach, wir sichern die Fluchtwege mit zwei Autos und haben ihn«, sagte ich.

»Vor der Wohnung seiner Freundin ist es etwas schwieriger. Wir können natürlich warten, bis sie im Haus sind und ihnen den Rückzug versperren, aber es ist die Frage, ob wir da nicht eine Sondereinheit rufen sollten«, gab Stefan zu Bedenken.

»Trägt er Waffen?« wollte ich wissen.

»Ich habe keine Ahnung«, erwiderte Stefan.

Wir mußten jedenfalls davon ausgehen. Eine Überrumpelung auf offener Straße ist einfacher, als es in einem Wohnhaus auf eine Schießerei ankommen zu lassen.

»Was ist mit der Frau? Ist es möglich, daß sie bewaffnet ist?«

Stefan zuckte die Schultern. Ihm sei nicht bekannt, daß sie Waffen besitze.

Ich selbst trage keine Waffe, aber meine Kollegen waren auf eine Schießerei vorbereitet. Die Stimmung war – gelinde gesagt – ziemlich geladen. Ich mußte meine Kollegen über den Tatbestand aufklären, ihnen über die Person Bayerls erzählen, und keiner der Fünf fand das auch nur im geringsten lustig.

»Die gute Nachricht: er ist noch nie wegen eines Waffengewaltdeliktes polizeilich erfaßt worden.«

»Und die schlechte?« wollten sie wissen.

»Er besitzt Waffen. Er kann damit umgehen.«

»Was noch?«

»Vielleicht ist er es gar nicht«, versuchte ich zu beruhigen. »Wenn er es ist – und jetzt werden die Nachrichten schon wieder schlechter – hat er viel zu verlieren. Und er weiß es. Er ist vorbereitet, mit hoher Wahrscheinlichkeit weiß er von den Fotos, und daß wir ihm auf der Spur sind.« Ich sprach nicht weiter, da ich der Meinung war, sie hatten fürs erste genug zu verkraften. Aber sie wollten mehr. Sie wollten alles.

»Und?«

»Wenn er es ist, haben wir es mit jemandem zu tun, der leicht in Panik gerät. Mit einem Paranoiker, oder zumindest mit einem Menschen, der früher unter Paranoia gelitten hat, um es korrekt auszudrücken.«

»Ist das alles?« wollten sie wissen.

Ich nickte. War ihnen das nicht genug? »Was wollt ihr noch?«

Da meldete sich Rupert[*] zu Wort, ein rotgesichtiger Genießertyp, der ziemlich gemütlich und freundlich dreinschaute. Seine Bewegungen und seine Sprache waren langsam und bedächtig. Tief holte er Luft und stieß sie langsam aus. »Ich weiß nicht –«, sagte er.

Alle starrten ihn an und warteten auf das, was er nicht wußte. Sehr, sehr langsam und gedehnt wiederholte er: »Ich weiß nicht«, und setzte dann in rasendem Tempo fort: »ob ich nicht lieber einen Falschparker auf der Speisekarte hätte.« Wir wußten nicht, was er meinte, aber es hatte etwas mit der Aufgabe zu tun, die vor ihm lag, und wahrscheinlich mit dem Mittagessen, das er wegen der Sache hatte unterbrechen müssen. Irgendwie hatten sich in seinem Kopf der Hunger und Bayerl vermählt und das Unbehagen mit der Angst die Ringe getauscht, oder so ähnlich.

Rupert blieb bei mir. Ich schickte zwei andere Kollegen auf Beobachtungsposten, einen vor die Wohnung, der zweite sollte den Roma-Club im Auge behalten.

Ziemlich pünktlich traf das Paar in der Straße des Wohnhauses der Frau ein. Ich erhielt die Nachricht, sie seien in einer Konditorei gegenüber, und wir vier fuhren dorthin.

Vor der Konditorei parkte der BMW mit dem Bregenzer Kennzeichen.

»Das sind sie«, waren Stefan und ich uns einig.

»Und was jetzt?« fragte Stefan.

Der Gesuchte, möglicherweise bewaffnet und gefährlich, könnte die Situation ausnützen, in Rage geraten und im schlimmsten Fall sogar Geiseln nehmen. Andererseits war ich ihm noch nie so nahe gekommen und würde es wahrscheinlich nicht sobald wieder. Mißlang die Aktion jetzt, wäre das der schlimmste Rückschlag, den ich mir denken konnte.

Ich ließ den Hinterausgang bewachen, stellte noch einen Posten an den Haupteingang, dann bestimmte ich zwei Kollegen, die ins Lokal gehen und die beiden um die Ausweise fragen sollten. Zu unser aller Überraschung meldete Rupert sich freiwillig.

»Gut, wenn du willst«, stimmte ich zu.

»Weißt du«, erklärte er, »mir kommen sie nicht so leicht davon. Wenn sie sich blöd stellen – und das tun sie alle – dann kann ich ihnen in ihrer Muttersprache sagen, sie sollen sich ausweisen.«

»In ihrer Muttersprache, ach so. Wieviele Sprachen sprichst du denn?«

»Das Wichtige in vierzehn Sprachen. Darunter kirgisisch und japanisch. Ehrlich. Ich kann noch einen zweiten Satz: kommen Sie bitte mit aufs Revier.«

Das waren gute Voraussetzungen, fand ich. Ich selbst würde im Hintergrund bleiben und draußen warten.

Niemand im Lokal schien etwas von unseren Aktivitäten zu bemerken. Die Kellnerin mit der weißen Spitzenschürze holte Torten aus der Vitrine, zwei ältere Damen unterhielten sich über ihre Kuchenteller hinweg seelenruhig weiter, und dann liefen zwei Kinder mit viel zu großen Schultaschen in die Konditorei.

Wir tauschten Blicke aus und verständigten uns schweigend, so lange zu warten, bis zumindest die Kinder wieder draußen wären. Sie kauften ihre Kaugummis und Lutscher, kramten unendlich lange nach den paar Schillingen, die sie dafür über den Ladentisch reichen mußten, verpackten mit ungeheurer Penibilität ihre Schätze in den Schultaschen, und wandten sich dann zum Gehen. Der eine von ihnen öffnete die Tür.

Flüchtig sah ich die Frau und den Gesuchten, der mit dem Rücken zur Tür saß. Das andere Kind begeisterte sich für einen Schokoferrari und zerrte seinen Freund wieder zurück ins Lokal. Mit riesigen Augen entdeckten sie nach und nach all ihre Lieblinge in schmackhaftesten Ausführungen: Lara Croft in Marzipan, Mr. Spock als Windbäckerei Madonna in echtem Gummitop.

»Wir können warten, bis der Mann und die Frau herauskommen«, meinte Stefan.

»Es ist besser, es drinnen zu machen«, entschied ich. »Sobald die Kinder endlich gegangen sind, geht ihr hinein und macht einfach eine Ausweiskontrolle. Ganz harmlos, verstehst du? Einer muß die Damen und die Kellnerin im Auge behalten.«

Die Kinder kamen heraus und meine Kollegen betraten das Lokal. Der Mann drehte sich zu ihnen um, so als ahnte er, daß sie seinetwegen gekommen waren. Es war der Moment, in dem sich alles entschied – in dem er beschloß, aufzuspringen und zu kämpfen, oder ruhig zu bleiben, keinen Widerstand zu leisten. Die Frau an seiner Seite machte eine Bewegung, als wolle sie sich erheben, aber der Mann blieb ganz ruhig. Er beobachtete, wie die drei Polizisten auf ihn zugingen.

Als sie in ihre Taschen griffen, um ihre Ausweise hervorzuziehen, zuckte er leicht zusammen, so erzählte mir Rupert später, blieb aber regungslos. Mit wenigen Schritten hatte Rupert ihn erreicht und hielt ihm seinen Ausweis unter die Nase. Stefan blieb hinter Rupert und der dritte Kollege stellte sich vor die beiden Damen. Es lief ziemlich ruhig ab, die Damen ließen nur ihre Kuchengabeln sinken und betrachteten das Geschehen, die Kellnerin beugte sich über das Büffet, aber es gab kein Anzeichen einer Einmischung.

»Wir möchten eine fremdenpolizeiliche Kontrolle machen. Würden Sie sich bitte ausweisen?« versuchte Rupert es auf deutsch zu dem dunkelhaarigen Zopfträger und seiner Begleiterin.

Leichtes Erstaunen war in den Gesichtern des Paares zu erkennen, doch keine Überraschung. Sie blieben ruhig, kühl und griffen nach ihren Papieren. Meine Kollegen blätterten die Pässe durch, beide waren aus Portugal.

»Sie halten sich schon länger hier in Österreich auf?« Der Mann verstand ihn offenbar nicht, oder er tat wenigstens so, aber die Frau sprang ein und übersetzte ihm, was Rupert gesagt hatte.

Der Mann sagte, sie seien erst heute zurückgekommen, seine Schwester habe hier eine Wohnung.

»Ihre Schwester?« Rupert war ziemlich skeptisch. »Das ist Ihre Schwester?«

Er blieb bei seiner Behauptung, er sei der Bruder der Frau, die neben ihm saß.

»Und Sie arbeiten hier?« wurde die Frau gefragt.

»Im Roma-Club«, bestätigte sie.

Dann nahm Rupert das Bild, das Probst gemacht hatte, aus seiner Tasche.

»Erkennen Sie sich auf diesem Foto wieder?«

Der Mann schaute sich das Bild genau an. Er tauschte einen Blick mit der Frau, grinste, lehnte sich etwas zurück und sagte, ja, das sei er. Er sprach portugiesisch und die Frau übersetzte: »Warum haben Sie diese Fotos gemacht? Was stimmt nicht damit?«

Rupert ließ sich auf keine Erklärungen ein. Er hatte eigentlich keinen Grund, den Mann festzunehmen, dennoch war diese Identifizierung natürlich nichts wert. Der Mann konnte sich weigern, ihm noch weiter zur Verfügung zu stehen.

Meine Ungeduld stieg. Mittlerweile hatte ich drei Zigaretten geraucht und war dabei mir eine vierte anzuzünden. Ich sah wie Rupert sich zu dem Mann beugte, der abwehrende Gesten machte. Er schüttelte den Kopf, lachte verständnislos und lehnte sich gemütlich in seinen Sessel, so als wollte er andeuten, unter allen Umständen hierzubleiben.

»Ich würde Sie bitten, aufs Revier mitzukommen«, sagte Rupert. Die Frau übersetzte wieder und der Mann zögerte. Er wollte wissen, warum er mitkommen solle, und Rupert erklärte ihm, es gehe um eine Identifizierung.

»Er sieht keinen Grund«, übersetzte das Mädchen.

Da packte Rupert seine gesamten Portugiesischkenntnisse aus und fügte hinzu, er hoffe nicht, daß er ihn zwingen müsse mitzukommen. Der Mann erhob sich und folgte den Polizisten.

Ich sah sie oder vielmehr ihre Schatten durch die Glastür auf mich zukommen. Zuerst trat Rupert ins Freie, zwinkerte mir zu und hielt dann die Tür für den Mann auf. Er trat auf die Seite, und endlich stand der Mann mir gegenüber: langes, dunkles Haar, im Nacken gebunden, schlaksig, lächelnd. Mit riesengroßen blauen Augen sah er mich an. Lange und ruhig. Sofort war mir klar – dieser Mann war nicht Hartwig Bayerl. Denn dazu war er um etwa zehn Zentimeter zu groß.

Wir brachten ihn dennoch aufs Revier und verglichen die Fingerabdrücke, um ganz sicher zu gehen: negativ.

Ich gebe es zu, ich war enttäuscht. Es müßte mir egal sein, ich weiß, aber das war es nicht.

Weißensteiner ist kein Unschuldslamm, wie er selbst einbekannte – übrigens schon relativ früh, schon bald nach seiner Verhaftung. Wie es aussieht, war er an Freiheitsberaubung und am Wegschaffen der Leiche Susan Zacks beteiligt. Das sind keine Kleinigkeiten, ungeachtet der Umstände, die dazu geführt haben mögen, daß es so weit kam. Aber zweimal lebenslänglich verdient er dafür nicht.

Natürlich legen wir den Fall nicht zu den Akten. Es sind einige Fragen offengeblieben, etwa, wer der Mann war, mit dem die Kellnerin in einem Salzburger Lokal gesprochen hat und den sie anhand älterer Fotos eindeutig als Hartwig Bayerl identifizierte. Der Mann hatte keinen ausländischen Akzent. Auch die Zeugin Stefanie Tögelhofer halte ich für sehr glaubwürdig. Sie kannte Hartwig von früher und nicht nur von Fotos.

Es ist jetzt sicher, daß der Mann auf den Fotos nicht Hartwig Bayerl ist. Mehr können wir im Augenblick nicht sagen. Wir vermuten, daß ein größerer Personenkreis dahintersteckt.

Ich weiß, ich werde dem nächsten halbwegs ernstzunehmenden Hinweis wieder folgen, obwohl es nichts weiter ist, als mein Instinkt, der mich glauben läßt, hier wurde jemand für Verbrechen verurteilt, die er nicht begangen hat.

EPILOG I

Die »Immanuel« wurde nach dem Prozeß auf einer Polizeiauktion von Mike Delacosta ersteigert.

Danach kaufte sie Jeffrey Ascott-Evans, ebenfalls aus Cairns.

1998 stand sie in den Büchern des Yachthändlers Mal Walker erneut zum Verkauf. Sie hieß »Cosmic Dolphin« und war, laut Walker, »nur eine leere Muschel«. Er bestätigte, daß sie mit einem exklusiven Solarsystem bestückt war, meinte aber zur übrigen Ausstattung, das sei für Stahlboote nichts besonderes, sie seien alle kugelsicher.

Walker kannte Bayerl und Zack. »Ich hatte einige Tassen Tee auf der ›Immanuel‹ mit ihnen. Weißensteiner war auch dort, aber er arbeitete nur.«

Bayerl erzählte ihm von den Umbauarbeiten, und daß er den Boden erneuern ließ. Sie sprachen hauptsächlich über Boote.

Walker lernte Susan im Cairns Yacht-Club kennen, wo sie jemanden suchte, der sie auf eine Segelreise mitnahm.

»Ich sagte ihr, du kannst mit mir kommen. Als ich sie das nächste Mal sah, war sie auf dem Schiff mit Hartwig.«[100]

Sergeant Gray, gegen den nach unbestätigten Meldungen 1987 wegen Korruptionsverdachts ermittelt wurde, quittierte kurz nach Ende des Prozesses gegen Manfred Weißensteiner den Dienst.

Zusammen mit drei anderen Offizieren akzeptierte er einen angeblich gut bezahlten Job als Wachebeamter einer internationalen Minengesellschaft auf Papua-Neuguinea. Er wurde auf Misima Island stationiert, im Louisiadenarchipel im Südosten Papua-Neuguineas. Er ließ seine Familie in Cairns zurück und sagte, er mache es einzig und allein wegen des Geldes.[101]

Im September 1999 schrieb Helmut Probst einen Beschwerdebrief an Mag. Michael Sika, den Generaldirektor für öffentliche Sicherheit der Republik Österreich. Darin bezichtigt er Raoul schwerer beruflicher Fehlleistungen. Eine der letzten Amtshandlungen des nunmehr pensionierten Generaldirektors war die Aufforderung an Raoul zu den Vorwürfen Stellung zu nehmen.

Raoul bezeichnet den Fall nach wie vor als nicht abgeschlossen. Er wird sich verpflichtet fühlen, jedem neuen Hinweis nachzugehen.

Manfred Weißensteiner ist im Hochsicherheitstrakt eines Gefängnisses in Brisbane.

1998, kurz nachdem der Fall wieder in den Medien auflebte, verbot ihm der Direktor jede Kontaktaufnahme zur Außenwelt, insbesondere zu Journalisten.

Seit neun Jahren ist er in Haft, lange galt für ihn höchste Sicherheitsstufe vier. Seit einiger Zeit gilt Sicherheitsstufe drei. Er dürfte Besuch bekommen, aber er wird nie besucht.

Weder zum Prozeß noch zum Geschehen auf der »Immanuel«, noch zu seiner augenblicklichen Situation äußert er sich. Auf die Frage, wie es ihm gehe, antwortet er: »Es geht.«

Im Gefängnis arbeitet er als Computerexperte und beaufsichtigt die Rechner, an denen die Häftlinge mit seiner Hilfe geschult werden. Er hat sich dieses Wissen während seines Aufenthaltes in der Haftanstalt angeeignet und ist mittlerweile zum Computerfreak geworden. Seine Freizeit verbringt er mit Spielen auf seinem privaten Computer.

Im Herbst 1999, während der Arbeit zu diesem Buch, von der die australischen Behörden übrigens Kenntnis hatten, entfernte die Gefängnisleitung alle Computer aus seiner Zelle, auch die seiner Mitgefangenen.

Ohne Angabe von Gründen.

Der Europäische Gerichtshof in Den Haag beschäftigte sich zu Anfang des Jahres 2000 mit seinem Fall. Über ein Ergebnis ist noch nichts bekannt, aber die Chancen für eine Wiederaufnahme des Verfahrens stehen schlecht.

EPILOG II

Am 2. Juli 2004, einem Freitag, wurde Manfred Weißensteiner aus der Haft in Brisbane entlassen. Er landete am 3. Juli 2004 gegen 5 Uhr früh in Begleitung zweier australischer Beamter in Wien. Er wurde begnadigt, ein neues Verfahren gab es nicht.

Auch in Österreich gab es keine Neuaufnahme, da die österreichische Justiz aufgrund der vorzeitigen Freilassung keinen Handlungsbedarf sah.

Anders läge der Fall, hätte Weißensteiners Antrag auf Auslieferung in seine Heimat Erfolg gehabt. Er hatte diesen Antrag Ende 2002/Anfang 2003 gestellt. Im Falle einer Überstellung eines zu zweimal lebenslänglicher Haft Verurteilten hätte Österreich den Fall vor einem heimischen Gericht neu aufrollen und die Richtigkeit der Urteile bestätigen müssen.

DRITTER TEIL

Nicolette Bohn

DER FALL JÜRGEN BARTSCH

In Gedenken an die verstorbenen Kinder und ihre Familien:

† Klaus Jung (31. März 1962)

† Peter Fuchs (5. August 1965)

† Ulrich Kahlweiß (14. August 1965)

† Manfred Graßmann (8. Mai 1966)

Kinder werden nicht
erst zu Menschen
Sie sind es heute schon.
Ja!
Sie sind Menschen,
keine Puppen.

(Janusz Korczak)

Prolog

Ein junger Mann und ein kleiner Junge gehen durch die verwinkelten Gänge eines ehemaligen Luftschutzbunkers. Die Kerze, die der junge Mann in der Hand hält, verbreitet einen dämmrigen Schein.

»Romantisch, nicht wahr?« fragt der junge Mann und blickt den kleinen Jungen an.

Der kleine Junge zuckt die Achseln: »Hmm.«

Mit dem Wort Romantik verbindet er keine Vorstellung. Die Kerze erinnert ihn daran, daß er bald Geburtstag hat. In ein paar Tagen wird er endlich neun. Dann bekommt er die Fußballschuhe, die sein Vater ihm versprochen hat.

Sie stolpern weiter über Schotter und Geröll.

»Wann sind wir denn endlich da?« fragt der kleine Junge ungeduldig.

Der fremde Mann, den er vor ein paar Stunden auf dem Kirmesplatz kennen gelernt hat, hat ihm versprochen, daß sie in der Höhle gemeinsam einen Schatz suchen wollen.

»Es dauert nicht mehr lange und wir sind am Ziel.«

Die Stimme des jungen Mannes klingt ruhig und freundlich. Der kleine Junge greift vertrauensvoll nach seiner Hand.

»Das ist aber finster hier!«

»Du brauchst keine Angst zu haben«, spricht der junge Mann beruhigend auf ihn ein. »Wir sind gleich am Ziel.«

»Sind Sie wirklich ein Polizist?« fragt der kleine Junge interessiert.

»Aber natürlich bin ich ein Polizist.« Die Stimme des jungen Mannes klingt ebenso ruhig und sicher wie die eines Erwachsenen.

»Haben Sie auch eine richtige Pistole? Kann man damit schießen?«

»Natürlich. Willst du die Pistole einmal sehen?«

»Oh ja, bitte!« Der kleine Junge nickt eifrig.

»Sie liegt dort hinten. Hinter der kleinen Mauer.« Der junge Mann zeigt auf die Überreste einer Steinmauer am Ende des langen Ganges.

»Wir sind jetzt am Ziel.«

Der junge Mann stellt die halb heruntergebrannte Kerze auf die Mauer.

»Mensch! Eine richtige Pistole«, ruft der kleine Junge begeistert. »Ich hab doch gewußt, daß Sie mich nicht beschwindeln.«

»Warum sollte ich dich beschwindeln? Ich bin doch dein Freund. Du kannst übrigens ruhig ›du‹ zu mir sagen.«

Der kleine Junge nickt und betrachtet andächtig die Pistole mit dem glänzenden Metallknauf, die der junge Mann in der Hand hält. Er hat sich schon immer einen Polizisten mit einer richtigen Pistole zum Freund gewünscht. Heute scheint sein Glückstag zu sein.

»Wo ist denn nun der Schatz?«

»Hinter der Mauer«, sagt der junge Mann. »Komm her und hol ihn dir!«

Die Kerze erlischt mit einem leisen Zischen.

Dunkelheit.

Dann – ein lauter, gellender Schrei: »Mama ... Mama, ich habe Angst!«

Totenstille.

Draußen, auf dem Felsgestein vor dem Eingang des Luftschutzbunkers blühen Orchideen und Hyazinthen. Bienen summen.

Es ist der 31. März 1962.

Frühlingsanfang.

OPFER

Jugendamt Mettmann, 25. Juni 1967

Die Hitze war mörderisch. Seit Tagen hatte es nicht mehr geregnet. Die Fenster der Dienststelle Süd waren weit geöffnet. Dietrich Wilke saß hemdsärmelig vor seinem Schreibtisch. Ihm gegenüber, auf einem Stuhl, saß ein 14jähriger Jugendlicher mit verstrubbeltem Haar. Er hing mehr, als daß er saß, und seine Haltung signalisierte Wilke eine spürbare Abwehr gegen das Frage-Antwort-Spiel.

»Kann ich jetzt meine Kippe haben?« fragte der Jugendliche und in seiner Stimme schwang ein trotziger Unterton mit.

»Nein, Wilfried«, sagte Wilke. »Ich dachte, das Thema sei ein für alle Mal durch.«

»Sie qualmen doch schließlich auch wie ein Schlot. Und Sie haben selbst gesagt, daß Sie ein gutes Vorbild für mich sein wollen. Also müssen Sie mich rauchen lassen, oder etwa nicht?«

Er blickte Wilke offen ins Gesicht und sagte dann: »Sonst sind Sie nämlich kein richtiges Vorbild.«

»Kein Zweifel«, dachte Wilke. Dieser Jugendliche hatte ein untrügliches Gespür für die Stärken und Schwächen anderer Menschen, die er schamlos zu seinen Zwecken auszubeuten wußte.

»Wenn du mir sagst, was an jenem Nachmittag wirklich passiert ist ...«

»Darf ich dann endlich eine Kippe rauchen?«

Wilke schob die Zigarettenschachtel in die Mitte des Tisches. Dann lehnte er sich mit diplomatischem Gesichtsausdruck in seinem Schreibtischstuhl zurück und faltete die Hände über der Brust.

Wilfried fingerte eine Zigarette aus der Schachtel und steckte sie genießerisch zwischen die Lippen.

»Feuer bitte!« triumphierte Wilfried.

Wilke griff zum Feuerzeug.

»Verdammt«, dachte er. Der Böhme wird mir den Kopf abreißen, wenn er das hier erfährt. Der Amtsleiter konnte Wilkes pädagogisches

Engagement ohnehin nur schwer nachvollziehen. Er machte keinen Hehl daraus, daß er den jüngeren Kollegen für einen verträumten Spinner hielt, der noch nicht gemerkt hatte, nach welchen Gesetzen die Welt wirklich funktionierte.

»Also, noch mal von vorn ... Ihr seid durch die Hohe Straße gezogen und da kam diese Frau mit der Handtasche vorüber ...«

»Das habe ich Ihnen doch jetzt schon dreimal erzählt!« knurrte Willi mißmutig.

»Willi, wir haben ein Abkommen. Ich behandele dich wie einen Erwachsenen, also kann ich von dir auch erwarten, daß du dich wie einer benimmst.«

Wilfried verdrehte die Augen. Er sog kräftig an der Zigarette. Dann sagte er: »Wir sind durch die Hohe Straße gezogen. Da kam diese Frau vorbei und plötzlich kam Thorsten auf die Idee mit dem Raubüberfall. Wir wollten ihn ja noch hindern, aber er ... er hat sich nicht hindern lassen, und ehe wir Piep sagen konnten, hatte er der Frau auch schon die Tasche entrissen. Wir sind dann nur noch weggerannt ...«

»Warum hast du denn die Schuld auf dich genommen, um Gottes willen? Du hast die Tat bei der Polizei gestanden.«

Wilke konnte wieder einmal nicht verbergen, daß er innerlich um seine Fassung rang. »Menschenskinder ... Willi«, sagte er leise aber eindringlich. »Warum um alles in der Welt stehst du für eine Straftat gerade, die du überhaupt nicht begangen hast?«

»Na ... Thorsten ist doch mein bester Kumpel ... und ich verrate nun einmal keine Kumpel!« Wilfried schob die Unterlippe vor und drückte die Reste der Kippe im Aschenbecher aus. »Und wissen Sie auch warum?« fügte er nach einer Weile hinzu. »Weil ich kein elendes Verräterschwein bin. Deshalb!«

»Willi, wenn jemand einen Handtaschenraub begeht, dann hat das nichts mehr mit Verrat zu tun«, sagte Wilke. »Was denkst du denn, was wir hier spielen? Katz und Maus? Für dich ist das Ganze wohl ein lustiges Spiel, was?«

»Kann ich jetzt gehen?« fragte Wilfried und seine Stimme klang gelangweilt.

Wilke nickte ergeben.

»Ja, Willi. Du kannst jetzt gehen.«

Nachdem Wilfried gegangen war, nahm Wilke das Diktiergerät zur Hand und begann mit seinen Aufzeichnungen. Während er sprach, versuchte er Ordnung in seine aufgewühlten Gedanken zu bringen.

»25. Juni 1967. Heute war der 14jährige Wilfried J. in meiner Dienststelle. Er sagte, daß der 19jährige Thorsten B. in Wahrheit den Handtaschenraub in der Wuppertaler Innenstadt verübt hat. Der Polizei gegenüber hat Wilfried sich selbst als Täter bezichtigt. Erklärbar ist ein solches Verhalten sicher damit, daß Wilfried bei seiner allein erziehenden Mutter lebt und in Thorsten so etwas wie ein männliches Vorbild gefunden hat, das er stark idealisiert. Trotz seiner 14 Jahre ist Wilfried noch sehr unreif und nicht in der Lage, das juristische Ausmaß seines Handelns in vollem Umfang zu verstehen. Begriffe wie Kameradschaft und Zusammenhalt stellen für seine kindliche Gefühlswelt Orientierungswerte dar. Unterbringung in einem Städtischen Jugendheim ist anzuordnen. Die Mutter scheint mit der Pubertät des Sohnes heillos überfordert zu sein. Der Junge braucht dringend positive Leitbilder für eine geordnete Lebensgestaltung ...«

Wilke unterbrach seine Ausführungen für einen Moment, als es an der Tür klopfte und Amtsleiter Böhme das Büro betrat.

»Dieser Bürokratenfuzzi hat mir gerade noch gefehlt«, dachte Wilke und spürte eine leichte Gereiztheit in sich aufsteigen. Der Amtsleiter trug trotz der Affenhitze eine Krawatte und einen grauen Flanellanzug. Wilke war überzeugt davon, daß Böhme diesen Anzug auch beim Schlafengehen anbehielt. Er hatte ihn in den drei Jahren, in denen er nun schon in der Behörde arbeitete, noch nie ohne diese Kleidungsstücke gesehen. Mit diesem Verhalten war Böhme Wilkes Vater sehr ähnlich. Wilke konnte sich nur an wenige Tage erinnern, an denen er seinen Vater ohne Anzug und Krawatte gesehen hatte. Selbst auf dem Totenbett hatte er ausgesehen wie ein Bankdirektor. Wilke hatte als Junge stets geglaubt, daß sein Vater bereits mit einem Anzug und einer Krawatte auf die Welt gekommen sei. Eine andere Möglichkeit kam damals für ihn überhaupt nicht in Betracht.

»Herr Wilke, ich möchte, daß Sie sich diese Unterlagen einmal ansehen.« Böhme schob Wilke eine blaue Akte auf den Schreibtisch.

»Wahrscheinlich wieder so ein komplizierter Fall«, dachte Wilke. Aber schlimmer als mit diesem Wilfried J. konnte es nun wirklich kaum noch kommen. Dieser 14jährige hatte eine psychologische Kompliziertheit, wie Wilke sie selten bei einem Jugendlichen erlebt hatte.

»Es ist ziemlich dringend«, sagte Böhme und wischte sich mit dem Handrücken den Schweiß von der Stirn. »Je eher Sie damit beginnen, desto besser.«

»Ja. Das kann ich machen.« Wilke nickte.

»Wie kommen Sie übrigens mit diesem Handtaschenräuber zurecht?« fragte Böhme.

»Danke der Nachfrage. Aber Wilfried ist unschuldig.«

»Ach.« Böhme musterte Wilke, als sähe er ihn zum ersten Mal. »So, so. Unschuldig. Aber er hat die Tat doch gestanden.«

»Er hat die Schuld auf sich genommen, weil er sein Vorbild in Schutz nehmen wollte. Aus entwicklungspsychologischer Sicht ist das durchaus verständlich. Willi zeigt ein sehr ausgeprägtes Peer-group-Verhalten. Er orientiert sich hierbei allerdings an den falschen Vorbildern. Ich glaube, daß Wilfried der Vater fehlt.«

»So, so. Sie glauben also, daß Wilfried der Vater fehlt ...«

Böhme lächelte derart milde, daß Wilke sich vorkam wie ein Kind, das etwas reichlich Dummes gesagt hatte.

»Glauben Sie ernsthaft, daß Wilfried seinen Vater braucht?«

»Ja. Das glaube ich. Was um alles in der Welt ist denn daran so komisch?«

»Nichts«, sagte Böhme. Dann drehte er sich um und ging davon.

»Bürokratenfuzzi«, dachte Wilke. Er öffnete die blaue Akte und vertiefte sich in das Geschriebene.

Der Kirmesmörder

Wilke stürmte ohne anzuklopfen in Böhmes Büro. Er knallte die blaue Akte auf den Schreibtisch.

»Sagen Sie mal, soll das ein Witz sein?« fragte er laut und musterte Böhme mit fassungslosem Gesichtsausdruck. »Ich soll den Kirmesmörder begutachten? Das kann doch unmöglich Ihr Ernst sein!«

»Ich kann Ihre Aufregung verstehen, Wilke«, sagte Böhme und fügte hinzu: »Es handelt sich lediglich um eine Formalität. Mehr nicht. Niemand verlangt von Ihnen den üblichen idealistischen Eifer. Ganz davon abgesehen ist dieser Bestie ohnehin nicht mehr zu helfen.«

Wilke schüttelte energisch den Kopf.

»Das hat in meinen Augen nichts mehr mit der Jugendgerichtshilfe zu tun. Was dieser Mensch angerichtet hat, übersteigt meiner Meinung nach die Grenzen meiner beruflichen Tätigkeit. Dafür will ich nicht zuständig sein.«

Wilke ging unruhig in Böhmes Büro auf und ab. Sein Blick blieb an einem Foto auf der Anrichte hängen, das Böhme mit seiner Frau und dem 20jährigen Sohn während eines Segeltörns zeigte. Böhme lächelte in die Kamera, während die blonden Haare seiner Frau in alle Himmelsrichtungen davonwehten.

»Ich werde diesen Fall ablehnen«, sagte Wilke im Brustton der Überzeugung.

»Jetzt setzen Sie sich doch erst mal hin, Wilke«, lenkte Böhme in ruhigem Tonfall ein. Wilke nahm vor dem wuchtigen, eichenhölzernen Schreibtisch Platz und begann unruhig, an seinen Fingernägeln zu kauen.

»Sie können diesen Fall nicht ablehnen«, sagte Böhme in jenem strengen Ton, den Wilke am allerwenigsten an ihm mochte. Vielleicht, weil sein Vater zu Lebzeiten einen ähnlichen Tonfall bevorzugt hatte, wenn er Wilke und seinen jüngeren Bruder zusammenstauchte.

Wilke nahm die Finger aus dem Mund und brüllte: »Oh doch! Das kann ich, Herr Böhme. Immerhin hab ich selbst zwei Kinder. Ist Ihnen eigentlich klar, was Sie da von mir verlangen?«

»Lieber Herr Wilke, ich kann Sie in dieser Sache wirklich verstehen. Aber seien Sie um Himmels willen nicht so naiv. Sie können diesen Fall nicht ablehnen. Es ist schließlich nicht Ihre Privatangelegenheit. Sie handeln im Auftrag des Jugendamtes. Der Paragraph 105 des Jugendgerichtsgesetzes besagt: ›Begeht ein Heranwachsender, das heißt ein Mensch zwischen 18 und 21 Jahren, eine Verfehlung, die nach den allgemeinen Vorschriften mit Strafe bedroht ist, so wendet der Richter die für einen Jugendlichen geltenden Vorschriften an, wenn die Gesamtwürdigung der Persönlichkeit des Täters bei Berücksichtigung auch der Umweltbedingungen ergibt, daß er zur Zeit der Tat nach seiner sittlichen und geistigen Entwicklung noch einem Jugendlichen gleichstand.‹«

»Das werden wir ja erstmal sehen«, antwortete Wilke energisch.

Keine Macht der Welt konnte von ihm verlangen, daß er diese Aufgabe übernahm. Jemand, der solche Taten beging, war in seinen Augen kein Mensch mehr, geschweige denn ein Jugendlicher. Er hatte jedes Recht verwirkt, als solcher bezeichnet zu werden. Und außerdem – so dachte er – konnte das Jugendamt einem Klienten, der so etwas Furchtbares getan hatte, ohnehin nicht mehr helfen. Das war ein Fall für die Richter, für die Polizei und für die Staatsanwaltschaft.

»Herr Böhme, ich denke, daß der Paragraph 105 des Jugendgerichtsgesetzes eher auf Delikte wie Autodiebstahl und Handtaschenraub zutrifft. Kein Gesetz der Welt kann mir vorschreiben, daß ich mich mit dieser Bestie beschäftigen muß. Das darf einfach nicht mehr die Aufgabe eines Jugendgerichtshelfers sein«, empörte sich Wilke. »Der Fall sprengt doch jeden Rahmen. Und deshalb werde ich ihn auch nicht übernehmen«, fügte er betont deutlich hinzu.

»Der Täter war bei seiner ersten Tat 15, bei der zweiten und dritten 18, bei der vierten und fünften 19 Jahre alt«, erwähnte Böhme in betont sachlichem Tonfall. »Und in einem solchen Alter ist die Jugendgerichtshilfe als zusätzliches Prozeßorgan vor Gericht nun einmal Vorschrift.«

»Er hat vier Kinder umgebracht. Kleine Jungen. Auf eine Weise, die die Phantasie eines normalen Menschen erheblich übersteigt. Und wenn dieser Ernst P. nicht aus der Höhle entkommen wäre, gäbe es jetzt noch einen Toten. Dann hätten wir ein fünftes Opfer und immer noch keinen Täter.«

»Lieber Herr Wilke ...«, sagte Böhme und faltete andächtig die Hände über seiner Schreibtischplatte. »Glauben Sie mir, der Fall wird sehr schnell erledigt sein.«

»Wie meinen Sie das?« fragte Wilke.

»Nun, Sie brauchen dem Monster nur die notwendigsten Fragen zu stellen. Es ist ein rein formaler Akt. Wie das Urteil ausgehen wird, steht ohnehin schon fest. Die Öffentlichkeit fordert Vergeltung. Das heißt in diesem Fall lebenslänglich Zuchthaus. Ein anderes Urteil kommt überhaupt nicht in Frage. Man muß auch Rücksicht auf die Gefühle der Eltern nehmen, die um ihre ermordeten Söhne trauern.«

Wilke stand auf und stellte sich ans Fenster. Der Himmel verdunkelte sich. Ein Sommergewitter kam auf.

Die ersten Tropfen fielen. Blitz und Donner.

Ein kühler Wind wehte die Schwüle des Tages fort.

Verschwundene Kinder 1962–1966

Wilke konnte sich noch gut an die Zeit erinnern, in der es zum ersten Mal geschehen war. Es war ihm deshalb so deutlich im Gedächtnis geblieben, weil seine Tochter Sabine in jenem verhängnisvollen Jahr ihren ersten Geburtstag gefeiert hatte. Nicht nur in Velbert und Wuppertal, sondern im gesamten Umkreis des Bergischen Landes hatte man damals nach dem verschwundenen Kind gefahndet. Die Suchplakate, die überall aushingen, zeigten das niedliche Gesicht des blonden, achtjährigen Jungen und darunter die verzweifelte Frage:

WO IST KLAUS JUNG?

Wilke konnte sich auch noch ziemlich genau an das Datum erinnern. Wenn ihn nicht alles täuschte, war es der 31. März 1962 gewesen, an dem der kleine Junge plötzlich spurlos verschwand. Marlene, seine Frau, hatte sich damals furchtbar geängstigt. Ob ein Kind so einfach vom Erdboden verschwinden kann, hatte sie ihn fast täglich gefragt. Aber er hatte ihr keine befriedigende Antwort geben können. In der ersten Zeit, nachdem Klaus Jung verschwunden war, hatte Marlene das Kinderbettchen tagsüber keinen Moment aus den Augen gelassen. Schließlich stellte sie es sogar – sehr zum Leidwesen von Wilke – nachts ins eheliche Schlafzimmer.

Das große Polizeiaufgebot war erfolglos geblieben. Der kleine Klaus, der zuletzt auf einem Kirmesplatz in Velbert in Begleitung eines unbekannten jungen Mannes gesehen worden war, blieb wie vom Erdboden verschluckt. Seine Leiche wurde nicht gefunden.

Irgendwann verschwanden die Suchplakate und Sabines Bettchen wanderte aus dem ehelichen Schlafzimmer zurück ins Kinderzimmer. Sie hörten auf, von dem verschwundenen Kind zu sprechen.

Zwei Jahre später, im Frühjahr 1964, wurde Tom geboren. Marlene ging ganz in ihrer Aufgabe als Ehefrau und Mutter auf. Sie wollte alles anders machen als ihre eigenen Eltern, die in der Erziehung sehr streng gewesen waren. Sabine und Tom sollten ohne militärischen Drill, aber mit viel Liebe und Geduld aufwachsen.

Wilke verdiente als Beamter des Jugendamtes mittlerweile recht gut. Sie tauschten ihre Zweieinhalb-Zimmer-Wohnung gegen eine geräumige Fünf-Zimmer-Altbauwohnung aus.

Marlene konnte sich auf die Erziehung der Kinder konzentrieren, während Wilke das Geld verdiente. Das Familienglück schien vollkommen.

Plötzlich, wie aus heiterem Himmel, begann das Unheil am 6. August 1965 erneut. Ein 11jähriger Junge aus Gelsenkirchen war mit einem Mal wie vom Erdboden verschluckt. Alle Welt suchte nach ihm. Peter Fuchs hatte in den Ferien seine Tante besucht. Auf der Heimreise war er spurlos verschwunden. Die groß angelegten Suchaktionen der Polizei blieben erfolglos.

WO IST PETER FUCHS?

Marlene veränderte sich zusehends. Die Angst kehrte zurück und mit ihr die Erinnerung an den verschollenen Klaus Jung. Sie ließen Sabine und Tom Tag und Nacht nicht mehr aus den Augen. Etwas war geschehen, auf das sie keinen Einfluß hatten, das sich dem menschlichen Begreifen entzog. Und ebenso wie beim ersten Mal, als der kleine Klaus Jung verschwunden war, wurde auch die Leiche des Peter Fuchs nicht gefunden.

Noch gab es keine Beweise für einen Serientäter. Die Ähnlichkeit zwischen diesen beiden Fällen konnte ebenso gut Zufall sein, zumal zwischen dem Verschwinden der beiden Jungen drei lange Jahre lagen. Ein Serientäter, der solche Pausen machte, erschien nicht nur den meisten Menschen, sondern auch der Polizei recht unwahrscheinlich. Panik machte sich im Bergischen Land und Umgebung breit und steigerte sich zur Hysterie, als nur eine Woche später abermals ein Junge verschwand.

Am 14. August 1965 kehrte der 13jährige Ulrich Kahlweiß von einem Kirmesbesuch in Velbert nicht mehr zurück nach Hause. Doch diesmal gab es einen Anhaltspunkt. Beim Autoscooter war per Selbstauslöser ein Foto geschossen worden, das Ulrich gemeinsam mit einem jungen Mann zeigte. Das Foto war recht unscharf.

Die Bevölkerung wurde von der Polizei mehrfach aufgefordert, den jungen Mann zu identifizieren. Erfolglos. Niemand kannte ihn. Aber er war mit großer Wahrscheinlichkeit der Letzte, der Ulrich Kahlweiß lebend gesehen hatte. Auch die Medien schalteten sich in die Aufklärung des Falles ein. Die Neue Illustrierte veröffentlichte das Foto des Unbekannten mit folgendem Appell:

»Kennen Sie diesen Mann? Das ist der Entführer! Die Neue Illustrierte will helfen, ihn zu fassen. Sie setzt (in Absprache mit Polizei und Staatsanwaltschaft) eine Belohnung aus. 20 000 Mark für den, der den Entführer der Polizei ausliefert! 20 000 Mark für den Kopf des Mannes, der drei Kinder entführte! Prägen Sie sich ein: Der Unheimliche ist 17 bis 23 Jahre alt, etwa 1,75 bis 1,80 Meter groß.«

Doch auch diese Bemühungen blieben erfolglos. Es gab jetzt einen Namen für das Unfaßbare. Alle Welt nannte den großen Unbekannten den »Kirmesmörder«. Diese Reaktion war verständlich, denn etwas, für das man einen Namen hat, macht den Menschen weniger Angst. Das diffuse Grauen wird durch die Namensgebung greifbarer. Lediglich die Schausteller protestierten, da durch diese Wortschöpfung die Fahrgastbetriebe auf den Volksfesten in Verruf zu geraten drohten.

Einige Monate später, am Sonntag, dem 8. Mai 1966, es war Muttertag, verschwand der 12jährige Manfred Graßmann spurlos. Er kehrte von einem Kirmesbesuch in Essen-Schonnebeck nicht zurück. Auch seine Leiche wurde nicht gefunden. Seine vier jüngeren Brüder berichteten später der Polizei von einem jungen Mann, der ihnen auf der Kirmes viel Geld spendiert habe. Der junge Mann habe noch etwas Wichtiges erledigen müssen und er habe Manfred gefragt, ob er ihm dabei helfen könne. Auf die Frage der Polizei, um was es sich dabei gehandelt habe, sagten Manfreds Brüder aus, daß das Ganze ein Geheimnis zwischen Manfred und dem jungen Mann gewesen sei.

Mittlerweile ließen die Medienberichte keinen Zweifel mehr zu. Es handelte sich um einen Serientäter. Es war immer derselbe junge Mann, der im Bergischen Land und Umgebung sein Unwesen trieb. Doch noch war er nicht gefaßt.

Die betroffenen Eltern wandten sich mit einem verzweifelten Appell an die Neue Illustrierte Köln und baten die Öffentlichkeit um Hilfe bei der Suche nach dem Unbekannten:

»Ob Sie bereit sind, uns zu helfen? Ob Sie die Polizei anrufen werden, wenn Sie irgend etwas über den Entführer wissen? Es geht doch nicht nur um das Wiederauffinden unserer Kinder. Es geht doch um die Gefahr, daß dieser Unheimliche noch mehr Jungen entführt. Es geht doch darum, neues Leid von anderen Müttern und anderen Familien fernzuhalten!«

Die Stadt veränderte sich. Man sah keine Kinder mehr alleine auf der Straße spielen. Man wartete. Das war das einzige, was man tun konnte. Warten und hoffen. Darauf, daß der Kirmesmörder endlich einen Fehler machen würde. Und dann war es geschehen.

Am 18. Juni 1966 hatte er wieder versucht, einen Jungen umzubringen. Aber diesmal war der Junge dem Kirmesmörder entkommen. Der 14jährige Ernst P. hatte eine Aussage bei der Polizei gemacht. Der Kirmesmörder war am 21. Juni 1966 verhaftet worden und saß seitdem im Untersuchungsgefängnis Wuppertal.

Langenberg (Rheinland). *Noch in den gestrigen Abendstunden blockierte eine vielhundertköpfige Menschenmenge die Hauptstraße dieser kleinen Stadt im Bergischen Land. Sie staute sich vor der Polizeistation. Männer und Frauen in höchster Erregung. Der Mörder, der vier Kinder auf dem Gewissen hat, stammt aus ihrer Mitte. Viele kannten ihn, den Metzgergesellen Jürgen Bartsch. Ein schmales, mittelgroßes Bürschchen! Das war also der Unhold, der sich Opfer auf*

den Rummelplätzen und vor den Kirmesbuden holte. In einem alten Bunkerstollen am Stadtrand von Langenberg starben sie bei Kerzenschimmer einen qualvollen Tod. Die Menschen können ihre Empörung kaum noch zügeln. Sie wollen den Mörder haben. Ein Polizeilautsprecher versucht zu beruhigen: »Jürgen Bartsch ist bereits vor Stunden aus Langenberg fortgebracht worden. Warten hat keinen Zweck. Gehen Sie bitte nach Hause.« Die Stadt aber glich einem Hexenkessel. Ein Funke hätte genügt, dieses Pulverfaß in die Luft zu sprengen.
(Westfälische Rundschau Dortmund, 22. Juni 1966, Nr. 141)

Wilke schloss die Haustür auf. Lautes Kindergeschrei drang schon von weitem an sein Ohr. Also hatte Sabine wieder einmal Besuch von ihren Freundinnen. In der Wohnung herrschte dann jedes Mal Chaos. Wilke seufzte. Er unterstützte die antiautoritären Erziehungsgedanken seiner Frau, aber manchmal wünschte er sich insgeheim etwas mehr Ruhe. Die Arbeit in der Behörde streßte ihn oft ziemlich. Besonders an Tagen wie heute. Er nahm sich vor, Marlene nichts davon zu sagen, daß er sich beruflich mit dem Kirmesmörder beschäftigen mußte. Er wollte nicht, daß sich seine Frau unnötige Sorgen machte. Er wollte überhaupt nicht, daß seine Familie in die ganze Angelegenheit hineingezogen wurde. Die Sensationspresse hatte an jeder Straßenecke über den Fall berichtet. Es gab nichts, was die Menschen so stark beschäftigte wie die Sache mit dem Kirmesmörder. Nach seiner Verhaftung waren Rufe nach der Todesstrafe laut geworden. Die Volksseele kochte. Etwas Vergleichbares hatte Wilke im Ruhrgebiet noch nicht erlebt.

»Ist alles in Ordnung mit dir, Dietrich?« fragte Marlene mit einem besorgten Unterton in der Stimme.

»Ja, ja. Es ist nichts. Ich bin nur etwas müde.«

In diesem Moment stürmten Sabine und ihre Freundinnen herbei. Indianergeheul ertönte.

Wilke seufzte. Er spürte wie er sich danach sehnte, in einer Stätte der Erholung zu sein und nicht in einem öffentlichen Kindergarten. Marlene schien seine Stimmung nicht entgangen zu sein. »Ja Kinder, könnt ihr denn nicht im Spielzimmer bleiben?« rief sie.

»Danke!« sagte Wilke, als der Lärm hinter der geschlossenen Kinderzimmertür verschwunden war, und gab Marlene einen Kuss.

»Ist wirklich alles in Ordnung?«

»Mach dir keine Gedanken! Ich habe etwas Kopfschmerzen und werde mich hinlegen.«

»Hat Willi dich wieder um den Verstand gebracht?« lächelte Marlene.

»Willi?« Wilke nickte hastig. Er hatte Wilfried J. schon fast vergessen. Gegen den Kirmesmörder war dieser junge Mann ein kleines Licht.

»Willi ist schon ein ziemlich heftiger Brocken«, sagte Wilke. »Stell dir vor, heute hat er mir gesagt, er sei unschuldig. Er habe das Geständnis nur abgelegt, um seinen Freund zu schützen.«

»Es ist nicht einfach, sich in Kinder und Jugendliche hineinzuversetzen«, sagte Marlene. »Sie haben ihre eigenen Gesetze und ihre eigene Logik. Man muß ihre Sprache sprechen, um sie zu verstehen.«

Wilke ging ins Wohnzimmer und legte sich aufs Sofa, während im Kinderzimmer nebenan die Indianer tobten. Nach einer Weile kam Marlene und brachte ihm eine Tasse dampfenden Tee.

»Was täte ich bloß ohne Marlene«, dachte er.

Untersuchungsgefängnis Wuppertal, 3. Juli 1967

Es war noch früh am Vormittag, als Wilke seinen VW 1600 vor dem Gebäude des Untersuchungsgefängnisses parkte. Ringsum war Stacheldraht. Gurrende Tauben saßen auf den Dächern. Sie waren das einzig Lebendige in dieser Wüste aus Stein und Beton. Das Gefängnis verfuhr mit den Delinquenten nach dem Prinzip der Abschreckung. Der Verbrecher wurde weggesperrt. Die Gesellschaft befreite sich auf diese Weise vom Kriminellen. Wie oft hatte Wilke sich vor Gericht dafür ausgesprochen, den jugendlichen Rechtsbrechern zu helfen, anstatt sie zu bestrafen. Es war seine Aufgabe als Jugendgerichtshelfer, Entwicklungsmöglichkeiten aufzuzeigen, die man bei den Jugendlichen in Gang setzen mußte. Oft half schon ein Ortswechsel, um positive Veränderungen zu bewirken. Eine Unterbringung im Jugendheim, die Trennung von der Familie konnten manchmal Wunder bewirken. Er hatte es in vielen Fällen geschafft, sich durchzusetzen, denn er kämpfte auch nach Dienstschluß für das Recht seiner Klienten. Diesmal war es zum ersten Mal anders. Der Klient, um den es hier ging, würde nie mehr auf freien Fuß kommen. Ein solcher Mensch hatte keine Chance auf Besserung verdient. Es war das erste Mal, daß Wilke eine Erleichterung verspürte bei dem Gedanken, daß sein jugendlicher Klient ausbruchssicher untergebracht war. Hinzu kam ein leises Gefühl des Triumphes, daß die Polizei ihn endlich geschnappt hatte, daß er seiner Strafe nicht mehr entkommen konnte. Endlich herrschte wieder Ruhe im Bergischen Land und in der Umgebung.

Der Albtraum der vergangenen vier Jahre war endlich vorüber.

Wilke hatte selbst zwei Kinder, die er über alles liebte. Niemand konnte von ihm erwarten, daß er Verständnis für den Kirmesmörder aufbrachte.

Der Pförtner nahm Wilkes Personalien auf und führte ihn in einen angrenzenden Warteraum. »Warten Sie bitte einen kurzen Moment!«

Es war ein kleiner, kahler Raum. Vergilbte Gardinen hingen vor vergitterten Fenstern. Es gab eine Vase mit Plastikblumen und einen Aschenbecher, der fast überquoll. Die Tauben gurrten.

Ein Beamter in Uniform erschien. »Folgen Sie mir bitte, Herr Wilke«, sagte er. Die Schlüssel klapperten. Verschlossene Zellentüren, lange Gänge. Sicherheitsnetze zwischen den Etagen.

»Er sitzt im Hochsicherheitstrakt«, sagte der Beamte. »Seine Zelle wird rund um die Uhr bewacht.«

»Besteht Fluchtgefahr?« fragte Wilke.

»Nein.« Der Beamte schüttelte den Kopf. »Er ist ein sehr netter, junger Mörder. Wir wissen nur Gutes über ihn zu berichten. Ein wahres Musterbeispiel eines Gefangenen. Er sitzt friedlich in seiner Zelle und hört Radio oder übt Kartenkunststücke und ist immer freundlich und folgsam.«

»Aha!« Wilke konnte sein Erstaunen kaum verbergen.

»Aber die Mithäftlinge haben schon mehrfach versucht ihn umzubringen«, fuhr der Beamte in seinen Schilderungen fort. »Wie man mit einem vierfachen Kindermörder im Knast verfährt, brauche ich Ihnen ja nicht zu erklären. Außerdem hat er schon zweimal versucht, sich das Leben zu nehmen. Er hat das Waschbecken zerschlagen und wollte sich mit den Scherben die Pulsadern aufschneiden. Aber es konnte jedes Mal vom diensthabenden Wachpersonal verhindert werden. Zur Vorbereitung seines Selbstmordes hat er übrigens mit einer Schraube Abschiedsbriefe in die Wand seiner Zelle geritzt.«

»Was hat in diesen Briefen gestanden?« fragte Wilke überrascht.

»Er betont in jedem Brief, daß es ihm Leid tut.«

Die Briefe, die Jürgen Bartsch im Juni 1966 im Wuppertaler Untersuchungsgefängnis in die Zellenwand geritzt hat, wurden später von seinen Ärzten, Gutachtern und Psychiatern analysiert und lieferten zusätzliche, wertvolle Hinweise zu seinem Persönlichkeitsbild. An die Eltern der von ihm getöteten Kinder schrieb er:

»Ich habe Euch das genommen, was Euch auf Erden am liebsten war. Das ist bestimmt von mir nicht zu verantworten, wenn ich Euch bitte: Bitte verzeiht! Ich habe doch so bereut! Tröstet es Euch nicht etwas, wenn ich sage, daß ich nicht imstande war, die letzten Jahre Weihnachten oder sonst ein Fest zu feiern! Mit Recht natürlich! Und trotzdem hast Du weitergemacht? Ja, und ich hätte nie aufhören können. Aber wahrscheinlich hätten meine Nerven nicht mehr lange mitgemacht! Habt bitte ein wenig Verstehen und Verzeihen für mich, bitte! Bitte! Noch eins: In meinem ganzen Leben war ich auch nicht eine Sekunde ungetrübt froh oder glücklich! Weil ich immer wußte, wie ich war und selbst nie dagegen ankam!«

An seine eigenen Eltern richtete er die folgenden Worte:

»Liebe Eltern (meine), nehmt es bitte nicht so schwer und macht ja keine Dummheiten, das bin ich nämlich nicht wert! Zwanzig Jahre eures Lebens habe ich Euch gestohlen. Ihr habt keine Freude (ich infolge meiner Veranlagung allerdings auch nicht) an mir gehabt! Glaubt mir, niemand bereut mehr als ich, doch sehe ich keinen Ausweg mehr, da diese ›Krankheit‹ sich auch hier nicht bessert. Wie gern hätte ich Euch noch mal gesehen, doch ich bin am Ende! Ich kann nicht mehr! Verzeiht auch Ihr mir bitte, wenn Ihr könnt und erfüllt mir meinen letzten Wunsch. Ich möchte es nicht besser haben, als die unglückseligen Kinder. Ich möchte in der Höhle begraben werden.«

Über das Gefängnispersonal schrieb er: »Die Wärter hier und auch in Werden sind immer alle sehr nett gewesen!«

Sein fünftes Opfer, den überlebenden Ernst P., bat er mit den folgenden Worten um Verzeihung:

»Ernst P.! Verzeih mir bitte, wenn ich es wage, Dich um Verzeihung zu bitten! Du wußtest am 18. Juni nicht, ob Du Deine Eltern je wiedersehen würdest! Ich hätte meine Eltern auch so gerne noch einmal gesehen! Doch ich weiß, daß ich kein Recht dazu habe! Glaub mir, ich weiß genau, was ich Dir und den vier Kindern angetan habe. Und ich weiß genau, wie Du gelitten hast! Ich erfuhr, daß Du die 16 000 DM bekommen hast. Meine ehrliche Meinung ist, daß Du sie verdient hast. Trotzdem solltest Du die 1 000 DM zurückgeben, und eventuell noch etwas dazu tun, die Graßmanns sind arm und haben selber kein Geld! Ich weiß, wo sie wohnen; da wohnen keine reichen Leute! Kannst Du mir verzeihen, Ernst? Ich wünsche es mir doch so sehr, auch wenn ich es nicht hören kann! Ich kann Dich verstehen, wenn Du sagst: Es war zu schlimm, ich kann nicht. Aber glaub mir, Ernst, es würde mir sehr,

sehr viel bedeuten! Ich hatte Dich damals schon allen Ernstes sehr liebgewonnen.«

Im Untersuchungsraum spürte Wilke seine Unruhe wachsen. In wenigen Minuten würde er Jürgen Bartsch gegenübersitzen. Einem Metzgerssohn aus Langenberg, der von seinem 15. bis zu seinem 19. Lebensjahr vier Knaben getötet hatte. »Ruhrpott-Bestie« nannte ihn die Boulevardpresse. »Satan ohne Gnade«. »Teufel in Menschengestalt«.

Wilke fingerte in seiner Jackentasche nach den Zigaretten. Er wollte seine Nervosität in Rauch auflösen, bevor er Jürgen Bartsch begegnete.

Die Schlüssel klapperten. Die Tür öffnete sich.

Wilke starrte den jungen Mann, der mit Handschellen an den Vollzugsbeamten gekettet war, mit offenem Munde an.

Er konnte seinen Augen nicht trauen.

Alles hatte er erwartet ... aber das?

»Um Himmels willen«, schoß es ihm durch den Kopf. »Das ist ja beinahe selbst noch ein Kind.«

Ein Junge, der kleine Jungen umbringt!

Er war ungefähr 1,69 Meter groß. Sein Gesicht war blaß und rund und ließ die Gesichtszüge weich und kindlich erscheinen. Sein dunkles, kurzgeschnittenes Haar war mit einem Mittelscheitel ordentlich frisiert. Einen Moment lang kam es Wilke vor, als drücke der Junge sich Hilfe suchend an den Beamten, als suche er Schutz bei diesem Mann, der eigentlich sein Bewacher war. Die blaue Anstaltskleidung wirkte entschieden zu groß für ihn. Er wischte sich gründlich die Hände an der Hose ab, bevor er Wilke die Hand gab und in höflichem Tonfall sagte: »Guten Tag! Mein Name ist Jürgen Bartsch!«

»Der nette Junge von nebenan«, dachte Wilke. Kaum zu glauben, daß dieser Bursche vier Jahre lang als »Kirmesmörder« gejagt worden war. Es hätte ihn nicht gewundert, wenn er eine Verbeugung gemacht hätte, einen Diener, wie wohlerzogene kleine Jungen es im Beisein ihrer Eltern zu tun pflegten.

Es war nicht zu fassen.

»Mein Name ist Dietrich Wilke. Ich bin Ihr Jugendgerichtshelfer«, sagte Wilke schnell. »Ich muß ein Gutachten über Sie verfassen. Mit Hilfe dieses Gutachtens soll später vor Gericht geklärt werden, ob Sie für Ihre Taten voll verantwortlich sind oder ob Sie auf mildernde Umstände hoffen können. Dafür ist aber eine absolute Offenheit zwischen uns notwendig. Sie müssen mir deshalb versprechen, mir in allen Punkten die Wahrheit zu sagen.«

Wilke schob die Zigarettenschachtel in die Mitte des Tisches.

»Rauchen Sie?«

Jürgen Bartsch nickte und nahm sich eine Zigarette. Wilke hielt ihm das Feuerzeug hin.

»Ich habe keinen Grund, Sie zu belügen«, sagte Jürgen Bartsch und nahm einen kräftigen Zug.

»Dann sagen Sie mir nur eins: Warum haben Sie die vier Jungen umgebracht?«

Die Frage brach regelrecht aus Wilke heraus. Das war es, was er wissen wollte.

Warum?

Die Frage hämmerte gegen seine Schläfen. Wurde lauter, schriller.

Warum? Warum? Warum?

»Ich ... ich weiß es selbst nicht«, sagte Jürgen Bartsch in höflichem Tonfall. »Ich kann es Ihnen nicht beantworten. Wissen Sie, Sie sind nicht der erste, der mich danach fragt. Die Psychiater, die Ärzte, die Polizei. Alle fragen dasselbe. Aber glauben Sie mir ... ich habe keine Ahnung, warum es geschehen ist.«

»Sie müssen doch irgendeinen Grund gehabt haben!« sagte Wilke. »Ich meine, ohne Grund bringt man doch nicht vier Jungen um. Hassen Sie Kinder?« Jürgen Bartsch schüttelte heftig den Kopf. Über sein kindliches Jungengesicht huschte der scheue Anflug eines Lächelns.

»Nein. Kinder habe ich sogar ganz besonders lieb. Aber wenn ich den Rappel kriege, ist es aus. Dann erkenne ich mich selbst nicht wieder.«

»Was meinen Sie damit?« fragte Wilke.

»Na ja, es ist wie ein Zwang. Das Gefühl, du mußt es tun. Auf lange Sicht kannst du es nicht sein lassen.«

Wilke hatte schon vielen Kriminellen gegenüber gesessen. Das hier war kein gewöhnlicher Fall. Dessen war Wilke sich mit einem Mal sicher.

»Wenn ich heute rauskäme, dann würde ich sofort neue Taten begehen«, sagte Jürgen Bartsch. »Es hat nicht aufgehört. Der Zwang, kleine Jungen umbringen zu müssen, ist immer noch da. Auch im Gefängnis hat es nicht aufgehört.«

»Das Töten ist für Sie wie ein Zwang?«

»Ja.« Jürgen Bartsch nickte. »Jede Nacht habe ich diese Phantasien und komme dagegen einfach nicht an.«

»Wie fühlen Sie sich hier im Gefängnis?« fragte Wilke.

Der Fall Jürgen Bartsch | 489

Jürgen Bartsch atmete erleichtert auf und blickte Wilke offen ins Gesicht. Es klang fast fröhlich, als er sagte: »Ich bin froh, daß es endlich vorbei ist. Daß man mich endlich geschnappt hat. Daß ich hier sitze. Ich bin so froh, daß ich nicht ewig weitermorden muß, verstehen Sie?«

Wilke machte sich eine Notiz: »Zwanghaftes Verhalten des Täters«.

»Die sind alle so nett zu mir«, sagte Jürgen Bartsch. »Die Beamten ganz besonders.« Er machte eine Pause und fügte hinzu: »Ich glaube, wenn ich nicht mit dieser unglückseligen Veranlagung auf die Welt gekommen wäre, dann wäre ich Polizist geworden. Aber die anderen Gefangenen wollen mich am liebsten umbringen. Ich ... ich ... kann nur mit strenger Bewachung in den Hof. Dort geh ich dann mit dem Beamten ganz allein umher. Letztens haben die andern während des Hofganges eine volle Wasserflasche nach mir geworfen. Na ja, ich kann es ihnen nicht übelnehmen. Ich wünschte mir ja selbst, ich wäre tot. Ach, wäre ich doch tot!« rief Jürgen Bartsch verzweifelt.

Er legte den Kopf auf die Tischplatte und begann, hemmungslos zu schluchzen. Einen Moment lang, einem starken Instinkt folgend, hatte Wilke das Gefühl, er müße ihm über den Kopf streicheln. Ihm sagen, daß alles halb so schlimm ist. Daß alles wieder in Ordnung kommt. Wie bei einem Kind. Er zuckte zusammen, erschrocken über sich selbst.

Der Vollzugsbeamte kam.

»Ich werde sehen, was ich für Sie tun kann«, sagte Wilke rasch. In seinem Kopf drehten sich die Gedanken und er brauchte dringend Ruhe, um sie zu ordnen. An der Tür drehte Wilke sich noch einmal um. »Ich komme am Freitagvormittag wieder und dann setzen wir das Gespräch fort.«

»Das ist schön«, sagte Jürgen Bartsch und lächelte ihn aus verweinten Augen an. »Ich werde hier auf Sie warten, Herr Wilke.«

Der Vollzugsbeamte führte Wilke zum Ausgang. Draußen schien die Sonne. Wilke blinzelte in das helle Licht und dachte bei sich, daß er sich einen vierfachen Kindermörder eigentlich ganz anders vorgestellt hatte. Menschen stellen sich oft alle möglichen Sachen in ihrer Phantasie vor. Und wenn man die Wirklichkeit sah, war man erschrocken darüber, wie wenig die Realität mit dem inneren Bild übereinstimmte.

Was hatte er eigentlich erwartet? Ja, was eigentlich? Ein entsetzliches Monster mit blutunterlaufenen Augen?

Wenn alle Mörder wie Mörder aussehen würden, gäbe es auf der Welt keine Mißverständnisse mehr. Es war die Kindlichkeit des Täters, die Wilke am meisten erschreckt hatte.

Problematische Kindheit

Es gehörte zu Wilkes Aufgaben als Jugendgerichtshelfer, dem Täter Fragen nach seiner Entwicklung zu stellen. Diese Fragen waren immer gleich, egal ob sie sich an einen Menschen richteten, der eine Bank ausgeraubt, einen Kaugummi-Automaten geknackt oder vier kleine Jungen ermordet hatte.

Die Begutachtung, die sich auf die geistige Reife des Täters bezog, würde später vor Gericht von entscheidender Bedeutung sein.

Welchen Einflüssen war Jürgen Bartsch in seiner Kindheit und Jugend ausgesetzt? Was hatte ihn unbewußt zu diesen grauenvollen Taten geführt? Konnte man ihn für seine Taten voll verantwortlich machen oder mußte man ihn als vermindert schuldfähig einstufen? Schließlich war er bei seiner ersten Tat erst 15 Jahre alt gewesen und somit vor dem Gesetz als Jugendlicher zu beurteilen. »Was um Himmels willen hat dieser harmlos wirkende junge Mann in seiner Kindheit und Jugend erlebt, was andere Jungen nicht auch erlebt haben?« dachte Wilke, während er das Untersuchungsgefängnis an diesem Freitagvormittag zum zweiten Mal betrat. Jürgen Bartsch hatte schon ungeduldig auf ihn gewartet. Sein dunkles Haar war auch dieses Mal ordentlich gescheitelt und zur Seite gekämmt, so daß er Wilke eher an einen Konfirmanden als an einen Serientäter erinnerte. Lediglich die blaue Sträflingskleidung konnte nicht darüber hinwegtäuschen, wo man sich hier befand.

»Es ist schön, daß Sie gekommen sind, Herr Wilke«, rief Jürgen Bartsch. Er griff nach Wilkes Hand und schüttelte sie kräftig.

Es schien, als würde er sich über Wilkes Besuch außerordentlich freuen.

Wilke nickte irritiert.

»Ich tu hier nur meine Pflicht«, erwiderte er freundlich. »Und zu meinen Aufgaben als Jugendgerichtshelfer gehört es nun einmal, Ihnen Fragen nach Ihrer Kindheit und Jugend zu stellen.«

Jürgen Bartsch senkte den Kopf und blickte auf seine Hände.

»Ich weiß. Das tun all die andern Gutachter auch dauernd. Die Psychiater, die Ärzte ... sie stellen mir unentwegt Fragen, seit ich hier sitze. Sie sagen, sie wollen die ganze Wahrheit herausfinden.«

»Können Sie sich noch daran erinnern, als ich das letzte Mal bei Ihnen war?«

»Ja. Das war am Dienstag«, antwortete Jürgen Bartsch wie aus der Pistole geschossen.

»Richtig. Und am Dienstag haben Sie mir versprochen, daß Sie mir in allen Dingen die Wahrheit sagen werden.«

Wilke zog die Zigarettenschachtel aus der Tasche und schob sie in die Mitte des Tisches. Aus dem Augenwinkel beobachtete er, wie Jürgen Bartsch sich eine Zigarette in den Mundwinkel schob.

Wilke griff zum Feuerzeug. Jürgen Bartsch rauchte.

»Bitte, Herr Wilke, stellen Sie Ihre Fragen«, sagte er.

»Ich habe in den Akten gelesen, daß Sie adoptiert worden sind.«

»Ja. Das stimmt. Meine leibliche Mutter hat mich gleich nach meiner Geburt sitzen lassen und ist abgehauen. Ich bin in der Klinik geblieben.«

»Und Ihre leibliche Mutter ist dann wenig später an Tuberkulose gestorben«, überprüfte Wilke noch einmal die Fakten.

»Ja. So weit ich weiß ... ist sie ... sie ... ist wohl gestorben«, erklärte Jürgen Bartsch zögernd. Zu diesem Zeitpunkt kannte er die volle Wahrheit über seine leibliche Mutter selbst noch nicht. Jürgen Bartsch erfuhr die Einzelheiten erst durch die Bild-Zeitung Essen, die in einem Artikel vom 11. Dezember 1967 über seine leibliche Mutter berichtete:

»November 1946. Ein eisiger Winter stand vor der Tür. Die Menschen hungerten und froren. Zu dieser Zeit lebte die Kriegerwitwe Elisabeth Sadrozinski in dem Haus Katernberger Straße 79. Ihre Nachbarin Emilie P. (61) erinnert sich: ›Lisbeth zog nach dem Tode ihres Mannes in das Mansardenzimmer neben meiner Wohnung. Arbeiten konnte sie nicht, sie war schwer lungenkrank. Bei einer Hamstertour aufs Land lernte sie Jürgens Vater kennen. Er hieß Adolf Peters. Aber wir nannten ihn nur Gurken-Philipp. Sein Kopf hatte so eine komische Form.‹ Von nun an kümmerte sich Adolf Peters um Elisabeth Sadrozinski. ›Doch die Schwindsucht wurde immer schlimmer‹, erzählt Emilie P. ›Lisbeth magerte sich bis zum Skelett ab. Ihr Adolf brachte sie ins Krankenhaus. Doch sie hielt die Trennung nicht aus. Eines nachts stand sie wieder vor der Tür. Sie war schon hochschwanger und hatte Angst, daß ihr Freund sie sitzenließ. Dauernd rief sie nach ihrem Adolf. Wenn der Bergmann abends heimkam, klammerte sie sich verzweifelt an ihn.‹

Da es keine Medikamente gab, griff Adolf Peters auf Anraten der Nachbarn zu einem Hausmittel. Seine schwangere Freundin sollte mit Hundefett gesund werden. Frau P.: ›Jede Nacht zog Adolf los und fing Hunde. Es war nicht leicht, es sollten ja fette Tiere sein. Manchmal tauschte er auch ein halbes Pfund Butter für einen Hund. Peters tötete die Hunde im Zimmer vor den Augen der schwangeren Frau. Dann zog er ihnen das Fell ab und hängte sie direkt gegenüber Lisbeths Bett an zwei Nägeln an der Tür auf.‹ Es muß eine gespenstische Szene gewesen sein. Die Nachbarin kann sich genau erinnern: ›In der Mansarde hing eine bläuliche Glühbirne. Sie warf ein kaltes Licht auf die Möbel. Lisbeth saß aufgerichtet im Bett und starrte mit aufgerissenen Augen auf Adolf.‹ Mit eisernem Willen hielt die Frau durch, um das Kind zur Welt zu bringen. Frau P.: ›Wir sagten ihr immer, der grausige Anblick der geschlachteten Hunde schade ihrem Baby. Aber sie hörte nicht darauf.‹

Jürgen Bartsch wurde am 6. November 1946 in einem Essener Krankenhaus geboren. Seine Mutter verschwand wenige Tage danach. Ein Jahr später starb sie.

Die Nachbarin: ›Adolf Peters hatte Lisbeth sitzengelassen. Von ihm haben wir nichts mehr gehört. Aber immer wenn ich ein Foto von Jürgen sehe, muß ich an seine tote Mutter denken. Die braunen Augen, der geschwungene Mund, das dunkle Haar. Er ist ihr wie aus dem Gesicht geschnitten.‹«

Wilke fiel während der Sitzungen im Untersuchungsgefängnis besonders auf, daß Jürgen Bartsch stets sehr höflich war und sich ihm gegenüber wie ein Schüler verhielt, der seinem Lehrer gefallen wollte. Aber das konnte ebenso gut ein Trick sein, eine Masche, um ihn hinters Licht zu führen. Wilke nahm sich vor, wachsam zu sein. Immerhin hatte dieser freundliche und adrette junge Mann vier Knaben auf dem Gewissen.

»Ursprünglich sind Sie auf den Namen Karl-Heinz Sadrozinski getauft worden und ihre Adoptiveltern haben Sie später Jürgen Bartsch genannt?«

»Das stimmt. Meine Adoptiveltern haben mich aus der Kinderklinik geholt, als ich elf Monate alt war.«

»Sie waren elf Monate in der Klinik?« fragte Wilke erstaunt.

Jeder Kinderpsychologe weiß, daß das erste Lebensjahr für die Entwicklung eines Säuglings prägend ist. In dieser Zeit, in der sich die Bindungsfähigkeit eines Menschen entwickelt, werden sozusagen die Weichen für das gesamte weitere Leben gestellt. Die Tatsache, daß Jürgen Bartsch fast sein ganzes erstes Lebensjahr ohne feste Bezugsperson in einer Klinik verbracht hatte, ließ Wilke aufhorchen. Er machte sich einen Vermerk in seine Unterlagen: »Hospitalismusstörung des Täters«.

»Aber die Bartschs, zu denen ich gekommen bin, haben mich sehr geliebt«, sagte Jürgen Bartsch schnell.

»Ihre Adoptiveltern besuchen Sie regelmäßig im Gefängnis, habe ich mir sagen lassen.«

»Ja. Sie besuchen mich einmal in der Woche. Immer Mittwochnachmittag. Auch jetzt noch, nachdem alles herausgekommen ist, stehen sie zu mir.«

»Aber die Besuche sind doch ein spürbares Zeichen dafür, daß Ihre Eltern Sie sehr mögen«, sagte Wilke.

»Ja. Sie lieben mich sehr.«

»Aber?«

»Ich ...« Er machte eine Pause und blickte unsicher auf seine Hände.

»Sie wissen, daß Sie mit mir über alles sprechen können«, ermutigte ihn Wilke.

»Meine Adoptiveltern lieben mich sehr. Ich hatte immer viele Sachen, die sie für mich gekauft haben. Aber sie haben sich nie richtig um mich gekümmert. Sie haben mich zwar mit Spielsachen voll gestopft. Aber nie mit mir gespielt. Ich mußte immer sauber und ordentlich sein und habe mich nie schmutzig machen dürfen.«

»Das ist aber eine hohe Forderung für ein Kind«, sagte Wilke. »Haben Sie sich denn daran gehalten?«

Wenn er da an seine eigenen Kinder dachte ... Sabine und Tom waren richtige Dreckspatzen. Marlene hatte alle Hände voll zu tun, der Unordnung Herr zu werden.

»Nein. Ich hätte mich gerne öfter einmal schmutzig gemacht. Aber ich habe jedes Mal schwere Prügel bezogen. Mit der Zeit bin ich dann ein lieber und sauberer Junge geworden. So wie meine Eltern es wollten.«

»Wer hat Sie verprügelt? Ihr Vater?« wollte Wilke wissen.

»Nein. Es war meine Mutter«, sagte Jürgen Bartsch. »Mami ist eine sehr ordentliche Frau. Sehr, sehr ordentlich. Sie muß immer putzen. Sie hat manchen Kleiderbügel auf meinem Rücken zerschlagen, wenn ich aus Versehen mit Straßenschuhen ein Zimmer betreten habe, das bereits geputzt war. Aber sie konnte auch lieb sein. Manchmal hat sie mich geschlagen und kurz darauf wieder in den Arm genommen«, sagte Jürgen Bartsch, während Wilke eine Notiz machte: »Ambivalenzverhalten der Mutter, überstrenge Reinlichkeitserziehung«.

»Hatten Sie manchmal Besuch von anderen Kindern? Und hat Ihre Mutter Sie dann auch abwechselnd umarmt und geschlagen?«

»Nein. Die meiste Zeit war ich ganz allein in meinem Zimmer und habe Schallplatten gehört. Es kam nie Besuch.«
»Sie hatten nie Gleichaltrige zu Besuch?«
»Das konnte doch unmöglich stimmen«, dachte Wilke. »Ein Kind, das keinen einzigen Spielkameraden hatte. Konnte es so etwas überhaupt geben?« Wilke spürte, wie leise Zweifel am Wahrheitsgehalt dieser Aussagen in ihm aufstiegen.
»Wie haben Sie sich denn in Ihrer Kindheit gefühlt?«
»Einsam«, sagte Jürgen Bartsch. »Wenn der Freddy seine Lieder sang, bin ich immer in den Lautsprecher hineingeklettert.« Er blickte Wilke kurz an. Dann begann er zu singen:
»Heimatlos sind viele auf der Welt, heimatlos und einsam so wie ich.
Überall verdiene ich mein Geld,
doch es wartet keiner auf mich.
Ein paar Freunde, eine Liebe –
keiner denkt an mich das ganze Jahr,
keine Freunde, keine Liebe
wie es früher,
früher einmal war.«
»Sie haben ja richtig Talent«, bemerkte Wilke anerkennend, als Jürgen Bartsch mit seinem Gesang geendet hatte. Er machte sich noch eine Notiz: »Der jugendlich wirkende Täter verfügt über künstlerisches Talent.«
»Sind Sie gerne Metzger gewesen? Ist das auf Ihren eigenen Wunsch hin geschehen?«
»Nein.«
»Warum sind Sie es dann geworden?«
»Meine Eltern wollten das so. Und wenn meine Eltern sagen, das wird gemacht, dann wird das auch gemacht. Fertig!« Er hieb mit der geballten Faust kräftig auf den Tisch, als habe er Angst, Wilke könnte ihn ansonsten nicht verstehen.
»Wenn Sie drei Wünsche frei hätten, was würden Sie dann machen?« fragte Wilke interessiert. Die Wunschfrage stellte er öfter seinen Klienten um herauszufinden, was in ihrem Unbewußten vor sich ging. Aggressionen sind oft die Folge von unerfüllten Wünschen und den Frustrationen, die aus dem Wunschversagen resultieren. Hatte Jürgen Bartsch diese schrecklichen Taten begangen, weil er eine unbewußte Wut hatte? Und wenn ja, was hatte ihn derartig wütend gemacht?
Jürgen Bartsch dachte eine Weile nach. Dann sagte er: »Ich wäre

Der Fall Jürgen Bartsch | 495

gerne ein Zauberkünstler. Meine Eltern dürften nicht so streng sein. Und ich würde gerne mehr Zeit haben, um zu spielen.«

Wilke notierte die Antworten. Kaum zu fassen, daß sie von einem fast 20jährigen, jungen Mann stammten. Es klang, als spräche ein Dreijähriger. Entweder Bartsch spielte ihm hier das perfekte Theater vor oder er hatte tatsächlich entsetzliche Dinge erlebt. Es war seine Aufgabe, das eine vom anderen zu unterscheiden, und Wilke ahnte im selben Moment, daß es nicht leicht werden würde.

»Sie wären gerne ein Zauberkünstler geworden?« fragte Wilke. »Wie sind Sie ausgerechnet auf diesen Berufswunsch gekommen?«

»Seit ich 15 bin, bin ich Mitglied im Magischen Zirkel.« Jürgen Bartsch senkte beschämt den Blick und sah auf seine Hände. »Jetzt bin ich kein Mitglied mehr.«

»Warum?« wollte Wilke wissen.

»Sie haben mich nach meiner Verhaftung sofort rausgeworfen. Fristlos gekündigt«, sagte er leise. »Das sind nämlich ehrbare Künstler, wissen Sie. Die nehmen nicht jeden auf.«

»Und das Zaubern hat Ihnen Spaß gemacht?« fragte Wilke interessiert.

»Ja. Es hat mir viel Freude gemacht, die Menschen zu unterhalten. Vor allem die Kinder haben über die Zaubertricks gestaunt. Aber ich bin auch in Altenheimen aufgetreten und auf Festen.«

Wilke machte sich eine Notiz: »Hang zur Mystik und Zauberei«.

Der Beamte erschien. Die Gesprächszeit war vorüber.

»Bitte warten Sie einen Moment«, sagte Jürgen Bartsch. »Gehen Sie noch nicht. Ich ... ich möchte Ihnen noch etwas Wichtiges anvertrauen. Etwas, das Sie wissen müssen. Ein Geheimnis sozusagen.«

Wilke blickte den Beamten an. Dieser zuckte die Achseln und verließ dann den Raum. »Aber nicht mehr als fünf Minuten«, sagte er.

»Einmal, da war doch Besuch da. Ich war vier oder fünf Jahre alt. Eine kleine Kusine ist gekommen, die ebenso alt war wie ich damals. Wir haben etwas sehr Schlimmes gemacht. Meine Mutter weiß bis heute nichts davon. Ich ... ich möchte nicht, daß sie es erfährt.«

»Ich kann schweigen wie ein Grab«, sagte Wilke und überlegte, was zwei so kleine Kinder Schlimmes gemacht haben konnten.

»Ich ... wir ... wir waren allein in meinem Zimmer ... und ich ... wußte nicht, was ich mit ihr spielen sollte. Da haben wir Schlachthof gespielt.«

»Schlachthof? Wie spielt man das?«

»Meine Kusine war das Schweinchen und ich der Metzger. Ich habe versucht, ihr die rosa Unterwäsche vom Leib zu zerren. Aber sie wollte nicht und hat geweint und geschrien.«

»Aber das ist doch nicht so schlimm«, sagte Wilke. »Sie waren schließlich noch sehr klein und ihre Kusine auch. Kinder kommen manchmal auf alle möglichen Ideen. Können Sie sich noch daran erinnern, warum sie das getan haben?«

»Ich ... ich wollte einmal sehen, wie das da unten aussieht bei einem Mädchen.«

»Na ja, das wollen alle Kinder früher oder später einmal wissen«, sagte Wilke freundlich aber bestimmt.

Jürgen Bartsch starrte ihn überrascht an.

»Sie sagen es nicht meiner Mutter?«

»Nein.«

»Gottlob! Die hätte mich unter Garantie totgeschlagen, wenn sie davon erfahren hätte. Es ist übrigens das einzige Mal, an das ich mich erinnern kann, wo ich mit einer Gleichaltrigen gespielt habe«, erklärte Jürgen Bartsch mit nachdenklichem Blick.

Er sah Wilke offen ins Gesicht und stotterte aufgeregt: »Bitte denken Sie jetzt nicht, daß meine Adoptiveltern mich nicht geliebt hätten. Sie haben mich sogar sehr geliebt. Ich bin mir sicher, sie haben mich mehr als alles auf der Welt geliebt.«

Kaum hatte Wilke die Dienststelle betreten, winkte Böhme ihn auch schon zu sich in sein Büro.

»Wie ist denn das Gespräch mit der »Ruhrpott-Bestie« verlaufen?« fragte er interessiert. »Ich kann mir vorstellen, wie unangenehm das für Sie sein muß. Noch ein paar Mal, dann haben Sie es hinter sich. Sie tun ja schließlich nur Ihre Pflicht, Herr Wilke.«

»Wissen Sie, Herr Böhme, unter einer Bestie habe ich mir eigentlich etwas anderes vorgestellt«, entgegnete Wilke.

»Was meinen Sie damit? Jetzt kommen Sie mir bloß nicht schon wieder mit Ihrem pädagogischen Eifer. Ich glaube, der ist an dieser Stelle etwas fehl am Platze«, wehrte Böhme ab.

»Jürgen Bartsch hat mir Einzelheiten aus seiner Kindheit erzählt, die mir sehr auffällig erscheinen. Ich weiß im Moment noch nicht, wie ich die Aussagen zu bewerten habe.«

»Was meinen Sie damit, Herr Wilke?«

»Jürgen Bartsch hat behauptet, die Adoptiveltern hätten ihn jahrelang von anderen Kindern isoliert. Diese Kindheit scheint mir in negativer Hinsicht prägend gewesen zu sein.«

»Herr Wilke, ich bitte Sie! Jetzt gehen Sie diesem Menschen um Himmels willen nicht auf den Leim! Wahrscheinlich sind das alles Schutzbehauptungen eines Verbrechers, der sich selbst etwas vormachen muß, weil er mit seiner Schuld anders nicht mehr leben kann. Was ja auch nachvollziehbar ist. Nach allem, was er angerichtet hat«, fügte Böhme entrüstet hinzu.

»Er ist ein frühgestörtes Kind«, sagte Wilke. »Er hat das ganze erste Lebensjahr in einer Klinik verbracht. Ohne feste Bezugsperson. Diese Tatsache hat sich schon frühzeitig negativ auf sein Sozialverhalten ausgewirkt.«

»Wie meinen Sie das?«

»Er hat schon als Kleinkind nicht die üblichen Doktorspiele gemacht, sondern mit Gewalt versucht, seiner kleinen Kusine die Unterwäsche vom Leibe zu reißen, um hinter das Geheimnis der beiden Geschlechter zu kommen«, sagte Wilke.

Böhme schüttelte angewidert den Kopf.

»Die frühkindliche Störung des Jungen scheint seltsamerweise niemandem in seiner Umwelt aufgefallen zu sein.«

»Sie sollten diese Einzelheiten nicht überbewerten«, wehrte Böhme energisch ab. »Jürgen Bartsch ist im November 1946 geboren worden. Das war ein Jahr nach dem verlorenen Krieg. Wenn Ihre Vermutungen zutreffen, müßten alle Waisenkinder zu Mördern werden und alle Mörder irgendwann einmal Waisenkinder gewesen sein.«

Wilke zuckte die Achseln. »Die Tatsache, daß ein Kind keine Eltern hat, reicht in so einem Fall als Begründung nicht aus. Es hängt natürlich immer davon ab, was weiterhin im Leben eines so früh geschädigten Menschen geschieht.«

»Aber er ist doch adoptiert worden«, wunderte sich Böhme. »Er hat doch ein liebevolles Elternhaus gefunden.«

Wilke bestätigte die Adoption, wandte aber ein, daß es dennoch einige Ungereimtheiten gäbe.

»Jürgen Bartsch hatte zum Beispiel in seiner frühen Kindheit keinerlei Kontakt zu Gleichaltrigen. Weiß der Himmel, was die Adoptiveltern sich dabei gedacht haben. Ich werde diese Aussagen auf jeden Fall überprüfen müssen.«

»Herr Wilke, man kann Dinge auch überbewerten. Wollen Sie mit Kanonen auf Spatzen schießen?«

Wilke schüttelte den Kopf. »Verstehen Sie mich nicht falsch. Ich versuche nur, mir einen ersten Eindruck von dem Täter zu machen, der zur Zeit nicht nur die Wissenschaftler, sondern die ganze Nation beschäftigt.«

»Negative Erlebnisse gibt es im Leben eines jeden Menschen, wenn man nur lange genug danach sucht. Natürlich muß so ein Täter für seine Taten voll verantwortlich gemacht werden. Das sind wir auch der Öffentlichkeit schuldig«, sagte Böhme. »Hier darf nichts entschuldigt werden, was nicht zu entschuldigen ist.«

»Das hat Jürgen Bartsch auch gesagt«, erwiderte Wilke. »Aber ich bin mir inzwischen nicht mehr so sicher, ob Kindheit und Jugend bei den Taten nicht eine entscheidende Rolle gespielt haben, und deshalb möchte ich gern noch mehr darüber erfahren.«

»So wie dieser Junge sind Tausende von Menschen in unserem Vaterland aufgewachsen. Die Kindheit – und sei sie auch noch so dramatisch gewesen – kann solche Taten nicht begründen. Bitte tun Sie mir den Gefallen und wahren Sie die nötige Distanz in diesem Fall, Herr Wilke.«

»Machen Sie sich keine Sorgen«, sagte Wilke und wandte sich zum Gehen. »Ich denke, daß ich in diesem Fall die nötige Distanz besitze. Trotzdem ist der Fall psychologisch gesehen nicht uninteressant für mich.«

Als er wieder in seinem Büro saß, dachte Wilke, daß Böhme dieses Mal mit Sicherheit Recht hatte. Der Täter steigerte sich in diese Mitleidsnummer hinein, weil er ansonsten nicht mehr mit seiner Schuld leben konnte. Immerhin hatte er in der Haft zweimal hintereinander versucht, sich das Leben zu nehmen. Trotzdem wurde Wilke das ungute Gefühl nicht los, daß etwas von dem, was Jürgen Bartsch ihm erzählt hatte, stimmen mußte.

Niemand brachte ohne Grund vier Knaben um.

Unerfüllte Jungenträume

Es war erst früher Vormittag, aber die Sonne brannte so heiß vom Himmel, als sei es bereits Mittag. Wilke parkte seinen VW 1600 in einer Nebenstraße. Ein breiter Pfad führte den Berg hinauf bis zur ehemaligen Bergwerkssiedlung »Glaube und Tat«, in der die Eheleute Bartsch sich

Mitte der 50er Jahre ein Reihenhaus gebaut hatten. Am Eingang zur Siedlung befand sich eine kleine, rustikale Gaststube, die um diese Zeit noch geschlossen hatte. In diesem Milieu war Jürgen Bartsch aufgewachsen. Wilke sah sich nach allen Seiten um. Die Siedlung wirkte auf den ersten Blick kleinbürgerlich und gepflegt. Wilke ging an ordentlich geharkten Vorgärten vorbei, in denen Stiefmütterchen wuchsen und Gartenzwerge standen. Überall strahlten weiße Gardinen vor blank geputzten Fensterscheiben.

Frau Bartsch, die 57jährige Adoptivmutter von Jürgen Bartsch, öffnete Wilke die Tür.

»Dietrich Wilke, Jugendgerichtshilfe. Wir haben telefoniert.«

»Kommen Sie bitte herein«, forderte ihn die weißhaarige, rundliche Frau mit der Kittelschürze in freundlichem Tonfall auf. Jürgen Bartschs Adoptivmutter machte auf Wilke einen resoluten und gefaßten Eindruck.

Er fragte sich insgeheim, was er eigentlich erwartet hatte.

Weinkrämpfe? Gefühlsausbrüche?

Er wußte es selbst nicht so genau. Einer solchen Situation hatte er bisher noch nicht gegenüber gestanden. Bevor er das Haus betrat, wischte Wilke sich so sorgfältig wie er eben konnte die Schuhsohlen an der Fußmatte ab.

Es roch nach Bohnerwachs. Im Wohnzimmer glänzendes Parkett und massive Eichenholzschränke. Bürgerliche Gemütlichkeit. Nirgendwo war auch nur ein Krümelchen Staub zu erkennen. Im ganzen Haus glänzte es vor Sauberkeit. Gerhard Bartsch, der 54jährige Ehemann von Frau Bartsch, saß auf dem Sofa und blätterte in einer Illustrierten. Er sprang kurz auf, reichte Wilke die Hand und drückte sie schweigend. Dann setzte er sich wieder auf das Sofa und vertiefte sich in seine Lektüre. Jürgen Bartschs Adoptivvater schien keiner Worte mehr fähig. Es kam Wilke so vor, als habe ihm der Schock über die Verhaftung des Adoptivsohnes die Sprache geraubt. Im Gegensatz zu seiner Frau wirkte er blaß und mitgenommen. Die seelische Not, die er in den vergangenen Wochen durchgemacht hatte, war ihm auf den ersten Blick anzusehen.

Frau Bartsch bat Wilke, an dem runden Wohnzimmertisch Platz zu nehmen. Wilke fingerte in der Jackentasche nach Zigaretten.

»Sie gestatten?«

»Sicher. Bitte warten Sie einen Moment.« Frau Bartsch sprang auf und eilte in die Küche. Kurz darauf kam sie mit einem Aschenbecher zurück.

Wilke bedankte sich und zündete eine Zigarette an.

»Ich weiß, daß das jetzt sicher sehr schwer für Sie ist. Aber ich muß mit Ihnen über Ihren Sohn Jürgen sprechen.«

»Lassen Sie nur«, winkte Frau Bartsch ab. »Sie brauchen sich nicht zu entschuldigen. Sie tun ja schließlich nur Ihre Pflicht.«

»Was für ein Verhältnis hatten Sie zu Jürgen?« fragte Wilke.

»Wir hatten den Jungen gleich lieb gewonnen«, sagte Frau Bartsch. Ihr Blick begann unruhig im Wohnzimmer umherzuschweifen.

»Im Oktober 1947 war ich in dieser Klinik in Essen, um eine Totaloperation vornehmen zu lassen. Für mich war es ein großer Schock. Gerhard, mein Mann, hat sich so sehr ein Kind gewünscht. Die Schwestern haben mich gefragt, ob ich mir die Kinderstation nicht einmal anschauen möchte. Da wären viele Kinder, die sich über ein gutes Elternhaus freuen würden, haben sie gesagt. Gern, hab ich geantwortet.«

Sie machte eine Pause und fuhr dann fort: »Auf der Kinderstation habe ich den Jungen kennen gelernt. Blonde Locken hatte er damals. Wie ein Mädchen. Er war schon sehr groß. Viel größer als die anderen Kinder.«

»Er war bereits elf Monate alt, als sie ihn zu sich nahmen?« fragte Wilke.

Frau Bartsch nickte zustimmend.

»Ja. Und er war so aufgeschlossen und freundlich. Ein richtiger Sonnenschein. Unser ›Goldjunge‹ haben wir ihn immer genannt, mein Mann und ich. Und auch die Schwestern hatten ihre helle Freude an ihm. Er war der Liebling der ganzen Station.«

»Frau Bartsch, was wußten Sie damals über die Herkunft des Jungen?«

»Der Beamte des Jugendamtes hat uns ausdrücklich vor der dunklen Abstammung des Jungen gewarnt.«

»Dunkle Abstammung?« fragte Wilke. »Was verstehen Sie darunter?«

»Man sagte uns, seine leibliche Mutter sei eine leichtlebige Person gewesen. Vom Vater wußten sie nur, daß er ein holländischer Saisonarbeiter war. Sie kannten nicht mal seinen Namen. Aber wir haben uns trotzdem nicht abschrecken lassen.«

In einem unbedachten Moment war etwas Asche auf den glänzenden Parkettboden gefallen. Wilke hatte nicht auf die Zigarette geachtet.

Frau Bartsch sprang eilig auf und holte einen Lappen aus der Küche. Wilke begann sich zusehends unbehaglicher zu fühlen, während Frau Bartsch mit angestrengtem Gesichtsausdruck den Boden wischte.

»Entschuldigung, ein Versehen …«, sagte Wilke schnell.

Frau Bartsch fuhr in ihrer Tätigkeit fort, obwohl der Boden bereits

Der Fall Jürgen Bartsch | 501

vor Sauberkeit glänzte. Ihr Gesicht hatte einen verbissenen, angestrengten Ausdruck. Wilke drückte die Reste der Zigarette vorsichtshalber im Aschenbecher aus. Es war nicht zu übersehen, daß Jürgen Bartschs Adoptivmutter unter einem ausgeprägten Sauberkeitszwang zu leiden schien.

»Hat es irgendwelche Auffälligkeiten bei dem Jungen gegeben?«

»Nein! Im Gegenteil! Er war sogar schon mit elf Monaten tagsüber sauber. Und mit 15 Monaten sogar Tag und Nacht. Sauber und trocken«, erzählte Frau Bartsch begeistert und setzte sich wieder an den Tisch.

»Aha!« Wilke konnte sein Erstaunen nicht unterdrücken. Frau Bartsch schien es bemerkt zu haben.

»Ja. Das haben die Schwestern in der Klinik geschafft. Die haben ihn einfach auf den Topf gesetzt«, sagte sie in resolutem Tonfall.

Wilke notierte sich den Sachverhalt: »Übertrieben frühe Sauberkeitserziehung des erst elf Monate alten Säuglings.«

Er war bemüht, sich nichts anmerken zu lassen. Aber für jemanden, der sich mit Kinderpsychologie auskannte, mußte diese Schilderung alarmierend klingen. Kein Kind wurde ohne äußeren Druck in einem solchen Alter sauber. Das war wirklich eine Besonderheit. Offensichtlich hatte Frau Bartsch ihren Putzzwang auf ihren Adoptivsohn übertragen. »Wie mochte sich das Kind in einem derart sterilen Elternhaus entwickelt haben?« überlegte sich Wilke.

»Ach, wir hatten so viel Freude an dem Jungen«, schwärmte Frau Bartsch. »Geh und hol doch mal die Bilder, Gerhard.«

Herr Bartsch stand auf. Nach einer Weile kam er mit einem Fotoalbum zurück.

»Schauen Sie ... da war Jürgen ein Jahr alt. Und hier ... das ist Jürgens Großmutter. Das hier war kurz nach seiner Einschulung ...«

Wilke betrachtete die Bilder mit aufmerksamem Blick. Jürgen Bartsch als Dreijähriger. Jürgen Bartsch bei der Einschulung, mit der Schultüte in der Hand. Der Achtjährige Jürgen Bartsch in der Metzgerei, mit einer übergroßen Metzgerschürze bekleidet. Immer lächelnd, sauber und adrett. Ordentlich wie ein Erwachsener. Mit Anzug und Krawatte. Ein kleiner Mann mit traurigem Gesichtsausdruck. »Wann um Himmels willen war dieser Junge mal so richtig ausgelassen gewesen? Hatte im Sand gespielt, im Matsch? Wann hatte er mit anderen Kindern Streiche gemacht und war lustig gewesen?« fuhr es Wilke beim Anblick der vielen Schwarzweißfotos durch den Kopf.

»Könnte ich einmal sein Zimmer sehen?« fragte er schnell, als er merkte, daß Frau Bartsch ihn nachdenklich von der Seite ansah.

»Selbstverständlich. Kommen Sie mit!« Frau Bartsch stand auf und führte Wilke in den oberen Teil des Hauses.

»Das ist Jürgens Zimmer.«

Ein Bett, ein Tisch, ein Schrank und mehrere Bücherregale. Alles ordentlich aufgeräumt, staubfrei, wie überall im Hause Bartsch.

»Wir haben versucht, dem Jungen viele Wünsche zu erfüllen«, sagte Frau Bartsch und zeigte auf einen Filmprojektor und einen Fotoapparat, die im Regal standen. Es kam Wilke so vor, als wäre Frau Bartsch auf die Tatsache, daß ihr Adoptivsohn derart teure Sachen besaß, besonders stolz.

In den staubfreien Regalen standen gesammelte Jungenträume. Bücher mit so viel versprechenden Titeln wie »Junge, das ist Brasilien«; »Fünf Freunde auf großer Fahrt«; »Heinzi geht zu den Pfadfindern« und »Der goldene Armreif«.

»Der Junge hat immer gern und viel gelesen«, sagte Frau Bartsch.

»›Fünf Freunde auf großer Fahrt‹, ›Freunde fürs Leben‹. Das Thema Freundschaft scheint ihren Sohn sehr interessiert zu haben? Hat Ihr Sohn eigentlich Freunde gehabt, Frau Bartsch? Richtige Freunde?«

»Ich weiß nicht ... Er war meistens für sich. Er hat oft allein in seinem Zimmer gespielt. Er hat sehr viel gelesen. Jürgen war ein Einzelgänger.«

»Fanden Sie ein solches Verhalten für einen Jungen in diesem Alter nicht etwas merkwürdig?«

»Warum fragen Sie mich das?«

»Weil es für mein Gutachten wichtig ist. Also, hatte er nun Freunde oder nicht?«

»Ich ... ich weiß es nicht ...«

»Sie wissen nicht, ob Ihr Sohn Freunde hatte?« fragte Wilke erstaunt.

»Sie müssen das verstehen«, entgegnete Frau Bartsch hastig. »Wir haben viel gearbeitet, mein Mann und ich. Wir haben die Metzgerei aufgebaut, waren mit dem Hausbau beschäftigt. Da kamen die anderen Dinge manchmal zu kurz.«

»Ihr Sohn sagt, er habe sich in seiner Kindheit sehr einsam gefühlt.«

»Das hat er gesagt?« Frau Bartsch warf Wilke einen erstaunten Blick zu.

»Haben Sie das nicht gewußt?«

»Nein. Er hat nie davon gesprochen. Er hat überhaupt wenig von sich erzählt.«

Der Bücherschrank von Jürgen Bartsch

»Er hat mir gesagt, daß Sie ihn von anderen Kindern fern gehalten hätten. Stimmt das? Und wenn ja, welchen Zweck hatte diese Erziehungsmethode?«

»Erziehungsmethode«, wehrte Frau Bartsch ab. »Das war keine Erziehungsmethode, wie Sie sich ausdrücken. Mein Mann und ich wollten nicht, daß Jürgen beim Spielen auf der Straße etwas von seiner Adoption erfährt. Sie glauben doch gar nicht, was in dieser Siedlung so alles geredet wird. Er sollte es später einmal von uns erfahren.«

»Und deshalb haben Sie ihn in seinem Zimmer eingesperrt?« fragte Wilke entsetzt.

Frau Bartsch schüttelte hastig den Kopf. »Wie gesagt, in der Siedlung wird viel geredet. Wir wollten den Jungen davor beschützen.«

»Wann haben Sie ihm denn zum ersten Mal erzählt, daß er nicht ihr leiblicher Sohn ist?«

»Mein Mann hat das gemacht. Warten Sie mal – ich glaube, Jürgen war damals 13.«

»13? Sie haben ihm erst mit 13 Jahren gesagt, daß er adoptiert worden ist?«

»Vorher hätte der Junge das doch sowieso nicht verstanden.«

»Wie hat er denn darauf reagiert?«

»Ich weiß nicht. Er hat nie etwas gesagt.«

Wilke zog ein Zauberbuch aus dem Regal: »Die Geheimnisse des Magischen Zirkels«.

»Dann wußten Sie sicher auch nicht, daß Ihr Sohn eigentlich ganz andere Berufswünsche hatte als Metzger zu werden?«

»Er hat sich nie über den Metzgerberuf beschwert.«

»Frau Bartsch, ich muß Sie das fragen. Haben Sie in all den Jahren nichts von den krankhaften sexuellen Neigungen Ihres Sohnes gemerkt?«

»Nein.«

»Aber Sie müssen doch irgendetwas gemerkt haben«, entfuhr es Wilke. »Hatten Sie denn nie den leisesten Verdacht?«

Es konnte doch unmöglich der Wahrheit entsprechen, daß eine Mutter nicht bemerkt haben sollte, daß ihr 15jähriger Sohn bereits einen Menschen ermordet hatte und weitere Morde plante.

»Und Ihr Mann? Hat der auch nichts von den Taten gemerkt? Auch später nicht?«

»Nein. Nie. Der Junge ist durchgängig freundlich und ausgeglichen gewesen. Wir sind wie aus allen Wolken gefallen, als plötzlich die Polizei vor der Tür stand.«

»Ich muß Sie und Ihren Mann bitten, nächste Woche Donnerstag noch einmal in mein Büro zu kommen«, sagte Wilke und wandte sich zum Gehen.

»Warten Sie. Ich bringe Sie zur Tür.«

»Nicht nötig. Danke. Ich finde allein raus.« Wilke hatte mit einem Mal das Gefühl, er müsse dringend an die frische Luft. Er war schon fast aus der Tür, als plötzlich Gerhard Bartsch neben ihm stand. Der Metzgermeister musterte ihn mit flehendem Blick und fragte dann: »Sie sind doch vom Jugendamt. Ein Fachmann sozusagen. Sagen Sie mir nur ... war diese Sache von Geburt an in ihm? Oder haben wir das verbockt mit unserer Erziehung?«

Es war nicht zu übersehen, daß der Mann dringend eine Antwort brauchte.

»Ich weiß es nicht«, antwortete Wilke so wahrheitsgetreu wie möglich. »Ich kann Ihnen diese Frage nicht beantworten. Jedenfalls jetzt noch nicht«, fügte er nach einer Weile hinzu.

Eingang zum Stollen an der Heegerstraße in Langenberg

Wilke fuhr die Heegerstraße entlang. In einiger Entfernung zur Siedlung hielt er den Wagen an. Hinter Sträuchern verborgen lag der Eingang zum ehemaligen Luftschutzbunker. Er war 1940 erbaut worden, um die Langenberger Bevölkerung vor feindlichen Bombenangriffen zu schützen. Der Stollen bestand aus einem in das Schiefergestein getriebenen 120 Meter langen Gang von etwa 1,50 Meter Höhe, mit vielen verschiedenen Nebenarmen und weiten Gängen, die tief in das Felsgestein führten. Ein zweiter Zugang zur Höhle war vor Jahren durch einen Bergrutsch verschüttet worden.

»Hier also war es geschehen«, dachte Wilke. In diesem düsteren Versteck hatte Jürgen Bartsch viermal hintereinander einen Jungen ermordet. Und niemand aus der Umgebung hatte etwas von seinem grauenvollen Tun geahnt. Die Nachbarn nicht. Die Lehrer nicht. Noch nicht einmal die eigenen Eltern. In all den Jahren nicht.

»Wie ist so etwas bloß möglich?« fragte sich Wilke.

Jetzt hatte die Polizei den Zugang zum Luftschutzbunker verriegeln lassen.

Auf dem Felsgestein blühten Orchideen und Hyazinthen. Bienen summten.

Es war Sommer. Hochsommer 1967.

Ein goldiges Kerlchen

Herr Bruckner, der Leiter der Adoptionsvermittlungsstelle Essen, war ein hagerer Mann mit grauem Haar, einer Silberbrille und einem freundlichen Gesicht. In seinem Büro standen Aktenschränke und ein Schreibtisch aus Eichenholz. Das übliche Bürokraten-Ambiente.
»Was kann ich für Sie tun, Herr Wilke?«
»Können Sie mir sagen, wer damals der Adoption von Jürgen Bartsch zugestimmt hat?«
»Mein Kollege vom Jugendamt. Warten Sie, ich glaube, das war im Oktober 1947.«
»Ist von Ihrer Seite überprüft worden, in welche Hände der Junge gekommen ist?«
»Natürlich. Der Kollege ist ein paar Mal dort gewesen. Das Elternhaus hätte nicht besser sein können. Obwohl... warten Sie... Ich kann mich noch erinnern. Eigentlich hätte Frau Bartsch lieber ein Mädchen gehabt. Aber sie hat den Jungen dann trotzdem genommen.«
»Warum hat sie denn kein Mädchen adoptiert?«
»Ich weiß nicht. Vielleicht lag es daran, daß Jürgen Bartsch als Kleinkind so niedlich war.«
»Weil er so niedlich war?«
»Ja. Mein Kollege hat das Ehepaar Bartsch allerdings im Vorfeld vor der düsteren Abstammung des Jungen gewarnt. Mit Recht, wie sich ja nun herausgestellt hat.«
»Es tut mir Leid. Aber ich glaube nicht an die Theorie vom Mördergen«, wehrte Wilke energisch ab.
»Nein?«
»Nein!«
»Am Elternhaus kann es nicht gelegen haben. Frau Bartsch ist damals ganz närrisch nach dem Kind gewesen und deshalb hat der Adoption auch nichts mehr im Wege gestanden«, erklärte Bruckner.
»Sie war närrisch?«
»Ja. Sie ist ganz närrisch nach dem Jungen gewesen. Er hatte damals ganz lange, blonde Locken und die meiste Zeit lächelte er und war freundlich. Die Schwestern auf der Station haben ihn immer ›Unser Sonnenschein‹ genannt. Frau Bartsch hat das Kind auf Anhieb gefallen.«
»Glauben Sie nicht, daß man auch noch andere Gründe für die Adop-

tion eines Kindes haben sollte, als es niedlich zu finden und närrisch nach ihm zu sein?«

»Welche sind das Ihrer Meinung nach?«

»Pädagogische Eignung zum Beispiel. Immerhin war Jürgen Bartsch ein Kind mit einer problematischen Vorgeschichte, das eine besonders qualifizierte Erziehung gebraucht hätte.«

»Müssen leibliche Eltern so etwas nachweisen?«

»Nein.«

»Glauben Sie mir, Wilke. Liebe ist die beste Voraussetzung und das Wichtigste, was man als Eltern einem Kind geben kann.«

»Es kommt doch wohl immer darauf an, was man unter Liebe eigentlich versteht«, sagte Wilke.

»Ich weiß nicht, wie Sie das meinen, aber wir hatten jedenfalls das Gefühl, daß der Junge bei dem Ehepaar Bartsch gut untergebracht ist. Und jetzt entschuldigen Sie mich. Ich habe noch einen Termin«, sagte Herr Bruckner in gereiztem Tonfall.

Er begleitete Wilke zur Tür. Im Eingangsbereich des Jugendamtes fiel Wilke ein Plakat ins Auge, auf dem in großen Buchstaben geschrieben stand:

SCHENKEN SIE EINEM WAISENKIND IHRE LIEBE

Prügelknabe und Rächer

Jürgen Bartschs melancholischer Blick verfinsterte sich, als Wilke ihn an diesem Vormittag im Untersuchungsgefängnis nach seiner Schulzeit fragte. Er ballte unwillkürlich die Fäuste.

»Waren Sie nicht froh, nun endlich mit anderen Kindern zusammen zu sein?« wollte Wilke wissen.

»Nein!«

»Warum nicht? Jetzt hatten Sie doch endlich die Spielkameraden, nach denen Sie sich die ganze Zeit gesehnt haben.«

»Ich ... ich hatte Angst.«

»Wovor?«

»Vor den anderen Kindern. Es waren so viele. Ich war sehr schüchtern, wissen Sie. Vor lauter Angst hab ich im Unterricht nicht singen und turnen können. Da haben die anderen noch mehr gelacht.«

Wilke machte sich eine Notiz: »Soziale Minderwertigkeitsgefühle«. Soziale Kompetenz wird in der frühen Kindheit gelernt und entwickelt. Spätestens in der Schule mußte ein so früh gestörtes Kind wie Jürgen Bartsch Schwierigkeiten bekommen. Mit großer Wahrscheinlichkeit hätte er zu diesem Zeitpunkt bereits therapeutischer Hilfe bedurft. Aber diese Hilfe war nicht erfolgt. Seine Schilderungen kamen Wilke mit einem Mal nicht mehr wie die windigen Ausflüchte eines Mörders, sondern wie die logische Konsequenz einer fehlgelaufenen Entwicklung vor.

»Ich war immer ein Außenseiter«, sagte Jürgen Bartsch. »Wegen meiner feinen Kleidung. Und ich durfte mich nicht schmutzig machen, sonst hätte Mami geschimpft. Und immer mußte ich eine Klemme im Haar tragen. Wie ein Mädchen. Die anderen Kinder fanden das alle ziemlich affig.«

Wilke mußte an Frau Bartsch denken und daran, daß sie eigentlich ein Mädchen haben wollte. Im Stillen fragte er sich, warum um Himmels willen sie kein Mädchen genommen hatte. Es kam Wilke ziemlich verrückt vor, einen Jungen zu adoptieren und ihn dann zu dem Mädchen zu machen, das man sich eigentlich wünscht.

»Warum haben Ihre Eltern eigentlich auf diesen Dingen bestanden?«

»Ich war der Sohn vom Metzger«, antwortete Jürgen Bartsch und es klang, als handele es sich um die selbstverständlichste Sache der Welt. »Die Eltern waren was Besseres. Also mußte der Sohn auch was Besseres sein.«

Er machte eine Pause und nahm eine Zigarette aus der Schachtel, die Wilke in die Mitte des Tisches gelegt hatte. »Darf ich?«

Wilke nickte. »Bitte! Bedienen Sie sich!«

»Meine Eltern haben darauf bestanden, daß ich immer sauber und ordentlich bin. Aber die anderen Kinder wollten deshalb nicht mit mir spielen«, fuhr Jürgen Bartsch fort. »Sie haben mich ausgelacht und gerufen, daß ich ein feiner Pinkel bin. Einmal haben sie mich in den Müllcontainer geschmissen. Und ein anderes Mal haben sie einen Hund auf mich gehetzt, damit er mich in den Hintern beißt.«

»Sie haben sich ungerecht behandelt gefühlt?«

»Ich hatte eine solche Wut. Das können Sie sich gar nicht vorstellen.«

»Warum haben Sie sich denn nie jemandem anvertraut?«

»Wem denn?« Jürgen Bartsch musterte Wilke erstaunt, als erscheine ihm diese Frage vollkommen unsinnig.

»Ihrem Lehrer zum Beispiel. Oder Ihren Eltern?«

»Meine Eltern waren in der Metzgerei. Den ganzen Tag über. Sie haben viel gearbeitet. Sie hatten keine Zeit für mich.«

»Sie waren sich selbst überlassen?« fragte Wilke erstaunt.

»Nein. An zwei Tagen in der Woche bin ich nach der Schule sofort zu meiner Oma gegangen. Und drei Nachmittage habe ich bei meinem Lehrer verbracht.«

»Und sie haben sich nie gewehrt? Haben Sie denn nie etwas unternommen, um Ihre Lage zu verbessern?«

»Doch. Ich habe meiner Oma immer eine Mark aus dem Portemonnaie geklaut, wenn ich bei ihr in Altenessen war.«

»Warum haben Sie das getan?«

»Die Mark habe ich einem älteren Schüler gegeben, damit er mich in den Pausen und auf dem Nachhauseweg vor den Anfeindungen der anderen beschützt. Ich schäme mich noch heute wegen der Diebstähle. Ich habe meine Oma sehr lieb gehabt und sie nicht bestehlen wollen. Unverzeihlich ist das, wirklich unverzeihlich«, stotterte Jürgen Bartsch. Er stand auf und ging unruhig im Untersuchungszimmer umher.

»Sie waren in Not«, sagte Wilke in beruhigendem Tonfall.

»Es ist trotzdem unverzeihlich.«

»Sie haben es nicht aus Habgier gemacht. Außerdem waren Sie damals ein kleiner Junge, der sich nicht anders zu helfen wußte.«

Jürgen Bartsch warf Wilke einen unsicheren Blick zu.

»Sie glauben mir, daß ich es nicht mit Absicht getan habe?« fragte er leise.

»Ich glaube Ihnen«, sagte Wilke. »Sie haben sich mit dem Geld sozusagen einen Bodyguard gekauft. Das ist auch eine Art und Weise sich zu wehren, wenn auch etwas ungewöhnlich.«

Jürgen Bartsch setzte sich wieder an den Tisch und fuhr sich mit der Hand ein paarmal fahrig über das Gesicht. Wieder einmal fiel Wilke die übergroße Nervosität des vierfachen Kindermörders auf. »War es ansonsten noch nie jemandem aufgefallen, unter welchem enormen psychischen Druck Jürgen Bartsch zu stehen scheint«, fragte er sich.

»Warum haben Sie denn mit Ihrer Großmutter nie über Ihre schlimme Lage gesprochen?« wollte Wilke wissen.

»Ich weiß nicht.« Jürgen Bartsch zuckte die Achseln. »Keine Ahnung!«

»Hatten Sie kein Vertrauen zu Ihrer Großmutter? Sie haben mir doch gesagt, daß Ihre Großmutter sehr nett gewesen sei.«

»Omi ist immer nett zu mir gewesen. Jetzt ist sie aber leider schon tot.«

»Warum haben Sie es ihr nicht gesagt?«
»Ich ... ich weiß es nicht. Ich kann es Ihnen nicht sagen.«
»Sind Sie oft wütend gewesen über Ihre schlimme Lage?«
»Ja. In der Phantasie habe ich mir oft ausgemalt, wie ich mich an den anderen Kindern räche. Das habe ich mir beinahe täglich vorgestellt. Ich habe mir oft ausgemalt, was ich alles mit den anderen anstellen würde, wenn ich erst groß und stark wäre. Da sind welche drunter gewesen, die ich am liebsten zerfleischt hätte.«

Wilke spürte, wie er bei diesen Worten innerlich zusammenzuckte. Plötzlich kam ihm ein Bild vor Augen. Er war damals acht oder neun Jahre alt. Genau wußte er es nicht mehr. Sein Vater hatte ihn wieder einmal wegen einer Lappalie ins Zimmer gesperrt. Wilke konnte sich noch genau an die Gefühle erinnern, die er damals hatte. Er hatte einen solchen Haß verspürt, daß er seinen Vater am liebsten umgebracht hätte. Ein psychisch gesundes Kind hat die inneren Voraussetzungen, mit solchen Gemütsregungen fertigzuwerden. Ob aber ein so früh gestörter Mensch wie Jürgen Bartsch mit heftigen Affekten wie Haß und Wut fertigwerden konnte, bezweifelte Wilke.

»Hat denn nie jemand gemerkt, daß Sie wütend sind?«
»Doch. Einmal bin ich wutentbrannt von der Schule nach Hause gekommen, habe wild um mich geschlagen und mit Filzstift an die Tür des Teeschrankes geschrieben: DER RÄCHER!«
»Und das ist Ihren Eltern nicht aufgefallen?«
»Doch. Mami hat es gemerkt.«
»Hat sie mit Ihnen über Ihre Probleme gesprochen?«
»Nein. Sie hat mir den Hintern versohlt, weil der Schrank beschmiert war«, sagte Jürgen Bartsch.

Am Abend beobachtete Wilke, wie Marlene den kleinen Tom für die Nacht wickelte. Marlene las regelmäßig alle modernen Elternzeitschriften, die sie bekommen konnte. Sie wollte Tom und Sabine nach neuesten psychologischen Erkenntnissen erziehen. Marlene sagte immer, die meisten Kinder würden früher oder später von selbst trocken und sauber. Ohne Zwang und Drill.

Tom war im Frühjahr drei Jahre alt geworden.

Metzger und Zauberkünstler

An der Metzgerei der Familie Bartsch waren die Rolläden heruntergelassen. »Vorübergehend geschlossen« stand auf dem Schild, das an der Tür hing. Wilke ging in den Hinterhof. Das schmiedeeiserne Tor zum hauseigenen Schlachtbetrieb war nur angelehnt. Wilke sah sich prüfend nach allen Seiten um. Dann schob er das schwere Tor zur Seite und betrat die Halle. Beim Anblick des Szenarios, das sich ihm bot, erstarrte Wilke vor Schreck. In langen Reihen hingen ausgeweidete Kühe und Schweine von der Decke herab.

»Was haben Sie hier zu suchen?« fragte eine tiefe Männerstimme.

Wilke drehte sich ruckartig um und stand einem hünenhaften Metzgergesellen gegenüber. Ohne eine Antwort zu geben, rannte er davon.

»Wilfried ist heute Morgen pünktlich auf die Minute zum vorgeschriebenen Termin erschienen«, emfing ihn Böhme in anklagendem Tonfall. »Aber Sie waren nicht da. Wo sind Sie denn gewesen, Wilke? Eine ganze Stunde lang hat Wilfried vergeblich auf Sie gewartet. Sein Prozeß beginnt in zwei Wochen.«

»Ach du lieber Himmel«, fuhr es Wilke durch den Kopf. Er hatte Wilfried J. in der ganzen Aufregung um Jürgen Bartsch völlig vergessen.

»Ich habe mir heute Morgen mal das Geschäft der Eheleute Bartsch angesehen. Die Metzgerei in Katernberg«, sagte er in entschuldigendem Tonfall.

Er war immer noch ganz benommen von seinem Besuch in der Metzgerei. Er wußte, daß die Geschichte vom Metzger, der kleine Kinder schlachtete, blanker Unsinn war. Das Metzgerhandwerk war eine ehrbare Zunft. Trotzdem fragte sich Wilke, ob dieses Umfeld Jürgen Bartsch geprägt hatte. Ob hier der Schlüssel zu seinen Taten verborgen lag? Ob er diese Taten auch begangen hätte, wenn er kein Metzger gewesen wäre? Es drängte Wilke richtiggehend, noch mehr Einzelheiten zu erfahren.

»Herr Wilke, es gibt noch mehr Menschen, die Ihre Hilfe brauchen«, sagte Herr Böhme, als habe er Wilkes Gedanken erraten. »Wie gesagt, ich schätze Ihr Engagement sehr. Aber alles zu seiner Zeit. Bei diesem Mörder ist es ohnehin vergebene Liebesmüh. Kümmern Sie sich lieber um diejenigen, denen noch zu helfen ist. Wilfried braucht Ihre Hilfe. Sonst sehe ich mich gezwungen, den Fall an Ihren Kollegen Fritz Jansen weiterzugeben. Aber der wird bestimmt nicht sonderlich begeistert sein, wenn er sich in die Materie einarbeiten muß.«

Wilke nickte. Er mußte zugeben, daß Böhme dieses Mal Recht hatte. Trotzdem gab es Fragen, die ihm innerlich keine Ruhe mehr ließen.

»Jürgen Bartsch hat in seiner Kindheit unter einer unglaublichen Strenge und Vernachlässigung seiner Adoptiveltern gelitten, Herr Böhme«, sagte er laut. »Da kommt eine Entwicklungsstörung zur andern. Ich muß zum momentanen Zeitpunkt davon ausgehen, daß der Täter psychisch schwer krank ist. Das bedeutet, daß er für seine Taten nicht voll verantwortlich zu machen ist.«

»Wilke, nun fangen Sie doch um Himmels willen nicht schon wieder damit an. Das Urteil steht ohnehin fest. Dieser junge Mann wird lebenslänglich ins Zuchthaus wandern. Etwas anderes kommt doch überhaupt nicht in Betracht. Er muß für das, was er getan hat, hart bestraft werden.«

»Ich war bei den Eltern Bartsch und in der Metzgerei. Ich frage mich seitdem unentwegt, wie ein so früh gestörtes Kind sich in einer solch sterilen Atmosphäre gefühlt haben mag. Die Erwachsenen nennen es geordnete Verhältnisse. Wie würde ein Kind, dessen Seele vor lauter Sauberkeit einfriert, so etwas nennen?«

»Herr Wilke, tun Sie mir bitte nur einen Gefallen …«

»Und der wäre?«

»Passen Sie auf sich auf«, sagte Böhme und lächelte derart milde, daß Wilke einen Moment lang an seinem eigenen Verstand zu zweifeln begann.

Jürgen Bartsch begrüßte Wilke an diesem Nachmittag mit einem schelmischen Grinsen im Gesicht.

»Ich habe eine Überraschung für Sie, Herr Wilke. Machen Sie mal die Augen zu.«

Wilke blickte vorsichtshalber noch einmal den Beamten an, der an der Wand lehnte. Als dieser freundlich nickte, schloß er die Augen.

»Jetzt dürfen Sie wieder gucken«, rief Jürgen Bartsch munter.

»Den Trick hier hab ich mir selbst ausgedacht. Der Inspektor von Scotland Yard.«

Wilke staunte, als die Karten wie von Geisterhand spurlos verschwanden. Verschwanden und wieder auftauchten.

»Respekt! Sie sind wirklich begabt.«

»Meine Eltern bringen mir immer die neuesten Zaubertricks mit ins

Gefängnis, wenn sie zu Besuch kommen. Und jede Menge Krimiheftchen und Romane zu lesen. Mami ist viel netter geworden, seit ich hier sitze. Papi auch. Ich verstehe mich mit meinen Eltern zur Zeit so gut wie noch nie.«

Jürgen Bartsch strahlte. Er kam Wilke weniger wie ein 19jähriger, junger Mann vor, sondern vielmehr wie ein kleines Kind, daß sich in der Beachtung der Erwachsenen sonnte.

Über Jürgen Bartschs Hobby, die Zauberkunst, hatte die Neue Ruhr Zeitung am 22. Juni 1966 geschrieben: »Der Zauberei und der Magie galt die besondere Liebe des jungen Mannes. Nebenbei beschäftigte er sich auch mit Hypnose.«

Wilke schob die Zigarettenschachtel in die Mitte des Tisches. Er wartete ab, bis Jürgen Bartsch sich eine Zigarette genommen hatte. Dann begann er seine Fragen zu stellen.

»Meine frühe Jugend?«

»Ja. Was haben Sie erlebt, nachdem man Sie aus der Volksschule entlassen hatte?«

»Mit zehn haben meine Adoptiveltern mich zum ersten Mal ins Heim gesteckt.«

»Sie sind in ein Heim gekommen?« wunderte sich Wilke. Das Verhalten der Eheleute Bartsch begann Wilke langsam aber sicher immer rätselhafter zu erscheinen. Warum adoptierten diese Leute erst ein Kind und gaben es dann wieder ins Heim zurück?

»Was war das für ein Heim?«

»Das Doktor Dawo Heim in Rheinbach. Zuerst bin ich mir vorgekommen wie in einem Albtraum. Als ob es gar nicht wahr wäre. Ich dachte immer, ich würde plötzlich aufwachen und läge wieder in meinem Bett. Damals habe ich geglaubt, daß meine Eltern mich nicht mehr haben wollen«, stotterte Jürgen Bartsch.

»Wie ist es zu dieser Heimeinweisung gekommen?«

»Ich bin so nervös gewesen, daß ich überall gestört habe.«

»Warum waren Sie nervös?«

»Weil ... weil ... meine Eltern einen zweiten Metzgerladen eröffnet haben. Sie ... sie hatten überhaupt keine Zeit mehr für mich. Ich war nur noch bei der Oma in Altenessen und bei meinem Lehrer. Es war ein ewiges Hin und Her. Überall und nirgends zu Hause.«

Wilke fiel auf, daß er die ganze Zeit auf seine Hände blickte. Als wolle er den Blicken seines Gegenübers ausweichen.

»Sie verschweigen mir doch etwas«, mutmaßte Wilke.

»Nein, nein.«

»Herr Bartsch, wir haben eine Abmachung.«

»Es ... es ... ist ... damals ... etwas Schlimmes passiert«, stotterte Jürgen Bartsch. »Es war sehr schlimm. Ich kann es Ihnen nicht erzählen.«

»Sie können mir alles erzählen. Das wissen Sie doch«, ermutigte ihn Wilke.

Jürgen Bartsch sah Wilke eine Weile nachdenklich an und sagte dann: »Die Sache mit dem Bub ist passiert.«

»Bub?«

»Ja. Wir haben ihn immer Bub genannt. Er ist mein Cousin. Er ist älter als ich. Viel älter. Er war damals schon 16 und ich war erst acht Jahre alt. Auf der Goldenen Hochzeit meiner Großeltern ist es passiert. Bub hat gefragt, ob ich für eine Weile seine Kopfhörer haben will, um damit Musik zu hören. Das wollte ich natürlich. Ich hatte noch nie Kopfhörer gesehen. Die Sache hat mich interessiert. Dann ist er mit mir hoch in sein Zimmer unters Dach gegangen«, erzählte Jürgen Bartsch stokkend. Er machte eine Pause und rieb sich so gründlich die Hände an der Hose sauber, als müsse er sich von unsichtbarem Schmutz befreien.

»Was ist an diesem Tag genau passiert?« fragte Wilke. »Erinnern Sie sich bitte!«

»Es war auf dem Speicher. Ich ... ich mußte ... seine Hose öffnen und Bub hat ...« Jürgen Bartsch brach mitten im Satz ab. Er konnte nicht weitersprechen.

»Hat er Sie mißbraucht?« fragte Wilke fassungslos.

Jürgen Bartsch sprang ruckartig auf und stellte sich hinter seinen Stuhl. Er umklammert die Lehne mit beiden Händen, als müsse er sich daran festhalten um nicht umzufallen.

Dann schrie er: »Er hat mich gezwungen, diese Dinge zu tun! Ich wollte das nicht tun!«

Wilke griff nach den Zigaretten. In seinem Kopf drehten sich die Gedanken.

»Bitte beruhigen Sie sich wieder. Was auch immer passiert sein mag, Sie konnten nichts dafür. Sie waren Opfer, denn Sie waren damals ein kleines Kind, das sich nicht wehren konnte.«

»Ich ... ich wollte das nicht. Ich wußte doch gar nicht, daß es so etwas gibt.« Jürgen Bartsch machte einen verwirrten und verstörten Eindruck.

»Ich glaube Ihnen«, sagte Wilke.

Bartsch stellte sich vor das vergitterte Fenster. Er wandte Wilke den Rücken zu.

»Und Ihre Adoptiveltern?« fragte Wilke. Es war kaum zu glauben, daß sie von all diesen Dingen nichts gemerkt haben sollten. Wieder dachte Wilke, daß es so etwas doch eigentlich gar nicht geben konnte. Es war in seinen Augen unvorstellbar.

»Nichts. Ich bin mit diesem Erlebnis allein geblieben und immer nervöser geworden. Ich ... ich habe überall gestört. Und deshalb mußte ich ins Heim.«

»Wie ist es Ihnen denn in dem Heim ergangen?« fragte Wilke vorsichtig.

»Oh ... es war sehr schön dort«, sagte Jürgen Bartsch. »Wie im Himmel.« Er blickte Wilke an. Seine Augen bekamen einen seltsamen Glanz, während er weitersprach. »Ein kleiner Bach ist durch das Gelände geflossen und ich kann mich noch an den Geruch der Gräser und Wiesen erinnern. Dort im Wasser habe ich oft gespielt. Ich bin barfuß durch das Gras gelaufen. In dem Heim waren sehr nette Betreuerinnen. Sie haben Gitarre gespielt, während ich gesungen habe: ›Wo wird denn wohl der Jakob sein ... in Hamburg oder Schweden ... wo wird denn wohl mein Jakob sein? Wo ist er bloß geblieben?‹«

»Da sind wir Kinder wie richtige Menschen behandelt worden«, sagte Jürgen Bartsch. »Abends sind immer Geschichten vorgelesen worden. Kinder mögen so etwas.«

Wilke nickte. »Erzählen Sie doch weiter.«

»Es ist eine schöne Zeit gewesen«, sagte Jürgen Bartsch und setzte sich wieder auf seinen Platz. »Die schönste Zeit, an die ich mich erinnern kann.«

»Sie haben sich dort sehr wohl gefühlt, nicht wahr?«

»Ja. Wunderschön war das ... wunderschön. Aber ... aber ... ich mußte wieder weg von dort.«

»Warum mußten Sie dort weg, um Himmels willen, wenn Sie sich so wohl gefühlt haben?« rief Wilke aufgebracht.

»Meinen Eltern war es in diesem Heim nicht streng genug. Sie haben immer mit den Dawos geschimpft. Weil die Bettwäsche nicht jeden Tag gewechselt wurde. Mami hat gesagt, daß sie es unhygienisch findet. Sie wollte auch nicht, daß ich dort im Dreck spielen darf.«

»Sie durften dort im Dreck spielen?«

»Ja. Jeden Tag. Und niemand hat geschimpft.«

»Aber Ihre Eltern durften davon nichts wissen.«

»Nein. Auf keinen Fall. Ich sollte immer sauber und ordentlich sein.«

»Sauber und ordentlich?«

»Ja. Einmal hat es einen furchtbaren Krach gegeben.«
»Wegen der Bettwäsche?« fragte Wilke.
»Nein. Ich habe im Heim meinen Kassettenrekorder gegen Mickymaus-Hefte eingetauscht. Mami hat mich mit dem Rohrstock so sehr verprügelt, daß ich tagelang nicht mehr richtig sitzen konnte.«
»Sie waren damals zehn Jahre alt?«
»Ja. Papa hat gesagt, wenn ich erst beim Kommiß bin, dann lerne ich, daß man nicht leichtfertig mit dem eigenen Besitz umgehen darf. Er hat mir entsetzliche Vorwürfe gemacht wegen des Kassettenrekorders. Er hat zur Strafe überhaupt nicht mehr mit mir gesprochen. Ach, wissen Sie, eigentlich hat er ja nie viel mit mir gesprochen. Aber nachdem die Sache mit dem Kassettenrekorder passiert ist, hat er gar nichts mehr gesagt. Kein Wort mehr.«
»Ihr Vater hat nicht mehr mit ihnen gesprochen und ihre Mutter hat Ihnen den Hintern versohlt, weil Sie im Alter von zehn Jahren ihren Kassettenrekorder gegen Mickymaus-Heftchen getauscht haben?«
»Es waren Schundheftchen«, sagte Jürgen Bartsch in anklagendem Tonfall. Es klang, als ob plötzlich seine Mutter spräche. Als ob er immer noch nicht vergessen hätte, was sie ihm als Knabe eingebläut hatte.
»Einmal hab ich mir rote Tinte gekauft und damit geschrieben. Das durften eigentlich nur die Lehrer haben. Es hat ein Mordstheater gegeben. Meine Eltern haben mich dann aus Rheinbach weggeholt und nach Mauzberg gebracht. Damit ich endlich zur Vernunft komme und ein lieber Junge werde.«
Wilke machte sich eine Notiz. Der Beamte kam. Die Gesprächszeit war zu Ende.
»Schade, daß Sie schon gehen müssen«, sagte Jürgen Bartsch.
»Bis nächste Woche«, sagte Wilke.
»Herr Wilke!«
»Ja?«
»Danke, daß Sie mir zugehört haben.«

Eine ungewöhnliche Stille schlug Wilke entgegen, als er die Wohnungstür aufschloß.
»Sabine ist zu ihrer Freundin gegangen«, begrüßte ihn Marlene. »Und Luise hat Tom abgeholt.«
»Luise? Welche Luise?«
»Meine Freundin aus dem Kindergarten. Du hast sie auf dem Sommerfest gesehen.«

»Ja. Ich erinnere mich.«

»Sie sind zu einem Abenteuerspielplatz in der Südstadt gefahren. Damit du auch einmal deine Ruhe hast, Dietrich.«

Wilke ging in die Küche und nahm sich ein Bier aus dem Kühlschrank. Es zischte kräfig, als er den Verschluß entfernte. In seinem Kopf drehten sich unentwegt die Gedanken. Was hatten diese so genannten Adoptiveltern eigentlich von ihrem Sohn gewußt? Es schien, als hätten sie sich überhaupt nicht für seine Gefühle interessiert. Es war keine Vorschrift, daß ein kinderloses Ehepaar ein Kind adoptieren mußte. Sie hatten es freiwillig getan. Aber warum, um Himmels willen? »Das macht doch alles keinen Sinn«, dachte Wilke. Er schreckte aus seinen Gedanken, als Marlene hinter ihn trat.

»Du wirkst in letzter Zeit so überarbeitet«, sagte Marlene. »Manchmal mache ich mir richtige Sorgen um dich.«

»Wegen mir brauchen die Kinder doch nicht woanders zu spielen.«

»Ich wollte dir eine Freude machen. Oder möchtest du deinen Feierabend unbedingt am Marterpfahl verbringen?«

Was wußte er schon von seinen Kindern? Manchmal schliefen sie bereits, wenn er abends heimkam. Und morgens, wenn er aus dem Haus mußte, um zur Dienststelle zu gehen, schliefen sie meist immer noch.

»Sag mal, Dietrich, was ist eigentlich in letzter Zeit mit dir los?« fragte Marlene. Sie gingen ins Wohnzimmer hinüber. Wilke fegte einen Berg Spielzeugautos und Puppen zur Seite, bevor er sich auf die Couch setzte.

»Ich möchte einfach mehr von euch erfahren!« sagte er und musterte Marlene eine Weile nachdenklich.

»Es interessiert mich, was die Kinder spielen. Ich möchte wissen, was in ihnen vorgeht. Und deshalb habe ich mir überlegt, daß ich von nun an mal öfter etwas mit meiner Familie unternehmen möchte. Verstehst du?«

»Nein, das verstehe ich nicht. Aber ich habe auch nichts dagegen«, lächelte Marlene.

Wilke steckte sich eine Zigarette an.

»Seit wann rauchst du eigentlich wieder so viel?« fragte Marlene. »Vor kurzem hast du noch davon geredet, ganz aufzuhören. Streßt Willi dich so sehr?«

»Willi«, dachte Wilke. Gut, daß Marlene ihn daran erinnerte. Er mußte sich um Willi kümmern. Sein Prozeßtermin rückte in erbarmungslos schnellen Schritten näher. Das Gutachten lag immer noch

nicht vor. Wenn er sich selbst gegenüber ehrlich war, mußte er zugeben, daß er Willi vernachläßigt hatte. Seine Gedanken kreisten ständig um Jürgen Bartsch.
»Nein, Marlene. Es ist nicht Willi.«
»Wer ist es dann?«
Wilke stand auf und stellte sich ans Fenster.
»Ich muß den ›Kirmesmörder‹ begutachten«, hörte er sich sagen.
Als er Marlenes entsetztes Gesicht sah, tat ihm seine Offenheit Leid.

Himmel

Ein Nachmittag Anfang August. Vogelschwärme, blauer Himmel, sich im Wind wiegendes Korn. Die Luft war frisch und es roch nach Wiesen und Feldern. Das Ehepaar Dr. Dawo, beide um die 60 und studierte Heilpädagogen mit dem Schwerpunkt auf Kindertherapie, wirkte auf Wilke vertrauenerweckend und seriös. Im Dr. Dawo Heim wurden vorrangig Kinder therapiert, die schwere Entwicklungsstörungen aufwiesen. Nach dem Krieg hatte sich das Ehepaar auf die Behandlungsmethoden des Psychoanalytikers Bruno Bettelheim spezialisiert. Wilke ahnte, daß er bei diesen Leuten an der richtigen Adresse war. Er war sich plötzlich sicher, daß er hier Antworten auf diejenigen Fragen bekommen würde, die ihm sonst niemand beantworten konnte.

Die Räumlichkeiten waren in angenehmen Farbtönen gestrichen. Ein Aufenthaltsraum in hellem Gelbton, Holzmöbel, bunte Bilder an den Wänden. Kinder, die laut lachten, rauften, zankten. »Ein lebendiges, warmes Haus mit offenen Türen«, dachte Wilke. Er konnte gut nachvollziehen, daß sich Jürgen Bartsch in dieser Umgebung wohl gefühlt haben mußte. In ihrem Büro öffnete Frau Dr. Dawo ein Fotoalbum.

»Sehen Sie, Herr Wilke. Der Dritte von links. Das war Jürgen Bartsch. Wir können uns noch gut an ihn erinnern. Spätsommer 1956 war es, als er zu uns kam. Ein lieber Junge. Aber sehr verschlossen und ängstlich.«

Wilke betrachtete die Fotos. Jürgen Bartsch im Kreise Gleichaltriger. Mit offenem Blick schaute er in die Kamera. Unwillkürlich mußte Wilke an die Schwarzweißfotos der Familie Bartsch denken und daran, daß Jürgen Bartsch auf keinem einzigen Foto gelächelt hatte.

»Gab es irgendwelche Auffälligkeiten, die Ihnen besonders ins Auge gefallen sind?« wollte Wilke wissen.

»Er war viel zu streng erzogen, hatte zu Hause überhaupt keine Freiheiten«, erinnerte sich Herr Dr. Dawo. »Er hatte ein unnatürliches Bedürfnis, sich schmutzig zu machen. Und er war auffallend nervös. Das war – laut Aussage der Eltern – auch der Grund für die Einweisung in unser Heim gewesen.«

»Haben die Eltern etwas über den Hintergrund der Nervosität gesagt?«

»Nein. Die Eltern haben damals als Grund angegeben, daß sie mit dem Aufbau eines zweiten Metzgerladens beschäftigt seien und keine Zeit mehr hätten, sich angemessen um den Jungen zu kümmern. Als Grund für die Nervosität haben sie die vielen verschiedenen Bezugspersonen angegeben, denen Jürgen ausgesetzt war. Der Junge hatte in der Schule anscheinend keine richtigen Freunde und wurde nach Schulschluß abwechselnd von seinem Lehrer und der Großmutter betreut. Er sollte im Heim ein wenig zur Ruhe kommen und hier auch zur Schule gehen.«

»Andere Gründe für die Nervosität haben die Bartschs nicht genannt?« wollte Wilke wissen.

Die Dawos verneinten.

»Jürgens Verhalten war sehr auffallend«, berichtete Frau Dr. Dawo. »Es schien, als hätte er manche Entwicklungsphasen in seiner Kindheit nicht erleben dürfen. Wir hatten den Eindruck, daß er sehr viel in seiner Entwicklung nachzuholen hatte. Die meiste Zeit hat er draußen am Bach gespielt und sich so richtig im Dreck gesuhlt. Es war für ihn eine völlig neue Erfahrung, daß er sich bei uns so schmutzig machen durfte wie er wollte. Die Mutter hatte für den Jungen und seine Bedürfnisse überhaupt kein Verständnis aufgebracht.«

»Wie haben Sie ihn therapiert?«

»Wir haben ihn einfach bei allem, was er gerne tun wollte, gewähren lassen. Die Psyche sucht sich von selbst ihren Weg, wenn man ihre Sprache versteht.«

»Haben Sie die Eltern Bartsch einmal kennengelernt?«

»Ja, natürlich. Mehr als einmal«, nickte Herr Dr. Dawo. »Unserer Meinung nach hatten die Eltern Probleme. Nicht der Junge. Das ist übrigens bei den meisten Kindern so, die hier in unser Heim kommen. Die Kinder spiegeln die Probleme ihrer Eltern wider.«

»Was hatten die Bartschs damals für Probleme?« fragte Wilke.

»Die Ehe schien völlig zerrüttet. Der Junge wurde täglich in die Spannungen hineingezogen. Frau Bartsch verhielt sich ausgesprochen auffällig in bezug auf ihre Sauberkeit. Sie war überaus penibel. Fast zwanghaft reinlich. Wissen Sie, ich hatte den Eindruck, daß Frau Bartsch eine Puppe haben wollte und kein richtiges Kind aus Fleisch und Blut. Jürgen hatte außerdem im sozialen Bereich erhebliche Defizite.«

»Woran konnten Sie das erkennen?«

»Er konnte zum Beispiel überhaupt nicht mit anderen spielen. Meistens war er für sich allein und lebte in seiner eigenen Welt. Nachdem er dann zu uns gekommen war, hatte er aber nach einiger Zeit einen Freund gefunden. Das weiß ich noch genau. Der Junge schlief mit Jürgen in einem Zimmer. Die beiden hatten oft Streit.«

»Aber ist das nicht normal unter Kindern auf so engem Raum?« fragte Wilke und mußte an Sabine und Tom denken. In letzter Zeit waren Geschwisterrivalitäten an der Tagesordnung. Frau Dr. Dawo blickte an Wilke vorbei aus dem Fenster.

»Da war noch etwas. Etwas, das man schwer erklären konnte«, sagte sie nachdenklich.

»Um was genau handelte es sich?« wollte Wilke wissen.

»Jürgen schlug zum Beispiel bei jeder kleinsten Gelegenheit wild um sich. Es war immer eine Spur von großer Feindseligkeit und Haß in ihm, die er verbreitete. Das wurde den anderen bald zu viel. Einmal, ich erinnere mich noch, haben die anderen Kinder einem Stoffpudel, der Jürgen gehörte, die Augen herausgedreht. Jürgen hat sehr an diesem Pudel gehangen. Für ihn ist damals eine Welt zusammengebrochen.«

»Ja. Jetzt, wo du es sagst, kann ich mich auch noch gut daran erinnern«, fiel Herr Dr. Dawo seiner Frau ins Wort. »Er saß auf dem Bett, heulte wie ein Schloßhund und hielt den zerstörten Pudel eng an sich gedrückt. Ich weiß, das klingt jetzt komisch, aber wir hatten damals richtige Angst, er könnte den anderen Kindern aus lauter Rachsucht etwas antun. Von Jürgen ging etwas Furchterregendes aus. Er hatte bereits als 11jähriger eine tiefe Wut in sich, die man nicht ganz erklären konnte.«

»Wir haben aber im großen und ganzen gute Fortschritte mit dem Jungen erzielt«, erklärte Frau Dr. Dawo und fügte lächelnd hinzu: »In der Grundschule haben die kleinen Mädchen sogar wie verrückt für den Jürgen geschwärmt. Er konnte sich vor Verehrerinnen kaum noch retten. Aber er wußte nichts mit den Mädchen anzufangen. Er hat sie immer ›so dumme Puten‹ genannt.« Wilke lachte. Sie verließen das Büro und gingen ins oberste Stockwerk des Hauses, wo sich die Schlafsäle befanden. Wilke sah sich um. Es wirkte nicht sonderlich sauber und aufgeräumt, dafür aber gemütlich und behaglich.

»Warum wurde Jürgen von hier weggeholt?« fragte Wilke. Zweifelsohne hätte das Dr. Dawo Heim ein Wendepunkt in Jürgen Bartschs Leben werden können. Hier hätte er die Möglichkeit gehabt, seine Entwicklungsdefizite teilweise aufzuholen. Er hätte hier zur Ruhe kommen können.

»Es war den Bartschs nicht streng genug bei uns«, gestand Frau Dr. Dawo ohne große Umschweife ein. »Vor allem Jürgens Mutter bemängelte ständig den Staub unter den Betten und die Tatsache, daß es nur alle sieben Tage neues Bettzeug für die Kinder gab. Wir sind ein privates Heim, wissen Sie. Wir können uns nicht so viel Personal leisten. Viele Dinge werden deshalb hausintern erledigt, und manches bleibt dabei auf der Strecke. Das gefiel dieser peniblen Frau nicht. Sie fand das unhygienisch. Sie hat wenig von dem Jungen verstanden. Von seinem Inneren. Das Äußere war für sie wichtiger als die Seele ihres Kindes.«

»Frau Bartsch war der Meinung, daß die Seele ruhig leiden kann, solange der äußere Schein stimmt«, sagte Dr. Dawo.

Wilke nickte. Die Charakterbeschreibung stimmte exakt mit dem Bild überein, daß er sich bereits von Jürgen Bartschs Adoptivmutter gemacht hatte.

»Haben Sie nie daran gedacht, das Jugendamt einzuschalten?«

»Doch. Wir haben damals oft darüber nachgedacht«, sagte Frau Dr. Dawo. »Der Junge war bei seinen Adoptiveltern denkbar ungünstig untergebracht.«

»Jürgen ist gegen unseren ausdrücklichen Rat in ein katholisches Knabeninternat gesteckt worden. Sein Vater sagte damals, wenn er in diesem Alter schon Gehorsam lernt, hat er keine Schwierigkeiten mehr, wenn er später mal zum Kommiß muß. Ja, so drückte er sich damals aus«, erinnerte sich Herr Dr. Dawo.

»Wir haben das Ehepaar Bartsch eindringlich vor diesem Schritt gewarnt«, fügte Frau Dr. Dawo hinzu. »Der Junge war auf Grund seiner Entwicklungsdefizite nicht in der Lage, einen solchen Schritt zu verkraften. Und schon gar nicht den harten, militärischen Drill durchzustehen, der in diesem Internat herrschte. Aber den Adoptiveltern ist das offensichtlich egal gewesen, und sie haben ihn einfach weggeholt.«

»Warum haben Sie sie nicht daran gehindert?« fragte Wilke.

»Wie stellen Sie sich das vor?« fragte Frau Dr. Dawo nachdenklich. »Wir hatten rechtlich keine Handhabe gegen diese Leute. Die Bartschs haben viel Geld dafür bezahlt, daß Jürgen bei uns lebt. Und sie konnten natürlich entscheiden, wo sich ihr Junge aufhält. Jürgen hat furchtbar geweint. Ich habe auch geweint. Aber mehr nach innen. Ich habe geahnt, daß es nicht gut gehen würde mit Jürgen. Aber daß es so kommen würde ...«

»Wir bedauern zutiefst, was geschehen ist. Wir trauern um die vier toten Kinder«, sagte Dr. Dawo.

»Wohin ist Jürgen gekommen?« fragte Wilke.

»Nach Mauzberg. Das Knabeninternat der dortigen Ordensgemeinschaft gilt als die strengste Anstalt weit und breit. Erschütternd, was diese Eltern ihrem Sohn alles zugemutet haben.« Frau Dr. Dawo schüttelte verständnislos den Kopf.

»Essen Sie doch mit uns zu Abend, Herr Wilke. Tun Sie uns den Gefallen«, baten die Dawos ihn so lange, bis Wilke zustimmte.

Als er sich später an der Haustür verabschiedete, konnte man am Himmel schon die Sterne erkennen. »Ein wunderschöner Ort für ein Kind«, dachte Wilke. In Rheinbach war es wie im Himmel, hatte Jürgen Bartsch gesagt.

»Ein wirklich passender Vergleich«, dachte Wilke.

Es war spät in der Nacht, als Wilke endlich heimkam. Marlene schlief schon. Wilke konnte sich am nächsten Morgen nicht mehr genau daran erinnern, wie lange er den kleinen Tom betrachtet hatte, der mit einem Schnuller im Mund in seinem Bettchen schlief.

Hölle

»Sie fragen nach meiner Zeit in Mauzberg? Ich habe dort die Hölle erlebt, nachdem mich meine Adoptiveltern aus dem Himmel weggeholt haben.«

»Was genau ist dort passiert?«

»Bei der Ankunft habe ich zuerst den riesigen Hof gesehen. Es war ein riesiger Komplex. So ein alter Sandsteinbau, riesige, dicke Mauern, Schieferdächer, eigenes Freibad, riesige Klassenräume, große, riesige Schlafsäle von 30–40 Betten. Militärspinde und Turnhallen. Die hatten riesige Ländereien mit Kühen und Landwirtschaft. Da konnte einem schon eiskalt werden. Allein vom Anblick her.«

»Hatten Sie dort einen Freund?«

»Nein.«

»Warum nicht?«

»Freundschaften waren verboten.«

»Verboten? Kannten Sie den Grund für dieses Verbot?«

»Die Pater hatten Angst davor, daß wir uns gegenseitig in die Hose fassen könnten. Ständig haben sie uns von der Kanzel herab gepredigt, wie verwerflich die Sexualität ist. Wir sollten dem Satan auf keinen Fall nachgeben, hieß es. Wer schwitzige Hände hat, ist homosexuell und macht Sauereien. Und wer Sauereien macht, ist ein Verbrecher.«

»Waren Sie zum damaligen Zeitpunkt bereits über sexuelle Dinge aufgeklärt?«

»Nein. Meine Eltern haben das Aufklärungsbuch, das Tante Martha mir zum achten Geburtstag geschenkt hat, in den Ofen geworfen. Ich habe es nicht lesen dürfen. Wenn die anderen Jungen im Internat vom Wichsen sprachen, habe ich immer ans Schuhe putzen gedacht. Auf dem Schulhof hat mir dann ein älterer Mitschüler alles übers Kinderkriegen erzählt. Daß das Baby aus dem Unterleib der Mutter kommt, hat er gesagt. Ich dachte erst, der will mich verarschen.«

»Das haben Sie nicht gewußt?« fragte Wilke erstaunt. »Was haben Sie denn damals gedacht, auf welche Weise Kinder in diese Welt treten?«

»Ich habe immer gedacht, der Bauchnabel würde aufklappen und man würde das Baby dann herausholen. Wie es hereinkommt? Keine Ahnung habe ich gehabt.«

Wilke machte sich eine Notiz: »Fehlende sexuelle Aufklärung vonseiten des Elternhauses und der Erzieher.«

Dann fragte er: »Was haben Sie gefühlt, als Sie darüber aufgeklärt wurden?«

»Pfui Deubel! Mir wurde so schlecht, daß ich mich auf der Toilette übergeben habe. Anschließend habe ich gedacht, daß ich froh sein kann, daß meine Eltern solche Dinge nicht getan haben, als sie mich bekommen haben. Ich war ja schließlich adoptiert.«

»Sie durften im Internat keinen richtigen Freund haben, weil die Pater Angst vor homosexuellen Handlungen hatten? Waren diese Sorgen denn berechtigt?«

»Ja. Es war durchaus berechtigt. Es ist auch häufig passiert, daß sich zwei Jungen gegenseitig angefasst und onaniert haben. Immer heimlich. Auf der Toilette oder im Schlafsaal. Manchmal auch während der Andacht. Falls sie weit genug hinten saßen, um nicht aufzufallen. Dann haben sie es gemeinsam getan.«

»Hätten Sie das auch gerne einmal mitgemacht?«

»Ja. Ich hatte auch Lust zu sexuellen Spielen. Ich war oft neidisch auf die anderen, die gemeinsam so etwas machten.«

»Sie trauten sich nicht, einen anderen Jungen anzusprechen?«

»Nein. Wenn sie zwei dabei erwischt haben, dann sind die halb tot geschlagen worden und anschließend von der Schule geflogen.«

»Sie hatten Angst vor Strafe?«

»Ja. Wir hatten alle große Angst vor den schweren Prügeln. Einmal hat der Pater ein Holzlineal auf meinem Rücken zerschlagen. Einfach so. Nur weil ich vor lauter Angst beim Singen das Maul nicht richtig aufgekriegt hab.«

»So streng war das dort?« fragte Wilke entsetzt.

»Ja. Es war furchtbar streng dort. Aber am schlimmsten von allen war der Papü.«

»Papü?«

»Ja. Unser Pater. Alle Kinder haben ihn nur ›Papü‹ genannt. Er war unser Klassenlehrer. Ein riesiger Kerl. Groß und schwer. Ich hab mich immer sehr darüber gewundert, daß der Mann Priester ist.«

»Und dieser Pater hat Sie auch geschlagen?«

»Ja. Papü bekam oft einen Rappel. Dann knüpfte er sich in seiner rasenden Wut die Kinder vor. Manchmal habe ich nur Prügel bekommen, weil ich unglücklicherweise mal wieder in der ersten Reihe stand. Oder weil ich im Chor die Klappe nicht weit genug aufgerissen habe. Da waren viele, die hatten solche Angst, daß sie beim Singen immer nur den Mund bewegt haben. Dann ist Papü immer die Reihen entlangmarschiert und hat sein Ohr an die Münder der Jungen gehalten. Und wehe, wenn er nichts gehört hat. Dann hat es Prügel gesetzt.«

»Ihre Eltern wußten von diesen Prügelorgien?«

»Ja. Sie haben gesagt, Strenge schadet mir nicht. Papü hatte ausdrücklich die Erlaubnis meiner Eltern zum Schlagen erhalten.«

Wilke spürte in diesem Moment ein Mitgefühl, über das er selbst erschrocken war. Er fühlte die Hilflosigkeit des kleinen Jungen, der Jürgen Bartsch damals gewesen war. Doch was hatte das Ganze mit den Opfern zu tun? Welcher Zusammenhang bestand zwischen der Härte der Erziehung und den vier toten Kindern? Wilke spürte, daß das Rätsel noch lange nicht gelöst war. Es fehlte eine entscheidende Schnittstelle, aber Wilke war sich plötzlich sicher, daß der Schlüssel zu Jürgen Bartschs

Taten hinter den hermetisch abgeriegelten Mauern des Internats verborgen liegen mußte. Hier hatte Jürgen Bartsch seine Pubertät verbracht. Die Zeit des Reifens und Wachsens, in der ein Knabe zum Mann wird. Die Zeit, in der die Sexualität zum ersten Mal erwachte. Hier hatte sich vermutlich auch erstmals der verhängnisvolle Tötungstrieb gemeldet. Wenn es eine Antwort gab, dann lag sie hier verborgen. Dessen war sich Wilke mit einem Mal sicher.

»Bitte, erzählen Sie doch weiter«, sagte er.

»In Mauzberg bin ich sogar freiwillig Meßdiener gewesen. Das Lateinische mochte ich gern. Ich habe es bis heute nicht vergessen: ›Et conglorificatur, qui locutus est per prophetas ... Mea culpa, mea culpa, mea maxima culpa ...‹«

»Sind Sie ein sehr gläubiger Mensch?« fragte Wilke.

»Ja. Ich war immer Meßdiener aus Überzeugung und innerer Einstellung zur Religion«, sagte Jürgen Bartsch und der Stolz, der in seiner Stimme mitschwang, war nicht zu überhören.

»Am besten hat mir in Mauzberg die Kameradschaft gefallen.«

»Die Gemeinschaft war gut?«

»Ja. Niemand von uns Jungs hätte einen Kameraden verraten. Wir wären füreinander durchs Feuer gegangen. Es war, als wären wir alle miteinander ein einziger, riesiger Körper. Das Zusammengehörigkeitsgefühl war der reinste Wahnsinn. Es war ein bißchen so, wie in meinem Lieblingsbuch ›Der goldene Armreif‹ von Guiscard.«

»Was hat Sie an diesem Buch besonders fasziniert?« fragte Wilke, der die Geschichte nicht kannte.

»Die reine und ehrliche Freundschaft der beiden Jungen hat mich besonders beeindruckt. So habe ich mir Freundschaften zwischen Jungen immer vorgestellt. Die Hauptfiguren des Buches sind zwei Pfadfinder: Der schwarzhaarige Christian und der blonde Erik, ein verkappter Prinz aus Dänemark. Es ist eine lange Freundschaft zwischen den beiden, bis sie eines Tages aus einem alten Buch erfahren, daß ihre Eltern seit Jahrhunderten Todfeinde sind. Erik läßt Christian in einem Verlies vermodern, in das er gefallen ist. Aber er verkraftet seine Entscheidung nicht und rast mit einem Pferd gegen einen Baum. Im Tode waren sie in reiner Freundschaft vereint.«

»Sie hätten sehr gerne einen Freund gehabt, nicht wahr?«

Jürgen Bartsch nickte. »In meiner Phantasie hatte ich einen Freund. Er existierte nur in meiner Phantasie und nirgendwo sonst.«

»Wie hat dieser Freund ausgesehen?« fragte Wilke interessiert.

»Ich weiß nicht ... Er hatte kein Gesicht. Also Gesichter konnte ich mir immer schwer vorstellen. Ich hatte ein besonders enges Verhältnis zu meinem Phantasiefreund. Mit ihm war ich immer zusammen, und wir taten dann alles gemeinsam. Nur im Internat habe ich Ähnliches erlebt.«

»Haben Sie mir nicht erzählt, daß Freundschaften dort verboten waren?«

»Ja. Aber es war das erste Mal, daß ich so etwas wie eine Gemeinschaft mit anderen Knaben erleben durfte. Wir hatten alle Angst vor den Patres. Das schweißte uns zusammen.«

»Die Angst vor Strafe verband Sie mit den anderen?«

»Ja.«

»Gab es niemanden dort, mit dem Sie sich besonders gut verstanden haben?«

Jürgen Bartsch nickte. »Es gab jemanden. Dieter. Wir hatten uns heimlich angefreundet. Damit die anderen nichts merken sollten. Eigentlich war es nur Zufall, daß Dieter und ich zusammengekommen sind. Wir waren beide Außenseiter. Der stand immer auf dem Schulhof in der Ecke und war ständig am Heulen, weil er so schreckliches Heimweh hatte. Dieter kam aus Essen, genau wie ich.«

»Beschreiben Sie Ihre Gefühle für Dieter!«

»Ich ... ich habe Dieter geliebt.«

»Hatten Sie sexuellen Kontakt mit ihm?«

»Nein.«

»Aber Sie hätten es gerne gewollt?«

»Ja.«

»Warum haben Sie es nicht getan? Die anderen Jungen hatten doch auch den Mut, etwas Verbotenes zu tun. Sie haben doch auch geheime Ecken und Winkel gefunden, um es zu tun. Warum haben Sie es nicht getan?«

»Weil ... ich eben so furchtbare Angst vor den Prügeln hatte. Obwohl ich manchmal schon ganz schön dahinter her war und Dieter gerne angefaßt hätte.«

Wilke machte sich eine Notiz. Wie hatte Jürgen Bartsch sein Bild von der reinen, edlen Pfadfinder-Freundschaft mit seinen aufkeimenden sexuellen Wünschen in Einklang bringen können? Einerseits hatte er sich die reine, absolute Jungenfreundschaft gewünscht, andererseits hatte ihn sein erwachender Sexualtrieb bedrängt. Das hatte nicht mehr zusammengepaßt. War an dieser Stelle ein unvereinbarer Konflikt in dem Knaben entstanden?

»Erzählen Sie bitte weiter«, forderte Wilke ihn auf.

»Wenn Dieter einen anderen Jungen nur ansah, mit ihm sprach oder spielte, wurde ich schrecklich wütend.«

»Sie wollten Ihren Freund am liebsten ganz für sich allein haben?«

»Ja.«

»Und was hat Dieter dazu gesagt?«

Jürgen Bartsch zuckte die Achseln.

»Es hat oft Streit gegeben deswegen. Jeden zweiten Tag haben wir uns verkracht, und jeden zweiten Tag sind wir wieder zusammengekommen. Manchmal hatte ich eine ziemliche Wut auf ihn. Dann habe ich an alle anderen Kinder Bonbons verteilt und darauf geachtet, daß Dieter kein einziges abbekam. Aber meist haben wir uns am selben Tag wieder vertragen.«

»Diese enge Freundschaft ist den Lehrkräften nicht aufgefallen?«

»Nein. Bis wir eines Tages gemeinsam abgehauen sind. Von da an wußten alle, daß wir dicke Freunde sind.«

»Sie sind gemeinsam mit Dieter abgehauen?«

»Ja. Zweimal hintereinander. Aber meine Eltern haben mich jedes Mal wieder ins Internat zurückgebracht.«

»Was war der Grund für das Abhauen?«

»Ich … es war …«

»Ja?«

Jürgen Bartsch zögerte eine Weile mit der Antwort, bevor Wilke ihn sagen hörte: »Eines Abends hat der Pater Dieter zu sich in sein Zimmer gerufen. Das kam öfter vor. Meist rief er aber nur seine Lieblinge zu sich, und Dieter gehörte bislang nicht dazu. Aber an diesem Abend rief er nach ihm. Ich wunderte mich darüber, und ich war auch eifersüchtig, weil ich ihn nicht mehr für mich allein hatte. Ich bin ihm heimlich nachgeschlichen und habe an der Tür gelauscht. Ich habe Geräusche gehört. So eine Art Stöhnen. Als Dieter zurückkam, war er völlig verstört. Er konnte nicht reden. Es war etwas passiert, über das er nicht sprechen wollte.«

»Der Pater hat Dieter sexuell mißbraucht?« mutmaßte Wilke.

Jürgen Bartsch stand auf und ging unruhig im Untersuchungsraum hin und her.

»Kam das öfter vor, daß die Patres sich an den Kindern vergingen?«

»Ja. Das kam beinahe täglich vor.«

»Hat der Pater sich auch an Ihnen vergangen?«

»Dazu möchte ich nichts sagen.«

»Und wenn er doch nicht die Wahrheit sagt?« dachte Wilke. »Wenn er das alles erfunden hat, um seine schlimmen Taten zu rechtfertigen?« Einen Moment lang wünschte sich Wilke, daß Böhme Recht behalten würde. Die Schilderungen dieses jungen Mannes waren einfach zu schrecklich, um sie zu ertragen. Aber andererseits – konnte jemand, der solche Taten beging, überhaupt psychisch gesund sein? Sprachen nicht die Taten des Jürgen Bartsch bereits ihre eigene Sprache?

»Sie wissen, daß ich alle Ihre Aussagen überprüfen werde«, sagte Wilke, während Jürgen Bartsch sich wieder an den Tisch setzte. Er nahm sich eine Zigarette aus der Schachtel, die immer noch auf dem Tisch lag.

»Herr Wilke! Die Pater haben uns jeden Abend gezwungen, Filme aus dem Konzentrationslager anzusehen. Und wer wegschaute, wurde am nächsten Tag zur Strafe an den Milchtrinkertisch gesetzt und von den anderen Jungen wegen seiner Weichheit verhöhnt und verlacht. Pater Pütlitz hat uns regelmäßig vor dem Schlafengehen Geschichten von Gilles de Rais erzählt. Einem französischen Feldherren aus dem 14. Jahrhundert, der kleine Jungen geschlachtet hat und anschließend die Leichenteile im Kamin verbrannte. Pater Pütz vergaß nie, zu erwähnen, daß Gilles de Rais das Blut von Händen und Wänden wusch. Er sagte, daß es uns hart machen würde, wenn wir diese Geschichten hören.«

»Warum haben Sie sich denn nie jemandem anvertraut?«

Jürgen Bartsch blickte Wilke an, als habe er ihn etwas schier Unvorstellbares gefragt.

»Ich konnte mich niemandem anvertrauen«, sagte er. »Aber ich bin mit Dieter abgehauen, weil wir das Leben in Mauzberg nicht mehr verkraften konnten. Wir sind am Rhein entlang die Bahnschienen runtergelaufen. Unterwegs haben wir Weintrauben gepflückt und gegessen. Wir wollten zu Fuß vom Rhein bis nach Essen gehen. Plötzlich kam mir der Gedanke, daß ich Dieter gerne berühren möchte. Ich wollte ihn nackt ausziehen. Und dann kam ein fahrender Zug auf uns zu und ich habe versucht, Dieter vor den Zug zu stoßen.«

»Warum wollten Sie Ihren besten Freund umbringen?« rief Wilke entgeistert.

»Ich dachte, wenn er tot ist, kann er sich nicht mehr wehren.«

»Und diese Idee kam ganz plötzlich über Sie? Sie hatten es nicht vorher geplant?«

»Nein. Ich habe es nicht geplant. Plötzlich war der Gedanke da, Dieter zu töten. Ich habe ihm einen Stoß gegeben, um ihn vor den Zug zu schubsen. Aber er konnte zur Seite springen. Er hat mich angeschrien und gefragt, ob ich ihn umbringen will. Ob ich noch gescheit sei. Ich hab gesagt, daß ich ausgerutscht bin. Daß es aus Versehen passiert ist. Ich war ja über mich selbst erschrocken und konnte kaum glauben, was ich da getan hatte. Er ist dann die ganze Zeit über zwölf Meter vor mir hergegangen. Aus Sicherheitsgründen. Hat nicht mehr mit mir geredet.«

»War es das erste Mal, daß Sie diesen unheilvollen Trieb gespürt haben?«

»Ja. Es war das erste Mal, daß mir der Gedanke kam, einen Menschen zu töten und mich anschließend an der Leiche zu vergehen.«

»Können Sie sich noch daran erinnern, wie alt Sie damals waren?«

»Ich war zu diesem Zeitpunkt zwölf Jahre und sechs Monate alt«, sagte Jürgen Bartsch.

Kronprinz

Die Eltern Bartsch betraten pünktlich auf die Minute Wilkes Dienstzimmer. Herr Bartsch trug einen grünen Lodenmantel und Frau Bartsch kam im schwarzen Persianer.

»Können Sie mir sagen, warum Sie damals ein Kind adoptiert haben?« fragte Wilke. Er fragte nicht laut, aber auch nicht leise.

Frau Bartsch verzog das Gesicht, als sei Wilkes Frage eine Ungeheuerlichkeit.

»Jetzt kommen Sie mir bitte nicht mit dem Argument, daß Sie Kinder gern haben«, sagte Wilke schnell.

Frau Bartsch schnappte hörbar nach Luft. »Oh ja! Ich habe Kinder gern. Sehr sogar.«

»Natürlich. Wenn sie sauber und adrett sind und möglichst keinen Lärm und Schmutz verursachen. Wissen Sie was? Ich glaube fast, Sie haben eine Puppe gewollt. Ein Spielzeug. Aber lebendige Kinder machen nun einmal Dreck. Sie sind Menschen. Keine Puppen.«

»Sagen Sie mal, was fällt Ihnen eigentlich ein, so mit meiner Frau zu sprechen?« rief Gerhard Bartsch entrüstet.

»Jürgen war ein absolutes Wunschkind«, entgegnete Frau Bartsch und konnte nicht verhindern, daß ihre Stimme zitterte. »Da können Sie auch meinen Mann fragen.«

Gerhard Bartsch nickte. »Ich war während des Krieges in Gefangenschaft. Ich habe schreckliche Dinge gesehen. Nach dem Krieg haben wir uns so sehr einen Sohn gewünscht.«

»Aber Sie wollten doch lieber ein Mädchen haben, nicht wahr Frau Bartsch?« fragte Wilke provozierend. »Warum haben Sie eigentlich kein Mädchen adoptiert? Warum mußte es unbedingt ein Junge sein? Warum ausgerechnet dieser Junge? Ein Junge mit einer so schwierigen Vorgeschichte und einer dunklen Herkunft?« Als Frau Bartsch eisern schwieg, ging Wilke dazu über, die Frage selbst zu beantworten. »Sie brauchten einen Nachfolger für Ihr Geschäft, nicht wahr? Einen kleinen Kronprinzen sozusagen. Deshalb haben Sie Ihrem Mann zuliebe einen Sohn adoptiert, obwohl Sie selbst eigentlich ein Mädchen wollten. Jürgen war ein guter Kompromiß. Er hat mit seinen blonden Locken wie ein Mädchen ausgesehen. Obwohl er in Wirklichkeit ein Junge war. Aber Sie haben ihm ja noch während der Schulzeit eine Klemme ins Haar gesteckt.«

»Es stimmt. Jürgen sollte einmal das Geschäft übernehmen«, sagte Gerhard Bartsch leise.

»Was ist denn daran verkehrt?« fragte Frau Bartsch. »Wir haben doch alles menschenmögliche für den armen, elternlosen Jungen getan.«

»Sie können ein Kind nicht bei jeder Schwierigkeit, die sich in der Entwicklung zeigt, ins Heim geben«, sagte Wilke laut. »Sie haben Jürgen abgeschoben. Jedes Mal wenn es schwierig wurde, haben Sie ihn allein gelassen. Sie haben ihn sich selbst überlassen.«

»Er hatte es gut in diesem Heim in Rheinbach. Wir haben es aus Sorge getan. Wir konnten uns nicht genügend um Jürgen kümmern, weil wir einen zweiten Metzgerladen eröffnet haben. Der Junge war völlig nervös von dem ewigen Hin und Her. Es konnte doch so nicht weitergehen.«

»Was wußten Sie denn von den wahren Sorgen und Nöten Ihres Sohnes? Wußten Sie, daß er auf der Goldenen Hochzeit Ihrer Eltern von einem Cousin namens Bub sexuell mißbraucht worden ist? Das war nämlich der Grund für seine Nervosität!«

Frau Bartsch blickte Wilke entgeistert an. »Das ist nicht wahr. Das kann doch gar nicht wahr sein.« Sie schüttelte heftig den Kopf. »Der Bub? Nein. Das kann ich nicht glauben.« Sie legte den Kopf in die Hände und begann, still zu weinen.

»Er war an jenem Abend so seltsam«, erinnerte sich Gerhard Bartsch plötzlich. »Wir standen vor der Haustür, es war schon finster draußen, und meine Frau hat von Jürgen verlangt, daß er sich von Bub verabschieden soll, wie es sich für anständige Leute gehört. Aber Jürgen drehte plötzlich völlig durch. Er hatte wohl ein hell erleuchtetes Flugzeug am nächtlichen Himmel gesehen und war überzeugt davon, daß das Flugzeug Bomben auf unsere Köpfe wirft. Er lief schreiend in den Garten. In der Dunkelheit ist er mit dem Kopf in den Stacheldrahtzaun geraten. Die Wunde war so tief, daß sie genäht werden mußte. Sie ist nie ganz verheilt. Er hat heute noch diese Narbe auf der Stirn.«

Eine Weile war es still in Wilkes Büro. Nur das Schluchzen von Frau Bartsch war zu hören.

»Warum haben Sie Jürgen aus dem heiltherapeutischen Heim in Rheinbach weggeholt? Er hat sich bei den Dawos sehr wohl gefühlt«, sagte Wilke.

»Wir wollten nur das Beste für unseren Sohn. Das Internat Mauzberg ist uns damals empfohlen worden«, sagte Gerhard Bartsch. »Außerdem hätte er mit zwölf ohnehin aus dem Heim gemußt, weil er zu alt gewesen wäre.«

»Die Kinder sind in Mauzberg vom Frühstück bis zum Abendbrot im Militärstil herumkommandiert worden. Sie sind von den Patres geschlagen und seelisch mißhandelt worden.«

»Schließlich ist er ja nicht totgeschlagen worden«, murmelte Gerhard Bartsch.

Wilke spürte, wie er bei dieser Antwort langsam aber sicher die Nerven verlor.

»Sie haben Ihren Sohn im Stich gelassen. Sie haben sich nicht für sein seelisches Wohl interessiert. Sonst hätten Sie sich irgendwann einmal gefragt, warum er dort ständig wegläuft«, schrie er. »Aber Sie hatten offensichtlich nichts Besseres zu tun, als ihn immer wieder dort hinzubringen.«

»Komm Gertraud, wir gehen. Das müssen wir uns nicht gefallen lassen«, sagte Gerhard Bartsch in resolutem Ton. Er stand auf und half seiner Frau in den Mantel.

Nachdem das Ehepaar das Büro verlassen hatte, sank Wilke erschöpft auf einen Stuhl. Was war bloß in ihn gefahren? Er ließ sich doch sonst nicht zu solch heftigen Emotionen hinreißen. Er konnte von Glück reden, wenn die Bartschs sich nicht bei Böhme beschwerten.

Sabine und Tom klatschten übermütig in die Hände.

»Wir fahren mit dem Auto! Mit Papas Auto!«

Marlene lächelte. »Da steckt doch noch etwas anderes dahinter? Oder machst du jetzt mit uns jede Woche einen Tagesausflug zum Rhein?«

»Jürgen Bartsch war in der Nähe des Rheins in einem Internat untergebracht. Ich würde dort gerne einmal eine Ortsbesichtigung vornehmen.«

»Dieser Fall läßt dir keine Ruhe mehr?«

»Marlene, wenn meine bisherigen Untersuchungen zutreffen, dann ist Jürgen Bartsch ein seelisch tiefkranker Mensch. Er gehört umgehend in psychotherapeutische Behandlung und nicht in eine Gefängniszelle.«

»Du bist offensichtlich zur Zeit der Einzige, der in dieser Weise darüber denkt«, sagte Marlene. »Wenn man den Medien glaubt, hätten die meisten Menschen Jürgen Bartsch lieber tot als lebendig. Sie wollen Vergeltung für das, was geschehen ist.«

»Es gibt keine Möglichkeit, solche Taten zu sühnen«, sagte Wilke. »Die vier Jungen sind tot und man kann sie nicht mehr lebendig machen. Aber man kann versuchen zu verstehen, wie es zu einer derart abartigen Entwicklung bei Jürgen Bartsch kommen konnte, um damit weiteres Unheil zu verhindern.«

»Und du glaubst wirklich, daß die Erziehung schuld daran ist?«

»Ja. Natürlich. Bei dem Jungen ist alles schief gelaufen, was nur schief laufen konnte. Er hatte überhaupt keine Möglichkeit, zur Ruhe zu kommen. Er ist von einer dramatischen Entwicklungsphase in die nächste geworfen worden.«

»Warum sind dann nicht noch mehr Menschen wie Jürgen Bartsch?« fragte Marlene interessiert.

»Wenn heute ein Knabe geboren würde, der unter denselben Bedingungen aufwachsen müßte wie Jürgen Bartsch, würde so etwas unter Garantie noch einmal geschehen können«, sagte Wilke in einem Tonfall, der keinen Zweifel zuließ.

Kinderspiele

Das Knabeninternat Mauzberg war durch hohe Sandsteinmauern von der Außenwelt abgeschirmt. Ein riesiges, lang gestrecktes, schloßähnliches Gebäude mit einem Innenhof, in dem alte Bäume wuchsen. Sabine und Tom liefen ausgelassen zwischen den knorrigen Bäumen umher, und ihr Kreischen schallte wie ein einsames Echo über den asphaltierten Hof. »Ein Gefängnis«, fuhr es Wilke durch den Sinn. »Ein Knabengefängnis.« Darüber konnte auch der neue Gebäudeanstrich in hellen Gelbtönen nicht hinwegtäuschen.

Pater Kampen, der Nachfolger von Pater Pütlitz, empfing die Familie und bot an, ihnen das Internat zu zeigen. »Früher hatten wir Schlafsäle, jetzt gibt es 3- und 4-Bett-Zimmer. Es hat sich viel geändert seit damals.«

»Haben Sie Jürgen Bartsch eigentlich noch gekannt?«

»Nein. Das war vor meiner Zeit.«

»Was sagen Sie zu den Vorwürfen gegen Pater Pütlitz?«

»Das ist meiner Meinung nach an den Haaren herbeigezogen. Ich finde die harten Vorwürfe sehr erstaunlich, denn ich weiß aus Gesprächen mit meinen Kollegen, daß Jürgen Bartsch den Pater noch Jahre nach seinem Abschied hier im Internat besucht hat. Pater Pütlitz hatte meines Wissens ein gutes Verhältnis zur Familie Bartsch. Er hat Jürgen auch lange nach seinem Fortgang Briefe geschrieben und auch den Kontakt zu den Eltern Bartsch aufrecht erhalten. Sagen Sie nur, daß Sie das nicht gewußt haben!«

»Ich muß die Briefe lesen, die Pater Pütlitz an Ihren Sohn geschrieben hat«, bat Wilke, als Frau Bartsch die Tür öffnete. »Es könnte unter Umständen für mein Gutachten von nicht zu unterschätzender Bedeutung sein.«

Frau Bartsch nickte schweigend und führte Wilke ins Wohnzimmer.

»Im übrigen würde ich mich gerne für mein Verhalten von neulich entschuldigen«, sagte Wilke schnell. »Ich weiß, daß es auch für Sie nicht leicht ist, die Situation zu ertragen.«

»Schon gut!« lenkte Frau Bartsch ein. »Ich bin ja nur froh, daß Sie meinem Jungen helfen wollen. Daß überhaupt jemand da ist, der die Wahrheit sucht. Ich habe den Eindruck, daß Jürgen für alle anderen Menschen bereits als ›Ruhrpott-Bestie‹ verurteilt worden ist.«

Frau Bartsch öffnete eine Kommode und zog einen vergilbten Karton heraus.

»Hier.« Sie drückte Wilke den Karton in die Hand. »Darin müßten auch die Briefe von Pater Pütlitz sein.« An der Wohnzimmertür drehte Wilke sich noch einmal um. »Ich finde es erstaunlich, wie Sie zu Ihrem Jungen stehen«, sagte er. »Glauben Sie mir, ich habe vor Ihrer Haltung den größten Respekt.«

»Herr Wilke«, sagte Frau Bartsch leise. »Mein Mann und ich … wir hatten viel Zeit, um über alles nachzudenken. Ich wünschte, wir könnten die Zeit zurückdrehen.«

Ein Klient hatte seinen Nachmittagstermin abgesagt. Es war für Wilke also kein Problem, die Briefe in aller Ruhe im Büro zu durchstöbern. Die meisten Schreiben waren an die Eheleute Bartsch gerichtet und beinhalteten Rechnungen von Mauzberg, Grüße der Patres an Jürgen und seine »lieben Eltern« zu Weihnachten, Ostern, Neujahr, alle mit den besten Wünschen und Gottes Segen versehen. Das immer wiederkehrende, verpflichtende Einerlei im Wechsel der Jahreszeiten.

An einem blauen Kuvert jedoch blieb Wilkes Blick hängen, wie ein Magnet an einer eisernen Wand. Im Gegensatz zu den anderen war dieser Brief an Jürgen Bartsch persönlich adressiert. Als Absender wurde Pater Pütlitz genannt. Wilke betrachtete den Poststempel. Juni 1958. Jürgen war zu dieser Zeit zwölf Jahre alt gewesen. Das Erstaunliche an diesem Datum war, daß Jürgen nur einen Monat später, im Juli 1958, versucht hatte, seinen besten Freund Dieter Weidenfeld vor den Zug zu stoßen. »Vielleicht wird der Brief diesbezüglich neue Erkenntnisse bringen«, dachte Wilke, während er das Kuvert so vorsichtig öffnete, als müße er ein Beweismittel sichern und dürfe keine Spuren verwischen. Schon nach den ersten Zeilen war Wilkes Aufmerksamkeit geweckt. Pater Pütlitz berichtete in diesem Schreiben von einem Sommerlager in der Eifel. Jürgen Bartsch – so konnte Wilke den Zeilen entnehmen – hatte wegen einer schweren Krankheit nicht am Sommerlager teilnehmen können. Er war deshalb zu seinen Eltern nach Essen geschickt worden. Der Pater bedauerte, daß Jürgen krank im Bett lag, während sich die anderen Kinder im Sommerlager vergnügen durften. Er schrieb, daß im Sommerlager eine nächtliche Tragödie stattgefunden hatte. Angeblich sei ein Junge mitten in der Nacht von unbekannten Räubern aus dem Zeltlager entführt worden. In Wirklichkeit hatte es sich aber um eine vom Pater eigenhändig inszenierte Situation gehandelt. Das hatten die Jungen nicht wissen können. Sie waren in helle Aufregung geraten und hatten in panischer Angst den nächtlichen Wald nach den Entführern durchsucht. Wilke fiel auf, daß die Beschreibung der nächtlichen Entführung den späteren Taten von Jürgen Bartsch auffallend ähnelte. Der Junge war regelrecht im Schlaf überfallen worden. Er war in der Dunkelheit aus dem Zelt gezerrt worden. Gefesselt. Geknebelt.

Eine halbe Stunde später saß Wilke vor Böhmes Schreibtisch.

»Wenn es wieder um diesen ›Kirmesmörder‹ geht ... bitte, Herr Wilke, machen Sie es kurz. Ich habe noch einen wichtigen Termin. Die Tatsache, daß Ihr Kollege Jansen sich jetzt um Willi kümmert, muß ich ja nicht näher kommentieren.«

»Herr Böhme«, begann Wilke und machte ein schuldbewußtes Gesicht, als er an seinen Klienten Willi dachte, den er wegen seines vollen Terminkalenders an Jansen abgegeben hatte. »Jürgen Bartsch hat mit zwölf Jahren zum ersten Mal versucht, einen Menschen zu töten. Er wollte seinen besten Freund unter einen Zug stoßen. Übrigens der einzige Freund, den er bis dato gehabt hatte. Mit zwölf Jahren, Herr Böhme, spielen andere Jungen Räuber und Gendarm.«

»Dieser Bartsch hatte eben denkbar schlechte Erbanlagen. Er ist bereits mit dieser mörderischen Neigung auf die Welt gekommen«, sagte Böhme abweisend.

»Nein. An diese veralteten Vorstellungen glaube ich nicht. Ich glaube, man macht es sich damit viel zu einfach. Kein Mensch wird als Mörder geboren. Jürgen Bartsch hat eine völlige Fehlentwicklung bei seinen Eltern und in diesem Internat durchlaufen. Und niemandem in seinem sozialen Umfeld will angeblich etwas aufgefallen sein? Meinen Sie nicht, daß die Gesellschaft, das Elternhaus, daß alle eine Verpflichtung haben, wenn ein so junger Mensch derart aus dem Ruder läuft?«

Böhme seufzte. »Sie können es nun einmal nicht beweisen, Wilke. Es sind Vermutungen, Spekulationen. Aber damit kommen wir vor Gericht nicht durch.«

Wilke legte das blaue Kuvert auf Böhmes Schreibtisch. Der Amtsleiter betrachtete es einen Moment lang wie ein seltsames Insekt, das sich aus Versehen in seine Nähe verirrt hatte. »Was soll das?«

»Ich muß zur Zeit davon ausgehen, daß zwischen Kindheit, Jugend und den späteren Taten des Jürgen Bartsch ein enger Zusammenhang besteht. In diesem Brief, Herr Böhme, ist von einem Geländespiel die Rede, das im Sommer 1958 von den Patres während einer Jugendfreizeit in der Eifel durchgeführt wurde. Jürgen Bartsch war damals zwölf Jahre alt. Er konnte an dem Spiel nicht teilnehmen, denn er lag krank zu Hause in seinem Bett. Bei seinen Adoptiveltern in Essen. Pater Pütlitz hat es sich aber nicht nehmen lassen, Jürgen in diesem Brief in aller Ausführlichkeit von dem Spiel zu berichten.«

»Nun, wir haben früher, als Knaben, auch Geländespiele gemacht«, bemerkte Böhme.

»Es war kein Spiel. Und auch kein Spaß«, sagte Wilke laut. »Es war Ernst, Herr Böhme. Blutiger Ernst. Pater Pütlitz hat einen Jungen brutal aus dem Sommerlager entführen lassen. Er hat ihn gefesselt, geknebelt und in einen Schlafsack stecken lassen. Die ganze Nacht hat der Knabe im dunklen Wald gelegen. Einsam und allein. Er hatte sogar einen Knebel im Mund, damit er nicht schreien konnte. Bis er am nächsten Morgen von den anderen Jungen gefunden, befreit und ausgelacht wurde. Können Sie sich vorstellen, was dieser Junge durchgemacht haben muß?«

Böhme blickte Wilke irritiert an. Dann nahm er den Brief und las: »Still war es auf dem Zeltplatz. Man hörte nur das leise Schnarchen friedlicher Schläfer. Ein Käuzchen rief ... ein paar Frösche quakten – dunkle Nacht ... Mitternacht! Zwei Gestalten schleichen heran, öffnen das mittlere Zelt ... ergreifen mit kräftigen Händen den schlafenden Griese. Ein kurzer Schrei! Einer hält seinen Mund zu und schon ist die kleine Gestalt im weißen Schlafsack verschwunden, aufgepuckelt und draußen. Leise, wie sie gekommen, eilen sie dem Walde zu. Theo Damm, der stellvertretende Lagerleiter, verkündet mit zitternder Stimme: ›Der Griese ist gestohlen worden.‹ Herr Adam ist aufgeregt, weckt das Zelt, weckt alle Jungen, rast zur Haustür, pocht und trommelt gegen sie, ruft nach mir. Ich ziehe mich an, stürze die Treppe hinunter, erfahre das Furchtbare. Sofort werden Gruppen gebildet, sie durchkämmen den Wald. Ich rase zum Telefon, versuche die Polizei zu erreichen. Aber in Wirklichkeit mache ich was anderes. Mit Knüppeln bewaffnet durchkreuzen die Jungen den Wald, manche sehr ängstlich und feige, andere mutig und dreist. Sie kommen zur Schutzhütte. Dort sehen sie von Ferne was Weißes. Herr Adam läßt stürmen! Im Schlafsack, geknebelt und gefesselt, liegt Griese, ängstlich, verschüchtert. Er ist gefunden und wurde befreit. Erleichtert kommen die Jungen zurück.

Ich nehme das Protokoll auf. Wir schieben Wache bis zum nächsten Morgen. Die Täter wurden nicht erwischt, sie könnten ja wiederkommen. Am nächsten Abend Verhör durch die Polizei! Der Forstmeister sucht nach Spuren. Er findet keine! Tagesgespräch: Jungenraub in Rath! Am nächsten Mittag fahren wir nach Aulhausen. Im Bus gebe ich Aufklärung! Alles war Finte! Die Sache war von mir eingefädelt und tadellos gelungen. Keiner wollte es glauben. Erst am Montag in der Klasse konnte ich sie überzeugen, daß alles mein Werk war. Da erst wurde herzlich gelacht und heute ... na ja Jürgen, sie freuen sich alle schon auf den nächsten Scherz.«[1] Der Brief war vom Pater eigenhändig unterschrieben.

---

[1] Friedhelm Werremeier: Bin ich ein Mensch für den Zoo?, Wiesbaden 1968

»Das kann doch nicht wahr sein«, murmelte Böhme. Wilke hatte den Amtsleiter noch nie so fassungslos gesehen.

»Ein Pater ... ein Mann der pädagogischen Verantwortung.« Böhme konnte es nicht glauben.

»Zwischen diesem Brief und dem Mordversuch an seinem Freund Dieter Weidenfeld lagen nur wenige Wochen, Herr Böhme. Das kann ich beweisen, denn der Brief trägt noch das Datum des Poststempels.«

»Guter Gott, Wilke«, rief Böhme entsetzt. »Wenn Sie mit Ihren Ansichten vor Gericht Erfolg haben und Jürgen Bartsch zu einer Jugendstrafe mit anschließender Sicherheitsverwahrung verurteilt wird, kann das unter Umständen bedeuten, daß er nach zehn Jahren wieder ein freier Mann ist. Darüber sollten Sie einmal in Ruhe nachdenken!«

»Das weiß ich, Herr Böhme«, sagte Wilke mit fester Stimme. »Ich bin mir dieser Tragweite durchaus bewußt. Aber auch ein Mensch wie Jürgen Bartsch verdient ein gerechtes Urteil.«

»Gerechtigkeit!« Böhme verzog bei diesen Worten das Gesicht. »Hatten seine Opfer eine Chance? Haben Sie mal an die unglückseligen Kinder gedacht?«

»Herr Böhme ... auf Grund dieses Briefes liegt nun einmal der Verdacht nahe, daß die Schilderung eines solchen Spiels einen bleibenden Eindruck auf Jürgen Bartsch, der ja zudem auch noch schwer krank war, gemacht haben muß. Der frühgestörte Junge war durch den harten Drill, den sexuellen Mißbrauch und die sadistischen Neigungen der Patres zutiefst verunsichert und entwickelte deshalb diese Zwangsgedanken, die er nicht steuern konnte, sondern von denen er selbst gesteuert wurde.«

»Das sind doch vage Vermutungen«, wehrte Böhme ab. »Wenn es wirklich so gewesen wäre, hätten die Eltern es merken müssen.«

»Das Verhältnis zu den Eltern war von früher Kindheit an mehr als oberflächlich. Sie haben deshalb die Veränderungen, die mit dem pubertierenden Sohn vor sich gingen, nicht bemerkt. Außerdem sind sicher die stundenlangen Schilderungen über den sadistischen Kindermörder Gilles de Rais nicht ohne Folgen auf so einen labilen Jungen geblieben. Hinzu kamen auch noch Filme aus dem Konzentrationslager, die die Kinder gemeinsam mit Pütz anzusehen gezwungen waren«, erklärte Wilke.

»Vielleicht haben Sie Recht«, sagte Böhme. »Aber bisher haben wir als eindeutiges Beweisstück nur diesen Brief.« Die Erleichterung, die aus Böhmes Worten klang, war nicht zu überhören.

TÄTER

Mein Name ist Jürgen Bartsch.
Ich bin etwa zwei Stunden informatorisch gehört worden. Dabei habe ich bereits zugegeben, vier Jungen getötet und in einem alten Luftschutzstollen in Langenberg vergraben zu haben. Ich bin nunmehr bereit, diese Angaben zu einer Niederschrift zu wiederholen und erkläre folgendes:
Nach meinem zehnten Lebensjahr bin ich von meinen Eltern in ein Internat gebracht worden, weil sie sich wegen Personalmangels nicht in der nötigen Weise um mich kümmern konnten. Dort verblieb ich etwa drei Jahre. An dieser Stelle möchte ich bemerken, daß ich meine leiblichen Eltern gar nicht gekannt habe. Ich wuchs bei Pflegeeltern auf, bei denen ich auch heute noch wohne und in deren Geschäft ich als Metzgergeselle tätig bin.
Während meiner Internatszeit mußte ich feststellen, daß ich mich sexuell zu anderen Jungen hingezogen fühlte. Es ist während dieser Zeit zwar nicht zu sexuellen Abartigkeiten zwischen mir und anderen Jungen gekommen, aber ich habe mich auf sexuellem Gebiet immer zu ihnen hingezogen gefühlt. Dieses Gefühl hat sich in den späteren Jahren ständig verstärkt. Ich bin einfach nicht dagegen angekommen. Ich habe einmal mit meinem Stiefvater darüber gesprochen, der mir riet, einen Arzt aufzusuchen. Ich habe hierzu aber einfach nicht den Mut gefunden.
Mein sexuelles Verlangen nach Jungen wurde schließlich nur noch dadurch gestillt, daß ich diese tötete.
(Aus dem polizeilichen Vernehmungsprotokoll vom 21. Juni 1966)

Eröffnung des Bartsch-Prozesses vor dem Wuppertaler Landgericht, 29. November 1967

Novembernebel lag über regennassen Dächern. Der Prozeß gegen Jürgen Bartsch wurde am 29. November 1967 vor der ersten Jugendstrafkammer des Wuppertaler Landgerichtes eröffnet. Insgesamt hatte dieser Prozeß, der als »Jahrhundertprozeß« im Nachkriegsdeutschland Kriminal- und Rechtsgeschichte schrieb, die kurze Dauer von nur acht Verhandlungstagen. In den frühen Morgenstunden, lange vor Prozeßbeginn, versammelte sich eine empörte Menschenmenge vor dem Gerichtsgebäude. Mit Rufen wie »Hängt die Bestie auf!«, »Warum wollt ihr so einen das Leben lang am Fressen halten?«, »Macht mit dem Kirmesmörder kurzen Prozeß!« verlangte die aufgebrachte Menschenmenge lautstark nach der Todesstrafe. Doch noch war Jürgen Bartsch nicht verurteilt, und es war ungewiß, welches juristische Strafmaß ihn am Ende tatsächlich erwarten würde. Die Neue Illustrierte Revue stellte in einem Artikel vom 22. Oktober 1967 mehrere Möglichkeiten des Strafmaßes dar:

»Der vierfache Kindermörder Jürgen Bartsch sagt von sich selbst: »Ich habe den Tod verdient.« Die Todesstrafe ist in der Bundesrepublik im Jahre 1949 abgeschafft worden. Welche Möglichkeiten hat das Gericht, wenn sich die Bestie von Langenberg in Kürze für die grausamen Verbrechen verantworten muß?

Lebenslänglich
Wird Bartsch, der zum Zeitpunkt seiner Straftaten noch nicht volljährig war, nach dem Erwachsenenstrafrecht verurteilt, dann erwartet ihn wegen vierfachen Kindermordes viermal lebenslänglich Zuchthaus.

Heilanstalt
Wird Bartsch von den Gutachtern für zurechnungsunfähig erklärt, kommt er in eine Heilanstalt. Gelangen die Psychiater zu dem Schluß, daß er vermindert zurechnungsfähig ist, kann er mit Zuchthaus bis zu 15 Jahren bestraft und nach der Verbüßung in eine Heilanstalt eingewiesen werden.

Jugendstrafe
Wird Bartsch nach dem Jugendstrafrecht verurteilt, so ist das höchst-

zulässige Strafmaß zehn Jahre Jugendstrafe. Danach müßte er entlassen werden.«

An der Stirnwand des hohen Gerichtssaales war ein Mosaik angebracht. Es zeigte das biblische Urteil des König Salomo, in dem es um das geplante Zerschneiden eines Kindes ging. Das Urteil des König Salomo aus dem Alten Testament galt seit Urzeiten als Zeichen für Gerechtigkeit:

Zu der Zeit kamen zwei Huren zum König und traten vor ihn. Und die eine Frau sprach: Ach, mein Herr, ich und diese Frau wohnten in einem Hause, und ich gebar bei ihr im Hause. Und drei Tage, nachdem ich geboren hatte, gebar auch sie. Und wir waren beieinander, und kein Fremder war mit uns im Hause, nur wir beide. Und der Sohn dieser Frau starb in der Nacht; denn sie hatte ihn im Schlaf erdrückt. Und sie stand in der Nacht auf und nahm meinen von meiner Seite, als deine Magd schlief, und legte ihn in ihren Arm, und ihren toten Sohn legte sie in meinen Arm. Und als ich des Morgens aufstand, um meinen Sohn zu stillen, siehe, da war er tot. Aber am Morgen sah ich ihn genau an, und siehe, es war nicht mein Sohn, den ich geboren hatte. Die andere Frau sprach: Nein, mein Sohn lebt, doch dein Sohn ist tot. Jene aber sprach: Nein, dein Sohn ist tot, doch mein Sohn lebt. Und so redeten sie vor dem König. Und der König sprach: Diese spricht: Mein Sohn lebt, doch dein Sohn ist tot. Jene spricht: Nein, dein Sohn ist tot, doch mein Sohn lebt. Und der König sprach: Holt mir ein Schwert! Und als das Schwert vor den König gebracht wurde, sprach der König: Teilt das lebendige Kind in zwei Teile und gebt dieser die Hälfte und jener die Hälfte. Da sagte die Frau, deren Sohn lebte, zum König – denn ihr mütterliches Herz entbrannte in Liebe für den Sohn – und sprach: Ach, mein Herr, gebt ihr das Kind lebendig und tötet es nicht! Jene aber sprach: Es sei weder mein noch dein; lasst es teilen! Da antwortete der König und sprach: Gebt dieser das Kind lebendig und tötet's nicht; die ist seine Mutter. Und ganz Israel hörte von dem Urteil, das der König gefällt hatte, und sie fürchteten den König; denn sie sahen, daß die Weisheit Gottes in ihm war, Gericht zu halten.
(1. Buch der Könige, 3. Kapitel, Vers 16–28)

»… und um Gerechtigkeit zu sprechen, sind wir heute hier«, eröffnete der vorsitzende Richter, der 61jährige Landgerichtsdirektor Dr. Wülfing, mit lauter Stimme den Prozeß. Neben ihm saßen zwei Schöffen, eine 68jährige Hausfrau und ein 49jähriger Gewerbeoberstudienrat. Staatsanwalt Fritz Klein war 50 Jahre alt, verheiratet und hatte vier Kinder. Der 37jährige Rechtsanwalt Heinz Möller hatte die Verteidigung von Jürgen Bartsch übernommen. Das hatte ihn bereits vor Prozeßbeginn Drohanrufe und schlaflose Nächte gekostet, denn ebenso wie Klein war Möller vierfacher Familienvater. Die Bartschs hatten sich mit Jürgens Verteidigung an Möller gewandt, weil er ihren Sohn in der Vergangenheit schon einmal wegen eines Verkehrsdeliktes verteidigt hatte. Jürgen Bartsch war bereits mehrfach vorbestraft: wegen Alkohol am Steuer, Unzuchtshandlungen mit minderjährigen Knaben und versuchten Diebstahls. Rechtsanwalt Möller war sich bewußt, daß die meisten Menschen seine Bereitschaft, »den Bartsch zu verteidigen«, nicht nachvollziehen konnten. »Auch dieser Junge hat ein gerechtes Urteil verdient«, rechtfertigte Möller vor den Journalisten seine Entscheidung. »Ich will mithelfen, es zu finden. Die ›gärende Volksseele‹ gegen sich zu haben, ist das Berufsrisiko eines Rechtsanwaltes. Sie wird sich jedoch wieder beruhigen. Mich interessiert vor allem, die Psyche des Jungen aufzudecken, das komplizierte Innenleben. Eine sorgsame Verteidigung haben auch seine Eltern verdient.«

Während der Hauptverhandlung waren nur Journalisten, Kriminalisten und Gutachter zugelassen. Nach Paragraph 48, Absatz 3 des Jugendgerichtsgesetzes hätte die Verhandlung öffentlich geführt werden müssen, da es sich bei dem Angeklagten um einen Heranwachsenden handelte. Gemäß Paragraph 172 des Gerichtsverfassungsgesetzes stellte die öffentliche Verhandlung der Bartsch-Morde jedoch eine Gefahr für die Sittlichkeit dar. In einem solchen Fall spielte es keine Rolle mehr, ob es sich bei dem Angeklagten um einen Jugendlichen handelte oder einen Erwachsenen. Der Prozeß mußte also in weiten Teilen unter Ausschluß der Öffentlichkeit stattfinden. Auch die Presse war aufgefordert, sich mit der Schilderung besonders grauenvoller Einzelheiten zurückzuhalten, um das Sittlichkeitsempfinden der Öffentlichkeit nicht zu verletzen.

Dreizehn Hauptbände Akten lagen auf dem Richtertisch, dazu zahlreiche Metzgermesser, an denen noch verkrustetes Blut klebte. Die Messer waren in Plastikfolie mit Aufschrift verpackt und dienten als Beweismaterial. Die Psychiater Prof. Dr. Hans Lauber, Prof. Dr. Friedrich Panse und Oberarzt Prof. Dr. Bresser saßen in der ersten Gutachterreihe. Sie hatten Jürgen Bartsch während der Untersuchungshaft mehrfach befragt und getestet. Die drei Hauptgutachter galten mit ihren psychiatrischen Ansichten in wissenschaftlichen Kreisen als sehr umstritten. Friedrich Panse war während des Zweiten Weltkrieges Wehrmachtspsychiater gewesen. In nachweislich 15 Fällen hatten Panses Gutachten dazu geführt, daß die Beurteilten zum Tode verurteilt worden waren. Die Auswahl der Gutachter legte den meisten Menschen die Vermutung nahe, daß die Richter Jürgen Bartsch mit allen Mitteln zu einer lebenslangen Zuchthausstrafe verurteilen wollten.

In der zweiten Gutachterreihe saßen zahlreiche Fachärzte und psychologische Wissenschaftler. Die hohe Zahl der wissenschaftlichen Gutachter war für den außenstehenden Betrachter ein sichtbares Zeichen dafür, daß die Kompliziertheit von Jürgen Bartschs Taten den Sachverstand der anwesenden Juristen zu überfordern drohte. Nachdem die Türen des Saales geschlossen waren und die Verhandlung beginnen konnte, wurde Jürgen Bartsch die Treppe heraufgeführt, die unmittelbar in die Anklagebank mündete. Er trug einen dunkelgrünen Anzug und eine dezente Krawatte, die Frau Bartsch extra für die Verhandlung gekauft hatte. Es fiel auf, daß man ihm keine Handschellen angelegt hatte. Zwei Justizbeamte bewachten ihn. Der Angeklagte nahm zwischen zwei Kripobeamten in der Bankreihe hinter seinem Verteidiger Platz. Dr. Wülfing begann, die Anklageschrift zu verlesen: »Der Metzgergeselle Karl Heinz Sadrozinski, genannt Jürgen Bartsch, wird angeklagt, vier minderjährige Personen durch List ihren Eltern entzogen zu haben und mit diesen Personen, die alle unter 14 Jahren waren, unzüchtige Handlungen vorgenommen zu haben. Er wird angeklagt, die vier minderjährigen Knaben anschließend heimtückisch und grausam getötet zu haben. Angeklagter! Bekennen Sie sich dieser Taten schuldig?«

Jürgen Bartsch nahm das Mikrofon zur Hand und verkündete in höflichem Tonfall: »Jawohl, Herr Gerichtsvorsitzender! Schuldig, Herr Gerichtsvorsitzender!«

Die Journalisten der Süddeutschen Zeitung München berichteten über den Verlauf des ersten Verhandlungstages: »Ohne Pose, ohne einen Blick für das Heer von Journalisten, Sachverständigen, Kriminalisten und Jugendpflegern, die auch nach Ausschluß der Öffentlichkeit im Saal bleiben dürfen, steht Bartsch in der Anklagebank. Mit fast rührendem Eifer bemüht er sich, die Fragen des Vorsitzenden zu beantworten, geht er auf die Vorhaltungen aus früheren Aussagen bei der

Kriminalpolizei ein. Er weidet sich nicht an den Erinnerungen, sondern scheint froh zu sein, sich endlich aussprechen zu können, seine Probleme, Schwierigkeiten, Gedanken bis in die intimsten Einzelheiten loszuwerden, sich jemandem anzuvertrauen. Anfangs hindert ihn der Vorsitzende immer wieder daran, indem er ihm Suggestivfragen stellt oder ihm seine Version von den Vorgängen unterschiebt. Erst als der Wahlverteidiger Heinz Möller einwirft: ›Der Herr Vorsitzende tut so, als sei er selbst dabeigewesen, erzähl' du doch mal, Jürgen.‹, kommt der Angeklagte zu Wort. Immer wieder erwähnt Bartsch, daß er ›allein‹ gewesen sei, daß er schlecht Kontakt bekommen habe. ›Ich hätte mich nie getraut, vier oder fünf Jungen auf der Straße anzusprechen‹, meint er einmal. Und sein Adoptivvater erinnert sich: ›Er wäre sicherlich über eine Freundschaft froh gewesen. Wenn er Geld hatte, dann wollte er immer andere ködern oder kaufen. Sonst kam er an die nicht ran.‹«

Dr. Wülfing vermochte auch nach längerer Verhandlungsdauer keine besonderen Auffälligkeiten in der Kindheit und Jugend des Angeklagten zu entdecken. Handelte es sich bei den Eheleuten Bartsch nicht um anständige Handwerksleute, die dem Angeklagten im tiefsten Leid noch Liebe und Zuneigung entgegenbrachten? Welche Gefahr sollte von so einem Vater und von so einer Mutter ausgehen?

Im Gutachten von Jugendgerichtshelfer Wilke wurde das emotionale Klima, das in der Familie Bartsch herrschte, als ausgesprochen »entwicklungshemmend« bezeichnet. Bedingt durch den langen Krankenhausaufenthalt ohne feste Bezugsperson – so hieß es – sei Jürgen Bartsch bereits im Säuglingsalter in seinen Entwicklungsmöglichkeiten beeinträchtigt worden. Die psychischen Defizite seien auch später nicht mehr aufgearbeitet worden, so daß davon auszugehen sei, daß der Angeklagte nicht der vollen Reife seines eigentlichen Alters entspricht.

Der Staatsanwalt ergriff das Wort und wies die Verteidigung darauf hin, daß der Angeklagte in der Kindheit jede Menge Steifftierchen, einen Kaufladen und einen eigenen Schallplattenspieler besessen hatte.

»Es muß sich um ein besonders verwöhntes Kind gehandelt haben, Herr Verteidiger!«

Im Saal kamen einige höhnische Lacher auf.

Dr. Wülfing wandte sich an den Angeklagten und fragte ihn, wie er sich bei seinen Adoptiveltern gefühlt habe.

»Sie hatten immer ein klein wenig weniger als wenig Zeit für mich«, antwortete Jürgen Bartsch nachdenklich.

»Aber Ihre Adoptivmutter hat Sie doch jeden Abend selbst gebadet«, wunderte sich Dr. Wülfing. »Das haben Sie Prof. Dr. Bresser in der psychiatrischen Untersuchung erzählt. Ich schließe daraus, daß Sie zu Ihrer Adoptivmutter ein ganz inniges, liebevolles Verhältnis hatten, oder etwa nicht?«

»Das Baden ist mir mit der Zeit gehörig auf die Nerven gegangen, Herr Gerichtsvorsitzender.«

»Der Angeklagte ist von seinen Adoptiveltern streng kontrolliert worden«, konterte Möller. »Die Kontrolle reichte bis in winzige Kleinigkeiten. Sogar so weit, daß er seine Armbanduhr nur sonntags tragen durfte. Und er durfte auch nicht selbst bestimmen, was er anziehen wollte. Seine Mutter hat die Sachen für ihn rausgesucht. Die übergroße Bevormundung hat verhindert, daß er zu einem reifen und verantwortungsbewußten Menschen werden konnte.« Eine ehemalige Angestellte der Metzgerei Bartsch, die kurz darauf in den Zeugenstand trat, bestätigte diesen Sachverhalt: »Jürgen Bartsch durfte nur tun, was seine Eltern sagten und sonst nichts. Er durfte nicht selbständig sein. Abends mußte er immer um 6 Uhr die Straßenbahn nehmen, die von Katernberg nach Langenberg fuhr. Ankunft und Abfahrt wurden von den Bartschs streng kontrolliert, obwohl Jürgen zu diesem Zeitpunkt schon ein großer Junge war.«

Nachdem die ehemalige Metzgereiangestellte den Zeugenstand verlassen hatte, räumte Dr. Wülfing ein, daß Frau Bartsch die Sorge um den Sohn sicher an manchen Stellen übertrieben hat.

»Aber solche Taten begründet es natürlich nicht ausreichend. Da müssen Sie schon stärkere Argumente bringen, Herr Verteidiger.«

»Es ist ausgesprochen ungewöhnlich, daß ein 19jähriger, junger Mann tagtäglich von seiner Mutter gebadet wird. Von einem liebevollen Eltern-Kind-Verhältnis kann gar nicht die Rede sein«, betonte Wilke und er fügte hinzu: »Das, was Jürgen Bartsch getan hat, ist der Ausdruck einer völlig fehlgeschlagenen Entwicklung. Seine Taten sind mit Hilfe der heutigen Psychologie erklärbar.«

Die psychiatrischen Untersuchungen der drei Hauptgutachter Bresser, Lauber und Panse hatten ergeben, daß Jürgen Bartsch seine Verbrechen minutiös geplant hat. Prof. Dr. Lauber schrieb in seinem Gutachten, daß der Täter bei der Durchführung seiner Taten überaus berechnend und intelligent vorgegangen sei. Im Alter von 15 Jahren habe Bartsch sich einen »Generalplan« zur Tötung kleiner Jungen zurechtgelegt. Obwohl er das Unrecht seines Handelns eingesehen hat, habe er dennoch immer weiter gemordet, um seine perverse Lust zu befriedigen. Er sei deshalb als ein gefährlicher Hangtäter zu betrachten und müsse die volle Härte des Erwachsenenstrafrechts zu spüren bekommen.

Verteidiger Möller, der langsam aber sicher zu ahnen begann, daß die drei psychiatrischen Gutachter sich mit vereinten Kräften anschickten, seinen Mandanten lebenslänglich ins Zuchthaus zu diagnostizieren, ergriff energisch das Wort: »Hohes Gericht! Der Vertreter der Jugendgerichtshilfe weist in seinem Gutachten nach, daß die Taten des Angeklagten unter einem inneren Zwang geschehen sind, gegen den der Angeklagte sich nicht wehren konnte. Es entzog sich dem Bewußtsein vollkommen. Von einer Einsichtsfähigkeit des Angeklagten kann also gar nicht die Rede sein.«

»Soll das heißen, daß der Angeklagte für sein Handeln nicht voll verantwortlich gemacht werden darf?« fragte Dr. Wülfing.

Wilke gab zu bedenken, daß Jürgen Bartsch aufgrund seiner schweren psychischen Störung nur bedingt schuldfähig sei. Er stellte noch einmal mit Nachdruck fest, daß der Angeklagte umgehend therapeutische Hilfe benötige. Außerdem sei Jürgen Bartsch zum Zeitpunkt der ersten Tat erst 15 Jahre alt gewesen, und dieser Sachverhalt schließe eine Verurteilung nach dem Erwachsenenstrafrecht ohnehin aus.

»Herr Wilke! Sie bezeichnen den Angeklagten in Ihrem Gutachten als ›kontaktgestört‹. Wie erklären Sie sich aber die Tatsache, daß der Angeklagte – laut Aussage zahlreicher Zeugen – während der Zeit der Untersuchungshaft einen sehr regen und ausgiebigen Kontakt zum Gefängnispfarrer hatte? Auch mit seinem Verteidiger Herrn Möller führte er einen Briefkontakt und zahlreiche Gespräche. Während der Untersuchungshaft wurde er von allen Angestellten als aufgeschlossen und kontaktfreudig beurteilt. Ist das nicht als ein Zeichen dafür zu werten, daß er im Erwachsenenalter seine Kontakthemmung überwunden hat?« fragte Dr. Wülfing.

»An der Armut der früheren Verhältnisse kann man trotzdem nicht so einfach vorbeisehen«, wandte Wilke ein. Zudem hatte ein ehemaliger Lehrer des Bartsch im Zeugenstand ausgesagt, der Angeklagte sei während der gesamten Volksschulzeit ein kontaktschwacher Einzelgänger gewesen.

Verteidiger Möller erhob sich. »Hohes Gericht ... bringen wir die Fakten einmal auf den Punkt. Bei Jürgen Bartsch hat es sich um die Adoption eines Kronprinzen gehandelt. Der Angeklagte sollte später einmal das Geschäft seiner Adoptiveltern übernehmen. Aus diesem und keinem anderen Grund haben ihn die Eheleute Bartsch adoptiert. Und um ihre Ehe zu retten, die damals schon völlig zerrüttet war. An dem Jungen selbst hatten die Eheleute Bartsch kein Interesse. Hätten Sie ihn sonst bei jedem Problem, das sich zeigte, direkt ins Heim gegeben?«

»Kronprinz! Das ist doch lächerlich!« brüllte Dr. Wülfing durch den Saal.

»Erziehung kann solche Taten nicht bewirken. So etwas ist entweder angeboren oder erlernt«, konterte der Sachverständige.

»Dies ist ein Prozeß des 20. und nicht des 19. Jahrhunderts. Ich glaube nicht an die Theorie vom Mördergen«, sagte Wilke. »Vor allem die Zeit im Internat in Mauzberg hat den Angeklagten in sexueller Hinsicht negativ geprägt. Die Erfahrungen, die der Angeklagte in dieser Zeit machen mußte, waren unbeschreiblich hart und gewaltvoll. Im übrigen gibt es einen Brief, aus dem der sadistische Erziehungsstil der Patres eindeutig hervorgeht.«

Verteidiger Möller stand auf und überreichte Dr. Wülfing das blaue Kuvert. Nachdem die psychiatrischen Gutachter vom Inhalt des Briefes erfahren hatten, steckten sie die Köpfe zusammen und berieten sich. Ohne auf den Inhalt des Briefes einzugehen, verkündete Prof. Dr. Bresser nach einer Weile: »Meine Untersuchungen haben ergeben, daß der Angeklagte seinem Trieb nicht willenlos ausgeliefert war. Er war vielmehr in jeder Situation in der Lage, sein Verhalten rationell zu steuern.«

»Aus den Untersuchungen Prof. Dr. Bressers geht eindeutig hervor, daß der Angeklagte sich willentlich ein Leben als Erotomane zurechtgelegt hat«, stellte Dr. Wülfing sachlich fest und begann die entsprechende Stelle aus der Exploration des Psychiaters zu zitieren: »In wenigen Wochen im Juni und Juli 1961 lockte der Angeklagte nacheinander Peter H., Frank B. und schließlich Alfred H. in den Stollen, ließ sie sich unter Gewaltanwendung oder Bedrohung entkleiden und nahm homosexuelle Betätigung an ihnen vor. In seinen Phantasien malte er sich dann aber mehr und mehr aus, wie er seine Opfer noch weiter unter seine Gewalt bringen und sie beherrschen könnte. Sie sollten sich vor seinen Drohungen ängstigen, unter seinen Mißhandlungen schreien und zappeln. Er wollte sie mißbrauchen, quälen und peinigen und schließlich töten.«

»Es war das höchste Ziel seiner Lust, seine Taten immer mehr vom Vorstellbaren bis hin ins Unvorstellbare zu steigern«, gab der Staatsanwalt zu bedenken.»Bei der Verfolgung seines höchsten Zieles ist er im übrigen sehr geschickt vorgegangen. Der Angeklagte hat seine minderjährigen Opfer mit Drohungen gefügig gemacht, damit sie ihn nicht verraten können. Ist das nicht ein deutliches Zeichen dafür, daß er gar nicht erwischt werden wollte?«

Doch stimmte es wirklich, daß Jürgen Bartsch nicht gefaßt werden wollte? Welche Schuld traf das soziale Umfeld des Bartsch? Hatte man nicht an vielen Stellen die Augen vor der Wahrheit verschlossen? Tatsache war, daß der Vater von Frank B. bereits im Juni 1961 Anzeige gegen Jürgen Bartsch erstattet hatte, weil dieser seinen Sohn in die Höhle gelockt und dort grausam mißhandelt hatte. Aber die Sache war als »Kinderunfug« zu den Akten gelegt worden. Frau Bartsch hatte dem Geschädigten, Frank B., 20 Mark aus dem Sparschwein des Angeklagten gegeben, um Stillschweigen zu bewahren.

»Lediglich Herr Bartsch führte nach diesem Vorfall ein längeres Gespräch mit seinem pubertierenden Sohn«, fügte Möller hinzu und betonte, daß Herr Bartsch sich zur damaligen Zeit sogar Hilfe suchend an das Jugendamt gewandt hatte. Doch auch dort tat man die ganze Angelegenheit mehr oder weniger als Lappalie ab.

Der Langenberger Malermeister B. hatte damals in seiner Anzeige gegen Bartsch zu Protokoll gegeben, dieser habe seinen Sohn Frank im Bunkerstollen an der Heegerstraße gezwungen, sich auszuziehen und auf den Boden zu legen. Dann habe sich Bartsch auf den Jungen gesetzt. Es sei Frank aber gelungen, sich zu befreien und fortzulaufen. Langenberger Ortspolizisten bearbeiteten Franks Stollenerlebnis als Körperverletzung. Und weil Jürgen Bartsch bei der Vernehmung angab, er habe sich mit Frank im Bunker nur herumgebalgt, stellte die Staatsanwaltschaft schließlich die Ermittlungen ein. Jürgen Bartsch wurde mithin wegen seiner abartigen Veranlagung nie polizeinotorisch. So war es denn auch nicht die Polizei, die letzte Woche aus Hilfsarbeiter Ernst P.'s Angaben und den Leichenfunden im Stollen den richtigen Schluß zog, sondern Malermeister B.. Er veranlaßte die Kripo, Jürgen Bartsch festzunehmen.

(Der Spiegel, 27. Juli 1966, Nr. 27)

»Rufen Sie Herrn Bartsch in den Zeugenstand. Ich möchte ihn zur Sache befragen«, bat Dr. Wülfing.

Herr Bartsch betrat unter dem Blitzlichtgewitter der Journalisten den Zeugenstand. Auf Grund seiner Kriegsverletzung hinkte er leicht. Auf Dr. Wülfings Frage, ob sein Sohn ihm jemals etwas von seiner Homosexualität erzählt habe, antwortete Gerhard Bartsch, daß er bei einer Gelegenheit ein bißchen hellhörig geworden sei. Es sei die Sache mit Frank B. im Juni 1961 gewesen. Jürgen hatte Frank B., den minderjährigen Sohn des Nachbarn, in den Stollen gelockt. Frank B. hatte behauptet, Jürgen sei ganz plötzlich und ohne Vorankündigung über ihn hergefallen, habe ihn geschlagen und mißhandelt. Er habe ferner von ihm verlangt, sich nackt auszuziehen. Gerhard Bartsch hatte sich daraufhin Sorgen um den Sohn gemacht und sei deshalb sogar zum Jugendamt gegangen. Aber der Beamte beruhigte ihn mit der Begründung, daß homosexuelle Handlungen bei acht von zehn Knaben vorkommen würden.

Ob Jürgen in seiner Kindheit und Jugend viele Freunde hatte, wollte Dr. Wülfing wissen.

Jürgen sei immer sehr scheu und schüchtern gewesen, sagte Gerhard Bartsch. Er habe später sein Geld nicht für sich gebraucht, sondern sich damit seine Freunde geködert.

Auf Wülfings Frage, ob es in der Ehe Streitigkeiten gegeben habe, antwortete Gerhard Bartsch, daß er manchmal nicht die Zeit habe, es allen recht zu machen.

»Mein Arbeitstag beginnt um 6 Uhr in der Früh und endet 14 Stunden später, Herr Gerichtsvorsitzender.«

»Warum haben Sie Ihren Sohn der Obhut der Großmutter und einer Reihe von Dienstmädchen überlassen?« wollte der Erste Vorsitzende wissen.

»Ach Gott, mein Sohn hat es nie so tragisch genommen.«

»Und warum durfte er seine Armbanduhr nur sonntags tragen?«

»Davon weiß ich nichts. Und wenn, dann nur, damit sie nicht kaputtging.«

»Ihr Sohn hat 1961 eine Lehre als Metzgermeister begonnen. Ist dies auf seinen eigenen Wunsch hin geschehen?«

»Nein. Es geschah in Ermangelung eigener Wünsche. Wir dachten, daß es das Beste für Jürgen sei, wenn er später einmal das Geschäft übernimmt.«

»Er ist zunächst bei Metzgermeister Herrn van Loon in die Lehre gegangen. Der Angeklagte hat ausgesagt, daß es ihm bei Herrn van Loon gut gefallen hat. Warum haben Sie ihn dort weggeholt?«

»Ja, sehen Sie, Herr Gerichtsvorsitzender ... ich hatte Angst, daß mir der Junge bei dem Kollegen verkommen würde, weil er da so viel Zeit hatte. Ich konnte ihn viel besser in die Mangel nehmen. 60 Stunden in der Woche, das ist nicht zu scharf für einen 15jährigen.«

Der Fall Jürgen Bartsch | 549

»Wußten Sie nicht, daß das vom Gesetz her verboten war?«
»Nein ... wieso? Er war ja kein Fremder, sondern mein Sohn«, antwortete Gerhard Bartsch erstaunt.
»Was ist mit all den Geschichten, daß Ihre Frau den Jungen noch bis zur Verhaftung gebadet haben soll?« wollte Dr. Wülfing wissen.
»Meine Frau hat Jürgen bis zuletzt als Kind behandelt, Herr Gerichtsvorsitzender.«
»Pflegte Frau Bartsch immer beim Baden dabei zu sein?«
Gerhard Bartsch schüttelte energisch den Kopf. »Also ... Herr Gerichtsvorsitzender ... bei mir ... da muß ich sagen ... niemals!«
Alle im Gerichtssaal begannen schallend zu lachen. Auch die Richter schmunzelten über die unfreiwillig komische Aussage des Metzgermeisters, während Gerhard Bartsch aufstand und humpelnd und gebeugt den Gerichtssaal verließ. Die Verhaftung seines Adoptivsohnes hatte ihn zu einem gebrochenen Mann gemacht.
»Ich mache ja keinem Menschen einen Vorwurf in Hinblick auf Jürgen«, murmelte er. »Höchstens mir selbst.«
Im Gerichtssaal verstummte das Lachen.

Die erste Lehrstelle trat Jürgen Bartsch bei dem Altenessener Metzgermeister Josef van Loon an. Dort blieb er vier Monate. Der Weg nach Altenessen war ihm zu weit. Die Eltern wollten den Jungen lieber zu Hause, im Bausparkasseneigenheim in Langenberg und im eigenen Geschäft in Katernberg haben. Die Eltern achteten sehr genau auf die Erziehung ihres Adoptivkindes. Obwohl sie dem Jungen jeden Wunsch erfüllten, hielten sie ihn sehr streng: Pünktlichkeit zu Hause und im Geschäft, peinliche Sauberkeit und korrekte Kleidung.
(Neue Ruhr Zeitung Essen, 23. Juni 1966, Nr. 143)

Nach einer kurzen Mittagspause setzte Dr. Wülfing am Nachmittag des ersten Prozeßtages die Vernehmung fort.
»Angeklagter, wie war Ihr Verhältnis zu Metzgermeister Herrn van Loon?«
»Ich hatte beim Meister van Loon viel Freizeit. Ich bin meistens mittags oder am frühen Nachmittag in den Park gegangen oder in Altenessen rumgelaufen. Ich war immer auf der Kirmes, wie damals, als ich bei meinem Lehrer war. Ich bin genauso oft ins Hallenbad gegangen wie früher. Deshalb hat es mir beim Meister van Loon auch so gut gefallen.«
»Verschweigen Sie uns nicht etwas Wichtiges?« fragte der Erste Vor-

sitzende argwöhnisch. »Sie haben Prof. Dr. Bresser gegenüber erwähnt, daß Sie damals schon gewisse Neigungen verspürten.«

»Das stimmt. Ich ... bin ins Schwimmbad gegangen, aber mit Hintergedanken, um mir die Jungs ein bißchen anzugucken ... nackig ... beim Ausziehen und so ...«, stotterte Jürgen Bartsch.

Die Zeugenaussage des früheren Lehrherren Herrn van Loon bestätigte erneut den Verdacht, daß Jürgen Bartsch dem krankhaften Putzzwang seiner Adoptivmutter auch als Heranwachsender noch immer hilflos ausgeliefert war. Herr van Loon sagte an diesem Nachmittag des ersten Prozeßtages aus, daß Jürgen Bartsch sehr auf seine Reinlichkeit geachtet habe. Er vermutete, daß dies wohl in erster Hinsicht der Wunsch von Frau Bartsch gewesen sei. Jürgen habe oft baden und die Wäsche wechseln müssen. Der Angeklagte habe sich einmal bei den Eheleuten van Loon über die Tatsache beklagt, daß seine Mutter ihn ständig baden würde. Herrn van Loon kam es damals so vor, als ob das Baden ihres Sohnes eine Art Hobby für Frau Bartsch war. Bei Antritt der Arbeit habe Frau Bartsch ihm und seiner Frau erklärt, ihr Junge sei sehr sensibel, er dürfe nie roh angefaßt oder angeschrien werden. Mittwochs sei er immer beurlaubt worden, weil er sich mit seiner Mutter nachmittags in der Stadt getroffen hat. Meistens sei er dann mit Bauchschmerzen und vielen Süßigkeiten zurückgekommen.

»Angeklagter! Ihr Vater hat Sie dann von dem Kollegen weggeholt und seinem eigenen Betrieb zugeführt. War das auch Ihre Entscheidung?« fragte Dr. Wülfing laut.

»Nein. Ich wollte nicht zu meinem Vater. Bei Bartsch brennt die ewige Lampe, hieß es überall in der Siedlung. Bei meinem Vater wurde immer früh angefangen und überhaupt nicht mit der Arbeit aufgehört. Es wurde bis in den späten Abend hinein gearbeitet. Natürlich hat mir das nicht gefallen. Ich hatte überhaupt keine Freizeit mehr.«

»Haben Sie sich denn nie gewehrt?«

»Nein. Auf diese Idee bin ich gar nicht gekommen, Herr Gerichtsvorsitzender.«

»Glauben Sie, daß der Metzgerberuf Sie verroht hat?«

»Nein.«

Er hat nicht gerne geschlachtet, Herr Gerichtsvorsitzender. Er war viel zu sensibel dafür. Er ist nie gerne zur Kälberschlachthalle mitgefahren. Hat sich davor gedrückt, sooft er konnte. Er hat mal zu mir gesagt, Frau O., die kleinen Kälb-

chen gucken mich immer so treu an. Manchmal lecken sie mir noch die Hand.
Ich kann das einfach nicht tun. Ich bring das einfach nicht übers Herz.
(Aussage der Zeugin Frau O., 35 Jahre, Verkäuferin in der Metzgerei Bartsch)

Zweiter Verhandlungstag in der Strafsache Bartsch

Am Vormittag des zweiten Verhandlungstages schilderte Jürgen Bartsch dem Hohen Gericht, wie er im Alter von 13 Jahren, beim Spielen mit den anderen Kindern, in der Nähe der Siedlung durch Zufall den alten Stollen entdeckt hatte, der seinen späteren Opfern zum Verhängnis wurde.

»Wir haben eine Zeitung angezündet und in das dunkle Loch geleuchtet. Dann haben wir alle zusammen laut ›Hilfe‹ gerufen. Die anderen Jungs sind weggelaufen, weil sie Angst hatten. Aber ich hab mich in dem Ding noch etwas umgesehen.«

»Haben auch andere Kinder in dem alten Luftschutzstollen gespielt?« fragte der Erste Vorsitzende.

»Ja. Aus der Nachbarschaft. Aber es war nicht üblich, daß Kinder da spielten. Ich hab sie später dann dorthin locken müssen, Herr Vorsitzender. Freiwillig wären sie ja nicht mitgegangen.«

»Hatten Sie in dem dunklen Stollen keine Angst?«

»Nein! Ich hab mich gleich in die Höhle verliebt und sie als mein Reich angesehen. Als etwas, wo mir nicht ständig jemand dazwischenfurzen konnte. Ich bin nach Hause gegangen und habe mir eine Kerze geholt.«

Während einer polizeilichen Vernehmung im Juni 1966 hatte Jürgen Bartsch ausgesagt, daß er seine Gefangenen am liebsten im Schimmer von Kerzenlicht töten würde, da der Schein einer Taschenlampe ihm zu nüchtern sei. Bartsch hatte während derselben Vernehmung zugegeben, daß er wenige Wochen vor seiner Festnahme, im Mai 1966, mit dem Gedanken gespielt habe, eine Fotoausrüstung und ein Labor anzuschaffen, um die von ihm Getöteten zu fotografieren und die Bilder für seine sexuelle Stimulation zu verwenden.

Auf die Frage des Richters, wann er denn zum ersten Mal die Phantasie verspürt habe, ein Kind umzubringen, gab Jürgen Bartsch an, daß es kurz nach seiner fristlosen Entlassung aus dem Internat gewesen sei.

Nachdem er dort zum zweiten Mal entwichen war, hatte man ihn in Mauzberg nicht mehr aufgenommen.

»Die traumatischen Erlebnisse im Knabeninternat haben Jürgen Bartsch derart negativ geprägt, daß er diese später nicht mehr anders verarbeiten konnte, als die Morde zu begehen«, behauptete Wilke in eindringlichem Ton.

»Das sind doch wilde Spekulationen. Mehr nicht!« regte sich Dr. Wülfing auf.

»Hohes Gericht!« meldete sich Möller zu Wort. »Die Verteidigung stellt den Antrag, daß Pater Pütlitz zu den Vorgängen im Internat Mauzberg gehört wird.«

»Antrag abgelehnt!« erwiderte Dr. Wülfing. »Der Bischof hat die Aussagegenehmigung verweigert.« Die Befragung des Angeklagten wurde durch einen Sachverständigen fortgesetzt.

»Wie haben Sie denn die Kinder in die Höhle gelockt?«

»Ich habe ihnen erzählt, was da alles vergraben ist. Ein Schatz und Gewehre. Mit der Zeit hab ich auch drei oder vier verschiedene Schreckschußpistolen dort versteckt.«

»Wenn der Trieb so stark war«, fragte Dr. Wülfing laut, »warum haben Sie sich dann beherrschen können, bis Sie in der Höhle waren? Warum haben Sie die Kinder dann nicht auf der Straße ausgezogen und getötet? Auf der Straße, vor aller Augen?«

Jürgen Bartsch zuckte hilflos die Achseln und begann still zu weinen. Die Verhandlung wurde für eine kurze Zeit unterbrochen.

Die aufgestauten Gefühle wurden in Jürgen Bartsch inzwischen immer stärker. Seine Aggressivität steigerte sich. Er versprach den Buben in seiner Umgebung, sie dürften mit seinem Fahrrad fahren, gaukelte ihnen etwas von einem Waffenlager und von Schätzen vor, versprach ihnen Belohnungen, wenn sie mit in den Luftschutzstollen kommen würden, den er inzwischen unweit der elterlichen Wohnung entdeckt hatte. Der kleine Frank B. erzählte das seinen Eltern. Der Vater erstattete Anzeige gegen Jürgen Bartsch. Als nichtig wurde die Angelegenheit zu den Akten gelegt. Am 31. März 1962 beging Bartsch dann seinen ersten Mord an dem achtjährigen Klaus Jung. Am 5. August 1965 brachte er den dreizehnjährigen Peter Fuchs um. Am 14. August 1965 den elfjährigen Ulrich Kahlweiß, am 8. Mai 1966 den elfjährigen Manfred Graßmann. Am 18. Juni 1966 lockte er den 14jährigen Ernst P. in die Höhle. Sein letztes Opfer entkam jedoch, und Jürgen Bartsch wurde in der elterlichen Wohnung verhaftet.

(Süddeutsche Zeitung München, 4. Dezember 1967)

»Wie sind Sie in den Besitz der Pistolen gekommen?« wollte der Sachverständige wissen.

»Ich hab meinem Adoptivvater Geld aus der Kasse gestohlen, Herr Sachverständiger. Davon wollte ich von einem anderen Lehrling eine Pistole kaufen, und Papi hatte mich erwischt. Ich schäme mich dafür.«

Wilke wandte an dieser Stelle ein, die Diebstähle hätten zu einem Zeitpunkt begonnen, als Jürgen Bartsch durch Zufall von seiner Adoption erfahren hatte. Bisher hatte er angenommen, das leibliche Kind der Eheleute Bartsch zu sein. War er mit diesem neuen, beängstigenden Wissen nicht fertig geworden? War das Stehlen – wie Wilke in seinem Gutachten schrieb – eine Art Hilferuf gewesen?

»Haben Sie Ihre Adoptiveltern über die Entdeckung in Kenntnis gesetzt?« versuchte der Sachverständige den Dingen auf den Grund zu gehen.

Jürgen Bartsch nickte. »Ja. Ich wollte erst nicht. Aber dann habe ich mich verplappert.«

»Haben Ihre Adoptiveltern mit Ihnen daraufhin über die Tatsache der Adoption gesprochen?«

»Ja. Mit meinem Vater bin ich dann morgens ganz früh durch die Siedlung gegangen und er hat mir alles erzählt. Er hat gesagt, daß er das Geld vergessen will. Er hat geglaubt, daß ich es nie wieder tun würde. Aber ich hab es dann doch wieder getan ... Unverzeihlich ist das ... jawohl!«

Jürgen Bartsch ließ schluchzend den Kopf auf seine Hände sinken.

»Jawohl! Das ist in der Tat unverzeihlich!« rief Dr. Wülfing entrüstet. »Die eigenen Eltern an den Rand des Ruins zu treiben! 25 000 DM, so viel haben Sie ihnen summa summarum im Laufe der Zeit gestohlen, sind schließlich keine Kleinigkeit. Sie haben das Geld leichtfertig verpraßt: für Saufgelage, diverse Bordellbesuche und andere Vergnügungen. Wenn es darum ging, Ihre Adoptiveltern zu bestehlen, sind Sie im übrigen sehr geschickt vorgegangen.«

Der Taxifahrer Gerd Pf. trat in den Zeugenstand und lieferte dem Gericht einen weiteren Beweis für das Doppelleben des Bartsch. Gerd Pf. hatte Jürgen Bartsch oft in seinem Taxi gefahren. Während der Fahrt hatten sie sich immer rege unterhalten, und zwar über Zauberei, Frauen und Bordellbesuche des Bartsch. Bartsch hatte immer über reichlich Geld verfügt.

»Angeklagter!« fragte der Erste Vorsitzende. »Was wollten Sie eigentlich im Bordell? Haben Sie nicht gesagt, Ihr Trieb war ausschließlich auf jüngere Knaben gerichtet?«

»Das stimmt, Herr Vorsitzender. Ich bin ins Bordell gegangen, weil ich normal werden wollte. Ich dachte, wenn ich zu den diversen Damen gehe, könnten mir diese Erlebnisse helfen, so zu werden, wie die anderen Jungen auch. Stinknormal eben.«

»Angeklagter! Haben Sie sich mit den Damen fein amüsiert?«

»Also ich muß schon sagen, Herr Landgerichtsdirektor ... Das hatte mit Amüsieren nun wirklich nichts mehr zu tun.«

Der Jürgen kam öfter zu uns ins Bordell. Ich erinnere mich noch genau an den. Eigentlich war der ja viel zu jung für so was, Herr Landgerichtsdirektor. Der hatte zwar bezahlt ... aber der wollte gar nichts von mir. Wir haben uns die halbe Nacht über Gott und die Welt unterhalten, Herr Landgerichtsdirektor. Noch nicht mal an die Brust gefaßt hat er mich. Das war doch der reinste Milchbubi. Völlig verklemmt. Heimlich haben wir schon über den gelacht. Der hatte immer die Taschen voller Geldscheine. Seine Eltern hatten 'ne fette Metzgerei. Und Geld brauchen wir doch schließlich alle. Deswegen hab ich mich auch immer wieder mit dem abgegeben. Obwohl jeder wußte, daß mit dem was nicht stimmen konnte.

(Aus der Zeugenaussage von Karla M., Prostituierte)

An diesem Punkt der Verhandlung brachte Wilke zum ersten Mal den so genannten »Bartsch-Cocktail« zur Sprache. Dies war ein Gemisch aus Cola und Asbach, das Jürgen Bartsch häufiger zu trinken pflegte. Der Anteil des Alkohols sei allerdings wesentlich höher gewesen als der der Cola. Jürgen Bartsch hatte – laut eigener Aussage – Ende 1965, kurz nach seiner fristlosen Entlassung aus dem Internat, angefangen zu trinken. Seit dieser Zeit hatte er auch des öfteren Gaststätten besucht, vor allem samstags nach Feierabend. In Wilkes Augen war dies ein weiterer Hinweis dafür, daß Jürgen Bartsch die Erlebnisse im Internat psychisch nicht verkraftet hatte.

»Hat Ihnen die Trinkerei Spaß gemacht?« erkundigte sich Dr. Wülfing in nachdenklichem Tonfall.

»Ich habe nicht getrunken, weil es Spaß gemacht hat«, entgegnete Jürgen Bartsch. »Manchmal habe ich vor den Kirmesbesuchen getrunken. Es ist mir immer schwer gefallen, die Kinder anzusprechen. Ich habe mir Mut antrinken müssen.«

»Sie wollen uns also weismachen, daß Sie die Taten unter Alkoholeinfluß begangen haben und daß Ihre Kontrollfähigkeit gesenkt war?«

Als Jürgen Bartsch nickte, bat Dr. Wülfing den Gutachter Prof. Dr.

Bresser, eine entsprechende Stelle aus der Exploration zu zitieren, die beweisen sollte, daß Jürgen Bartsch trotz des hohen Alkoholkonsums jederzeit in der Lage war, sein Handeln zu steuern.

»Auf die Frage nach den Durchschnittsmengen, die er getrunken habe, gibt er an, es seien etwa 16 bis 20 Glas Asbach in den Nächten von Freitag auf den Samstag gewesen. Nach solchen Getränken habe er ›nicht mal Schwindelgefühle‹ verspürt. Es sei in Hunderten von Fällen lediglich zwei- oder dreimal vorgekommen, daß er blau gewesen sei, und auch nur, wenn er durcheinander getrunken habe.«

Der Mietwagenunternehmer Georg S. hatte bei seiner polizeilichen Vernehmung am 21. Juni 1966 zu Protokoll gegeben, Bartsch sei mehrmals sein Fahrgast gewesen. Die Fahrten habe er immer bezahlt und nie Schwierigkeiten gemacht. Es sei auch vorgekommen, daß Bartsch etwas getrunken habe, während er ihn gefahren habe. Das habe man ihm aber nicht ansehen können. Bartsch habe S. erzählt, daß er ausschließlich Asbach mit Cola trinken würde. Davon könne er 20–30 Gläser vertragen. Georg S. war mehrfach aufgefallen, daß Bartsch tatsächlich viel Alkohol vertragen konnte. Ein Gastwirt hatte ihm einmal, als er Bartsch abgeholt hat, gesagt, dieser habe in ca. einer Stunde zehn Asbach mit Cola getrunken. Als Georg S. ihn dann nach Hause gefahren habe, sei er vollkommen nüchtern gewesen, zumindest habe er sich so benommen. Bartsch habe gern aufgeschnitten und sich wichtig gemacht. Manchmal sei auch der Freund des Bartsch bei den Saufgelagen mit von der Partie gewesen. Dieser Freund, der im Leben von Jürgen Bartsch eine nicht unbedeutende Rolle gespielt hatte, gewann für das Hohe Gericht am Vormittag des zweiten Verhandlungstages mehr und mehr an Bedeutung. Es hatte den Anschein, als wolle Dr. Wülfing jedes Detail dieser Freundschaft ergründen.

»Angeklagter, wann haben Sie Ihren Freund Viktor kennen gelernt?«

»1961. Ich war 15, Herr Landgerichtsdirektor. Viktor war damals zwölf.«

»Und Sie gingen schon in die Lehre. Hegten Sie damals bereits die Absicht, Viktor umzubringen?«

»Na ja, wie ich schon sagte ... mein Interesse galt jüngeren Knaben ... schlanken Volksschülern in kurzen Lederhosen«, stotterte Jürgen Bartsch mit hochrotem Gesicht.

Prof. Dr. Bresser las auf Wunsch des Staatsanwalts eine Stelle aus der Exploration vor, die Dr. Wülfings Vermutung im wesentlichen bestätigte: »Wenn ich so einen Jungen seh' ... auch heute noch ... seinen schönen Körper ... die langen Beine und die kurzen Lederhosen ... dann wird mir ganz heiß und dann spüre ich, daß der Trieb wiederkommt und daß ich ihn dann am liebsten zerfleischen würde.«

»Das ist ja grauenvoll. Geradezu entsetzlich«, bemerkte Dr. Wülfing mit angewidertem Gesichtsausdruck und schüttelte mehrmals hintereinander den Kopf.

»Angeklagter! Antworten Sie bitte wahrheitsgemäß! Haben Sie jemals ernsthaft über die Möglichkeit nachgedacht, Viktor umzubringen?«

»Jawohl, einmal.«

»Obwohl er so ein guter Freund von Ihnen war?«

»Jawohl!«

»Können Sie sich noch erinnern, wann Sie zum ersten Mal den Gedanken hatten, Viktor umzubringen?«

»Das war, als ich ihm meine erste Mordtat gestanden habe.«

Totenstille breitete sich im Gerichtssaal aus. Ungläubiges Staunen lag wie ein feiner Schleier auf den Gesichtern der Zuhörer. Bis zu diesem Zeitpunkt hatten nur die Gutachter und Kriminalisten gewußt, daß Jürgen Bartsch mit anderen Menschen über den ersten Mord gesprochen hatte. Doch Viktor – das brachte die Verhandlung ans Licht – war nicht der einzige Mitwisser. Jürgen Bartsch hatte seine erste Mordtat einem katholischen Aushilfspfarrer gebeichtet. Doch dieser hatte sich auf sein Beichtgeheimnis berufen und geschwiegen. Als Viktor einem Freund von dem angeblichen Mord in der Höhle erzählte, hielt dieser es für besser, »den Eltern nichts zu erzählen«.

Drei Menschen wußten oder ahnten zumindest, daß Jürgen Bartsch im Alter von 15 Jahren sein erstes Opfer, Klaus Jung (8) aus Essen, in der Höhle umbrachte! Der eine war der katholische Aushilfsgeistliche von Langenberg, dem Bartsch die Tat beichtete. Kurz nach der schrecklichen Beichte vertraute Jürgen Bartsch auch seinem heute 18 Jahre alten »Freund« Viktor W. aus Velbert an, er habe einen Jungen mit der Pistole bedroht und so eingeschüchtert, daß er mit in die Höhle gegangen sei. Dort sei der Junge von ihm mit der Pistole niedergeschlagen worden, und er habe »versucht, ihn zu verbrennen«.

Viktor W. vor Gericht: »Ich hielt das für Spinnerei.«

Er erzählte die Sache jedoch einem Freund, um zu erfahren, was der von allem halte. Keiner der Jungen aber hatte den Mut, sich den Eltern anzuvertrauen! Als Viktor W. später selbst in die Höhle gelockt wurde, kam er auf die rettende Idee, in der Höhle Bartsch gegenüber zu erwähnen: »Meine Mutter weiß, wo ich bin.« In Wirklichkeit wußte sie nichts. Mehrere junge Menschen traten sodann als Zeugen gegen Bartsch auf, darunter ein erst Dreizehnjähriger, die mit knapper Not entkommen waren. Sie alle hatte Bartsch unter dem Vorwand, dort lagerten alte Waffen und Munition, an die Stätte seiner späteren Morde gelockt. Sie wurden von Bartsch mißbraucht, geschlagen und mit Mord bedroht, damit sie ihm zu Willen waren. Weitere Drohungen stieß Bartsch aus, damit die Jungen schwiegen. Keines dieser entkommenen Opfer hatte genügend Vertrauen, sich seinen Eltern zu offenbaren.

(Abendzeitung München, 5. Dezember 1967)

Aus der Offenheit des Angeklagten folgerte die Jugendgerichtshilfe, daß dieser sich einem Menschen offenbaren wollte. Er wollte in Wahrheit gefaßt werden, damit seinem Treiben ein Ende gemacht werden konnte. Das Verhalten des Angeklagten ließ überhaupt keinen Zweifel daran, daß er sich von seinem Trieb befreien wollte.

»Einspruch! Ich zitiere jetzt eine Aussage, die Jürgen Bartsch während der richterlichen Vernehmung bei Kommissar Hinrichs gemacht hat und aus der eindeutig das Gegenteil hervorgeht«, bat der Staatsanwalt um Gehör. »›Ich wollte Viktor später beweisen, daß das angeblich nicht stimmte, was ich ihm erzählt hatte. Die Leiche lag tatsächlich unter Balken, wo Viktor sie nicht sehen konnte, an der Seite. Wir sind reingegangen in die Höhle und ich sagte ihm: Siehst du? Hier ist niemand. Ich hatte vorher meinen Brieföffner als Dolch eingesteckt. Wenn er den gefunden hätte, vielleicht hätte ich ihn umgebracht, vielleicht auch nicht.‹«

»Angeklagter! Hören Sie auf, uns etwas vorzumachen«, befahl Dr. Wülfing. »Sie wollten nicht gefaßt werden! Sie wollten vielmehr Ihren schlimmen, abartigen Trieb vor Viktor schützen, um ungestraft weitermorden zu können und Ihre perverse Lust zu befriedigen! Sie hätten Ihren besten Freund bedenkenlos mit einem Brieföffner erstochen, wenn er hinter das Geheimnis in der Höhle gekommen wäre. Sie hatten nicht das geringste Interesse daran, entdeckt zu werden.«

Jürgen Bartsch schwieg und machte ein schuldbewußtes Gesicht.

»Ist es auch zu homosexuellen Handlungen zwischen Ihnen und Viktor gekommen?« forschte Dr. Wülfing weiter.

»Jawohl!«

»Haben Ihre Eltern davon gewußt?«

»Nein. Es geschah heimlich. Im Pökelkeller, Herr Gerichtsvorsitzender!«

Ein Mitarbeiter der Metzgerei Bartsch bestätigte im Zeugenstand diesen Sachverhalt. Er habe mehrfach beobachtet, daß die beiden Jungen in Abwesenheit des Meisters immer »direkt am Wühlen« waren.

»Angeklagter, haben Sie Viktor für seine Dienste Geld gezahlt?«

»Jawohl! Er bekam 25 Mark in der Woche dafür.«

»Und das Geld für die Unzuchtshandlungen haben Sie aus der Kasse Ihrer Eltern entwendet?«

»Jawohl!«

»Haben Sie gewußt, daß Ihre Eltern durch die Diebstähle aus der Ladenkasse in finanzielle Schwierigkeiten geraten sind?«

»Mein Vater hat einen Verdacht gehabt, daß gestohlen wird. Es ist oft darüber gesprochen worden.«

»Hat Ihr Vater Sie nie verdächtigt?«

»Nein. Er hat geglaubt, daß es jemand von den Angestellten ist, der so etwas tut. Er hat noch zu mir gesagt, daß ich besser auf die anderen aufpassen soll.«

»Und das hat Sie gar nicht berührt?«

»Mir war das ehrlich peinlich, Herr Gerichtsvorsitzender, auf die anderen aufpassen zu müssen, wo ich doch selber alles weggenommen habe.«

Diese Aussage des Bartsch ließ Prof. Dr. Bresser in seinem Gutachten zu der Feststellung kommen, daß »sowohl das Gemütsleben als auch das ethische Empfinden des Angeklagten völlig in Ordnung sind«.

Am späten Vormittag dieses zweiten Verhandlungstages äußerte Verteidiger Möller zum ersten Mal vor dem Hohen Gericht seine Bedenken im Hinblick auf die fachliche Kompetenz der anwesenden wissenschaftlichen Gutachter. Er wollte erreichen, daß der Sexualwissenschaftler Prof. Dr. Giese aus Hamburg als weiterer Gutachter in den Fall einbezogen wird.

»Meinen Sie etwa, daß die bisherigen Gutachter nicht korrekt gearbeitet haben? Das sind alles namhafte Wissenschaftler«, brüllte Dr. Wülfing entgeistert.

Der Verteidiger deutete auf das Mosaik.

»Kennen Sie dieses Bild? Es zeigt das biblische Urteil des König Salomo. Ein Zeichen für Gerechtigkeit. Und um Gerechtigkeit zu sprechen, sind wir doch hier. Deshalb bitte ich noch einmal darum, daß der Angeklagte zusätzlich zu den bestehenden Gutachtern von einem psychoanalytisch geschulten Fachmann untersucht werden darf.«

Doch konnte es im Angesicht solcher Taten überhaupt ein gerechtes

Urteil geben? Dr. Wülfing bat Möller darum, zunächst die Beweisaufnahme abschließen zu dürfen. Er rief die 40jährige Gerda M., die lange Jahre als Reinemachefrau in der Metzgerei Bartsch gearbeitet hatte, in den Zeugenstand. Zur Person Jürgen Bartsch sagte Gerda M. aus, daß er immer freundlich und zuvorkommend gewesen sei. Ihr sei jedoch aufgefallen, daß Jürgen nervös war. Am Ende der Beweisaufnahme lehnte Dr. Wülfing Möllers Antrag auf einen zusätzlichen Gutachter ab.

Verhandlung über den Mord an Klaus Jung am dritten Prozeßtag

Im Juni 1966, kurz nach seiner Verhaftung, hatte Jürgen Bartsch während einer polizeilichen Vernehmung gestanden, daß er am 31. März 1962 den 8jährigen Klaus Jung ermordet hat. Er gab folgenden Tathergang zu Protokoll:

»Ende März 1962 suchte ich in Essen die Kirmes auf dem Porscheplatz auf. Es mag gegen 18.30 Uhr an diesem Tage gewesen sein, als ich einen Jungen allein den Kirmesplatz verlassen sah. Das Kind – es mag acht Jahre alt gewesen sein – ging in Richtung Steeler Straße. Ich bin hinter dem Jungen hergegangen und habe ihn angesprochen. Wie auch später bot ich dem Jungen 20 DM an, für den Fall, daß er mich begleiten würde. Das Kind erklärte sich sofort damit einverstanden und ging mit mir in Richtung der Bushaltestellen am Porscheplatz. Unterwegs habe ich dem Kind gesagt, daß ich Detektiv sei und etwas abzuholen hätte. Der Junge solle mir dabei behilflich sein. Wir sind zusammen in den Bus Linie 55 in Richtung Kupferdreh eingestiegen. In Kupferdreh mußte ich umsteigen. Zusammen sind wir mit einem Bus der Linie 77 weiter in Richtung Nierenhof gefahren. In Nierenhof haben wir den Bus verlassen und sind zu Fuß weiter in Richtung des Stollens gegangen. Es mögen etwa zwei oder drei Kilometer von der Bushaltestelle bis zum Stollen sein. Auf mein Zureden hin ist der Junge (ich habe später in der Zeitung gelesen, daß er Klaus Jung hieß) mit mir in den Stollen gegangen. Ich hatte Kerzen bei mir, weil ich immer die Gelegenheit suchte, einen Jungen mit mir zu nehmen, um an ihm unzüchtige Handlungen ausführen zu können. Im vorderen Teil des langen Stollens habe ich dann das Kind von hinten mit einem schweren Gasrevolver niedergeschlagen. Ich schätze, daß ich dem Jungen etwa fünf heftige Schläge mit dem Knauf der Waffe auf den Hinterkopf versetzt habe. Hierbei bin ich sexuell enorm erregt worden. Ich habe das Kind ausgezogen, und als es nackt vor mir lag, hatte ich ein steifes Glied. Auf Frage erkläre ich, daß ich nicht onaniert habe. Mir war klar, daß ich das Kind erschlagen hatte. In meinem Rausch hatte ich das mit voller Absicht getan. Auf Befragen erkläre ich, daß ich den Jungen unmittelbar nach Betreten des Bunkers getötet habe.

Die Bekleidung des Kindes habe ich Tage später im Bunker verbrannt. Ich hatte mir zu diesem Zweck eine Literflasche mit Benzin mitgenommen. Das Benzin habe ich über die Kleider geschüttet und angezündet. Ich entsinne mich, daß ich dies an einem Samstag getan habe. Als ich am Montag darauf an dem Stollen vorbeiging, sah ich, daß dicke Qualmwolken aus der Stollenöffnung kamen. Ich habe mich damals gewundert, daß niemand der Ursache des Qualms nachgegangen ist. Nach der Bekleidung des Kindes gefragt, gebe ich an, daß es meiner Erinnerung nach eine lange karierte Hose trug. An die weitere Bekleidung erinnere ich mich heute nicht mehr.

Die Leiche hatte ich zunächst mit alten Schalhölzern bedeckt. Nach etwa drei Monaten habe ich die Reste der Leiche – es waren nur noch Knochen vorhanden – in der Gangmitte, unmittelbar neben den Schalhölzern, unter denen sie zunächst gelegen hatte, vergraben. An der Stelle, die ich meine, muß sich eine kleine Vertiefung befinden, in der meist Grundwasser steht. Ich hatte zum Vergraben einen Spaten aus unserer Garage mitgenommen, den ich danach wieder mit nach Hause genommen habe. Die Pistole, die ich zur Tat benutzt hatte, habe ich in einen hohlen Baum gesteckt. Später mußte ich feststellen, daß sie dort verschwunden war. Ich bin bereit, die Stelle zu zeigen.«

Richter und Gutachter standen an diesem Vormittag des dritten Prozeßtages erneut vor der schwierigen Frage, ob Jürgen Bartsch während der Mordtat an Klaus Jung seine Triebe steuern konnte oder nicht. War er – wie er selbst so oft betonte – unfähig, seine Mordtaten zu unterbrechen? War das Töten ein zwanghafter Trieb, dem er nicht widerstehen konnte? Schließlich hatte er den Gutachtern und Ärzten mehr als einmal versichert, daß das Töten für ihn wie ein Zwang gewesen sei. Eine sexuelle Lust, die ihn völlig in der Gewalt hatte. Oder war es am Ende ganz anders gewesen? Hatte der Angeklagte sich steuern können? Hatte er sich ganz bewußt für das Böse entschieden? Unsicherheit machte sich im Gerichtssaal breit. Um der Wahrheitsfindung möglichst nahezukommen, bat der Erste Vorsitzende den Angeklagten, die Vorgänge vom 31. März 1962 noch einmal so detailliert wie möglich zu schildern.

»Was ist am 31. März 1962 genau geschehen?«

»Ich bin nachmittags mit dem Linienbus zum Porscheplatz nach Essen gefahren.«

»Hatten Sie zu diesem Zeitpunkt bereits den Plan, ein Kind zu entführen und umzubringen?«

»Ich war ständig auf der Suche nach kleinen Jungen. Es hat mich innerlich ständig getrieben. Auf dem Porscheplatz war eine Kirmes. Das hatte in der Zeitung gestanden. Ich mag Kirmesplätze gern, wissen Sie. Ich würde jeden Tag hinfahren, wenn ich könnte. Auch heute noch.«

»Wo haben Sie Klaus Jung getroffen?«

»Er stand ganz allein vor dem Autoscooter und schleckte an einem Eishörnchen. Hatte wohl kein Geld mehr. Aber ich konnte ihm am Gesicht ansehen, daß er gerne fahren wollte. Ich hab ihn eingeladen mit mir zu fahren, obwohl er eigentlich für meine Zwecke viel zu jung war. Er war erst acht Jahre alt.«

»Sie haben dann gemeinsam mit Klaus Jung den Kirmesplatz verlassen. Was haben Sie dem Jungen denn erzählt, daß er Ihnen so bereitwillig gefolgt ist?«

»Ich hab ihm erzählt, daß ich Detektiv bin und auf der Suche nach einem Schatz. Ich weiß doch, was so 'nen richtigen Jungen interessiert.«

»Ihre Mutter hat zu Protokoll gegeben, daß Sie sie an jenem Nachmittag noch einmal von unterwegs aus angerufen haben. Es muß gegen 18 Uhr gewesen sein.«

»Ja. Von Kupferdreh aus hab ich meine Mutter angerufen und ihr gesagt, daß es etwas später werden wird, weil ich noch auf der Kirmes bin. Sie hatte ihren guten Tag und hat nicht geschimpft mit mir«, erklärte Jürgen Bartsch und es machte den Eindruck, als würde ihn die Tatsache, daß seine Mutter damals nicht mit ihm geschimpft hatte, auch gegenwärtig noch sehr erleichtern.

»Sind Sie auf dem schnellsten Weg mit dem Jungen zur Höhle gefahren?«

»Nein. Wir sind ein paarmal von einem Bus in den anderen umgestiegen.«

Die Gutachter warfen sich Blicke zu. Der Staatsanwalt machte sich eine Notiz.

»Was ist passiert, nachdem Sie mit dem Jungen die Höhle betreten hatten?« fragte Dr. Wülfing.

»Er hatte Angst, weil es im Stollen so dunkel war. Er hat sogar nach meiner Hand gegriffen. Er hatte Vertrauen zu mir.«

»Und Sie haben die Arglosigkeit des Jungen für Ihre perverse Phantasie ausgenutzt«, schrie der Staatsanwalt aufgebracht.

Jürgen Bartsch senkte bei diesen Worten beschämt den Kopf. Die meisten Menschen im Gerichtssaal hatten angespannte Gesichter und hörten wie gebannt den Schilderungen zu. Prof. Dr. Bresser ergriff das Wort und las eine entsprechende Stelle aus der Exploration des Angeklagten vor: »Ich habe eine Kerze im Stollen angezündet. Es ist romantischer, wenn man jemanden bei Kerzenlicht entkleidet. Außerdem sieht jemand, der ausgezogen ist, bei Taschenlampenlicht verhältnismäßig unappetitlicher aus als bei Kerzen. Es hat mir immer Spaß gemacht, das Kind selbst auszuziehen. Es sollte schreien und wimmern. Wenn ich es dann geschlagen hätte, würde ich es hinlegen, schon eher hinschmeißen. Ich würde mich heute auch dabei selbst ausziehen, dann würde ich onanieren. Es wäre mir lieber, wenn das Kind noch nicht so weit entwickelt wäre. Ich würde auch am Geschlechtsteil spielen, auch Afterverkehr versuchen, auch mal brutal sein, bis es wimmert. Das gehört dazu. Dann noch mal schlagen, dann fesseln an Armen und Beinen und dann zusammen. Weil man dann überhaupt keine Bewegungsfreiheit hat. Dann möchte ich, daß das Kind zappelt und schreit. Knebeln würde ich nicht, denn das Schreien würde ich gern hören.«

»Warum haben Sie den Jungen umgebracht, wenn Sie eigentlich ganz andere Pläne mit ihm hatten?« fragte Dr. Wülfing bedächtig.

»Als ich ihn ausziehen wollte, hat er sich losgerissen und wollte wegrennen. Ich hab die Nerven verloren ... ich hab ihm dann mit dem Kolben einer Gaspistole zweimal kurz hintereinander auf den Kopf gehauen.«

»Hat der Junge noch gelebt oder ist er gleich gestorben?«

»Er hat noch geschrien: ›Mama, Mama, ich bin tot!‹ Und dann ist er gestorben.«

Im Zuschauerraum begann eine Frau hemmungslos zu weinen. Der Sanitäter führte sie aus dem Saal.

»Ich habe den Jungen nicht sofort töten wollen«, gestand Jürgen Bartsch ein. »Eigentlich war es mein Ziel, ihn bei lebendigem Leibe zu zerschneiden. Aber ich hab durchgedreht in dem Moment.«

Der Staatsanwalt nickte. Zum Erstaunen aller Anwesenden klang seine

Stimme beinahe verständnisvoll, als er einwandte: »Ja, wenn man erstmalig was im Leben tut, ist man immer etwas gehemmt und aufgeregt.«

»Wollen Sie damit andeuten, daß Sie den Jungen im Affekt erschlagen haben?« fragte Wülfing.

»Ja. Ich hab die Nerven verloren. Die Beherrschung verloren, verstehen Sie?« In einem polizeilichen Vernehmungsprotokoll vom Juni 1966 hingegen hatte Jürgen Bartsch behauptet, daß er das Kind »mit voller Absicht« erschlagen habe. Dr. Wülfing sah Jürgen Bartsch lange und gründlich an.

»Ich bin mir sicher, daß Sie sehr genau wußten, was Sie taten. Es gehörte doch zu Ihrem Generalplan. Haben Sie eine Kerze angezündet? Haben Sie den Jungen nackt ausgezogen?«

»Ich hab erst eine Kerze angezündet, als das Kind schon tot war. Ich hab ihn nackt ausgezogen ... ja .... ich wurde dadurch erregt.«

»Haben Sie neben dem nackten, toten Körper onaniert?« wollte der Staatsanwalt wissen.

»Jawohl!«

»Haben Sie sich denn gar nicht geschämt?« brüllte Dr. Wülfing aufgebracht.

»Doch. Ich ging nach Hause ... ich hab so ein Gefühl gehabt, als ob alle Leute mit dem Finger auf mich zeigen würden und mich anschreien: ›Du hast gerade gemordet!‹«

Jürgen Bartsch sackte in sich zusammen und weinte. Verteidiger Möller beugte sich zu ihm hinüber und sprach beruhigend auf ihn ein. Bartschs nervlicher Zustand hatte sich innerhalb der ersten drei Prozeßtage sichtbar verschlechtert. Wie sollte er diesen Prozeß bis zur Urteilsverkündung durchstehen?

»Mein Vater kam ein paar Tage später in das Hinterzimmer der Metzgerei in Katernberg und brachte die Neue Ruhr Zeitung mit. Er legte die Zeitung, in der über das Verschwinden von Klaus Jung eine halbe Seite veröffentlicht worden war, auf den Tisch.«

»Was haben Sie in diesem Moment empfunden?«

»Ich möchte nicht gern von Reue sprechen. Aber da hat es mir furchtbar leid getan, Herr Vorsitzender.«

»So, so. Es tat Ihnen also leid.«

Prof. Dr. Bresser wertete diese Äußerung des Angeklagten dahingehend, daß »eine Schrumpfung der Gesamtpersönlichkeit« nicht vorläge. Personen mit solcher Wesensveränderung – so Bresser – würden ihre Triebe und die daraus resultierenden Taten nicht rechtfertigen.

Sie würden keine Reue kennen, seien abgestumpft und hätten keine Interessen außerhalb ihres Triebes. Bei Bartsch hingegen sei das alles völlig anders.

Prof. Dr. Lauber jedoch war der Meinung, daß Jürgen Bartsch seinen Wunsch nach Triebbefriedigung als höchstes Lebensziel angesehen habe. Ungeklärt blieb an diesem Vormittag des dritten Prozeßtages auch die Frage, was Jürgen Bartsch dazu bewegt hatte, nach der Tat das Haus der Familie Jung aufzusuchen.

Ein Sachverständiger meldete sich zu Wort.

»Wenn ich mir eine Bemerkung erlauben darf, Herr Vorsitzender. Auch Peter Kürten pflegte seinerzeit am Haus seiner Opfer vorbeizugehen. Er bekam jedes Mal einen Orgasmus von unheimlicher Stärke.«

Einige Zuhörer begannen lautstark zu lachen. Jürgen Bartsch blickte beschämt auf seine Hände.

»Sie haben die Tat einem katholischen Priester gebeichtet. Aber als katholischer Internatsschüler wußten Sie doch, daß das Beichtgeheimnis vollkommen sicher ist, oder nicht?« fragte Dr. Wülfing. »Wollen Sie uns etwa weismachen, Sie hätten es nicht gewußt?«

»Ich habe damals nicht damit gerechnet, daß der Priester sich an sein Beichtgeheimnis halten würde. Mir war das auch ganz egal. Aber der Priester wollte ja nicht einmal meinen Namen wissen.«

»Warum sind Sie denn überhaupt zur Beichte gegangen?«

»Ich wollte sühnen, Herr Vorsitzender! Ich wollte so gerne wieder gutmachen ...«

»Der Priester hat Ihnen gesagt, daß Sie sich der irdischen Gerechtigkeit stellen müssen«, erklärte der Erste Vorsitzende. »Erst dann hätte er Ihnen die Absolution erteilen können. Aber Sie haben es nicht getan ... haben sich niemandem anvertraut. Statt dessen haben Sie immer weitergemordet ... immer weitergemordet ... Warum um alles in der Welt haben Sie sich denn niemandem anvertraut?«

Wilke stand auf und rief aufgebracht: »Hohes Gericht! Der Angeklagte ist zu einem Priester in die Kirche gegangen. Er hat seine Tat seinem Freund Viktor anvertraut. Er wollte, daß ihm jemand in seiner inneren Not beisteht. Aber er fand niemanden, der ihm half. Er war 15 Jahre alt, Herr Vorsitzender. Ein Knabe. Fast noch ein Kind.«

»Immerhin hat dieses Kind vier andere Kinder seiner sexuellen Lust wegen umgebracht«, bemerkte der Erste Vorsitzende.

Die Tatsache, daß Jürgen Bartsch seine erste Mordtat einem katholischen Priester gebeichtet hatte, löste nicht nur bei Richtern, Gutachtern und Kriminalbeamten lähmendes Entsetzen aus, sondern sorgte auch für Diskussionsstoff in den Medien. Die Bild-Zeitung Wuppertal hat im November 1967 zu der Frage »Durfte der Priester sein Schweigen brechen?« prominente katholische Theologen um eine Stellungnahme gebeten: »Dr. Werner Brüning aus Frankfurt, der Beauftragte der Kirche für Öffentlichkeitsarbeit: ›Ein Priester darf unter keinen Umständen irgendein Wort einer Beichte bekanntmachen. Die Institution der vollkommen geheimen Ohrenbeichte, bei der der Priester nur Mittler zwischen Gott und Gläubigen ist, darf nicht gefährdet werden.‹

Dr. Brüning: ›Außerdem darf man nicht vergessen, daß im Jahre 1962 noch nicht bekannt war, daß Bartsch noch drei weitere Opfer finden würde.‹

Brünings Amtsvorgänger Dr. Henry Fischer aus Hamburg: ›Ein Priester muß schweigen wie ein Grab. Auch in einem so tragischen Fall wie dem Fall Jürgen Bartsch darf das Beichtgeheimnis nicht gebrochen werden.‹

Bartsch wurde 1962 von seinem Beichtvater aufgefordert, sich der irdischen Gerechtigkeit zu stellen. Bartsch aber dachte nicht daran. Er mordete weiter. Deshalb wurde gegen den Priester ein Verfahren wegen Begünstigung eingeleitet, das inzwischen aber eingestellt worden ist.

Oberstaatsanwalt Klein aus Wuppertal: ›Der Priester mußte sich an sein Beichtgeheimnis halten. Es ist gesetzlich verankert. Damit teilt der Ankläger die Meinung der katholischen Kirche.‹

Der Kaplan – heute in Düsseldorf tätig – ist nach wie vor an das Beichtgeheimnis gebunden.«

In der Nacht vom 31. März auf den 1. April war Jürgen Bartsch noch einmal in den Stollen zurückgekehrt. Dieses Täterverhalten stellte die Richter und Gutachter erneut vor ungelöste Fragen. Was hatte Jürgen Bartsch mitten in der Nacht bei der Leiche gewollt? War am Ende doch alles ganz anders gewesen? Jürgen Bartsch hatte mehr als einmal während der psychiatrischen Exploration zugegeben, daß es das höchste Ziel seiner Lust gewesen sei, die Opfer bei lebendigem Leibe zu zerschneiden und sich an den Schmerzensschreien zu ergötzen. Ein unausgesprochener, schrecklicher Verdacht stand mit einem Mal wie ein Schreckgespenst im Raum. Und was, wenn Jürgen Bartsch nicht die Wahrheit gesagt hatte? Hatte Klaus Jung in jener Nacht noch gelebt?

Der Verhandlungssaal wurde von zwei Beamten abgedunkelt, eine

Leinwand ausgerollt, ein Diaprojektor eingeschaltet. Auf der Leinwand erschien das erste Bild der gerichtsmedizinischen Untersuchung. Es zeigte Jürgen Bartsch, der einen weiß-blauen Schlafanzug, einen gestreiften Bademantel und braune Pantoffeln trug.

»Das sind die Kleidungsstücke, die Sie in jener Nacht getragen haben. Hatten Sie sonst noch etwas bei sich?«

»Ich hatte Rasierklingen bei mir, um die Leiche zu zerteilen. Später habe ich die grauen Handschuhe angezogen.«

Auf der Leinwand erschien das zweite Bild. Handschuhe, die voller Blut waren.

»Warum haben Sie Handschuhe getragen?«

»Ich wollte eine Sepsis vermeiden. Die Handschuhe habe ich später ausgezogen, weil meine Gefühle immer heftiger wurden und mir die Sepsis in meinem Rausch gleichgültig geworden war.«

»Sind Ihre Kleider schmutzig geworden?«

»Die Pantoffeln waren etwas grün. Ich hab sie abgewaschen. Meine Mutter hat es gemerkt. Die merkt ja alles«, sagte Jürgen Bartsch in anklagendem Tonfall.

»Wie kam es, daß Ihre Eltern von Ihrem nächtlichen Fortgehen nie etwas bemerkt haben?« fragte Dr. Wülfing.

»Ich schlafe auf einer anderen Etage.«

Der Erste Vorsitzende machte sich eine Notiz.

»Wie haben Sie das Haus verlassen?« fragte er.

»Ich bin heimlich aus einem Kellerfenster gestiegen.«

»Hat das Lärm gemacht?«

»Nein, ich war sehr leise. Manchmal habe ich eine halbe bis dreiviertel Stunde gebraucht, bis ich in Bademantel und Pantoffeln auf der Straße stand.«

»Haben Sie jedes Mal auf dieselbe Weise das Haus verlassen?«

»Nein. Beim ersten Mord bin ich noch durch die Kellertür gegangen. Mein Zimmerschlüssel paßte auf die äußere Kellertür. Das wußte aber nur ich, Herr Vorsitzender.«

»So, das wußten also nur Sie! Ihre Eltern hatten davon keine Ahnung?«

»Nein, Herr Vorsitzender!«

»Haben Ihre Eltern denn die schmutzige Kleidung nicht bemerkt?«

»Beim ersten Mal hatte ich noch keine richtigen Kleider. Da bin ich nur in Bademantel, Schlafanzug und Pantoffeln weggegangen und habe die ganze Zeit – auch im Stollen – das Zeug anbehalten. Und dann hab ich ja später in der Betonröhre, also in dieser Röhre vor unserem Haus, da hab ich dann ein paar Kleider versteckt für diese Fälle.«

Die Beamten schalteten das Licht ein, die Vorhänge wurden wieder aufgezogen. Die Verhandlung wurde für eine Stunde unterbrochen. In der Pause standen die Gutachter in Gruppen zusammen. Sie rauchten und tranken Steinhäger. Sie redeten nicht viel. Verteidiger Möller wirkte übernächtigt und zerschlagen. Die Überforderung stand allen Prozeßbeteiligten mittlerweile ins Gesicht geschrieben.

Professor Giese erscheint

Bevor die Verhandlung am Nachmittag des dritten Prozeßtages fortgesetzt werden konnte, stellte Verteidiger Möller erneut den Antrag, den Hamburger Sexualwissenschaftler Prof. Dr. Giese als zusätzlichen Gutachter für den Angeklagten hinzuzuziehen. Prof. Dr. Giese hatte Jürgen Bartsch am Vortag in seiner Zelle untersucht. Die wissenschaftliche Stellungnahme eines psychoanalytisch geschulten Fachmannes zu diesem außergewöhnlichen Fall konnte vielleicht die entscheidende Wende in den Verlauf des Prozesses bringen, auf die Möller zu diesem Zeitpunkt immer noch hoffte. Nach einer längeren Beratung gab das Gericht schließlich dem Antrag statt, und Prof. Dr. Giese, der Direktor des Hamburger Instituts für Sexualforschung, betrat den Gerichtssaal.

»Prof. Dr. Giese, ist es möglich, den Angeklagten an Ort und Stelle zu untersuchen?« fragte Dr. Wülfing den weißhaarigen, älteren Mann.

»Nein, Herr Vorsitzender.« Prof. Dr. Giese schüttelte energisch den Kopf.

»Ich muß den Angeklagten mit nach Hamburg nehmen. In der Hamburger Universitätsklinik Eppendorf sind die geeigneten Hilfsmittel vorhanden, die man noch zur wissenschaftlichen Begutachtung des Angeklagten anwenden muß.«

Der Erste Vorsitzende wollte wissen, ob man diese Untersuchungen auch ambulant vornehmen könne.

»Man kann eine Luftfüllung der Hirnkammer und eine Untersuchung des Hormonstatus nicht ambulant vornehmen, Herr Vorsitzender«, verneinte Giese mit Vehemenz die Frage. »Vor mir steht das Bild einer sexualsüchtigen Entwicklung eines jungen Menschen. Der Verdacht auf eine mögliche Geistesstörung bei dem Angeklagten liegt nahe. Deshalb muß ich darauf beharren, Bartsch in einer Klinik länger untersuchen zu können.«

»Soll das ein Scherz sein? Sie glauben doch wohl nicht, daß ich Ihnen zugestehe, Bartsch nach Hamburg zu bringen. Denken Sie doch nur an die Gefahren, die von so einem Menschen ausgehen«, rief Dr. Wülfing aufgebracht.

»Meinen Sie, hier in Wuppertal geht keine Gefahr von dem Angeklagten aus?« wunderte sich Prof. Dr. Giese.

»Hohes Gericht! Nicht nur der Angeklagte, sondern auch die Öffentlichkeit haben ein Recht auf die zeitgemäße Untersuchung eines Menschen, wie es ihn in einem Jahrhundert nur ein- oder zweimal gibt. Ohne das Gutachten von Professor Giese kann kein gerechtes Urteil über meinen Mandanten gefällt werden«, stellte Verteidiger Möller mit Entschiedenheit fest.

»Macht es denn einen so großen Unterschied, ob ein solcher Mensch in einer Zelle im Gefängnis oder in der geschlossenen Abteilung einer Klinik untersucht wird?« wollte Prof. Dr. Lauber wissen.

»Da gibt es Gott sei Dank noch den einen oder anderen Unterschied, werter Herr Kollege«, konterte Prof. Dr. Giese in sarkastischem Tonfall.

»Tut mir leid. Die Staatsanwaltschaft kann dem Antrag der Verteidigung nicht zustimmen«, legte der Staatsanwalt fest.

»Aus welchem Grund?« fragte Verteidiger Möller erregt.

»Die bisherigen Sachverständigen haben einwandfrei erklärt, daß die Anwendung von Paragraph 51, Absatz 1 und 2 ›Zurechnungsunfähigkeit und verminderte Zurechnungsfähigkeit‹ im Falle des Jürgen Bartsch nicht zutrifft.«

Der Paragraph 51 sieht Zurechnungsunfähigkeit oder verminderte Zurechnungsfähigkeit bei krankhafter Störung der Geistestätigkeit vor, wozu nach einer Entscheidung des Bundesgerichtshofes von 1959 alle Arten von Störungen der Verstandestätigkeit sowie des Willens-, Gefühls- und Trieblebens gehören, die zu einer Persönlichkeitsdeformation führen, die zur Folge hat, daß die Steuerungs- und Hemmungskräfte geschwächt werden. Prof. Dr. Bresser hatte in seinem Gutachten selbst nach wochenlanger Exploration die Möglichkeit einer verminderten Zurechnungsfähigkeit bei Bartsch nicht völlig ausschließen können. Dennoch drängten die Richter auf ein schnelles Ende des Prozesses. Sie beriefen sich mit ihrer Entscheidung auf die wissenschaftlichen Theorien der Psychiater Lauber und Scheid, die besagten, daß

»auch bei weit fortgeschrittenen und stark abnormen Triebperversionen die Steuerungsfähigkeit erhalten bleibt«. Dieser Auffassung zufolge hätte Jürgen Bartsch seine Triebe zu jedem Zeitpunkt seiner Taten unter Kontrolle gehabt.

Prof. Dr. Giese bat daraufhin das Hohe Gericht in aggressivem Tonfall, als Gutachter von diesem Prozeß ausgeschlossen zu werden. Der Verteidiger ahnte, daß damit die letzte Möglichkeit zunichte gemacht wurde, die seinen Klienten vor der lebenslangen Zuchthausstrafe bewahren konnte.

»Wollen Sie möglicherweise ein Fehlurteil in Kauf nehmen? Warum lassen Sie keinen Psychoanalytiker zu Wort kommen? Sind Sie an einer Wahrheitsfindung nicht interessiert?« erregte sich Wilke über die scheinbare Willkür der Richter und Gutachter.

»Es handelt sich um einen Gerichtsprozeß. Wenn man hier die Psychoanalyse hereinläßt, ist praktisch jeder Verbrecher rehabilitiert«, bemerkte Prof. Dr. Bresser, während Giese schnellen Schrittes den Saal verließ.

Der Streit der international anerkannten Wissenschaftler begann, als das Gericht auf Anregung des Verfeidigers Rechtsanwalt Heinz Möller dem Direktor des Hamburger Instituts für Sexualforschung Prof. Dr. Hans Giese das Wort gab. Mit Einwilligung des Vorsitzenden, Landgerichtsdirektor Dr. Walter Wülfing, hatte Prof. Giese gestern Jürgen Bartsch drei Stunden lang im Gefängnis Bendahl in Wuppertal untersucht.

Prof. Dr. Giese erklärte heute, er könne es nicht mit seinem Gewissen vereinbaren, ein Gutachten über den Angeklagten abzugeben, wenn ihm nur Gelegenheit gegeben werde, den Angeklagten im Gerichtssaal oder in seiner Zelle zu beurteilen. Er müsse Jürgen Bartsch in seiner Klinik in Hamburg oder in einem anderen Krankenhaus außerhalb der Atmosphäre des Strafvollzugs untersuchen. Dazu gehöre eine Hirnkammer-Untersuchung und eine Hormonuntersuchung. Die übrigen Sachverständigen verwahrten sich gegen den nach ihrer Auffassung indirekt von Prof. Giese erhobenen Vorwurf, sie hätten Bartsch nicht genau untersucht. Die Staatsanwaltschaft bat das Gericht, den Antrag der Verteidigung abzulehnen.

(General Anzeiger der Stadt Wuppertal, 29. November 1967, Nr. 276)

Möller wollte mit allen zu diesem Zeitpunkt noch zur Verfügung stehenden Mitteln die Meinung der Gutachter widerlegen, daß Jürgen Bartsch sich willentlich für einen Lebensweg als Erotomane entschieden hatte. Hatte er sich tatsächlich im Alter von 15 Jahren einen »Generalplan zur Tötung kleiner Jungen« entworfen, dessen Erfüllung sein oberstes Lebensziel geworden war? Doch wie paßte dies zu der Tatsache, daß Jürgen Bartsch sich seit seinem 15. Lebensjahr für Zauberkunststücke und Zaubertricks interessierte? Hatte er diese Zauberstücke erlernt, um seine Opfer noch besser anlocken zu können? Tatsache blieb, daß Jürgen Bartsch 1963 durch ein Zeitungsinserat »Auch Sie können zaubern« mit der Magie in Berührung gekommen war. Er hatte sich von einem Versandhaus eine Einführung in die Zauberkunst und entsprechendes Zaubermaterial schicken lassen. Oft hatte er nächtelang vor seinem Zauberkasten gesessen und geübt. Nach relativ kurzer Zeit beherrschte er problemlos die Tricks. Er hatte sich den Künstlernamen »Bellachini« zugelegt und sich jedes Mal gefreut, wenn er den Kindern auf der Straße seine Kunststückchen vormachen konnte. Im Jahre 1965 wurde er sogar offiziell in den »Magischen Zirkel Essen« aufgenommen, einer anerkannten Vereinigung von Amateurzauberern. Gelegentlich hatte er seine Tricks auch öffentlich vorgeführt. Der Verteidiger reichte Dr. Wülfing einen Artikel aus der Westdeutschen Allgemeinen Zeitung in Essen, in dem über Jürgen Bartschs Aufnahme in den Magischen Zirkel berichtet wurde: »Mit bühnenreifen Wunderdingen will er heute abend den Zauberring verblüffen. Jürgens Glanzstück: Der Chikago-Billard-Trick, bei dem zwischen den Fingern vier Kugeln blitzschnell verschwinden und urplötzlich wieder auftauchen. Jürgen Bartsch: ›Wie das funktioniert, das kann ich nicht verraten. Ein Magier muß schweigen können …!‹«

Prof. Dr. Bresser beurteilte in seinem Gutachten die magischen Neigungen des Jürgen Bartsch: »Der Titel ›magisch‹ beinhaltet nichts Mysteriös-Metaphysisches. Es geht in diesem Kreis ausschließlich um Fertigkeiten, Geschicklichkeiten und technische Tricks. Die Teilnahme an diesem Zirkel war für Jürgen Bartsch ein mehr zufällig gewählter Zeitvertreib. Vielleicht hat er ganz entfernt einmal daran gedacht, er könne hier auch Tricks lernen, die ihm vielleicht bei seinen eigenen Abenteuern dienlich sein würden. Wir möchten hierüber jedoch keine vagen Behauptungen aufstellen, und Jürgen Bartsch selbst hat hierzu nichts sagen können. Auf jeden Fall war ihm die Zauberei ein Mittel, durch das er die Anerkennung anderer wecken und damit sein Selbstbewußtsein etwas auffrischen konnte. Mehr kann und darf in die Umstände nicht ›hineingeheimnist‹ werden.«

»Hohes Gericht! Der Eintritt in den Magischen Zirkel kann doch durchaus als Zeichen dafür gedeutet werden, daß der Angeklagte einen anderen Lebenswandel zumindest angestrebt hat«, betonte Verteidiger Möller und Wilke fügte hinzu, daß Jürgen Bartsch schließlich auch in Kinderheimen und Altersheimen aufgetreten sei.

Dr. Wülfing schüttelte den Kopf. »Geben Sie sich keine Mühe, Herr Verteidiger. Der Angeklagte hat in der Zeit zwischen der ersten und der zweiten Tat – und in diese Zeit fällt auch sein Beitritt in den Zauberverein – über 100 vergebliche Versuche gemacht, um ein neues Opfer zu finden.«

Während der Exploration Prof. Dr. Laubers hatte Jürgen Bartsch ausgesagt: »Ich hab manchmal daran gedacht, eine Zeitungsannonce aufzugeben: Balljunge gesucht! Aber irgendwie kam ich mir damit selber komisch vor. Dann bin ich aus lauter Verzweiflung auf die Idee gekommen, mir einen großen Schrankkoffer zu besorgen. Ich habe Äther besorgt und bin dann mit einem Taxi hinter den Jungen hergefahren. In einer stillen Gasse wollte ich sie betäuben, dann in den Koffer rein, den Koffer in ein Taxi rein, dann an der Höhle ausladen und hoffen und beten, daß der Junge da noch betäubt wäre ... und dann eben rein damit.«

»Angeklagter! Sie wollten kleine Jungen mit Äther betäuben, in einen großen Schrankkoffer sperren und in der Höhle bei lebendigem Leibe zerschneiden?« fragte der Erste Vorsitzende.

»Jawohl!«

Die Menschen im Gerichtssaal starrten Jürgen Bartsch mit ungläubigem Staunen auf den Gesichtern an.

»Angeklagter! Was würden Sie machen, wenn Sie Richter wären und über sich selbst ein Urteil zu fällen hätten?« fragte Dr. Wülfing.

»Ich sehe mich als vollkommen verantwortlich an.«

»Wie haben Sie sich den Äther beschafft?«

»Äther ist schwer zu bekommen, aber ich hatte meine Apotheke, wo ich ab und zu für Zaubertricks Chemikalien geholt habe. Deswegen haben sie sich am Anfang nichts gedacht. Aber nach dem dritten oder vierten Mal, als ich hinkam, haben sie mich schon gefragt, wen ich damit betäuben will.«

»Haben Sie sich denn gar nicht geschämt, Ihr Hobby – die Zauberei – für diese Sauereien auszunutzen? Immerhin waren Sie zu diesem Zeitpunkt schon Mitglied des Magischen Zirkels!«

Wir nehmen grundsätzlich keine Mitglieder auf, bei denen es scheint, daß ihr Lebenswandel nicht in Ordnung ist. Was mir an Jürgen Bartsch allgemein auf-

gefallen ist: er war in der Regel sehr nervös und zerfahren. Persönlich habe ich angenommen, daß er überarbeitet war, zumal ich wußte, daß er von seinen Eltern nie Urlaub bekommen hatte. Bei unseren Zauberkünsten haben wir Kerzen und Äther nie verwandt, weder aus mystischen oder rituellen Gründen.

(Aus der Zeugenaussage des Leiters des Magischen Zirkels Essen)

»Sind Sie denn mit dem großen Koffer nie jemandem aufgefallen?«

»Ich habe den Koffer in der Höhle versteckt.«

»Was hatten Sie außer diesem Koffer sonst noch dabei?«

»In einer Anoraktasche hatte ich die Ätherflasche und einen Wattebausch. In der anderen Tasche Fesseln, Kerzen und Rasierklingen. Ein Messer hatte ich in der Höhle.«

»Haben Sie denn nie die Willensanstrengung unternommen, von diesem widerwärtigen Trieb loszukommen?« fragte Dr. Wülfing.

»Doch. Einmal habe ich sogar eine Freundin gehabt. Sie hieß Heide und wohnte in der Nachbarschaft.«

»Haben Sie Heide geliebt?«

»Nein, Herr Vorsitzender. Um Himmels willen!«

Einige Lacher kamen auf.

Heide P. hatte bereits am ersten Prozeßtag während der Zeugenvernehmung ausgesagt, daß Jürgen Bartsch niemals den Versuch unternommen habe, ihr irgendwie zu nahe zu kommen, geschweige denn, daß es zu Intimitäten mit dem Angeklagten gekommen sei.

»Wie ich es in meinem Gutachten bereits erwähnte: der Angeklagte litt unter einem inneren Zwang«, stellte Wilke den Sachverhalt noch einmal aus der Sicht der Jugendgerichtshilfe dar.

Dr. Wülfing erschien diese Möglichkeit völlig abwegig. Schließlich hatten alle psychiatrischen Gutachter unabhängig voneinander festgestellt, daß Jürgen Bartsch seine Taten geplant und mit einer hohen Intelligenz organisiert hatte. Prof. Dr. Lauber bezeichnete Bartsch in seinem Gutachten als »sadistischen Intelligenzverbrecher«.

»Dr. Wülfing«, sagte Wilke laut. »Kann jemand, der durch die Straßen zieht und kleine Jungen in einem Schrankkoffer fangen will, eigentlich normal sein?«

Bartsch zeigt, wie er bekleidet war, als er mit dem Koffer unterwegs war, um Jungen zu betäuben und im Koffer wegzuschleppen.

Verhandlung über den Mord an Peter Fuchs

Zwischen der ersten und der zweiten Tat des Angeklagten hatten zweieinhalb Jahre gelegen. Wie hatte er seine Triebe in dieser langen Zeit unter Kontrolle halten können?

Jürgen Bartsch behauptete, daß er ständig nach kleinen Jungen gesucht habe. Aber in der Siedlung habe er niemanden mehr überreden können, mit ihm zu gehen. Seine Veranlagung hatte sich schon herumgesprochen, so daß die Kinder vorsichtig geworden waren. Als er mit 18 Jahren den Führerschein machen durfte, vergrößerte sich sein Aktionsradius.

»Da bin ich dann durch das ganze Ruhrgebiet gefahren. Essen, Neviges, Castrop-Rauxel, nich wahr. Ich bin dauernd auf der Suche nach kleinen Jungen gewesen. Fast jedes Wochenende war ich auf Tour.«

»Und da haben Sie dann am 5. August 1965 in Essen-Rüttenscheid ihr zweites Opfer gefunden.«

»Ja. Der Junge war so müde. Der konnte kaum noch laufen. Er saß auf den Stufen vor der Polizeiwache. Ich hab sofort gesehen, daß der sich verlaufen hatte.«

»Und Sie hatten nichts Besseres zu tun, als die schlimme Lage des Jungen schamlos für Ihre mörderischen Zwecke auszunutzen?«

Im Juni 1966 hatte Jürgen Bartsch während einer polizeilichen Vernehmung den Hergang seiner zweiten Tat geschildert:

»Erst am 5. August 1965 (ich weiß das Datum und die noch folgenden Daten deshalb so genau, weil ich die Polizeiberichte über diese Dinge eingehend studiert habe) gelang es mir in Essen-Rüttenscheid auf der Straße einen dort stehenden Jungen, und zwar den Peter Fuchs, zu überreden, mit mir zu kommen. An diesem Tage war ich mit dem roten VW-Bus meiner Eltern unterwegs. Vom Fahrzeug aus sah ich den Jungen, der etwa 13 Jahre alt war, stehen und Straßenpassanten ansprechen. Er machte einen etwas hilflosen Eindruck und ich hatte das Gefühl, daß er sich irgendwie nicht zu helfen wußte. Ich habe daraufhin ein Stück weiter mein Fahrzeug angehalten und bin hinter dem Jungen hergegangen. Er trug ein weißes Päckchen unter dem Arm. Beim Hinuntergehen hörte ich, wie er zwei Männer ansprach und von diesen an die Polizeiwache in Rüttenscheid verwiesen wurde. Der Junge ging aber an der Wache vorbei, offensichtlich traute er sich nicht, die Wache aufzusuchen. Ich sah dies an seinem Verhalten, denn er setzte schon zum

Betreten der Wache an, unterließ dies aber dann. Ich habe den Jungen angesprochen und ihm gesagt, daß er sich doch hier nicht auskennen würde. Er hat mir das bestätigt und erklärt, daß er aus Gelsenkirchen sei. Auf meine Frage, woher er käme, sagte mir der Junge, daß er entweder von seiner Tante oder von der Oma kommen würde. Genau weiß ich das heute nicht mehr. Ich habe dem Jungen gesagt, daß ich ein Auto hätte und daß wir viel schneller mit dem Wagen nach Gelsenkirchen kämen. Der Junge ist auch sofort mit mir gekommen und wir sind zu meinem Wagen zurückgegangen.

Ich bin mit dem Kind über Werden nach Velbert gefahren. In der Nähe von Velbert, ich kann den genauen Ort nicht mehr beschreiben, habe ich auf einem Feldweg den Wagen angehalten. Es war zu diesem Zeitpunkt noch hell. Es mag gegen 19.30 Uhr gewesen sein. Im Wagen habe ich die Bekleidung des Jungen gewaltsam ausgezogen. Er hat sich zwar gewehrt, hatte aber gegen mich keine Chance. Dann habe ich das Kind an den Händen und an den Füßen gefesselt, und zwar mit Kordel, die ich zu diesem Zwecke mit mir führte. Ferner habe ich mein Taschentuch zusammengeknüllt und dem Jungen in den Rachenraum gesteckt. Damit er das Tuch nicht wieder entfernen konnte, habe ich außerdem noch Kordel um das Gesicht, beziehungsweise um den Mund gebunden. Ohne an dem Kind weitere unzüchtige Handlungen auszuführen, bin ich mit ihm in Richtung des bereits genannten Stollens gefahren. Während der Fahrt hatte ich das Kind auf dem Fußboden des Fahrzeugs liegen.

Ich habe den Wagen unmittelbar vor den Stolleneingang gesetzt, damit ich beim Entladen des Kindes von niemandem beobachtet werden konnte. Als ich am Stolleneingang ankam, war es noch hell. Ich habe den Jungen in den Stollen hineingetragen, und zwar etwa bis zur Mitte des Haupteinganges. Hier habe ich ihn abgelegt und habe bei ihm am Geschlechtsteil gespielt. Hierdurch geriet ich wiederum in unerhörte sexuelle Erregung und habe in dieser Erregung den Jungen durch Erwürgen getötet. Beim Würgen habe ich auf dem Kind gekniet und habe seinen Hals mit beiden Händen umfaßt und fest zugedrückt [...].

Die Leiche ließ ich im Stollen liegen und ging wieder zu meinem Wagen zurück. Die Bekleidung des Kindes war im Fahrzeug geblieben, das während der ganzen Zeit vor dem Stolleneingang gestanden hatte. Mit dem Fahrzeug bin ich zu einer unmittelbar in der Nähe liegenden Brücke gefahren und habe von dort aus die Bekleidungsstücke des Kindes in den dort fließenden Deilbach geworfen. Es handelte sich um

Der VW-Transporter des Metzgermeisters Gerhard Bartsch, in dem Bartsch die Jungen Fuchs und Kahlweiß transportierte.

einen blauen Anzug, lange Hose und Jacke, und weißes Polohemd. Ferner trug der Junge Halbschuhe, an deren Farbe ich mich nicht mehr erinnern kann.«

»Angeklagter! Warum sind Sie nicht gleich mit dem Opfer zur Höhle gefahren?« durchbrach Dr. Wülfings Stimme die Stille, die sich nach dem Verlesen des polizeilichen Vernehmungsprotokolls durch Hauptkommissar Hinrichs über den Saal gelegt hatte.

»Es ging mir wesentlich um das Ausziehen und um das Fesseln des Jungen.«

»Hat der nackte, gefesselte kleine Körper Sie sehr erregt?«

»Ja. Sehr.«

»Haben Sie diesmal an dem lebenden Kind den berühmten Schnitt angesetzt? Den Schnitt vom Brustbein zum Schambein, der die Bauchhöhle öffnet?«

»Das bestreite ich ganz entschieden, Herr Vorsitzender! Ich habe die Bauchhöhle erst geöffnet, als das Kind schon tot war.«

»Angeklagter! Was haben Sie dabei empfunden?«

»Es war alles irgendwie so weich da innen drin ... und so ... so warm«, sagte Jürgen Bartsch nachdenklich.

Verteidiger Möller meldete sich zu Wort: »Aus dem Gutachten der Jugendgerichtshilfe geht hervor, daß Jürgen Bartsch bei seinen Taten die Wärme und Nähe seiner Opfer gesucht hat. Dieser Schluß liegt nahe, denn es sind Dinge, die ihm in seinem bisherigen Leben gefehlt haben.«

»Das sind doch alles vage Spekulationen!« erwiderte Dr. Wülfing gereizt. »Die psychologische Innenschau des Angeklagten ist durch nichts zu beweisen. Was zählt, sind bloße Fakten.«

Tatsache war, daß Jürgen Bartsch 1966, in einem Brief aus der Haft, an Prof. Dr. Bresser geschrieben hatte, daß ihm die zarte, weiche Haut seiner Opfer besonders gefällt. Prof. Dr. Bresser folgerte daraus, daß es sich bei den Taten des Bartsch nicht um Handlungen zur Befriedigung des Geschlechtstriebes gehandelt hat. Während der psychiatrischen Exploration Prof. Dr. Bressers hatte Bartsch mehrfach erwähnt, daß das, was er in der Höhle gemacht hat, etwas anderes war als das, was er mit den gleichaltrigen Jungen gemacht hat. Die Körperformen der Kinder hätten ihn angesprochen.

Jürgen Bartsch hatte seinen Generalplan auch während der zweiten Tat nicht zur Verwirklichung gebracht.

»Und warum nicht?« fragte Dr. Wülfing mit lauter und eindringlicher Stimme. »Sie wollten doch das ganz große, sadistische Gefühlserlebnis. Warum haben Sie es nicht getan? War es nicht Ihr sehnlichster Wunsch, die Kinder bei lebendigem Leibe zu zerschneiden?«

»Ich hab's nicht gekonnt!«

»Woher kamen denn plötzlich die Hemmungen?« wollte der Erste Vorsitzende wissen. »Angeklagter! Sie haben doch selbst gesagt, daß Sie Ihren Trieb nicht unter Kontrolle hatten.«

»Ich hab's nur in der Phantasie gekonnt, Herr Vorsitzender. In der Phantasie habe ich mir oft vorgestellt, daß ich die Kinder lebendig zerschneide«, gestand Jürgen Bartsch.

»In der Höhle wurden Wattebäusche gefunden. Sie haben Kommissar Hinrichs erzählt, daß Sie die Kinder mit Äther betäubt haben, weil Sie ihnen die Schmerzen ersparen wollten. Später haben Sie diese Aussage Prof. Dr. Lauber gegenüber widerrufen. Sie haben den Kommissar angelogen. Woher soll ich wissen, daß Sie mich nicht auch belügen?« fragte Dr. Wülfing.

»Aber es is wahr ... es is wahr ...«, rief Jürgen Bartsch mehrmals hintereinander.

»Angeklagter! Antworten Sie wahrheitsgemäß! Warum haben Sie das Lügenmärchen mit den Wattebäuschen erfunden?«

»Ich wollte es besser machen, als es in Wirklichkeit ist. Deswegen habe ich die Geschichte mit den Wattebäuschen erzählt. Es ist ja so schrecklich in Wirklichkeit. Glauben Sie mir! Wenn ich den Trieb nicht habe, dann kommt mir mein Verhalten selber so grauenhaft vor.« Jürgen Bartsch begann lautlos zu weinen.

»Ja! Es ist grauenvoll! Grauenvoll und widerlich!« rief Dr. Wülfing laut, während ihm einige Zuhörer im Saal applaudierten.

»Bitte! Helfen Sie mir doch! Ich bin krank! Ich muß zu einem Arzt!« schluchzte Jürgen Bartsch.

Der Erste Vorsitzende schüttelte energisch den Kopf.

»Wer einen solchen Trieb hat, dem ist nicht zu helfen! Das können auch die psychiatrischen Gutachter bestätigen. Es gibt gegenwärtig keine medizinische Methode, die den Angeklagten dauerhaft von seinem abnormen Trieb befreien könnte.«

Prof. Dr. Lauber nickte zustimmend. »Die Erfahrungen mit triebhemmenden Mitteln wie Cyproteronacetat haben gezeigt, daß der Sexualtrieb nur gedämpft werden konnte, aber nicht gänzlich verschwand.«

»Eine gehirnstereotaktische Operation würde unter Umständen helfen können. Aber natürlich führt man diesen Eingriff heutzutage in den Anstalten nicht mehr ohne weiteres durch«, gab Prof. Dr. Bresser zu bedenken.

»Kastration!« sagte Prof. Dr. Panse. »Aber hier wäre die Frage, wie der Angeklagte sich in Zukunft dazu stellt!«

»Wenn ich mir die Bemerkung erlauben darf ... Der Angeklagte hat Prof. Dr. Giese im Gefängnis erklärt, daß er sich notfalls auch entmannen lassen würde.«

Prof. Dr. Lauber ergriff das Wort: »Jede Prognose über eine chirurgische oder hormonelle Entmannung muß ungewiß bleiben. Es hat Beispiele gegeben, wo Rückfälle eingetreten sind. Schließlich gibt es für den Fall Bartsch kein Präzedens.«

»Er ist ein seelisch schwer kranker Mensch«, rief Wilke aufgebracht. »Seine Taten wurden durch das Unbewußte gesteuert. Um die Gesellschaft dauerhaft vor ihm zu schützen, muß ihm bewußt gemacht werden, was ihn eigentlich zu diesen Taten getrieben hat. Das wiederum ist nur durch eine psychoanalytische Behandlung möglich, die in einer Heilanstalt durchgeführt werden muß.«

Prof. Dr. Lauber wandte ein, daß eine psychologische Umerziehung des Täters mit Hilfe der Psychoanalyse Jahre oder Jahrzehnte dauern könnte. »Und selbst dann stellt sich die Frage, ob sie gelingt«, fügte Prof. Dr. Panse hinzu.

»Aber es ist seine einzige Chance!« betonte Wilke.

Der Verteidiger wandte sich mit der Frage an die Gutachter, was sie von einer Psychoanalyse des Angeklagten halten würden. Die Gutachter konnten diese Frage allerdings nicht beantworten, da ein solcher Fall von extremem Sadismus noch nie zuvor psychoanalytisch behandelt worden war. Triebtäter wie Kürten und Haarmann, die ihre Taten vor 1949 begangen hatten, waren durch das Fallbeil hingerichtet worden.

Jürgen Bartsch will sich, wie er Prof. Giese im Gefängnis erklärte, entmannen lassen. Die Gutachter Dr. Lauber, Dr. Scheid und Dr. Bresser versprechen sich nichts davon. Selbst wenn sich psychotherapeutische Versuche, Jürgen Bartsch zu normalisieren, über Jahre erstrecken würden, bestehe nur wenig Aussicht auf Erfolg. »Wenn ein Trieb einmal derart Oberhand gewonnen hat, kann er eine nahezu unkontrollierbare Potenz erreichen.« Anders denken die Jugendgerichtshelfer darüber: Nach ihrer Ansicht wäre bei Bartsch eine Nacherziehung durchaus möglich. Man müßte eine Heilanstalt finden, man kann sie nicht von vornherein kategorisch ausschließen.

(Abendzeitung München, 9. Dezember 1967)

»Der Angeklagte hat die Taten minutiös geplant. Er ist ein sadistischer Intelligenzverbrecher, denn er war sich zu jedem Zeitpunkt bewußt, was er tat«, stellte Prof. Dr. Lauber fest. »Triebe sind durch den Willen steuerbar. Diese Meinung bestätigt auch unser werter Kollege, Herr Prof. Dr. Scheid von der Universitätsnervenklinik in Köln. In seinem Gutachten heißt es: »Der Trieb kann niemals als eine Krankheit, als etwas Eigengesetzliches und dem Willen absolut Unzugängliches betrachtet werden.«

Prof. Dr. Lauber blickte Jürgen Bartsch lange und nachdenklich an. »Sie wollten den Willen, gegen Ihren unseligen Trieb anzukämpfen, gar nicht aufbringen. Weil Sie sich an der Hilflosigkeit der Opfer ergötzen wollten. Sie wollten Ihre perverse Lust befriedigen. Wären Sie sonst nur eine Woche nach dem Mord an Peter Fuchs nach Velbert gefahren und hätten wieder ein neues Opfer gesucht? Ein neues Opfer, das Sie leider, leider am 14. August 1965 auch gefunden haben.«

Dr. Wülfing schüttelte den Kopf. »Traurig ist das … sehr traurig.«

Verhandlung über den Mord an Ulrich Kahlweiß

Eine Woche und einen Tag danach – ich weiß auch noch, daß es am 14. August 1965 war – sah ich auf der Fahrt mit meinem PKW in der Nähe des Stollens an einer Anschlagsäule die Bekanntmachung, daß in Velbert Kirmes sei. Ich beschloß dorthin zu fahren, um zu versuchen, wieder ein Kind wegzulocken. Auf demselben Weg bin ich sofort mit dem VW-Bus weiter nach Velbert gefahren. Hier habe ich den Wagen vor dem Kirmesplatz auf einem der Parkplätze abgestellt. Ich habe dann den Platz aufgesucht und mich in die Nähe des Auto-Scooters gestellt. Ich sah einen etwa 11 Jahre alten Jungen am Auto-Scooter stehen und sprach ihn an. Ich lud ihn zu einer Fahrt mit einem Auto-Scooter ein. Der Junge war auch sofort damit einverstanden. Wir sind unwahrscheinlich oft gefahren. Es war zu dieser Zeit gegen 18.30 Uhr.

Bei einer dieser Fahrten muß ich gefilmt worden sein, wie ich auf Grund der späteren Fahndungsplakate feststellen konnte. Als ich das Bild zuerst sah, war ich der Meinung, daß mich jeder darauf erkennen müßte. Als ich aber nach einiger Zeit feststellte, daß mich Bekannte, die das Plakat gesehen hatten, auch nicht wiedererkannten, wurde ich ruhiger. Gegen 18.30 Uhr habe ich mit dem Kind den Kirmesplatz verlassen. Ich hatte ihm Geld geboten und ihm die Geschichte mit dem Detektiv erzählt. Der Junge ist mir auch willig zu meinem Wagen gefolgt.

Wie schon mit dem Kind vorher, so bin ich auch mit Kahlweiß (um diesen handelte es sich) in die Felder in der Nähe Velberts gefahren. Auch das Kind habe ich gewaltsam entkleidet, an Händen und Füßen gefesselt und auf die gleiche Art, wie zuvor den anderen Jungen, geknebelt. Dann habe ich das nackte Kind auf den Boden des Fahrzeuges gelegt und ihm mit einem Hammer mehrmals auf den Kopf geschlagen. Mit dem toten Kind im Wagen bin ich zum Stollen gefahren.

(Aus dem Vernehmungsprotokoll der Polizei im Juni 1966)

Im Gerichtssaal begann nun erneut die schwierige Suche nach der Wahrheit. Mittlerweile konnten selbst die Gutachter nicht mehr von der Hand weisen, daß die Taten Ähnlichkeiten aufwiesen. Waren es – wie Wilke in seinem Gutachten darstellte – Ritualmorde, die immer nach demselben Schema abliefen? Einige Punkte schienen dafür zu sprechen, andere wiederum nicht. Die Taten zeigten – bei näherer Analyse – geringe Abweichungen. Es blieben offene Fragen.

»Warum haben Sie den Jungen nicht bei lebendigem Leibe zerschnitten?« fragte Dr. Wülfing. »War es nicht das höchste Ziel Ihrer Lust?«

»Er hat sich so stark gewehrt, Herr Gerichtsvorsitzender. Da habe ich die Nerven verloren und zugeschlagen, wie bei den anderen Malen auch.«

»Und dann sind Sie mit dem toten Jungen zur Höhle gefahren?«

»Ja. Aber da waren überall Menschen an diesem Tag. Ich bin ein paarmal um den Stollen rumgefahren. Alles war voll Blut. Der ganze Boden vom VW-Bus war nass. Schließlich hat es geklappt und ich habe den Jungen reingetragen. Die Tür vom Wagen hab ich aus Versehen aufgelassen und ein paar Kleidungsstücke von dem Jungen sind rausgefallen.«

»Ich denke, da waren überall Menschen an diesem Tag«, wunderte sich der Erste Vorsitzende.

»Jawohl!«

»Und trotzdem sind Sie niemandem aufgefallen?«

»Nein. Ich bin niemandem aufgefallen.«

Neue Widersprüche taten sich auf. Wie paßte z. B. die Tatsache, daß Bartsch die Kleider von Ulrich Kahlweiß verstreut vor der Höhle liegen gelassen hatte, zu dem Bild vom »sadistischen Intelligenzverbrecher«, das Prof. Dr. Lauber in seinem Gutachten von Jürgen Bartsch entworfen hatte? Hätte ein intelligenter Täter nicht auf solche Einzelheiten geachtet? War es nicht ein Zeichen dafür, daß Jürgen Bartsch die Kontrolle über die Außenwelt verloren hatte und sich während der Taten nur noch in seiner rauschhaften Welt der sexuellen Lust und Ekstase befand?

Einzig der Ablauf der Morde blieb immer gleich, so daß die Theorie vom zwanghaften Ritual nicht widerlegt werden konnte.

»Und am Abend haben Sie den Jungen auch diesmal im Stollen zerschnitten?«

»Jawohl! Ich hab mich heimlich aus dem Elternhaus geschlichen und bin in der Nacht in den Stollen gegangen.«

»Haben Sie onaniert? Waren Sie erregt, während Sie die Leiche zerteilten?«

»Das Schneiden des Fleisches hat mich besonders erregt.«

»Haben Sie wieder mit Rasierklingen geschnitten?«

»Ich habe diesmal ein Messer genommen. Aus der Metzgerei. Unsere Messer anstatt Rasierklingen. Bereits am Tag vorher habe ich ein Schlachtermesser aus der Metzgerei mit in den Stollen genommen und es in die Nähe des Eingangs auf die Mauer gelegt. Ich habe auch einen Reisewecker mitgenommen.«

»Was um Himmels willen wollten Sie damit?« fragte der Erste Vorsitzende aufgebracht. »Wozu brauchten Sie einen Wecker?«

»Ich mußte doch pünktlich zum Abendbrot zu Hause sein, Herr Vorsitzender. Meine Mutter hätte sonst geschimpft. Sie war ja immer so streng, nich wahr?« beklagte sich Jürgen Bartsch in wehleidigem Tonfall.

»Und das Foto? Beim Autoscooter ist per Selbstauslöser ein Foto geschossen worden. Hat Sie auf dem Foto denn niemand erkannt?«

»Doch! Mein Freund Viktor!« antwortete Jürgen Bartsch.

Die Leute im Gerichtssaal hielten für einen Moment den Atem an, als Dr. Wülfing den mittlerweile 18jährigen Metzgerlehrling Viktor in den Zeugenstand rief.

Dann bestätigte der mittlerweile 18jährige, daß er nach dem Verschwinden von Ulrich Kahlweiß von der Velberter Kirmes im August 1965 Bartsch auf den Fahndungsphotos erkannt hatte, die die Kripo aus einem Amateurschmalfilm reproduziert hatte und die den vermißten Jungen in einem Autoscooter neben einem nur verschwommen zu sehenden Mann zeigten. Damals fragte er unter Vorzeigen eines Zeitungsberichtes seinen Freund höhnisch: Was meinst du wohl, wer das ist?

(Münchener Abendzeitung, 5. Dezember 1967)

»Wenn Sie es doch nur angezeigt hätten!« seufzte der Erste Vorsitzende.

»Ich habe alles für mich behalten«, bekannte Viktor.

Dr. Wülfing schüttelte den Kopf. »Traurig, sehr traurig! Wenn Sie es angezeigt hätten, wäre Manfred Graßmann vielleicht noch am Leben. Sie haben sich mitschuldig am Tode dieses armen Jungen gemacht.«

Die moralische Schuld, die die Richter Viktor aufbürdeten, war jedoch weitaus größer, als zunächst angenommen wurde. Im Zeitraum zwischen dem ersten und zweiten Mord hatte Jürgen Bartsch ungefähr 100 Jungen angesprochen. Mehr als einmal hatte Viktor ihm bei diesen Entführungsversuchen geholfen. In der Anklageschrift heißt es:

»Der Angeschuldigte hat Viktor im Frühjahr 1965 durch ein Geldangebot 300 DM dazu verleitet, ihm bei der Entführung eines Jungen von der Frühjahrskirmes auf dem Ribbeck-Platz in Essen zu helfen.

Ein etwa elfjähriger Junge wurde auch angesprochen, zeigte sich jedoch so mißtrauisch, daß der Angeschuldigte und Viktor ihr Vorhaben aufgaben.«

Viktor gestand, daß er mindestens sechs- bis achtmal mit Jürgen Bartsch auf Kinderfang gewesen war. Er wurde »wegen fortgesetzter gewerbsmäßiger Unzucht zwischen Männern sowie wegen Beihilfe zur versuchten Unzucht mit Kindern in Tateinheit mit versuchtem Kindesraub« zu einem Jahr Jugendstrafe verurteilt.

Viktor verließ mit gesenktem Kopf den Zeugenstand.

»Der Angeklagte konnte nicht die Hemmkräfte aufbringen, um sich gegen seinen Trieb zu wehren«, warf Verteidiger Möller ein. »Das geht eindeutig aus dem Gutachten der Jugendgerichtshilfe hervor. Er wurde von seinem zwanghaften Trieb beherrscht.«

»Dieser Meinung stimme ich nicht zu, Herr Verteidiger«, sagte Prof. Dr. Lauber laut. »Der Angeklagte ist ein gefährlicher Hangtäter, der alle seine Verbrechen weit- und umsichtig geplant hat.«

»Er konnte sich gegen diesen Trieb nicht wehren«, bestätigte Wilke mit Nachdruck die Aussage des Verteidigers. »Man kann doch nicht völlig außer Acht lassen, was die Erziehung aus diesem Menschen gemacht hat. Nicht nur der Angeklagte, sondern auch die Gesellschaft trägt erhebliche Mitschuld an den Taten.«

»Wenn der Trieb so stark war, warum hat der Angeklagte den kleinen Jungen im Untersuchungsgefängnis dann nicht auch umgebracht?« fragte Dr. Wülfing in einem Tonfall, der jedem Außenstehenden provokant erscheinen mußte.

»Was für ein Junge?« fragte Wilke.

An diesem vierten Verhandlungstag kam ein schier ungeheuerlicher Zwischenfall zur Sprache, der bisher von den Richtern unbeachtet geblieben war. Der Vorfall, der sich im September 1966 im Wuppertaler Untersuchungsgefängnis ereignet hatte, warf erneut die Frage auf, ob Bartsch seine Triebe steuern konnte oder ihnen hilflos ausgesetzt war. Ein 10jähriger Junge, der Sohn eines Aufsehers, hatte plötzlich vor der weit geöffneten Zellentür des Angeklagten gestanden.

»Aber Sie haben dem Jungen nichts getan?« fragte der Erste Vorsitzende.

»Nein, Herr Vorsitzender.«

»Wie kam das? Wenn Ihr Trieb zu töten stärker war als Sie selbst, warum haben Sie diesen Jungen denn nicht auch noch umgebracht?«

»Ich hab die Tür zugeknallt und mich auf mein Bett geworfen. So konnte das Schlimmste verhindert werden, Herr Vorsitzender.«
»Ach, dazu waren Sie also in der Lage«, rief Dr. Wülfing laut.
»Jawohl!«
»Und uns wollen Sie weismachen, daß Sie Ihre Triebe nicht unter Kontrolle haben.«
»Ich kann mich gegen diesen Trieb auf Dauer nicht wehren. Wenn ich heute rauskäme, dann würde ich weitermorden.«
»Aber Sie haben die Tür zugeknallt! Sie haben den Jungen nicht umgebracht. Sie waren stark genug, zu widerstehen.«

Als Beweis für die bei Bartsch trotz seiner ungewöhnlichen Triebanomalie vorhandene Steuerungsfähigkeit des Willens wird an diesem Verhandlungstag auch ein ungewöhnlicher Zwischenfall im Wuppertaler Untersuchungsgefängnis erwähnt, der von den Justizbehörden bisher geheimgehalten wurde. Die fast unglaubliche Geschichte passierte im September vergangenen Jahres. Eines Tages sah sich der streng bewachte und von allen übrigen Gefangenen getrennt gehaltene Bartsch in dieser Haftanstalt plötzlich einem Jungen gegenüber. Er war mit zehn Jahren genau so alt wie die meisten Opfer des Angeklagten. Es handelte sich um den Sohn des Leiters der Gefängnis-Schuhmacherei. Der Vater hatte ihn verbotswidrig in die Anstalt mitgenommen. Als der Werkstattleiter einen Schlüssel holen ging, lief der unbeaufsichtigte Junge durch den Gefängnisflur. Die Zellentüren waren offen, weil um diese Zeit das Essen ausgegeben wurde.
(Westfalenpost Hagen, 9. Dezember 1967)

»Der Zwischenfall im Untersuchungsgefängnis ist doch eine Bestätigung dafür, daß der Angeklagte stets in der Lage war, sein Handeln zu kontrollieren und zu steuern«, bemerkte Prof. Dr. Panse.
Wilke betonte noch einmal, daß es sich bei Bartschs Taten um Ritualmorde gehandelt habe, die jedes Mal zwanghaft genau nach demselben Schema verlaufen seien. Von rationaler Planung könne gar nicht die Rede sein, denn Bartsch habe aus einem Antrieb heraus gehandelt, der sich seinem Bewußtsein entzog.
»Ein Psychoanalytiker könnte dieses Handeln erklären.«
»Herr Wilke! Der Angeklagte hat seine Taten weitsichtig und umsichtig geplant. Er hat allein aus sadistischen Neigungen heraus gehandelt«, behauptete Prof. Dr. Lauber im Brustton der Überzeugung. Er hatte in seinem Gutachten auch andere Fälle von Massenmördern, wie Fritz Haarmann aus Hannover, Peter Kürten aus Düsseldorf und

Marcel André aus Paris, geschildert. Ein solcher Fall von Sadismus war ihm jedoch noch nirgendwo begegnet.

Es kamen an diesem Vormittag des vierten Verhandlungstages vier weitere Gutachter zu Wort, welche die Hirnstromkurve des Angeklagten untersucht und ausgewertet hatten. Sie stimmten in den wesentlichen Punkten mit den Ausführungen von Prof. Dr. Lauber überein.

Verhandlung über den Mord an Manfred Graßmann

Sein viertes und letztes Opfer tötete Jürgen Bartsch am Sonntag, dem 8. Mai 1966. Es war Muttertag. Im polizeilichen Vernehmungsprotokoll vom Juni 1966 heißt es:

»Auch diesmal ging ich darauf aus, einen Jungen für die von mir mehrfach erwähnten sexuellen Handlungen zu finden. So sprach ich zunächst am Auto-Scooter einen Jungen an, mit dem ich auch fuhr. Als ich merkte, daß der Junge einer am Rand stehenden Person zuwinkte, fragte ich ihn, wem er gewinkt habe. Ich mußte ja vorsichtig sein und wollte keinerlei Risiko eingehen. Ich habe nun nicht weiter auf den Jungen eingesprochen, weil er erklärte, daß er seinem Vater zugewinkt habe und mir die Sache deshalb zu riskant war.

An einem Flugzeugkarussell habe ich einen etwa sechsjährigen Jungen angesprochen, den ich zu einer Fahrt einlud. Ich habe mit ihm keinerlei Verabredungen getroffen. Nach der Fahrt ging er zu einem anderen, etwa acht Jahre alten Jungen, den ich ebenfalls, zusammen mit dem jüngeren, zu einer Fahrt einlud. Während der Fahrt stellte ich fest, daß es sich um Brüder handelte, einen Namen habe ich nicht erfahren.

Nach der Fahrt bin ich mit den beiden Jungen zu einer Schießbude gegangen. Dort wollte ich fragen, welcher von beiden mich begleiten würde. In diesem Moment kam an der Schießbude ein dritter Junge hinzu. Auf eine entsprechende Frage an meine beiden Begleiter hörte ich, daß auch der Dritte ein Bruder von ihnen war. Der Dritte war etwa elf Jahre alt. Diesen nahm ich zum Auto-Scooter mit und lud ihn zu zwei Fahrten ein. Während der Fahrt fragte ich den Jungen, ob er Lust hätte, mit mir zu gehen, ohne ihm hierbei schon Gründe zu nennen. Allerdings sagte ich ihm, daß er sich Geld verdienen könnte, weil er sonst sicherlich nicht mitgegangen wäre. Das Geld erwähnte ich als Anreiz. Nachdem der Junge zugesagt hatte, mit mir zu gehen, kaufte ich für jeden seiner beiden Brüder zehn Fahrchips für den Auto-Scooter. Dies machte ich ganz bewußt, damit die Jungen noch einige Zeit auf der Kirmes blieben und nicht zu früh nach Hause gehen und dort Bescheid sagen konnten. Sie wußten nämlich aus den Gesprächen, daß ihr Bruder mit mir gehen wollte.

Mit dem Bruder verließ ich den Kirmesplatz und betrat mit ihm die gleich links des Kirmesplatzes gelegene Gaststätte. Dort trank der elfjährige Manfred Graßmann, um diesen handelte es sich, wie ich später aus der Presse erfuhr (mir hatte er nur seinen Vornamen Manfred genannt), ein Glas Apfelsaft und ich ein Glas Coca. Im Lokal erzählte ich ihm wieder die Geschichte, daß ich Detektiv sei und für ihn einen kleinen Auftrag hätte. Nachdem ich ihm etwa fünfzig Mark versprochen hatte – ich habe ihm jedoch kein Geld gegeben – war er einverstanden, mitzugehen. Im Lokal ließ ich durch die Wirtin ein Taxi rufen und fuhr mit diesem nach Essen-Steele. Als die Taxe eintraf, merkte ich zu meinem Erschrecken, daß der Fahrer mir vom Ansehen bekannt war. Es handelte sich um einen Aushilfsfahrer, mit dem ich schon mehrfach gefahren war.

Schon an dieser Stelle möchte ich einflechten, daß ich später aus der Presse und der Polizeifahndung ersah, daß der Fahrer mich zum Glück nicht erkannt hatte.

Mit dieser Taxe fuhr ich zum Kaiser-Otto-Platz in Essen-Steele. Diese Fahrt habe ich nur vorsichtshalber unternommen, damit mich ein eventueller Beobachter in eine falsche Richtung fahren sah. In Essen-Steele sind wir ausgestiegen, über die Straße gegangen, und ich hielt eine zufällig vorbeifahrende Taxe an. Mit diesem Fahrzeug fuhren wir bis in die unmittelbare Nähe des Stolleneingangs.

Unter einem Vorwand lockte ich Graßmann mit in den Stollen und ging mit ihm bis in den Stollengang, wo die Blechplatte steht. Dort mußte er sich entkleiden, was er auch aus Angst tat. Danach habe ich an seinem Geschlechtsteil gespielt und kam in sexuelle Erregung. Auch dabei hatte ich mich nicht entkleidet. Den entkleideten Jungen habe ich gefesselt und meine sexuelle Erregung steigerte sich immer mehr. Ich hatte dabei keinen Samenerguß, die Erregung steigerte sich in mir immer mehr. In diesem Zustand habe ich auch den Jungen erwürgt, der ebenfalls so lange zappelte. Ich hatte auch seinen Hals von vorn mit

Das Fenster, durch das Bartsch heimlich ausstieg.

beiden Händen umfaßt und zugedrückt. Ich habe also auch in diesem Fall bewußt getötet.

Nach der Tat fuhr ich mit einer Taxe nach Essen-Werden, genauso wie ich vorher von Essen-Werden nach Essen-Schonnebeck gefahren war. Meinen Eltern habe ich gesagt, ich hätte mir einen Film angesehen. Nachdem ich mit meinen Eltern nach Langenberg zurückgekehrt war, habe ich mich auf die bereits beschriebene Art nachts aus dem Haus geschlichen. Ich habe die Leiche des Graßmann an die rechts des vorher beschriebenen Ganges gelegene Nische geschleppt und ihn dort mit Steinen und Holz zugedeckt. Vorher hatte ich die Fesselung gelöst. Die Bekleidung des Graßmann habe ich auf, beziehungsweise neben die Leiche gelegt.

Auf Frage erkläre ich, daß ich Graßmann zwar in dem hinteren Seiteneingang rechts erwürgt habe. Seine Bekleidung hatte ich jedoch etwas weiter links abgelegt. Es kann sein, daß ein Bekleidungsstück, beziehungsweise ein Schuh dort liegengeblieben ist, denn ich habe nicht genau darauf geachtet, zumal ich ja bei Kerzenbeleuchtung arbeiten mußte.«

»Sie haben auch diesmal wieder Ihre perverse Lust höher gestellt als das Leben dieses armen Jungen!« schrie Dr. Wülfing.

»Ich konnte damit nicht aufhören«, gestand Jürgen Bartsch.

»Er mußte das Ritual zu Ende bringen! Es war wie ein Zwang, der sich dem Einfluß des besseren Ichs vollständig entzog«, rief Wilke. »Man darf die Tatsache nicht aus dem Auge verlieren, daß die erzieherischen Einflüße diesen Jungen unbewußt so beeinflußt haben, daß er zum Täter werden mußte.«

»Die Ausführungen der Jugendgerichtshilfe sind durch nichts zu beweisen!« meinte der Staatsanwalt in einem Tonfall, der zynisch klang.

»Sehen Sie sich doch nur einmal den Ablauf der einzelnen Taten an. Sie unterscheiden sich lediglich durch geringe Details voneinander«, meldete sich Verteidiger Möller zu Wort.

»Der Angeklagte war sich seines unrechten Handelns bewußt. Er hat seine Eltern bewußt belogen und betrogen. Er hat seine Taten gezielt vertuscht, um weitermorden zu können«, widersprach der Staatsanwalt.

»Angeklagter! Was ist am 8. Mai 1966 genau geschehen?« unterbrach Dr. Wülfing die Diskussion.

»Es war Muttertag und wir sind zu meiner Oma nach Essen gefahren. Mir war langweilig. Meine Mutter hat sich mit meiner Oma unterhalten und mein Vater hat Zeitung gelesen. Da habe ich Mami gefragt, ob ich ins Kino gehen darf.«

»Hatten Sie zu diesem Zeitpunkt nicht schon bereits ganz andere Pläne, als ins Kino zu gehen?«

»Ja. Ich hatte erfahren, daß in Essen-Schonnebeck Kirmes ist. Dorthin wollte ich eigentlich gehen.«

»Sie haben Ihre Mutter also bewußt belogen!«

»Jawohl! Ich schäme mich dafür, Herr Vorsitzender!«

»Hatten Sie an diesem Tag den Plan, wieder ein Kind zu entführen?«

»Ja. Ich wollte ein Kind entführen und im Stollen mißbrauchen, weil der Trieb sich geregt hat.«

»Angeklagter! Hatten Sie jemals Angst davor, entdeckt zu werden?«

»Jawohl! Ich hatte Angst, jemand könne von den Taten erfahren. Ich fürchtete mich vor der Strafe, die mir dann blühen würde.«

»Haben Sie dem Jungen auch diesmal wieder die Detektivgeschichte erzählt?«

»Jawohl. Ich habe ihm erzählt, daß ich Detektiv sei und für ihn einen kleinen Auftrag hätte. Ich habe ihm 50 DM versprochen, damit er mich begleitet. Wir sind in eine Gaststätte gegangen. Manfred – so hieß der Junge – hat ein Glas Apfelsaft getrunken und ich ein Glas Cola.«

»Hatten Sie zu keinem Zeitpunkt das Gefühl, die ganze Sache beenden zu müssen? Hat Ihnen der Junge denn nicht Leid getan?«

»Ich konnte es nicht regulieren, Herr Landgerichtsdirektor.«

»Haben Sie auch keine Zweifel bekommen, als Sie festgestellt haben, daß Sie den Taxifahrer kennen? Hatten Sie keine Angst davor, daß alles auffliegt?«

»Nein! Aber ich habe mich sehr erschrocken, als ich merkte, daß ich den Fahrer vom Ansehen kannte. Es handelte sich um einen Aushilfsfahrer, mit dem ich schon mehrfach gefahren war.«

»Hat der Fahrer Sie erkannt?«

»Nein! Zu meinem großen Glück nicht!«

»Haben Sie den Jungen im Stollen gefesselt?«

»Ich zwang ihn, sich zu entkleiden. Dann habe ich das nackte Kind gefesselt.«

»Hat der Anblick des nackten, gefesselten kleinen Körpers Sie erregt?«

»Jawohl! Die Erregung steigerte sich immer mehr. In diesem Zustand habe ich den Jungen erwürgt.«

»Das hört sich im polizeilichen Vernehmungszeugnis aber anders an«, erklärte der Erste Vorsitzende und begann die entsprechende Stelle laut zu verlesen: »Ich hatte auch seinen Hals von vorn mit beiden Händen umfaßt und zugedrückt. Ich habe also auch in diesem Fall bewußt getötet.«

Jürgen Bartsch hatte sich auch in diesem Fall nachts durch das Kellerfenster geschlichen, um die Leiche des Jungen im Stollen zu zerschneiden. Doch hatte der Angeklagte seinen Generalplan auch bei diesem vierten Mord nicht in die Tat umgesetzt? Der Gerichtsmediziner Prof. Dr. Reh hatte festgestellt, daß an der Leiche von Manfred Graßmann Finger, Zehen und Kniescheiben fehlten. Auf die Frage von Prof. Dr. Lauber, ob er dem lebenden Kind einen Finger abgeschnitten habe, hatte der Angeklagte geantwortet: »Da bringen Sie mich aber jetzt auf Dinger.«

»Angeklagter! Möchten Sie uns nicht ein Geständnis ablegen?« fragte Dr. Wülfing eindringlich.

»Ich habe Ihnen nichts mehr zu sagen«, antwortete Jürgen Bartsch mit gesenktem Blick.

»Niemals werden Sie Ruhe finden, Bartsch, vor Gott nicht und den Menschen nicht. Sie müssen es sagen, wenn Sie noch etwas zurückhalten. Ich werde jetzt kein einziges Wort mehr dazu sagen. Sie werden am Wochenende mit dem Gefängnisgeistlichen darüber sprechen. Dazwischen liegen dann zwei Tage. Am Montagmorgen werde ich Sie noch einmal fragen. Setzen Sie sich, Angeklagter. Sie können schließlich nicht die ganze Zeit stehen.«

Am Montagmorgen schließlich, es war der fünfte Verhandlungstag, bat Jürgen Bartsch das Hohe Gericht, die Öffentlichkeit weitestgehend von der Verhandlung auszuschließen. Jetzt mußten auch die Journalisten den Saal für eine Weile verlassen. Nur der Pfarrer und das Gericht waren anwesend, als Jürgen Bartsch sein letztes Geständnis ablegte. Der Morgen des fünften Verhandlungstages ging unter dem Begriff »Geheimsitzung« in die Geschichte des Bartsch-Prozesses ein.

Wuppertal, Anfang Dezember

Nur mit dem Gericht und mit dem Gefängnisseelsorger Pater Werner Kettner wollte am Montagmorgen der vierfache Kindesmörder Jürgen Bartsch (21) zusammen sein, als er vermutlich das Schrecklichste gestand: die Verstümmelung eines noch lebenden Opfers! Bisher hatte der vor der Wuppertaler Jugendkammer angeklagte Metzgergeselle aus Langenberg das immer geleugnet. Unter völligem Ausschluß der Öffentlichkeit – auch die Journalisten mußten den Saal verlassen – erleichterte Bartsch 80 Minuten lang auch in diesem Punkte sein Gewissen.

Die Gesichter der Richter und Schöffen, der Ankläger, des Verteidigers und der neun Sachverständigen waren wie versteinert, als sie danach durch das Spalier der draußen vor der Tür wartenden Journalisten gingen. Verteidiger Heinz Möller winkte ab: »Keine Erklärung.« – Oberstaatsanwalt Fritz Klein schüttelte sich wie vom Ekel gepackt: »Die Antwort ist gegeben.« Es konnte nur die Antwort auf die Frage sein, die der Vorsitzende, Landgerichtsdirektor Dr. Wülfing, dem Angeklagten am Freitag zum wiederholten Male gestellt hatte: Haben Sie auch am lebenden Kind geschnitten? – Dr. Wülfing am Montagmorgen: »Es war noch grauenhafter als am Freitag. Mehr kann ich nicht sagen.«

(Abendzeitung München, 5. Dezember 1967)

Verteidiger Möller blickte Wilke nachdenklich an. »Nach diesem Geständnis dürfte es den Gutachtern schwer fallen, ihn für erwachsen und voll zurechnungsfähig zu erklären.«

»Sie werden Professor Giese zurückholen müssen«, mutmaßte Wilke.

Der Verteidiger machte einen erschöpften und resignierten Eindruck. Würden die psychiatrischen Sachverständigen, wenn sie am Mittwoch gehört werden würden, aufgrund dieses letzten entsetzlichen Geständnisses Jürgen Bartsch immer noch für geistig normal erklären und ihm vorhalten, er habe seinen abwegigen sexuellen Trieb unterdrücken können? Würde das Gericht den Hamburger Sexualforscher Prof. Dr. Giese zurückholen?

Wuppertaler Landgericht, 13. Dezember 1967 –
»Bitte, bitte, tun Sie etwas für Jürgen!«

Am Morgen des sechsten Verhandlungstages geschah etwas, womit zu diesem Zeitpunkt niemand mehr gerechnet hatte. Frau Bartsch betrat unter dem Blitzlichtgewitter der Journalisten den Zeugenstand. Sie hatte bisher von ihrem Zeugnisverweigerungsrecht Gebrauch gemacht. Außerdem hatte sie sich hinter einem ärztlichen Attest versteckt, das ihr ein Gallenleiden bescheinigte. Nun war sie – zum Staunen aller Prozeßbeteiligten – aus ihrer Deckung hervorgetreten, um für ihren Adoptivsohn auszusagen.

Verteidiger Möller erhob sich.

»Hohes Gericht! Frau Bartsch will ihrer Pflicht als Zeugin genügen!«

Vor der Vernehmung richtete Landgerichtsdirektor Dr. Wülfing einige ganz persönliche Worte an Jürgen Bartschs Adoptivmutter.

»Ich möchte Ihnen – und das ist unser aller Bedürfnis – unser Mitgefühl aussprechen. Der Angeklagte ist nicht Ihr eigen Fleisch und Blut. Aber Sie haben die besten Jahre Ihres Lebens und all Ihre Liebe darauf verwandt, Jürgen Bartsch zu einem ordentlichen Menschen zu erziehen. Ihre Trauer über das, was geschehen ist, fühlen wir alle mit.«

»Warum machen Sie sich nicht die Mühe und stellen fest, was mit dem Jungen los ist? Er kommt ja doch nicht mehr frei!«

Die weißhaarige Frau sank im Zeugenstand zusammen. Im Saal begannen viele Frauen zu weinen. Jürgen Bartsch lächelte seiner Mutter zu. Die Richter waren bestürzt über diesen Ausbruch. Zum ersten Mal wurde bei Dr. Wülfing eine gewisse Unsicherheit spürbar. Seine Stimme zitterte leicht, als er sagte: »Sie sind eine gute Mutter, Frau Bartsch. Bitte glauben Sie mir, wir alle ringen mit uns bei der Lösung dieses Falles. Ich selbst habe nächtelang wach gelegen und über Ihren Sohn nachgegrübelt.«

»Für mich steht fest, daß der Junge krank ist! Warum untersuchen Sie ihn nicht noch einmal?« rief Gertrud Bartsch. »Bitte, bitte, tun Sie etwas für Jürgen! Es handelt sich doch um einen Menschen – um eine Seele. Er hat doch auch eine Seele, oder etwa nicht?«

Frau Bartsch verließ schleppenden Ganges den Zeugenstand. Alle im Saal waren von ihrem Auftritt ergriffen.

Wuppertal, 14. Dezember

»Warum wollen Sie ihn denn so schnell verurteilen? Mein Kind ist krank! Warum versuchen Sie nicht alles, um ihm zu helfen? Es handelt sich doch um einen Menschen – um eine Seele!«

Diesen verzweifelten Appell an die Justiz schrie gestern morgen eine Mutter in den Schwurgerichtssaal von Wuppertal. Es ist die Metzgersfrau Gertrud Bartsch (57), die Adoptivmutter des »Kirmesmörders«.

Nach 18 Monaten hat sie ihr Schweigen gebrochen. Sie ist trotz Krankheit gekommen, um für ihr Kind zu kämpfen. Für Jürgen Bartsch (21), der bereits so gut wie verurteilt ist, dem die Sachverständigen keine Chance mehr geben und für den die Staatsanwaltschaft Stunden später die höchste Strafe beantragen wird: lebenslänglich Zuchthaus.

(Bild-Zeitung Wuppertal, 14. Dezember 1967)

Nachdem Frau Bartsch den Saal verlassen hatte, wandte sich Möller mit der eindringlichen Bitte an das Hohe Gericht, Jürgen Bartsch durch den Genetiker Professor Otto Prokop untersuchen zu lassen.

»Ein Karyogramm könnte zeigen, ob sich in der Großhirnrinde des Angeklagten mangelnde Hemmungskräfte nachweisen lassen.«

»Herr Verteidiger! Eine Untersuchung der Erbanlagen ist für die strafrechtliche Verantwortung des Angeklagten nutzlos«, wandte Prof. Dr. Lauber ein.

»Außerdem kann die Genstrukturierung eines Menschen ihn nicht von der Verantwortung entbinden.«

»Es sei denn, man hebt das geltende Strafrecht auf und baut ein reines Maßnahmerecht auf«, entgegnete Dr. Wülfing.

»Wir können doch nicht warten, bis ein neues Recht eingeführt worden ist. Auch dieser Prozeß muß einmal ein Ende haben«, erwiderte Prof. Dr. Panse gereizt.

Nach einer Beratung lehnte das Gericht den Antrag des Verteidigers ab, das Gutachten eines Genetikers einzuholen. Dr. Wülfing meinte, es könne bereits unterstellt werden, daß die Triebanomalie von Jürgen Bartsch genetisch verankert sei. Insofern bedürfe es nicht erst eines Beweises. Andererseits sei eine »genetische Vorprägung« jedoch belanglos für die Frage nach der Verantwortlichkeit. Die im Bartsch-Prozeß gehörten Gutachter hätten auf nochmalige Fragen ausdrücklich bestätigt, daß der Trieb des Angeklagten von ihm selbst zu steuern gewesen sei. Wülfing dazu: »Das Handeln des Menschen untersteht dem freien Willen.«

(Frankfurter Allgemeine Zeitung, 14. Dezember 1967)

Verhandlung über die Entführung von Ernst P., »dem Jungen, der überlebt hat«

Prof. Dr. Lauber räumte der Verteidigung ein, daß eine genetische Untersuchung des Angeklagten für die Wissenschaft sicher interessant sei. Hingegen sei die Untersuchung für den Prozeß aber völlig unnötig. Außerdem erübrige sich diese Frage. Der Angeklagte sei zu jedem Zeitpunkt in der Lage gewesen, seine Taten zu unterbrechen und sein Handeln zu steuern. Für diese Behauptung gäbe es einen eindeutigen Beweis.

»Führen Sie den Zeugen Ernst P. herein!« ordnete Dr. Wülfing mit lauter Stimme an.

Es herrschte Totenstille im Gerichtssaal, als der 15jährige Ernst P. von einem Beamten des Jugendamtes in den Zeugenstand geführt wurde. Der Junge, den die meisten Menschen aus den Medien als »den Jungen, der überlebt hatte« kannten, sollte nun vor Gericht den letzten Beweis dafür antreten, daß Jürgen Bartsch seine Triebe zu jedem Zeitpunkt unter Kontrolle hatte.

Ernst P. trug eine dunkle Sonnenbrille und hatte sich die Kapuze seines Anoraks tief ins Gesicht gezogen, als wolle er sich mit aller Macht vor den vielen neugierigen Blicken schützen. Jürgen Bartsch blickte eine Weile angestrengt zu Boden. Als er merkte, um wen es sich bei diesem Zeugen handelte, fiel sein Kopf in die Hände und er weinte derart heftig, daß sein Körper von ruckartigen Schluchzern geschüttelt wurde. Verteidiger Möller begann leise auf ihn einzureden. Nach einer

Weile wandte sich der Verteidiger mit der eindringlichen Bitte an das Hohe Gericht, daß sein Mandant während der Vernehmung des Zeugen Ernst P. abgeführt werden darf. Dr. Wülfing schüttelte energisch den Kopf und bemerkte, daß es strafrechtlich keine Möglichkeit zu einer solchen Regelung gibt. Er warf Möller einen strengen Blick zu und fügte mit einem für alle Beteiligten hörbaren Anflug von Sarkasmus hinzu: »Das sollten Sie eigentlich wissen, Herr Kollege!«

Als Jürgen Bartsch gestern im Gericht sein einziges überlebendes Opfer, den blonden Ernst P. (15), wiedersah, brach er aufschluchzend in der Anklagebank zusammen. Sein Verteidiger: »Mein Mandant möchte während der Vernehmung des Zeugen abgeführt werden.« Die Bitte war vergebens. Der bis dahin eiskalte Bartsch mußte anhören, wie er sein letztes Opfer gequält hatte.
(Bild-Zeitung Wuppertal, 30. November 1967)

»Ernst ... Sie sind 15 Jahre alt, von Beruf Hilfsarbeiter und leben bei Ihrer Mutter in Essen?« eröffnete Dr. Wülfing das Verhör.

Bevor er dem Richter antwortete, zog Ernst die Kapuze vom Kopf und nahm die Sonnenbrille vom Gesicht. Plötzlich wirkte er nicht mehr wie ein Jugendlicher von 15 Jahren, sondern wie ein viel jüngeres Kind. Die Tatsache, daß Jürgen Bartsch, der seine Opfer im Alter von 8–13 Jahren auszuwählen pflegte, ausgerechnet diesen Jugendlichen angesprochen hatte, erschien mit einem Mal plausibel.

»Sie brauchen keine Angst zu haben, Ernst«, sprach Dr. Wülfing beruhigend auf den verängstigten Jugendlichen ein.

»Sagen Sie uns, was Ihnen am 18. Juni 1966 widerfahren ist.«

In Wuppertaler Platt, langsam und stockend, als habe er Angst vor der furchtbaren Erinnerung, begann Ernst P. sein Erlebnis zu schildern.

An jenem Tag war es ungewöhnlich schwül. Ernst P. hatte Langeweile und fuhr deshalb mit dem Bus in die Wuppertaler Innenstadt, um sich die Auslagen der Schaufenster anzusehen. Trotz der enormen Hitze trug er seine neue, hellgrüne Amijacke. Auf die Jacke, ein Geburtstagsgeschenk von seinem Großvater, war er richtig stolz. Plötzlich prasselte ein Sommergewitter nieder. Ernst lief eilig unter das Vordach von TELEFUNKEN und suchte vor dem Platzregen Schutz. Ein paar Meter neben ihm stand ein junger Mann, den er auf ca. 19, vielleicht älter, schätzte. Der junge Mann war trotz der Hitze des Tages mit einem schwarzen Anzug und einer Krawatte bekleidet. Er hatte sich das Jakkett mit beiden Händen über den Kopf gezogen, um sich vor dem Regen zu schützen und trat unruhig von einem Bein aufs andere. Plötzlich blickte er zu Ernst hinüber und musterte ihn eindringlich.

»Scheißwetter, nicht wahr?«

Ernst nickte zustimmend, während der Ältere sich neben ihn stellte und ihn abermals auffallend musterte. Der Ältere zog eine Packung Filterzigaretten aus der Tasche und hielt sie Ernst hin.

»Rauchst du?«

Ernst nickte und nahm sich eine Zigarette. Der Ältere zückte ein Feuerzeug.

Eine Weile rauchten sie schweigend.

»Und? Was machst du heute noch so?« fragte der Ältere schließlich.

»Wenn der Regen aufgehört hat?«

Ernst zuckte unschlüssig die Achseln. Er wußte nicht, was er mit dieser Frage anfangen sollte. Er fühlte sich aber merkwürdig geschmeichelt, weil der deutlich ältere Jugendliche Interesse an ihm signalisierte.

»Hör mal! Ich hätte vielleicht was für dich zu tun. Willst du dir 50 Mark verdienen? Hast du Zeit?«

Ernst P. nickte heftig und interessiert.

»50 Eier hat er mir geboten. Wenn ich mitfahren tu, Herr Vorsitzender. Dat war mehr als ein ganzer Wochenlohn. Da hab ich natürlich angebissen.«

»Was sollten Sie dafür tun?«

»Er sagte, daß er einen Zeugen braucht. Bei einer wichtigen Übergabe. Dat hat richtig spannend geklungen, Herr Vorsitzender.«

Ernst fühlte sich bei seiner Ehre gepackt, als der Ältere ihn fragte, ob er auch ordentlich schweigen kann. Er könne schweigen wie ein Grab, antwortete Ernst P. entrüstet. Der Ältere ließ daraufhin ein Taxi rufen. Sie stiegen in das Taxi und fuhren nach Wuppertal-Elberfeld. Bei einer Gaststätte namens »Am Stadtkrug« endete die Fahrt schließlich. Ein rundlicher Wirt bediente die wenigen Kunden. Ernst und der Ältere setzten sich an einen kleinen Tisch neben dem Fenster. Der Ältere winkte den Wirt herbei. Er bestellte eine Cola und einen Apfelsaft. Dann stand er auf und ging zur Musikbox hinüber. Er warf das Geld ein und traf seine Wahl. Dann setzte er sich wieder neben Ernst P. an den Tisch.

»Er hat ›Mama, du sollst doch nicht um deinen Jungen weinen‹ von Heintje gehört?« fragte Dr. Wülfing mit ungläubigem Staunen.

»Heintje is für mich 'n anderes Wort für ›Mütter-Genesungs-Werk‹, Herr Vorsitzender«, antwortete Ernst P. kopfschüttelnd und konnte nicht verstehen, warum einige Zuhörer im Saal plötzlich in schallendes Gelächter ausbrachen.

Er sei Detektiv, erzählte der Ältere, und arbeite für eine Versicherung. Er müsse eine Tasche holen, in welcher sich Diamanten befinden, die ein Versicherungsbetrüger in einer Höhle in Langenberg versteckt hat.
»Und? Bist du dabei? Willst du mir helfen?« wurde Ernst P. von dem Älteren gefragt.
»Ich bin dabei«, stimmte Ernst P. aufgeregt zu.
Der Ältere zeigte auf den Fußball-Kicker. Sie spielten eine Runde. Dann noch eine. Das Spiel wurde lebhaft und übermütig. Ernst P. gewann jedes Mal, was ihm die Anerkennung des Älteren einbrachte.
Schließlich drängte der Ältere zum Aufbruch und ließ erneut ein Taxi rufen. Sie fuhren bis zur Stadtmitte und der Ältere kritisierte ein paar Mal den flotten Fahrstil des Taxifahrers.
Ernst P. hatte nicht das Gefühl, daß der Ältere ortskundig ist, denn er lenkte den Taxifahrer zweimal in eine falsche Richtung. Schließlich erreichten sie eine kleine Innenstadt. Das Taxi hielt gegenüber einer Kirche. Der Ältere reichte dem Taxifahrer einen 50-Mark-Schein. Nachdem der Fahrer den Schein gewechselt hatte, stiegen Ernst P. und der Ältere aus.

»Er hat mir 20 Mark von dem gewechselten Fuffziger gegeben. Als ich die 20 Eier dann hatte, hab ich ehrlich gedacht, dat er's ernst meint mit der ganzen Geschichte. Woher sollt ich auch wissen, dat dat alles erstunken und erlogen war, Herr Vorsitzender?«
Dr. Wülfing schüttelte über so viel Leichtgläubigkeit den Kopf.
»Überall hingen Fahndungsplakate. Nachdem Manfred Graßmann verschwunden war, liefen die Polizeiaktionen im gesamten Ruhrgebiet auf Hochtouren. Haben Sie überhaupt keinen Verdacht geschöpft, als der junge Mann Sie angesprochen und gebeten hat, mit ihm zu gehen? Zu keinem Zeitpunkt irgendeinen Verdacht geschöpft, da könnte etwas nicht in Ordnung sein?«
Ernst P. zuckte die Achseln. »Auf die Idee bin ich gar nicht gekommen, Herr Vorsitzender. Weil ... der war ja nur 'n paar Jahre älter als ich.«

Sie gingen einen steilen Berghang hinauf, der in einen Wald führte. Der Ältere blieb stehen und trat ein paar Schritte seitlich in das dichte Gebüsch. Dann brachte er unter Kraftanstrengung eine schwarze Aktentasche mit zwei verschiedenen Schlössern zum Vorschein. Ernst P. und der Ältere schleppten gemeinsam die Tasche den Hang hinunter.

»Er hat mir gesagt, dat in der Tasche die Edelsteine von dem Versicherungsbetrüger drin wären, Herr Gerichtsvorsitzender.«
»Und das haben Sie ihm geglaubt?«
»Ja. Schwer genug war die Tasche ... Wir sind dann mit dat schwere Ding zur Straße zurückgegangen und er hat wieder ein Taxi gerufen.«
»Wir sind dann nach Langenberg-Bonsfeld gefahren«, berichtete Ernst. »In Bonsfeld sind wir ausgestiegen und mit der schweren Tasche zu Fuß über die Brücke bis zur Heegerstraße gegangen. Plötzlich haben wir vor diesem dunklen Loch im Berg gestanden.«

Während einer polizeilichen Vernehmung im Juni 1966 machte Jürgen Bartsch zur Entführung von Ernst P. folgende Aussage:
»Am Samstag, dem 18. 6. 1966, habe ich in Wuppertal einen jungen Mann auf der Straße angesprochen und dann mit diesem das Lokal ›Stadtkrug‹ besucht. Von dort aus fuhr ich mit dem jungen Mann mit einem Taxi nach Neviges. Hier holte ich eine von mir auf einem Hügel versteckte Aktentasche, in der sich Sachen befanden, die ich zu Kunden bringen sollte. [...] Dann fuhr ich mit ihm nach Langenberg in die Nähe des Stolleneinganges. Ich hatte dem Jungen bereits zwanzig Mark gegeben, die er noch haben müßte. Dort überredete ich ihn, mit in die Höhle zu gehen, und habe ihn unter Anwendung von Gewalt gezwungen, sich völlig zu entkleiden. Dann habe ich ihn gefesselt. Mit Faustschlägen habe ich ihn bewußtlos geschlagen. Er ist auch mehrfach hingefallen.«

»Hatten Sie Angst?« wurde Ernst P. von Dr. Wülfing gefragt.
»Bißchen unheimlich war's schon in dem dunklen Loch. Und furchtbar gestunken hat es auch. Ich hab ihn gefragt, warum es so stinken tut in dem Bunker. Er hat mir gesagt, dat da irgendwo noch Leichen liegen, die vom letzten Krieg übriggeblieben sind.«
»Warum sind Sie nicht einfach weggelaufen?«
»Ich wollte kein feiger Hund sein, Herr Gerichtsvorsitzender.«
Kurz nach dem Betreten der Höhle veränderte sich der Ältere schlag-

artig. Er begann, Ernst P. ohne Vorwarnung zu schlagen, zu treten und gegen die Wand zu drücken. Es kam Ernst P. so vor, als ob der Ältere verrückt geworden wäre. Er bekam einen Schlag in den Magen und schlug mit dem Kopf gegen die Felswand. Er war kaum bei Verstand, als der Ältere ihn entkleidete und fesselte. Als Ernst P. splitternackt und gefesselt vor ihm lag, fragte der Ältere ihn nach der Uhrzeit.

»Er hat Sie gefragt wie spät es ist?« fragte Dr. Wülfing mit ungläubigem Staunen.

»Ich kann dat auch bis heut' noch nich' glauben, Herr Gerichtsvorsitzender.«

»Ernst P.! Ich bitte Sie jetzt, uns zu sagen, ob dieser Mann, der Ihnen diese unbeschreiblichen Dinge zugefügt hat, hier im Saale ist.«

Ernst sah sich eine Weile suchend um. Dann zeigte er auf Jürgen Bartsch und rief: »Da hinten ... dat is der Mann, Herr Gerichtsvorsitzender.«

Dr. Wülfing bedankte sich bei Ernst P. für seine Offenheit. »Wenn Sie nicht gewesen wären, hätte es unter Umständen noch mehr Opfer gegeben.«

Dann wurde Ernst P. von einem Beamten des Jugendamtes aus dem Saal geführt.

Nur durch Zufall wurde die Polizei auf den Bunker aufmerksam gemacht, zu dem der Mörder seine Opfer geschleppt hatte. Ein vierzehn Jahre alter Bub war am vergangenen Samstag in Wuppertal-Elberfeld von einem Mann angesprochen und zu einer Taxifahrt eingeladen worden. Angeblich wollte der junge Mann, der von dem Buben inzwischen als der verhaftete Metzgergeselle erkannt wurde, ihm einen Sack voll Edelsteine zeigen. Der Taxifahrer, dem am Dienstag der Verhaftete ebenfalls gegenübergestellt wurde, konnte sich an den Mann nicht erinnern, wurde jedoch seinerseits von dem Buben identifiziert.

Der Bub fuhr mit dem Mann zunächst nach Neviges, einem bekannten Wallfahrtsort, und dann nach Langenberg. Nachdem sie unterwegs zweimal in Gaststätten eingekehrt waren, kletterten beide den kleinen Hang zu dem abseits gelegenen Luftschutzbunker in Langenberg hinauf. Unterwegs hatte der Mann dem Buben erklärt, daß dort ein vom Krieg übriggebliebener, unentdeckter Schatz liege. Kaum hatte der Vierzehnjährige den Stollen betreten, wurde er von hinten niedergeschlagen. Dann verging sich der Mann an dem halb bewußtlosen Buben, warf ihn auf den Boden und fesselte ihn. Nach Aussagen des Buben bei der Polizei hat der Mann dann vier Kerzen aus der Aktentasche geholt und sie rund um ihn aufgestellt. Ein erneuter Schlag auf den Kopf habe ihm völlig das Bewußtsein genommen. Als er wieder zu sich kam, brannten die Kerzen noch. Er senkte sich die Fesseln an seinen Füßen durch, kroch aus dem Stollen und humpelte zu einem 200 Meter entfernten Haus. Die Hände noch auf den Rücken gefesselt, bat er die Hausbewohner um Hilfe, bevor er erneut zusammenbrach. Die Polizei nahm ihn in ihre Obhut.

(Süddeutsche Zeitung, 22. Juni 1966, Nr. 148)

»Angeklagter! Was sagen Sie zu den Vorwürfen des Zeugen P.?«

»Ja ... so war das wohl, nicht wahr?« gestand Jürgen Bartsch schluchzend.

»Und was war wirklich in der Tasche?«

»Eine tote Ente aus unserer Metzgerei, die ich an eine Kundin ausliefern sollte.«

»Angeklagter! Warum haben Sie Ernst P. in der Höhle nicht getötet, wie die anderen Opfer auch? Wenn der Trieb zu töten – wie Sie sagen – Sie derart bedrängt hat, warum haben Sie Ihre Tat plötzlich unterbrechen können?«

»Ich mußte an diesem Tag besonders pünktlich zum Abendessen zu Hause sein, Herr Gerichtsvorsitzender.«

»Sie haben diesen armen, unglückseligen Jungen nackt, gefesselt und zerschunden in der dunklen Höhle liegen lassen, um pünktlich zum Abendbrot zu Hause zu sein?« fragte der Staatsanwalt mit ungläubigem Staunen.

»Dazu waren Sie also in der Lage«, stellte Dr. Wülfing sachlich fest.

»Jawohl! Ich ging nach Hause, weil ich sonst Ärger mit Mami bekommen hätte. Vorher wusch ich mir in einer Wirtschaft aber noch die Hände. Und dann hab ich die Ente zu den Leuten gebracht, die sie bestellt hatten. Die haben schon drauf gewartet. Mami hat mich dann gebadet. Wie jeden Samstagabend. In der Badewanne habe ich noch darüber nachgedacht, daß ich ihn diesmal lebendig zerschneiden will.«

Gertrud Bartsch hatte während ihrer Vernehmung am 13. Dezember 1967 ausgesagt, daß sie sich beim Baden ihres immerhin schon 19jährigen Adoptivsohnes nie etwas gedacht hätte. Im allgemeinen würden Jungen es mit der Sauberkeit nicht so genau nehmen, und da habe sie schon mal mitgeholfen, Kopf und Rücken zu schrubben. »Ich habe ihn abgerubbelt und fertig war die Sache.« Verständnisvoll hatte Landgerichtsdirektor Dr. Wülfing dazu gemeint: »Ich bin Familienvater und habe darin Erfahrung. Kinder muß man eben manchmal in die Wanne stecken. Da ist doch nichts Schlimmes dabei. Sie sind eine großartige Frau, Frau Bartsch.«

»Angeklagter, haben Sie denn gar nicht an den armen Jungen in der Höhle gedacht und an das, was er in der Zwischenzeit durchmachen mußte?«

»Bevor ich ging, hatte ich ihm seine grüne Amijacke unter den Körper geschoben und eine Kerze brennen lassen«, sagte Jürgen Bartsch.

»Warum haben Sie das getan?«

»Er hatte mich angefleht, die Kerze brennen zu lassen.«

»Mit Hilfe der Kerze hat er sich ja gottlob aus seiner mißlichen Lage befreien können«, betonte Dr. Wülfing erleichtert.

»Außerdem ist es allein Ernst P. zu verdanken, daß dem Treiben des Angeklagten endlich ein Ende gemacht werden konnte«, fügte der Staatsanwalt hinzu.

Ernst P., der jetzt Bartsch als Nebenkläger gegenübersitzt, hatte sich am 18. Juni 1966 von dem Angeklagten zu einer Flasche Apfelsaft im Wuppertaler Stadtkrug und zu einem Besuch im Schatzstollen überreden lassen. In dem Bunker schlug Bartsch den schmächtigen Hilfsarbeiter nieder und fesselte ihm Hände und Füße. Doch Ernst P. hatte im Kino gut aufgepaßt: Die Fesseln, die er mit einer Kerze durchbrannte, liegen jetzt auf dem Richtertisch.

Lustlos setzten die Langenberger Polizisten ihre Spaten in dem Stollen an. Sie hielten die Story von Ernst P. für glatte Aufschneiderei: Folterbunker? Du hast wohl zu viele Krimis gelesen? Erst als die Beamten den Finger einer Kinderhand freilegten, alarmierten sie die »Kirmesmörder-Sonderkommissionen«. Bartsch war unter den Zuschauern vor dem Bunker. Die Kombinationsgabe des Malermeisters B. klärte den Fall endgültig. B.'s Sohn war 1961 von Bartsch in dem Stollen unsittlich belästigt worden. Die Kripo hatte sich selbst matt gesetzt, als sie auf B.'s Anzeige hin nur wegen Körperverletzung gegen Bartsch ermittelte und dann das Verfahren einstellte. Bartsch erschien so in keiner Sittendeliktskartei. Maler B. zur Kripo: »Ich kenne einen, der schon einmal etwas in dem Stollen angestellt hat ...«

(Welt am Sonntag, 25. November 1967, Nr. 48)

»Angeklagter! Sie sind dann in der Nacht zurück in die Höhle gegangen. Was haben Sie denn gedacht, als Sie Ernst P. nicht mehr vorfanden?«

»Ich war furchtbar enttäuscht, Herr Vorsitzender.«

»Weil Sie Ihren Generalplan auch dieses Mal nicht verwirklichen konnten?«

»Jawohl! Ich wollte ihn bei lebendigem Leibe zerschneiden! Aber das ging ja nun nicht mehr, Herr Vorsitzender!«

»Und nur zwei Tage später, am Montag, dem 20. Juni 1966, sind Sie durch Velbert gefahren, auf der Suche nach einem neuen Opfer. Das ist eine so große Unverfrorenheit, über die man nur noch den Kopf schütteln kann. Haben Sie denn jeden Rest Anstand verloren? Hatten Sie denn gar keine Angst, daß der entflohene Junge Sie anzeigen könnte?« fragte der Staatsanwalt und in seiner Stimme klang ein betroffener Unterton mit.

»Ich war ja noch völlig unbefriedigt, Herr Staatsanwalt! Wenn man so einen Trieb hat wie ich …«, verteidigte sich Jürgen Bartsch.

»Haben Sie jemals Grauen vor sich selber empfunden?«

»Herr Vorsitzender! Das setzt voraus, ich könnte regulieren – jetzt kannst du, jetzt kannst du nicht! Aber ich konnte das nicht regulieren.«

»Tut mir leid, aber ich kann Ihnen das einfach nicht glauben.«

»Aber es ist wahr!«

»Sie haben sich brüsk für das Böse entschieden. Sie haben anderen alles genommen. Also muß jetzt Ihnen alles genommen werden.«

»Wollen Sie Gleiches mit Gleichem vergelten, Herr Landgerichtsdirektor?« fragte der Verteidiger. »Dieser junge Mann braucht psychotherapeutische Hilfe. Ich teile die Meinung der Jugendgerichtshilfe. Er gehört in eine Heilanstalt und nicht in ein Gefängnis.«

»Herr Verteidiger, einem solchen Menschen ist nicht mehr zu helfen. Man kann ihn höchstens vor sich selbst bewahren und die Gesellschaft dazu«, erwiderte Dr. Wülfing.

»Kennen Sie einen Fall, in dem das Zuchthaus einen Menschen gebessert hat?« fragte Wilke.

Verteidiger Möller verließ den Saal, um den Genetiker Prof. Otto Prokop anzurufen. Nach einer Weile kehrte er sichtbar überfordert in den Gerichtssaal zurück.

»Ich habe mit Prof. Prokop gesprochen. Er kann frühestens nächste Woche kommen.«

Wilke bat Dr. Wülfing um Aufschub des Urteils.

»Nein. Die Beweislage reicht für einen Urteilsspruch aus«, drängte Dr. Wülfing auf ein schnelles Ende des Prozesses. »Bitte, Herr Verteidiger, Ihr Plädoyer.«

Jürgen Bartsch stand auf und verkündete zum Erstaunen aller Beteiligten, daß er seinen Verteidiger gebeten habe, nicht für ihn zu plädieren.

Der Staatsanwalt wirkte spürbar irritiert. »Das geht doch schon allein aus standesrechtlichen Erwägungen nicht, Herr Rechtsanwalt.«

»Ich respektiere den Wunsch meines Mandanten. Ich werde nicht plädieren«, stimmte Möller der Entscheidung seines Klienten zu.

»Angeklagter! Wollen Sie überhaupt keine Erklärung abgeben?« fragte Dr. Wülfing.

»Nein.«

Der Richter wandte sich an den Rechtsanwalt und empfahl ihm, seine Entscheidung noch einmal zu überdenken.

»Ich respektiere die Entscheidung meines Mandanten«, wiederholte Möller.

»Angeklagter, haben Sie uns vielleicht noch etwas zu sagen?«

»Ich möchte nichts mehr erklären.«

»Dann wird das Gericht ohne Antrag des Verteidigers zu einer Entscheidung kommen müssen.«

***Prozeß-Sensation: Kein Plädoyer für den Kindermörder – Bartsch lehnte ab /
Staatsanwalt: Lebenslänglich***

Seit gestern abend macht Wuppertal Prozeß-Geschichte. Erregt, Tränen unterdrückend, räusperte sich nach dem Antrag von Oberstaatsanwalt Fritz Klein auf lebenslanges Zuchthaus der vierfache Kindermörder Jürgen Bartsch: »Ich möchte dem Gericht etwas sagen.« Atemlose Stille im vollbesetzten Schwurgerichtssaal: würde Bartsch eine neue Tat gestehen? Was folgte, war die Sensation eines einmaligen Kriminalfalles: der Mörder bat seinen Verteidiger Heinz Möller, auf das Plädoyer zu verzichten. Auch er selbst verzichtete auf das letzte Wort.
(Westdeutsche Rundschau, 14. Dezember 1967, Nr. 290)

Urteilsverkündung, 15. Dezember 1967

Am Vormittag des 15. Dezembers 1967, nach nur acht Verhandlungstagen, verkündete Landgerichtsdirektor Dr. Wülfing das Urteil:
»Kommen wir jetzt zur Urteilsverkündung. Meine Herren, erheben Sie sich. Der Angeklagte ist als gefährlicher Gewohnheitsverbrecher des vierfachen Mordes, tateinheitlich begangen mit Kindesraub, Gewaltunzucht zwischen Männern und Unzucht mit Kindern, sowie versuchten Mordes in einem weiteren Fall, tateinheitlich begangen mit Kindesraub und Gewaltunzucht unter Männern, schuldig. Er wird zu fünfmal lebenslänglich Zuchthaus verurteilt, ihm werden die bürgerlichen Ehrenrechte auf Lebenszeit aberkannt.«
Einige Zuhörer standen auf und klatschten laut Beifall.
»Es ist nicht alles schlecht an Ihnen. Vielleicht ist es Ihnen möglich, daß Sie eines Tages mit Gottes Hilfe Ihren unheilvollen Trieb steuern können«, richtete Dr. Wülfing ein letztes Wort an Jürgen Bartsch, bevor dieser von den bewaffneten Kriminalbeamten aus dem Saal geführt wurde.

Die Gutachter halten selbst eine psychotherapeutische Behandlung über Jahrzehnte hinweg für nahezu aussichtslos, selbst wenn der Angeklagte kastriert würde. Nach diesen überzeugenden Ausführungen scheint auch der Kammer eine Resozialisierung des Angeklagten nicht im Bereich der Möglichkeiten zu liegen. [...]

Im vorliegenden Falle hat der Angeklagte in verabscheuungswürdiger Weise lediglich zur Befriedigung seines perversen Triebes vier Kinder ermordet und einen Jungen zu ermorden versucht. Damit stehen seine Taten auf tiefster moralischer Stufe, sie sind nach allgemeiner sittlicher Anschauung verachtenswert. Dadurch, daß der Angeklagte seine Intelligenz zur Verwirklichung seiner Triebanomalie skrupellos eingesetzt hat, hat er sich außerhalb der menschlichen Gemeinschaft gestellt [...].

Der Angeklagte ist nach alledem zu fünfmal lebenslänglich Zuchthaus zu verurteilen. Da jedoch nur eine lebenslange Zuchthausstrafe vollstreckt werden kann, hat die Kammer auch nur die Verurteilung zu lebenslangem Zuchthaus ausgesprochen. Da der Angeklagte bei seinen Taten eine ehrlose Gesinnung hat erkennen lassen, hat ihm die Kammer gemäß §32 StGB die bürgerlichen Ehrenrechte auf Lebenszeit aberkannt.
Dr. Wülfing, Zick, Bock
   (Aus der schriftlichen Begründung des Urteils vom 15. Dezember 1967)

Auf dem Flur wollte Möller Frau Bartsch die Hand reichen, doch diese wehrte die versöhnliche Geste des Verteidigers mit ausdruckslosem Gesicht ab.

»Das Urteil ist ein Skandal«, antwortete Wilke auf eine entsprechende Frage der Journalisten. »Man kann einen so kranken Menschen doch nicht lebenslänglich ins Zuchthaus stecken. Ich bin überzeugt davon, daß das letzte Wort in dieser Sache noch nicht gesprochen ist ...«

REVISION

Für einen Urteilsspruch ist das Beweisergebnis eindeutig. Ob dieses Ergebnis jedoch identisch ist mit der Wahrheit, wissen wir nicht. Aber was ist »Wahrheit«? Sie zu ergründen, ist noch niemandem gelungen, keinem Staatsanwalt und keinem Richter. Auch Jürgen Bartsch, der uns so aufgeschlossen teilhaben läßt an seinen innersten Gedanken, hat uns vielleicht noch manches verschwiegen, vielleicht auch manches falsch dargestellt, so daß wir am Ende doch nicht zur ganzen Wahrheit durchgedrungen sind. Wie in allen anderen Fällen scheitern wir eben mit unserer Wahrheitserforschung auch hier an der Grenze menschlicher Erkenntnismöglichkeiten.
(Urteilsspruch vor dem Düsseldorfer Landgericht, 6. April 1971)

Revisionsverfahren München, 15. Januar 1968

Wenige Wochen nach dem Wuppertaler Urteilsspruch saß das Ehepaar Bartsch vor dem eichenhölzernen Schreibtisch des 40jährigen Strafverteidigers Rolf Bossi aus München.

»Herr Werremeier hat Sie uns empfohlen. Einen Rechtsanwalt haben wir bereits. Nur ein Strafverteidiger fehlt uns noch«, erklärte Gertrud Bartsch. »Wir wollen die Revision beantragen.«

Was könnte eine Revisionsverhandlung für Jürgen Bartsch bringen? Rechtsanwalt Möller nennt drei Möglichkeiten:

- *Man könnte ihn als Jugendlichen aburteilen. Das war im ersten Prozeß nicht der Fall. Er hat aber den überwiegenden Teil seiner Taten als noch nicht 18jähriger begangen. Die Höchststrafe wäre dann zehn Jahre Gefängnis.*
- *Man könnte von teilweiser oder völliger Unzurechnungsfähigkeit ausgehen und die Strafe auf 15 Jahre Zuchthaus und Einweisung in eine Heilanstalt verringern.*

· *Schließlich könnte das Gericht aber auch die sofortige Einweisung in eine Heilanstalt anordnen.*
(Kölnische Rundschau, 15. Dezember 1968)

Strafverteidiger Bossi erschien die Angelegenheit nach längerer Unterredung nicht uninteressant. Das war nicht weiter erstaunlich, denn der Fall Bartsch beschäftigte zu dieser Zeit nicht nur die nationale, sondern auch die internationale Presse. Außerdem gab es in der Geschichte der deutschen Justiz kein Präzedens.

»Die bisherigen Kosten, die durch das Verfahren entstanden sind, haben mich und meinen Metzgereibetrieb an den Rand des finanziellen Ruins getrieben«, legte Gerhard Bartsch die Fakten offen auf den Tisch.

»Aber einige Illustrierte machen uns bereits Angebote«, fügte Gertrud Bartsch eilig hinzu. »Wenn wir die privaten Briefe unseres Sohnes zur Veröffentlichung freigeben, bekommen wir ein entsprechendes Honorar von nicht geringer Höhe. Das Geld wollen wir natürlich nicht für uns, sondern für unseren Sohn verwenden. Für seine Verteidigung im Revisionsverfahren.«

»Er schreibt Ihnen regelmäßig?«

»Seit seiner Verhaftung im Juni 1966 beinahe jede Woche. Wenn es die Anstaltsleitung genehmigt.«

Die folgenden Briefe, die Jürgen Bartsch an seine Adoptiveltern schrieb, stammen aus den Jahren 1966–1967 und wurden in der Neuen Illustrierten Revue veröffentlicht:

»Liebe Eltern!
Zuerst möchte ich Euch meinen herzlichen Dank aussprechen, dafür, daß Ihr mich besucht habt! So schwer es ist, ich glaube, ich muß es Euch nochmals sagen: Es ist wahr, es stimmt und vor allem war niemand dabei. Warum sollte ich jemanden schützen? Das hätte doch keinen Sinn? Ich bitte Euch, sagt jetzt nicht: ›Dann kann dir niemand mehr helfen!‹ und laßt mich allein. Denn dann wenn Ihr Euch von mir abwenden würdet, dann könnte mir wirklich niemand mehr helfen! Helfen! Das ist nicht das richtige Wort, wißt Ihr!? Helfen könnte mir nur ein Arzt. Ich muß etwas und jemand haben, an den ich mich klammern kann. Es wäre ein Irrtum, zu glauben, ich hätte Hilfe verdient. Ich sage mir selbst: ›Du hast kein Recht, daß dich jemand anschaut!‹ Um so dank-

barer bin ich Euch und Herrn Möller, daß Ihr Euch so um mich kümmert. Auch Pater Kettner ist sehr nett, wie Ihr ja wißt. Das alles hält mich am Leben, und nur das, wenn ich ehrlich bin. Nun ja, was sollte es sonst auch tun? Selbstverständlich bin ich ›am Boden zerstört‹, wie man wohl sagt, jedoch länger schon als 7 Wochen! Nach dem 1. Fall (Jung) hielt ich es nicht mehr aus und ging in die Langenberger Kirche beichten. Der Priester sagte: ›Die Absolution gilt nur, wenn Du Dich der weltlichen Gerechtigkeit stellst!‹ Das konnte ich nicht! Ich war so weit wie zuvor und ging nicht mehr in die Kirche und auch nicht mehr beichten. Ich konnte mir nicht vorstellen was es noch für Sinn haben sollte.«

»Da kommen wir auch gleich zu der Frage: Warum hast du nie und zu niemand von deiner Veranlagung gesprochen? Das kann auch ich selber mir nur mit einem Vergleich erklären: Man muß eine derartige Veranlagung mit einem wilden Raubtier gleichsetzen, das getötet werden soll. Genauso stark setzt sich ein Trieb zur Wehr, wenn er einen bestimmten Grad erreicht hat, denn für ihn ist ›bekanntwerden‹ gleich mit dem Versuch, ihn zu vernichten. Das soll keine Entschuldigung sein, ich versuche nur selbst, die Lösung zu finden!

Man sollte vielleicht auch nicht vergessen, daß das Wort ›Trieb‹ von ›getrieben werden‹ kommt, und daß sich jeder Mensch glücklich schätzen soll, der normal veranlagt ist, denn es ersparen sich ihm Vorstellungen, Ängste, Gewissensqualen, innere Zweifel, vor denen er nur ratlos den Kopf schütteln kann! Es ist für mich vor allem die Frage: Hättest du den Willen aufbringen können, den Trieb zu unterdrücken? Oder sollte ›das‹ so stark werden können, daß es einfach über die Willenskraft hinausgeht? Das ist eine Gewissensfrage, eine der größten, die es gibt, doch leider vermag ich allein sie nicht zu beantworten! Ich sage mir nur eines immer wieder: Du hättest es gemußt! – Viele Grüße an alle Bekannten. Ob sie mal für mich beten? Ich denke immer an Euch. Jürgen.«

»Liebe Eltern!
Es hat bis heute nicht aufgehört. Der Drang, das Verlangen, das Begehren, das alles ist nach wie vor da. Und das ist es, was mir so weh tut, trotz aller Reue, die so groß und bitter ist, wie sie nur sein kann, bringe ich es nicht fertig, diese Gefühle zu unterdrücken. Ich kann euch sagen, das reißt schön an den Nerven. Ob ihr es glaubt oder nicht, es genügt, wenn ich ein Bild sehe, auf dem ein Junge abgebildet ist. Schon ist ›es‹

da. Wenn ›es‹ mich so richtig gepackt hat, komme ich immer in Versuchung, mit den bloßen Händen an den Gitterstäben zu rütteln ... Euer Jürgen«

»September 1966.
Herr Möller sagte mir, daß es jetzt allzu lange nicht mehr dauern könne, bis ich zu den Ärzten komme. Das freut mich natürlich sehr. Ich hege, wie ihr wißt, die Hoffnung, daß ich dann selber etwas klarer sehe.«

»Was ich mache? Arbeiten, essen, schlafen und nachdenken. Nicht zu wenig ...«

»Ich möchte um Verzeihung bitten und so gerne wieder gutmachen. Die bittere Wahrheit ist dieser Satz. Und, was nicht vergessen werden darf: viel eher noch als für mich gilt er für die Menschen, denen ich die größte Wunde ihres Lebens beigebracht habe. Ob sie jemals heilt? Ich bezweifle es. Hoffentlich war mein letzter Brief vorige Woche nicht zu schlimm. Doch es geht nicht anders. Sollte ich heucheln, könnte und möchte ich nicht mehr schreiben. Aber ich bin sicher, Ihr versteht mich!«

»Nun mal ganz ehrlich: es geht mir eigentlich noch viel zu gut. Das ist kein Witz, ich meine es ernst. Ich habe nämlich so meine eigenen Vorstellungen darüber, wie es mir eigentlich gehen müßte. Darum bin ich natürlich allen um so dankbarer, die mir so zur Seite stehen.
Ihr werdet's nicht glauben, aber wenn ich mal meine tollen fünf Minuten kriege, schreibe ich mal ans 1. K. (N. B.: 1. Kommissariat) in Düsseldorf. Und an meine drei alten ›Bekannten‹. Ich habe sie derart ins Herz geschlossen, daß es schon eine Pracht ist. Ich habe manchmal regelrecht Heimweh nach ihnen. Ja, Sachen gibt's, die gibt's gar nicht. Ich möchte den ›Dicken‹ noch mal ›Lauser‹ sagen hören, Herrn Mätzler noch mal ›Was soll der Quatsch?‹ und noch einmal unter dem durchdringenden Blick von Herrn Fritsch in die Erde versinken! Auch möchte ich gern noch einmal mit ihnen autofahren, auch wenn ich sämtliche Schutzpatrone anrufen müßte, die mir gerade einfielen. Denn: die Autos vom 1. K. haben sämtlich keine Bremsen! (so jedenfalls sagt Herr Hinrichs.)
Aber was schreibe ich da? Auf die Zuneigung eines Jürgen Bartsch werden sie wohl mit Freuden verzichten. Sonst gibt es hier gar nichts

Neues. Herr Möller und der Pater Kettner kommen auch oft. ›Halt den Kopf hoch!‹, sagt er immer. Ich werde es versuchen.«

»Ich bin aus Düsseldorf nun wieder zurück und wieder in Wuppertal. Ich habe mich sehr gefreut, alle vom 1. K. wiederzusehen. Der ›Dicke‹ war gerade in Urlaub. Doch am letzten Tag hat er mich noch erwischt. Ich habe wieder eine neue Arbeit bekommen. Etiketten kleben. Ich will mich mal sofort dranmachen. Also dann bis nächste Woche tausend Grüße von Eurem Jürgen.
 PS: Ich hätte so oder so Schluß machen müssen. Ich höre gerade von ferne die Orgel und die Kirchenlieder. Das ist die schlimmste Stunde der Woche. Kurz gesagt, dann kann ich so von ganzem Herzen weinen. Es ist zwar die schlimmste Zeit, aber ich würde es mir nicht verzeihen, wenn es anders wäre, und außerdem löst es den innerlichen Krampf ein wenig. Ade!«

»Das Wetter ist hier in Wuppertal im Augenblick besser als im ganzen Sommer. Zumindest trockener. Und das, obwohl, wie gesagt wird, man hier in Wuppertal mit dem Regenschirm auf die Welt kommt.«

»Pater Kettner bedauert, daß ich nicht zum Gottesdienst darf. Ich würde ja auch sehr gerne gehen, doch es ist gut, daß Herr O. es untersagt hat. Es wäre eine lebensgefährliche Angelegenheit.
 Hier regnet es zur Zeit wie mit Eimern. Nun, schließlich ist es ja auch Wuppertal. Es geht mir den Umständen entsprechend gut. Auch ums Essen braucht ihr euch keine Sorgen zu machen. Nur schnell einmal, was ich gestern Abend gegessen habe: zwei Schnitten mit Thunfisch-Salat, drei Schnitten grobe Schmierwurst, einen Apfel, sechs Stücke Schokolade und einen Liter Tee. Man sollte annehmen, daß das reicht. Und diese Woche ist auch wieder Einkauf. Übrigens sind die Wildwest-Romane zur Ablenkung ideal. Nun, dazu waren sie ja auch gedacht. Ehe ich es vergesse: Wenn ich zur Untersuchung überführt werde, ziehe ich natürlich Zivil an. Ich muß aber unbedingt eine andere Hose haben. An der alten fehlen Knöpfe, ich mußte sie mit Bindfaden zubinden, und zwischen den Hosenbeinen ist die ganze Naht geplatzt. Da müssen wir mal schauen, wie wir es machen, wenn es soweit ist.
 Muß es (übrigens) nicht furchtbar für euch sein, denn ihr fahrt ja manchmal nur ein paar hundert Meter an Graßmanns Wohnung vorbei?«

»Am letzten Dienstag bekam ich einen Brief der AOK Wuppertal. Es waren die Pflegekosten für den verletzten Ernst P., und zwar über 972,02 DM. Ich mußte mich hinlegen. Wegen der Summe? Oh nein, nicht darum. Die hätte höher sein können, das war es nicht. Es kam mir so schrecklich groß und kräftig zu Bewußtsein, was ich dem Jungen angetan habe. Was, das weiß nur ich, aber glaubt mir, daß es furchtbar war. Es ist zweifellos besser, wenn ihr es nie erfahrt. Seht ihr, dieses Bild vor Augen machte mich so mürbe, als ob jemand auf meinem Herzen herumgetrampelt hätte. Wäre es möglich gewesen, hätte ich ihn auf Knien um Verzeihung gebeten. Tu mit mir, was du willst, hätte ich zu ihm gesagt. Und egal was, es wäre mir recht gewesen. Denn ich weiß nicht, nein, ich glaube noch nicht einmal, daß er mir je verzeihen kann.

Fragt mich nicht, warum ich seine Adresse aufgeschrieben habe. Keine Angst, ich werde nie schreiben, ich weiß ja, wie es aussehen würde. Vielleicht hoffe ich innerlich auf später, irgendwo oder irgendwann? Es mag sein. Vielleicht wird es auch nie möglich sein. Oder bei Gericht? Sicher, die Möglichkeit hätte ich da. Aber ich glaube nicht, daß ich ein Wort zu ihm über die Lippen bringen werde. Oder er hört mich gar nicht an. Oder die Richter verbieten mir den Mund. Soll ich also niemals erfahren, ob er verzeihen kann oder nicht? Und das tut weh. Sehr weh. Wenn es auch manchem unwahrscheinlich sein mag: Ich habe keinen Stein, dort, wo das Herz sitzen sollte. Zumindest nicht in den Zeiten, in denen ich so normal bin wie jeder andere. Aber was schreibe ich überhaupt davon und mache euch das Herz noch schwerer? Nur, es ist eben gut, wenn ab und zu die Seele sich ein wenig Luft machen kann!«

»Ich habe neue Etiketten bekommen. Frohes Fest! Steht darauf. Das lese ich 1 200 mal am Tag. Ab diese Woche bin ich beim Zahnarzt in Behandlung. Das ist bitter nötig. Aber ein oder zwei Zähne bin ich sowieso los.«

»Diese Woche habe ich bestimmt genug zu lesen. Und zwar ›Einst wird kommen der Tag‹ von Caldwell. Rund tausend Seiten. Es wird kaum ein Buch geben, das ›unsere‹ Bücherei nicht hat. Pater Kettner wunderte sich bei seinem letzten Besuch sehr, daß ich noch hier war. Er dachte wohl, ich sei schon bei den Ärzten.

Es ist in den letzten Tagen hier sehr kühl geworden. Draußen. Doch die Appartements sind gut geheizt. Wenn ich mich dicht ans Fenster stelle, kann ich ein Stück vom Himmel sehen, kariert zwar, aber immerhin ...«

»Vielen Dank übrigens für das Kartenspiel. Die meisten Tricks kann ich noch. Ich übe jeden Tag ein wenig. So als Beschäftigungstherapie, wißt ihr? Zu mehr hat es ja doch keinen Sinn mehr. Ein Kunststück in der Woche zeige ich Herrn Möller. Mit Erklärung allerdings, denn er interessiert sich etwas dafür, und es ist gut, wenn er es vielleicht mal irgendwo verwenden kann.

Recht vielen Dank für eure ›Glück-Wünsche‹ zu meinem Geburtstag. Ich hätte ihn übrigens sonst ganz vergessen. Auch Herr Möller und Pater Kettner haben mir gratuliert. Vor drei Wochen war in Wuppertal bei allen öffentlichen Behörden ein ›Tag der offenen Tür‹. Die Bendahler Straße muß dabei glatt übersehen worden sein ...«

»Es ist jetzt 20 Uhr, und ich sitze an meinem Tisch und überlege, was ich euch schreiben soll. Was auf meinem Tisch steht? Postkarte von München, Metall-Spiegel, Aschenbecher, Bild mit Wald-Wiesen-Landschaft, Streichhölzer, Tabak, Kaugummi, Bibel, Schreib-Etui und ›Merkblatt über Rechte und Pflichten der Untersuchungsgefangenen‹. Das Licht ist schön hell, und die Wände sind frisch gestrichen. Auch der Spind ist neu. Gemessen an anderen Zellen, die ich schon kennenlernte, ist diese hier feudal.

Ehrlich gesagt, ich habe schon Zellen gesehen, in die ich kein Schwein stecken würde. Allerdings nicht hier. Von draußen fällt der Schein des Flurlichtes herein, gelb. Bei weißem Licht würde das Schlafen wohl schwerfallen. Um 21 Uhr geht das Zellen-Licht aus. Draußen höre ich den ›Schnee leise rieseln‹ und die Wachen gehen. Mit umgehängter Pistole.

Ab und zu kann man durchs Fenster mal den Mond sehen, Sterne nie, dazu ist das Licht zu hell. Tagesablauf hier: 7 Uhr wecken, 12 Uhr Mittag-, 6 Uhr Abendessen. Halt, das Frühstück um 7.15 Uhr habe ich beinahe vergessen. Zwischendurch ist eine halbe Stunde Spaziergang im Hof. Das ist alles. Sonst nur Arbeit, Lesen und Schlafen.«

»Was macht dein Bein, Mammi? Hoffentlich wird es bald wieder besser. Heute weiß ich übrigens, warum mein Lieblings-Kirchenlied ›Christi Mutter stand mit Schmerzen‹ war. Na, das wißt ihr vielleicht sogar noch. In Bonn haben wir es jeden Sonntag in der Kirche gesungen. Ich habe immer gedacht, genau wie heute, daß viele Stellen des Textes auch für die Mütter stehen könnten, denen ich Leid gebracht habe. Darum hatte ich und habe es so gern:

Oh Du Mutter, Brunn der Liebe,
mich erfüll mit gleichem Triebe,
daß ich fühl' die Schmerzen Dein!
Daß mein Herz, im Leid entzündet,
sich mit deiner Lieb' verbindet,
um zu lieben Gott allein!

Drücke Deines Sohnes Wunden,
so wie Du sie selbst empfunden,
oh Du Mutter, in mein Herz!
Daß ich weiß, was ich verschuldet,
was Dein Sohn für mich erduldet,
gib mir teil an seinem Schmerz!

Laß mich wahrhaft mit dir weinen,
mich mit Deinem Leid vereinen,
solang' mir das Leben währt.
An dem Grab mit Dir zu stehen,
unverwandt hinaufzusehen,
ist's wonach mein Herz begehrt.
Alle Wunden, die geschlagen,
Schmach und Kreuz mit dir zu tragen,
das sei fortan mein Gewinn!
Daß mein Herz, von Lieb' entzündet,
Gnade im Gerichte findet –
sei Du meine Schützerin!«

»Und solange ich so denken kann, und das werde ich immer können, gibt es immer noch etwas Hoffnung. Hoffnung auf etwas Vergebung. Verzeihung und vielleicht einen neuen Anfang. Denn wie schön ist es doch, wenn vor einem Anfang ein Verzeihen steht! Dann könnte man außer der Hoffnung auch noch etwas Mut bekommen. Doch Verzeihen, ist es nicht nur möglich bis zu einem gewissen Grad? Denn wenn ich selbst Vater oder Mutter wäre, könnte ich verzeihen? So etwas? Ich will ganz ehrlich sein, ich würde es niemals können. Die Größe hätte ich nicht. Denn dazu gehört Größe, wie sie menschlich bald nicht zu denken ist!

Ich muß wieder mal Schluß machen, ich weiß auch im Moment nichts mehr zu sagen. Ich spüre wieder tausend Nadelstiche auf der linken Seite, da, wo mein ›Stein‹ sitzt. Immer ein Zeichen, aufzuhören. Zu schreiben. Zu denken …«

»Nun gehen ja die Adventsfeiern los. Auch hier. Die zweite war auch schon. Jeden Sonntag während der vier Wochen singt dabei ein Chor von Jugendlichen aus Wuppertal. So durch sechs Wände höre ich auch ein wenig davon.

Herzlichen Dank auch für die Zitierung des Briefes der Dame aus Bremen. Sie hat übrigens vollkommen recht, wenn sie schreibt, daß ich den Glauben an mich selbst erst hätte erfinden müssen. Den habe ich nämlich nie gehabt. Woher hätte er auch kommen sollen? Wie hätte ich an mich glauben sollen, wo ich mich doch selbst nicht mehr in der Kontrolle hatte?

Keine Angst, ich werde den Rest Hoffnung nicht sinken lassen. Doch darin sind wir uns sicher einig, es kann eben nur ein Rest sein! Hoffentlich wird dein Bein bald besser, liebe Mutti!«

»Ich glaube, daß dieses Weihnachtsfest für euch das schlimmste des Lebens wird. Warum ich euch das sage? Weil ich diese Art, Weihnachten zu feiern, seit Jahren gewöhnt bin. Gewöhnt ist jedoch nicht das richtige Wort. Ich meine ja nur: Mir geht es seit Jahren schon so! Ihr wißt doch, was ich meine, ja?

Im Bewußtsein einer solchen Schuld kann man, wenn man sich auch nur etwas Menschliches bewahrt hat, keinen einzigen festlichen Gedanken entwickeln. Das wäre der reinste Hohn. Und eins verspreche ich euch: Ich habe anderes zu tun, Heiligabend, als mich selbst zu bemitleiden. Wenn mir die Tränen kommen, und sie werden mir kommen, so aus anderen Gründen!

An euch, natürlich, aber vor allem an alle Menschen, denen ich dieses große Leid angetan habe, werde ich denken, weil das meine oberste Pflicht ist. Wenn es auch nicht helfen kann.

Doch was heißt das? Ja, ich werde an sie alle denken und weinen, weil ich sonst nichts mehr tun kann. Machen wir uns keine Illusionen, auch für diese Menschen, wie für euch, wird es das schlimmste Weihnachtsfest ihres Lebens sein.

Auch sie werden vor dem Lichterbaum sitzen und weinen. Und weil die Eltern weinen, werden auch die anderen Kinder weinen. Wo sie doch eigentlich sich freuen und jauchzen sollten, denn schließlich ist ja Weihnachten!

›Wenn man erst mal weiß, was mit einem Vermißten ist, ist es schon nicht mehr ganz so schlimm!‹ sagt man. Welch ein Unsinn! Alle werden weinen und an die Kleinen denken. Bitte, bitte, schließt mich doch davon nicht aus ...

Auch an mich werden sie denken, weil das unvermeidbar ist. Wie gern würde ich es ihnen ersparen! Ist es zu spät, die Schuld zu schwer? Hilft mir auf Erden nun keiner mehr ...??? Ich würde euch so gerne etwas Tröstendes sagen. Doch wie macht man das, wenn man selbst darauf angewiesen ist?«

»Es ist nur gut, daß das Weihnachtsfest vorbei ist. Ich frage euch lieber nicht, wie ihr es zugebracht habt. Ihr glaubt nicht, wie froh ich bin, daß ich das Radio noch zeitig genug hatte. Zur Ablenkung hat es sein Gutteil beigetragen. Pater Kettner war am Heiligen Abend (allerdings morgens) da, ich habe gebeichtet und kommuniziert. Die Festtage über hat es hier wunderbares Essen gegeben. – Doch genug von Weihnachten, was könnten wir uns Schönes davon berichten!

Bekommt ihr diesen Brief vor oder nach Silvester? Ich weiß es nicht. Und was haben wir für Wünsche an das neue Jahr? Ach du lieber Gott!«

»Nun geht es ja bald auf ›große Fahrt‹. Herr Möller fährt am Mittwoch nach Colonia, um einiges in Augenschein zu nehmen. Er meint, daß es wohl Ende dieser Woche soweit ist. Herr Mätzler und Herr Fritsch (N. B.: Kriminalbeamte) werden mich begleiten. Ist das neu, daß ich dünner geworden bin? Nun, das war zu erwarten. Woher ich genau weiß, daß ich ziemlich abgenommen habe? Tja, meine Uhr konnte ich früher nie auf dem letzten Loch tragen. Jetzt wackelt sie sogar auf dem noch. Doch kein Grund zur Besorgnis. Körperlich fühle ich mich den Umständen entsprechend noch ganz wohl. Und das ist ja die Hauptsache. Ansonsten halte ich es mit Franz Lehar: ›Doch wie's da drin aussieht, geht niemand was an!‹«

»Seit Freitag, dem dreizehnten (!), bin ich nun hier in Köln. Wie es mir geht? Nun ja, man sollte es vielleicht nicht glauben, aber man gewöhnt sich auch an eine bestimmte Zelle. Wo ich nun ein halbes Jahr in Wuppertal war, ist es hier zuerst etwas schwer für mich. Doch auch darüber kommt man ja hinweg, wenn man muß. Mein Gutachter war nun schon einige Male da, ich bin zwar immer sehr aufgeregt, doch freue ich mich immer sehr, wenn ich mit ihm sprechen kann. Mein Gott, ich wollte, ich wäre wenigstens ein halbes Jahr weiter! Die Ungewißheit ist eben für uns alle eine furchtbare Belastung. Nun will ich lieber nicht weiter von Gefühlen schreiben, das kann ich im Moment nicht sehr gut. Dazu muß ich erst wieder etwas ›ausgeglichener‹ sein.«

»Dr. Bresser war schon wieder ein paarmal hier, auch Herr Professor Scheid war letztes Mal dabei. Von Mal zu Mal geht es besser jetzt. Zuerst war ich etwas niedergeschlagen, denn die Fragestellung usw. war beinahe noch nüchterner als bei der Polizei, und es fiel mir dann unsagbar schwer, manches zu sagen. Aber, wie gesagt, es wurde schon viel besser. Ich tue bestimmt, was ich eben kann. Von meinem Spaziergangsort aus kann ich übrigens einen guten Teil des Kölner Doms sehen.«

»Herr Dr. Bresser war am Donnerstag da und will am Dienstag mit Professor Scheid wiederkommen. Diese Woche bin ich endlich rasiert worden, und auch die Haare habe ich mir schneiden lassen können. Bis Montag werde ich die Batterien wohl haben, ich hätte nämlich gern noch etwas vom Rosenmontag im Radio gehört. Es ist in letzter Zeit wahrhaftig ein Frühlingswetter. Man kann gar nicht glauben, daß es Winter ist.«

»Wenn ich hier im Gefängnis herumlaufen muß, müssen immer zwei Beamte dabei sein. In Wuppertal reichte einer. Schrieb ich euch eigentlich schon, daß Dr. Bresser mir sagte, es würde länger als bis zum 20. Februar dauern? Sicher, was sein muß, muß sein, das ist klar.«

»Mit dem Radioprogramm bin ich in letzter Zeit sehr zufrieden. Sehr viel Schlager werden gespielt. Schulfunk höre ich natürlich jeden Tag. Den kann man sich ja immer anhören. Donnerstag war eine Englisch-Sendung für das zweite Jahr. Davon habe ich fast alles verstanden. Na ja, ein bißchen freut man sich ja doch.«

»Liebe Eltern,
recht vielen Dank für die Bücher und die Illustrierten. Ich glaube, es ist besser, wenn ihr gar nichts mehr aus der Zeitung, egal welche, her-

ausschneidet. Ich will euch auch sagen, warum: wenn ich nicht weiß, was an der Stelle gestanden hat, aber genau weiß, daß es von mir handelt, dann denke ich natürlich noch viel Schlimmeres als das, was wirklich dort gestanden hat. Und es ist letzten Endes schlimmer, als wenn ich es gelesen hätte.

Noch etwas: Habt ihr in der Zwischenzeit das richtige Trick-Spiel gefunden? Dann seid doch so nett und bringt es mir beim nächsten Besuch mit. Mit dem anderen Kartenspiel, das ich hier habe, kann man nur ein Kunststück machen, nur dafür war es gemacht, außer natürlich den Kunststücken, die man mit jedem normalen Spiel machen kann. Aber mit dem ›Reader-Stripper-Deck‹ kann man außerdem noch wenigstens dreißig andere Sachen machen. Hier ist alles beim alten. Was sollte sich auch geändert haben?«

»An den Osterfeiertagen habe ich gebeichtet und kommuniziert. Es ist ein Jammer, daß das alles in der Zelle gemacht werden muß. Aber alle zwei Wochen wenigstens kann ich ja eine katholische Messe hören, im Radio. Das Hafenkonzert alle zwei Wochen höre ich übrigens auch immer. Ich wußte gar nicht, daß es schon seit 1929 läuft.«

»Nun konnte ich mir endlich die Fingernägel schneiden lassen. Es ist wirklich manchmal sehr schlecht, eine Schere zu bekommen. Obwohl ich natürlich meistens auch vergesse zu fragen.«

»April 1967
Auszug aus dem General-Anzeiger: ›Oberstaatsanwalt Klein rechnet damit, daß das Gutachten über Bartsch diesen Monat noch eintrifft!‹ Westdeutscher Rundfunk: ›Es wird damit gerechnet, daß der Prozeß gegen Bartsch etwa im August stattfinden wird!‹ Wer's glaubt wird selig. Ich habe eher das Gefühl, daß alles noch viel länger dauert.«

»Mit dem Kartenspiel habe ich wieder viel geübt. Im Moment bin ich dabei, ein paar ganz neue Sachen auszuknobeln. Es ist jetzt genau 8.45 Uhr morgens. Gleich um 10 Uhr werde ich den katholischen Gottesdienst hören. Diesmal kommt er, soviel ich weiß, aus Neuß. Hier ist sonst alles in Ordnung, soweit man davon sprechen kann.«

»Pater Kettner war vorgestern hier, er rast ewig zwischen drei Gefängnissen hin und her, ich glaube, mit einem hätte er auch genug. Ich habe

Adenauer auch, wie wohl die meisten Menschen, sehr sympathisch gefunden. Auf einer Wahlkampfreise habe ich ihn sogar gesehen, das muß '57 oder '58 gewesen sein. Er sprach damals auf dem Marktplatz in Rheinbach. Hinterher hat er aus dem Auto heraus Schokolade an uns Kinder verteilt.«

»Heute ist es hier auf einmal wieder scheußlich kalt, die letzten Tage war es so warm, von mir aus hätte es so bleiben können. Zwar habe ich, wie man so sagt, nichts davon, aber ein wenig Sonne fällt auch hier bei mir herein, und es ist dann viel heller im Zimmer. In der Mitte unseres Gefängnishofes steht verlassen ein einziger Baum, und er ist noch ganz kahl.«

»Herr Möller war in der letzten Zeit auch wieder öfter hier. Er ärgert sich, daß es nun in der letzten Zeit überhaupt nicht mehr weiterzugehen scheint. Die Staatsanwaltschaft ist auch verärgert darüber, sagt er, denn die kann vor der Erscheinung des Gutachtens auch so gut wie nichts unternehmen. Na ja.

Wenn Herr Möller das nächstemal kommt, werde ich ihm eine Zeitungsnotiz mitgeben, die ich entdeckt habe und deren Inhalt ich euch kurz wiedergeben will: ›Ein anti-männliches Hormon, das Cyproteron, ist in Deutschland entdeckt worden. Im Nervenkrankenhaus Landeck wurden männliche Triebverbrecher mit dem Präparat behandelt. Nach einigen Wochen waren Geschlechtstrieb und Potenz erheblich gedämpft. Bisher gab es nur die Möglichkeit, solche Verbrecher zu kastrieren oder mit weiblichen Hormonen – Östrogenen – zu behandeln; dies führte jedoch oft zur Verweiblichung der Behandelten. [...]‹ Vom Gutachten habe ich immer noch nichts gehört. Und bald ist es Juni!«

»Heute war hier eine furchtbare Hitze. Aber wenn man sich, wie ich, den ganzen Tag aufs Bett legt, hält man es gerade noch aus. So ein Faulpelz, was?

Doch muß man bei der Sache auch beide Seiten sehen. Was soll ich denn machen, wenn keine Arbeit zu bekommen ist? Man kann nicht den ganzen Tag ohne Beschäftigung, körperlich, meine ich, auf dem Stuhl sitzen. Da bekommt man höchstens Kreuzschmerzen. Und läuft man in der Zelle im Kreis herum, bekommt man nur einen Drehwurm. Also macht man das Gescheiteste und verstößt gegen die Hausordnung, das heißt man legt sich aufs Bett. Na ja, so schlimm ist es ja auch wahrlich nicht.«

Im Dezember 1967, einige Tage nach der Wuppertaler Urteilsverkündung, hatte Jürgen Bartsch im Untersuchungsgefängnis einen Selbstmordversuch vorgetäuscht und versucht, auf dem Transport ins Krankenhaus einen Pfleger mit einer selbstgebastelten Pistole aus Seife zu überwältigen. Der Plan war mißlungen und Jürgen Bartsch in die Haftanstalt zurückgebracht worden.

»Es ist schon das zweite Mal, daß der Junge solche Dummheiten macht«, entrüstete sich Gertrud Bartsch. »Er muß zu den Ärzten. In eine Klinik, damit er behandelt werden kann. Man kann einen so kranken Menschen doch nicht lebenslang in eine Gefängniszelle sperren.«

Auch in namhaften Intellektuellenkreisen hatte das Wuppertaler Urteil für Diskussionsstoff gesorgt. Vor allem kritisierte man, daß während des gesamten Wuppertaler Prozesses kein Gutachter mit einer psychoanalytischen Ausbildung gehört worden war.

»Werden Sie ihn im Revisionsverfahren verteidigen?« fragte Gerhard Bartsch Strafverteidiger Bossi mit hoffnungsvollem Gesichtsausdruck.

»Ich werde sehen, was ich tun kann.«

Als das Ehepaar Bartsch die Kanzlei verlassen hatte, bat Rolf Bossi seine Sekretärin, ihm alle Akten zum Fall Bartsch zukommen zu lassen. Seine Entscheidung, den Fall Bartsch in einem Revisionsverfahren aufzurollen, blieb für den bekannten Strafverteidiger nicht ohne negative Konsequenzen und sorgte schon bald für Schlagzeilen in der Presse.

Tochter des Bartsch-Verteidigers bedroht

Münchener Strafverteidiger will Berufungsverfahren für Kindermörder durchsetzen.

U. P. München. Mit der Drohung, seine sieben Jahre alte Tochter Marion umzubringen, haben anonyme Anrufer versucht, den Münchner Rechtsanwalt Rolf Bossi einzuschüchtern. Die Unbekannten wollen erreichen, daß der bekannte Strafverteidiger nicht die Verteidigung des 21jährigen Kindermörders Jürgen Bartsch in einem Berufungsverfahren übernimmt.

Die Münchner Polizei hat sofort die Ermittlungen gegen zwei anonyme männliche Anrufer aufgenommen. Sinngemäß erklärten beide: Lassen Sie die Hände von der Bartsch-Verteidigung; andernfalls wird Ihr Töchterchen ermordet.

Bossi, der von dem Vater des jungen Mörders gebeten worden war, im Revisionsverfahren auf eine psychiatrische Untersuchung des 21jährigen zu dringen, erklärte gestern in München: »Auch Drohungen werden mich nicht davon abhalten, Menschen, die in Bedrängnis sind, zu verteidigen und ihnen beizustehen.«

Die Berufung ist vorsorglich beim Bundesgerichtshof angemeldet worden. Hierbei muß die Verteidigung Verfahrensmängel im Wuppertaler Bartsch-Prozeß aufdecken, sonst gibt es keine Revision. Rechtsanwalt Bossi vertritt die Meinung, daß Bartsch nicht normal ist und daß die psychiatrische Seite des Falls beim Dezember-Prozeß nicht genügend berücksichtigt worden ist. Er will erreichen, daß der Hamburger Sexualwissenschaftler Professor Giese ein Gutachten über Bartsch abgibt. Ein solcher Antrag war im Wuppertaler Prozeß abgelehnt worden. Bartsch, der zwischen 1962 und 1966 vier Jungen im Alter von acht bis 13 Jahren in einem Stollen in Langenberg ermordet hatte, war zu lebenslänglich Zuchthaus verurteilt worden.

(Neue Ruhr-Zeitung, 26. März 1968)

Sigmund-Freud-Institut Frankfurt, 28. Februar 1968

Im überfüllten Hörsaal des Sigmund-Freud-Instituts in Frankfurt diskutierten an diesem Nachmittag Ende Februar 1968 namhafte Fachleute vor Studenten der Medizin über den Fall Jürgen Bartsch.

»Wir wissen, daß eine sexuelle Frustration eine aggressive Haltung bewirken kann«, begann Prof. Dr. Tobias Brocher seine wissenschaftlichen Ausführungen. »Aggression und Sexualtrieb fallen bei Jürgen Bartsch jedoch vollkommen auseinander. Eine solche Trennung ist mir in der Sexualmedizin noch nie begegnet.«

Prof. Dr. Brocher begann eine Zeichnung an die Tafel zu skizzieren, um den Studierenden das Gesagte zu veranschaulichen. »In der normalen Entwicklung der drei Instanzen ›Ich‹, ›Es‹ und ›Über-Ich‹ verschmelzen Aggressivität und Sexualtrieb miteinander. Diese Verschmelzung ist bei dem Angeklagten offensichtlich nicht eingetreten.«

Bei Jürgen Bartsch schien einer jener Fälle vorzuliegen, die in den

»Schriften zur Hamburger Sexualforschung« als sexuelle Perversion bezeichnet wurden. Die Problematik des triebhaft tötenden Menschen war ein Phänomen, das man nicht einfach mit der Höchststrafe aburteilen durfte.

»Herr Professor«, meldete sich einer der Studenten zu Wort, »es ist im Wuppertaler Prozeß nicht alles getan worden, um die volle Wahrheit herauszufinden. Prof. Dr. Giese ist als Sexualwissenschaftler doch gar nicht erst zu Wort gekommen.«

Prof. Dr. Brocher machte eine Pause und fuhr dann nachdenklich fort: »Meine Damen und Herren, Sie wissen, was eine Wiederaufnahme des Bartsch-Verfahrens bedeuten kann. Es wäre das erste Mal in der Geschichte der deutschen Justiz, daß ein Psychoanalytiker als Gutachter in einen Gerichtssaal gelassen wird.«

Die Studenten klopften begeistert auf die Tische.

Nachdem der Bundesgerichtshof das Urteil der Wuppertaler Jugendkammer gegen Jürgen Bartsch aufgehoben und dabei bemängelt hat, daß in Wuppertal neben den Psychiatern kein Sexualforscher wie etwa Prof. Dr. Giese aus Hamburg zu Wort kam, wollen die Bartsch-Verteidiger, die Rechtsanwälte Heinz Möller aus Wuppertal und Bossi aus München, außer Prof. Dr. Giese noch weitere Sachverständige für die Hauptverhandlung in Düsseldorf benennen. »Das Phänomen Jürgen Bartsch rechtfertigt es, Wissenschaftler aus aller Welt zu Wort kommen zu lassen«, erklärte uns Rechtsanwalt Möller. Ihm gegenüber haben sich die Psychoanalytiker Prof. Dr. Hakker aus Beverly Hills (USA), Prof. Dr. Bettelheim aus Chicago (USA), Prof. Dr. Ammon, Berlin, und Prof. Dr. Brocher aus Frankfurt, aber auch der Psychoanalytiker Prof. Dr. Kurt Richter aus Gießen und der Gen-Forscher Prof. Dr. Otto Prokop von der Humboldt-Universität in Ostberlin bereit erklärt, im neuen Bartsch-Prozeß als Sachverständige aufzutreten. Die Zusage von Prof. Dr. Mitscherlich von der Universität Frankfurt wird erwartet. Die Verteidiger wollen durch diese Wissenschaftler die Frage klären lassen, ob Bartsch, der nach ihrer Ansicht krank ist, geheilt werden kann und ob er nach einer Heilung dann noch eine Gefahr für die Öffentlichkeit darstellt.

(General-Anzeiger Wuppertal, 26. November 1969)

Institut für Sexualforschung Hamburg, 23. Februar 1970

Die Psychoanalytikerin Prof. Dr. Elisabeth Müller-Luckmann, Nachfolgerin von Prof. Dr. Giese, wurde von Rolf Bossi gebeten, als Gutachterin im zweiten Bartsch-Prozeß aufzutreten. Sie willigte ein, bedauerte jedoch sehr, daß der mittlerweile bei einem Unfall überraschend verstorbene Prof. Dr. Giese den neuen Prozeß nicht mehr erleben konnte.

»Ich glaube, unserem werten Kollegen hätte das Revisionsverfahren den einen oder anderen Triumph beschert. Nach den tiefer liegenden psychologischen Ursachen der Taten ist im Wuppertaler Prozeß gar nicht gefragt worden.«

Rolf Bossi wies die Psychoanalytikerin noch einmal auf das Gutachten von Jugendgerichtshelfer Wilke hin, in dem die frühkindliche Entwicklung des Jürgen Bartsch detailliert beschrieben wurde. Diesem Gutachten zufolge war die Bindungsfähigkeit des Angeklagten schon stark beeinträchtigt, als er mit elf Monaten zum ersten Mal die Gelegenheit zu einer stabilen menschlichen Beziehung bekam. Dieses Phänomen wurde in der Fachsprache »Hospitalismus« genannt und bezeichnete eine schwerwiegende kindliche Störung.

»Das dürfte für den neuen Prozeß von enormer Bedeutung sein«, vermutete Prof. Dr. Müller-Luckmann. »Immerhin muß in diesem neuen Verfahren endlich die Frage nach der Reife des Angeklagten geklärt werden. Dann erst kann man feststellen, ob er nach dem Jugend- oder Erwachsenenrecht beurteilt werden muß.«

In diesem besonders gelagerten Fall richtete sich die Beantwortung der Frage nach der Reife des Angeklagten zum einen danach, ob er mit 18 und 19 Jahren altersmäßig entwickelt oder um zwei Jahre retardiert war, und zum anderen danach, auf welchem Mord, dem ersten oder dem vierten, Jung oder Graßmann, der Schwerpunkt der Taten lag. Hatte man den Angeklagten nur für die erste Tat als Jugendlichen mit Verantwortungsreife oder für alle Taten als Jugendlichen unter 18 Jahren anzusehen?

In einem Interview mit Journalisten der Münchener Abendzeitung vom 22. November 1969 nahm Rolf Bossi zum Aufsehen erregenden Fall Bartsch Stellung:

»AZ: Was wollten Sie mit dieser Revision erreichen?

Bossi: Jürgen Bartsch ist nicht ein Mörder im üblichen Sinn. Er ist ein Triebtäter, ein kranker Mensch. Er gehört nicht ins Zuchthaus, sondern in eine Heilanstalt.

AZ: Diese Forderung ist doch eigentlich selbstverständlich?

Bossi: Genau, aber die Wirklichkeit sieht anders aus. Bisher wurde der Triebtäter von den Gerichten nicht als Geisteskranker im Sinne der verminderten Zurechnungsfähigkeit behandelt, sondern wurde für seine Taten voll verantwortlich gemacht.

AZ: Da gibt es aber doch eine Bundesgerichtsentscheidung aus dem Jahre 1959, die Triebtäter den Geisteskranken gleichsetzt. Sie haben diese Entscheidung ja auch in Ihrer Revisionsbegründung angeführt?

Bossi: Richtig. Aber diese Entscheidung macht gewisse Einschränkungen, die auf Jürgen Bartsch nicht mehr zutraffen.

AZ: Wenn Sie mit Ihrer Forderung durchdringen, daß Jürgen Bartsch vom Zweitgericht in eine Heilanstalt eingewiesen wird, wie würde sich dieser Umstand für andere Triebverbrecher auswirken?

Bossi: Geisteskranke im bisherigen Sinne wurden zum großen Teil von den Gerichten exkulpiert und anschließend in einer Heil- und Pflegeanstalt untergebracht. Nicht so die Triebtäter. Sie steckte man für gewöhnlich in Gefängnisse oder Zuchthäuser, obwohl man wußte, daß Triebtäter kein Schuldbewußtsein haben. Ebenso krank wie zuvor ließ man sie nach ihrer Strafverbüßung wieder auf die Menschheit los.

AZ: Und welche Besserung ergäbe sich durch einen nach Ihrer Auffassung positiven Ausgang des zweiten Bartsch-Prozesses?

Bossi: Ich hoffe, daß man künftig Triebtäter, wie zum Beispiel Homosexuelle, Exhibitionisten, Kleptomanen oder krankhafte Betrüger, nicht mehr in Gefängnisse, sondern in entsprechende Anstalten steckt. Hier könnte man sie therapeutisch behandeln und nach ihrer Heilung wieder in die Gesellschaft einordnen.«

In einem Brief vom 20. Juni 1968 an den amerikanischen Journalisten Paul Moor hatte Jürgen Bartsch bezweifelt, daß es »Exhibitionisten, Homosexuelle und Pädophile von Natur aus« gibt. Er selbst machte seine fehlgelaufene Erziehung für die Entstehung der Triebstörung verantwortlich.

Wuppertal. *Einer der grauenhaftesten Kriminalfälle dieses Jahrhunderts wird demnächst in Düsseldorf eine zweite gerichtliche Auflage erfahren: der wegen vierfachen Kindermordes zu lebenslangem Zuchthaus verurteilte Langenberger*

Metzgergeselle Jürgen Bartsch (23) wird sich vor dem Düsseldorfer Landgericht erneut wegen seiner unbeschreiblichen Taten im Langenberger Todesstollen verantworten müssen. Dies entschied am Freitag der Dritte Strafsenat des Bundesgerichtshofes als Revisionsinstanz. Das Oberste Deutsche Gericht hob damit das Urteil der Wuppertaler Jugendkammer vom 15. Dezember 1967 auf.
(Rhein-Neckar Zeitung Heidelberg, 16. Februar 1970)

Der zweite Bartsch-Prozeß vor dem Düsseldorfer Schwurgericht, April 1971

40 Gutachter saßen in langen Reihen hintereinander im Schwurgerichtssaal Düsseldorf. Ein solches Aufgebot an Wissenschaftlern und Gutachtern war bis zu diesem Zeitpunkt in der Geschichte der deutschen Justiz einmalig. Die Fakten der Mordtaten des Jürgen Bartsch waren bekannt und wurden in diesem neuen Prozeß nicht wieder aufgerollt. Es galt diesmal vor allem die Frage zu klären, ob Jürgen Bartsch sein Handeln steuern konnte oder nicht. Mußte er zwanghaft tun, was er tat? Oder tat er es aus freiem Entschluß?

Stapel von Akten lagen auf dem Richtertisch. Der mittlerweile 23jährige Jürgen Bartsch saß, von Polizeibeamten bewacht, auf der Anklagebank. Sein Körper wirkte – bedingt durch die lange Haftzeit – dick und aufgequollen. Sein Gesicht war blaß. Umgeben von so vielen Wissenschaftlern, die sich mit neueren Forschungsmethoden beschäftigten, machten die Wuppertaler Gutachter Prof. Dr. Bresser, Prof. Dr. Panse und Prof. Dr. Lauber einen nicht mehr ganz so selbstbewußten Eindruck wie beim ersten Prozeß.

»Wir sind heute hier versammelt, um den letzten Dingen im Fall Bartsch auf den Grund zu gehen und ein gerechtes Urteil zu finden«, sprach Verteidiger Bossi in eindringlichem Tonfall, während er im Schwurgerichtssaal umherging. »Erschüttert blicken wir auf die Taten. Man kann sie nicht mehr ungeschehen machen. Doch kann nur derjenige bestraft werden, dem sein Handeln auch zum Vorwurf gemacht werden kann. Mögen seine Taten auch noch so scheußlich sein. Es ist im ersten Prozeß nicht alles getan worden, um die Frage nach der Schuldfähigkeit des Angeklagten zu klären. Um der Wahrheit möglichst nahezukommen, haben wir uns deshalb aus allen Fachbereichen der Sachverständigen bedient. Namhafte Wissenschaftler haben den Lebensweg des Angeklagten noch einmal aufgerollt und neu begutachtet.«

Im Gegensatz zum Wuppertaler Prozeß wurde den genetischen Anlagen des Angeklagten in Düsseldorf wesentlich mehr Bedeutung zugesprochen. Jürgen Bartsch galt – was die Triebstärke anbelangte – als erblich vorbelastet, da er von einem Vater gezeugt wurde, der später noch elf Kindern zum Leben verhalf. Außerdem war seine Mutter eine stark auf Sexualität fixierte Frau, die in der Schwangerschaft extreme Erlebnisse (z. B. das Schlachten von Hunden in ihrer Gegenwart) verarbeiten mußte. Es wurde nicht ausgeschlossen, daß diese die Entwicklung des ungeborenen Kindes beeinflußt hatten. Die Abendzeitung München beschrieb die neuen Sichtweisen, die während des zweiten Prozesses deutlich wurden, in einem Artikel vom 23. März 1971:

»Man beginnt zu begreifen, daß ein Mörder nicht als Mörder geboren wird. Man beginnt zu begreifen, daß die modernen Erkenntnisse der Psychiatrie nicht nur eine feine Sache sind. Man verlangt auch, daß sie jetzt konsequent in die Rechtsprechung einbezogen werden. Die bisher unter Ausschluß der Öffentlichkeit durchgeführte Beweisaufnahme ergab ein ganz neues Bild von Jürgen Bartsch. Sein leiblicher Vater, der mit einer Perücke getarnt durch den Seiteneingang in den Gerichtssaal geschleust worden war, gab den Gutachtern entscheidende Hinweise auf die Erbanlagen seines Sohnes. ›Jürgens Mutter war damals meine Geliebte‹, berichtete der Vater. ›Sie war eine sexuell triebhafte Frau. Sie verlangte zweimal am Tag nach Liebe und erreichte dann einen Dauerorgasmus, aus dem man sie nur noch mit einem Kübel voll kaltem Wasser zurückholen konnte!‹«

Prof. Dr. Panse hielt die Ausführungen der psychoanalytisch orientierten Gutachter für Spekulationen. Schließlich sei das Kind bei der Geburt körperlich gesund gewesen, mit normaler Größe und normalem Gewicht. Jürgen Bartsch sei in den ersten Lebensmonaten vielen Menschen als »goldiges Kerlchen« eine Freude gewesen.

Frau Prof. Dr. Mantell, die die Meinung von Prof. Dr. Panse teilte und den Angeklagten für voll verantwortlich hielt, wies darauf hin, daß Jürgen Bartsch ein Wunschkind gewesen sei. Die Bartschs hatten ihn sich als das Kind ihrer Wahl in den Krankenanstalten ausgesucht. Sie sah darin – im Vergleich zu Kindern, die bei ihren leiblichen Eltern unerwünscht zur Welt kommen – einen besonderen Glücksfall. Die Aufziehung eines gewollten, aber völlig fremden Kindes konnte jedoch – nach Meinung der Fachleute – weitaus schwieriger verlaufen, als die Erziehung eines ungewollten Kindes. »Man denke nur an die vielen unbekannten Erbfaktoren, die mitgeliefert werden«, erwiderte Prof. Dr. Brocher.

Prof. Dr. Rasch entgegnete, daß die Betreuung des Angeklagten im Krankenhaus von sechs Schwestern vorgenommen worden war, die sich mit der Pflege abwechseln mußten. Die Bindungsfähigkeit des Angeklagten war bereits in diesem Alter gestört und konnte sich deshalb nicht zur Genüge entwickeln. Auf Grund dieser Defizite konnte die für die Persönlichkeitsentwicklung unerläßliche Verschmelzung von Sexualität und Aggressivität während der seelischen Entwicklung des Angeklagten nicht stattfinden. In seinem Gutachten schrieb Prof. Dr. Tobias Brocher: »Zum mindesten vom 6.–8. Lebensmonat ab, mit zunehmender Entwicklung der Wahrnehmungsfähigkeit, fehlte dem Kind die Bezugsperson, fehlte ihm die engere Bindung an einen einzelnen Menschen, die dem noch hilflosen Jungen das Gefühl der Geborgenheit hätte verschaffen können.«

»Müßten dann nicht alle elternlosen Kinder zu Mördern werden?« wandte Prof. Dr. Lauber ein.

»Eine Verallgemeinerung der möglichen Folgen des Hospitalismus verbietet sich von selbst«, antwortete Brocher.

In dem Zusammenleben zu dritt, zunächst in einer Kellerwohnung, zeigte sich dann auch sofort die völlige Bindungslosigkeit von Pflegemutter und Kind. Während der vielbeschäftigte, tagsüber grundsätzlich abwesende Vater in seinem Sohn den »Kronprinzen« und »Erben« sah, wollte sich die Mutter das Bild von dem »goldigen Kerlchen« erhalten und behandelte ihn wie eine Puppe. Jürgen sollte immer nur sauber, immer nur adrett und fein gekleidet sein und allen nur einen freundlichen Anblick bieten. Die Mutter liebte die Freude an dem Jungen und wußte nichts von der Sorge um sein leibliches und seelisches Wohl. Die körperliche Pflege überließ sie weitgehend dem Vater und Dienstmädchen, ihr war sie zuwider, wie sie selbst bestätigt hat. Daß er mit 15 Monaten sauber war, führte Jürgen Bartsch darauf zurück, daß seine Mutter diese Sauberkeit wohl in ihn hineingeprügelt habe. Tatsächlich ist sie sehr hart mit ihm umgegangen, wie wir aus Aussage seiner Tante Frau Gondorf wissen, bei der sich ihr Bruder, der Adoptivvater, über die Schläge beklagte, die seine Frau dem Jungen immer wieder verabreichte, so daß er sich mit dem Gedanken an eine Trennung trug.

An dieser Aufzucht ohne die notwendige tiefere innere Bindung, ohne das echte Gefühl der Liebe und Zuneigung, änderte sich auch später nichts. Deshalb konnte auch niemals ein Vertrauensverhältnis entstehen, wie es selbst zwischen unerwünschten Kindern und ihren Eltern die Regel ist. Deshalb ist es niemals vorgekommen, daß Jürgen Bartsch als Kind seine Eltern an seinen kleinen Sorgen teilhaben ließ, sie ins Vertrauen zog und ihren Rat erbat. Abgeschirmt gegen jeden Kontakt mit anderen Kindern, mußte er seine kleinen Probleme, die schließlich jedes Kind hat, selbst bewältigen, eingesperrt in sein Zimmer und sich selbst mit seinen unzähligen Stofftieren und Spielsachen überlassen.
(Aus dem psychiatrischen Gutachten von Prof. Dr. Müller-Luckmann)

Gerhard Bartsch wurde im Düsseldorfer Prozeß erneut in den Zeugenstand gerufen. Auf die Frage, ob es Spannungen in seiner Ehe gegeben habe, antwortete er diesmal wahrheitsgemäß, daß ein Eheleben nicht existiert hätte. Er sprach offen von dem harten Erziehungsstil seiner Frau. Sie habe den Jungen oft gezüchtigt, ihn mit einem Kleiderbügel aus Holz geschlagen. Er mußte immer sauber und ordentlich sein. »Meine Frau hatte einen regelrechten Sauberkeitswahn. Ich glaube fast, sie wollte gar kein Kind haben, sondern eine Puppe.«

In Wuppertal war die Jugendgerichtshilfe fast in Mißkredit geraten, weil sie – allein – ein anderes, zutreffenderes Bild von der Familie Bartsch gemalt hatte. Die Aussage von Herrn Bartsch in Düsseldorf hat die damaligen Schilderungen der beiden jungen Sozialarbeiter der Jugendgerichtshilfe allerdings mit 39 Monaten Verspätung bestätigt. Er hat nun zugegeben, daß Jürgen in einer »sehr angespannten Atmosphäre« existiert habe. Seine Frau habe das Führerprinzip in der Familie übernommen. Sie wollte kein Kind haben, sondern eine Puppe.
(Die Zeit, 26. März 1971)

Für die Düsseldorfer Gutachter war vor allem die soziale Hilflosigkeit des Angeklagten während seiner Schulzeit von Bedeutung. Jürgen Bartsch war für die anderen Kinder der Prügelknabe gewesen. Er hatte keine Freunde und galt als »Memme«. Die Eltern hatten keine Ahnung von den Sorgen und Nöten ihres Sohnes. Er konnte sich ihnen nicht anvertrauen. Das Vertrauensverhältnis zwischen Adoptiveltern und Sohn war von frühester Kindheit an massiv gestört. In dieser Phase stauten sich bereits Aggressivität und Haß in ihm an. Im Gutachten der Jugendgerichtshilfe heißt es: »Einmal stürmte er nach Hause, eilte heulend und wütend in sein Zimmer und malte mit großen Buchstaben ›Der Rächer‹ an seine Tür.«

Hatte dieser frühe Haß den Grundstein für die späteren Taten gelegt? Warum waren die Mißstände nach außen hin nicht aufgefallen?

Die Jugendgerichtshilfe betonte in diesem Zusammenhang das »Deckungsverhalten«, das in der Familie Bartsch geherrscht hatte. Jürgen Bartsch mußte das Bild des netten kleinen Jungen aufrechterhalten. Die Umwelt wurde dadurch gezielt über die wahren Verhältnisse der Bartschs getäuscht. Am Abend und in den Nachtstunden hatte der Angeklagte jedoch regelmäßig den Streit der Eltern miterleben müssen. Einmal war Frau Bartsch aus dem Haus gelaufen und erst nach Stunden zurückgekehrt. Dies alles hatte Jürgen Bartsch im Alter von sechs bis zehn Jahren tagtäglich erlebt. Die überwiegende Zahl der Gutachter war sich sicher, daß die Probleme im Elternhaus katastrophale Auswirkungen auf die psychische Entwicklung des Angeklagten gehabt hatten.

Prof. Dr. Lauber beurteilte den Angeklagten nach wie vor als einen »eiskalten Intelligenzverbrecher«. Wie wäre es ansonsten zu erklären gewesen, daß er in der Schule nicht versagt hatte, sondern stets einer der Besten war? Die meisten Gutachter allerdings bewerteten die Vorsicht, die Bartsch bei seinen Taten walten ließ, als Teil seines perversen Gesamtverhaltens. Intellekt und Wille waren Teile seines Triebes geworden. Auch in der Haftanstalt wucherten die Tötungsphantasien des Bartsch weiter. Mittlerweile war er bei seiner Lieblingsvorstellung angelangt. Er wollte zwei Jungen in seine Gewalt bringen und sie sich gegenseitig töten lassen. Einer der beiden Jungen mußte zusehen, wie der andere Junge sein eigenes Grab schaufelte. Prof. Dr. Rasch äußerte die Prognose, daß Jürgen Bartsch eines Tages nicht mehr von einem Geisteskranken zu unterscheiden sein würde.

Für die psychoanalytisch orientierten Gutachter stellte sich verstärkt die Frage, welche Rolle die Sexualentwicklung des Angeklagten bei den Taten gespielt hatte. Jürgen Bartsch war weder vom Vater noch von der Mutter über geschlechtliche Dinge aufgeklärt worden. Die Sexualität war stets ein Tabuthema im Hause Bartsch gewesen. Bereits als Kleinkind hatte Jürgen Bartsch mit der gleichaltrigen Kusine statt Arzt Schlachthof gespielt, um hinter die Geheimnisse der beiden Geschlechter zu kommen.

»Kennen nicht zahllose Kinder ein viel schlimmeres Zuhause und werden dennoch nicht zum Mörder?« fragte Prof. Dr. Bresser skeptisch. Die Gutachter wiesen ihn darauf hin, daß nicht allein das Umfeld einen Menschen formt, sondern überwiegend die ererbten Charakteranlagen bestimmend für den Lebensweg jedes Einzelnen sind.

»Sichere Kenntnis von den Proportionen haben wir nicht und sie wird sich auch in Zukunft kaum gewinnen lassen«, sagte Prof. Dr. Brocher. In seinem Gutachten schrieb er: »Niemandem, auch nicht den Eheleuten Bartsch, kann aus dieser nicht voraussehbaren, schicksalhaften Entwicklung irgendein Vorwurf gemacht werden. Die Eltern haben gewiß das Beste gewollt und nur den Weg nicht gefunden, auf den sie ihren Jungen hätten führen müssen, damit er wie die anderen geformt wurde, wobei auch hier unwägbar bleibt, ob eine andere, bessere Umwelt den Menschen Jürgen Bartsch vor seinen Mordgelüsten bewahrt hätte.«

Der Auftritt der Zeugen im Düsseldorfer Revisionsverfahren, 1971

Auch die Zeit, die Jürgen Bartsch im Internat Mauzberg verbracht hatte, erlangte im Düsseldorfer Prozeß Bedeutung für die Urteilsfindung. Während man in Wuppertal keine Zeugen in dieser Sache gehört hatte, wurden im Revisionsverfahren ehemalige Zöglinge des Knabeninternats Mauzberg in den Zeugenstand gerufen. Man hatte hierbei nicht an den Kosten gespart. Einer der Zeugen war extra aus Südafrika eingeflogen worden. Jürgen Bartschs Schilderungen über das Internat Mauzberg waren von den Wuppertaler Gutachtern immer wieder angezweifelt worden. Speziell das Vorlesen oder Erzählen besonders grausamer Geschichten durch Pater Pütlitz und dessen sexuelle Manipulationen an Jürgen Bartsch und anderen Zöglingen konnten nicht nachgewiesen werden. Nicht widerlegt werden konnte jedoch die Darstellung von Jürgen Bartsch über sein homosexuelles Erlebnis mit Pater Pütlitz im Zeltlager, der ihn angeblich zu nächtlicher Stunde krank in sein Bett kommen ließ und sexuelle Handlungen mit und an ihm vornahm. Um was für eine Krankheit hatte es sich damals gehandelt? Tatsache war, daß die Eltern ihn aus dem Zeltlager abgeholt hatten und einige

Wochen ins Krankenhaus steckten, um ihn nach seiner Genesung nach Mauzberg zurückzubringen. Welcher Art die Erkrankung gewesen war, konnte nie richtig festgestellt werden und hatte sich auch im Rahmen des Prozesses nicht klären lassen.

Prof. Dr. Panse hatte auf Grund seiner Untersuchungen eine abortive Polio-Erkrankung nicht ausschließen können. Zahlreiche Zeugen sagten während der Vernehmung aus, daß ihnen der Angeklagte nach seiner Genesung »in seinem Wesen verändert« erschienen wäre. Ungeklärt blieb, worin diese Änderung bestand und worauf sie beruhte. Es blieb rätselhaft, ob sie ihre Ursache in der Erkrankung hatte oder aber in dem Erlebnis mit Pater Pütlitz, welches der pubertierende Angeklagte nicht verkraften konnte.

Der von Prof. Dr. Lempp angenommene, irgendwann entstandene leichte Hirnschaden, den auch Prof. Dr. Panse nicht für ausgeschlossen hielt, hatte sich durch die Hirnkammerluftfüllung nicht bestätigen lassen. Die Mediziner stritten sich darüber, ob ein Hirnschaden vorläge oder nicht. Jürgen Bartsch selbst gab jedenfalls an, daß für die beiden Entweichungen aus dem Heim ausschließlich das Erlebnis mit Pater Pütlitz und die unerträgliche straffe Zucht bestimmend gewesen seien, was nicht zu widerlegen war. Die endgültige Klärung wurde dem laufenden Ermittlungsverfahren gegen den Pater vorbehalten.

__Düsseldorf.__ Die wohl aufmerksamsten Zuhörer am dritten Verhandlungstag im neu aufgelegten Prozeß gegen den vierfachen Knabenmörder Jürgen Bartsch (24) aus Langenberg (Rheinland) vor der Siebten Großen Strafkammer des Düsseldorfer Landgerichts waren am Donnerstag zweifellos die Psychiater, Psychologen und Sexualwissenschaftler, die mithelfen sollen, das Rätsel Bartsch zu lösen. Sie alle horchten auf, als vier ehemalige Zöglinge des Don-Bosco-Heims zu Mauzberg im Rheingau als Zeugen vor Gericht schilderten, was sie zur gleichen Zeit wie Jürgen Bartsch in dem Jungen-Internat erlebt haben wollen. Nach ihren Angaben erhielten sie in dem Heim »mehr Prügel als Brot« und mußten außerdem blutrünstigen Geschichtsunterricht durch den Pater Gerhard P. über sich ergehen lassen. Jürgen Bartsch hat den Pater in Briefen an einen in Berlin lebenden, amerikanischen Journalisten beschuldigt, sich damals sexuell an ihm vergangen zu haben. Bartsch und sein ehemaliger Erzieher standen sich am Donnerstag nach langen Jahren erstmals wieder gegenüber – im Gerichtssaal.

Eid steht gegen Eid

Von seinen Adoptiveltern, die am Freitag als Zeugen gehört werden sollen, war Jürgen Bartsch als Zwölf- bis Dreizehnjähriger im Mauzberger Don-Bosco-Heim untergebracht worden. Sein Erzieher war der Pater Gerhard P., damals 46, den er Jahre später – nachdem er zum vierfachen Mörder geworden war – beschuldigte, sich an ihm vergangen zu haben. In seinen Briefen an den amerikanischen Journalisten Paul Moor (Berlin) schilderte Bartsch außerdem, wie Pater P. ihm und den anderen ihm anvertrauten Zöglingen blutrünstige Geschichten von Massakern eines französischen Marschalls Gilles de Ray aus dem 15. Jahrhundert im Unterricht en détail erzählt haben soll. Wie Hunderte von entführten Kindern auf den Schlössern des Marschalls, der später auf dem Scheiterhaufen endete, auf sadistische Weise umgebracht, bei lebendigem Leibe aufgeschnitten und »untersucht« wurden!

Was Pater P. auch jetzt als Zeuge vor Gericht unter Eid bestritt – die vier ehemaligen Mitschüler des Jürgen Bartsch bestätigten es (ebenfalls unter Eid): Die Untaten des Marschalls Gilles de Ray mußten sie angeblich durch Pater Gerhard P. als Buchlektüre nacherleben.

Drei der vier Ex-Zöglinge kamen aus der Eifel, aus Hamburg und aus Südafrika in den Düsseldorfer Zeugenstand. Der vierte wurde aus der Untersuchungshaft vorgeführt. Sie sind 24 bis 27 Jahre alt. Der Älteste ist ein Versicherungskaufmann aus Südafrika.

Alle vier berichteten auch von angeblichen homosexuellen Übergriffen des Paters. Sie bestätigten die Angaben des Jürgen Bartsch, daß Pater P. mit ihnen »Geländespiele« machte, bei denen eine an einen Baum gefesselte Puppe einen entführten Jungen darstellte und rote Tinte Blut ersetzte. Eine genaue Schilderung eines solchen »Geländespiels« soll Pater P. dem Knaben Jürgen Bartsch damals schriftlich ans Krankenlager geschickt haben.

Nachahmungstäter?

Für die 15 Sachverständigen an den Gutachtertischen war die Vernehmung der vier Ex-Mitschüler des Angeklagten und des Pater P. um so bedeutungsvoller, als Jürgen Bartsch seine vier Opfer in einen alten Luftschutzstollen entführte und sie dort auf eine Weise umbrachte (bei Kerzenlicht), die an die Untaten eines Gilles de Ray erinnert.

Prozeßbeobachter fragen sich nach der Bestätigung von Bartschs Angaben durch die Zeugen: Ist der Angeklagte als Nachahmungstäter zu werten?

Die Öffentlichkeit – einschließlich Journalisten – war auch am Donnerstag wieder ausgeschlossen. Einzelheiten über den Prozeßverlauf im Gerichtssaal wurden am Nachmittag durch einen Sprecher der Justiz mitgeteilt.
(Neue Ruhr Zeitung, 25. März 1971)

Auf die Frage des vorsitzenden Richters, warum er diese Entführungen mit den ihm anvertrauten Knaben gespielt habe, bezeichnete der 57jährige Pater Pütlitz die Entführungen als »Test«. Er wollte die Jungen mit Hilfe der Geländespiele abhärten. Zur Abhärtung dienten auch die Geschichten aus dem KZ. Allerdings bestritt der Pater unter Eid die unzüchtigen Handlungen an und mit den ihm anvertrauten Zöglingen. Von Erzählungen über Gilles des Rais wollte er ebenfalls nichts wissen. Der Pressesprecher des Don-Bosco-Heimes bezeichnete den Pater im Zeugenstand als »unseren fähigsten Mann, der seit 30 Jahren als Erzieher und Jugendpfleger bei uns tätig war. Wir haben ihn gründlich durchleuchtet. Es gibt keinen dunklen Punkt in seiner Vergangenheit.«

Viele Rätsel um den Fall Jürgen Bartsch konnten auch im Verlauf des zweiten Verfahrens nicht vollständig geklärt werden. Woher rührte zum Beispiel der plötzliche Tötungsimpuls auf dem Bahndamm? Jürgen Bartsch war damals noch keine 14 Jahre alt. Er war also – im juristischen Sinne – strafunmündig. Wenn seine Darstellung richtig war, wäre er damals wegen seiner sexuellen Wünsche bereit gewesen, seinen einzigen Freund zu opfern. Niemand konnte diese Gefühlsregung nachvollziehen. Sie lag außerhalb jeder Vernunft und war in ein normales Gefühlsleben nicht einzuordnen. Die Gutachter standen vor dem großen, unlösbaren Rätsel des zweiten Ichs in Jürgen Bartsch, der seine Regungen selbst nicht zu erklären wußte.

»Kinder können nichts anderes tun, als widerspiegeln, was aus ihnen geworden ist«, sagte Prof. Dr. Müller-Lückmann. »Soll Jürgen Bartsch sich wirklich eines Tages gesagt haben: also, nun bin ich 13, 14 Jahre alt, was mache ich aus meinem Leben? Ich glaube, ich werde Kindermörder!«

Prof. Dr. Brocher wies noch einmal auf die soziale Hilflosigkeit hin, die sich bei Jürgen Bartsch vor allem zu Schulbeginn zeigte. »Die Aggressions- und Vergeltungsimpulse haben sich als verborgene Wut aufgestaut.«

Die Meinungen der Gutachter teilten sich auch in diesem Prozeß in zwei unterschiedliche wissenschaftliche Schulen.

Prof. Dr. Mantell bestritt die These von Prof. Dr. Brocher. Ihrer Meinung nach hatte sich Jürgen Bartsch einen Lebensplan als Erotomane zurechtgelegt. Er hatte sich für ein Leben ausschließlich als »Geschlechtswesen« entschieden, und jedes Mittel war ihm dazu recht. Die überwiegende Zahl der Gutachter vertrat jedoch die Ansicht, daß Bartsch sich diese perverse Lebensform nicht gewählt hatte. Er war in sie hineingeraten. Der Angeklagte wurde durch eine fatale Lebensgeschichte geprägt.

Prof. Dr. Brocher beglückwünschte Wilke zu seinem Gutachten.

»Die Jugendgerichtshilfe beschreibt Kindheit und Jugend des Angeklagten in Übereinstimmung mit modernen Theorien der Erziehung.«

Lediglich Prof. Dr. Lauber blieb auch dieses Mal bei seiner Meinung. Bartsch habe seine Triebe steuern können. Er sei für seine Taten voll verantwortlich zu machen und müsse die volle Härte des Gesetzes zu spüren bekommen.

Düsseldorf. *Seit gestern stehen sich im Bartsch-Prozeß zwei wissenschaftliche Schulen gegenüber. Eine Gruppe der Hauptgutachter billigt dem 24jährigen Angeklagten, der nach eigenem Geständnis vier Jungen bestialisch umgebracht hat, verminderte Zurechnungsfähigkeit zu, die andere hält ihn für voll verantwortlich. Einig ist man sich nur in der Auffassung: Er darf nie wieder in die Freiheit zurückkehren.*

Als voll verantwortlich für seine Greueltaten hält auch Prof. Hans Lauber (49) aus Langenfeld den Angeklagten, der nach seiner Meinung als Erwachsener zur Verantwortung gezogen werden müsse. Der Psychiater und Neurologe, letzter der drei Gutachter aus dem Wuppertaler Prozeß, blieb damit bei seiner alten Auffassung. Lauber: Jürgen Bartsch ist weder geisteskrank noch schwachsinnig. Auch lag zu den verschiedenen Tatzeiten bei ihm keine Wesensveränderung vor, die ihn daran gehindert hätte, die zur Bekämpfung seines Triebes erforderliche Kraft aufzubringen. Bartsch, dessen »extremer Sadismus« ohne Beispiel in der medizinischen Fachliteratur sei, habe seine Morde vielmehr sorgfältig geplant und nie dem Zufall überlassen. Überraschend baute Lauber, der Bartsch schon 1967 untersuchte und in zwei Prozessen beobachten konnte, sein Gutachten weitgehend auf den Perversitäts-Leitlinien des im vergangenen Jahr tödlich verunglückten Hamburger Professors Giese auf. Dabei kam es Lauber vor allem darauf an, wissenschaftlich nachzuweisen, daß die Giese-Thesen zur Perversion auf Bartsch ebenso wenig zutreffen wie ein Vergleich mit anderen Perversionstätern.

Keine Wesensveränderung

Sexuelle Perversionen, aus denen heraus Bartsch getötet habe, könne man nicht schlechthin, so Professor Lauber, mit Wesensveränderungen gleichsetzen, die der Bundesgerichtshof für die Tatzeiten als gegeben angesehen habe. Die Ablehnung des Hamburger Sexualwissenschaftlers im Wuppertaler Prozeß hat nicht zuletzt den Bundesgerichtshof bewogen, der Revision stattzugeben.

Als erste Frau unter den Hauptgutachtern vertrat am Nachmittag auch Dr. Ursula Mantell, Fachpsychologin am Bochumer Institut für Gerichtspsychologie, die Auffassung, daß Bartsch zu den verschiedenen Tatzeiten die Verantwortungsreife besessen habe, beim ersten Mord die eines Jugendlichen, beim zweiten bis vierten die eines Heranwachsenden. Wörtlich sagte die Gutachterin, die vor allem die Internatszeit Bartschs als die entscheidende Phase seiner verhängnisvollen Entwicklung bezeichnete: »Hier erfolgte die Eskalation seiner sadistischen und homosexuellen Neigungen bei gleichzeitigem Abbau der zwischenmenschlichen Hemmungen.«

(Neue Ruhr Zeitung, 25. März 1971)

Urteilsspruch im Düsseldorfer Revisionsverfahren, 6. April 1971

Nach seinem wiederholten Entweichen aus dem Internat besuchte Jürgen Bartsch in Vossnacken die Schule und wurde zu Ostern 1961 mit einem überdurchschnittlichen Zeugnis aus der 8. Klasse entlassen. Auf Anraten seines Vaters und in Ermangelung eigener Wünsche begann er anschließend die Metzgerlehre. Die Gutachter stellten fest, daß Jürgen Bartsch auch in diesem letzten halben Jahr seiner Schulzeit ein Außenseiter geblieben war. Er fand keinen oder nicht den richtigen Kontakt zu seinen Mitschülern. Die Lehrzeit brachte er ohne Auffälligkeiten bei Fleischermeister van Loon und nach drei Monaten bei seinem Adoptivvater hinter sich. Allerdings fiel ihm das Schlachten schwer.

»Kälber konnte ich nicht schlachten, weil sie immer einen so traurigen Blick hatten«, antwortete Jürgen Bartsch auf die entsprechende Frage des Richters.

»Warum konnten Sie es dann mit kleinen Jungen tun?«

»Ich hatte doch kein sexuelles Gefühl für Tiere, Herr Richter!«

Der Angeklagte führte, seit er aus Mauzberg zurück war, ein Doppelleben. Zu Hause und im Betrieb wußte er sich völlig den Lebensgewohnheiten und Betriebserfordernissen anzupassen. Dabei konnte er fröhlich und lustig sein, singen, pfeifen und Witze machen. Er war und blieb bei allen beliebt, zu den Kunden freundlich und nett und gab keinen Anlaß zu Besorgnissen. Sein wahres Gesicht zeigte er nicht. Er verbarg es, auch wenn ihn seine Phantasie bedrängte und die Wirklichkeit über ihn kam, z.B. wenn er durch das Ladenfenster hindurch auf der Straße kleine Jungen entdeckte, die ihm gefielen. Dann geriet er sofort ins Schwitzen, aber ließ es sich nicht anmerken, um sich nicht zu verraten.

Mit seinen Eltern zusammen lebte er wie sonst. Da innere Bindungen nicht bestanden, hätten sie einen veränderten Zustand bei ihm wohl auch kaum wahrgenommen. Wenn er abends zwischen ihnen in den Ehebetten lag und mit ihnen gemeinsam das Fernsehprogramm verfolgte, ahnten sie nicht, daß er ständig auf der Suche nach Opfern war, Klaus Jung bereits tot im Stollen lag und später Fuchs, Kahlweiß und Graßmann dasselbe Schicksal erlitten hatten. Er konnte sich von seinen gequälten, gepeinigten, gefesselten und geknebelten Opfern Graßmann und Ernst P. trennen, um pünktlich zu Hause zu sein, zu Abend zu essen, ins Bett zu gehen, fernzusehen, um dann gegen Mitternacht oder später heimlich das Haus zu verlassen und mit den Kleidern aus der Betonröhre den Stollen aufzusuchen und das begonnene Werk in der grausamsten Weise fortzusetzen.

Zu keinem Zeitpunkt hatte ihn freilich der Gedanke an den sicher wimmernden und sich quälenden Jungen im Stollen verlassen. Er genoß auf seine Weise auch diese Stunden zu Hause und freute sich auf den Augenblick, in dem er in den Stollen zurückgekehrt sein würde, um ein ganz tolles Erlebnis zu haben, wie er es sich immer gewünscht und seit Jahren vorgestellt hatte. So war es bei Graßmann, so sollte es schlimmer werden bei Ernst P., der seinem Schicksal dann aber entging.

(Aus dem psychiatrischen Gutachten von Prof. Dr. Tobias Brocher)

Die Sachverständigen, mit Ausnahme von Prof. Dr. Panse und Frau Prof. Dr. Mantell, entschieden sich auf Grund der neuen Beweislage eindeutig dafür, den Angeklagten auch im Jahre 1965 noch einem Jugendlichen gleichzusetzen. Diese Meinung hatten auch die beiden Jugendpsychiater bestätigt, die in Wuppertal keine Gelegenheit hatten, den Angeklagten zu untersuchen. Wegen seiner schicksalhaften Veranlagung würde Jürgen Bartsch jedoch Zeit seines Lebens eine Gefahr für die Öffentlichkeit bleiben. Der Angeklagte mußte also auch in Zukunft durch sichernde Maßnahmen daran gehindert werden, die Öffentlichkeit zu gefährden. »Bossi appellierte an das Gericht durch ein mutiges Urteil – zehnjährige Jugendstrafe mit anschließender Einweisung in eine Heilanstalt«, schrieb die Rheinische Post.

Am 6. April 1971 revidierten die Düsseldorfer Richter das Wuppertaler Urteil.

»Der Angeklagte ist schuldig des vierfachen Mordes, tateinheitlich begangen mit Kindesraub und Unzucht mit Kindern, in drei Fällen auch in Tateinheit mit Gewaltunzucht zwischen Männern, sowie des versuchten Mordes, tateinheitlich begangen mit Kindesraub und Gewaltunzucht zwischen Männern. Er wird zu einer Jugendstrafe von zehn Jahren verurteilt, auf die die Untersuchungshaft angerechnet wird.

Die Unterbringung des Angeklagten in einer Heil- oder Pflegeanstalt wird angeordnet.«

Pax-Christi-Gedenkstätte Essen, 1973 –
In Gedenken an die Opfer von Jürgen Bartsch

Die Namen der vier Bartsch-Opfer wurden 1973 an der Pax-Christi-Gedenkstätte Essen eingeschrieben, um die Ermordeten nicht in Vergessenheit geraten zu lassen. Die kleine Pfarrei war im Jahre 1949 gegründet worden. Die vielen Namen, die seit diesem Tag dort aufgeschrieben werden, verdeutlichen die Aussage, daß die Würde jedes Menschen unantastbar ist. Sie stellen die Frage nach Gerechtigkeit für die Opfer und nach Schuld und Verantwortung von uns allen.

»Klaus Jung«, sprach der Pfarrer, während er den Namen des ersten Opfers auf den Gedenkstein schrieb. »Acht Jahre alt bist du nur geworden. Der Herr holte deine Seele viel zu früh in die Ewigkeit – wie sinnlos war dein Tod, so scheint es uns, die wir hier auf Erden den Sinn der Dinge oft nicht begreifen können. Doch auch im scheinbar Sinnlosen liegt etwas Tieferes, Unendliches. Etwas, das nur Gott der Herr begreift und das uns Menschen für immer verborgen bleiben muß. Die letzte Wahrheit ist bei Gott und Gott ist die letzte Wahrheit!«

Er fügte der Gedenktafel die Namen der drei weiteren Bartsch-Opfer hinzu: »Peter Fuchs, Ulrich Kahlweiß, Manfred Graßmann! Viel zu früh ginget ihr von uns. Euer junges Leben wurde ausgelöscht durch ein mißliches Geschick. Ruhet in Frieden! Und bleibt unvergessen in Gott dem Herrn!«

Hochzeit in der psychiatrischen Klinik Eickelborn, 1975

Die Mehrzahl der Gutachter hatte Jürgen Bartsch im Düsseldorfer Revisionsverfahren als psychisch schwer krank eingestuft. Doch wie sollte man in Zukunft mit diesem kranken Mann verfahren? Mehr als zwei Drittel seiner Strafzeit waren 1971 bereits herum, und noch immer hatte man keine akzeptable Lösung für Jürgen Bartsch gefunden. In einem Punkt jedenfalls waren sich die Fachleute einig: Man konnte diesen kranken Menschen nicht auf Dauer unbehandelt im Gefängnis lassen. Was aber sollte mit Jürgen Bartsch geschehen? Eine Heilung konnte nur durch eine langjährige Psychoanalyse in Aussicht gestellt werden. Doch welches psychiatrische Landeskrankenhaus in der näheren Umgebung des Ruhrgebietes konnte Jürgen Bartsch aufnehmen? In Düsseldorf-Grafenberg gab es zwar die Möglichkeit einer psychoanalytischen Behandlung, doch fehlte es hier an einer geschlossenen Abteilung. Dies war verständlich, denn die Psychiater wollten aus ihren Heilanstalten keine Gefängnisse machen.

»Der kranke Straftäter, ›das unbekannte Wesen‹, was machen wir mit ihm? Wohin mit Jürgen Bartsch?« hatte der Spiegel bereits 1967 in einem Artikel gefragt.

Am 15. November 1972 wurde Jürgen Bartsch vorzeitig aus der Haft entlassen und in die forensische Klinik nach Eickelborn bei Soest verlegt. Er wurde zunächst in der sichersten Abteilung, im Haus 110 a für Männer, untergebracht. Hinter den ausbruchssicheren Plexiglaswänden der Heilanstalt sollte nun mit Hilfe von Psychologen und Ärzten versucht werden, Jürgen Bartsch von seinem abnormen Trieb zu befreien. Doch es fand sich kein Analytiker, der ihn behandeln wollte und bereit war, das hohe Risiko des Scheiterns zu tragen.

Die einzige Hilfe, die Jürgen Bartsch seit seiner Verhaftung im Juni 1966 erfahren hatte, war der Briefkontakt mit dem amerikanischen Journalisten Paul Moor, der insgesamt neun Jahre, bis zu Bartschs Tod im April 1976, anhielt. In seinen Briefen an Paul Moor schilderte Jürgen

Bartsch mit einer schonungslosen Offenheit sein Leben und seine Taten.

Mittlerweile hatten sich mehrere Brieffreundinnen bei Jürgen Bartsch eingefunden, von denen einige von der Kammer eine Besuchserlaubnis erhielten. Die Neue Revue hatte 1972 in einem Artikel über eine dieser Frauen berichtet: »Sie ist achtzehn, und sie liebt einen Mann mit jeder Faser ihres Herzens und ihres Körpers. Aber sie ist noch Jungfrau. Und wird es bleiben, wenn sie weiter so liebt. Er heißt Jürgen Bartsch.«

Was niemand für möglich gehalten hätte, wurde wahr: Zwischen Gisela, einer jungen Frau aus Hannover, und Jürgen Bartsch entwickelte sich mehr als nur eine Brieffreundschaft. Es entstand eine tiefergehende Freundschaft zwischen der kinderlieben Krankenschwester und Jürgen Bartsch. Sie besuchte ihn regelmäßig in Eickelborn, und bald sprachen die beiden zum Erstaunen der Ärzte, Pfleger und Medien davon, daß sie sich verloben wollten. Vielleicht würde es auf diese Weise gelingen, Jürgen Bartschs abnormes Triebverhalten auf heterosexuelle Reize zu lenken. Hoffnung keimte auf, vor allem, als eine medizinische Untersuchung im Sommer 1973 ergab, daß Jürgen Bartsch nicht nur auf homosexuelle, sondern auch auf heterosexuelle Reize positiv reagierte.

»Ich bete und hoffe, daß ich eines Tages wieder ganz gesund sein werde«, schrieb Jürgen Bartsch 1974 in einem Brief an seine Eltern. Diese ermutigten ihn, daß er die Hoffnung nicht aufgeben dürfe, eines Tages ein freier Mann zu sein.

Rolf Bossi war es schließlich zu verdanken, daß 1974 ein Analytiker in Hamburg gefunden wurde, der sich bereit erklärte, Bartsch zu behandeln. Allerdings wurde dadurch eine Verlegung von Eickelborn nach Hamburg erforderlich.

»Der Anfang ist gemacht«, berichtete Jürgen Bartsch Anfang 1975 seinen Adoptiveltern mit strahlendem Gesicht. »Gisela und ich haben uns letzte Woche verlobt, und wir wollen bald heiraten.« Frau Bartsch weinte vor Glück, der Adoptivvater umarmte seinen Sohn.

Nur der Anstaltsleiter verzog keine Miene.

»Machen Sie sich nicht selbst etwas vor«, versetzte er der freudigen Euphorie einen Dämpfer. »Das Risiko ist immer noch sehr hoch, auch wenn Sie den Trieb im Moment nicht spüren. Immerhin sind Sie hier unter Aufsicht und bekommen hohe Dosen an Medikamenten. Das könnte sich draußen schnell ändern.«

»Mittlerweile kann ich mir keinen Knabenmord mehr vorstellen. Ich bin einfach nicht mehr derselbe Mensch, der ich zum Zeitpunkt der Taten war.«

»Nun ja, es gäbe da noch eine andere Möglichkeit, mit deren Hilfe Sie unter Umständen die Freiheit wiedererlangen könnten«, gab der Anstaltsleiter zu bedenken, als Jürgen Bartschs Adoptiveltern das Büro verlassen hatten.

»Welche?« erkundigte sich Jürgen Bartsch mit hoffnungsvollem Gesicht.

Der Anstaltsleiter sprach daraufhin von der Möglichkeit der Kastration.

Energisch wehrte Jürgen Bartsch den Vorschlag ab. »Die Anstalt hat zugestimmt, daß ich Gisela heiraten darf. Ich glaube daran, daß ich eines Tages ganz normal sein werde.«

Der Anstaltsleiter gestand zu, daß eine Zwangskastration im Gesetz nicht vorgesehen sei, weil ein solcher Eingriff nach herrschender Auffassung gegen die Freiheitsgarantien des Grundgesetzes verstoßen würde. Nach dem Gesetz war die Kastration eine gegen die Auswirkungen eines enormen Geschlechtstriebes gerichtete Behandlung, durch welche die Keimdrüsen eines Mannes absichtlich entfernt oder dauerhaft funktionsunfähig gemacht werden. Abnorm im Sinne dieser Vorschrift ist ein Geschlechtstrieb nicht nur dann, wenn er sich auf ein von der Norm abweichendes Ziel richtet, sondern auch bei einer von der Norm erheblich abweichenden Stärke.

Anfang 1975 heiratete der vierfache Kindermörder Jürgen Bartsch in der Heilanstalt Eickelborn bei Soest die Krankenschwester Gisela. Es war eine Szene, die nicht nur bei den Adoptiveltern Bartsch große Hoffnung weckte. Würde ihr Adoptivsohn irgendwann einmal wieder eine Zukunft in Freiheit haben? Man vergaß für einige Stunden, daß man sich hier in einer geschlossenen Klinik befand und stieß mit einem Gläschen Sekt auf das Brautpaar an.

Jürgen Bartsch umarmte seine Adoptiveltern.

»Kindermörder heiratet in der Heilanstalt eine Krankenschwester. Ist Jürgen Bartsch immer noch gefährlich?« fragte die Bild-Zeitung am Tag nach der Hochzeit.

Doch die Freude war nur von kurzer Dauer. Bartschs geplante Verlegung nach Hamburg konnte nicht stattfinden, da die analytische Behandlung wider Erwarten doch nicht verwirklicht werden konnte. Jürgen Bartsch erwog daraufhin, eine Hirnoperation durchführen zu lassen, eine so genannte stereotaktische Operation, bei der ein kleiner

Hirnbezirk ausgeschaltet wird. Diese Operation sollte bewirken, daß sich keine sexuellen Regungen mehr melden. Allerdings handelte es sich um eine Methode, die in der Klinik nicht durchgeführt wurde. Angesichts der ausweglosen Lage entschied sich Jürgen Bartsch Anfang 1976 für die letzte aller Möglichkeiten, die Kastration. Am 9. April 1976 traf in Eickelborn die Genehmigung der Landesärztekammer Westfalen-Lippe ein. 17 Tage später, am 26. April, bekam Jürgen Bartsch die Mitteilung, daß die Kastration zwei Tage später stattfinden würde.

Die Operation fand am 28. April 1976 in Eickelborn statt. Kurz nach der Hodenamputation brach Bartschs Kreislauf zusammen. Ärzte und Pfleger bemühten sich vergeblich um Reanimation. Die Obduktion ergab, daß Bartsch durch einen Fehler des Anästhesisten die 13fache Menge des Narkosegases Halothan erhalten hatte. Fast zwei Jahre nach Jürgens Tod, 1978, hat die ZEIT in einem Artikel über den Prozeß gegen den Chirurgen Dr. Josef Hollenbeck geschrieben:

»Eickelborn hatte keinen ausgebildeten Anästhesisten. Das hört sich skandalös an, bis man weiß, daß etwa 4 000 Anästhesieärzte in der Bundesrepublik fehlen, und daß es an etwa 2 300 bundesdeutschen Krankenhäusern überhaupt keinen Anästhesiearzt gibt. Dr. Hollenbeck operierte in Eickelborn mit einem Pfleger, dem er selber den Umgang mit Narkosemitteln beibrachte. Voneinander unabhängige Untersuchungen des Herstellers des Narkose-Spiromats und der Bundesanstalt für Materialprüfung mit dem von Dr. Hollenbeck benutzten Verdampfer haben ergeben, daß bei vorschriftswidriger Füllung mit Halothan die Narkosemittelkonzentration bei Betrieb im unteren Einstellbereich etwa dem dreizehnfachen Wert der Vol-%-Einstellmarke entsprach.

Ein Gutachter – Professor, Facharzt für Anästhesie, Chefarzt des Zentralinstituts für Anästhesie und Intensivbehandlung der Katholischen Krankenhäuser der Stadt Hagen – hat der Kammer weniger ein Gutachten vorgetragen als selber Anklage gegen Dr. Hollenbeck erhoben, den er auch direkt ansah und ansprach. Ein anderer Gutachter – Professor, Leiter des Zentrums für Anästhesiologie und Wiederbelebung der Universität Frankfurt – hat kategorisch behauptet, die Obduktionsuntersuchungen der Wirbelsäuleflüssigkeiten hätten eine Überdosis an Halothan als Todesursache gänzlich ausgeschlossen.

Der erste fragte den zweiten indigniert, was denn seines Erachtens die Ursache des Herzstillstandes gewesen sei. Der zweite saß mit verschränkten Armen da, schaute seinem älteren Kollegen direkt ins Auge und gab die redlichste, erfrischendste Antwort, die ich bisher von einem Professor vor einem deutschen Gericht gehört habe: Ich weiß es nicht.«

Nachsatz: Der Anästhesist wurde zu einer Geldbuße von 4 000 DM verurteilt. Die Freiheitsstrafe wurde zur Bewährung ausgesetzt.

Interview mit dem Jugendgerichtshelfer Dietrich Wilke

»N. B.: Herr Wilke, Sie sind heute 67 Jahre alt und Sie sind der Jugendgerichtshelfer im Verfahren gegen Jürgen Bartsch gewesen. Dietrich Wilke ist ja nun eine Figur, die in diesem Bericht eine zentrale Rolle spielt. Wie sind Sie damals – als recht junger Mann – mit dieser Angelegenheit in Berührung gekommen?

D. W.: 1966, im Juni dieses Jahres wurde Jürgen Bartsch verhaftet, ich war 29 Jahre alt. Ich mußte mich mit diesem Verfahren befassen, weil ich zu der Zeit hauptamtlicher Sozialarbeiter des Kreisjugendamtes in Mettmann war. Zu meinem Aufgabenbereich gehörten die Schwerpunkte der Familiensozialarbeit, der Fürsorgeerziehung, des Gemeindewaisenrates (Pflegschaften und Vormundschaften), Adoptions- und Pflegekinderwesens, der Sorgerechtsregelungen und Volljährigkeitserklärungen, der Heimaufsicht und der Jugendgerichtshilfe. Da Jürgen Bartsch in Langenberg bei Wuppertal wohnte, mußte das Kreisjugendamt Mettmann, also auch ich, die gesetzlich vorgesehene Jugendgerichtshilfe leisten. So wurde ich mit dieser Aufgabe und Angelegenheit betraut.

N. B.: Welchen beruflichen Werdegang haben Sie durchlaufen?

D. W.: Von 1960 bis 1963 habe ich in Köln Sozialarbeit studiert. 1964 bis 1971 war ich hauptamtlicher Sozialarbeiter beim Kreisjugendamt Mettmann. Ab 1971 bis zu meiner Pensionierung im Jahre 2001 habe ich als Dozent der Fachhochschule Köln gearbeitet und zwar in der Fakultät für Angewandte Sozialwissenschaften mit dem Schwerpunkt Sozialarbeit.

N. B.: Worin genau bestanden Ihre Aufgaben im Verfahren Jürgen Bartsch?

D. W.: Nun, die übergeordnete Aufgabe bestand natürlich zunächst darin, die gesetzlich vorgeschriebene Jugendgerichtshilfe für einen

Jugendlichen oder Heranwachsenden in einem Gerichtsverfahren zu leisten. Dieses Gesetz macht natürlich auch vor einem Jürgen Bartsch nicht halt, es gilt für jeden Jugendlichen und Heranwachsenden. Die Inhalte und Aufgaben sind im Jugendgerichtsgesetz eindeutig festgelegt.

N. B.: Worin besteht das Ziel der Jugendgerichtshilfe?

D. W.: Mit Hilfe der Jugendgerichtshilfe soll dem Gericht und den beteiligten Prozeßorganen wie Staatsanwalt und Verteidigung ein tieferer und individuellerer Einblick in die Psyche des jungen Menschen ermöglicht werden, der straffällig geworden ist und nun dort vor Gericht steht. Im Fall Jürgen Bartsch bestand meine Aufgabe vor allem darin, die erzieherischen, sozialen und fürsorgerischen Daten und Fakten zu ermitteln und auszuwerten. Ich mußte seinen bisherigen Lebenslauf und auch die Entwicklung aus seelischer und körperlicher Sicht sowie aus Sicht der familiären Entwicklung begutachten.

N. B.: Haben Sie auch im sozialen Umfeld von Jürgen Bartsch recherchiert?

D. W.: Ja. Je nach Schwere der Beschuldigung ist es notwendig, Ermittlungen in der Schule, der Lehr- und Arbeitsstelle, zugehörigen Vereinen oder Gruppen und evtl. Freunden und Bekannten durchzuführen. Das traf natürlich – bei der Schwere der Taten, die Jürgen Bartsch begangen hatte – in verstärktem Maße zu. Diese Ermittlungen sollen dann dazu dienen, die Prägung und Veranlagung, die seelische und soziale Situation sowie die geistigen und charakterlichen Gegebenheiten des jungen Menschen zu verdeutlichen. Abschließend hat die Jugendgerichtshilfe die Aufgabe, dem Gericht fürsorgerische Vorschläge zu machen und aufzuzeigen, was dem jungen Menschen helfen würde, sein Fehlverhalten einzusehen und seine Zukunft sinnvoller zu gestalten.

N. B.: Auch in einem so dramatischen Fall wie Jürgen Bartsch?

D. W.: Ja. Natürlich. Jedes Fehlverhalten eines Menschen, besonders eines jungen, hat seine Ursache, und zu klären, worin diese besteht, das ist die Aufgabe der Jugendgerichtshilfe. Eine Ursachenklärung ist unbedingt notwendig, um die immer wiederkehrende Frage nach dem »Warum« besser beantworten zu können. Oft liegen – ebenso wie bei Jürgen Bartsch – die Gründe bereits in der gestörten frühkindlichen Entwicklung.

N. B.: In meinem Bericht wird deutlich, daß es sich um eine emotional sehr belastende und – für Sie – nicht alltägliche Arbeitssituation gehandelt hat. Wie hat sich das Verfahren Jürgen Bartschs auf ihr übriges Leben ausgewirkt?

D. W.: Der Fall Jürgen Bartsch ist ohne Zweifel ein Jahrhundertfall. Diese Aufgabe war eine außergewöhnliche Herausforderung für mich. Für die Jugendgerichtshilfe war höchste qualitative Arbeit und Auseinandersetzung gefordert, denn schließlich hat dieser Fall auch eine hohe Bedeutung für die Fachwelt. Ich habe erfahren, wie wichtig auch kleine Ereignisse und Begebenheiten im Leben eines Menschen sind, ihn formen und zu dem werden lassen, was und wie er ist. Die Arbeit mit und an Jürgen Bartsch hat mich zu der furchtbaren Erkenntnis geführt, daß der Mensch Jürgen Bartsch vom ersten Tage seines Lebens an und in jeder weiteren Entwicklungsphase von seiner sozialen Umwelt zu dem gemacht wurde, was er später war. Damit meine ich, daß so etwas jederzeit wieder geschehen kann. Fazit: Mein Leben ist für mich und in bezug auf andere bewußter geworden. Dabei blieb es natürlich nicht aus, daß ich auch zu meinen Kindern, die in der Zeit vier und zwei Jahre alt waren, ein sensibleres und bewußteres Verhältnis entwickelte.

N. B.: Haben Sie auch Nachteile zu spüren bekommen?

D. W.: Ja. Vor allem, nachdem im ersten Verfahren in Wuppertal die Stellungnahme der Jugendgerichtshilfe bekannt geworden war, gab es schlimme Presseveröffentlichungen nach dem Motto »Er will ihn laufen lassen, denkt er nicht an seine Kinder?«. Und das alles mit einem Bild von mir in der einschlägigen Presse. Das war weiß Gott nicht einfach zu verkraften.

N. B.: Was würden Sie sagen, wenn Sie Jürgen Bartsch mit Ihren eigenen Worten charakterisieren müßten?

D. W.: Nun, ich habe ihn in den Haftanstalten Düsseldorf und Wuppertal mehrmals gesprochen. Sie dürfen nicht vergessen, daß Gespräche in diesen Umgebungen einem ganz bestimmten Klima unterliegen und betroffene Gesprächspartner sich kaum natürlich verhalten. Es fiel auf, daß Jürgen Bartsch nach außen hin Erleichterung ausstrahlte. Er hat wortwörtlich zu mir gesagt: »Was bin ich froh, daß jetzt alles vorbei ist. Dieser dicke Druck ist jetzt weg.« Wenn ich nicht gewußt hätte, was Jürgen Bartsch Schlimmes getan hat, ich hätte es seinem Aussehen und Verhalten nach niemals vermutet oder im geringsten geahnt. Er sah nicht wie ein Mörder aus.

N. B.: Der Fall Jürgen Bartsch hat in der Bundesrepublik nicht nur Kriminalgeschichte, sondern auch Rechtsgeschichte geschrieben. Welche Erkenntnisse haben Sie für sich persönlich aus dem Fall Bartsch gezogen?

D. W.: Ich bin sehr erschrocken darüber, wie Eltern und Erzieher eine menschliche Entwicklung so verbiegen können, wie es im Fall Jürgen Bartsch geschehen ist. Ich bedaure sehr, daß es keinen Elternführerschein für die Kindererziehung gibt.

N. B.: Rechtsanwalt Bossi aus München hat dann ein Revisionsverfahren ermöglicht. Waren Sie auch bei diesem zweiten Prozeß anwesend und wie haben Sie das Urteil aufgenommen?

D. W.: Ich habe auch in diesem Verfahren die Jugendgerichtshilfe vertreten. Es ging eigentlich gar nicht um das Urteil. Als viel wichtiger habe ich erlebt und empfunden, daß in diesem Prozeß mit kompetenter Wissenschaft aus unterschiedlichen Perspektiven gründlich und gewissenhaft versucht wurde, die Ursachen dieser kaum erklärlichen Handlungsweisen eines Menschen aufzuarbeiten und zu erhellen. Es war schon ein Erfolgserlebnis, daß die anwesenden wissenschaftlichen Gutachter im Gegensatz zum ersten Verfahren zur selben Analyse und Diagnose gekommen sind wie die Vertreter der Jugendgerichtshilfe.

N. B.: Jürgen Bartsch hat zur damaligen Zeit weltweit die Diskussion um psychisch kranke Straftäter entfacht. Dieses Thema ist auch gegenwärtig aktuell. Können Sie sich theoretisch vorstellen, daß ein solcher Fall wie Bartsch sich in der heutigen Zeit wiederholt?

D. W.: Wenn ein Mensch vom ersten Tag seines Lebens und in allen weiteren Entwicklungsstufen so verbogen und eingeengt wird wie Jürgen Bartsch in seiner Erziehung, ist es kein Wunder, daß es zu unerklärlichen Reaktionen kommen kann.

N. B.: Glauben Sie, daß Filmemacher und Buchautoren in dieser Hinsicht etwas bewirken können und wenn ja, was?

D.W.: Wenn in sachlicher und nachvollziehbarer Form geschildert und berichtet wird, denke ich, daß Eltern, Erzieher und erwachsene Verantwortliche ihre Aufgaben und wichtigen Funktionen überlegen und reflektieren können.

N. B.: Ein persönliches Wort zum Schluß an die Leser ...

D. W.: Wir dürfen nie vergessen, daß Kinder und Jugendliche in allen Bereichen unsere Zukunft sind. Somit sollten und müssen wir überlegen, wie wir unsere Zukunft und die Welt gestalten wollen!

N. B.: Vielen Dank, Herr Wilke, für dieses Gespräch.«

ANHANG

Anhang zum zweiten Teil

Anmerkungen

Alle Übersetzungen, sofern nicht anders angegeben: Ulrike Rainer.
1   Sydney Morning Herald, 7.9.1991
2   Kleine Zeitung, Graz, 21.5.1991; Cairns Post, 21.5.1991; Kleine Zeitung Graz, 7.9.1991
3   vgl. dazu und zum Folgenden: Pincus, J. A./McPherson, J. A./Sheperdson, J.: Judgement. In: The Court of Appeal C. A. No. 164 of 1991. 22.6.1992, S. 5 ff., The Cairns Post, 17.5.1991
4   Diese Darstellung Goldings findet sich im Urteil des Court of Appeal. Der High Court, die letzte Instanz der australischen Gerichtsbarkeit, gibt den Sachverhalt anders wieder. Danach hätte Weißensteiner bei der australischen Zollbehörde (Golding wird als Zollbeamter im Letzturteil nicht namentlich genannt) am 3. Jänner 1990 um Verzollung gebeten. Da er die Einreisebestimmungen übertreten hatte, wurde sein Visum gelöscht und er angewiesen, Australien bis 25.1.1990 zu verlassen. »Er sagte, dies passe nicht in seine Pläne, weil der Eigentümer des Bootes, Bayerl, in Kuranda ist ...« Mason, C. J./Deane/Dawson JJ., Order. In: High Court of Australia 17.11.1993, F. C. 93/051, S. 1; vgl. Pincus J. A. u. a., Judgment, S. 5 f.
5   In der Urteilsbegründung zur Berufung am Court of Appeal, Pincus, J. A. u. a., Judgment, S. 6, wird Nucifora zitiert, Mrs. Zack hätte gesagt Ms. (also Susan) Zacks jüngere Schwester wäre gestorben. Im Urteil des High Court (Höchstgericht) ist zu lesen, die verstorbene Verwandte wäre Susans Tante.
6   Pincus, J. A. u. a., Judgment, S. 6
7   Kleine Zeitung, Graz, 21.5.1991, S. 6
8   The Cairns Post, 18.5.1991
9   vgl. Pincus, J. A. u. a., Judgment, S. 2. Im Original: »... and the appellant replied ›I will not give evidence nor call evidence‹.«
10 The Cairns Post, 10.9.1991, S. 8. Im Original: »This court has no jurisdiction to trial me. That is all, please.«
11 Pincus, J. A. u. a., Judgment, S. 12
12 vgl. Kleine Zeitung, Graz, 23.3.1998, S. 12
13 vgl. Kopacka, Artikelserie. In: Neue Kronenzeitung, Graz, 24.1.1991; Melichar, Kleine Zeitung, Graz 23.5.1991, 23.3.1998
14 vgl. Sydney Morning Herald, 7.9.1991
15 Amnesty International informiert über diesen Konflikt im Index unter ASA 34/06/97 auf http://www.amnesty.org/. Die Suchmaschine dogpile listet unter dem Begriff »Bougainville + Crisis« zahlreiche Links auf, die, da der Konflikt andauert (Herbst 99), ständig aktualisiert werden. Vgl. auch Wesemann, Papua-Neuguinea, Köln 1985, S. 128 ff., 304 ff.
16 Möglicherweise kannte Manfred Weißensteiner zu diesem Zeitpunkt Hartwig Bayerl bereits. Greg Roberts berichtet von einer Begegnung der beiden bei Wei-

ßensteiners erstem Besuch in Cairns. Vgl. Sydney Morning Herald, 7.9.1991. »He had met Bayerl on an earlier visit to Cairns and was intrigued by his holocaust theories«. (»Er traf Bayerl bei einem früheren Aufenthalt in Cairns und war gefesselt von dessen Holocaust-Theorien.«) Die wahren Motive für Weißensteiners zweite Reise nach Cairns im Juli 1989 sind nicht geklärt.

17 The Cairns Post, 13.9.1991; Neue Kronenzeitung, Graz, 25.3.1991
18 The Cairns Post, 13.9.1991 »... a yacht named the ›Immanuel‹, meaning ›Our Savior‹ or ›Jesus Christ ...‹«
19 vgl. Kopacka, Kronenzeitung, Graz, 27.3.1991; Videotransskript. Quelle: Bundesministerium f. Inneres der Republik Österreich. Unter Verschluß, S. 2 f.
20 vgl. Neue Kronenzeitung, Graz, 22.1.1991
21 vgl. Melichar, Kleine Zeitung, Graz, 23.3.1998
22 vgl. The Cairns Post, 16.5.1991; Sydney Morning Herald, 7.9.1991; Kleine Zeitung, Graz, 16.5.1991
23 The Australian Women's Weekly, 5/1995, Videotransskript, S. 7
24 Kopacka, Neue Kronenzeitung, Graz, 27.3.1991
25 vgl. Neue Kronenzeitung, Graz, 30.1.1991
26 vgl. Neue Kronenzeitung, Graz 30.1.1991, ebd. 26.3.1991, Cairns Post, 14.5.1991, ebd. 15.5.1991, ebd. 16.5.1991, ebd. 18.5.1991, Kleine Zeitung, 14.5.1991, Australian Post, 9.11.1991
27 vgl. Neue Kronenzeitung, Graz, 27.3.1991
28 vgl. Kopacka, Neue Kronenzeitung, Graz, 25.1.1991
29 Neue Kronenzeitung, Graz, 18.5.1991. Auf Bayerls Äußerung, er werde schwarze Frauen an Bord nehmen, weil diese mehr aushielten, sollte hier näher eingegangen werden. Sie läßt auf einen tief verwurzelten Rassismus schließen, der Menschen einer bestimmten Hautfarbe unterstellt, grundsätzlich irgendwie anders geartet zu sein. Einige Zahlen zu dieser »These« Bayerls: die Lebenserwartung der Aborigines, der australischen Ureinwohner, ist im Vergleich zu weißen Australiern um 20 (!) Jahre geringer. Es sterben dreimal so viele Aboriginal Kinder wie andere australische Kinder. Das liegt ausschließlich an der unterschiedlichen Gesundheitsbetreuung und -vorsorge der Aborigines. In den Worten eines Rappers: »Die Farbe eines Menschen ist nur hautdünn.«
30 Vgl. Videotranskript. Diese Episode wird von Ölrichs im Interview auf der Videokassette geschildert. Dort wiederholt Ölrichs im wesentlichen auch die Aussagen zur Weltanschauung Bayerls. Die Kassette gehört zu den Interpolakten und ist nicht öffentlich zugänglich. Ein Transkript liegt bei der Verfasserin.
31 vgl. Mason, C. J. u. a., Order, S. 1; zu Ölrichs: Videotranskript, S. 4
32 vgl. Pincus, J. A. u. a., Judgment, S. 3; Mason u. a., Order, S. 1; Robert Reid, Australasian Post, 9.11.1991, Herald Sun, 11.9.1991
33 vgl. Australasian Post, 9.1.1991
34 vgl. Sydney Morning Herald, 7.9.1991
35 Joh. 13. Vers 16 ff. Alle Bibelzitate, sofern nicht anders angegeben, aus der Einheitsübersetzung der deutschsprachigen Bischöfe, Stuttgart 1980
36 vgl. ebd.; The Cairns Post, 18.5.1991
37 Videotranskript, S. 3; Australasian Post, 9.11.1991

38 alles zitiert nach: The Cairns Post, 18.5.1991; ebd., 13.9.1991; ebd., 7.3.1998; Ölrichs machte diese Aussagen zum Teil auch vor Gericht 1991 im Kreuzverhör mit Michael Summner-Potts, dem Verteidiger Weißensteiners. In den Urteilsbegründungen wird auf die Thesen Bayerls hingewiesen: Pincus, J. A. u. a., Judgment, S. 8; Mason C. J. u. a., Order, S. 10
39 Neue Kronenzeitung, Graz, 18.5.1991; Australasian Post, 9.11.1991
40 vgl. Kleine Zeitung, Graz, 16.5.1991; The Cairns Post, 16.5.1991
41 vgl. Kleine Zeitung, Graz, 16.5.1991; Sydney Morning Herald, 7.9.1991; The Cairns Post, 16.5.1991
42 vgl. Kleine Zeitung, Graz, 20.9.1991
43 Mason, C. J. u. a., Order, S. 1
44 Kleine Zeitung, Graz, 20.9.1991
45 Pincus, J. A. u. a., Judgment, S. 4; Mason, C. J. u. a., Order, S. 1; Kleine Zeitung, Graz, 20.9.1991; The Cairns Post, 16.5.1991; Neue Kronenzeitung, Graz, 15.5.1991
46 vgl. Kleine Zeitung,Graz, 23.9.1990
47 vgl. Meyers großes Taschenlexikon, Bd. 7; http://www.freimaurerei.com/download/texte.exe
48 Identität der Frau namens »Angie« ungeklärt.
49 vgl. Mason, C. J. u. a., Order, S. 10; The Cairns Post, 13.9.1991
50 Neue Kronenzeitung, Graz, 25.1.1991, ebd., 26.3.1991, Bericht über eine Zeugenbefragung, 3.4.1998 (unter Verschluß)
51 Nordhausen/Billerbeck, Psycho-Sekten, Frankfurt 1999, S. 19
52 Kleine Zeitung, Graz, 17.5.1991; Neue Kronenzeitung, Graz, 17.5.1991; The Cairns Post, 17.5.1991; Australasian Post, 9.11.1991; Pincus, J. A. u. a.; Judgment, S. 4; Mason, C. J. u. a., Order, S. 1; zur Biografie Susans: Kleine Zeitung, Graz, 27.4.1998; Sydney Morning Herald, 7.9.1991
53 nach Aussage von Christine Weißensteiner
54 Mason, C. J. u. a., Order, S. 1; zu Yestra: Neue Kronenzeitung, Graz, 27.3.1991; zu Campbell: Sydney Morning Herald, 7.9.1991; Australasian Post, 9.11.1991; The Cairns Post, 16.5.1991; Segelerfahrung: Neue Kronenzeitung, Graz, 28.3.1991; Bayerl schlug Susan ständig, laut Weißensteiner: Neue Kronenzeitung, Graz, 19.2.1994; seine Angst vor Bayerl: Kleine Zeitung Graz, 23.5.1991; zu Bayerls Gewalt gegenüber Frauen: s. u.; Gewehre an Bord: Neue Kronenzeitung, Graz, 27.1.1991; Mason, C. J. u. a., Order, S. 3
55 Videotranskript
56 Neue Kronenzeitung, Graz, 28.3.1991
57 fälschlich auch: Muka
58 The Australian Women's Weekly, 5/1995
59 Videotransskript, S. 7
60 vgl. The Australian Women's Weekly, 5/1995; The Cairns Post, 16.5.1991; The Sunday Mail, 5.4.1998, ebd., 12.4.1998
61 Kleine Zeitung,Graz, 23.9.1990; Neue Kronenzeitung, Graz, 15.5.1991; The Cairns Post, 15.5.1991; Sydney Morning Herald, 7.9.1991
62 vgl. Pincus, J. A. u. a., Judgment, S. 4, The Cairns Post, 13.9.1991

63 Neue Kronenzeitung, Graz, 25.1.1991; ebd., 26.3.1991; Zeugenprotokoll, Polizeiakte, 3.4.1998 (unter Verschluß)
64 Artikel von Eugene Navarre, in: NN, DN
65 zu Zack: Kleine Zeitung, Graz, 16.5.1991; ebd., 27.4.1998; ebd., 20.9.1991; The Cairns Post, 14.5.1991; Herald Sun, 11.9.1991; Pincus, J. A. u. a., Judgment, S. 8; Mason, C. J. u. a., Order, S. 1; Gaudron, J. u. a., Order. In: High Court of Australia, 17.11.1993. F. C. 93/051, S. 20; zu Bayerl: Kleine Zeitung, Graz, 16.5.1991; ebd., 19.9.1991; The Cairns Post, 16.5.1991; Sydney Morning Herald, 7.9.1991; zu Kidson: Neue Kronenzeitung, Graz, 17.5.1991; Kleine Zeitung, Graz, 17.5.1991; Australasian Post, 9.11.1991; The Cairns Post, 16.5.1991; ebd., 17.5.1991; Pincus, J. A. u. a., Judgment, S. 4; Mason, C. J. u. a., Order, S. 1
66 Pincus, J. A. u. a., Jedgment, S. 5; Gaudron, J. u. a., Order, S. 20
67 ebd.
68 Pincus, J. A. u. a., Judgment, S. 8
69 Mason, C. J. u. a., Order, S. 10
70 vgl. B. M. f. UJF, Sekten. Wissen schützt! S. 43
71 Nordhausen/Billerbeck, Psycho-Sekten, S. 47 ff.
72 Neue Kronenzeitung, Graz, 30.1.1991
73 L. Kin, Gott & Co, Nach wessen Pfeife tanzen wir? o. O., o. J.
74 Awadalla, El, Heimliches Wissen – Unheimliche Macht. Sekten, Kulte, Esoterik und der rechte Rand, Wien 1997
75 Helsing, Jan van, Geheimgesellschaften und ihre Macht im 20. Jahrhundert, Meppen 1993, Band 1, S. 248
76 Helsing, Jan van, Geheimgesellschaften, Band II, S. 78 f. Illuminati steht hier für Weltverschwörer.
77 ebd., S. 294
78 Regel/Schyma, Südsee, Köln 1994, S. 234
79 Neue Kronenzeitung, Graz, 27.3.1991
80 Pincus, J. A. u. a., Judgment, S. 5f; Mason, C. J. u. a., Order, S. 2f; Gaudron, J. u. a., Order, S. 20; Neue Kronenzeitung, Graz, 27.1.1991; The Cairns Post, 17.5.1991; Australasian Post, 9.11.1991
81 vgl. Pincus, J. A. u. a., Judgment, S. 1f, 6 ff.; Mason, C. J. u. a., Order, S. 2 ff.; Kleine Zeitung, Graz, 23.9.1990; ebd., 24.3.1998; ebd., 18.7.1991; ebd., 17.9.1991; Neue Kronenzeitung Graz, 27.1.1991; ebd., 7.3.1991; ebd., 25.3.1991; ebd., 27.3.1991; ebd., 14.5.1991; Australasian Post, 9.11.1991; The Cairns Post 14.5.1991; ebd., 18.9.1991; Videotransskript, S. 10
82 Neue Kronenzeitung, Graz, 27.1.1991; ebd., 25.3.1991; Mason, C. J. u. a., Order, S. 2; Australasian Post, 9.11.1991
83 Mason, C. J. u. a., Order, S. 3; Gaudron, J. u. a., Order, S. 21: Murphy sagte aus, Weißensteiner war lange überzeugt davon, die Marshallinseln würden ihn nicht ausliefern, vgl. Neue Kronenzeitung, Graz, 25.3.1991
84 Pincus, J. A. u. a., Judgment, S. 6f; Mason, C. J. u. a., Order, S. 2f
85 ebd.; vgl. auch: The Cairns Post, 18.9.1991, zu Murphy: Pincus, J. A. u. a., Judgment, S.8; Diskussion über die Aussage: »But they have nothing ...«, ebd., S. 22f; Neue Kronenzeitung, Graz, 25.3.1991; Auslieferungsantrag von Weißensteiner unterschrieben: Kopie desselben beim Interpolakt (unter Verschluß)

86 Mason, C.J. u.a., Order, S. 2; zur Flucht: ebd; Pincus, J.A. u.a., Judgment, S. 23: Neue Kronenzeitung, Graz, 25.3.1991; ebd., 26.3.1991; Australasian Post, 9.11.1991

87 Pincus, J.A. u.a., Judgment, S. 8; Mason, C.J. u.a., Order, S. 2f, S. 10; Gaudron, J. u.a., Order, S. 20; Kleine Zeitung, Graz, 19.9.1991; ebd., 18.5.1991; Australasian Post, 9.11.1991; Herald Sun, 11.9.1991

88 Neue Kronenzeitung, Graz, 25.3.1991

89 Kleine Zeitung, Graz, 23.5.1991

90 Neue Kronenzeitung, Graz, 22.1.1991

91 Kleine Zeitung, Graz, 21.5.1991, ebd., 18.7.1991; zu Link: ebd., 14.9.1991; Pincus, J.A. u.a., Judgment, S. 8, S. 23 ff., ebd. (Mc Pherson) S. 8, (Shepherdson) S. 11. Sherpherdson, der der Berufung stattgab, meint zu der Äußerung: »Sie können die zwei nicht finden«, was von Link übersetzt wurde mit: »But they-'ll never find those two«, lasse noch nicht auf eine Identifikation des Berufungsklägers mit dem Killer schließen. Zu Summner-Potts Äußerungen: Kleine Zeitung, Graz, 25.9.1991

92 zum Verhältnis Weßensteiner/Zack: Neue Kronenzeitung, Graz, 30.1.1991; Interview mit Ölrichs, Videotranskript, S. 4

93 Mason, C.J. u.a., Order, S. 10

94 Kleine Zeitung, Graz, 24.9.1991, The Cairns Post, 18.5.1991

95 Neue Kronenzeitung, Graz, 28.3.1991

96 Neue Kronenzeitung, Graz; Kleine Zeitung, Graz, 14.5.1991, 15.5.1991, 16.5.1991, 21.5.1991, 23.5.1991, 22.7.1991

97 Neue Kronenzeitung, Graz, 19.2.1994

98 Kleine Zeitung, Graz, 24.3.1998; ebd., 18.7.1991; The Cairns Post, 18.9.1991

99 Neue Kronenzeitung, Graz, 26.3.1991

100 The Sunday Mail, 12.4.1998

101 zur Person Sgt. Gray: Informant und Kopie eines Zeitungsartikels von Gary Schofield, in: NN, DN.

Literaturliste

Awadalla, El: Heimliches Wissen – Unheimliche Macht. Sekten, Kulte, Esoterik und der rechte Rand. Wien 1997.

Dies.: Kraftorte – Geldquellen. Der österreichische Esoterikführer. Wien 1999.

Barth, Josef; Dunst, Alexander: Das Böse unter der Sonne. In: Profil, Österreichisches Wochenmagazin vom 26.7.2004.

Beikoff, Katrina/Melichar, Bernd: Diverse Artikel. In: Kleine Zeitung, Graz, 14.5.1991, 18.7.1991, 16.5.1991 ff.

Bendisch, Roger/Seidel, Uwe: Australien. Rieden 1990.

Bibel: Die Bibel. Altes und Neues Testament. Einheistübersetzung, Stuttgart 1980.

B.M.f.U.J.F.: Bundesministerium für Umwelt, Jugend und Familie: Sekten Wissen schützt! Broschüre, Wien o.J.

Breitegger, Hans: »Ein Mordfall oder Weltflucht ...« In: Kleine Zeitung, Graz, 23.9.1990.

Brennan J.; Toohey J.: Order. In: High Court of Australia 17.11.1993 F.C. 93/051.
Conway, Ronald u. a. : Australien. München 1991.
Deyo, Stan: Die kosmische Verschwörung. O. O., o. J.
Dodwell, Christina: Im Land der Paradiesvögel. München 1986.
Dupuis-Panther, Ferdinand: Australien. Hamburg 1990.
Ehrhart, Sabine: Die Südsee. Inselwelten im Südpazifik. Köln 1993.
Elder, Bruce: Australien. Köln 1998.
Erdmann, Wilfried: Der blaue Traum. Leben und Segeln in der Südsee. Köln 1983.
Fischer, Susanne/Schoenicke, Jochen: Riffe unterm Regenbogen. Tauch- und Segelabenteuer in der Südsee. München 1986.
Gaudron J./McHugh J.: Order. In: High Court of Australia 17.11.1993 F. C. 93/051.
Gizycki, Renate v.: Nachbarn in der Südsee. Frankfurt 1986.
Haupt, Cornelia (ch): Rätsel um Fall Weißensteiner. In: der detektiv, Fachzeitschrift für das Sicherheitsgewerbe, Nr. 03/2004
Helsing, Jan van: [Holey, Jan Udo]: Geheimgesellschaften und ihre Macht im 20. Jahrhundert. Meppen 1993.
Ders.: Geheimgesellschafften 2. Gran Canaria 1995.
Hoff, Edgar P.: Australien. Rappweiler 1991.
Keiner, Bernd: Südsee. München u. a. 1984.
Kin, L.: Gott und Co, Nach wessen Pfeife tanzen wir? O. O., o. J.
Kopacka, Werner: Artikelserien. »Alptraum Südsee«. In: Neue Kronenzeitung, Steirerkrone, Graz, 22.1.1991 ff., »Drama im Pazifik« In: ebd., 24.3.1991 ff.
Ders.: Steirer soll ein Doppelmörder sein ... In: Neue Kronenzeitung, Steirerkrone, Graz, 7.3.1991.
Ders.: Diverse Artikel, ebd., 26.9.1991, 19.2.1994, 24.3.1998, 5.4.1998, 10.5.1998, 23.3.1998 (ohne Autor).
Ders./Reid, Robert: Artikelserie zum Prozeß in Cairns. Ebd. 14.5.1991 ff.
Lind, Otmar/Niehues Andrea: Australien, Outback-Handbuch. Rappweiler 1996
Mason C. J./Deane/Dawson JJ.: Order. In: High Court of Australia 17.11.1993 F. C. 93/051.
McGonigal, David/Borthwick, John (Hg): Australien. München 1996.
McKenney, Kenneth/Rossi, Guido A.: Australien. Luzern 1993.
Melichar, Bernd: »Mein Johann ist in Lebensgefahr«. In: Kleine Zeitung, Graz, 23.5.1991.
Ders.: Diverse Artikel. In: Kleine Zeitung, Graz, 7.9.1991, 22.3.1998 ff., 3.4.1998, 9.4.1998, 12.4.1998, 17.4.1998, 21.4.1998, 27.4.1998, 9.5.1998. Ohne Autor: 10.9.1991, 13.9.1991 f. 17.9.1991 ff. – 28.9.1991.
Navarre, Eugene/Fetherston, Jerry: Mystery of the missing lovers. In: The Australian Women's Weekly. Mai 1995.
Navarre, Eugene/Hay, John: Dead or alive? In: The Sunday Mail, 5.4.1998, 12.4.1998.
Navarre, Eugene: Couple killed. In: Herald Sun (Vic), 11.9.1991.
Beikoff, Katrina: Diverse Artikel. In: The Cairns Post, 15.5.1991 ff., 21.5.1991, 13.9.1991, 18.9.1991.
Ders.: Mystery not murder. In: NN, DN.
NN: Austrian argues for his release. In: The Cairns Post, 10.9.1991.
Nordhausen, Frank/Billerbeck Liane v.: Psycho-Sekten. Frankfurt 1999.

Pincus, J. A.; McPherson J. A; Shepherdson J.: Judgment. In: The Court of Appeal C. A. No. 264 of 1991. 22.6.1992.

Polizeiakt. Quelle: Bundesministerium f. Inneres d. Republik Österreich. Zl.: 1 535 763/1–II/NN/NN. Unter Verschluß.

Prewein, Martina: Das Geständnis eines Doppelmörders. In: News, Österreichisches Wochenmagazin vom 29.7.2004.

Regel, Angelika/Schyma, Rosemarie: Südsee. Köln 1994.

Reid, Robert: Bizarre secrets of the »Immanuel«. In: Australasian Post, 9.11.1991.

Roberts, Greg: Into The Blue. In: Sydney Morning Herald, 7.9.1991.

Schmid Georg: Woher gewinnt der Mensch seine Bedeutung? In: Evangelische Informationsstelle, Zürich, Informationsblatt Nr.3/1996; http//www.ref.ch.infoksr/ Ufoglaube.html 18.9.1999.

Schofield, Gary: Cairns police resign for PNG security jobs. In: NN, DN.

Schrems, Thomas: Salzburger Pärchen verschwunden ... In: Neue Kronenzeitung, Steirerkrone, Graz, 31.8.1990.

Schultz-Tesmar, Johannes: Australien. Köln 1983.

Sharpe Wright, Fiona: Murder victim »alive« In: The Cairns Post, 27.3.1998.

Transskript der Sendung »Vera« ausgestrahlt: ORF, 26.3.1998.

Transskript eines Videos mit Interviews mit Klink, Manfred; Ölrichs Karl; »Martin«; Luka, Margarita; Bayerl Adolf und Elfriede. Quelle: Bundesministerium f. Inneres der Republik Österreich. Unter Verschluß.

Wegner, Dirk: Australien. Hamburg 1990.

Wesemann, Heiner: Papua-Neuguinea. Köln 1985.

Wiebus, Hans-Otto: Lexikon der Jugendkulte. Hamburg 1995.

Danksagung

Der vorliegende Kriminalfall hat sich Anfang der 90er Jahre in Australien zugetragen und gilt als juristisch abgeschlossen. Wichtigste Grundlage für dieses Buch waren die Urteile der zweiten und dritten Instanz der australischen Gerichte sowie zahlreiche Berichte in österreichischen und australischen Medien.

Viele Menschen haben mir bei meinen Recherchen geholfen, einige leider nur unter der Bedingung, daß sie namentlich nicht erwähnt werden. Ihnen gilt mein besonderer Dank.

Ganz herzlich bedanke ich mich bei Christine Weißensteiner, Reg.-Rat Peter K. Weißenberger vom Ministerium für auswärtige Angelegenheiten, Wien, Tim Harland vom Legal Aid Office in Brisbane, William Walden, Dunbulah und Margarita Luka. Major Hannes Gschwendt, Interpol Wien, gilt mein besonderer Dank für seine Zustimmung für die Veröffentlichung des Berichtes.

Für die ausführlichen Informationen danke ich der Beauftragten für Weltanschauungsfragen der katholischen Kirche Österreichs, den Sektenforschern El Awadalla und Mag. Sepp Lagger, Sektenbeauftragter der evangelischen Kirche Wiens. Zum Dank verpflichtet bin ich auch Martin Rohrer für segeltechnische Hinweise.

Meinem Bruder, Rechtsanwalt Dr. Gerhard Rainer, Schladming, danke ich für juristische Fachberatung und kritische Anmerkungen, Piri Thurner für das Erstlektorat.

Ein besonderer Dank gilt dem Rest meiner Familie und meinen Freunden.

Raoul. Er hat mir einen Teil seines Lebens und seiner Arbeit für dieses Buch geborgt. Danke.

Anhang zum dritten Teil

Literatur

Föster, Michael (Hg.): Jürgen Bartsch, Nachruf auf eine »Bestie«: Dokumente, Bilder, Interviews; das Buch zum Film von Rolf Schübel. Torso-Verlag. Essen 1984.

Moor, Paul: Das Selbstporträt des Jürgen Bartsch. Fischer-Taschenbuch-Verlag. Frankfurt am Main 1972.

Moor, Paul: Jürgen Bartsch: Opfer und Täter: das Selbstbildnis eines Kindermörders in Briefen. Rowohlt Verlag. Reinbek 1991.

Werremeier, Friedhelm: Bin ich ein Mensch für den Zoo? Der Fall Jürgen Bartsch. Bericht über 4 ermordete Kinder und den Jugendlichen, der sie getötet hat. Limes Verlag. Wiesbaden 1968.

Alle Zeitungsausschnitte und psychiatrischen Gutachten sowie polizeiliche Vernehmungsprotokolle sind dem Hauptstaatsarchiv NRW entnommen worden.

Die Abbildungen wurden mit freundlicher Genehmigung des Hauptstaatsarchivs NRW zur Verfügung gestellt.

Hinweis: Einige Personen und Ortsnamen wurden aus Gründen des Personenschutzes heute noch lebender Personen verändert.

Verrückt, aber wahr! »Märchen« von heute

192 Seiten
ISBN 10: 3-86189-633-8
ISBN 13: 978-3-86189-633-3

»Die Fälle wirken bestürzend.« *taz*

192 Seiten
ISBN 10: 3-86189-632-X
ISBN 13: 978-3-86189-632-6

Verbrechen an ungastlichen Orten wie dem
Rotlichtmilieu, aber auch in bürgerlichen Idyllen

192 Seiten
ISBN 10: 3-86189-630-3
ISBN 13: 978-3-86189-630-2

Einmalig, unglaublich, skurril!

320 Seiten, 40 s/w-Abb.
ISBN 10: 3-86189-625-7
ISBN 13: 978-3-86189-625-8